기독교와 히브리 유산

마빈 R. 윌슨 저
이 진 희 역

컨콜디아사

OUR FATHER ABRAHAM
JEWISH ROOTS OF THE CHRISTIAN FAITH

By Marvin R. Wilson
Translated by Jin-Hee LEE

Published by permission of
William B. Eerdmans Publishing Company
Copyright ©1989 by Marvin R. Wilson

Concordia Press
Seoul, Korea
1995

사랑하는 아내 폴리에게
이 책을 바칩니다.

그의 사랑과 격려, 그리고 지원이 없었다면
이 책은 결코 나오지 못했을 것입니다.

누가 현숙한 여인을 찾아 얻겠느냐
그 값은 진주보다 더 하니라
(잠 31 : 10)

사랑하는 아내 폴리에게
이 책을 바칩니다.

그의 사랑과 격려, 그리고 지원이 없었다면
이 책은 결코 나오지 못했을 것입니다.

누가 현숙한 여인을 찾아 얻겠느냐
그 값은 진주보다 더 하니라
(잠 31 : 10)

목 차

서문 ·· 11

제1부 새 백성 : 아브라함의 영적인 자녀들 ·················· 19
  제1장 뿌리와 가지 ··· 19
    1. "너희 조상 아브라함을 생각하여 보라" ················ 20
    2. 아덴인가 예루살렘인가? ···························· 22
    3. 성서의 세계 ······································ 26
    4. 감람나무 뿌리와 가지 ······························ 29
    5. 이스라엘에 접붙여짐 ······························· 31
  제2장 이방인과 유대인, 그리고 유대적인 유산 ················ 37
    1. 새로운 영적 가족 ·································· 37
    2. 동방의 책과 서구 세계 ····························· 42
    3. 유대화의 문제 ···································· 43
    4. 바울과 율법 ······································ 46
    5. 유대적 유산과 오늘의 교회 ························· 49

제2부 역사의 빛에서 본 교회와 회당(Synagogue) ············ 57
  제3장 초대 교회와 유대교 ·································· 57

1. 예수와 그의 제자들 ·····························58
   2. 시작 : 유대인 교회 ·····························59
   3. 히브리주의자와 헬라주의자 ·························62
   4. 스데반과 헬라주의자들 ··························63
   5. 이방인에게로 퍼져나감 ··························64
   6. 바울의 특별한 소명 ···························65
   7. 이방인들 가운데서 계속되는 성공 ·····················66
   8. 예루살렘 회의 ······························67
제 4 장 신학적 충돌과 박해 ··································72
   1. 신학적인 차이점 ·····························74
   2. 박해 ··································79
   3. 요약 ··································82
제 5 장 "이단"과 회당······································85
   1. *Birkat ha-Minim*의 정의·························86
   2. 이 축복기도의 기원 ···························87
   3. *Minim*과 *Notzrim*·····························88
   4. "회당에서의 출교" ···························90
   5. *Nidduy*와 *Herem* ···························91
   6. 결론 ··································92
제 6 장 유대인의 반란, 회당과 교회의 분리 ························95
   1. 제1차 유대인 반란(A.D. 66-73)······················96
   2. 제1, 2차 유대인 반란 사건 사이의 야브네 아카데미······98
   3. 안식일에서 주일로 ··························100
   4. 제2차 유대인 반란(A.D. 132-135) ···················102
   5. 갈라서다 ·······························105

제 7 장 경멸의 역사: 반(反)셈족주의와 교회 ·················109
　1. "새" 이스라엘의 등장 ·······················111
　2. 비(非)유대화에서 반(反)유대주의로 ················113
　3. 초대 교부들: 희생자들에 대한 비난 ················115
　4. 알레고리: 유대 성서를 구하기 위한 하나의 시도 ·········119
　5. 중세기의 반(反)셈족주의 ·····················121
　6. 루터로부터 지금까지 ·······················123

제 3 부 히브리 사상의 이해 ·······················129
　제 8 장 구약성서: 교회의 히브리적 기반 ················129
　　1. 마르시온의 이교적인 가르침 ··················130
　　2. 신마르시온주의 ························132
　　3. 무시되어온 보화 ·······················133
　　4. 초대교회의 성서 ·······················134
　　5. 두 부분으로 된 하나의 책 ···················135
　　6. 신학적인 열쇠 ························136
　　7. 영감으로 기록된 유용한 책 ···················137
　　8. 유대인 예수에 대한 발견 ····················138
　　9. 다른 초기의 유대교 문헌들 ···················142
　　10. 쉐마(Shema): 이스라엘 신앙의 핵심적인 고백 ········145
　　11. 기독교는 유대적이다. ·····················149
　　12. 히브리 성서와 초창기 미국 ··················150
　　13. 선택적인 것이 아닌 근본적인 것 ················154
　제 9 장 히브리 사상의 윤곽 ······················160
　　1. 활동적인 민족, 묘사적인 언어 ·················161

2. 시(詩)의 힘 ······································167
   3. 그림같은 말 ······································171
   4. 블록 논리 ··177
   5. 명상을 위한 시간 ·······························182
   6. 모든 것이 신학적이다. ························184
   7. 삶의 길로서의 종교 ····························188
   8. 시간관과 역사관 ································190
 제10장 교회가 잘못된 길로 가기 시작한 곳 ············196
   1. 역동적인 조화: 이원론 ·························197
   2. 내세적: 현세적 ·································204
   3. 개인: 공동체 ····································217

제4부 유대적 유산과 교회 ·······································227
 제11장 히브리 관점에서 본 결혼과 가정 ··················227
   1. 현대의 태도들 ··································230
   2. 성서적인 기반들: 창세기와 결혼 ···············231
   3. 결혼과 시내산, 두 계약의 비교 ·················236
   4. 결혼과 가정에 대한 히브리인들의 통찰 ········242
   5. 가정 안의 가치들 ································248
   6. "지붕 위의 바이올린"을 통하여 배울 수 있는 것 ·······256
   7. 나이가 들수록 더 좋다: 히브리 관점에서 본 나이 먹기 ··263
 제12장 유월절과 최후의 만찬 ······························276
   1. 유월절의 기원 ··································277
   2. 구약성서 시대의 유월절 ·······················278
   3. 신약성서 시대의 유월절 ·······················282

4. 예수의 최후 만찬 ······························284
  5. 오늘날의 유월절 ······························287
  6. 유월절과 현대 기독교 ··························289
제13장 유대인, 기독교인, 그리고 땅 ··················296
  1. 유대인과 땅: 개요 ····························297
  2. 이스라엘 국가에 대한 기독교인의 태도 ············304
  3. 이스라엘에 대한 지원과 기독교인 ················312
  4. 에필로그: 평화에 대한 전망 ····················316
제14장 배움의 삶: 유대적 유산의 핵심 ···············322
  1. 구약성서 시대의 교육 ··························323
  2. 지혜의 히브리적 개념 ··························326
  3. 젊은 어리석은 자와 늙은 어리석은 자 ············328
  4. 지식에 대한 히브리적 관점 ····················333
  5. 차이를 만드는 교육 ····························335
  6. 배움의 즐거움 ·······························337
  7. 가르침의 임무에 대한 히브리적 통찰 ············340
  8. 신약성서 시대의 교육 ··························344
  9. 모두가 다 학생 ······························347
  10. 가르침의 방법과 우선순위 ····················349
  11. 예배로서의 공부 ····························357
  12. "훈계를 지키라. 이것이 네 생명이니라" ··········359

제5부 유대적 뿌리를 회복하기 위하여 ················365
  제15장 지금이 아니면 언제? ····················365
    1. 기독교인들이 예비적으로 고려해야할 사항들 ········368

2. 마주 앉아 대화하기 ······································372
3. 교육과 개인적인 성장 ··································377
4. 사회적 활동 ··381
5. "그 중에 제일은 사랑이라" ··························384

주(註) ··389

서 문

　　기독교는 히브리 토양에 그 뿌리를 깊이 박고 있다. 교회가 물려받은 히브리 유산은 참으로 풍부하고 다양하다. 그러나 많은 기독교인들이 안타깝게도 이러한 사실을 알지 못하고 있다. 또한 이러한 유산들 가운데 대부분이 소극적으로 또는 피상적으로 다루어지고 있으며, 탐구되지 않은 채로 그냥 버려져 있는 경우가 더욱 많다.
　　기독교 학교나 대학, 그리고 다른 여러 교육 기관들이 이러한 현상에 큰 책임이 있다고 할 수 있다. 그들은 전문적인 목사나 교사, 잘 훈련되고 균형 있는 교육을 받은 평신도 지도자들을 양육하지 못했다. 기독교 교육가들은 흔히 서구 문명이 교회와 현대 사회에 끼친 영향과 공헌, 그리고 그 기원들을 강조한다. 그러나 근동의 히브리 세계와 현대의 유대인 디아스포라(*Diaspora*)에 대한 연구들을 보면 피상적이거나 불합리하며, 그러한 연구들이 꼭 필요한 것이 아닌 것처럼 여기고 있음을 보게 된다. 결과적으로, 히브리 유산 및 기독교와 유대인과의 관계에 대한 우리들의 지식은 상당히 빈약한 것뿐이다. 지금이야말로 교회가 새로운 성서적인 시각을 가져야 할 때이다. 교회는 너무 오랫동안 태만의 씨들을 뿌려왔다.
　　"유산"(Heritage)이라는 용어는 한 세대에서 다른 세대로 전해내려오는 그 어떤 것을 의미한다. 그것은 물려받은 것의 이전(移轉, transference)을 뜻한다. "우리의" 유대-기독교 유산이 되도록 하기 위해서는, 우리의 믿음의 선조들이 우리에게 물려준 것을 이해하는 것은 중요한 일이다. 그러나 불행하게도 대부분의 기독교인들은 이 광대한 유산에 익숙해질 수 있는 도구도 갖고 있지 못하며, 또 그것에 익숙해야 한다는 충고도 받지 못하고 있다. 사실, 현재 유대인이나 유대교에 대해 연구를 하고 있거나 또는 기독교와 유대교의 관계에 대해 연구를 하고 있는 기독교 학자들에 의해 강의실에서 사용할 수 있게 만들어진 교재나 자료들이 거의 없는 형편이다. 이 책은 바로 이러한 교육적인 틈새를 메꾸기 위해 씌어졌다.

이 책은 히브리 사상 세계에 대한 하나의 소개서로서, 기본적으로는 기독교인들을 위해 만들어진 것이다. 하지만 유대인들도 이 책에서 많은 것을 얻을 수 있으리라고 믿는다. 나는 다양한 사람을 염두에 두고 이 책을 썼다. 그렇지만 이 책의 제1차적인 목표는 크리스쳔 대학생들과 목사, 교회 지도자들, 그리고 성서와 신학, 역사에 대해 진지하게 공부하고자 하는 평신도들에게 텍스트를 제공하려는 데 있다.

이 저서가 성서적인, 역사적인, 그리고 문화적인 연구이긴 하지만, 독자들은 이 책이 단순히 과거에 대한 연구가 아니라고 하는 것을 곧 알게 될 것이다. 히브리식으로 생각하는 법을 배우는 것은 단지 하나의 시작에 불과하다. 이 책은 현대적인 적용에도 관심을 갖고 있다. 기독교인들에게 그들의 유대적인 뿌리를 다시 생각해보도록 요구할 것이다. 그럼으로써 보다 더 성서적인 삶을 살도록 할 것이다. 유대 민족의, 가치로 따질 수 없는 유산은 유용하게 이용되어야 한다. 이론뿐만 아니라 경험에도 그것이 영향을 미치도록 해야 한다.

어떤 사람들은 유대적인 뿌리에 대한 이러한 탐구로 동요될 수도 있을 것이다. 우리 모두는 습관에 예속되기 쉽다. 누구나 다 오랫동안 가지고 있던 어떤 관점들이 도전받는 것을 싫어하며, 확고히 자리잡은 관습들에 대해 의심을 품는 것을 싫어한다. 변화는 종종, 혼란스럽다. 이러한 맥락에서 기독교와 유대교의 정확한 관계는 여러 면에 있어서 복합적이라고 할 수 있다. 물론 많은 점들이 불명확하며, 분명한 답들을 갖고 있지 않다. 그럼에도 불구하고, 이 연구의 목적은 교회로 하여금 사상과 행동 둘다에 걸쳐 자신의 기반들을 좀 더 분명히 이해할 수 있도록 돕는 데 있다. 우리의 관심은 교회가 왜 유대인의 역사적인—고대 역사이든 현대 역사이든—경험에 대하여 수동적일 수 없는가 하는 것을 밝히는 데 있다.

"우리의 조상 아브라함"이라는 책 이름˚은 모든 기독교인들이 유대 민족과 갖고 있는 깊은 영적 연관성을 한마디로 나타내주는 성서적인 표현이다 (참조. 눅 1:73, 요 8:53, 행 7:2 등). 특히 맨 앞의 두 장에서 언급하겠지만, 이방 기독교인들은 믿음으로 이스라엘에게 접붙여지게 된 것이다(롬 11:17-24). 그리고 이 믿음을 통하여, 이스라엘의 조상을 그들의 조상으로 받아들이게도 되는 것이다. 바울은 "믿음으로 사는 자들은 아브라함의 자손"이라고 말하고 있다(갈 3:7). 사실 믿음을 통하여 "아브라함은 우리 모두의 조상"이다(롬 4:16). 아브라함이 이 책의 주인공은 아니지만, "우리의 조상 아브라함"이라는 책의 제목은 그 중심 내용을 잘 말해주고 있다. 즉 아브라함의 영적인 가족이 된다고 하는 것(참조, 갈 3:29)이 오늘날의 기독교인들에게 무엇을 의미하는지를 설명하는 것이 이 책의 관심사이다.

이 책은 나 자신의 영적인 순례를 상당히 반영하고 있다. 그러나 나는 이 점에 있어서 결코 홀로 서 있지 않다는 인상을 강하게 받았다. 이 책에서 다룬 이슈들과 강조점들 가운데 많은 부분이 학창 시절 학교에서 배우기를 원했던 것이지만, 학교는 그런 것들을 가르쳐주지 않았다. 그러나 오늘날, 나 자신의 탐구의 결과로서, 그것들은 매우 소중한 것이 되었다. 나는 이 책이 기독교의 유대적 뿌리를 종합적으로 다루고 있는 것처럼 가장하지는 않겠다. 유대교에 대한 하나의 표준적이고 체계적인 텍스트라고도 할 수 없다. 오히려, 이 책은 교회의 삶과 깊은 연관을 가지고 있는 히브리 유산들에 초점을 모으고 있다. 여기에서 다룬 모든 주제들이 모든 독자들에게 다 똑같은 가치를 지니고 있거나 직접적으로 적용할 수 있는 것들은 아니다. 사람들마다 은사와 능력들이 다르듯이 기독교 공동체는 다양하며, 각기 다른 출발점에서 이러한 문제들에 대해 접근해 온다. 그러나 나의 총괄적인 목표는 모든 독자들로 하여금 우리의 히브리 유산에 대하여 보다 깊은 존경심을 갖도록 하는 것이다.

전체적으로 이 책은 여러가지 강조점을 갖고 있다. 앞 부분에서는 교회의 유대적 기원과 비유대화의 과정에 대해 역사적으로 살펴보게 될 것이다. 이어서, 히브리 유산의 중요성과 성격에 대해 밝힐 것이고, 교회가 그 유대적인 뿌리를 떠남으로써 생기게 된 부정적인 몇몇 결과들에 대하여 알아보게

˚ 본서의 원제목은 OUR FATHER ABRAHAM이나 한글판에서는 기독교와 히브리 유산 으로 하였음(편집자)

될 것이다. 그런 다음 오늘날의 교회가 히브리적 유산에 대한 연구를 통해 직접적으로 혜택을 얻을 수 있는 몇가지 중요한 주제들에 대해 연구하게 될 것이다. 결론 부분에서는 교회가 성서의 히브리적 사고 방식과 보다 더 잘 조화를 이룰 수 있는 실제적인 몇가지 방법들에 대해 논의하게 될 것이다.

좀더 자세히 설명하자면 이렇다. 우선 이 책은 다섯 부분으로 나뉘어져 있다. 제1부에서는 이방인들이, 영적인 셈족(Semites)이 된다고 하는 것 그리고 이스라엘로 접붙여지며 이스라엘에 의하여 지탱을 받는다(롬 11장)고 하는 것이 무엇을 의미하는가를 다룰 것이다. 또 헬레니즘, 유대화, 바울과 율법 등과 같은 문제들과 그 영향, 그리고 이 책에서 "히브리 또는 유대적 유산"이 의미하는 바가 무엇인가 하는 것들도 다룰 것이다.

제2부에서는 주로 통시적인(diachronic) 접근 방식을 사용하여 2천여년동안의 기독교인과 유대인의 관계를 살펴본다. 여기에서는 교회의 유대적인 시작을 살펴보고, 교회가 회당으로부터 분리되는 데 영향을 끼친 다양한 요인들에 대한 분석을 하게 될 것이다. 교회의 비유대화 현상이 어떻게 반유대주의(anti-Judaism)와 반 셈족주의(snti-Semitism)로 발전했는가를 살펴보며, 교회와 회당 사이의 경멸의 역사를 더듬어 보게 될 것이다.

제3부에서는 신약 성서의 배경과 가르침을 이해하는 데 있어서 기본적인 구약 성서의 초기 유대교 문헌들의 중요성을 강조할 것이다. 더 나아가, 히브리 사상의 보다 더 중요한 특징들을 살펴봄으로 독자들로 하여금 성서기자들의 유대적 사고 방식 속으로 들어가게 하는 데 도움을 줄 것이다. 이 부분은 교회가 유대적인 뿌리로부터 벗어나 잘못된 신학을 발전시키기 시작한 세가지 영역을 다룸으로써 끝을 맺게 될 것이다. 각각의 경우에 교회가 신학적 균형을 이룰 수 있도록 성서적(히브리적)인 수정책을 제시할 것이다.

제4부에서는 히브리 유산이 교회에 상당한 영향을 미친 분야들 가운데 몇몇을 선택해서 살펴볼 것이다. 결혼과 가정, 그리고 배움의 개념에 대한 가르침을 상세히 다룰 것이며 또한 최후의 만찬에 대한 유대적 배경을 살펴보기 위하여 유월절에 관한 장도 포함시킬 것이다. 그리고 네번째 장에서는 유대 민족의 조상의 홈랜드(homeland)와 오늘날의 교회와의 계속적인 연관성을 강조할 것이다.

제5부에서는 실제적인 문제를 다룰 것이다. 여기에서는 기독교인들이 그들의 유대적 뿌리에 더욱 더 굳게 붙어 있음을 통해 유익을 얻을 수 있는

몇가지 방법들을 제시할 것이다. 또한 어떻게 기독교인들이 오늘날의 유대 공동체에 접근하여 생산적인 관계를 맺을 수 있는지를 설명할 것이다.

이 책은 여러가지 면에서 교재로 사용하는 데 유용하게 되어 있다. 교파와 교육 배경이 다른 기독교인들이 서론적인 연구를 하는 데 도움이 되도록 사실상 모든 히브리어 용어들을 정의하거나 번역하였으며, 특별한 용어들에 대해서는 설명을 덧붙였다. 또한 학생들이 쉽게 토의의 흐름을 따라가고 주요 내용이 바뀌는 곳들을 알 수 있도록 세부적으로 내용을 구분했다. 더욱이, 각 장의 끝부분에는 연구와 토의 문제들을 제시했다. 이 질문들은 독자들에게 각 장의 중요 내용들을 복습할 수 있도록 해줄 것이며, 이 텍스트를 가지고 시험을 내고자 하는 사람들에게도 적당한 자료가 될 것이다. 이 질문들은 종교간의 대화에서 예비적인 숙제로 사용할 수도 있고 그룹 토의의 촉매제가 될 수도 있을 것이다. 이 책 마지막 부분에 실린 색인과 주요 도서 목록은 학생들의 추가적인 연구와 개인적인 연구에 유용할 것이다.

수십년 동안 나는 이 책의 주제에 대해 특별한 관심을 갖고 연구하면서 가르쳤으며, 출판하기도 했다. 부분적으로 "우리의 조상 아브라함"은 이미 내가 발표한 글들에 기초를 둔 것들이다. 이를 상세히 밝히면 다음과 같다: 제2장 "Judaizers," in *Evangelical Dictionary of Theology,* ed. Walter A. Elwell(Grand Rapids: Baker Book House, 1984), p.590. 제7장 "Anti-Semitism," 위의 책, pp.60-61. 제8장 "Shema, The," in *International Standard Bible Encyclopedia,* 4 vlos., ed. G. W. Bromiley, et al. (Grand Rapids: William B. Eerdmans Publishing Co., 1979-88), 4: 469-70. 제10장 "Hebrew Thought in the Life of the Church," in *The Living and Active Word of God,* ed. Morris Inch and Ronald Youngblood(Winona Lake, IN: Eisenbrauns, 1983), pp. 123-35. 제12장 "Passover," in *International Standard Bible Encyclopedia,* 3:675 -79. 제13장 "'Real Estate' Theology: Zionism and Biblical Claims" in *Christianity and the Arab/Israeli Conflict,* The Evangelical Round Table(Princeton: Princeton University Press, 1986), 1:87-99. 제14장 "The Jewish Concept of Learning: A Christian Appreciation," *Christian Scholar's Review* 5/4(1976): 350-63.

많은 사람들의 영향과 격려, 도움이 없었다면 이 책은 나오지 못했을 것이다. 일찍이 나의 학업에 있어서, 두 명의 유대인 학자가 나의 사고에 상당한 영향을 끼쳤다. 그들이 내게 뿌린 씨앗이 결국 이 책으로 결실을 맺게 된 셈이다. 먼저, 나의 학위 논문 지도 교수였으며 브란데이스 대학(Brandeis University)의 중동 연구소의 전(前) 책임자였던 사이러스 고든(Cyrus Gordon)은 나로 하여금 히브리 성서와 그것이 세계에 미친 영향에 대해 깊은 관심을 갖도록 했다. 그 다음으로는 아브라함 헤셀(Abraham Joshua Heschel)의 저술들이 유대교와 기독교의 관계에 대한 깊은 인식을 갖게 하는 데 큰 자극을 주었다. 이 두 분의 거인들이, 60년대 이후 계속해서 꺼지지 않고 내 안에서 타오르고 있는 불을 지폈다.

이 책의 공동 발행인인, 유대-기독교 연구 센터(Center for Judaic-Christian Studies)의 책임자요 나의 좋은 친구 드와이트 프라이어(Dwight Pryor)에게 특별히 감사를 하고 싶다. 그의 간단(間斷)없는 비전과 강력한 권고에 힘입어 이 프로젝트를 공적으로 시작할 수 있었다. 이 연구소의 스탭들-특별히 죠지아 클립튼(Georgia Clifton), 로버트 모리스(Robert Morris), 그리고 데이빗 와튼(David Wharton)-이 처음에 이 책의 초고를 자세히 읽고 많은 유용한 충고를 준 데 대하여 고마움을 금할 수 없다.

지난 몇십년 또는 그 이상 동안, 성서의 세계와 민족과 문화에 대해 매우 잘 알고 있는 호의적인 여러 친구들이 히브리어, 참고문헌, 유대 역사, 현대 이스라엘, 그리고 기독교인과 유대인의 관계와 같은 분야에서 그들의 전문적인 의견들을 개인적으로 내게 주어 이 책에 반영할 수 있었다. 따라서 나는 공관 복음서 연구를 위한 예루살렘 학파(Jeruslem School for the Study of the Synoptic Gospels)에 속한 다음 학자들에게 감사를 전하고 싶다: 책임자인 데이빗 비빈(David Bivin), 로버트 린지(Robert Lindsey), 할보어 론닝(Halvor Ronning), 미리암 론닝(Miriam Ronning), 브랫포드 영(Bradford Young). 또한 다양한 방법으로 그리고 중요한 방법으로 내게 이 책을 쓰도록 권면한 예루살렘에 거주하는 세 사람에게 감사를 드린다: 성지 연구회(Institute of Holy Land Studies)의 설립자이며 오랫동안 회장을 맡아온 더글라스 영(G. Douglas Young), 평화를 위한 가교(Bridges for Peace)의 책임자인 클레어렌스 와그너 쥬니어(Clarence Wagner Jr.), 그리고 성서 지리학자요 역사가인 제임스 몬슨(James Monson).

또한 나는 이 책을 완성하는 데 여러가지로 자극을 주고 통찰을 가져다 준 다른 여러 친구들에게도 감사의 마음을 전하고 싶다. 모두가 이 책에서 다루어진 각 분야들에 널리 알려진 전문가들이다: 텍사스 주 어스틴(Austin, TX)에 있는 야보 주식회사(Yavo Incorporated)의 로이 블리자드 쥬니어(Roy Blizzard Jr.), 캘리포니아 코스타 매사(Costa Mesa, Cal.)에 있는 샬롬 인터내셔널(Shalom International)의 회장인 프랭크 에이클러(Frank Eiklor), 일리노이즈 주 시카고(Chicago, Il.)에 위치한 기독교인과 유대인의 성지 교제 단체(The Holyland Fellowship of Christians and Jews)의 회장인 랍비 예치엘 엑스타인(Yechiel Eckstein), 홀로코스트 센터, 메사츄세츠 주의 노스쇼어, 퍼바디의 유대인 연맹(Holocaust Center, Jewish Federation of the Northshore, Peabody, Mass.)의 설립자이며 공동 대표인 소니아 슈라이버 와이츠(Sonia Schreiber Weitz).

그러나 나는, 특별한 학자이며 교사인 한 사람을 밝히지 않으면 안된다. 그는 바로 뉴욕 시에 있는 미국 유대인 위원회(American Jewish Committee)의 랍비 제임스 루딘(James Rudin)이다. 그는 유대교와 유대 민족에 대한 나의 이해의 폭을 크게 넓혀주었다. 나는 이 소중한 존경하는 친구와 함께 1978년부터 1987년에 걸쳐 세 권으로 된 '기독교인과 유대인의 관계'에 대한 책을 편집하는 흔치 않은 특권을 가질 수 있었다. 또한, 지칠 줄 모르는 개척자이며 교육가였던 짐 루딘(Jim Rudin) 만큼 타종교와의 대화에 크게 공헌한 사람도 없다. 나와 다른 많은 기독교인들은 유대인의 경험의 핵심을 분명하고 센스있게 그리고 따뜻한 마음으로 전달해 줄 수 있는 그의 능력에 찬사를 보낸다. 나에게는 잊을 수 없는 사람이다.

다음 기관들이 그들의 도서관을 이용, 연구할 수 있도록 허락해준 데 대해서도 감사의 마음을 보내는 바이다. 먼저, 내가 속한 고든 대학(Gordon College, Wenham, Mass.), 미국 유대인 위원회(American Jewish Committee, New York, NY.), 고든-콘웰 신학교(Gordon-Conwell Theological Seminary, South Hamilton, Mass.), 하바드 신학교(Harvard Divnity School, Cambridge, Mass.), 틴데일 하우스(Tyndale House, 영국의 Cambridge), 그리고 캠브리지 대학(Cambridge University, 영국의 Cambridge).

내가 유대인의 성서와 유대교, 고전 히브리어를 가르칠 수 있는 특권을 계속 누리고 있는 고든 대학(United College of Gordon and Barrington)에 깊은 감사를 표한다. 여러 해 동안 고든 대학은 교수 연구 프로그램을 위한 기금을 나에게 주어 이 책을 쓸 수 있도록 도와주었다. 또한 1987년 봄학기에 안식년 휴가를 주어 영국 캠브리지 대학에 머물면서 이 책의 초안을 완성할 수 있도록 해준 데 대하여 고맙게 생각한다. 그리고 내가 가르쳤던 학생들에게도 각별한 빚을 졌다. 강의와 토론을 통하여 — 특별히 '현대 유대의 문화' 강의 시간에 — 학생들은 이 책에서 다룬 자료들 중 많은 부분에 대한 상당한 반응(의견)을 나에게 주었다. 다른 무엇보다도 그 학생들의 변화가 나에게 히브리 유산과 기독교인-유대인 관계의 중요성에 대해 기독교인들이 연구해야만 한다는 확신을 가져다 주었다.

마지막으로(그러나 결코 중요성이 덜 한 것은 아니다) 나는 이 프로젝트에 직접 참여한 사람들의 지원에 감사한다. 동료 교수인 윌리암 부엘러(William Buehler)는 원고의 상당 부분을 읽고 귀중한 조언을 해주었다. 재능있는 조교 안 드롭퍼스(Ann Droppers)가 지루한 색인 작업을 맡아 해주었다. 고든 대학의 아카데미 컴퓨터 서비스의 부 책임자인 제인 던피(Jane Dunfee)도 여러 차례 중요하고도 값진 도움을 주었다. 메어리 제스퍼 케이트(Mary Jasper Cate)에게도 특별한 감사를 표한다. 그녀의 워드 프러세서를 다루는 기술과 편집에 관한 날카로운 충고, 그리고 센스있고 신실한 지원은 이 책을 만드는 데 큰 도움이 되었다. 이 책을 펴낸 출판사(William B. Eerdmans Publishsing Company)의 편집인인 게어리 리(Gary Lee)에게도 감사하는 바이다. 그의 숙련된 기술과 열성으로 이 책이 완성되었다.

나는 이 책이 교파와 인종을 초월하여 모든 기독교인들에게 히브리 유산의 중요성과 풍부함을 가르쳐주는 좋은 도구가 될 수 있기를 희망한다. 그러나 그보다도 더욱 더 나는, 이 책을 통하여 단순히 정보가 아니라 하나의 태도를 독자들에게 전해줄 수 있게 되기를 간절히 바란다. 왜냐하면 오늘날 기독교인과 유대인 두 공동체가 새로운 신뢰와 인정에 뿌리박은 관계를 맺게 될 때, 미래의 그 관계는 더욱 더 성숙해질 수 있을 것이기 때문이다.

마빈 윌슨
매사추세츠 주의 벤함에서

제 1 부
새 백성 : 아브라함의 영적인 자녀들

제 1 장
뿌리와 가지

"네가 뿌리를 보전하는 것이 아니요 뿌리가 너를 보전하는 것이니라"
(롬 11:18b)

하나님의 백성인 이스라엘 사람들은 자신들의 독특성과 그들이 누구에게서 유래되었는가를 아는 것의 중요성을 항상 강조해왔다. 이스라엘 백성의 신앙이 그들의 역사에 깊이 연관되어 있기 때문에 뿌리는 항상 중요했다. 따라서 시작을 안다는 것은 성서적 사고의 중심이다. 구약성서는 창세기로부터 시작되고 있다. 히브리어 성서는 이 책의 제목을 "태초에"(*bere'shit*)라고 붙이고 있다. 이 책에는 많은 족보들이 나오고 있으며 유대인들의 시작을, 고대 근동이라고 하는 특수한 배경에서 설명하고 있다. 신약성서도 마찬가지로 예수의 족보로 시작되고 있는 마태복음으로 시작되고 있다. 마태복음은 이렇게 시작되고 있다: "아브라함과 다윗의 자손 예수 그리스도의 세계라." 한 사람의 과거에 대해서 아는 것은 그 사람의 미래를 이해하는 데 있어서 필수적이라 할 수 있을 것이다.

1. "너희 조상 아브라함을 생각하여 보라."

하나님은 아브라함(또는 그의 원래 이름인 아브람)이라는 사람과 언약을 맺으심으로 해서 역사를 다스리기 시작하셨다. 아브라함은 셈족으로서 노아의 아들 셈의 후손이었다(창 11:10-32). 족장 아브라함은 성서에서 "히브리인"이라고 불리운 첫번째 사람이었다(창 14:13). 모든 유대인들은 이 아브라함을 히브리 민족의 조상이라고 생각하고 있다.[1] 하나님도 그의 예언자를 통해 이렇게 선포하셨다. "너희는… 너희를 떠낸 반석과 너희를 파낸 우묵한 구덩이를 생각하여 보라. 너희 조상 아브라함…을 생각하여 보라"(사 51:1-2).

아브라함의 소명(召命)에 대하여 기록하고 있는 창세기 12장에서 하나님은 그의 후손이 가나안을 유업으로 이어받게 될 것이며(12:7, 13:15, 17:8) 그 후손이 창성케 될 것이라고 말씀하셨다(12:2, 13:16, 15:5). 하나님은 또한 그에게 "땅의 모든 족속이 너를 인하여 복을 얻을 것이니라"고 약속하셨다(12:3, 18:18, 22:18). 신약성서에 보면, 베드로가 성전 근처에 모인 동족 유대인들에게 한 설교 가운데서, 그들이 육체적으로 아브라함의 자녀들이므로 이 축복의 약속을 이어받을 자들이라고 지적하였다(행 3:25, 참조, 행 3:12). 그러나 신약성서는 이방인 기독교인들도 비록 그들이 혈통적으로는 아브라함의 자녀들이 아니라고 할지라도 영적으로는 유대인들과 마찬가지로 아브라함의 자녀들이라는 말씀도 하고 있다(참조, 갈 3:7). 사실 모든 기독교인들은 바울이 말한 대로 그 뿌리를 아브라함에게 박고 있다: "너희가 그리스도께 속한 자면 곧 아브라함의 자손이요 약속대로 유업을 이을 자니라"(갈 3:29).

따라서 성서에 나오는 "우리 조상 아브라함"(요 8:53, 행 7:2)이라는 표현은 모든 믿음의 사람들은 "믿음의 사람"(갈 3:9) 아브라함과 가족 관계를 갖고 있음을 말해주고 있는 것이다. 신약성서는 아브라함의 믿음과 행위를 가지고 있는 사람들이 진정한 아브라함의 후손임을 강조하고 있다(요 8:31-41). 야고보는, 신실한 자의 조상으로서 아브라함은 "하나님의 벗"이라고 불리웠다는 사실을 우리에게 상기시키고 있다(약 2:23. 참조, 대하 20:7). 더 나아가 야고보는 "행함으로 믿음이 온전케 된"(2:22) 아브라함을 "우리 조상 아브라함"(2:21)이라고 부름으로써, 행함의 본을 보인 아브라함과 모든 기독교인들을 연관시키고 있다. 신약성서는 사실 아브라함이 할례를 받기 전에 하나님을 믿었고 그 믿음 위에서 그가 행했음을 강조하고 있다(롬 4:9-12). 요약해서 말하면, 히브리서에서 말씀하고 있는 것처럼, 하나님의 부름을 받았을 때부터 아브라함은 믿음으로 순종했고(11:8ff.), 이것은 교회, 다시 말해 아브라함에게 뿌리를 박고 있으며 그의 자녀들로 불리우는 새로운 하나님의 백성인 모든 사람들에게, 본을 보여주는 "증인"으로서의 역할을 하고 있는 것이다(12:1).

기원에 관한 문제는 곧 뿌리에 관한 문제이다. 몇년 전에 "뿌리"(알렉스 헤일리 원작: 편집자 주)라는 영화가 방영되고 나서부터 사람들은 더욱더 자기 자신의 뿌리에 대해서 깊이 생각하기 시작했다. 요즘에는 이러한 주제에 대한 많은 문학 작품들로 인해 가계(家系)와 민족 그리고 국가간의 연대 관계에 관한 관심이 일고 있다.

그러나 이와는 달리, 기독교인들은 자신들의 성서적인 뿌리에 대해서는 별로 관심이 없는 것처럼 보인다. 그들은 사실 깊은 성서의 사고(思考) 세계로 들어가본 적이 없다고 할 수 있다. 최신의 자동차나 패션, 음악, 그리고 스포츠에 대해서는 많이 알고 있으나 자신들의 영적 유산에 대해서 깊이 이해하고 있는 사람은 많지 않으며, 또 알고 있다고 해도 지극히 피상적인 것 뿐이다. 성서적인 기반이 약한 것이다. 따라서 대개가 이 세상에 편만한 그런 사조나 정신을 무비판적으로 받아들이고 있다. 그러나 아브라함의 자녀로서 기독교인은 이런 질문을 던져야 할 것이다: "우리가 아브라함과 유대인들과 맺고 있는 영적인 유대관계가 의미하는 바가 무엇인가?"

하나님의 백성은 "마음을 새롭게 함으로 변화를 받아," 세상에 속한 사람들과 다른 존재로 불리운다(롬 12:2). 모든 기독교인들은 바울의 다음과 같은 경고에 귀를 기울여야 한다: "당신 주위의 세상이 당신을 그들의 틀에 집어 넣지 못하도록 하시오"(롬 12:2, J. B. Philips역 성서). 기독교인의 마음은 신적으로 계시된 사고 방식과 가치관을 따라 새롭게 변화되어지는 과정 중에 있는 것이다.

기독교인의 좌표계(座標械)는 성서의 견고한 벽돌로 지어져야만 한다. 그런데 이 좌표계가 어떻게 만들어지는지 알지 못하고는 하나님의 백성은 성서가 제시해주는 좌표에 따라 자기자신의 "구원을 이루어가라"(빌 2:12)

는 바울의 권고를 따를 수가 없을 것이다. 어떻게 해야 오늘날 기독교인들이 아브라함이나 모세, 다윗, 예언자들, 그리고 예수, 바울, 사도들과 같은 사람들과 같은 생각을 하고 그들과 같은 삶을 살 수 있는가? 그 대답은 성서를 기록한 사람들의 '아치형을 이루는 사고 구조'(over-arching mind-set)를 이해하지 않고는 발견할 수 없다. 우리는 그들의 세계로 들어가야만 하고 그들의 문명에 대해 정통해야만 한다. 그리고 우리는 "우리 조상 아브라함을 생각해야만 한다."

2. 아덴인가, 예루살렘인가?

성서의 내적 사상 세계는 무엇인가? 성서 기자들의 문화적 사고 방식은 무엇인가? 성서는 헬레니즘(헬라 사상과 문화)의 시각으로 보아야 하는가, 아니면 유대주의(히브리 사상과 문화)의 시각으로 보아야 하는가? 분명히 이 마지막 질문은 신약 성서에 초점을 모은 것이다. 대부분의 학자들은 복음서 연구와 예수의 생애와 가르침에 있어서 유대적 배경이 기본적인 것으로 강조하고 있다.[2] 그러나 "이방인의 사도"(롬 11:13)인 바울의 서신의 배경에 대해서는 의견이 분분하다.

후기 유대교 학자인 사무엘 산드멜(Samuel Sandmel)과 같은 이들은 헬레니즘이 바울의 사상을 이해하는 데 있어서 열쇠라고 주장한다.[3] 하지만 데이비스(W. D. Davies)는 바울 사상 안에 헬레니즘적인 요소가 있음을 인정하면서도 바울을 다르게 이해하고 있다. 기념비적인 저서인 『바울과 랍비 유대주의』(Paul and Rabbinic Judaism)에서 데이비스는, 바울은 1세기 랍비 유대주의의 주류에 속하는 사람으로 이해되어야 하며 따라서 "그의 삶과 사상은 기본적으로 바리새파의 개념에 지배를 받았다"고 주장하고 있다.[4] 샌더스(E. P. Sanders)는 폭넓은 문제를 다룬 저서 『바울과 팔레스틴 유대주의』(Paul and Palestinian Judaism)에서 바울을 해석하는 또다른 실마리를 찾고 있다. 샌더스는 바울의 기독교는 유대주의와는 분명하게 구별되는 것이므로 유대주의로부터 확연히 분리시켜야 한다고 주장한다. 간단히 말해서 바울은 유대교로부터 기독교로 "회심한" 사람이라는 것이다.[5]

그러나 다른 각도에서 ─ 기본적으로 어원학적인 관점에서 ─ 제임스 바아(James Barr)는 "아덴인가 아니면 예루살렘인가"라는 논쟁에 새로운 자극을 주었다. 실질적인 그리고 논쟁적인 저서 『성서 언어의 어의론』(The Semantics of Biblical Language)에서 그는 문화(예를 들어 헬라 또는 히브리)의 기본적인 성격이 그 문화의 단어와 문법, 언어의 구문을 통해 규정되어질 수 있다고 하는 주장에 대하여 반박하고 있다.[6] 그는 보만(Thorleif Boman)의 『히브리 사상과 헬라 사상의 비교』(Hebrew Thought Compared with Greek), 그리고 많은 갈채를 받은 바 있는 키텔(Gerhard Kittel)과 프리드리히(Gerhard Friedrich)에 의해 편집된 『신약성서 신학 사전』(The Theological Dictionary of the New Testament) 등에서 사용한 방법론을 비판하고 있다.[7] 바아는, 단어가 개념을 표현할 수 없으며 언어와 정신은 쉽게 서로 연관을 맺을 수 없다고 주장하고 있다. 따라서 그는 어학 사전이나 신학 사전의 가치를 그렇게 높게 보지 않는다. 한마디로 말해서 그는 삶에 대한 관점을 히브리적인 것과 헬라적인 것으로 구분하는 것을 못미더워 했다.

그의 이러한 유용한 많은 통찰력들은 많은 성서학자들에게 상당한 영향을 주었다. 특별히 어원을 연구하는 방법론의 사용에 있어서 그러했다. 바아가 설파한대로 어떤 단어의 뿌리 즉 어원의 의미는 그 단어로부터 파생되어진 단어의 의미와 반드시 연관이 있는 것은 아니다. 또한 언어의 법칙과 컨텍스트 분석, 그리고 복합적인 언어에 대한 연구 등에 대한 그의 강조는 옳았다. 그러나 바아의 입장은 충분한 지지를 받지 못하고 있다. 그는 헬라식 사고방식과 히브리식 사고방식 사이의 차이점을 무시하였고, 그러한 사고방식을 만들어낸 역사적, 문화적, 사회심리학적인 배경과 같은 비언어학(非言語學)적인 요소들을 고려하지 않고 있다. 더 나아가 그는, 한 언어를 다른 언어로 의미를 크게 다침없이 옮길 수 있다는 인상을 심어주고 있다. 그러나 반드시 그렇지는 않은 것이, 단어들은 그 고유한 언어 안에서 어떤 특별한 문화적, 역사적인 발전을 할 수도 있기 때문이다. 예를 들어 헬라어 *nomos* 즉 법이라고 하는 단어는 유대인들도 쉽게 이해할 수는 있을 것이다(다시말해 유대인들은 이 단어를 *torah* 곧 "가르침"이라는 의미로 받아들일 것이다). 그러나 헬라인들은 이 단어를 일차적으로 다르게 이해할 것이다(즉 그들의 문화적 배경에서 이 단어를 다르게 이해할 것이다). 헬라식 사고와 히브리식 사고를 비교하는 문제에 대해서는 뒤에서 다시 다루게 될 것이다.[8]

위에서 다룬 논의들과 관련해서 한가지를 더 지적하자면, 어떤 학자들은 아덴과 예루살렘 사이의 상반성(相反性)을 지나치게 강조하는 경향이 있다는 것이다.[9] 특별히 이러한 현상은, 유대주의와의 단절 뿐만 아니라 그것과의 상당한 조화도 나타나는 바울의 저서를 다룰 때 나타난다. 이 "단절"(discontinuity)이라는 단어가 의미하는 바를 신중하게 생각해야 한다. 우리는 바울이 의사소통의 편의를 위하여 헬라어를 사용하고(즉, 바울은 70인역 성서-구약을 헬라어로 번역한 성서-를 많이 사용했다), 청중들이 잘 이해할 수 있도록 하기 위해 헬라 수사법을 사용했다는 것을 분명히 기억해야 한다.[10] 그러나 어떤 이들은 이러한 단절(비연속성)이 헬라적인 신앙안에 있는 바울의 종교적 사상의 원천에로까지 확대된다고 주장한다. 하지만 학자들은 초기 기독교가 헬라적인 철학이나 종교로부터 그 기본적인 신앙들을 빌어온 혼합적인 신앙이었다고 하는 일반적인 입장에 반대되는 중대한 자료를 제시했다.[11] 사실 초기에 널리 퍼졌던 생각, 다시 말해 바울의 서신들은 플라톤 철학의 영향을 상당히 받았다고 하는 생각에 도전하는 신빙성 있는 증거들이 오늘날 있다. 요컨대 현대 기독교인들은, 바울의 신학이 헬레니즘과 영지주의 또는 신비 종교들에 깊이 뿌리를 박고 있다는 생각에 대해 강한 회의심을 갖고 있다.

다음 장에서 상세히 다루겠지만 바울은 유대인의 토라(*Torah*, 율법, 교훈) 전승의 좋은 점을 지지하고 있다. 사실 바울은 "기독교인의 삶을 유대교적인 삶을 본받는 것으로 이해하였다. 그에게 있어서 그것은 상반적인 것이 아니라 그 믿음의 꽃의 만개였던 것이다."[12] 다시 말해 디아스포라(*Diaspora*-다른 나라에 흩어져 살던 유대인)였던 바울은 히브리 성서와 랍비들의 사상에 깊이 뿌리를 박고 있다는 것이다. 바울은 그가 "히브리인 중의 히브리인이요… 바리새인이라"(빌 3:5)고 말한대로 자신이 유대인임을 자랑스럽게 생각하였다(고후 11:22). 고대 이스라엘에 있어서 하나님은 "히브리식 심성을 가진 사람들을 통해서-비록 그들이 입술로는 헬라어를 말하고 손으로는 헬라어를 썼을 때에도-말씀하셨다."[13] 이는 바울에게 있어서도 마찬가지였다.

바울의 가르침-그 뿐만 아니라 성서 전체-을 바르게 이해하기 위해서는 먼저 그의 배경과 그가 편지를 썼던 당시의 상황을 이해해야만 한다. 크리스터 스텐달(Krister Stendahl)은 현명하게 "성서 연구의 임무, 더 나아가 성서 신학의 임무는 본문이 기록되었던 당시의 상황을 가정하면서, 어떤 본문의 말씀을 통해서 성서기자가 의도했던 바와 그 당시 사람들이 그 말씀을 어떻게 이해했는가를 '서술하고' 되새기고 현재와 관련시키는 것이다"라고 지적했다.[14] 바울은 그 당시에 많이 사용되던 헬라어 방언으로 썼다. 그러나 그의 내적인 정신 세계는 무엇보다 자신의 유대적 유산을 반영하고 있으며 본래 예루살렘에서 흘러나온 것들을 통해 형성되었다. 비록 바울이 헬라어로 편지를 썼을지라도 그의 신학의 핵심은 근본적으로 히브리적인 것이었다. 이것이 다소(Tarsus)의 유대 학자였던 바울의 정신세계이다. 따라서 저명한 유대인 신학자 아브라함 헤셀(Abraham Heschel)이 바르게 지적한 대로 "지리적으로 그리고 역사적으로 예루살렘과 아덴, 예언자들의 시대와 페리클레스(Pericles—아덴의 정치가)의 시대는 서로 그렇게 멀리 떨어져 있지는 않다. 정신적으로 그들은 서로 다른 세계인 것이다."[15]

다시 본래의 질문인 "아덴인가, 예루살렘인가?"의 문제로 돌아가보자. 바울의 서신뿐만 아니라 성서 전체의 제1차적인 문화적 배경은 히브리 민족의 셈족 세계(Semitic world)이다. 결과적으로, 하나님의 말씀을 기록한 사람은 모두가 유대인이었으며 히브리적인 인생관과 세계관을 갖고 있던 사람들이었다. 성서를 바르게 이해하기 위해서는 고대 근동 세계 가운데 자리잡고 있는 그들의 히브리적 배경을 잘 이해해야 한다. 따라서 우리는 실재(實在)에 대한 성서적 관점을 이해하기 위해서 먼저 아덴이 아니라 예루살렘으로 가야 할 것이다. 예언자들과 사도들로부터 나왔으므로 성서는 의심의 여지없이 그 편집이나 지향하는 면에 있어서 히브리적이기 때문이다. 간명하게 말해서, "구약은 신약의 기반이다. 신약성서의 메시지는, 헬라 전통에 반대되는 것으로서의 히브리 전통 속에 자리잡고 있다. 그리스도에게로 인도하는 우리의 안내자는 모세와 예언자들이지 플라톤이나 학술원이 아니다."[16]

이러한 맥락이 하나의 기독교 정신을 계발하는 데 암시하는 바는 막대하다. 우리는 헬라어 신약성서 상당 부분의 배후에 있는 신학적인 단어들과 어원학적인 관용구들이 철두철미하게 히브리적인 것임을 인식해야 한다. 프리드만(David Noel Freedman)은 신약성서 사상의 기반이 히브리적인 것임을 보여주고 있다: "성서 종교의 사고 패턴은 여러 세기 동안 사용해온 히브리어에 깊이 고착되어 있다. 사해사본이 보여주듯 주전 1세기의 유대 종파들에게 있어서 뿐만 아니라 주후 1세기의 신약성서 기독교의 경우에 있어서도 성서 종교의 언어는 히브리어이다."[17] 기독교의 히브리적 기원은 신약성서 자체가 확실하게 증거하고 있다. 바울은 "이방인들이… 함께 후사가 되고 함께 지체가 되고 함께 약속에 참여하는 자가 됨이라"(엡 3:6)고 진술하고 있다. 그러므로 이방인들은 하나의 새로운 역사를 갖게 된 것이다. 이제 이스라엘의 역사는 그들의 역사가 된 것이다. 이방인들이 대부분을 이루고 있던 고린도 교회에 편지를 보내면서 바울은 고대 이스라엘 사람들이 고린도 교인들의 조상이라고 말했다: "우리 조상들이 다 구름아래 있었고 바다 가운데로 지나며"(고전 10:1). 그러므로 초대 교회에서는 유대인과 이방인이 다함께 옛 히브리인들을 그들의 공통된 영적 조상으로 받아들였던 것이다.

3. 성서의 세계

성서 학자이며 신학자인 나이트(G. A. F. Knight)는 "만일 하나님이 이스라엘을 선택했다면 히브리어 역시 선택하신 것이다. 우리가 만일 이 자명한 사실을 받아들인다면 우리는 더 많은 것들을 받아들여야 할 것이다. 히브리인들은 천지에 있는 거의 모든 것들에 대하여 그들 나름대로의 독특한 사고 방식을 갖고 있었다."[18] 이제 우리는 그러한 견해에 대하여 일반적으로 동의할 수 있다. 하지만 '거의 모든'이라는 단어에 대하여 강조를 해야 할 것이다. 다시 말하면, 히브리인들은 모든 영역이 아니라 '거의 모든' 영역에 있어서 삶에 대해 독특한 또는 구별되는 접근을 했다는 것이다. 히브리인들은 다른 민족들과는 다른 독특한 삶을 산 민족이라고 불리우고 있지만, 그들 역시 많은 부분에 있어서 다른 민족들과 다를 것이 없었다. 그들은 다른 민족들과 같은 경험을 했다. 제도와 문화 그리고 일상적인 삶의 패턴과 지혜에 있어서 고대의 민족들과 많은 공통점을 갖고 있었다. 히브리인들은 자신들의 이웃인 지중해 동쪽의 문명권 안에서 살고, 이동하고, 관계를 맺으며 살았다.

간단하게 몇가지 예를 들어 보기로 하자. 이집트인들은 히브리인들이 할례의식을 받아들이기 전에 이미 할례를 행했다: 구약성서의 지혜 문학은 이집트와 메소포타미아의 시(詩) 장르(genre)와 깊은 문학적 연관성이 있음

을 보여주고 있다: 가나안 거민들은 하나님이 모세를 통해 희생 제사 제도를 만들기도 전에 동물 희생 제사를 행했다: 모세의 법전 — 특별히 신명기 — 의 문학적 구조는 이스라엘의 북쪽에 자리잡았던 히타이트(헷) 족속의 종주(宗主) 계약 형식으로부터 직접적인 영향을 받은 것으로 보인다: 히브리인들은 페니시아의 건축물인 두로의 후람(또는 히람)을 본떠서 솔로몬 성전을 지었다(왕상 7:13): 가나안의 우가리트(Ugarit) 문서는 시편의 난해한 단어들을 이해하는 데 많은 도움을 주고 있다: 신약성서는 바울이 비유대적인 자료들에 대해 잘 알고 있었음을 보여 준다. 아덴에서 그는 부활에 대한 그의 주장을 듣기 위해 모여든 에피큐리안(Epicurean, 쾌락주의자)과 스토아 철학자들과 논쟁을 벌였다(행 17:16-33). 디도서 1:12에서 바울은 그레데(Crete)의 시인인 에피메니데스(Epimenides)를 인용하고 있다. 이러한 실례들은 서로 다른 문화권 가운데 살던 고대 세계의 많은 민족들이 여러 차원에서 서로 영향을 주고 받았음을 잘 보여주고 있다. 히브리 민족도 이러한 문화 공유(共有)의 현상에 있어서 예외가 아니었다.

그러나 히브리 민족이 다른 문화를 수용함에 있어서 여타 민족들과는 확연히 다른 한 분야가 있었는데, 그것이 바로 히브리 민족의 종교로서, 이방 종교에 영향을 받았다고 하기 보다는 신적인 계시에 근원을 두고 있다. 다른 문화에 의존한다든가 또는 그 문화를 수용한다는 것이 반드시 그것을 인정한다는 것은 아니다. 다른 민족으로부터 무엇인가를 수용하거나 사용할 때는 그 배후에 있는 의도가 중요하다 할 수 있다. 아론의 금송아지 사용과(이러한 아이디어는 이집트로부터 빌어 온 것이다) 히브리인들의 달력에 나오는 어떤 이름들의 사용(이는 분명히 바빌로니아에서 빌어온 것이다) 사이에는 심원한 차이점이 있다. 더 나아가 히브리인들은 이웃의 사상을 무분별하게 받아들여 혼합주의나 문화 변용(變容)을 하지 않았다. 오히려 그들은, 서로 다른 문화를 교환함에 있어서 그들이 빌어 온 관례와 개념을 전혀 다른 형태로 독특하게 변화시켰다. 이러한 현상은 흔히, 시편 68:4에서 보듯이 이방 신화들을 깨뜨려 버리는 결과를 낳게 했다. 이 시편에서 다윗은 "구름을 타고 행하시던"분은 바알(Baal)신이 아니고 이스라엘의 하나님이라고 선포하고 있다. 히브리인들은 이처럼 어디에서 빌어온 것이든 관계없이 모든 사상과 모든 삶의 관점들을 하나님과의 계약 관계의 맥락 안에서 새롭게 해석했던 것이다. 다시 말하면, 그 모든 것들이 여호와 신앙의 이름으로 세례를 받았던 것이다. 아마도 우리는 이와같은 방법으로 바울이 그 당시의 구전(口傳)과 그가 익숙해 있던 랍비들의 가르침을 구약 성서와 함께 "그리스도에게" 세례받게 했음을 이해할 수 있을 것이다.[19]

바로 앞 문단에서 우리는 성서의 세계가 다양한 문화와 민족들을 포함하고 있음을 보았다. 헬라, 로마, 가나안, 그리고 이집트 문명에 대한 이해는 성서의 어떤 국면을 이해하는 데 있어서 중요하다. 많은 고고학적 발굴물들을 통해 우리는 수천년 동안 유대인들이 그러한 문명권 안에 살던 수많은 민족들과 관계를 맺고 살았음을 알고 있다. 성서는 놀라우면서도 신비한 방법으로, 인간의 언어(문화적인 제약을 받는)로 표현된 하나님의 음성(신적인 영감에 의한)이기에, 성서의 세계에 나오는 여러 민족들과 종교들을 이해하는 것은 절대적으로 필수적인 것이다. 이스라엘 민족 족장들의 메소포타미아 세계, 출애굽의 이집트인 세계, 다니엘의 바빌로니아 세계, 에스더의 페르시아 세계로 들어가지 않고는, 성서 해석의 과정에 있어서 참으로 중요한 요소, 즉 히브리인들이 그들의 이웃과 더불어 살면서 갖고 있었던 '차이점'과 또 그에 못지않게 중요한 '공통점'을 발견할 수 없게 될 것이다.

그러나 우선은 처음에 강조한 것으로 돌아가기로 하자. 왜냐하면 하나님의 택하신 백성에게 영향을 미쳤던 이러한 모든 고대 문명과 더불어 우리가 잊지 말아야 할 것이 있는데, 그것은 성서를 기록한 사람들이 "그들 나름대로의 독특한 사고 방법"을 갖고 있던 유대인들이라고 하는 사실이기 때문이다. 그들은 이스라엘의 종교 세계에 대해 정통한 사람들이었으며 그 세계의 일부분이었기 때문에 그들은 무엇보다도 그리고 기본적으로 삶에 대한 히브리식 관점을 보여주고 있다. 비록 히브리인들은 늘상 이방종교의 세계에 둘러싸여 살았지만, 세상에 대해 하나님의 토라(Torah)를 갖고 있는 사람들로서 그들의 이웃들과는 독특하게 구별되었다. 거룩한 삶을 살도록 자신들을 부르신 그들의 구원자에게 책임이 있는 믿음의 공동체로서, 그들의 삶의 스타일은 그들을 둘러싸고 있는 다신론적 문화 세계와는 구별된 것이어야 했다. 옷의 스타일이나 먹는 관습, 예배 방식, 그리고 윤리적인 가치관에 있어서 히브리인들은 하나님의 "보배로운 소유"였으며 "제사장 나라"였던 것이다(출 19:5-6).

여기에 이스라엘 민족의 신앙의 독특성이 있는 것이다. 하나님에 대한 그들의 이해와, 하나님께서 그들의 모든 삶과 역사에 관계하심에 대한 그들의 이해가 늘 적대적인 주변 환경 가운데 사는 그들을 지탱시켜 주는 힘이 되었던 것이다. 이러한 사실이 얼마나 중요한가 하는 것은 다음과 같은 서술에서 정확하게 드러난다: "히브리인들은 지리학적으로 고대 중동에 위치하고 있었다. 오랜 역사의 대부분을 그들은 자신들보다 강대한 나라들의 지배를 받으며 살아왔다. 하지만 특출한 것은, 그들을 지배해온 모든 민족들이 역사에서 사라졌지만 그들만이 여러 세기를 통해 자신들의 문화를 이어온 유일한 민족이라는 것이다. 그들을 병합하거나 한 민족으로서의 그들의 역사를 도말하려고 시도했던 열강들의 틈바구니 속에서도 그들이 버텨낼 수 있었던 것은 무엇보다도 그들의 독특한 종교 덕분이었다."[20]

4. 감람나무 뿌리와 가지

지금까지 우리가 강조해온 바는 이런 것이다: 성서는, 근본적으로 히브리적인 현실관(現實觀)을 반영하고 있다. 사실 초대 기독교인들에게 있어서 "기독교적으로" 사고한다고 하는 것은 곧 히브리적으로 사고하는 것을 의미했다. 신약성서 대부분의 하부 구조와 기반이 히브리적이라고 하는 것은 그렇게 놀랄만한 것이 아니다. 무엇보다도 예수는 유대인이었지 이방적인 기원을 갖고 있는 기독교인이 아니었다. 그의 가르침은, 그를 따르는 사람들의 가르침과 마찬가지로, 분명한 민족성과 문화를 반영하고 있다. 신약성서는, 어머니가 자녀를 낳고 기르듯이 히브리 문명과 언어가 기독교를 낳고 자라게 했다는 사실을 더없이 분명하게 증거해주고 있다.

로마서 9-11장에서 바울은 유대인과 이방인의 현재와 미래에 대해서 하나님의 계획이라고 하는 측면에서 논의하고 있다. 그는 율법의 행함으로가 아닌 믿음으로 얻는 칭의에 대해 강조하고 있는데, 이때문에 어떤 학자들은 바울이 유대인과 토라를 영원히 제쳐진 것으로 생각하고 있는 것이라고 주장하기도 한다. 그러나 바울 자신은 이렇게 말하고 있다. "그럴 수 없느니라" (롬 11:1). 스텐달이 바르게 지적한 대로 "로마서 9-11장은 1-8장의 부록이 아니고 이 서신의 절정 부분이다."[21]

로마서 11장에서 바울은 이방적인 배경을 가지고 있는 믿음의 사람들에게 "자긍하거나"(18절) "높은 마음을 품지 말라"(20절)고 경고하고 있다. 그들은 단지 참감람나무(이스라엘, 24절)에 접붙여진 돌감람나무일 뿐이다. 그들은 하나님의 자비하심으로 "참감람나무 뿌리의 진액을 함께 받는 자가"(17절) 된 것이다. 여기에서 바울은 이스라엘(나무)과 이방인(접붙여진 가지) 사이의 연합에 대하여, 구약성서의 잘 알려진 원예(園藝) 비유를 들어 설명하고 있다. 그것은 철저하게 히브리적이다. 이스라엘에 대하여 예레미야는 이렇게 말하고 있다: "나 여호와가 그 이름을 일컬어 좋은 행실 맺는 아름다운 감람나무라 하였었으나"(렘 11:16). 호세아도 역시 이스라엘에 대하여 "그 아름다움은 감람나무와 같고"라고 표현하고 있다(호 14:6). 다윗은 자신을 가리켜 "오직 나는 하나님의 집에 있는 푸른 감람나무 같으며"라고 말하고 있다(시 52:8). 바울은 이러한 살아있는 그리고 성장하는 감람나무의 상징을 통해 신실한 유대인과 이방인들의 운명이 서로 굳게 얽혀있음을 말하고 있다. 그러므로 히브리적인 토양에 깊이 심겨진 교회는 그 자신의 진정한 정체성(identity)을 이스라엘과의 관계 속에서 찾을 수 있는 것이다. 교회는 이러한 관계에 의하여 성장하며, 지속되며, 지탱된다.

여기서 좀더 충분히 감람나무 비유의 배경과 성격에 대하여 살펴보는 것이 좋을 것이다. 이 비유적 표현은 유대인과 이방인이 서로 어떻게 연결되어 있는가를 잘 그려주고 있다. 감람나무는 신약성서 시대의 지중해 연안 지방에 잘 알려져 있었다. 로마의 경제에 있어서 이 감람나무가 성서 시대 이후로 지금까지도 중요한 역할을 하고 있다고 하는 것은 이탈리아가 지금 세계에서 올리브(감람)나무를 가장 많이 재배하고 있는 나라라고 하는 것만을 보아도 알 수 있다. 그러므로 사도 바울이 로마에 있는 교회에 편지를 보내면서 올리브 나무 상징을 사용한 것은 이상할 것이 없다. 비꼬인 줄기와 연하고 짙은 잎사귀 때문에 서구인들에게는 이 나무가 특별히 아름다운 나무로는 보이지 않을 것이다. 그러나 동양 사람들의 눈에는 이 올리브 나무가 예술적인 외관을 갖고 있는 것으로 보여 모든 사람들에게 경탄의 대상이 되고 있다. 우리는 여기서 유대인이면서 로마의 시민권을 가진 바울(행 22:25)이 왜 가장 중요한 신학을 설명하기 위해 올리브 나무를 택했는지를 분명히 볼 수 있다. 로마 교회에 보낸 편지의 수신인들 가운데 많은 사람들이 성서와 일상생활로부터 올리브 나무에 대해 잘 알고 있는 로마-유대인(Roman Jews)이었다.

그러나 오늘날 북미나 서부 유럽에 사는 많은 사람들은 성서 시대에 유명했던 이 올리브 나무를 잘 알지 못하는 것 같다. 이 나무의 생김새에 대한 그림 설명이 필요할 것이다. 올리브 나무는 다른 나무들보다 그 수명이 오랜 것으로 유명하다. 지금도 감람산에 있는 겟세마네(이 단어의 의미는 '올리브 기름을 짜는 틀'이다) 정원을 방문하면 고색 창연한 많은 올리브 나무를 볼 수가 있는데 그 중에는 수백년 된 것들도 많다. 모세가 가나안을 "감람나무 소산지"라고 묘사한 것(신 8:8)은 꼭 맞는 말이다. 올리브 나무의 뿌리는 (롬 11:18 참조) 놀랄만치 강해서 바위틈이나 뜨겁고 건조한 땅에서도 잘 자란다. 매우 오래된 올리브 나무 뿌리 주위에는 연한 작은 올리브 나무들이 자라고 있는 것을 많이 볼 수 있다. 이러한 모습을 보고 시편 기자가 "네 상에 둘린 자식은 어린 감람나무 같다"고 노래했을 것임에 틀림없다(시 128: 3).

더 나아가 이 올리브 나무는 대개가 여러 세기동안이나 열매를 맺는다는 사실을 염두에 두면 왜 바울이 그러한 신학적인 비유를 했는가 하는 것을 잘 알 수 있을 것이다. 잘 익은 올리브 열매는 먹거나 그 기름을 짰다. 올리브 기름은 이미 솔로몬의 시대 — 어림잡아 바울의 시대보다 1천년전 — 에도 부자들의 중요한 재산으로 여겨졌다(왕상 5:11, 대하 2:10을 보라). 올리브 기름은 또한 요리나 등불, 기름붓는 의식, 그리고 환자들의 치유를 위해 사용되기도 했다. 그 목재는 건축재료로 사용되었으며, 솔로몬 성전을 짓는 데도 사용되었다(왕상 6:23-33). 오늘날 베들레헴에 있는 올리브 목재 가공소와 상점들에는 한 주에도 수천 명의 방문객들이 다녀간다.

5. 이스라엘에 접붙여짐

올리브 나무가 소중했던 배경을 살펴보았다. 이제 다시 바울의 올리브 나무 뿌리와 가지의 비유로 돌아가자. 여기에서는 바울의 가르침의 중요한 부분들과 그것이 오늘의 우리들에게 암시하는 바를 살펴보게 될 것이다. 먼저, 바울은 이방인을, 잘 가꾸어진 감람나무에 접붙여진 야생 감람나무 가지로 묘사하고 있다(롬 11:17, 24). 다른 곳에서 바울은 이방인을 "할례받지 않은 사람" 또는 "이스라엘 나라 밖의 사람," "약속의 언약들에 대하여 외인," "소망이 없고," "멀리 있던" 사람들로 표현하고 있다(엡 2:11-13).

이러한 용어들은 이방인에 대한 하나님의 자비를 가장 잘 보여주고 있다. 그들은 우상을 숭배하는 이교도들이었으며(고전 12:2) 그들 스스로는 아무것도 줄 것이 없는 그런 사람들이었다. 반대로 유대인은 하나의 유리한 점을 갖고 있었다. "저희가 하나님의 말씀을 맡았음이라"(롬 3:2). 여기에서 묘사된 접붙임 방식은 색다른 것으로서 이 비유는 아무 가치도 없고 자랑할 것도 없는 것이 갑자기 새로운 연결을 통해 가치있는 것으로 변해졌음을 강조하고 있다.

구원의 역사 밖에 있던 사람들에게 베풀어 주신 하나님의 놀라운 은혜가 여기에서 잘 묘사되었다. 이방인들, 다시 말해 인간적인 장점이나 내세울 것이 없는 그러나 단지 "믿음으로 선"(롬 11:20) 사람들이 이제는 유대인들을 통하여 충만하고 활기넘치는 삶을 누리게 된 것이다.

둘째로, 우리는 올리브 나무 뿌리에 대하여 정확하게 알아야 한다(롬 11:16-18). 이 뿌리가 메시아 또는 메시아 운동을 가리킨다고 주장하는 사람들도 있다. 그러나 이러한 견해는 "감람나무 뿌리"를 "이새의 뿌리"(사 11:1, 참조, 사 53:2) 또는 "다윗의 뿌리"(계 5:5)와 혼동하는 것이다.[22] 이 비유의 컨텍스트를 살펴볼 때 우리는 이 뿌리가 족장들 - 아브라함, 이삭, 그리고 야곱 즉, 유대인들의 신실한 조상들, 하나님의 백성을 창건한 충실한 인물들을 지칭하는 것이라는 결론을 얻게 된다. 그들은 인내하는 믿음, 오랜 세월동안 결코 썩거나 뿌리 뽑히지 않는 믿음을 지녔던 이들이다. 이러한 믿음으로 충만한, 깊이 뿌리를 내린 유대인이라고 하는 채널을 통하여 하나님은 구원과 축복이 언젠가는 이방인들에게 전달될 것이라고 약속하셨다(참조, 창 12:3). 바울의 시대에, 이 약속은 완전히 이루어졌다. 이방인들은 이제, 살아계신 하나님에게 사랑의 순종을 하고 하나님과 함께 동행한 저 신비스러운 남은 자들인 이스라엘에게로 접붙여졌다.

셋째로, 우리는 그 뿌리가 새로 접붙여진 가지에 영향분을 공급한다는 사실에 주목해야 한다(롬 11:18). 바울이 여기에서 사용한 헬라어는 *bastazo*로서 "나른다," "운반한다," "든다," "지지(支持)한다"는 의미를 갖고 있다. 신약성서의 다른 곳에서는 짐을 나르는 사람(마 20:12)과 사람을 지탱해주는 동물(계 17:7)에 대해 묘사할 때 이 단어가 사용되었다. 누가복음 11:27에서는 이 단어가 아이를 잉태한 태내(胎內)를 언급하는 데 사용되고 있는데, 양육, 생명 유지 또는 사람이 철저히 의존하는 그 어떤 것이라는 뉘앙스를 갖고 있는 것으로 보인다. 사실 bastazo라는 단어가 사용된 곳들의 컨텍스트를 살펴보면 이 동사가 "끊임없는 복종의 태도를 내포하고 있다"[23]는 사실을 발견하게 된다. 이러한 뉘앙스는 하나님의 가족 안에서의 이방 신자들의 위치와 관련해서 그들에게 요구되어지는 적절한 태도를 암시한다. 이방인들은 올리브나무 뿌리인 이스라엘로부터 모든 진액을 공급받기 때문에 자랑하거나 거만하거나 자부심을 가질 수가 없다(롬 11:20). 구원과 영적인 생존을 위하여 유대인들에게 의지해야 한다. 단 존슨(Dan Johnson)이 이러한 관계를 잘 설명했다: "바울의 시대로부터 시작해서 지금까지 교회는 자신의 존재를 이스라엘과 무관하게 생각해온 것 같다. …바울에 따르면, 자신의 존재를 이스라엘과 무관하게 여기는 어떤 교회도 더이상 하나님의 구원 계획의 한 부분으로서의 교회가 아니며 단순히 또다른 하나의 종교 단체에 지나지 않을 뿐이다."[24]

올리브 가지는 오랫동안 평화를 상징해왔다(참조, 창 8:11). 바울이 로마서 11장에서 그것으로 유대인과 이방인의 연합을 묘사하고 있지만, 아이러니하게도 역사를 통해 볼 때 그들의 관계는 적대관계였다는 사실은 비극이 아닐 수 없다. 교회는 "두려워하라"(롬 11:20)는 바울의 경고에 귀를 기울였어야 했다. 위에서 지적한 바대로 이방 세계가, 하나님의 옛 언약 백성의 신실함 즉 이스라엘과 감람나무 연합 관계를 맺게 된 것은 순전히 하나님의 은혜와 자비로 말미암은 것이었다. 그러나, 뒤에서 자세하게 언급하겠지만, 이미 2세기 중반에 교회는 자신을 올리브 나무의 위치로 끌어올리고 자긍하기 시작했다.[25] 교회가 이처럼 자긍하면서 유대교적인 뿌리를 잘라 버리고 오랫동안 반유대주의(anti-Judaism)의 입장을 견지해온 사실 등에 대해서는 3장에서 7장까지에 걸쳐 다루게 될 것이다.

로마에 있던 교회처럼 이방인인 우리들은 항상, 우리 안에서는 올리브 나무의 "진액"(17절)의 원천을 발견할 수도 없으며 우리가 그 나무의 뿌리를 보전하는 것도 아님을 기억해야 한다. 바울은 오히려 그 반대가 사실이라고 설명하고 있다. 이스라엘은 "너를 보전하는"(18절) 뿌리이다. 이방인이 하나님과 바른 관계를 맺으려면, 겸손히 유대인의 책을 받아들이고 귀하게 여기며, 유대인의 하나님을 믿고, 유대인으로 접붙여져야 하며, 그렇게 함으로써 그들과 공유하게 된 것들을 통하여 그들처럼 되어져야 한다고 우리는 말할 수도 있을 것이다.

이 첫 장에서는 교회의 역사에 있어서 히브리적 사고의 보다 넓은 컨텍스트를 소개하려고 했다. 그러나 이 장을 끝내기 전에 우리는 바울의 예리한 비유 곧, 뿌리와 가지의 비유로 돌아가게 된다. 특별히, 그와같은 생생한 비유적 표현은 모든 기독교인들에게 아브라함 헤쉘(Abraham Heschel)이 던진 다음과 같은 도전적인 질문에 대해 생각하게 한다: "교회에 있어서 중요한 문제는, 유대교 안에서 뿌리를 찾고 자신을 유대교의 확장으로 생각할 것인지 아니면 이방 헬레니즘에서 뿌리를 찾고 자신을 유대교의 반대(antithesis)로 생각할 것인지를 결정하는 것이다."[26] 간단히 말해서, 중심 문제는 "한때는 그의 백성이 아니었던 우리가 그리고 오직 그의 은혜로 말미암아 그의 백성이 된 우리가, 옛날부터 그의 백성이었던 사람들로부터 배울 수 있는 것은 아무것도 없다"[27]는 것이 사실인지 아닌지를 분별할 수 있는 능력을 우리가 갖고 있느냐 하는 것이다.

제1장의 이해를 위한 연구과제

1. 신약성서의 첫째 절(마 1:1)에서 예수의 유대적 혈통과 관련된 구약의 두 인물을 말해보라. 왜 이 두사람의 이름이 마태복음의 족보에 맨 처음으로 나오고 있다고 생각하는가?
2. 셈족(Semite)이라는 단어는 성서의 누구에게서 유래된 것인가?
3. "히브리인"이라고 불리워진 첫번째 사람은?
4. 모든 기독교인들은 자신의 영적 기원을 아브라함에게서 찾고 있다. 갈라디아서 3:29은 이에 대해서 어떻게 말하고 있는가?
5. 헬레니즘에 대하여 간단히 정의하고 왜 헬레니즘이 그렇게 빠른 속도로 지중해 지역으로 퍼져나갔는지 알아보라.
6. '바울의 기독교'와 '유대교'와의 관계에 대하여 샌더스(E. P. Sanders)와 데이비스(W. D. Davis)는 각각 어떻게 이해하고 있는가?
7. 제임스 바아(James Barr)는 "아덴인가 아니면 예루살렘인가" 하는 문제에 대하여 어떻게 공헌하고 있는가? 그의 입장에 대하여 논하고 평가하라.
8. 많은 사람들이 바울신학의 뿌리가 일차적으로는 이교도적인, 비유대적 종교 사상에 있다고 생각한다. 바울의 신학 형성에 영향을 미쳤다고 생각되는 세가지 공통된 자료는 무엇인가?

9. 자신을 "히브리인 중의 히브리인이요 …바리새인이라"고 말한 사람은?

10. "*lingua franca*"(역자는 본문에서 이를 '헬라어 방언'으로 번역하였다)에 대해 정의하라. 신약성서 시대에 *lingua franca*는 무엇이었는가? 이것이 제1세기 유대인들에게 어떤 영향을 미쳤는가?

11. 다음과 같은 헤셸의 견해에 대하여 어떻게 생각하는가? "지리적으로 그리고 역사적으로 예루살렘과 아덴, 예언자들의 시대와 페리클레스의 시대는 서로 그렇게 멀리 떨어져 있지 않다. 정신적으로 그들은 다른 세계인 것이다."

12. 에베소서 3:6과 고린도전서 10:1과 같은 텍스트들로 미루어 볼 때 초대 교회 안에 있던 이방인들은 자신들의 역사를 어떻게 이해했다고 볼 수 있는가?

13. 성서가 히브리인들이 그들의 이웃 민족들과 서로 문화를 주고 받았다고 하는 것을 보여주는 실례를 대여섯 가지 들어보라.

14. 타 민족의 문화를 빌어옴에 있어서 히브리인들이 여타 민족들과 다른 점은 무엇이었는가? 또 그것이 성서의 영감과 권위에 대한 우리의 이해에 대해 암시하는 바는 무엇인가?

15. 다윗은 하나님을 "구름을 타는"(시 68:4)분으로 선포하고 있는데 그가 정말 이방 신화를 깨뜨리고 있다고 생각하는가?

16. 예수는 기독교인이 아니었다. 이 말에 동의하는가 반대하는가? 그 이유는?

17. 크리스터 스텐달(Krister Stendahl)의 견해에 따르면, 로마서의 클라이막스 부분은 어디인가?

18. 예레미야서와 호세아서는 로마서에 나오는 바울의 올리브 나무 비유 이해에 어떤 공헌을 할 수 있는가?

19. 올리브 나무가 성서시대에 중요했던 까닭은?

20. 로마서 11장에 나오는 야생 감람나무는 누구를 가리키는가?

21. 바울의 관점에서 볼 때 왜 이스라엘 민족에게로의 이방인의 "접붙임"이 하나님의 자비와 은혜를 보여주는 예증인가?

22. 로마서 11장에 나오는 올리브 나무의 뿌리에 대해 대체적으로 두가지로 해석을 하고 있는데, 그것은 무엇이며, 어떤 해석이 옳다고 생각하는지 논의하라.

23. *bastazo*라는 동사가 로마서 11:18에서는 어떠한 의미로 씌어졌으며, 이 단어가 이방인과 유대인의 관계에 대하여 암시하는 바는 무엇인가?

24. 단 존슨(Dan Johnson)의 다음과 같은 결론에 대하여 논하라. "바울에 따르면 자신을 이스라엘과 무관하게 생각하는 어떤 교회도 더이상 하나님의 구원

계획의 한 부분으로서의 교회가 아니며 단순히 하나의 또다른 종교 단체에 지나지 않는다."

25. "이방인이 하나님과 바른 관계를 맺으려면, 겸손히 유대인의 책을 받아들이고 귀하게 여기며, 유대인의 하나님을 믿고, 유대인으로 접붙여져야 하며, 그렇게 함으로써 그들과 공유하게 된 것들을 통하여 그들처럼 되어져야 한다." 이에 대해 동의하는가 아니면 반대하는가? 논의하라.

26. 아브라함 헤쉘(Abraham Heschel)은 교회의 중요한 문제는 교회가 자신의 뿌리를 어디에서 찾을 것인지를 결정하는 것이라고 했다. 오늘날 교회는 자신의 뿌리를 어디에서 찾고 있는지 크게 두 가지로 말해보라. 또 거기에 대해 어떻게 생각하는지 논의하라.

제 2 장
이방인과 유대인, 그리고 유대적인 유산

"그러므로 이제부터 너희가 외인도 아니요 손도 아니요 오직 성도들과 동일한 시민이요 하나님의 권속이라"(엡 2:19)

앞 장에서는 기독교의 뿌리는 유대교의 토양 속에 깊이 박혀 있다는 중요 주제를 강조했었다. 바울이 올리브 나무의 비유를 통해 설명하였듯이 이방인 신자들은 이스라엘에 의존하거나 이스라엘에 의하여 지탱되고 있다. 아브라함의 영적인 자녀로서 이스라엘과 연결된 까닭에 기독교인들은 유대인들에게 그들의 광대한 종교적 유산에 대해 빚을 지고 있는 것이다. 어린 아이가 어머니에게 철저하게 의존하는 것처럼 기독교는 유대교없이 존재할 수 없다.[1] 데이비스(W. D. Davies)가 말했듯이, "기독교의 참된 기반은 유대교이다. 기독교는 바로 유대교의 골격이다."[2] 이 책 전체를 통해 우리는 기독교와 유대교의 관계에 대하여 성서가 암시하는 바를 자세하게 살펴보게 될 것이다. 이 장에서는 특별히 유대화(Judaizing)의 문제, 바울과 율법, 그리고 오늘날의 교회 안에서의 유대교 유산의 위치 등의 문제에 대해 다루게 될 것이다.

1. 새로운 영적 가족

피우스 11세(Pius XI) 교황이 한번은 "영적으로 우리는 모두가 다 셈족이다"라고 하는 인상적인 말을 한 적이 있다. 자신이 물려받은 영적 유산과 자신의 성서적 뿌리를 바르게 이해하고 있는 기독교인들은 이러한 진술이 사실임을 인정할 것이다. 성서를 연구하는 목적은 성서적인 정신을 습득하는 것, 다시 말해 "성서적인 범주(範疇)를 뛰어넘어(sic: 의심스럽거나 잘못된 원문을 그대로 인용했을 때 그 인용구 뒤에 적는 용어임-역주) 느끼고 생각하기도 하는 세대 가운데서 영적인 셈족이 되는 것"이다.[3] 사실, 성서적으로 될수록 더욱 더 셈족과 같이 될 것이다. 성서를 진지하게 받아들이면서 동시에 반(反) 셈족이 되거나 반(反) 유대주의가 될 수는 없는 것이다. 그렇지 않으면 자기 증오에 빠지게 되고 말 것이다. 기독교인에게 있어서 구약과 신약은 단지 같은 "책"의 서로 다른 부분일 뿐이다.

아브라함이라는 이름은, 그 어원에 대해서 학자들이 다 동의하는 것은 아니지만, "많은 사람들의 아버지" 또는 "군중의 아버지"를 뜻하는 것으로 보인다. 창세기에서 하나님은 아브라함의 이름과 그의 운명의 연관성을 강조하고 계신다. "내가 너로 열국의 아비가 되게 하고 내가 너로 심히 번성케 하리니 나라들이 네게로 좇아 일어나며 열왕이 네게로 좇아 나리라"(창 17:5-6). 여기에서 "나라들"이라고 옮겨진 히브리어는 *goyim*으로서 "이방인들"이라고 옮길 수도 있다. 여기에서 우리는 하나님의 언약의 영역이 확대될 것이며 언젠가는 비(非)유대인들도 아브라함을 자신의 조상이라고 부르게 될 것이라는 암시를 받게 된다. 바울은 아브라함의 영적 가족은 아브라함의 믿음을 소유한 사람들을 포함한다고 말한다. 왜냐하면 그는 "모든 믿는 자의 조상이 되기"(롬 4:11) 때문이다.

더 나아가 바울은 아브라함의 믿음의 중요성을 강조하고 있다: "아브라함이 하나님을 믿으매 이것이 저에게 의로 여기신 바 되었느니라"(롬 4:3). 바울은 "때가 찼으므로"(갈 4:4), 하나님의 가족이 되는 새로운 길이 달리 없다는 것을 강하게 주장하고 있다. 오히려, 신약 시대의 사람들도 구약 시대의 사람들이 하나님과 바른 관계를 맺기 위해 사용했던 것과 똑같은 방법으로 하나님과 바른 관계를 맺어야 한다는 것이다. 그러므로 구원은, 아브라함에게든 바울 당시의 로마에 살던 이방 신자들에게든 인간적인 노력(성취)으로가 아니라 오직 믿음을 통해서만 얻어지는 것이었다. 교회는 영적으로 이스라엘에게로 합병되었으므로 유대인 사도들과 예언자들의 히브리적 기반 위에 세워졌으며 그 모퉁이 돌은 유대인 하나님이시다(참조, 엡 2:20).

(1) 구원은 은혜로? 아니면 행위로?

오늘날 교회 안에는, 기독교는 은혜의 종교인 반면 유대교는 구원이 율법의 행위로 말미암는다고 가르치고 있다고 생각하는 사람들이 많이 있다. 이것은 바울 당시에도 마찬가지였다. 유대교에 대한 그와 같은 인식은 사실상 진실과 거리가 멀다고 할 수 있다. 한 기독교 학자가 설명했듯이 "우리가 설교나 가르침에서 이러한 견해를 선전하면 할수록 우리는 그만큼 거짓 증인이 되고 마는 것이다."[4]

바울은 아브라함의 후손이 되었다고 하는 진정한 표식은 육체적인 것이 아니라 영적인 것이라고 강조하고 있다(롬 2:28-29). 그것은, 개인적인 성취를 통해 그의 가족의 일원이 되는 길을 얻는 것이 아닌, 마음의 할례를 포함하고 있다. 이러한 바울의 가르침은 새로운 것이 아니다. 모세와 예언자들도 그렇게 가르쳤다(신 10:16, 렘 4:4). 마찬가지로 바울은 이렇게 말한다: "너희가 그 은혜를 인하여 믿음으로 말미암아 구원을 얻었나니 이것은 너희에게서 난 것이 아니요, 하나님의 선물이라. 행위에서 난 것이 아니니 누구든지 자랑치 못하게 함이니라"(엡 2:8-9). 더 나아가, "우리를 구원하시되 우리의 행한 바 의로운 행위로 말미암지 아니하고 오직 그의 긍휼하심을 좇아 중생의 씻음과 성령의 새롭게 하심으로 하셨느니라"(딛 3:5). 바울이 거듭 이러한 사실을 강조하고 있는 것은 그가 유대적 교육을 받았음을 생각할 때 전혀 이상한 것이 아니다. 이러한 것들은 유대인의 성서 속에 깊이 자리잡고 있기 때문이다.

제1세기 유대교의 일반적인 가르침에 의하면, 비록 바울의 서신들 가운데 어떤 부분은 그러한 인상을 주지 않는 것처럼 보이는 곳이 있을지라도, "선택과 궁극적인 구원은 인간의 성취에 의해서가 아니라 하나님의 자비에 의한 것으로 여겨졌다."[5] 유대인 신약성서 학자인 라피드(Pinchas Lapide)는 "랍비들은 토라를 결코 구원의 수단으로 생각하지 않았다… [우리 유대인들은] 구원은 하나님의 전권(全權) 사항이라고 믿는다. 그래서 우리 유대인들은 '순전한 은혜'의 주창자들인 것이다"에 동의했다. 그는 모든 탈무드 학자들이 구원은 "오직 하나님의 자비와 사랑을 통해서만" 얻을 수 있는 것이라고 가르치고 있음을 강조하면서 결론을 맺고 있다.[6] 역사적으로 볼 때, 유대주의가 기독교만큼 믿음을 강조하지 않은 것은 사실이다.

그러나 오늘날의 기독교인들은 유대주의가 *olam ha-ba* 즉 "다가오는 세계" (내세)를, 행위로서가 아니라 하나님의 은혜로 얻어지는 것이라고 가르치고 있음을 주목해야 한다.

(2) 새로운 용어

신약성서는 아브라함의 영적 가족으로 "접붙여진" 이방인들의 새로운 관계를 묘사하기 위하여 보다 많은 신학적 용어들을 사용하고 있다.[7] 현대의 대부분 기독교인들은 자신을 "이방인들"로 생각하는 경향이 있다. 그러나 성서는 자주, 이스라엘의 믿음을 가진 사람들과 이방인들을 분명하게 구분하고 있다. "이방인들"을 의미하는 *goyim*이라는 단어는 다양하게 사용되었는데 귀신에게 제사를 드리는 자들(고전 10:19, 20), 우상을 숭배하는 자들, 그리고 이교도들의 성윤리(性倫理)를 따르는 자들(행 15:23-29)을 그렇게 부르고 있다. 그러나 이방인이었던 사람들이 일단 이스라엘의 살아계신 하나님을 믿게 되면 그들은 더 이상 이교도들 주위를 맴돌지 않고 우상숭배 행위를 하지 않았다. 유대교로 들어오기를 원하는 이방인들에게 베풀어졌던 세례가 이를 잘 설명해 준다. 유대교인이 되기를 원하는 자는 완전히 발가벗고 자신을 물 속에 담근다. 이는 이전의 모든 더러운 것들을 상징적으로 씻는 예식이었다. 이스라엘 백성과 함께 서기 위하여 그의 과거를 물에 잠갔던 것이다.

신약성서는 복음을 이미 받아들인 비유대인 신자들을 지칭할 때 바로 이 역사적이며 널리 사용된 "이방인"이라고 하는 용어를 종종 사용하고 있다. 그러나 성서 기자들이 이 단어를 그렇게 일반적이며 널리 통용된 방식으로 사용한 것은 무엇보다도 독자들과의 효과적인 의사소통의 필요성에서 그리한 것으로 보인다. 아마도 혼란을 가져올 것으로 우려해서 새로운 신학적 용어들을 도입하거나 사용하기를 기피했을 것이다.

유대적인 배경을 가지고 있는 사람이든 이교적인 배경을 가지고 있는 사람이든 관계없이, 신약성서의 믿음의 사람들은 구약성서의 믿음의 공동체와 긍정적인 연관성을 갖고 있다. 위에서 강조한 것처럼 그들은 아브라함의 영적 자녀들이다. 따라서 우리가 신약성서로 하여금 스스로 말하게 할 때, 우리는 모든 기독교인들—유대인이든 아니든—을 위해 사용된 신학적 용어들(히브리적 연관성을 반영해주는 용어들)을 많이 들을 수 있을 것이다. 예를 들면, 베드로는 그의 독자들(그들 중의 대부분은 유대인이 아니었다)을 "택하신 족속, 왕같은 제사장, 거룩한 나라, 하나님의 소유가 된 백성"(벧전 2: 9)이라고 부르고 있다. 심지어 그들은 "흩어진 나그네"(*diaspora*, 벧전 1: 1)라고 불리우기도 했다. 그 뿐만이 아니다. "성도들, 사도들, 상속자들, 함께 유업을 이을 자들, 에클레시아(*ekklesia*, "불리움을 받았다" 즉 교회)의 구성원들"이라고 하는 표현도 발견되어진다. "신도들"이라고 하는 용어도 신약성서에(특별히 요한 서신에) 상당히 많이 나온다. 오늘날 이스라엘에서 기독교인들은 동료 신도들을 부를 때 *ma' aminim*이라는 용어를 사용한다.

(3) 이방인과 기독교인은 동의어가 아니다.

오늘날 "이방인"이라고 하는 단어때문에 유대인 공동체 사이에 상당한 혼란이 생기고 있다. 일반적으로는 "이방인"과 "기독교인"이 같은 용어인 것처럼 생각되고 있다. 그러나 실상 많은 이방인들이 자기가 기독교인이라고 고백하지 않는다. 오늘날 교회 안에 있는 사람들은 누구나 다 "이방인 기독교인"이 무엇을 의미하는지 알고 있다. 부분적으로 이것은, 역사적인 요인들에 의해 생긴 가정(假定) 즉 교회는 이방인들을 위한 곳이고 회당(synagogue)은 유대인들을 위한 곳이라는 생각에서 비롯된 것이다. 그러나 다른 관점에서 볼 때 "이방 기독교인"이라는 단어는 오해하기 쉽다. 즉 그것은 "이교도 기독교인"이라는 말과 같은 의미인 것이다. 한 사람이 기독교인이 될 때, 그는 새로운 신분(identity)을 갖게 된다. 하지만 그것은 결코 이교도 신분이 아니다. "비유대인" 또는 "비유대교인"도 보다 적절한 타이틀처럼 보일 수 있으나(최소한 위의 관점에서 볼 때) 이 용어도 문제가 있다. 이것은 그들로 하여금 그들이 마땅히 감사한 마음으로 포용해야 하는 그들의 뿌리와 별로 -아마도 상당한 정도로- 관계가 없는 것처럼 느끼게 할 수도 있기 때문이다.

이러한 타당한 이유로 인해 이 책에서는 믿는 사람들이라는 의미로 "이방인"이라는 단어를 사용할 것이다. 신약성서는 이 점에 있어서 일관성이 없고 우리도 마찬가지다. 그럼에도 불구하고 초대교회에서 사용한, 위에서 논의한 바 있는, 보다 성서적이고 신학적으로 적절한 용어로 돌아가기 위한 진지한 노력은 오늘날의 교회로 하여금 보다 더 깊이 자신의 유대적 뿌리를 인식하게 하는 데 중요한 역할을 할 것이다.

2. 동방의 책과 서구 세계

우리들의 유대-기독교인 유산[8]은 여러 국면을 갖고 있으며 풍부하다. 이러한 사실은 다음과 같은 렉키(William Lecky)의 말로 가장 잘 요약될 수 있을 것이다: "히브리적인 회반죽이 미국 민주주의의 기반들을 굳혀주었다."[9] 그러나 불행하게도 현대 기독교는 너무 자주, 과거로부터 물려받은 상당한 유산들을 대부분 무시하며 그것들을 자신들의 것이라고 주장해왔다.[10] 이러한 점에 대하여 로젠베르크(Stuart Rosenberg)는 "온전한 기독교인"이 되기 전에 먼저 "유대인이 된다는 것이 무엇을 의미하는지를 알아야만 한다"고 기독교인 공동체에게 주지시키고 있다. 더 나아가 그는 "우리의 기독교 신앙이 깊으면 깊을수록 우리는 더욱 더 자신을 유대인처럼 생각하게 될 것이다"라고 지적하고 있다.[11]

미국과 캐나다, 그리고 영국같은 곳에 사는 사람들에게는 히브리적인 사고를 갖는다는 것이 특별히 더 어려운 것같이 보인다. 그것은, 이들의 대부분이 서구세계에 뿌리를 둔 때문이다. 반면에 히브리 민족의 고향은 고대 근동 지방으로서 서구 세계의 사람들에게는 낯선 곳이다. 그러므로 서구인들의 대부분이 왜 고대 헬라 문화, 특별히 플라톤주의에 익숙해 있고 또 영향을 받았는가 하는 것은 이해하기 어려운 것이 아니다. 거대한 문화적 장막이 동과 서의 세계를 갈라놓고 있다.

초대교회 몇세기 동안 서구적인 세계관이, 본래는 철저하게 히브리 문명에서 유래된 교회의 많은 종교적 개념들과 제도들을 바꾸기 시작했다. 스퐁(John Spong) 감독은 이러한 문제의 성격과 해결 방법에 대하여 분명하게 진술했다: "성서는 히브리인의 책이다. 그것은 히브리 민족의 역사를 말해주고 있다. 예수는 히브리인이었다. 반면에 우리는 여러 근원에서부터 유래된 매우 다양한 그리고 때로는 상충되는 유산들을 공유하고 있는 서구 세계 사람들이다." 그는 예리하게 이렇게 결론짓고 있다: "만일 성서가 우리 시대에 이해될 수 있으려면 우리는 '히브리인의 눈'과 삶에 대한 '히브리인의 관점'을 가져야만 한다."[12] 현대의 기독교인들이 성서를 씌어진 방식 그대로 읽으려면 '서구적인 눈'은 '동양적인 눈'으로 대치되어야 한다. 성서는 그 나름대로의 독특한, 고대 근동이라고 하는 배경과 문화적 컨텍스트의 빛에서 보고 연구해야만 비로소 그 의미를 우리가 이해할 수 있을 것이다. 오늘날의 교회에 그와 같은 도전을 가장 강력하게 던지고 있는 사람은 칼 바르트이다: "성서는 …유대적인 책이다. 우리가 유대인들과 더불어 유대인이 될 준비를 하지 않고는 성서는 바르게 읽혀지거나 이해되거나 연구되어질 수 없다."[13]

3. 유대화(Judaizing)의 문제

어떤 기독교인들은 유대인이 아닌 신자들이 초대교회의 유대적인 뿌리로 돌아가는 것을 반대한다. 왜냐하면 그러한 복귀는 바울이 투쟁한 바 있는 유대화라고 보고 있기 때문이다. 성서 시대에 유대화된 사람들이란 유대인의 종교적 관습을 따르는, 유대교로 들어온 이방인들이었다. 이제 이러한 주장에 대해 좀더 자세하게 분석해보고 그것이 의미하는 바들을 찾아보기로 하자.

(1) 초대교회 성도들의 다양성

초대교회 신도들은, 이방인 신도들과 유대 율법 간의 관계가 어떤 것이어야 하는지에 대해 일치된 견해를 갖고 있지 않았다. 초기의 어떤 회심자들은 반율법주의(antinomianism)를 주장했다. 그러나 바울은, 특히 로마서에서, 일단 믿음으로 하나님과 바른 관계를 맺게 되면 더 이상 율법에 매이지 않으며 마음 내키는 대로 자유롭게 살아도 된다는 주장을 논박하고 있다. 또 다른 부류의 이방인 회심자들은 유대교의 도덕법은 지키되 모든 제의 법규들은 거부했다. 이러한 신자들은, 보다 자유주의적인 정신과 신념을 가진 디아스포라(Diaspora - 이방세계에 흩어져 살던 유대인들) 출신의 헬라어를 말하는 헬라파 유대인들에 의해 상당히 영향을 받은 사람들이었다. 세번째 부류의 신자들은 보다 엄격한 예루살렘 교회의 신자들로서 할례를 제외하고는 율법의 모든 가르침을 따라야 한다고 생각하는 사람들이었다. 그러나 유대인의 율법을 가장 지지했던 이방인 개종자들은, 소위 유대화된 사람들(Judaizers)이었다. 의심의 여지없이 바리새인들에게 영향을 받은 이 이방인들은 율법 전체를 지켜야 하며 할례도 받아야 한다고 주장했다(참조, 행 15:5). 70년 이후 여러 세기 동안 번창했고 청빈을 삶의 지표로 삼았던 유대 기독교의 한 종파, 에비온주의자들(Ebionists)은 끊임없이 계속된 유대화 운동을 가장 잘 보여주고 있다.

(2) 매이지 않은 그러나 자유한

오늘날 유대인이 아닌 사람들은 할라카(halakhah, 유대인의 법)가 규정하고 있는 어떤 제의적인 법들이나 의식, 관습들을 지키지 않는다. 어떤 이는 기독교인에게 안식일을 지키고 음식에 관한 규정들을 지키고 할례를 받을 의무가 있다고 생각할 수도 있다. 그러나 초대교회는 결코 이러한 유대적인 관례들을 비유대인들에게 요구하지 않았다. 그러므로 유대인이 아닌 사람이 어떤 유대적 관례들을 지킬 것을 강요당한다면, 그러한 강요는 바로 유대화를 의미하는 것으로 해석할 수도 있다.

그러나 우리가 기독교인으로서 자유하고 "율법의 멍에"(참조, 갈 5:1)를 지지 않아도 되지만 그럼에도 불구하고 어떤 유대적 관례를 따른다고 할 때, 그것은 위에서 말한 바와는 다른 성격의 문제이다. 예를 들어서, 어떤 비유대인이 히브리인들의 도덕적, 윤리적인 가치들과 사회적, 영적인 이념들과 히브리적 인생관과 세계관을 받아들이는 것은 유대화가 아니라는 것이다. 또는 어떤 비유대인이 자발적으로, 유대적인 그리고 성서에 뿌리를 두고 있는 어떤 관례나 제의들 또는 관습들을 받아들인다고 할 때, 그것을 유대화라고 말할 수는 없는 것이다. 어떤 의미있는 성서적 관습들을 따르는 것은, 요구에 의해 어쩔 수 없이 하게 되는 것과는 전혀 다른 것이다.

1900여 년 동안이나 비(非) 유대화 운동이 지속되어 왔음에도 불구하고 오늘날도 유대화의 위험성에 대해 우려하고 있는 사람들에 대하여 이런 질문을 던져보자: "신약성서와 초대 교회가 제1세기의 유대적 배경 가운데 가지고 있었던 어떤 것들을 다시 찾으려고 하는 것이 유대화인가? 유대적인 관점을 가지고 예수의 생애와 교훈을 알아보려고 하는 것이 유대화인가? 히브리 예언자들의 가르침에서 유래된 하나님과 이웃에 대한 관점들을 수용함으로써 개인적인 성취를 찾고자 하는 것이 유대화인가? 유대적인 예배와 음악의 형식 그리고 삶에 있어서 중요한 사건들을 기념하는 것들에 대하여 긍정적으로 공명하는 것이 유대화인가? 지금의 이스라엘 즉 이스라엘 백성과 역사적인 땅 그 자체 안에서 우리가 관심을 기울이고 있는 것, 영적이며 역사적인 의미들로 가득차 있는 진정한 연구소를 찾으려고 하는 것이 유대화인가?" 이런 물음들에 대하여 우리는 분명하게 아니라고 대답하게 된다.

(3) 성서 시대에 있어서의 유대화

성서 자체는 유대화에 대하여 거의 언급하지 않고 있다. 구약에서는 유대화에 대해 에스더 8:17에서 유일하게 언급하고 있다. 여기에서 "유대인이 되는 것" 또는 "자신을 유대인이라고 고백하는 것"이라는 의미의 히브리어 동사 yahad는 에스더가 유대인들에게 원수들에게 보복하라고 하는 칙령을 내렸을 때 자신의 생명의 위협을 느끼고 생명을 보호하기 위해 유대인들의 삶의 방식을 따른 페르시아 이방인들을 지칭할 때 사용되어졌다(에 8:13). 70인역 성서(히브리어 성서를 헬라어로 옮긴 공인 성서)에서는 Ioudaizo, "유대화하는 것"이라는 용어를 사용하면서 그들이 할례를 받았다고 덧붙이고 있다. 그러나 이러한 상황 가운데서 다만 자신들의 생명을 보호하기 위해 유대인이 된 것처럼 가장한 것에 불과했을 수도 있다.

신약성서에서 Ioudaizo라는 동사는 갈라디아서 2:14에 한번 나온다. 이 구절에서 바울은, 베드로가 안디옥 교회의 이방인들과 함께 먹는 것을 거절한 것에 대하여 그가 어떻게 베드로에게 면박을 주었는지 설명하고 있다. 베드로는 사회적인 구별의 행위를 통해서 비유대인-기독교인들에게 "당신들이 유대적인 음식법과 유대적인 삶의 방식을 따르지 않으면 우리는 당신들과 교제할 수가 없습니다"라고 말한 것이나 다름이 없는 것이다. 그렇게 함으로 유대인인 베드로는 이방인들을 유대화하려고 즉 유대인의 관습을 따르게 하려고 했던 것이다.

하지만 예수는 이미, 정결한 음식과 불결한 음식에 대한 규정들을 바꾸셨다(막 7:1-23, 참조. 레 11장, 신 14장). "이방인을 위한 사도"(롬 11:13)로서 바울은 비유대인들에게 엄격한 유대인의 음식 규정을 지우는 것을 반대했다. 그러한 요구는, 비유대인들의 믿음이 유대인들의 믿음에 비해 못하다는 것을 암시하는 것이며 무엇인가가(즉, 유대인의 관습에 대한 복종) 더해져야 한다는 것을 암시하는 것이다(참조, 행 15:1, 5). 그래서 바울은 유대화하는 것을 반대했다. 왜냐하면 그것이 잘못하면 은혜만으로 구원받는다는 사실을 왜곡시킬 수도 있으며 두개의 별다른 즉 유대인과 비유대인의 모임을 만든다는 오해를 가져올 수도 있기 때문이다.

더 나아가 나사렛 예수가 오심으로 그리고 새로운 언약이 그의 죽음에 의해 효력을 발생함으로써 모세 율법의 제의적인 요소들은 더이상 구속력이 없게 되었다. 그럼에도 그것들은 이방인 신자들에게 영적인 가치가 있는 것으로 여겨졌다. 다시 말해, 비록 하나님과 바른 관계를 맺기 위해 꼭 필요한 것은 아니었지만 이방인들로 하여금 그들의 믿음을 바르게 이해하는데 도움을 줄 수가 있었던 것이다. 그러나 거듭 강조해야 할 것은 이러한 법규들이 규범적이거나 의무적인 것이 아니었다는 것이다. 오히려 그것들은 앞으로 올 더 좋은 것들의 그림자에 지나지 않았다. 그러므로 이제 기독교인들은 유대인들의 제의적인 규정들을 지켜야 할 아무런 의무도 없게 된 것이다(행 15:10; 갈 4:3, 5:1).

4. 바울과 율법

율법에 대해 바울이 어떻게 이해하고 있는가 하는 것은 많은 논란을 일으키고 있는 문제 가운데 하나이다. 바울을 읽다보면 바울 자신도 율법에 대한 입장을 분명하게 갖고 있지는 않은 것처럼 보이며 율법에 대하여 이랬다 저랬다 하는 인상을 받을 수도 있다. 그러므로 이런 문제를 좀더 자세하게 살펴보기로 하자.

우리가 바울이 유대교로부터 기독교로 "개종"을 했다는 이론을 받아들인다면, 우리는 바울을 기본적으로 율법에 대해 반대하는 입장을 가진 사람으로 생각하게 될 것이다. 그러나 이미 앞에서 지적한 것처럼 바울은 기독교를 유대교와는 별개인 종교로 보지 않았다. 오히려 데이비스(W. D. Davies)의 말대로, 바울은 기독교를 "그의 조상들의 종교의 형태 또는 그보다 좀 더 발전된 단계의 그러나 '새로운' 종교"로서 이해했다.[14] 근본적으로 바울의 신학은 새로운 것이 아니었다. 왜냐하면 "그는 풍부한 전승들 – 구약성서, 묵시문학, 바리새인들의 전승 – 을(무시하지 않고) 그리스도의 빛에서 통합시키고 재해석했기" 때문이다.[15] 같은 맥락에서 라피드(Pinchas Lapide)는 다음과 같은 사실을 강하게 주장하고 있다 : "그의 전 생애를 통해 이스라엘은 여전히 그의 동족으로 남아 있었다. 그의 성경은 타나크(*Tanak*)였으며, 그의 하나님은 그의 조상들의 하나님이었으며, 그의 메시야는 유대인이었다. 그의 모교회(母敎會)는 유대인들만으로 시작되었다. 그의 그리스도 중심적인 사상이나 삶에도 불구하고, 이스라엘 민족은 부활 사건 이후에조차도 그의 사랑하는 동족이었으며 피를 나눈 혈육이었다."[16] 바울의 정체성(正體性)에 대하여 그는 이렇게 결론짓고 있다: "그는 반-셈족주의자(anti-Semite)도 아니고 반-유대주의자(anti-Judaist)도 아니다. 그는 배교자도 아니고 율법 폐기론자는 더더욱 아니었다. 이런 표현들조차 싫어했다. 그는 그 나름대로의 방식대로 한 사람의 믿는 유대인과 전도자로 남아 있었다. 그러나 무엇보다 그는 믿음의-철학자들의 냉철한 이성적인 믿음(pistis)이 아니라 찬란한 히브리적인 믿음(emuna)의-영웅이다."[17]

예수가 "율법 아래" 나시고(갈 4:4) 전생애를 통하여 율법의 권위를 인정하셨던 것처럼(참조, 롬 15:8), 바울도 율법의 유효성을 지지했다. 그는 이렇게 말하고 있다: "우리가 믿음으로 말미암아 율법을 폐하느뇨? 그럴 수 없느니라. 도리어 율법을 굳게 세우느니라"(롬 3:31). 바울은 주장하는 바를 확증하기 위해 거의 80회 정도나 율법서를 인용했다. 그는 "율법도 거룩하며 계명도 거룩하며 의로우며 선하도다"(롬 7:12)는 사실을 강조하고 있다. 또한 그는 "내 속사람으로는 하나님의 법을 즐거워한다"(롬 7:22)고 말하고 있다. 그는 율법은 "선한"(딤전 1:8)것이며 "영적인"(롬 7:14)것으로서 인정하고 있으며 자신의 신학의 기반을 구약성서의 십계명에 두기도 했다(13:8-10).

바울은 이와같은 구절들을 통해서 율법의 선함을 주장하고 있음에도 불구하고 다른 곳에서는 율법에 대하여 대체적으로 부정적으로 보는 것 같다(예. 고후 3:6; 갈 3:25, 5:1). 그러나 카이저(Walter Keiser)가 지적했듯이 "이스라엘에게 있어서나 교회에 있어서 항상 문제가 되었던 것은 사람들이었지 율법이 아니었다."[18] 그러므로 바울이 율법에 대해 부정적으로 말하는 것처럼 보이는 곳이 있다면 그것은 대개가 율법을 자기-의(self-right-eousness)의 근거로 사용하려는 사람들을 논박하려는 의도로 그렇게 한 것이다. 바울에게는 그리스도만이 죄인을 의롭게 하는 하나님의 선물이었다. 이 선물과 비교할 때 다른 모든 것들은 아무런 가치도 없는 것으로 여겨졌다. 바울은 말한다: "무엇이든지 내게 유익하던 것을 내가 그리스도를 위하여 다 해로 여길 뿐더러… 내가 가진 의는 율법에서 난 것이 아니요 오직 그리스도를 믿음으로 말미암은 것이니 곧 믿음으로 하나님께로서 난 의라"(빌 3:7, 9).

프로테스탄트 전통, 특별히 루터주의는 율법의 행위에 반대되는 개념으로서의 '믿음에 의한 칭의'를 바울의 복음 이해의 핵심으로 보는 경향이 있다. 이런 주제가 확실히 바울에게 있어서 중요한 것이긴 했지만 우리는 기본적으로 데이비스의 견해에 동의한다. 그는 바울의 입장(locus)을 다른 각도 즉 그의 "새로운 토라(New Torah)이신 그리스도 - 그가 옛 것을 무시했다는 의미에서가 아니라 그것의 본래의 성격을 드러내셨다는 의미에서 또는 그것을 새로운 빛에서 보게 하셨다는 의미에서 새로운 토라라 할 수 있다 - 에 대한 율법의 종속"에서 찾고 있다.[19] 그리스도는 바울의 모든 가르침과 설교와 삶에 있어서 중심이었다(갈 2:20-21; 빌 1:21). 바울에게 있어서 새로운 토라는 단순히 예수의 말씀에 의해서만 이루어진 것이 아니었다. 오히려 그것은 "그의 삶과 죽음, 부활의 총체였으며 새로운 토라를 형성한 살아계신 인격(Living Person)이었다."[20]

이것은 바울이 자신의 유대성(Jewishness)을 던져버리고, 나사렛 예수를 믿는 비(非)유대 세계 사람들처럼 되었다는 것을 의미하는 것이었는가? 결코 그렇지 않다. 바울은 자신이 "모든 사람에게 자유하였다"(즉 그는 다른 사람들의 기준에 얽매이지 않았다, 고전 9:19)고 선언하였음에도 불구하고, "율법 아래 있는 자"와 같이 되어 "유대인과 같이"(9:20) 행동하는데 자신의 자유를 사용하였다. 즉 자의에서, 바울은 할례(행 16:3), 나실인 서약(18:18), 그리고 정결예식(21:20-26) 같은 모세의 율법 규정들을 준수한 것이다. 더 나아가 3차 전도 여행이 끝나갈 무렵에도, 유대교에 신실했던 바울은 오순절에 예루살렘에 올라갈 수 있게 되기를 바랐다(20:16). 바울이 개인적으로, 위에서 언급한 바와 같은 유대교적 관습들을 지킨 것은 자신이 기독교인이 되었다고 해서 율법을 버린 것이 아니고 오히려 신실한 유대인으로 남아 있으며 조상들의 성서와 전통들에 굳게 서 있다는 것을 사람들에게 보여주기 위한 것처럼 보인다.[21] 마찬가지로 바울이 유대 기독교인들에게 보내는 편지들을 보면, 그들이 계속해서 여러가지 율법 예식들을 행하는 것에 대하여 반대하지 않은 것처럼 보인다. 왜냐하면 그러한 예식을 지키는 것은 유대인 공동체 안에서 동족들과의 연대성을 드러내기 위한 하나의 방법이었기 때문이다.[22] 바울은 자신이 할례와 그리고 다른 기본적인 유대교 관습을 지키는 것에 대하여 진정으로 어떻게 생각하고 있는가 하는 것을 스스로 밝히지는 않고 그의 유대인 독자들과 그의 서신의 수신자들의 판단에

맡겼던 것으로 보인다.[23] 어떤 경우에도 바울은, 그의 주님을 제외하고는 그 무엇에도 무조건적으로 얽매이지는 않았다. 왜냐하면 모세나 예언자들, 그리고 예수님이 잘 보여주고 있는 것처럼, 하나님 앞에 바르게 서는 것은 인간의 노력에 의해 기계적으로 되는 그런 것이 아니었기 때문이다(롬 3:21, 28). 하나님 앞에 바르게 서는 것은, 순종과 사랑 안에서 믿음으로 하나님과 함께 걷는 것이었다.

5. 유대적 유산과 오늘의 교회

지금까지 우리는 히브리인의 눈으로 성서를 이해하는 것이 얼마나 중요한가 하는 것을 살펴보았다. "성서를 기록한 사람들은 히브리인들이었고 그 배경도 히브리 문화이며 전승도 개념도 히브리적인 것이다."[24] 기본적으로 이런 사실에 대하여 우리가 동의한다면, 다음 단계는 이러한 성서적인 유산의 자료들과 범위를 규정하고 오늘날의 교회와 유대교의 관계에 대하여 생각해 보는 것이다. 이방 신자들이 영적으로 이스라엘에 "접붙여"짐으로 해서 그 정체성과 삶의 방식에 있어서 "유대적"이 되어야 한다고 할 때 그 의미는 무엇인가? 오늘날의 교회가 상실한 유대적인 관점을 다시 찾기 위해서는 무슨 일부터 해야 하는가? 이러한 물음들에 대답하는 것은 그렇게 쉬운 일이 아니다. 교회의 풀뿌리들(grass roots) — 학문적인 단체에 대해 말하는 것이 아니다 — 은 이러한 문제들에 대하여 거의 관심을 갖고 있지 않으며 따라서 어떤 공통된 의견을 갖고 있지 않다. 하지만 이런 물음들 가운데 어떤 것들은 복합적인 것이긴 하지만 우리는 이 책이 어떤 방향을 제시해주고, 이러한 문제들과 또 이와 관련된 문제들에 대하여 어떤 빛을 비추어줄 수 있게 되기를 기대한다. 이와 관련해서 제 2장을, 위에서 제시한 문제들에 대한 간단한 예비적인 대답과 이 책의 나머지 부분에 대한 대략을 제시함으로 결론을 짓기로 하겠다.

먼저, 기독교인 가운데 올리브 나무는 이미 2천년 전에 죽어 버렸고 따라서 그 뿌리도 말라 버렸다고 생각하는 사람들이 있다면, 그는 로마서 11장을 다시 읽어야 할 것이다. 거기에서 바울은 하나님이 자기 백성을 버리지 않으셨다는 사실을 강조하고 있다(1절). 그리고 올리브 나무의 가지 중

"일부"(전체가 아니라)가 불신앙으로 인해 잘려져 버리게 되었다고 하더라도(17절) "하나님은 저희를 접붙이실 능력이" 있으시다(23절). 그러나 이 스라엘은 그 뿌리가 "거룩하기" 때문에 "거룩한" 백성으로 남아 있다(16절). 이스라엘은 조상들로 인하여 아직도 사랑을 입고 있다(28절). 하나님의 은사와 부르심에는 후회함이 없으시기 때문이다(29절). 이방인들이 유대인 나무로 접붙여졌다고 생각하지 않고 그 나무를 대신하게 되었다고 생각하는 오늘날의 일반적인 견해는 로마서 11장과는 상반되는, 신약성서 후기의 기독교 정복주의(triumphalism)의 소산이다.

교회가 유대교로부터 이어받은 유산을 발견하기 위해서는, 초대교회의 사상, 언어, 그리고 삶과 관련된 중요한 유대교 자료들에 대하여 잘 알아야 한다. 신약 성서(50-100년경에 기록된 27권의 문헌들)가 기독교 사상의 권위 있는 기반을 이루고 있다고 하는 것은 두말할 여지가 없다. 신약 성서를 이해하는 데 있어서 가장 중요한 유일한 자료는 유대교의 성서인 구약 성서이다. 초대교회는 히브리 성서와 그것의 헬라어 역본인 70인역 성서에 크게 의존하였다. 또다른 가치있는 자료는 B. C. 200년경으로부터 A. D. 100년 사이에 기록된 유대교 묵시문헌이다. 제 1 에녹서(1 Enoch), 열두 족장의 증언(Testaments of the Twelve Patriarchs), 솔로몬의 시편(Psalms of Solomon)과 같은 묵시 문학 작품들은 신약 성서의 유대적 신학 배경을 이해하는 데 있어서 중요하다. 세번째로 신약 성서의 사상을 이해하는 데 있어서 유용한 자료는 사해사본이다. 훈련지침서(Manual of Discipline), 빛의 자녀들과 어둠의 자식들의 전쟁(The War of the Sons of Light Against the Sons of Darkness), 그리고 성전 두루말이(Temple Scroll) 등은 신약 성서와 밀접한 관계가 있다. 네번째로는 외경에 속한 문헌들이다. 마카베오상과 마카베오하(1, 2 Macabees), 시락서(Sirach)는 신구약 중간기 문헌으로서, 신약 성서 시대의 유대교에 대한 역사적, 종교적 이해에 있어서 큰 도움을 준다. 다섯번째로는 탈굼(Targums)을 들 수 있는데, 이는 히브리 성서를 아람어로 의역한 것으로서 B. C. 3세기경부터 A. D. 1세기경 사이에 만들어졌다(참조. 느 8:8). 여섯번째 자료로는 1세기 유대 역사가인 요셉푸스의 저작들이다.

랍비 문헌은 신약 성서 연구에 유용한 또다른 중요한 유대 자료 모음집이다. 200년경에 편집된 미쉬나(Mishnah) 또는 구전법과, 미쉬나에 대한 주석으로 500년경에 편찬된 게마라(Gemara)로 이루어져 있는 탈무드(Talmud)에 대한 연구를 통해 우리는 초대교회의 사상에 대한 매우 중요한 통찰력을 얻을 수 있게 될 것이다. 이 탈무드의 대부분은 정식으로 문자로 기록되기 전에 여러 세기동안 구전으로 전해오던 것들이다. 그러나 불행히도 각 전승들은 그 연대를 정확하게 알 수가 없다. 또 다른 유용한 랍비 문헌은 히브리 성서에 대한 교훈적인 주석서들인 미드라쉼(Midrashim, 미드라쉬의 복수형태)으로서, 비유, 은유, 교훈적인 이야기들로 되어 있다. 이것들은 여러 세기동안 구전되어 오다가 A. D. 2-3세기 경에 기록되었다.

역사적인 기독교와는 달리, 현대의 유대교는 단 하나가 아닌 여러가지 권위있는 자료들을 가지고 있다. 그리고 그 모든 자료들의 원천은 토라이다. 그러므로 히브리 성서와 탈무드에 기초하고 있는 다른 후기의 유대교 자료들(즉 법전, Responsa, 라쉬 [Rashi]의 주석서들, 마이모니데스[Maimonides]와 다른 저명한 랍비들의 저작들) 또한 여러 세기동안 유대교의 본질이 어떻게 이해되어졌는가를 잘 보여주는 참으로 중요한 자료들이다. 결과적으로 유대교 유산을 찾는 데 있어서, 기독교인은 전승들의 폭과 깊이를 인식해야 하며 그것이 살아있는 전승이라고 하는 것을 인식해야만 하다(이것은 아마 가장 중요한 것이라 할 수 있을 것이다). 그러므로 요약해서 말하면, 데이비스가 말한대로 "'유대적 유산'이 의미하는 바는 유대교의 모든 종합이다. 즉 구약 성서와 마찬가지로 유대교는 기독교의 유산을 형성하고 있다"는 것을 강조해야 한다.[25]

더 나아가기 전에 여기에서 "유대교"(유대주의, Judaism)라는 용어가 의미하는 바를 분명하게 할 필요가 있다. 유대교는 유대민족의 종교와 문화로 정의될 수 있을 것이다. 유대적인 문화는 종교적 차원뿐만 아니라 역사, 사회, 정치적인 차원을 포함하고 있다. "유대교"라는 단어는 헬라어 *Iodaismos*에서 온 말로서, 신구약 중간시대에 헬라어를 말하는 유대인들이 자신들의 종교를 헬레니즘과 구분하기 위해 처음 사용되기 시작했다(마카베오하 2:21, 8:1, 14:38을 보라). 신약 성서에서 이 단어는 두 번 나타나는데(갈 1:13-14), 이곳에서 바울은 자신이 회심 이전에 유대적인 신앙과 생활에 있어서 얼마만큼 열심이었는가를 설명하고 있다.

히브리 종교는 B. C. 586년의 성전 파괴와 바벨론 포로 후에 유대교의 형태로 발전되기 시작했다. "유대인"이라는 말은 성서에서는 거의 포로 후기에만 사용되어졌다. 유대 종교는 신구약 중간 시대, 랍비 시대, 그리고 중세로부터 근세 19세기의 역사적 단계를 지나면서 발전되었는데, 오늘날은 정통 유대교, 보수적 유대교, 그리고 개혁주의적인 유대교가 있다.

유대교는 그 역사를 통해서 새로운 가르침과 실행(관례)을 취하였다. 그러나 유대교가 오랜 세월 동안 발전되고 변화되었기 때문에, 어떤 사람들이 주장하는 것처럼, 유대 역사가 두개의 별개 종교, 즉 이스라엘의 구약 성서 종교와 포로 후기의 유대교를 낳았다고 하는 것은 잘못된 것이다. 역사의 변천에도 불구하고 유대교의 근본적인 종교적 가르침은 히브리 성서(구약)에 놀라울 정도로 성실하며 거기에 깊이 뿌리를 두고 있다.[26]

우리가 이 책에서 논의하고 있는 이러한 유대적 유산의 개념적인 틀 또는 조직(구성)을 어떻게 보다 더 정확하게 설명할 수 있을까? 대체적으로 말해서, 서문에서 간단하게(조금 다른 각도에서) 언급한 바대로 이것이 이 책의 주제이다. 그러나 광범위한 구성적인 목적들을 위해서 유대교를 언약(계약)의 관점에서 살펴보기로 한 바 있다. 제1부에서는 언약의 사람이요, 유대인과 기독교인 모두의 영적 조상인 아브라함에 대한 연구를 통해서 언약의 개념을 개론적으로 살펴보았다. 제2부에서는 우선적으로 통시적인 접근 방법으로, 교회와 회당이 — 서로가 언약이 자기들의 것이라고 주장하면서 — 지난 19세기동안 서로 어떤 관계를 맺어왔는가를 살펴보게 될 것이다.

언약의 성서적인 개념 안에서 우리는 유대교가 적어도 4개의 기둥에 의존하고 있다고 말할 수 있다. 그것은 하나님, 토라, 이스라엘 백성, 그리고 이스라엘의 땅으로서, 서로 의존하고 있으며 영향을 주고받는다.[27] 이 네가지 구조(골격)를 사용하여, 다음에서 다루게 될 유대적인 유산들을 자세히 살펴볼 수 있을 것이다.

먼저, 유대교의 유산들 가운데서도 자기 백성을 위하여 그들을 인도하고 가르치시는 살아계신 하나님의 계시 또는 가르침을 가장 강조하게 될 것이다(왜냐하면 하나님은 자신의 진리의 말씀을 근본적으로 히브리적인 개념들을 사용하여 계시하셨기 때문에 중요한 히브리적 용어들을 이 책 전체를 통해 강조하게 될 것이다). 여러 장들에 걸쳐서 기독교 신앙에 있어서 중요한 여러가지 제도들(예배, 기도, 묵상, 성서의 사용, 성만찬, 공동체로서의 교회들을 포함해서)과 신학적 윤리적인 주제들에 대한 유대적인 배경과 이해에 초점을 모으게 될 것이다. 또한, 구원과 믿음 그리고 영성(Spirituality)의 성격에 대해서도 연구하게 될 것이다. 역사에 대한 유대적인 이해와 예배로서의 일 그리고 지혜와 지식, 배움의 중요성에 대해서도 주목할 것이다. 덧붙여서 예수의 유대성(Jewishness)을 이해하는 것의 중요성에 대해서 강조하게 될 것이다. 더 나아가 독자들은 결혼과 가족에 대한 자세한 가르침들을 볼 수 있을 것이다. 이는 이러한 주제들이 교회의 유대적 유산에 있어서 기본적이며, 현대의 대부분의 기독교인들과 상당한 관련성이 있기 때문이다.

유대교의 나머지 두 기둥, 즉 이스라엘 백성과 이스라엘 땅은 "약속들이 지상(地上)과 삶, 그리고 땅에 관련되어" 있음을 상기시켜 준다.[28] 그러므로 성지(聖地), 즉 유대적 유산의 실체적인(tangible) 차원인 성지의 중요성을 드러내면서 교회의 예루살렘 관련성에 대해 살펴보게 될 것이다. 이 책의 마지막 장은 유대 민족을 주로 다루게 될 것이다. 현대의 유대교 공동체는 풍부한 유대 사상의 보고(寶庫)를 교회에 제공해 줄 뿐만 아니라, 유대교 뿌리들을 찾고 또한 회복하는 데 있어서 중요한 역할을 하고 있다.

이러한 연구를 시작함에 있어서 우리는 이 책이 의도하는 바가 우리로 하여금 1세기로 되돌아가서 초대교회의 유대적 뿌리를 다시 다 회복시키는 것에 있는지의 여부에 대해 물어야 될 것이다. 대답은 '절대로 아니다'이다. 그러한 전면적인 광범한 개혁은 비실제적일 뿐만 아니라 불가능하기도 하다. 권면할 만한 것도 못된다. 그 이유는 무엇인가? 교회는 수세기에 걸쳐 비유대화되었으며 — 바울 이전에 조차도 유대교의 헬라화가 시작되었다 — 오늘날은 우리들의 현대 세계와 문화의 산물이기 때문에 그와 같은 과격한 움직임은 결코 광범위하게 확산될 수 없다. 스테인드글래스 창과 오르겐, 성가대 까운, 주일학교 교장, 그리고 남녀가 함께 섞여 예배를 드리는 것 등등이 교회의 구조와 삶 속으로 파고 들어 온 비성서적인(즉 비유대적인) 것이라는 이유에서 없애려고 하는 사람은 없을 것이다. 어떤 조직과 관습들은 그것들이 전통과 편리 또는 현대 문화에 대한 실제적인 적응의 문제들이기 때문에 이어져 내려오고 있다.

그러나 이러한 사실들을 충분히 인식할 때, 우리의 1차적인 목표는 어디에서부터 교회가 유대적인 유산을 무시하고 손상시켰는가를 발견하는 데 있다. 또한 교회로 하여금 히브리식으로 생각하게 하는 데 도움을 주기를 바란다. 덧붙여, 히브리식 사고를 기반으로 해서 예배와 삶의 스타일의 영역에서 교회에 어떤 새로운 방향을 제시해줄 수 있게 되기를 바란다. 마지막 장에서는 그러한 면에 있어서 갱신을 추구하는 사람들이 고려해 볼만한 실제적인 아이디어들을 제시할 것이다. 왜냐하면 만일 성서적인 사고방식이 있다고 한다면 그리고 그 성서적인 사고방식이 근본적으로 히브리적인 것이라고 한다면, 우리가 "우리를 지탱해 주는" 히브리적인 "뿌리"를 연구함으로 해서 얻을 수 있는 것이 스쳐 지나가는 신학적인 변덕(사조)보다 훨씬 더 중요한 것임에 틀림없기 때문이다.

제 2 장의 이해를 위한 연구과제

1. 반셈족주의 또는 반유대주의가 되면서 동시에 성서를 진지하게 받아들인다고 하는 것은 불가능하거나 자기-증오의 형태에 빠지는 것이라고 하는 주장에 대하여 동의하는가? 이러한 주장이 내포하고 있는 것은 무엇인가?

2. 아브라함의 이름의 분명한 의미는? 하나님의 계획 속에서 그 의미가 유대인과 이방인들에게 어떻게 연관되고 있는가?

3. "열방들" 또는 "이방인들"로 옮겨지는 히브리어는? 이 용어가 오늘날 기독교와 유대교와의 관계에 있어서 어떻게 경멸적인 표현으로 발전되게 되었는가?

4. 성서 시대로부터 오늘날에 이르기까지, 유대교의 주요 가르침은 — 일반적인 오해와는 반대로 — 궁극적으로 구원은 율법을 행함으로써나 또는 인간적인 공로에 기초하지 않는다고 하는 것이다. 한편, 유대교는 이와 관련해서 무엇을 가르치고 있는가?

5. 신약 성서는 이방인이라는 용어를, 유대교에서는 인정되지 않은 그러나 적어도 이방 세계에서는 행해진 세가지 관습과 연관해서 사용했다. 이 "이방인" 관습들은 무엇인가?

6. 신약 성서가 교회의 일부가 된 이방인들을 위해 사용한 신학적인 용어들을 나열하라. 1세기 상황에 비추어 볼 때, 이 용어들이 교회의 비 유대인 구성원들을 표현하기 위해서 자주 사용되어진 까닭은 무엇일까?

7. 오늘날 이스라엘 사람들에게 있어서 ma'aminim이라는 히브리어는 누구를 가르키는가? 이 용어를 우리말로 옮겨보라. 어떤 신약 성서(들)에서 이 히브리 개념이 유래되었는가?(헬라어 pisteuontes를 참조하라).

8. 이방인과 기독교인은 동의어인가? 그 이유는? 이방 기독교인이라는 말을 사용할 때 어떤 제약이 있는가?

9. 윌리암 렉키(William Lecky)에 따르면, 무엇이 "미국 민주주의의 기반들을 굳게" 했는가?

10. 랍비 스튜아트 로젠베르크(Stuart Rosenberg)에 따르면, 우리가 "온전한 기독교인"이 되기 전에 알아야 하는 것은 무엇인가?

11. 칼 바르트는 기독교인들이 무엇인가 다르게 변화되어질 준비가 되기 까지는 성서를 이해하거나 해석할 수 없다고 말했다. 그 준비는 무엇인가?

12. 유대화된 사람, 도덕 폐기론자, 에비온주의자를 정의하라. 유대교의 율법을 이방 신자들에게 적용시키는 것과 관련해서 초대교회는 다양한 입장을 가지고 있었다. 이에 대해 설명하라.

13. 유대화된 사람들에게 강요당해서 유대 관습을 지키는 사람들과, 유대인이 아니면서도 기독교적인 자유로써 어떤 유대적 관례들을 지키는 사람들의 차이는 무엇인가? 어떻게 이 두 그룹의 사람들을 구분할 수 있는가?

14. 구약 성서(에스더)와 신약 성서(갈라디아서)에서 유대화에 대하여 언급하고 있는 구절을 예로 들고 그 컨텍스트가 어떻게 다른지 논의하라.

15. 바울이 유대화를 반대하는 이유는?

16. 바울이 율법의 효용성과 유익성을 지지한 신약 성서의 증거를 제시하라.

17. 바울이 어떤 구절에서는 드러내놓고 율법에 대하여 부정적으로 언급하고 있는데, 그 이유는?

18. 바울이 회심한 다음에도 스스로 모세 율법의 규정들을 준수해야겠다고 느낀 것으로 보이는 구절들을 제시해보라.

19. 신약 성서를 이해하는 데 중요한 고대의 유대 자료들을 6개 이상 들어보라.

20. 탈굼, 미쉬나, 게마라, 탈무드, 미드라쉬는 무엇인가? 또 그것들은 언제 형성되었는가?

21. "유대교"라는 단어의 의미에 대하여 논하라. 이 단어가 처음으로 사용되어진 것은 언제인가?

22. "유대적인 유산"이라는 표현이 함축하고 있는 것은?

23. 언약의 성서적인 개념은 서로서로 연관성을 갖고 있는 네개의 기둥에 그 기반을 두고 있다. 상호연관성을 갖고 있는 이 네 개의 기둥들은 무엇인가?

제 2 부
역사의 빛에서 본 교회와 회당

제 3 장
초대 교회와 유대교

"예루살렘을 떠나지 말고 아버지의 약속하신 것을 기다리라"
(행 1:4)

우리는 앞의 두 장을 통하여 유대적 유산과 교회에 대한 우리의 연구의 컨텍스트를 설정하였다. 거기에서 우리는 유대인과 이방인이 하나님의 계획 안에서 서로 굳게 얽혀 있음을 신약 성서를 통해 확인하였다. 초대교회 안에서 믿음을 갖게 된 이방인들은 자신들을 하나님의 옛 백성과 연합시켰다. 그들은 이스라엘에 맞추어야 했다. 결코 그 반대가 아니었다.

앞 장에서 바울의 올리브 나무, 즉 이스라엘에 대한 가르침과 관련해서 그 나무의 뿌리와 가지가 거룩함을 살펴보았다(롬 11:16). 그 다음 구절들에서는 이스라엘의 뿌리가 족장들(아브라함의 직계 자손들)임을 확인했다(17-24). 가지는 그 나무의 뿌리에서 공급되는 진액에 의하여 자라난 개개인의 이스라엘 사람들을 의미한다.

이방인들은 본래는 올리브 나무 즉 이스라엘의 한 부분이 아니었던 것으로 묘사되고 있다. 그들은 올리브 나무 뿌리로부터 진액을 공급받기 위해 접붙여진 야생 올리브 나무의 가지이다(17, 24절). 새로운 하나님의 백성으로서 비유대인 신자들은 이제, 믿음의 조상 아브라함에게까지 연결되어 있는 뿌리와 더불어 풍요한 유산으로 영양분을 공급받고 있다. 여기에서 올리브 나무는 하나임을 강조해야 할 것이다. 그것은 하나님의 한 백성 즉 유대인과 비유대인을 말한다. 그들은 모두 같은 진액을 공급받고 있다. 자만이나 승리주의 또는 자랑은 배제되어야 한다. 한때 우상을 섬겼던 이방인들이 그 옛 뿌리, 즉 이스라엘을 지탱하는 것이 아니고 그 반대로 이스라엘이 그들을 지탱하고 있는 뿌리이다(18절).

바울은 비유대인들에게 자랑하거나 우월감을 갖지 않도록 경고한 바 있으나, 그들이 그 경고에 귀를 기울이지 않을 것이라는 사실은 인식하지 못했다. 이제 다음 몇 장에 걸쳐서 언급하겠지만, 바울 시대 이후로 교회는 사실상 그 자신의 유대적 뿌리들로부터 자신을 단절시켜왔다고 할 수 있다.

그런데 어떻게 하나의 철저히 유대적인 운동이었던 기독교가 그 본래의 자리(환경)로부터 분리되어 새로운 그리고 구별된 믿음의 공동체로서 번창할 수가 있었는가? 자신의 유대적 기원과 관련해서 오늘날의 교회가 그 뿌리를 상실했다고 하는 이 섬뜩한 사실을 이해하기 위해 우리는 교회가 어떻게 시작되었는가를 신약 성서를 통해 살펴보아야 할 것이다. 초대교회의 역사를 간단하게 더듬어봄으로써 우리는 무엇이 뿌리로부터의 단절을 가져왔는가 하는 것을 정확히 발견할 수 있게 될 것이다.

1. 예수와 그의 제자들

예수의 삶과 가르침은 그가 당시의 유대적인 믿음과 관습들에 얼마나 깊이 뿌리박고 있는가 하는 것을 잘 보여준다. 그는 유대인의 부모에게서 태어났으며(마 1:16), 유대교 율법에 따라 난지 8일만에 할례를 받았다(눅 2:21). 소년 예수는 유월절을 지켰으며(눅 2:41-43), 청년기에는 많은 유대교 선생들과 관계를 맺고 그들로부터 배웠으며, 그들 대부분이 예수의 이해력에 놀랐다(눅 2:46-47). 예수는 안식일마다 자주 회당에 가곤 했으며, 이러한 습관은 공생애를 시작했을 때에도 변하지 않았다(눅 4:16). 예수는 상당히 다양한 유대교 사상들에 익숙해 있었다. 분명히 1세기 유대교는 하나의 통일된 종교의 모습과는 거리가 멀었다. 그 당시에는 바리새인, 사두개인, 엣세네파, 열심당원(Zealots) 이외에도 여러 종파들이 있었다. 예수의 가르침은 바리새인의 가르침과 가장 밀접한 관계를 갖고 있었던 것으로 보인다. 탈무드에 나오는 랍비들의 가르침은 어느 정도 - 그러나 전적으로는 아니다 - 바리새인들의 가르침을 반영하고 있다. 대체적으로 예수의 가르침 가운데 90% 이상이 랍비들의 문헌에서 발견되는 것으로 알려지고 있다.[1] 물론 이러한 어림잡음이 과장된 것임에는 틀림없지만, 공관복음에 대한 최근의 연구는 예수의 말씀이 유대적 배경과 얼마나 깊은 관계를 가지고 있는가 하는 것을 잘 보여주고 있다.

더욱이 예수의 초기 제자들은 유대인들이었다. 예수가 공생애를 시작한 지 3년도 채 안되어서 그들 가운데 한 핵이 초기 기독교 공동체를 형성하였다. 예수는 전형적인 제1세기 유대교의 순회 교사 식으로 제자들을 교육했다. 회당의 교실에서가 아니라 언덕에서, 들판에서, 그리고 한적한 곳 등에서 이 갈릴리 목수의 아들은 많은 사람을 불러 모았다. 예수는 분명하게 말씀하셨고 그의 많은 가르침은 히브리 성서와 그 당시에 널리 알려져 있었던 랍비들의 전승들로부터 나온 것들이었다. 그러나 그는 직접적으로 가르쳤으며, 그의 말씀은 권위가 있었다. 하지만 때로는 그의 제자들도 이해하지 못한 가르침들도 있었다(막 4:10-13). 그의 단체는 단순히 열두 사도로만 이루어진 것이 아니었음에도 불구하고(눅 6:13, 10:1), 베드로와 야고보 그리고 요한, 이 세명의 중심 인물이 성서 이야기 가운데 자주 등장하고 있다. 예수가 훈련시킨 보통 사람들 뿐만 아니라 그의 주요 제자들 가운데서도 유대인 지도자들이 많이 있었다(요 12:42, 19:38-39). 요약해서 말하면, 예수의 목회(사역)는 하나의 초점을 갖고 있었는데, 그것은 그의 말씀대로 "이스라엘의 잃어버린 양"을 찾는 데 있었다는 것이다.

2. 시작: 유대인 교회

기독교 역사의 시작을 대강 살펴보면, 교회는 유대인들만으로 시작되었음을 볼 수가 있다. 사도행전이 예수의 첫 추종자들을 "나사렛당"(행 24:5)이라고 부르고 있는 것만 보아도, 교회가 유대교의 한 종파로 여겨졌었음을 알 수가 있다.[2] 그들은, "온 백성에게 칭송을 받은" 것으로 묘사되고 있듯이(행 2:47), 유대교 안에서 큰 문제없이 활동했던 것처럼 보인다.

교회는 다윗 왕의 성인 예루살렘에서 태어났다. 예언자들과 제사장 그리고 왕들의 역사를 갖고 있는 성읍인 예루살렘은 그 성소(성전)와 함께 천년 이상 유대인의 종교 생활의 중심지였다. 예수가 승천하신 후 그의 제자들은 성전에 계속 모여 하나님을 찬양하였다(눅 24:53). 예수는 성령이 임할 때까지 예루살렘을 떠나지 말라고 분부하셨다(행 1:4-5). 120명 정도되는 유대인 신자들은 기도하기 위해 다락방에 함께 모였다. 그들 가운데는 갈릴리에서 온 열두 사도들도 포함되어 있었다(행 1:11,13).

교회는 열두 사도를 중심으로 태아적(胎兒的)인 형태로 시작되었다(참조, 요 20:22). 그러나 성령이 기적적으로 임함과 더불어(행 2장) 교회는 극적인 탄생을 경험하게 되었다. 예루살렘과 원근 각처에서 유대인들이 샤부옷(Shabuot)을 지키기 위해 모였었다. 늦봄에 있는 이 축제는 유월절을 지낸지 50일 후에 행해졌다. 이 샤부옷은 유대인의 칠칠절(Feast of Weeks) 또는 맥추절(출 23:16)이었다. 신약성서 시대 이후 유대인 공동체는 이 축제일을 시내산에서의 율법수여 축제와 결합시켰다. 시내산에서의 이 위대한 계시는 이스라엘 백성이 이집트를 떠난 지 세달 후에 주어졌다(참조, 출 19:1). 샤부옷의 특별한 예식 가운데 하나는 새로 빻은 가루로 누룩 반죽을 하고 소금을 섞어 만든 빵 두덩어리를 바치는 것이었다(레 23:16-21, 민 28:26). 성서 시대를 통하여 샤부옷은 매해 지키도록 요구된 절기 가운데 하나였다(출 23:14-17). 해마다 수많은 유대인들이 추수할 때쯤 되면 예루살렘에 이 절기를 지키기 위해 모여들었다(룻기에 나오는 맥추절을 참조하라). 예수님 당시에 그들은 천하 각국으로부터 모였다(행 2:5). 누가는 이들 가운데 15곳의 지명들을 열거하고 있다(행 2:9-11). 베드로는 오순절날(샤부옷) 행한 그의 첫번째 설교에서 "동료 유대인들"(2:14)과 "이스라엘 사람들"(2:22)이라고 불렀다. 그리고 그는 히브리 선지자인 요엘을 인용하였다(행 2:17-21).

베드로는 두번째 설교에서(행 3장) "아브라함과 이삭과 야곱의 하나님"(13절)을 언급하였다. 또한 유대인 청중들에게 "너희는 선지자들의 자손이요 또 하나님이 너희 조상으로 더불어 세우신 언약의 자손이라"(25절)고 말했다. 고대 히브리 예언자들이 사용한 것과 비슷한 스타일로(참조, 겔

18:30, 32). 예루살렘 청중들에게 "회개하라"고 요구했다(행 3:19). 이 용어는 성서적 유대교에 풍부한 배경을 가지고 있다. 히브리 성서에서 "회개하다"를 표현할 때 자주 사용된 단어는 shub로서 "방향전환하다, 돌아오다, 단념하다"는 의미를 가지고 있다. 그것은 영적인 전향을 암시한다. 어떤 사람이 그의 죄로부터 돌아서서 이스라엘의 살아계신 하나님에게로 다시 돌아가는 것이 회개인 것이다. 가장 널리 알려진 중세기 유대교 철학자이며 신학자인 마이모니데스(Maimonides)는 이 중요한 성서적 개념에 대해 깊은 통찰력을 더했다. 그는 회개를 의미하는 히브리어 명사 teshubah는 여러가지 특별한 단계들을 포함하고 있다고 설명했다. 첫째 단계는 죄의 고백 또는 인정이다. 둘째는 잘못을 저지른 것에 대한 후회나 부끄러움과 슬픔을 표현하는 단계이다. 셋째 단계는 다시는 죄를 짓지 않겠다고 하는 강한 결단을 하는 것이고 마지막 단계는 하나님과 화해를 하는 것으로서, 이로써 소원한 관계가 극복되고 친교가 회복되는 단계이다.[3] 이러한 배경과는 상반되는 유대교가 회심을 자기 조상들과 조상들의 유대교 사상을 버리는 것으로 이해하지 않았다는 것은 분명하다. 도리어 그것은 같은 공동체 안에서 하나님의 용서와 사랑을 통해 새로와지고 회복되는 것을 의미했다.

사도행전에 기록된 사도들의 행동과 설교는 초대교회의 유대성(Jewishness)에 대해 풍부한 증거들을 제시해 주고 있다. 사도 시몬(그의 헬라어 이름은 베드로였다)은 예루살렘 성전에서 기도했으며(3:1), 유대교의 최고 판결 기관인 산헤드린 앞에서 변론했다(4:5-15). 그는 부정한 것을 잡아먹으라고 하는 요구를 받았을 때 거절했다(10:13-14). 더 나아가 유대인 사도들은 매일 예루살렘 성전에서 가르쳤으며(5:42), 대제사장과 접촉을 가졌으며(7:1), 가말리엘과 같은 히브리 율법의 교사들과 영향을 주고 받았다(5:34). 사도 바울(사도행전 13장에서 그가 이방인 세계로 첫번째 전도 여행을 떠나기 전까지 그는 성서에서 히브리 이름인 사울로 불려졌다)은 그의 동족인 유대인들에게 "나는 유대인으로 길리기아 다소에서 났고 이 성(즉 예루살렘)에서 자라 가말리엘의 문하에서(문자적으로는 '발 아래서' 참조, 미쉬나 Aboth 1:4) 우리 조상들의 율법의 엄한 교훈을 받았고 오늘 너희 모든 사람처럼 하나님께 대하여 열심하는 자라"고 진술하고 있다. 바울은 또한 "내가 팔일만에 할례를 받고 이스라엘의 족속이요 베냐민의 지파요 히브리인 중의 히브리인이요 율법으로는 바리새인이요"(빌 3:5)라고 기록하고 있다. 또한 사도행전 23:6에 의하면 "바리새인들(복수 형태임)의 아들"이었다. 여기에서 복수는 그의 아버지 뿐만 아니라 조상들도 바리새인이었음을 암시하고 있다. 여기에다 바울은 모국어인 히브리어로 말했다(행 21:40. 헬라어로 *Hebraios*라고 되어 있는데 이는 아람어 방언을 의미하는 것일 수도 있다).

베드로, 야고보, 요한, 그리고 바울의 시대에 초대교회는 하나의 중요한 질문에 직면하게 되었다. 그것은 유대인들이 이 새로운, 영적으로 거듭난 공동체(참조, 2:28-29)에 속할 수 있느냐 하는 것이 아니었다. 이방인들이 죄에 대한 회개를 통해 완전히 유대인 공동체에 속할 수 있는가 하는 것이 문제였다. 신약성서의 증거는 교회의 시작에 대하여 분명하게 말해 주고 있다. 즉 그 기원에 있어서 기독교는 철두철미하게 유대적이었다는 것이다. 오늘날 교회가 근본적으로 비유대적인 성격을 띠고 있는 것은 역사에서 비롯된 문제이지 기원의 문제가 아니다.

3. 히브리주의자(Hebraist)와 헬라주의자(Hellenist)

예루살렘 교회의 시작이 철저히 유대적이었음에도 불구하고 이 초대기독교인 공동체는 단일성을 띠지 못했다. 사도행전의 첫부분에서 유대인 기독교인들이 둘로 나뉘어졌음을 볼 수가 있다. 한 그룹은 히브리주의자 즉 "히브리인들"이었다. 이들은 히브리어와 아람어 가운데서 둘 다 또는 그중 하나를 하는 유대인들이었는데, 대부분 팔레스틴 태생이었다. 히브리주의자들은 유대교 신앙과 조상들의 관습에 철저했다. 이들은 그들 주위의 비유대적 문화의 영향을 경계하면서 예루살렘 성전과 긴밀한 유대 관계를 지속했다.

또다른 유대인 기독교도들의 범주에 속한 사람들은 헬라주의자들이었다. 이 "헬라 유대인들"(Grecian Jews)은 믿음의 문제에 있어서는 유대적이었지만(그 정도에 있어서는 다양했다) 헬라어와 헬라인들의 관습을 받아들였다. 이들 헬라파 유대인들은 그리스-로마 세계의 디아스포라에 그 뿌리를 두고 있거나 아니면 그들과 유대관계를 갖고 있던 사람들이다. 일반적으로 그들은 히브리주의자들보다 더 자유로운 사고 방식을 갖고 있었으며 변화에 보다 더 개방적인 사람들이었다. 그들의 의복이나 사상은 그들이 주위의 이방 세계와 매일 접촉하여 살고 있다는 것을 증명해 주었다. 그들은 디아스포라로서의 삶에서 오는 새로운 변화로의 도전과 전통의 고수를 균형있게 조화시켜야 했다. 그러나 예루살렘은 헬라주의자들에게 "존경할 만한 중심… 특별히 그들 자신의 것"[4]을 제공하였다.

4. 스데반과 헬라주의자들

스데반은 예루살렘 교회의 헬라주의자들(헬라파 유대인들)의 지도자 가운데 한 사람이었다. 그와 다른 6명의 헬라주의자들은 — 이들 일곱명 모두 헬라 이름을 가지고 있다 — 헬라파 유대인 기독교도들과 히브리주의자들(히브리파 유대인 기독교도들) 사이에 생긴 문제를 감독하도록 하기 위해 뽑혔다. 헬라파 유대인들은 매일 매일 과부들에게 공급되는 구제의 음식들이 헬라파 과부들에게는 불공평하게 주어진다고 불평을 했다(행 6:1). 이 문제는 일곱 사람에 의해 잘 해결되었으며, 온 교회가 기뻐하였다(6:3-5). 히브리파 유대인 성도들이 헬라파 유대인 성도들에게 보여준 이러한 은혜롭고도 협력적인 정신은 예루살렘 교회 내에 다양성 속의 통일성이 지속되기를 열망한 데서 나온 하나의 결과였던 것이다.

하지만 스데반이 예루살렘의 한 회당에서 예수의 메시야성에 대해 논쟁을 벌임으로써 긴장이 점차 고조되기 시작했다. 결국 스데반은 산헤드린(공회)에 불려가게 되었고 성전과 모세의 종교에 대한 모독성 발언을 했다는 이유로 제소되었다(행 6:12-13). 산헤드린에서 행한 스데반의 연설은(행 7장) 복음을 거부하는 유대인에 대해 유대 기독교인이 행한 헬라적인 변증의 한 예이다.[5] 이 연설은 성전을 참된 종교의 궁극적인 그리고 최종적인 표현이라고 신봉하는 유대 종교 지도자들을 위협하는 것이었다. 왜냐하면 스데반은 하나님께서는 그런 구조물 속에 거하시지 않는다고 강조했기 때문이다 (7:48; 참조, 렘 7:4). 더 나아가 스데반은 그의 유대교 형제들을, 선지자들이 오실 분으로 예언한 "의로운 분"(예수)을 거절했다고 비난했다(행 7:52). 요컨대 이 도발적인 전령은, 새로운 질서가 메시야가 오심으로 이루어졌으며 그분은 어떤 종교보다도 훨씬 중요한 분이라고 선포했던 것이다.

이와같은 유대 집안 내부의 불화로 인해 스데반은 체포되었고 돌에 맞아 죽게 되었다. 그의 순교는 예루살렘 교회에 대한 심한 박해의 촉발제가 되었다. 사도들은 예루살렘 교회에 남아 있었지만 다른 유대 기독교인들은 유대와 사마리아 지방으로 박해를 피해 흩어졌다(8:1). 이처럼 박해를 받고 또 그로인해 흩어진 사람들은 주로 예루살렘 교회의 헬라주의자들(헬라파 유대인들)로서, 스데반은 이 그룹에서 중요한 위치를 차지하고 있었다. 이때부터 적어도 A. D. 135년에 있었던 2차 유대인 반란 사건의 종반부까지 예루살렘 교회는 거의 히브리파 유대인들로 구성되어 있었던 것으로 보인다.[6]

5. 이방인에게로 퍼져나감

하나님은 스데반이 돌에 맞아 순교한 사건을, 초대교인들로 하여금 모(母) 교회에만 머물러 있지 않고 나아가서 복음을 증거하도록 하는 계기로 만드셨다. 승천하시기 직전 예수님은 제자들에게 예루살렘에서부터 시작해서 온 유대와 사마리아와 땅끝까지 나아가 증인이 되라고 명령하셨다(행 1:8). 사도행전은 -특별히 8장부터- 그런 구조로 되어 있다.

처음으로 복음을 예루살렘 밖으로 가지고 나간 유대인은 빌립이었다. 예루살렘 교회의 헬라파 유대인 지도자 가운데 한 사람이었던 그는(6:5) 의심의 여지없이 더 넓은 문화적 배경에 상당히 쉽게 적응할 수 있도록 준비되었던 사람이다. 그는 사마리아와 가자(Gaza)에까지 북쪽으로 여행하고 이어서 해변 도로를 따라 아조투스(Azotus 또는 Ashdod)와 가이사랴에까지 갔다. 예루살렘 교회가 사마리아인들이 빌립의 메시지를 어떻게 받아들였는가 하는 소식을 듣고는 베드로와 요한을 -히브리파 유대인들- 그곳으로 보내서 그들을 돌보도록 했다(8:12-14). 빌립에 의한 이러한 선도적인 확장은 베드로와 요한이 사마리아 여러 지방에서 설교할 수 있는 길을 닦아놓은 것이라 할 수 있다(8:25). 이렇게 해서 예루살렘 교회는 헬라파 유대인들의 사역을 인정하기 시작했던 것이다. 히브리주의자들과 헬라주의자들은 여전히 해결해야 할 다른 문제들과 긴장관계를 가지고 있었다. 하지만 하나님은 이 두 그룹을 통하여 "그 영광을 열방 중에, 그 기이한 행적을 만민 중에 선포"(시 96:3) 하셨고, 당신의 계획을 보다 더 효율적으로 이루시기 위해 그들 가운데 역사하셨다. 매일 매일의 사건들 속에서 각각의 그룹들은 그들 나름대로의 비전에 충실했다.

6. 바울의 특별한 소명

하나님의 목적대로 이방 세계로 복음이 어떻게 퍼져 나갔는가 하는 것에 대한 그 다음 기록은 사울(바울)의 다마스커스 도상에서의 급진적인 방향전환 사건에 관한 것이다. 학자들은 하나같이 바울의 인생을 변화시킨 이 경험을 회심(conversion)이라고 부르긴 하지만, 소명(call)이라는 명칭을 붙이는 것이 더 정확할 것이다. 이러한 맥락에서 스텐달(Krister Stendahl)은 이렇게 말하고 있다: "여기에는 우리가 흔히 '회심'이라는 단어와 연관시키는 '종교'의 변경 같은 것은 없다. 같은 한 하나님을 섬기면서 바울은 하나님을 섬기는 데 있어서 새롭고 특별한 소명을 받은 것이다. 하나님의 메시야는 그에게 한 유대인으로서 이방인에게 하나님의 메시지를 전할 것을 요구하셨다."[7] 우리가 강조한 바대로, 바울은 그의 생애에 있어서 한번도 유대교를 떠난 적이 없었다. 오히려 그는 메시야와의 관계를 자신의 유대교 신앙의 만개(滿開)로서 이해하였다.

다소 출신의 디아스포라 유대인으로서 바울은 독특한 방법으로 이러한 이방인 선교를 할 수 있는 준비가 되어 있었다. 그는 유명한 유대교 선생인 가말리엘(Gamaliel) 아래에서 바리새적인 훈련을 받았으며 이를 통해 그는 자기 민족의 풍부한 유산에 대해 익히 알게 되었다. 그러나 지중해의 항구 도시민으로 로마 시민권을 소유한 바울은(행 22:25-29) 또한, 그리이스-로마 세계에 널리 퍼져있던 관습들에 충분히 익숙해 있었다. 더욱이 바울 서신들의 많은 부분들은 그가 70인역 성서를 잘 알고 있었음을 보여주고 있다. 히브리 성서의 헬라 역본인 이 성서는 B. C. 250년경에 유래된 것으로 바울 당시의 헬라 방언(lingua franca)으로 쐬어졌다. 이 성서는 바울이 자신의 메시지를 비유대세계의 사람들에게 이해시키는 데 있어서 막대한 자산이 되었다. 부름을 받기 이전의 바울은, 예루살렘 교회로부터 다른 곳으로 피신해 간 믿는 사람들을 뿌리뽑으려 -다마스커스까지 좇아가서- 노력했다(행 9:1-3). 그러나 하늘로부터 주어진 임무는 그로 하여금 이방인을 위한 열정적인 사도가 되게 하였고 초대교회에서 가장 영향력 있는 유일한 목소리가 되게 하였다.

7. 이방인들 가운데서 계속되는 성공

바울의 소명 이후, 베드로는 중요한 항구 도시인 가이샤라에 살던 로마의 백부장 고넬료에게 복음을 전해 주었다. 베드로의 설교와 성령의 역사를 통해 고넬료는 믿음을 갖게 되었다(행 10:44-48). 성서는 고넬료가 "하나님을 경외하는 사람"(God-fearer)이었다고 진술하고 있다(10:2). '하나님을 경외하는 사람'은, 유대교의 관습들을 따르기는 했지만 모든 유대교 개종자들에게 요구되어지는 할례는 받지 않은 이방인이었다. 초대교회 역사의 이 시점에서 하나님은 특기할만한 그러나 논리적인 방식으로 당신의 말씀이 이러한 '하나님을 경외하는 사람'들을 —이들은 회당 예배와 유대인의 생활 방식에 대해 매력과 사랑을 느꼈던 사람들이다— 통해서 다양한 도시들로 퍼져나가게 하셨다. 그들은 유대교의 가르침에 예민했고 또 그것에 대해 개방적이었기 때문에, 자연히 히브리 문명과 헬라 문명 사이에 다리 역할을 했다. 그래서 그들은 바울이 전도 여행중에 방문했던 많은 교회들의 초석이 되었다(행 13:16, 43; 16:14; 17:4, 17; 18:7). 참으로 이들은 "유대인들이 이들을 보류해 둔 것과 비교할 때, 기독교인의 이방인 선교의 출발점이었다고 할 수 있다···. 바울은 그의 선교 사역에 있어서 언제나 회당 예배에서 설교했고 따라서 유대인들보다 '하나님을 경외하는 사람들'에게 더 잘 말할 수 있었다."[8] 그러므로 기독교가 예루살렘의 유대적 요람으로부터 지중해 세계로 처음으로 퍼져나가기 시작할 때 이미 비유대인들 가운데 '하나님을 경외하는' 이러한 사람들에게서 유대적인 기원을 가진 예배와 삶이 실행되고 있었음을 보게 된다. 하나님을 경외하는 사람들은 우리의 연구에 있어서 중요하다. 왜냐하면 이들은 우리가 이방 세계의 주요 도시들에 세워진 교회들이 처음부터 비유대화 운동을 벌였던 곳이라고 생각할 필요는 없다고 하는 것을 잘 증명해 주고 있기 때문이다.

고넬료가 복음에 긍정적으로 응답했다고 하는 소식이 예루살렘 교회에 전해지자 베드로가 한 일에 대하여 논쟁이 일어나게 되었다(행 11:1-3). 고넬료 사건은 이방인들이 교회에 들어올 경우 예루살렘 교회가 직면해야만 했던 몇가지 장애물들을 상기시켰다. 처음부터 베드로는 이방인과 관계를 맺거나 그들을 방문하는 것을 꺼려했었다(10:28). 더욱이 예수를 따르는 유대인들은 처음에는 성령이 이방인들에게도 부어진 사건을 어떻게 다루어야 할지 알지를 못했다(그래서 "그들은 놀랬다." 10:45). 그뿐만 아니라 예루살렘 교회의 어떤 히브리파 유대인들("할례자") – 이들은 율법에 대해 남다르게 그리고 지나치게 열성적이었다 – 은 베드로가 "무할례자들"과 함께 음식을 먹은 것에 대해 비난했다(11:3). 그러나 초대교회는 이러한 난점들을 해결하기 위한 청사진을 도무지 갖고 있지 않았었다. 그러므로 당분간 그들은 우선 체험적인 근거에서(즉 이방인들도 성령을 받으므로 – 역주) 비유대인 신도들을 받아들이는 것에 대해 만족해 했다. 그것이 하나님께서 하신 일이었기에(11:17-18; 참조, 15:8-12).

이방인들은 계속해서 복음을 받아들였는데, 특별히 바울과 바나바의 설교를 통하여 그리했다. 시리아의 안디옥 – 예루살렘으로부터 수백 마일 북쪽에 있는 오론테스(Orontes) 강 유역에 위치했다 – 은 최초의 성공적인 기독교 확장에 있어서 센터 역할을 했던 곳 가운데 하나였다(행 11:19-30). 지중해 연안에 쉽게 접근할 수 있는 위치에 자리잡고 있던 안디옥으로부터 바울과 바나바는 선교 여행의 돛을 올렸다. 구브로(Cyprus) 섬을 통과하여 소아시아(현재의 남부 터어키 지방)를 여행하면서 그들은 비시디아 안디옥(13:13-52)과 이고니움(14:1-7), 루스드라와 더베(14:8-20)에서 설교했다. 그런 다음 그들을 파송했던 교회에 보고를 하기 위해 시리아의 안디옥으로 돌아왔다(13:3, 14:27).

이제 복음은 서쪽을 향하여 나아가기 시작했다. 얼마 안 있어 바울은 스페인에까지도 복음을 증거할 야심을 갖게 되었던 것으로 보인다(롬 15:23). 그러나 곧 안디옥 교회에 위기가 닥쳐오게 되었다. 그것은 비유대인들이 점점 많아지고 있는 교회 안에서의 유대교 율법의 위치에 관한 문제였다. 그래서 바울과 다른 사도들은 머리를 맞대고 이 문제를 논의하게 되었다.

8. 예루살렘 회의

사도행전 15장에 나와 있는 예루살렘 회의는 사도행전 전체의 분수령이라 할 수 있다. 이 회의는 유대 지방에서 안디옥으로 내려온 어떤 사람들이 구원을 받기 위해서는 반드시 할례를 받아야 하고 모세의 율법을 고수해야 한다고 주장한 데서 비롯되었다. 바울과 바나바는 그들과 이 문제를 가지고 토론을 했다. 그때 안디옥 교회는 바울과 바나바를 예루살렘 교회에 대표로 보내서 사도들과 이 문제를 상의하도록 했다. 주님의 형제 야고보는 예루살렘 교회에서 존경받는 지도자였다. 그가 회의를 주재했는데, 그때가 A. D. 49년경이었다. 예수를 믿는 바리새파 유대인들 또는 할례당이 이 문제를 의제로 제시했다. 그들의 입장 — 근본적으로는 앞의 제 2 장에서 논의한 유대주의자들의 입장 — 은 비유대인들이 교회에 들어오기 위해서는 이방인들이 유대교로 개종할 때 하는 것과 똑같은 방식을 거쳐야 한다고 하는 것이었다.

제일 먼저 이 회의에서 연설을 한 사람은 베드로였다. 여러해 전에 그는 고넬료와 그의 가족들이 예루살렘의 신도들이 오순절날 그랬던 것과 거의 똑같은 방식으로 성령을 받고 이어서 물세례를 받은 것을 목격한 바 있었다. 베드로는 할례가 이방인 고넬료의 구원에 있어서 필수적인 요소라고 분명하게 주장하지는 않았다(성서는 이 점에 대해서는 침묵을 지키고 있다). 따라서 회의 석상에서 베드로는 비유대인 신도들에게는 유대교 율법의 무거운 "멍에"를 지우지 말 것을 주장했다(행 15:10을 보라).

이 회의의 결과는 이런 것이었다: 교회에 들어오는 비유대인들에게 유대교의 할례 의식을 강요해서는 안된다. 이 회의는 이러한 결정을 함에 있어서 그리스도 안에서 하나님께서 거저 베푸시는 은혜의 원리를 강조했다. 이방인들은, 그리스도의 자유 가운데 서는 것은 전제 조건이나 함께 어우러질 가능성이 있는 자격(자질)을 의미하는 것이 아니라는 사실을 알아야 했다. 위에서 진술한 바대로 이 회의는 그 어떤, "의를 위해서 할례를 받아야 하는 신학적인 당위성"[9]도 배제했다. 이방인들은 다음과 같은 점에서 있어서 분명해야 했다: 구원은 하나님의 선물로서 그 누구도 단순히 어떤 제의적인 예식을 행함으로써 그것을 획득하거나 얻을 수 없다.

이방인들을 의식 법규에 종속시키지 않은 반면, 이 회의는 그들에게 교회 안에서 유대인과 교제를 나눌 것을, 다시 말해 그들의 유대 형제 자매들의 양심을 존경하고 존중할 것을 요구했다. 따라서 예루살렘의 사도들은 구체적으로 이방인들이 피해야 할 것들에 대하여 네가지를 제시했는데, 대부분 이교도적인 또는 우상숭배의 행위와 연관되어 있다. 1)우상에게 바쳤던 음식 2)음식규정(kosher)에 따라 피를 빼지 아니한 동물의 고기나 피를 먹는 것 3)비틀어 죽인 동물의 고기(이는 바로 위의 규정과 비슷하다) 4)음행, 즉 이방적인 기준에 따른 성행위(행 15:20, 29을 보라). 더 나아가 이러한 사도적인 선언 가운데서 아마도 우리는 "노아의 계명이 함축된 또는 1세기의 형태로 재묘사된"[10] 것을 볼 수 있을 것이다. 랍비들은 노아의 계명을 노아의 후손들(이방인들) 즉 모든 인류에게 부과한 일곱개의 계명으로 규정했다.[11]

초대 기독교를 연구한 롱게네커(Richard Longenecker)는 예루살렘 회의의 중요성에 대하여 이렇게 요약하고 있다: "이 회의에서 내린 결정은 교회 역사상 가장 대담한 그리고 관대한 것 가운데 하나이다." 그는 더 나아가 "목회의 대상을 유대인들 자신들에게만 한정시키려는 시도를 여전히 포기하지 않으면서도, 예루살렘의 유대 기독교인들은 기독교 선교의 또다른 가지의 진전 ― 이러한 성공은 분명히 그들에게 하나의 압력으로 느껴졌을 것이고 더 많은 문제들이 이로 인해 야기될 것을 알고 있었음에도 불구하고 ― 을 방해하는 것을 원치 않았다"고 말한다.[12] 그러나 우리는, 그 후 이방화된 교회가 승리 의식을 갖고 교만과 자만에 빠져 유대인들을 억압한 것은 죄가 아닐 수 없다는 점을 강조해야 한다. 그것은 결코 예루살렘 회의의 결정 사항이 아니었다. 교회는 "뿌리(이스라엘)를 기억하는"(롬 11:18) 데 있어서 실패했다.[13]

예루살렘 회의는 안디옥과 시리아, 길리기아의 이방인들에게 결정 사항을 편지로 알렸다. 그것은 유대화를 추구하던 사람들에 의해 제기된 문제들을 깨끗이 해결해 주었다. 간단히 말하자면 문제는, 이방인은 기독교인이 되기 위해서 유대인의 율법들을 지켜야 하는가? 였다. 이 문제에 대해 예루살렘 회의는 분명하게 그렇지 않다고 답했다.

제3장의 이해를 위한 연구과제

1. 예수가 유대적 환경에서 자랐다고 하는 복음서의 증거는 무엇인가?
2. 많은 유대교 종파들이 예수님 당시에 있었다. 예수의 가르침은 그 중 어느 종파와 가장 가까운가?

3. 예수의 가르침을 다음과 연관해서 간단하게 서술하라.
   1) 어디에서 어떻게 가르치셨는가?
   2) 내용은 무엇인가?
   3) 어떤 부류의 사람들에게 가르치셨는가?
4. 처음에 교회는 유대교의 한 종파로 여겨졌었다. 사도행전에서는 이 종파에 대하여 어떤 표현을 하고 있는가? 이 장에 있는 각주를 참조하여
   1) 그 용어가 어떻게 유래되었는지
   2) 히브리 표현인 *Notzrim*과 *Notzri*가 무엇을 의미하는지 말해보라.
5. 어떤 사람은 교회가 성령의 강림(행 2장) 이전에 이미 태어났다고 생각하는데, 그러면 언제 어떤 사건으로 교회가 태아적인 형태로 시작되었겠는가 말해보라.
6. 교회의 탄생과 관련깊은 유대 축제 Shabuot에 관하여 다음 질문들에 답하라.
   1) Shabuot의 문자적인 의미는?
   2) 성서에서는 이 절기를 두가지 다른 명칭으로 부르는데, 무엇인가?
   3) 이 때는 무엇을 봉헌하며, 그것들이 농사 절기와 어떤 관련이 있는가?
   4) 신약성서 시대 이후 많은 유대인들이 농사가 주업이 아닌 나라들로 흩어져 살던 때에 Shabuot 본래의 농업적인 의미가 어떻게 바뀌었는가?
7. 오순절에 베드로가 설교하면서 인용한 예언자는 누구인가?(행 2장)
8. "회개하다"는 의미를 가진 히브리어 동사 *shub*의 배후에 있는 실제적인 의미는?
9. "회개"(repentance)를 뜻하는 히브리어 *teshubah*를 "회심"(conversion)으로 번역할 때 생기는 문제는 무엇인가?
10. 사도행전 22:3에 의하면 바울을 훈련시킨 유대 학자는 누구인가? 바울은 자신을 유대교의 어느 종파에 속한 사람으로 주장하고 있는가?(빌 3:5) 사도행전 21:40의 헬라어 본문에 의하면 바울이 청중들에게 사용한 언어는 무엇인가? 이 언어에 대한 또다른 가능한 해석은 무엇인가?
11. 예루살렘 교회에 있던 히브리주의자들과 헬라주의자들을 구별해 보라. 스데반은 어디에 속해 있었는가?
12. 산헤드린에서 행한 스데반의 연설은 왜 유대 종교 지도자들을 위협하는 것이었는가? 스데반은 결과적으로 순교를 당하게 되고 이로 인해 대박해가 시작되었다. 박해의 대상은 주로 누구였는가? 이 박해가 예루살렘 교회에 미친 영향은 무

엇이었는가?

13. 복음을 처음으로 예루살렘 밖에서 전한 유대인은 누구였는가? 또한 이 사람이 어떻게 사마리아와 가자, 가이사랴 지방과 같은, 보다 넓은 문화적 배경에 있는 사람들에게 복음을 쉽게 전할 수가 있었는가? 이 사건은 예루살렘 교회 안에 있는 두 그룹의 사람들을 연합시키는 데 어떤 역할을 했는가?

14. 바울이 다메섹 도상에서 "회심"(conversion)을 했는가? 어떤 용어(들)가 바울의 생애를 변화시켜 놓은 이 사건을 묘사하는 데 적절하겠는가? 그 이유는? 다메섹 도상에서의 체험 이전에 바울이 예루살렘 교회와 어떤 접촉을 가진 적이 있는가? 이에 대해 설명하라.

15. 신약성서 시대에 "하나님을 경외하는 사람들"은 어떤 사람들이었는가? 어떻게 이들은 교회 안에 있는 히브리주의자들과 헬라주의자들을 연결해 주는 다리의 역할을 할 수 있었을까? 이들은 바울이 방문한 교회들에 있어서 어떤 위치를 차지하고 있었는가?

16. 베드로가 고넬료의 가정을 방문한 것에 대하여 예루살렘 교회는 왜 못마땅하게 생각했는가? 그리고 이 문제가 어떻게 -당분간이라고 할지라도- 해결되었는가?

17. 바울과 바나바가 복음을 들고 이방인에게로 서쪽을 향하여 돛을 올리고 출발한 곳은? 이 도시를 지도에서 찾아보라.

18. 예루살렘에서 사도들이 회의를 가진 것은 무엇 때문이었는가? 누가 회의를 이끌었는가? 이 회의가 열린 것은 언제쯤으로 추측되는가?

19. 예루살렘 회의의 결과에 대하여 간단히 말해보라. 이방인들이 피해야 할 것을 네가지 명시했는데 그것은 무엇인가? 이 금지 규정들은 오늘날 유대교 안에서 노아의 일곱 계명이라고 불리우고 있는 것의 초기 형태처럼 보인다. 모든 이방인들에게 부여된 이 일곱 계명들을 나열해보라(본문의 각주 참조).

20. 이 기념비적인 예루살렘 회의의 결과에 대하여 한 학자는 "교회 역사상 가장 대담한 그리고 관대한 것 가운데 하나"라고 평가했다. 고대와 현대의 역사의 빛에서 이 진술이 암시하는 바를 설명하라.

제 4 장
신학적 충돌과 박해

"저희가 사도들을 불러들여 채찍질하며 예수의 이름으로
말하는 것을 금하고 놓으니라"(행 5:40)

전 장에서 논의한 예루살렘 회의(행 15장)는 하나의 분수령과 같은 사건이었다. 이 회의의 결정은 교회나 회당(synagogue) 모두에게 그 이후의 몇년 동안 큰 영향을 미쳤다. 이 회의를 엶으로써 교회는 이방인의 할례에 관한 문제에 있어서 분명한 입장을 취할 수가 있게 되었다(행 15:5, 28-29). 어떤 의식(儀式)보다도 오랜 역사를 가진 이 할례는, 갓 태어난 그러나 빠른 속도로 이방 세계로 번져나가고 있는 메시야 공동체의 일원이 되는 데 있어서의 선행조건일 수 없었다.

이 중대한 시점에 있는 교회에 대하여 우리가 그릴 수 있는 그림은 혼합적인 것이다. 이 교회는 기본적으로 세개의 중요한 그룹들로 이루어져 있었다. 한쪽 그룹은 전통적인 할례주의자들로 이루어져 있었다. 이들은 보수적인 유대신앙을 가진 사람들로서 바리새파 사람들과 상당히 비슷했다. 성전 예배 그리고 유대교 율법과 매우 밀접한 관계를 맺고 있었다. 앞에서도 언급한 것처럼 아마도 에비온주의자(Ebionite)가 이러한 성향을 가진 사람들의 '남은 자' 즉 4세기경까지도 사라지지 않고 있던 그룹을 대표했다고 할 수 있을 것이다. 두번째 중요한 그룹은 자유롭게 생각하는 헬라주의자들이었다. 이 헬라주의자들은 한 발은 유대교의 잔디에 두고 있었다. 또다른 한 발은 헬라적인 토양에 두었는데, 이 편에 더 굳게 서 있었으며 서구세계로 더 기울어졌다. 세번째 그룹의 사람들은 중도파 사람들로서 이들이 제일 많았다. 그들은 예루살렘 회의의 결정사항을 따랐으며 예루살렘 교회의 다수를 이루고 있었다(행 15:22을 보라). 이들 지도자 가운데는 야고보, 베드로("유대인을 위한 사도"), 바울("이방인을 위한 사도." 참조, 갈 2:8) 같은 사람들이 있었다. 성령의 인도하심 가운데서(행 15:28), 영향력 있던 이 그룹은 이방인에게 개방적이었지만 동시에 아직도 유대인들에게 민감했다.

이러한 대강의 스케치는 우리에게 그 당시의 교회가 상당히 성장했고, 또한 상당수의 이방인들이 유입되었고, 또한 하나님이 그들 가운데서 행하시는 새로운 역사에 자신들을 적응시키려는 유대 기독교인들의 노력으로 인해 점점 더 복잡한 양상을 보이고 있었으나, 아직도 유대교의 한 부분이었다는 사실을 상기시켜 준다. 그러나 교회가 점점 더 다양하게 되어가고 있었음에도 불구하고 여러가지 요인들이 몸(Body)의 통일성을 이루는 데 공헌했다. 교회 안에 있는 유대인과 이방인 모두 이스라엘의 성문서인 구약 성서를 — 히브리어 성서이든 아니면 헬라어 성서이든 — 공통으로 소유하고 있었다. 그 뿐 아니라 모든 교인들이 예수가 메시야이심을 믿었고 그의 중요한 가르침들을 따랐으며 그의 죽음과 부활에 대하여 같은 케리그마(선포 또는 메시지)를 선포했다(고전 15:3-4). 더 나아가 교인들은 성령 안에서 같은 경험과 삶을 공유했다(즉 "성령과 우리는… 가한 줄 알았노라," 행 15:28). 그러나 교회는 언제까지나 유대적인 요람에 남아 있을 수는 없었다.

교회와 회당이 서로 나뉘어지게 된 데에는 많은 요인들이 있으나, 그것들을 살펴보기 전에 먼저 몇가지 서론적으로 언급해야 할 것들이 있다. 우선 그리고 아마도 가장 중요한 것으로 생각되는 것은, 적어도 한세기 이상에 걸쳐서 일어난 하나의 진전을 다루고 있다는 것을 염두에 두어야 한다는 것이다. 이제 다음 몇 장에서 우리는 교회와 회당의 분리에 직접 영향을 미친 어떤 사건이나 상황들에 초점을 맞추게 될 것이지만, 그러나 중요한 것은 이러한 분리가 어떤 분명한 한 순간에 일어난 것이 아니라 점차적으로 일어나게 되었다는 사실을 인식하는 것이다. 둘째로, 단순화시킬 수는 없는 복잡한 문제에 직면하게 될 것이다.[1] 각각의 질문은 유대적인 측면과 기독교적인 측면을 가지고 있다. 세째로 우리는, 우리의 자료들이 이 문제의 어떤 측면에 대한 스케치임을 인식해야 한다. 어떤 사본도 충분한 정보를 주지는 않는다. 그러므로 우리는 다양한 고대의 자료들을 가지고 모자이크를 만들어보는 수

밖에 없다. 마지막으로, 저자들 - 그들이 고대의 사람이든 현대의 사람이든 지 관계없이 - 은 나름대로의 어떤 특별한 관점을 가지고 있음을 잊어서는 안된다. 전제(前提)나 개인적인 성향(충성심) 같은 것들이 때때로 주장이나 자료에 반영되어 있다. 특별히 기독교와 유대교 간의 그 관계의 역사를 다룸에 있어서 우리는 가능한 한 양쪽의 관점을 둘 다 고려해야만 한다. 이 장에서는 교회와 회당의 분리에 중요한 영향을 미친 요인들 가운데 두가지, 즉 신학적인 차이점과 박해의 문제를 살펴보기로 하자.

1. 신학적인 차이점

거의 2천년 동안이나 기독교인과 유대인을 분리시켜 놓은 가장 중요한 신학적인 논쟁은 예수에 관한 것이다. 이 갈릴리 목수의 아들을 어떻게 이해해야 하는가? 우리는 그를 신약성서가 증거해 주고 있듯이 메시야로서 또는 하나님으로서 이해하는가? 아니면 메시야적인 야망을 가진 그러나 단지 한 유한한 존재로서 그 야망을 이루는 데는 실패했던 사람으로 보는가? 그는 모든 인간들과 마찬가지로 하나님의 한 아들이었는가 아니면 제4복음서가 주장하고 있듯이 하나님의 유일한 아들이었는가? 그는 묵시록의 인자(人子), 고난받는 종, 그리고 선지자들이 말한 의로운 왕이었는가 아니면 단순히 초대교회가 그의 죽음 후에 그러한 타이틀들을 그에게 붙인 것에 불과할 뿐인가?

(1) 예수, 그는 사람인가 하나님인가?

복음서의 기록에 의하면 예수는 유대교 안에서 자랐다. 그는 결코 그의 조상들의 신앙을 버리지 않았다.[2] 그는 대부분 성전과 회당을 중심으로 활동하였다. 앞에서 언급한 바대로 그의 가르침은 상당 부분 그 당시의 유대교와 매우 밀접한 관련이 있다. 예레미아스(Joachim Jeremias)의 말대로 예수는 "완전히 유대교의 영역 안에 남아있던 예언자"였다.[3]

그러나 예수에 대해 관심을 갖고 있는 대부분의 유대교 학자들에게는 그런 정도의 간단한 묘사로는 문제가 해결되지 않는다. 그들에게 있어서 이러한 논쟁은 훨씬 더 깊은 복잡한 문제이다. 먼저 지적해야 할 중요한 점은 예수가 다른 가르침들의 권위를 인정하지 않았다고 하는 것이다. 그러나 더 중요한 것은 하나님이 원하시는 것에 대해 그 자신이 권위적인 해석을 덧붙일 수 있는 권한이 있다고 주장한 것이다. 더 나아가 예수는 하나님의 아들됨을 주장했으며(요 10:30, 36, 38) 세상 끝날에 천사들을 데리고 다시 올 것이라고 선언했다(마 24:27-31). 그러므로 논쟁거리가 되고 있는 역사적 예수는 신앙의 예수와는 별개로 다루어져야 한다.[4]

그러나 예수를 따르던 초대교회의 유대인들은 그를 하나님이면서 동시에 인간이신 분으로 보았다. 예수의 목격자들은 그가 행한 기적들을 - 그의 적대자들조차도 그가 행한 기적을 인정했다 - 그의 신성(神性)에 대한 증거라고 생각했다. 신약성서의 관점에서 볼 때, 예수는 선지자들이 말한 "오시기로 되어 있던" 분(눅 7:19-20)이다. 따라서 롱게넥커(Longenecker)는 이렇게 말했다: "모든 구약성서와 유대 사상에 편만해 있는 유대교의 가장 주된 긴장은 약속과 성취의 긴장이다. 그리고 초대교회는 그리스도 안에서 그 긴장의 해결을 발견했다."[5] 요컨대 예수 자신 하나의 새로운 살아있는 토라가 되었으며 초대교회의 사상과 삶의 핵심을 이루었다.

(2) 유대교 상징들에 대한 급진적인 재해석

우리는 두 성서(신약과 구약) 사이에 확고한 연속성이 있음을 보게 된다. 그러나 비연속성도 있다. 여러가지 구약성서의 제도들과 주제들이 신약성서에서 급진적으로 재해석되었다.[6] 때때로, 대부분의 신약시대 사람들이 이해하기 힘든 - 그 제도들과 주제들이 예시적인 것이었음에도 - 방식으로 재해석되었다. 더욱이 예수 안에서의 토라의 구현은 큰 긴장을 불러 일으켰다. 예수는 여러 가지 유대교의 중요한 상징들을 자기 자신에게 종속시켰으며[7] 신약성서 기자들도 마찬가지였다. 그렇게 해서 예수는 성전이 되었고(요 2:19-21) 죄를 사하는 희생제물("세상 죄를 지고 가는 하나님의 어린 양," 요 1:29)이 되었다. 유월절의 *matzah*, "무교병"은 그의 몸을 의미했다(막 14:22). 마찬가지로 유월절의 희생양은 예수의 희생적인 죽음을 상징했다. 그뿐만 아니라 예수는 자신을 안식일의 주인이라고 선언했다(막 2:27-28). 그는 또한 불결과 제의적인 정결을 구별했다(막 7:1-23). 요약하면, 초대 유대적 기독교 안에서 "안식일, 성전, 율법, 희생제사들은 그것들 모두보다 더 큰 분에 의하여 기독론적으로 재해석되었다."[8] 그래서 대부분의 1세기 유대교는 이러한 가르침들을 이상하고 반제의적인 것으로 그리고 당시의 확고한 종교적 신념들을 위협하는 것으로 간주했다.

(3) 예수의 색다른 선교

세상으로부터 눈총받는 사람들과 예수의 관계 또한 심각한 충돌을 야기시켰다. 그가 여인들에게 나타낸 관심은 그 당시의 여자들이 상대적으로 낮은 신분에 있었음을 고려할 때 흔한 일이 아니었다. 더군다나 그는 당시에 가장 큰 경멸의 대상이었던 세리들과도 어울리고 또 모든 사람이 피하는 문둥병자들과도 어울렸다. 예수는 "먹기를 탐하고 포도주를 즐기는 사람이요 세리와 죄인의 친구"(마 11:19)라는 이유로 비난을 받았다. 그뿐만 아니라 그는 멸시를 받고 있던 혼혈 민족인 사마리아 사람들과도 접촉했다(요 4:4-5). 또한 이방인과도 어울림으로 당시의 전통적인 사고방식을 철저히 깨트렸다(막 7:24-30).[9] - 이로써 나중에 유대 기독교인들이 비유대 세계에 선교할 수 있는 길을 열었지만.

예수의 사랑과 동정은 제한이 없었다. 종종 그의 행동들은 당시의 종교 단체의 눈에 급진적이며 모욕적인 것으로 비쳐졌다. 따라서 우리는 예수가 다른 계획들을 갖고 있었음을 강조해야만 한다. 즉, 그는 그가 이어받은 종교 전통들을 단순히 지속하거나 또는 강화하기 위해 오신 것이 아니었다. 반대로 그의 사명은 그러한 전통들을 새롭게 하는 것이었다. 리취스(John Riches)는 예수가 유대교를 변형시킨 것에 대하여 다음과 같이 잘 요약했다: "그(예수)는 새로운 방향을 제시함으로 전통을 새롭게 하셨다. 즉 율법의 세부 조항들을 늘리려는 시도를 근절시킨 대신 개인적인 기준들을 행위를 규정하는 수단으로 제시함으로, 그리고 하나님의 징벌의 정당성에 대한 믿음을 거부한 대신 하나님의 자비와 또 용서와 치유, 사랑으로 적대감을 극복하려는 하나님의 뜻을 강조함으로… 그리고 잃어버린 자와 가난한 자들, 원수들에 대한 그의 사랑의 사역에 그를 따르도록 부르심으로써, 그 전통을 새롭게 하셨다."[10]

(4) 아바(Abba)와 예수의 유일성

성부 하나님에 대한 예수의 유일한 관계를, 예수 자신이 사용한 "아바"라는 용어보다 더 잘 보여주는 것은 없다. 예레미아스(Joachim Jeremias)

의 충격적인 역사 연구는 자주 논의되어 온 이 문제에 대하여 많은 빛을 비추어 주고 있다.[11] 그에 따르면, 구약성서에서는 비교적 그리 많지 않은 곳에서 하나님을 특히 창조주와 그 자녀인 이스라엘에 대한 자비의 원천이라는 의미에서 아버지라 언급하고 있다. 그러나 아무도 하나님을 "나의 아버지"라 일컬은 사람이 없다. 팔레스타인 유대교의 기도 의식문 가운데 하나님을 *abinu* 즉 "우리의 아버지"라고 부르는 구절이 있긴 하지만 그러나 예수는 제자들 앞에서 기도할 때 "나의 아버지"라는 표현을 많이 사용하셨을 것이다. 더욱이 그는 아람어인 *abba*(막 14:36)를 사용하시기도 했다. 1세기 유대인 사회에서는 어린아이들이 아버지를 *abba* 즉 "아빠"라고 불렀을 것이다. 그러나 이 용어는 상당히 친밀하고 가까운 사이에 쓰는 것이었기에, 유대인은 이 용어를 하나님께 사용하는 것은 부적절하다고 생각했을 것이다. 예수가 하나님을 아버지라고 부른 것은 상투적인 표현이 아니고 개인적인 관계를 표현하는 것이었다. 하나님을 *abba*라고 부른 것은 하나님이 그에게 주신 하나의 계시였다. 그러므로 그가 가지고 있던, 하나님의 아들이라고 하는 자의식을 이해하는 것은 중요하다.

어린이들이 아버지에게 느끼는 이와 같은 친밀함이 기독교 복음의 핵심인 아들됨에 중심이다. 왜냐하면 믿음으로 하나님의 가족의 일원으로 받아들여진 사람들은 하나님을 *abba*라고 부를 수 있기 때문이다(롬 8:15, 갈 4:6). 예레미아스는 예수가 사용한, 신학적으로 중요한 이 용어의 의미에 대하여 이렇게 요약하고 있다 : "*Abba*라는 용어 뒤에는 케리그마가 있다. 우리는 유대교를 뛰어넘는 어떤 새로운, 들어보지 못한 것을 대면하게 된다. 여기에서 우리는 역사적인 예수의 모습, 즉 하나님을 *Abba*라고 부를 권세를 가진 사람, 또 죄인들과 세리들에게 '*Abba*, 사랑하는 아버지'라는 말을 되풀이 할 수 있도록 권세를 부여함으로 그들을 천국에 포함시킨 사람을 보게 된다."[12]

(5) 메시아에 대한 기대와 예수

기독교에 대한 반대는 예수를 따르는 사람들에 대해서가 아니고 예수 자신에 대하여 먼저 일어났다.[13] 여러 방면에서 예수는 자신의 주장과 가르침에 대한 신학적인 충돌을 경험했다. 특히 서기관들과 바리새인들이 여러 번 그와 맹렬한 논쟁을 벌였다. 예수는 논쟁자였다. 즉, 그는 여러 계층의 유대 종교 지도자들을 비난하면서, 다른 사람들마저 천국에 들어가지 못하도록 방해하는 사람들이라고 힐난했다(마 23:13).

1세기의 유대인들은 메시야에 대해 주로 군인처럼 용맹스럽고 (용사같은 왕) 의로우며 거룩한 자질을 소유한 다윗 같은 구원자(Davidic Redeemer)를 기대하고 있었다. 그러나 또다른 한편 그들은 제사장적인 그리고 예언자적인 메시야 상(象)도 갖고 있었다. 그 외에도 메시야에 대해 여러가지 다른 기대들을 갖고 있었다.[14] 예수의 추종자들과 그 반대자들 모두 이처럼 다양한 메시야 기대를 갖고 있었던 반면, 예수는 그의 궁극적인 사명을 완성하는 데 있어서 방해가 될지도 모르는 혁명이나 다른 위기들을 피하기 위해 자신의 메시야성을 드러내는 것을 꺼리셨던 것으로 보인다(사실 대부분의 학자들은 예수가 한번도 직접 자신이 메시야임을 주장한 적이 없다고 말한다). 여러 경우에, 기적을 행한 뒤 예수는 그것을 목격한 사람들에게 그것에 대하여 다른 사람들에게 말하지 말 것을 요구하셨다(마 8:4, 막 5:43). 마찬가지로, 베드로가 신앙고백을 했을 때 예수는 "자기가 그리스도인 것을 아무에게도 이르지 말라"고 하셨다(마 16:20; 참조, 막 8:30, 눅 9:21). 예수는 특별한 사명과 그것을 완수하기 위한 그 나름대로의 시간표를 갖고 있었다.

예수의 소명은 위임과 완전한 순종, 그리고 새로운 삶의 방식이었다. 그의 소명은 로마 정권을 뒤집어 엎기 위해 열심당원(Zealot)이 되도록 요구하는 것이 아니었다. 그의 나라는 이 세상의 것과는 다른 것이었다. 그의 길은 정복자를 위해 마련해 놓은 길과 같은 화려한 영광의 길이 아니었다. 오히려 그는 고난받는 종으로서, 십자가로 이끄는 겸손과 온유의 길을 걸어가셨다. 어떤 사람들은 자신들의 기대를 저버린 사람으로, 또다른 사람들은 역사의 기이한 비극을 대표하는 사람으로 그를 생각했다. 그런가하면, 종교적인 또는 정치적인 기존 질서를 위협하는 사람으로 생각하는 사람들도 있었다.

그러나 소수의 유대인 남녀 무리들이 - 대부분 이름없는 사람들이었거나 눈에 띠지 않는 사람들이었다 - 그가 갈릴리에서 행한 기적들과 말씀들을 믿었다. 후에 그들은 그가 예루살렘에서 십자가에 달려 돌아가시고 묻히시기까지 그를 따라갔으며, 그가 승천하시기 전에 그들에게 나타나셨기에 예수의 무덤이 비었다고 확신했다. 이들이 바로, 필요하다면 그들이 눈으로 목격한 것들의 실제를 증거하다가 죽을 준비까지 되어 있던 사람들이었다.

(6) 예수의 부활에 대한 믿음

예수가 메시야임을 믿는 신앙은 그가 죽음에서 부활하셨다는 믿음과 깊은 관련이 있었다(롬 1:4). 어떤 사람들은 조롱하기도 했지만(행 17:32), 이 유일한 부활 사건에 대한 초대교회의 믿음은, 일시적이며 잘못된 그리고 하나의 종파 운동으로 보였던 것을 영원히 꺼지지 않는 희망의 불꽃으로 바꾸어 놓았다.

구세주로서의 예수의 메시야 역할은 일반 사람들로 하여금 혼동, 당황, 동요, 실망("우리는 이 사람이 구속할 자라고 바랐노라," 눅 24:21)과 같은 복합적인 반응을 낳게 했다. 예수는 이스라엘의 민족주의적인 희망과 묵시문학적인 환상들, 또는 거룩한 국가의 대망을 이루어주지 않으셨다. 그러나 그의 부활에 대한 믿음은 거의 해체될 위기에 처해 있는, 풀죽은 예수의 추종자 그룹으로 하여금 케리그마를 가장 먼저 전파하는 핵심적인 사람들로 변화시켰다. 그 메시지의 핵심은 이런 것이었다: "네가 만일 네 입으로 예수를 주로 시인하며 또 하나님께서 그를 죽은 자 가운데서 살리신 것을 네 마음에 믿으면 구원을 얻으리라"(롬 10:9).

2. 박해

예수의 죽음(A. D. 3년경)과 1차 유대인 반란 사건의 발발(A. D. 66년) 사이에, 유대인 당국자들이나 군중들은 계속 예수 믿는 사람들을 박해했다. 대제사장은 예수를, 가이사에게 세금바치는 것을 반대하며 자칭 유대인의 왕이라고 주장하는 정치적인 위험 인물로 고소했다(눅 23:2. 참조, 마 27:37). 예수는 그를 따르는 사람들에게 그들도 체포당하고 회당에서 매질 당하며 박해를 당할 것이라고 경고하신 바 있다(마 10:17-25).[15]

(1) 유대인을 박해하는 유대인

기독교인들에 대한 유대인들의 박해는 처음에는 유대교 종파 사이의 논쟁으로 생각되어졌다. 나중에 교회가 회당으로부터 분리되어졌을 때에야 비로소 기독교에 대한 로마의 반대가 중요한 역할을 했다.[16] 예루살렘이 무너지기(A. D. 70년)전에는 이 메시야 운동이 유대교의 이단 가운데 하나로 여겨졌다. 그러나 로마가 이스라엘을 짓밟은 후에 유대 사회는, 국가의 정치에 별로 관심을 갖고 있지 않고 젤롯당(Zealot)의 주장을 지지하지 않던 유대 기독교에 의해 더 많은 위협을 받았다. 그리하여 유대 기독교의 존재 자체가 하나의 위협적인 요소가 되었던 것이다. 유대 국가의 형세가 더 악화되자 비례적으로 유대 기독교에 대한 반대 움직임도 더 심화되는 경향을 보였다. 예수의 메시야성에 대한 이슈는 유대교 안에 두개의 정반대 그룹을 만들었으며 예수의 죽음 이후에 곧바로 분리되기 시작했다.[17] 유대 공동체는 예수의 죽음을 신성모독의 죄와 분명하게 연관시켰다(요 10:36). 예수의 추종자들도 그와 같은 신념을 가지고 있었기 때문에 그들에 대한 박해는 필연적인 것이었다.

(2) 군중의 폭력

유대인들이 제1차 유대인 반란 사건 이전에 기독교인들을 박해했다고 하는 사실은 사도행전에서 분명히 말해주고 있다. 그러나 이러한 사건들은 관원들에 의해 이루어진 것이라기 보다는 군중들에 의해 훨씬 많이 일어났던 것으로 보인다. 신약성서 이외의 기독교 자료들 가운데는 예수의 죽음 이후로부터 1차 유대인 반란 사건 때까지 유대의 종교 지도자들이 종교적인 이유로 기독교인에게 법적 제재를 가한 구체적인 사건이 하나도 기록되어 있지 않다.[18] 사도행전이 두명의 순교자에 대한 기록을 갖고 있지만, 이들은 기독교 성장의 시끄러웠던 처음 몇 십년동안에 일어난 비교적 드문 사건들로 보인다. 첫번째 순교자는 스데반이었다(행 6:9-8:2). 그의 죽음은 아마도 산헤드린의 공식적인 결정의 결과라기 보다는 분노한 군중들의 폭력에 의한 것이라고 볼 수 있다. 사실 산헤드린의 결정에 대해 성서는 아무것도 말하지 않고 있다. 두번째 순교자인 세베대의 아들 야고보는(12:2) 분명히, 헤롯 아그립바에 의해 종교적인 이유에서라기 보다는 정치적인 이유로 처형당했다.

사도행전에는 그 외에도 유대인 당국자들에 의해 가해진 박해에 대한 여러가지 사건이 기록되어 있다. 사두개인들은 예수의 가르침과 부활을 전했다는 이유로 사도들을 체포하고 옥에 가두었다(행 4:2-3; 5:17-18). 산헤드린은 베드로와 요한에게 더이상 예수의 이름으로 가르치지 말라고 경고하였다(4:17-18). 산헤드린이 사도들을, 그 행한 가르침을 들어 매질하도록 지시하였음에도 불구하고(5:40) 사도들은 "예수는 그리스도라 가르치기와 전도하기를 쉬지 아니하니라"(5:42). 베드로는 다시 체포되어 감옥에 갇히게 되었다(12:1ff.). 이는 헤롯 아그립바의 대박해의 일환으로 일어난 것으로 "유대인들을 기쁘게 하기" 위함이었다(12:3). 더욱이 교회는 스데반이 돌에 맞아 순교하게 됨으로 일어난 박해로 말미암아 흩어지게 되었다(8:4, 11:19).

(3) 박해자 사울

바리새주의에 열심이었던 청년 사울은 초대교회에 대한 가장 열렬한 반대자 가운데 한 사람이었다. 그는 스데반의 순교 이후에 교회를 흩어지게 하는 일을 도왔으며, 예루살렘 교회에 대한 대박해에 있어서 중요한 역할을 했다(8:1). 사울은 집집마다 돌아다니면서 유대 기독교인들을 끌어다 옥에 가두었다(8:3). 그러나 다마스커스에서의 체험(9장)으로 사울은 "새로운 질서에 대한 가장 열렬한 박해자에서 그 질서의 가장 정열적인 인물로 바뀌는 혁명적인 변화를 경험했다."[19] 즉 그는 사도 바울이 된 것이다.

사도행전의 증거들은(9:1-3, 22:5, 26:12) 대제사장이 사울에게 다마스커스의 회당에서 유대 기독교인들을 찾아내어 예루살렘 감옥에 가둘 수 있는 권한을 부여하는 문서를 발급했다. 초기의 유대교 자료들은 그 당시의 예루살렘 산헤드린이 유대 지경을 넘는 곳에서는 권한을 행사할 수 없었음을 보여주고 있으나, 유대 율법을 지킴에 있어서는 행정구역을 넘어선 먼 곳에까지 a de facto 권한을 행사할 수 있었을 것이다.[20] 그래서 사울이 유대 기독교인들을 체포하기 위해 다마스커스로 보내진 것으로 보인다. 그러나 로마의 지배로 말미암아 생기게 된 그 정치적 화약고는 평상적으로는 산헤드린으로 하여금 그 권한을 행사하는 데 있어서 자제와 신중을 기하게 했을 것이다.

(4) 박해를 당한 바울

바울은 선교 여행 중에 유대인들로부터 수없이 반대를 받았다. 데살로니가의 유대인들은 바울을 성 밖으로 내몰리게 한 소동을 야기시켰다(행 17:1-10). 고린도에서는 율법을 어겼다는 죄목을 들어 바울을 갈리오의 법정으로 끌고 갔다(18:12-17). 그후 예루살렘 성전에서는 분노한 군중들에게로 끌려갔으며, 합법적으로 체포되기도 전에 매질을 당했다(21:27-36). 이 사건이 있은 지 얼마 안되어 40명의 유대인들이 그를 죽이려는 계략을 세웠다(23:12-22). 결국 이러한 위협은 바울로 하여금 벨릭스(24장)와 베스도(25장) 앞에 제소하게 하고 로마 감옥에 갇히게 되는 결과를 낳았다(28장).

상당히 자서전적인 편지인 고린도후서에서 그는 유대인들로부터 사십에 하나 감한 매를 다섯번이나 맞았다고 진술하고 있는데(11:24) 더 자세한 설명은 나와있지 않다. 미쉬나(Mishnah)는, 긍정적인 명령이 포함되지 않고 부정적인 명령만으로 되어있는 모세의 율법을 어겼을 경우에 서른 아홉대까지 때릴 수 있도록 허락하고 있다(Makkot 3:4). 그러나, 우리가 바울 서신으로 미루어 알 수 있는 것은, 특별하게 그가 모세의 율법을 무시한 적이 없다는 것이다. 오히려 그는 율법을 지지했던 사람이다(참조, 롬 7:12, 고전 9:20). 그러므로 이러한 체벌은 다른 이유 때문에 주어진 것으로 보인다. "소요케 하는 자"이며 "괴수"(행 24:5)로 낙인찍힌 이래로 바울은 공공의 안녕 질서를 책임지고 있는 사람들의 표적이 되었을 것이다.[21] 그래서 아마도 그는 공공의 안녕을 어지럽혔다는 이유로 그러한 체벌을 당했을 것이다. 아무튼 우리는 유대인의 매질이 특별히 유대 기독교인들에 대해 가해진 종교적인 박해라고만 보아서는 안된다.

3. 요약

교회와 회당은 여러 가지 요인들이 작용해서 점차 분리되기 시작했다. 이 장에서 우리는 이러한 요인들 가운데 두가지를 살펴보았다. 첫번째 이슈는 신학적인 차이점에 관한 것으로 그 대부분은 예수와 관계된 것들이었다. 예수의 신성, 유대교 심벌들에 대한 그의 재해석, 유대교 공동체에게 눈총받는 사람들에 대한 예수의 유별난 선교, 성부 하나님과의 유일한 관계 즉 하나님의 아들이라는 그의 주장, 메시야 기대들에 대한 그의 성취, 그리고 그가 죽음으로부터 부활했다고 하는 그의 추종자들의 믿음—이 모든 것들은 계속해서 논쟁거리가 되었으며 혼란을 야기시켰다.

둘째로, 초대교회에 대한 박해로 말미암아 이 두 공동체 사이에 있던 또

다른 쐐기가 뽑혀나갔다. 유대 기독교는 더욱더, 유대 공동체에 위협적이 되어갔다. 이러한 현상은 결과적으로 군중 소요와 체포, 투옥, 심지어는 스데반이 그랬던 것처럼 순교까지 야기시켰다. 이 동안에 다소의 사울은 박해자의 위치에 서있었다. 그러나 다마스커스 도상에서의 급작스러운 변화 후에 그는 곧 박해받는 사람의 위치에 서게 되었다. 다음 장에서는 분리를 가져다 준 세번째 주요 요인, 즉 회당으로부터의 유대 기독교도들의 추방에 대해서 살펴보기로 하자.

제 4 장의 이해를 위한 연구과제

1. 제 1세기 중반에 있었던 세 유대교 종파에 대하여 서술하라.
2. 이 시기에 교회의 확장과 더불어 여러가지 다양한 그룹들이 생겨나게 되었는데, 그런 가운데서도 교회의 통일성을 유지하는 데 주요한 역할을 한 요인들이 많이 있었는데 그 중 세가지만 언급해보라.
3. 교회와 회당(Synagogue)이 어떻게 분리되었는가 하는 것을 정확하게 이해하기 위해 먼저 염두에 두어야만 할 것들은 무엇인가?
4. 신약성서 시대로부터 지금까지 예수의 신성에 대한 문제는 유대교와 기독교가 분리되는 데 제일 큰 요인으로 작용하고 있다. 역사적으로 볼 때, 회당은 역사적인 예수는 신앙의 그리스도와 분명히 구분되어야 한다고 가르쳐오고 있는 반면, 교회는 예수가 하나님이면서 인간이라고 하는 복음서의 기록을 고수하고 있다. 이러한 사실을 생각하면서 이 장의 각주에서 언급한 바 있는 유대교 학자 버메스(Geza Vermes)가 제시한 예수에 대한 관점에 대해 개인적으로 당신은 어떻게 생각하는가?
5. 예수와 그 당시의 종교 지도자들 사이가 점점 멀어지게 된 것은 예수가 유대교의 여러가지 중요한 심벌들을 급진적인 재해석을 통하여 자신에게 적용시킨 데서 비롯되었다. 이러한 심벌들에 대한 기독론적인 재해석의 예들을 신약성서에서 찾아보라.
6. 예수 당시의 종교적 단체들에게 모욕적이며 혁신적인 것으로 보인 예수의 특이한 선교 방법은 무엇이었는가?
7. 하나님의 아들됨(Sonship)과 관련해서 예수가 사용한 *Abba*라는 아람어의 중요성에 대하여 말하라. 또한 이 용어가 신약성서의 신자들의 아들됨의 개념과 어

떤 관련이 있는가?

8. 1세기 유대교 사상에 있어서 그렇게 분명하지는 않았던 메시야에 대한 기대(들)에 대하여 서술하라. 왜 예수는 자신의 메시야성에 대하여 비밀을 요구하셨다고 생각하는가? 그 당시의 메시야에 대한 일반적인 기대와 예수의 사역 및 선교의 차이점은 무엇이었는가?

9. 예수가 거부당하시고 죽으신 이후에, 부활에 대한 믿음이 그의 유대인 추종자들에게 미친 영향은 무엇인가?

10. 예수가 정치적인 문제 인물로 고소당하게 된 두가지 이유는 무엇인가?(눅 23:2)

11. 예루살렘이 무너지기 전까지만 해도 메시야 운동(messianic movement)은 유대교의 한 이단으로 여겨졌었다. 그러나 로마가 이스라엘을 정복한 이후 유대 사회는 이 운동에 의해 더욱 더 위협을 받게 되었다. 왜 그렇게 태도를 바꾸었겠는가?

12. 사도행전은 두명의 순교자에 대해 기록하고 있다. 그들은 누구인가? 그들을 죽음에 이르게 한 고소 내용은 순전히 종교적인 것이었는가, 아니면 다른 것이었는가?

13. 사도행전에 기록된, 유대 기독교인들에 대한 군중들의 적대감은 어떤 형태로 나타났는가?

14. 박해자로서의 바울(사울)의 초기 활동에 대하여 서술하라. 산헤드린의 통치권 밖에 위치하고 있던 유대 지경이 아닌 다마스커스의 회당에 있는 유대 기독교인들을 체포할 수 있는 권한을 사울이 어떻게 부여받을 수 있었는가?

15. 바울이 전도 여행 중 받은 박해에 대하여 몇가지 사건을 들어 말해보라.

16. 바울은 사십에 하나 감한 매를 다섯번이나 맞았다. 이 이슈에 대하여 미쉬나는 무엇을 말해주고 있는가? 왜 바울이 그런 일을 당했을 것이라고 생각하는가?

17. 이 장에서 다른 교회와 회당의 갈라짐에 영향을 미친 주요한 요인 두가지, 즉 신학적인 차이점과 박해의 이슈에 대하여 요약하여 서술하라.

제 5 장
"이단"과 회당

*"누구든지 예수를 그리스도라 시인하는 자는
출교하기로 결의하였음이라"(요 9:22)*

예수 당시의 유대교는 결코 단일체가 아니었다. 많은 종파들이 자라고 있었으며, 저마다 자신들이 국가적인 절망을 치유할 수 있다고 믿었다. 사두개인들은 기본적으로 성전(聖殿)으로부터 영감을 받아 만든 종교적 프로그램을 가지고 있었다. 에쎄네파(Essenes)는 사해 가까운 광야로 나가 마지막 날에 안내해 줄 메시야의 개입을 기다리고 있었다. 그리고 나사렛파, 즉 바울이 그 "괴수"(행 24:5, 14)인 "도(the Way)를 좇는 자들"은, "천하를 어지럽히던 자들"(행 17:6)이란 평판대로 유대 조직을 동요시켰다. 제1세기 동안, 이들 뿐만 아니라 또다른 유대교 파당들도 사람들의 이목을 끌기 위해 서로 경쟁했다. 그러나 유대교 지도자들은 특별히 나사렛당을 눈여겨 보았는데, 이는 그들이 회당 안에 남아 있으면서 그 세력을 빠른 속도로 확장시켜 나갔기 때문이다. 사실 성서는 유대 기독교인들이 그들의 가르침을 예루살렘에 가득하게 했다고 말하고 있다(행 5:28).

앞 장에서 살펴본대로 교회와 회당 사이의 간격이 점차로 넓어져감에 따라 유대 기독교인들에 대한 적대감과 박해도 더해갔다. 유대 당국자들은 백성들에게 나사렛당-그리고 그들과 견해를 달리하는 모든 사람들, 종파들, 또는 이단자들-은 유대교의 주류로부터 제거되어져야 할 것이라고 경고하는 일에 더욱 관심을 갖게 되었다. 따라서 이 장에서는 이단자들을 회당으로부터 축출하는 1세기의 저주에 대해서 살펴보고 또한 그것이 제 4 복음서와 관계가 있다면 그 관계가 어떤 것인지 살펴보게 될 것이다.

1. Birkat ha-Minim의 정의

이른바 "Birkat ha-Minim"은 이교도들에 대한 적대적인 축원(benediction) 또는 축복 - 그러나 더 정확히 말하면 저주 - 이다(Birkat ha-Minim은 흔히 "이교도에 대한 축복기도"라고 번역된다). 이것은 Shemoneh Esreh(18개의 축복기도) 또는 Amidah로 보통 불리우고 있는 일일 기도서의 열두번째 축복기도이다.[1] 쉐마(Shema)와 더불어 Shemoneh Esreh는 가장 중요한, 랍비들의 기도 가운데 하나이다. 그래서 미쉬나는 Shemoneh Esreh를 단순히 ha-tephillah 즉 "기도"라고 지칭하고 있다. 이 기도는 여자와 노예, 아이들을 포함한 모든 유대인들이 매일 세번씩 암송하게 되어 있다(Berakot 3:3, 4:1).

교회와 회당의 분리에 대해 논의하면서 학자들은 "열두번째 축복기도"의 중요성의 정도에 대해 다양한 견해를 보여왔다. 20세기 초엽에, 지금은 보통 팔레스타인 수정판이라고 불리우고 있는 Birkat ha-Minim의 카이로 게니자(Cairo Genizah) 역본이 출간되자 이것에 특별한 관심이 모아졌다.[2] 오늘날, 역사적인 측면에서 기독교인과 유대인의 관계에 대한 연구와 더불어 Birkat ha-Minim은 본래 반 기독교적인 유대인의 기도로 만들어졌다고 하는 주장에 새로운 빛이 던져지고 있다.

게니자 역본(팔레스타인 수정판)의 열두번째 기도는 이렇게 되어 있다: "이교도들[meshumaddim]에게 아무런 희망도 없게 하시고 당신께서 우리의 시대에 어서 속히 거만한 자의 통치를 뿌리뽑으시옵소서. 기독교인들[ve-ha-Notzrim]과 이교도들[minim]을 한 순간에 사라지게 하시고 그들의 이름을 생명의 책에서 제하여 주시옵소서. 그들을 의로운 자들의 명단에 오르지 못하게 하여 주시옵소서."[3] 이 본문은 회당으로부터의 기독교인의 출교에 대해 언급하고 있는, 요한복음에 나오는 세 구절(9:22, 12:42, 16:2)과 연관해서 자주 논의되어 왔다. 그러므로 이 기도의 본래 형태와 minim(이교도들)의 정확한 의미, 그리고 이 기도문의 의도에 대해 살펴보는 것은

중요한 일이다.⁴⁾

우리는 이미 이 책의 앞부분에서 교회와 회당이 어느날 갑자기 한 순간에 갈라지게 되었다고 하는 일반적인 견해에 대해 살펴보았다. 이러한 견해를 지지하는 사람들은 이교도 축복기도로 알려진 이 열두번째 기도를 상당히 강조하고 있다. 이 기도는, 논쟁의 여지가 있긴 하지만 90년경에 즉 성전이 무너지고 난 다음에 덧붙여진 것으로 보인다.⁵⁾ 이것은 유대 기독교인들을 회당에서 몰아내기 위한 목적으로 제의에 사용하기 위해 만들어진 것이었다. 유명한 유대 역사가 바론(Salo Baron)은 이러한 견해를 뒷받침해주고 있다. "[열두번째 축복기도는] 기독교인과 다른 종파 그리고 민족적인 유대교 조직 사이의 모든 연결고리를 잘라내는 것에 대해 공식적인 유대교가 공식적으로 인정한 것을 의미했다."⁶⁾

그러나 최근에 다른 학자들이 제시한 증거들을 좀더 상세히 살펴보면 이 축복기도에 대해 다른 그리고 훨씬 더 개연성있는 이해를 하게 될 것이다.⁷⁾ 키멜만(Reuven Kimelman)의 분석을 대표적으로 들 수 있다. 그는 *Birka ha-Minim*은 유대와 기독교 관계의 역사에 있어서 분수령이 아니었다고 주장한다. 그의 결론에 의하면, "분명히, 유대교와 기독교의 소위 돌이킬 수 없는 분리를 야기시킨 그러한 칙령을 내린 적은 한 번도 없었다. 이 분리는 오히려 오랫동안의 과정을 걸쳐 생긴 결과이다."⁸⁾ 이러한 견해에 기본적으로 동의한다. 다음에서 *Birkat ha-Minim*이 반(反) 기독교적인 기도를 대표한다고 하는 주장하는 사람들의 관점에서 이러한 결론으로 이끄는 증거를 찾아보기로 하자.

2. 이 축복기도의 기원

탈무드는 이 축복기도의 기원에 관해 정보를 제공해준다. 탈무드에 의하면 이 기도는 야브네의 작은 자(the Small at Yavneh)라고 불리우는 랍비 사무엘(Samuel)에 의해 18개의 축복기도에 덧붙여졌다고 한다(Berakot 28b-29a을 보라). 이것은 90년경에 이루어졌을 것으로 보인다. 이 작업은 랍비 가말리엘 2세의 다음과 같은 질문에 대한 응답으로 이루어졌다: "*minim*에 대적하는 축복기도를 만들 줄 아는 사람이 하나도 없는가?" 그래서 바벨론 수정판을 통해 만들어진 탈무드 전승에 의하면(Berakot 28b-29a를 보라), 랍비 사무엘의 *Birkat ha-Minim*을 포함해서 모두 19개의 축복기도가 있다. 그러나 현재의 바벨론 수정판의 "기도"(the Prayer)는 실제로는 19개 부분으로 이루어져 있음에도 불구하고 Shemoneh Esreh(말 그대로 "18")로 알려져 있다.[9]

그러나 플루쎄(David Flusser)는 야브네의 랍비 소(小) 사무엘은 본래 *minim*(이교도들)이라는 단어를 끼워넣지 않았다고 주장하는데, 이는 의심의 여지 없이 맞는 말이다. 오히려 이 단어는 본래의 텍스트에 있던 것이며 그 기원은 기독교 이전(아마도 후기 마카비)으로 거슬러 올라간다.[10] 플루쎄는 본래의 이 축복기도는 바리새인의 작품이라고 본다. 더 나아가 그는 야브네에서 랍비 소(小) 사무엘은 편집자로서 일했으며 이때 별개의 두 축복기도, 즉 이교도들(*minim*)에 대한 적대적인 축복기도와 "거만한 자의 통치"(*zedim*) - 아마도 이방 로마의 통치를 언급하는 것으로 보인다 - 에 대한 적대적인 축복기도를 하나로 묶었다고 주장한다. 그러므로 *Birkat ha-Minim*이 본래 기독교 이전에 형성된 것을 고려할 때 그것은 유대 기독교인들이 아니라 "유대인을 이방 정부에 넘겨준 사람들을 포함한 비(非) 국교도, 변절자, 반역자, 그리고 이들과 비슷하게 유대 공동체로부터 자신들을 분리시킨 사악한 사람들을 표적으로 한 것이다."[11] 특별히 이 단어는 헬라화된 사람들과 사두개인, 엣세네파, 그리고 바리새파의 기준과 신념들을 따르지 않는 다른 종파들을 포함했을 것이다.[12] 원래의 야브네 축복기도를 다시 완전히 원상회복시킬 수는 없고 우리는 다만 그 텍스트를 가설적으로만 재건할 수 있을 것이다.[13] 그러나 위에서 언급한 대로 이 단어는 매우 광범한 유대교 이단들을 포함하고 있는 것으로 보인다. 따라서 카츠(Katz)가 제안한 대로 "그것은 '소외자들'(*perushim*), '이교도들'(*minim*), 그리고 '거만한 국가들'(*zedim*)을 지칭하는 것일 가능성이 제일 높다."[14]

3. *Minim*과 *Notzrim*

*minim*이라는 용어가 여러 형태의 종파들 또는 '유대교를 벗어난 유대인들'을 지칭하는 일반적인 용어이기 까닭에, 유대 기독교인들은 야브네 시대

(90년경) 이전에는 *minim*으로 불려졌을 것이다. 그러나 야브네에서 *Birkat ha-Minim*이 형성되는 동안에 "기독교인들이 두드러지게 나타났다"고 하는 홀버리(Horbury)의 주장은 아마도 증거가 확증해주는 이상의 의미를 포함하고 있는 것으로 보인다.[15] 왜냐하면 기독교인들이 두드러지게 나타났다면 야브네의 축복기도는(위에서 설명한 바 있는 *Birkat ha-Minim*의 게니자 사본에서처럼) *notzrim*이라는 용어를 사용할 필요가 없었을 것이기 때문이다.

우리는 (카이로 게니자에 나오는) 단 두개의 *Birkat ha-Minim* 텍스트만이 분명하게 기독교인을 언급하고 있다는 사실을 강조해야 한다. 이 텍스트들은 "기독교인들(*notzrim*, 즉 나사렛당)과 이교도들(*minim*)"을 언급하고 있다. 플루써(Flusser)는 이 텍스트들에서 여러가지 중요한 사실들을 발견하였다.[16] 먼저, "기독교인들"을 지칭하는 *notzrim*은 이교도들에 대해서만 언급하고 있는 보다 오래된 텍스트에 첨가되어졌다는 것이다. 이러한 첨가는 "이교도들"(*minim*)은 주로 기독교인들을 가르킨다는 것을 강조하기 위한 것으로 보인다. 더 나아가서, *notzrim*("기독교인들")이 두개의 *Birkat ha-Minim* 게니자 사본에서만 나타난다는 것도 중요하다. 왜냐하면 그 외의 다른 모든 사본들 ㅡ 기독교인 국가로부터 유래된 것이든 비기독교 국가로부터 유래된 것이든 ㅡ 에서는 단지 *minim*("이교도들")이라는 단어만 나타나고 있기 때문이다. 만일 *notzrim*이 야브네의 공식적인 결정에 의해 첨가된 것이라면, 왜 의식문에서 더 많이 발견되지 않는가?

*notzrim*이 랍비 사무엘의 야브네 축복기도에 첨가된 정확한 시기는 알 길이 없다. 순교자 져스틴(Justin, 160년경)은, 비록 그가 기독교인들을 "Nazaraei"(즉 "나사렛당")로 분류하고 있지는 않지만, 기독교인들을 저주하는 유대인들에 관해 언급하고 있다.[17] 그러나 제롬(Jerome, 400년경)과 에피파니우스(Epiphanius, 375년경)는 유대인들이 "Nazoraeans"를 저주했다고 진술하고 있다.[18] 그러므로 *notzrim*이라는 용어는 150년경부터 늦어도 400년 사이에 야브네 축복기도에 첨가되었다고 보면 틀림없을 것이다.

요약하면, *Birkat ha-Minim*은 특별히 유대 기독교인들만을 겨냥해서 ㅡ 물론 그들도 포함하고 있긴 하지만 ㅡ 야브네에서 만든 것은 아니라고 하는 것이다. A.D. 70년 이후에, 바리새인들의 기준에 따라 살지 않은 모든 유대인들이 바로 'minim("이교도들")'에 대하여 주어진 저주'의 대상들이었을 것이다. 이 notzrim("기독교인들")이라는 용어는 이미 회당과 교회 사이에 상당한 거리가 생기게 되었을 때에, 즉 야브네 시대보다 한참 후에 이 저주문에 더해진 것으로 보인다. 그러므로 우리는 Birkat ha-Minim이 회당과 교회의 분리에 직접적인 영향을 주지는 않았다고 말할 수 있는 것이다. 카츠가 간명하게 말한 대로, "바-코흐바 혁명(132-135) 이전에는 야브네나 다른 어느 곳도 공식적인 반(反) 기독교 정책을 펴지 않았다. 바-코흐바 혁명 이전에는(직후에도?) 유대인들과 기독교인들 사이가 완전히 벌어지지는 않았다."[19]

4. "회당에서의 출교"

이제 그 다음 질문은 Birkat ha-Minim이, 유대 기독교인들이 "회당에서 쫓겨나는"(헬라어로 aposynagogos) 사건에 대해 언급하고 있는 요한복음의 세 군데 말씀(9:22, 12:42, 16:2)과 관계가 있는가 하는 것이다. 말틴(J. Louis Martyn) 같은 학자들은 이 요한복음의 구절들이 Birkat ha-Minim이 랍비 소(小) 사무엘에 의해 야브네에서 형성되었음을 보여준다고 주장한다.[20] 그러나 이러한 주장은 설득력이 없다. 요한복음은 야브네 시대(A. D. 90년경)-즉 바리새인들이 열심으로 민족의 순수성과 율법을 지키기 위해 노력하던 때-쯤에 씌어진 것으로 보인다.[21] 말틴처럼, 야브네 텍스트에 notzrim을 포함함으로써 Birkat ha-Minim은 유대 기독교인들을 대적하기 위해 만들어진 것이라고 주장하는 사람은-이러한 주장은 설득력이 없음을 위에서 살펴보았다-유효한 증거를 뛰어넘는 사람이다. 더욱이 Birkat ha-Minim은 출교의 도구가 아니고 일과(日課) 기도로서, 자기-축출을 포함하는 "시험"이었다.[22] 말틴의 주장과는 반대로, 이러한 요한복음의 축출 본문이 "이교도들에 대한 적대적인 축복기도는, 이제 공식적으로 그리고 돌이킬 수 없게 그러한 유대인들을 회당으로부터 축출하기 위해 사용되어졌다"[23]고 하는 결론을 지지한다고 단순하게 말할 수는 없다.

그러나 "예수를 그리스도로 시인하는"(참조, 요 9:22) 유대인들에게 주어진 형벌이 어떤 형태의 것이었는지는 결론 짓기가 쉽지 않다. 신약성서의 다른 어떤 곳에서도(요한복음을 빼놓고는), 그리고 교부들의 저서에서도, 회당으로부터의 출교(*aposynagogos*)가 예수를 그리스도로 시인하는 자에게 주어졌다고 하는 증거는 발견되지 않는다.[24] 초기 기독교 문서 뿐만 아니라 랍비 문헌도 이러한 일에 대해 침묵을 지키고 있다.[25] 이러한 증거의 결핍은 키멜만(Kimelman)으로 하여금 다음과 같은 제안을 하게 하였다. 즉 그는 기독교인들이, 회당에서 다른 사람들로부터 적대감을 받는 것을 두려워하여 기독교인들로 하여금 회당을 멀리 하도록 "이러한 모든 책벌을 꾸미게 된 것"이라고 제안하였다.[26] 칼롤(Carroll)은 제4복음서의 저자는 유대교에 대해 강한 반감을 가지고 있는 이방인이라고 주장한다.[27] 다른 학자들은 요한이 복음서 이야기들을 "유대인들에 대한" 적대감을 가지고 다시 읽고 있다고 주장하기도 한다. 예를 들면, 산드멜(Samuel Sandmel)은 요한복음에 나오는 논쟁들은 "예수 자신의 논쟁이 아니라, 몇십년이 지나는 동안에 유대인들과 기독교인들 사이에 생긴 반감을 반영해주고 있다"고 주장한다.[28]

그러나 *aposynagogos*에 대한 이러한 설명들은 언뜻 보면 그럴듯하게 보이지만, 만족할만한 것은 못된다. 먼저, 구약성서는 분명하게, 유대인들이 출교를 행했음을 보여준다(스 10:8, 느 13:3, 사 66:5). 더욱이 쿰란 공동체(Qumran community)는 규정을 어긴 사람들에게 일시적인 또는 영구적인 축출을 가하도록 했다(참조, 1QS 6:24-7:25).[29] 그러므로 1세기 동안에 행해진 회당으로부터의 축출을 이상한 것으로 여기는 어떤 주장도 설득력이 없다. 분명히 "랍비 이전 시대에는 회당으로부터의 축출에 대한 증거가 그렇게 많지는 않지만 그러한 관습이 있었음을 의심할 필요는 전혀 없다."[30] 따라서, *aposynagogos*와 관련해서 우리는 회당으로부터의 출교가 어떤 형태로든 이루어졌으며 "이것은 심각하게 받아들여야 한다. 하지만, 유대교 자료들로부터 유래된 정보와 연관시키는 것은 쉬운 일이 아니다"라는 린다스(Barnabas Lindars)의 주장에 동의한다.[31]

5. *Nidduy*와 *Herem*

의심의 여지없이 이 문제를 해결하려면 출교의 성격에 대해 바르게 이해해야 한다. 요한의 설명을 근본적으로 그리고 역사적으로 신뢰할 만한 것이라고 믿는다면, 요한복음이 의미하고 있는 것은 완전한 "유대인들과의 민족적인 그리고 종교적인 교제의 단절"이 아닌 것같다.[32] 앞에서도 지적했듯이 예수의 사역 기간 동안에는, 그가 비록 유대교 지도자들로부터 적대시되긴 했지만, 그를 따르는 사람들은 유대교 공동체의 일원으로 여겨졌었다(이에 대해서 많은 논쟁이 있긴 하지만!). 회당은 광범위한 분야에 걸쳐서 ─메시야에 대한 견해에 있어서까지도─ 상당한 자유를 허락했다.

랍비 문헌은 요한복음의 *aposynagogos*의 이해에 도움을 주는 두가지 종류의 출교에 대하여 기록하고 있다. 일차적인 징계는 니두이(*nidduy*)라고 하는 것으로서, 30일간 종교적인 공동 생활을 금지시켰다. 탈무드는 니두이를 부과할 수 있는 29개의 비교적 작은 범죄들을 나열하고 있는데, 하나님의 이름을 더럽히는 것, 재판정에서 판결한 빚을 갚지 않는 것, 제의적인 도살을 게을리 하는 것, 토라의 교사들을 존경하지 않는 것, 비유대인 법정에서 유대인을 고소하는 것 등이 포함되어 있다.[33] 니두이는 교정적인 차원의 징계로서 잘못한 사람을 영원히 출교시키는 데 목적이 있는 것이 아니고 그 사람으로 하여금 죄를 깨닫고 다시 돌아오도록 도와주기 위한 것이다.

이보다 더 중한 출교는 헬렘(*Herem*)으로서, 공동체가 결정할 때까지는 회당에 나올 수 없는 무기한 출교이다. 헬렘의 개념은 히브리 성서에 깊이 뿌리를 박고 있으나, 3세기경까지의 랍비 문헌에는 "출교"의 의미로 헬렘을 언급한 것을 발견할 수 없다. 그러나 브라운(Raymond Brown)은 그 자신도 확실히 잘 모르겠다고 고백하면서, 제 4 복음서에 나오는, 회당으로부터의 유대 기독교인들의 출교에 대한 언급을 헬렘의 실행에 가장 가까운 것으로 보고 있다.[34] 하지만 제 1 세기에는 유대 기독교인들에 대하여 니두이나 헬렘이 널리 사용되지는 않았다고 하는 것이 옳을 것이다. 그러므로 우리는 다른 곳에서 해결책을 구해야 할 것이다.

6. 결 론

"회당으로부터의 출교"라는 표현은 공식적인 것이라기 보다는 비공식적인 것으로 받아들여야 한다. 아마도 예수는 이러한 조치를 염두에 두시고 사도들에게 "회당에서 매질" 당할 것이라고 경고하셨던 것같다(막 13:9; 참조, 행 5:40). 공식적인 출교가, 이제 막 형성되고 있는 교회에 주어졌다고 하는 어떤 문헌적인 증거도 없으므로, *aposynagogos*는 일종의 비공식적인 사회적 배척을 의미하는 것으로 보인다. 공적인 비난에 의한 이러한 형태의 압력은 "회당의 공동체가 용납하기 어려운 것으로 간주된 기독교인들의 행동들에 주어진 것만큼 그렇게 그리스도에 대한 믿음 자체에 반대하여 주어지지는 않았다(참조, 행 18:5-7, 13)"고 하는 헤어(Hare)의 주장은 맞는 것같다.[35] 그러므로 우리는 일단은 제 4 복음서가 언급하고 있는 것은 "예수는 그리스도시라"고 하는 설교를 용납할 수 없는 공동체에 의해 자발적으로 가해진 것이라고 하는 결론을 내릴 수 있다. 이러한 행위는 공식적인 출교에 의해서라기 보다는 분노한 사람들에 의해 이루어진 것으로 볼 수 있다. 공식적인 출교는 훨씬 후대에, 회당과 교회가 완전히 결별하게 되었을 때 일어나게 되었을 것이다.

제 5 장의 이해를 위한 연구과제

1. 예수 당시의 유대교의 주요한 세개의 종파는 사두개파와 엣세네파 그리고 나사렛당이었다. 각각의 종파들은 각기 다른 초점과 철학을 갖고 있었으며 거기에서 유래된 프로그램을 갖고 있었다. 이 세 그룹이 각각 어떻게 다른가 설명하라.

2. *Birkat ha-Minim*의 뜻은 무엇인가? 이 말을 옮기는 과정에 있어서 왜 "축복기도"라는 표현에 추가적인 설명을 덧붙여야 하는가?

3. *Shemoneh Esreh*와 *ha-tephillah*를 정의하라. *Shemoneh Esreh*의 바벨론 수정판에는 몇 개의 축복기도가 나오고 있는가? 오늘날 회당에서 의식문으로 사용되고 있는 바벨론 수정판의 "열두번째 축복기도"에서 검열에 의해 수정된 것은 무엇인가(주 1번을 참조하라)? 미쉬나(*Mishna*)에 의하면 *Shemoneh Esreh*는 몇 번이나 암송해야 하는가?

4. 카이로 게니자 텍스트(팔레스타인 수정판)의 열두번째 축복기도에서 저주가 *notzrim*과 *minim*에게 내려지고 있다.(즉, "*notzrim*과 *minim*을 한순간에 사라지게 하시고 그들의 이름을 생명책에서 제하여 주시옵소서.") 이 두 용어를 정의하라.

5. 탈무드 전승에 의하면 랍비 가말리엘 2세는 "*minim*에 적대적인 축복기도

를 만들 줄 아는 사람이 없는가?"라고 물었다고 한다. 언제 어디서 누가 *Birkat ha-Minim*을 만들었다고 전해오는가?

6. 예루살렘의 히브리 대학의 플루써(David Flusser)는 "이교도들"(*minim*)이라는 용어는 텍스트에 삽입하기 위해 야브네에서 만들어진 것이 아니라고 한다.

1) 플루써에 의하면 언제 누가 본래의 축복기도를 만들었는가?
2) 랍비 소(小) 사무엘이 한 일은?
3) 본래의 축복기도는 누구를 대상으로 한 것인가?

7. A.D. 90년 이전에, 즉 축복기도가 그 전의 자료로부터 수정되기 이전에 *minim*에 유대 기독교인들이 포함되었었는가?

8. 오직 *Birkat ha-Minim*의 두개의 텍스트(둘다 카이로 게니자의 팔레스타인 수정본이다)만이 분명하게 기독교인들(*notzrim*), 즉 "나사렛당"과 이교도들(*minim*)을 언급하고 있다. 플루써는 비기독교 국가에서, 즉 축복기도로부터 *notzrim*을 삭제할 기독교인 검열관이 없는 곳에서도 텍스트에 *minim*만 나타나고 있는 것은 특기할만한 일이라고 지적한다. 한 마디로, *notzrim*이 야브네에서 첨가된 것이라면 왜 이 용어가 의식문 가운데 더 보편적으로 나타나지 않는가? 플루써는 *notzrim*이 언제 축복기도에 포함되었다고 보는가? 그리고 그렇게 보는 역사적인 증거는 무엇인가?

9. *Birkat ha-Minim*의 형성 과정을 간단히 말해보라. 그리고 이것이 회당과 교회의 분리에 미친 영향이 있다면 무엇인가?

10. 유대 기독교인들의 회당 축출에 대해 세번 언급하고 있는 복음서는 어떤 것인가?

11. 누구를 회당으로부터 공식적으로 축출하기 위해 *Birkat ha-Minim*이 사용되었는지에 대하여 설명하라.

12. 요한복음 이외에, 유대인들이 예수를 그리스도로 인정함으로 회당으로부터 출교되었다는(*aposynagogos*) 증거를 초대 기독교 문헌에서 발견할 수 있는가?

13. 이유가 무엇이든지 간에 관계없이 요한복음 이전에, 즉 랍비 시대 이전에 출교나 추방이 유대교 공동체 안에서 이루어졌다는 어떤 증거가 있는가?

14. 랍비 문헌은 요한복음에서 언급하고 있는 "회당으로부터의 출교"에 대해서 빛을 비추어 줄 수 있는 두가지 종류의 출교에 대하여 기록하고 있다. 이에 대하여 설명하라. 그것들과 요한복음이 언급하고 있는 출교는 어떤 관계가 있는가? 요한복음의 "회당으로부터의 출교"가 의미하는 것은 무엇이라고 말할 수 있는가?

제 6 장
유대인의 반란, 회당과
교회의 분리

*"네가 이 큰 건물들을 보느냐? 돌 하나도 돌 위에 남지 않고
다 무너뜨려지리라"(막 13:2)*

B.C. 63년에 폼페이(Pompey)는 갑자기 예루살렘을 정복하고 이스라엘을 로마의 식민지로 만들었다. 그후 몇십년 동안 유대인 공동체는 난폭한 로마의 지방장관들과 통치자들에 의하여 무거운 멍에에 시달려야만 했다. 본디오 빌라도(A.D. 26-37) 같은 통치자들은 로마의 재원을 위한 세금 징수와 더불어 그들의 속국민들에 대해 무력을 행사하고 공민권을 제어할 수 있었다. 우상숭배와 이교도적 관습들이 어느 곳에나 퍼져 있었으며 유대인들은 바로 그들의 조상들의 영토안에서 타민족의 지배 아래 몸부림쳐야만 했다. 로마 군인들에 의한 예수의 죽음은 그 당시까지 알려진 처형의 형태 중 가장 야만적이고 혹독한 것 중의 하나를 극적으로 잘 보여주고 있다.

A.D. 49년에 로마에서, 유대인들과 유대 기독교인들 사이에 논쟁이 치열해지기 시작했다. 질서를 잡기 위하여 글라우디오 황제(Emperor Claudius)는 이 두 그룹을 다 로마로부터 쫓아냈다. 분명히 그는 그들 사이에 어떤 차별을 두어 다르게 취급하지는 않았다.[1] 그러나 A.D. 64년, 네로가 지배하는 동안 기독교인들은 유대인들과 구별되어졌다. 전승에 의하면 사도 바울은 로마에 갇힌 뒤 A.D. 64년 로마시의 대화재 사건 때 순교했다고 한다. 로마의 역사가 타키투스(Tacitus)는 네로가 불을 지른 장본인으로 의심을 받았

었으나 그는 그 책임을 기독교인들에게 돌렸다고 진술하고 있다.[2]

1. 제1차 유대인 반란(A.D. 66-73)

바울이 죽을 때까지, 이스라엘에서는 열심당원들(Zealots)이 사람들에게 큰 영향력을 행사했다. 로마와 다른 유대교 종파들을 거부하면서, 열심당원들은 자신들의 주장을 이룰 수 있는 기회가 오기를 학수고대하고 있었다. 광신적인 민족주의와 권력의 추구를 통하여, 열심당원들은 로마의 지배를 끝장내고 하나님의 선민의 구원을 가져오는 일에 자신들을 바쳤다. A.D. 66년 제사장 엘리에살(Eleazar) - 그 당시 분명히 그는 성전의 지도자였을 것이다 - 이, 황제의 건강을 위하여 매일마다 희생제사 드리는 것을 금하도록 함으로써 싸움이 시작되었다. 이 반란을 막아보려고 했던 유대인들도 있었으나 너무 늦었다. 열심당원들은 드디어 행동을 취했다. 그들의 희망은 이런 것이었다: 이스라엘의 승리와 정치적인 권력.

전쟁은 주로 예루살렘과 유대, 그리고 유대인들이 많이 모여사는 곳 - 남쪽 이두메아(Idumea) 지역과 동쪽 베레아(Perea), 북쪽 갈릴리 - 에서 집중적으로 벌어졌다. 로마의 베스파시안(Vespasian)은 북쪽에서부터 정벌하기 시작했다. 그는 갈릴리에서, 유대 반란을 주도한 요세푸스(Josephus)와 대면하게 되었다. 전투가 벌어진 지 3년 후인 69년에 베스파시안은 황제가 되어 로마로 돌아갔고 그의 아들 티투스(Titus)가 대신 그 직무를 맡았다.

그때까지만해도 그렇게 크게 상처를 입지 않았던 예루살렘은 버티고 있었다. A.D. 70년, 몇 달간에 걸친 치열한 싸움 끝에 성지는 빼앗기고 성전은 무너지게 되었다. 곧이어 포위된 다른 도시들도 로마의 손아래 들어가게 되었다. 수만명의 유대인들이 칼에 찔려서 또는 굶주림으로 죽었으며, 포로가 되기도 했다. 오늘날 로마에 있는 유명한 티투스의 아취는 이 사건을 잘 말해주고 있다. 이 아취는 전리품으로 예루살렘 성전에서 로마로 가져온, 금으로 된 램프 스탠드를 본따 만든 것이다.

(1) 마사다의 함락

예루살렘을 함락시키고 난 뒤에도 로마는 3년동안 소탕 작전을 계속했다. 남아 있던 유대인들의 요새 가운데 최후까지 버텼던 곳은 마사다였다. 사해가 바라다 보이는 유대 광야의 외딴 곳에 위치하고 있던 마사다는 난폭한 헤롯 대왕의 아름다운 왕궁이 몇십년 동안 있었던 곳이기도 하다. 마사다의 정상에 피난해 있던 967명의 용감한 유대 열심당원은 그 성을 끝까지 사수하기로 결의했다. 실바(Silva) 장군이 지휘하는 로마 제10 군단은 성을 포위하고 마침내 서쪽에 만들어 놓은 거대한 경사로를 통해 쳐들어갔다. 로마 군인들이 정상에 있는 열심당원들의 캠프에 도착했을 때, 거기에는 자결한 사람들의 시체밖에 없었다. 이처럼 대량으로 자결한 예는 극히 드물다. 유대 편에서 로마 편으로 이탈한 요세푸스가 이 놀라운 사건을 기록으로 남겼다.[3] 그에 따르면, 이 열심당원들은 살아서 로마의 노예가 되거나 그들의 손에 죽기보다는 스스로 자신들의 목숨을 끊기를 선택했다는 것이다. 73년 4월 제1차 유대인 반란 사건은 마사다에서 끝을 맺고 말았다.

(2) 벨라(Pella)로 피신하다

예루살렘이 함락되기 전의 언젠가-아마도 A.D. 66년부터 68년 사이 - 유대 기독교인들은 베레아의 벨라로 피신했다. 예루살렘에서 북동쪽으로 100km쯤 떨어진 요단강 계곡의 동쪽 산기슭에 자리잡은 벨라는 초대 유대 기독교인들에게 중요한 중심지가 되었다. 아마 이때 예루살렘 교회는 예수의 이러한 말씀을 생각했을 것이다: "예루살렘이 군대들에게 에워싸이는 것을 보거든 그 멸망이 가까운 줄을 알라. 그 때에 유대에 있는 자들은 산으로 도망할지며, 성내에 있는 자들은 나갈지며, 촌에 있는 자들은 그리로 들어가지 말지어다"(눅 21:20-21).

벨라에로의 피신은 교회와 회당의 분리에 있어서 중요한 사건이다. 이때에 유대 기독교인들이 로마에 저항하는 민족적인 운동에 함께 참여하지 않은 것은 일반 사람들로 하여금 그들을 좋게 생각하지 않게 만들었다. 민족적인 위기 앞에서 유대 기독교인들의 그와같은 무관심과 애국심의 결핍은 불충과 반역의 표식으로 비치게 되었던 것이다. 더 나아가, 유대 기독교인들의 예루살렘 및 성전 지역으로부터의 지리적인 이동은 유대교와의 종교적인 관련성-이는 유대민족을 하나로 묶는 보이지 않는 가장 강한 끈이었다-이

느슨해지는 결과를 낳았고 따라서 이 두 그룹 사이는 더욱 더 벌어지게 되었다.

그러나 동시에 유대 기독교인들은 회당을 논박할 때 이 예루살렘의 멸망을 이용했다. 그들은 예루살렘의 멸망을 이스라엘이 메시야를 거절한 데 대한 하나님의 심판이라고 생각했다.[4] 하지만 그 예루살렘에서 나온 사람들 가운데는 제1차 반란 사건이 끝난 후 예루살렘으로 다시 돌아간 사람들도 있음을 알고 있다. 후에 교회사가의 아버지라 불리운 가이사랴의 유세비우스(Eusebius, A.D. 325년경)에 의하면, 계속해서 15명의 유대 기독교 감독들이 제2차 유대인 반란 사건이 시작될 때까지 예루살렘 교회에서 봉직했다고 한다.[5]

제1차 유대인 반란 사건은 유대 역사에 있어서 하나의 전환점이라 할 수 있다. "70년까지의 초대교회는 유대교의 딸이었다. 그 후에야 교회는 그 둥지를 떠났다."[6] 그러나 이 떠남은 하나의 과정이었다. 2세기에 이르기까지 이 과정은 완전히 끝나지는 않았을 것이다. 그러나 A.D. 70년에 기본적으로 열심당원들과 사두개인, 그리고 엣세네파는 종지부를 찍었다. 오직 바리새인과, 그리고 투쟁하는 나세렛당만이 논쟁하면서 종파들로 계속 남아있었다.

2. 제1, 2차 유대인 반란 사건 사이의 야브네 아카데미

성전의 무너짐과 더불어 제사장들과 바리새인들은 제의적인 문제로 인하여 논쟁 속에 휘말리게 되었다. 이제 바리새인이 유대교를 재건하는 데 있어서 주도권을 갖기 시작했다. 성전의 제의들은 가정으로 옮겨지게 되었다. 친절과 구제의 행위가 희생제사에 의한 속죄를 대신하게 되었다. 이러한, 바리새인에 의한 포괄적인 유대교의 재형성은 대부분 예루살렘 서쪽에 있는 야브네(Yavneh[또는 Jabne] 또는 Jamnia)의 아카데미(*bet midrash*)에서 이루어졌다. 지도자급 서기관들로 구성된 산헤드린이 야브네로 옮겨졌다. 이 아카데미의 대표자는 80년 또는 85년경까지 활동한 랍비 요하난 벤 자카이(Johanan [또는 Yohanan] ben Zakkai)였다.[7] 유명한 힐렐(Hillel)의 제자였던 요하난은 가말리엘 2세에게 — 위에서 언급한 바대로 그의 요구에 따라 야브네에서 *Birkat ha-Minim*이 만들어졌다 - 자신의 자리를 승계했다.

요하난은 유대교 역사에 있어서 새로운 시대의 창시자였다. "유대인들이 그들의 기반을 잃었을 때에, 랍비 요하난은 끊어진 다리를 다시 놓았으며 새로운 근거 - 영토적인 것 대신 정신적인 것 - 위에서 유대교를 개혁함으로 백성들에게 천년왕국과 그 믿음을 확신시켜 주었다."[8] 아카데미의 창설자로서 요하난은 야심적인 일을 시작했다.[9] 아카데미에서 그는 유대교 전승을 보존하고 다양한 그룹들 사이에 통일성을 증진시키려고 노력했다. 그 당시 바리새파 가운데 힐렐 학파와 샴마이(Shammai) 학파 사이에는 해결해야 할 상당한 이견이 있었다. 그래서 요하난은 율법을 해석함에 있어서 더 큰 통일성을 찾으려고 노력했다. 예루살렘 함락 이전의 유대인 가운데 존재하던 다원론은 더이상 가능하지 않게 되었다. 더욱이 구전법(Oral Law)의 법전화를 위한 필요성이 분명하게 나타났다. 이러한 필요성에 의해 미쉬나가 랍비 유다 왕자(Judah the Prince)의 지도 아래 완성되어진 것은 한 세기도 더 지난 때의 일이다.

야브네의 현인들은 또한 성전 제의의 관습과 의식문들을 회당 예배에 맞도록 수정하는 책임도 맡고 있었다. 더 나아가, 그들은 구약성서의 일부 책들의 정경성(canonicity)에 대한 문제들을 논의하고 해결하기도 했다. 그럼으로써 이제 외경과 성경이 분명하게 구별되었으며, 어떤 학자들에 의하면 히브리성서의 공식 텍스트 - 즉 맛소라(*Massorah*) - 를 최종 결정하는 데 있어서 주목할만한 진전이 이루어지기도 했다고 한다.[10] 또한 야브네에서 구약 성서를 율법과 예언서, 성문서로 구분하는 것이 최초로 공인되었다.[11]

유대 민족의 역사에 있어서 야브네의 중요성은 결코 과소평가될 수 없다. 랍비 유대교(Rabbinic Judaism)는 야브네에서 출현되었다고 할 수 있다. 요하난 벤 자카이의 제자 안수(按手, *semikhah*)를 통하여, 랍비(*rabbi*)라는 칭호가 새로운 중요성을 부여받게 되었다. 야브네는 공식적인 안수를 통하여 현인들이나 랍비들의 계승을 가능케 만들었다는 데서 주목할 만한 곳이기도 하다. 여기에서의 "랍비"의 의미는 신약성서에서 사용된 의미와는 신중하게 구별되어야 한다. 왜냐하면 신약성서에서 이 용어는 일차적으로 학식있는 스승들에게 붙여진 경칭으로 사용되고 있기 때문이다.

제5장에서 언급한 바와 같이, 야브네에서 *Birkat ha-Minim*, 즉 "이교도에 대한 축복기도"가 만들어졌다. 이러한 사실로 미루어보아 야브네의 학

자들은 모든 유대교의 적들로부터-내부에 있는 적이든 외부의 적이든-유대교를 보호하고 보전하는 데 관심을 갖고 있었음을 잘 보여준다. 그러나 그렇다고 해서 야브네가 반기독교적인 정책을 갖고 있었다고 하는 것은 아니다. 오히려 minim("이교도들")을 저주하는 것은 근본적으로 유대교의 생존에 대한 새로운 각성을 촉구하는 것이었다. 그것은 자기들 가운데 있는 기독교 세력의 성장뿐만 아니라 각종 종파들과 비방자들, 그리고 갖가지 종류의 변절자들의 존재에 대해 대중들의 의식을 일깨우기 위한 것이었다.

제1차와 2차 유대인 반란 사건 사이에, 유대 기독교인들과 전통을 고수하는 유대인들은 서로 상대방을 강도높게 비난하였다. 교회로 들어 온 이방인들은 유대교로 들어간 개종자들과는 달리 성인 할례와 다른 유대교 율법의 규정들을 준수하지 않아도 되었다. 그러므로 유대교로 회심할 가능성이 있는 많은 사람들이 회당보다는 교회에 더 큰 매력을 느꼈다.[12] 긴장이 한층 복잡해지면서 유대 교회 안에서의 이방인 그룹의 성장은 랍비들이 생각하기에 유대인의 입지를 위태롭게 했다. 사도들이 죽게 되자 다음 세대의 지도자들은 거의 다 이방인들이었다. 특별히 안디옥과 로마를 포함한 기독교 성장의 주요 중심지들에서는 더욱 그러했다. 교회는 유대교 안에서 모두가 유대인들로 구성된 하나의 종파로 시작했으나 2세기 초부터는-특별히 디아스포라 지역에서-비기독교인들이 주류를 이루었다.

3. 안식일에서 주일로

제1차와 2차 유대인 반란 사건 사이에, 회당과 교회는 안식일 예배에 관한 입장의 차이로 더욱 더 멀어지게 되었다.[13] 안식일 논쟁은 교회가 유대교 구조 안에서의 그의 본래의 자리로부터 이탈하기 시작한 시점을 보여주는 하나의 좋은 역사적 예이다. 그러나 추가적으로, 안식일과 그 외의 거의 대부분의 모세의 율법에 대해 기독교가 거부함으로써, 기독교는 이스라엘도 거부했다고 하는 분명한 메시지를 내보냈다.

비록 초기에는 안식일을 지키긴 했지만 때가 되자 교회는 예수가 부활하신 주일에 예배드리기 시작했다(참조, 마 28:1). 그러나 유대인과 기독교인 모두 일요일이 로마인들이 태양신 숭배와 연관하여 거룩히 지키는 날이라고 하는 것을 알고 있었다. 안디옥의 주교 이그나티우스(Ignatius)는 이러한 변화가 A.D. 115년 이전부터 일어나기 시작했음을 보여주고 있다. 그는 마그네시아인들(Magnesians)에게 보낸 편지 가운데서 그들에게 "더 이상 안식일을 위해 살지 말고 우리의 생명이 다시 살아나게 된 날, 곧 주님의 날을 위해 살 것"을 말하고 있다.[14] A.D. 120년경에 씌어진 교회 훈련 지침서 디다케(The Didache) 또한 기독교인들에게 주님의 날에 예배하기 위해 함께 모일 것을 가르치고 있다.

유대교 관습과 관계된 다른 문제와 마찬가지로 이 안식일 문제에 있어서도 이 두 공동체-교회와 회당-는 반대 입장을 보였다. 여러 세기동안 유대 공동체는 교회가 일요일에 예배하기로 결정한 것에 대하여 유대인 경험의 핵심에 대한 거부로, 즉 율법에 대한 거부로 해석했다. 이렇게 일요일 예배로 옮기자, 유대인들이 기독교 메시지를 진지하게 생각한다든가 솔직하게 기독교와 대화를 나눈다고 하는 것이 거의 불가능하게 되었다. 유대인들은 교회가 예배를 일요일로 옮긴 것을, 율법을 버리고 "옛언약"을 대신하게 된 "새언약"을 채택하도록-그렇게 함으로써 자연히 옛 언약은 더 이상 소용이 없는 지나가 버린 것으로 여기게 되었다-요구하는 행위로 보았다. 한마디로 기독교인이 된다는 것은 자신의 과거의 유대성(Jewishness)을 버리고 떠나는 것으로 여겨지게 되었으며, 결코 신실한 유대인으로 고려될 수 없었다. 역사가 이삭(Jules Isaac)의 말대로, "유대인들이 그리스도를 거부한 것은 기독교인들이 율법을 거부한 데서 비롯되었다… 율법의 거부는 충분했다. 유대인들에게 이러한 거부를 받아들이라고 요구하는 것은 그들에게 그들의 심장을 찢어버리라고 요구하는 것과 같다. 역사는 그러한 집단적인 자살 행위를 기록하고 있지 않다."[15]

우리가 지금 여기서 이야기하고 있는 요점이 현대 교회는 엄격한 안식일주의의 견해를 받아들여야 한다고 하는 것이 아니다. 안식일주의자들은 제의적인 휴식에 대한 구약성서 안식일 법규들은 일곱째 날인 토요일에 신중히 지켜져야 한다고 주장한다. 예루살렘 회의는 비유대인 기독교인들에게 그러한 요구를 하지 않았다(행 15:28-29을 보라). 사실 이 회의는 "이방인 중에서 하나님께로 돌아오는 자들을 괴롭게 하지 않도록"(행 15:19) 하는 일에 관심을 갖고 있었다. 종교개혁기간 동안에 루터와 칼빈 둘 다 안식일주의자들의 입장을 분명히 밝히려 노력했다. 왜냐하면 이 주장 속에는 많은 율법주의적인 함정이 들어있기 때문이다.
　초대교회가 일요일에 예배를 드리기 시작할 때만 해도 안식일주의는 알려지지 않았다. 사도행전 20:7과 고린도전서 16:2은 일요일이 모임의 날이었음을 암시해주고 있다. 그러나 신약성서는 주중의 일곱째 날로부터 첫째 날로 옮기게 된 이유를 분명하게 말해주지 않고 있다. 아마도 초대교회의 유대인들은 안식일에 회당에서 모이고 그 다음에 또, *Habdalah* 예식(안식일을 끝마치는 예식)에 이어서 해가 지고 주중의 첫째 날이 시작되는 토요일 저녁에 기독교인(또는 *ma'aminim*, "신자들")으로서 다시 만났던 것같다. 신약성서에도 토요일을 예배와 휴식의 날로서 계속 지키지는 않았다고 하는 암시를 주고 있는 곳들이 있다(롬 14:5-6, 갈 4:8-11, 골 2:16-17). 이런 현상이 일어난 가장 큰 이유는 아마도 비유대인들이 갑자기 초대교회로 많이 유입됨으로 해서 였던 것 같다. 안식일 계명은 이스라엘의 의식법 가운데 하나로 여겨졌던 것 같다. 또한 그것은 교회의 일치를 위하여 필수불가결한 것으로 여겨지지는 않았던 것으로 보인다. 오히려 교회는 안식일 규정들로 인해 나뉘어지게 된 조직이 아니라 "유대인이나 헬라인이나 …다 그리스도 예수 안에서 하나인"(갈 3:28) 사람들로 연합된 조직이었다.
　분명히, 예배의 정확한 날짜는 신약성서 교회에 있어서 중요한 이슈가 아니었다. 모든 날이 주님께 향하여 거룩한 날이 되어야 했다. 그러나 우리가 기억해야 할 중요한 것은 일요일에 예배를 드리게 된 많은 이유들의 배후에는 초대교회 편에서의 바램이 있었다는 것이다. 초대교회가 그 구성원에 있어서 비유대인들이 점차로 증가하게 되자 자신을 유대교와 유대교의 특별한 안식일 법규들로부터 구별하기를 원했던 것이다. 그래서 기독교와 유대교, 비유대인과 유대인 사이의 틈이 점차로 벌어지게 된 것이다.

4. 제2차 유대인 반란(A.D. 132-135)

　제1차 유대인 반란 사건은 유대교와 기독교의 관계에 있어서 결정적인 전환점이 되었다. 그러나 A.D. 132-135년의 전쟁은 두 단체에 시련을 가져다 준 최후의 일격이었다.[16] 정확히 무엇이 전쟁을 촉발시켰는가 하는 것은 아직도 논쟁 중에 있다. 아마 그것은 하드리안(Hadrian) 황제가 성전을 재건한다는 소문을 믿은 유대인들의 환멸과 증오에 의해 유발된 것같다.[17] 로마 통치자 틴네이우스 루푸스(Tinneius Rufus)의 가혹한 지배도 반란을 일으키게 한 하나의 요인이었을 것이다. 그러나 직접적인 원인은 할례에 대한 금지와 유대인들을 헬라화시키기 위해 강요한 다른 여러가지 조치들에 있었던 것으로 보인다.

(1) 바 코흐바(Bar Kokhba)의 지도

바 코흐바("별의 아들")로 널리 알려진 시몬이 이 반란을 주도했다. 그는 자신을 메시야라고 주장했으며, 당시에 가장 존경을 받고 있던 학자인 랍비 아키바(Akiba, 또는 Aqiba, 대략 A.D. 50-135)도 그러한 주장을 지지했다. 그는 토라의 다음 구절을 인용하여 자신이 메시야임을 주장했다: "한 별이 야곱에게서 나오며 한 홀이 이스라엘에게서 일어나서 모압을 이 편에서 저 편까지 쳐서 파하고 또 소동하는 자식들을 다 멸하리로다"(민 24:17). 이제 예배가 다시 성전 제단에서 드려졌고, 온 나라의 모든 유대인들이 바 코흐바를 따라서 자유를 위해 용감하게 싸웠다. 바 코흐바의 서명이 들어있는 편지들이 그의 광활한 통치 영역과 군사와 군수 물자 동원을 보여주고 있다.[18]

(2) 패배와 유대 국가

A.D. 132년부터 135년까지 수백개의 유대 성읍들이 치열한 전투에 참여했다. 로마는 영국 통치자로 파견되었던 세베루스(Julius Severus)를 소환해서 유대인들의 저항을 분쇄시키도록 했다. 50만명 이상의 유대인들이 죽고 거의 모든 유대 지경들이 폐허가 되었다. 하드리안(Hadrian)은 예루살렘을 완전히 폐허로 만들었다. 모든 우물들이 메꾸어지고 성읍은 밭으로 변했다. 그는 새로운 시를 만들고는 자신을 기념하기 위해 그 이름을 자신의 이름인 엘리우스 하드리아누스를 본따 "앨리아 수도"(Aelia Capitolina)라고 붙였다. 성전이 있던 자리에다가는 쥬피터 신전을 세웠다.[19] 곧이어 하드리안은 한때는 유대인의 성도(聖都)였던 이곳을 헬라어를 사용하는 이교도들이 사는 곳으로 만들기 시작했다. 그는 유대인들에게 이 곳에 가까이오면 처형할 것이라고 선포했다.

로마가 60년 사이에 일어난 두 반란 사건을 평정하자 그것이 유대인들에게 미친 여파는 상당했다. 이러한 패배들은 이스라엘의 정체성에 대한 탐색의 종국을 의미했다. 열심당 운동의 희망과 꿈은 이제 사라지게 되었다. 승리 대신에 유대인은 희생자가 되었고 그들보다 더 힘있는 이교도들에게 정복당하고 말았다.

(3) 전쟁과 유대 기독교인들

제1차 유대인 반란 사건 때 유대 기독교인들은 투쟁하기를 거부했었다. 국가 독립을 위한 일전을 벌일 때 자기 민족들을 지원해 주지 않음으로 인해 유대 공동체로부터 더욱 소원해지게 되었다. 그 결과 더욱 박해의 대상이 되었다. 두 그룹 사이를 한층 갈라놓게 만든 또다른 요인은 바 코흐바와 깊이 관련되어 있다. 유대 기독교인들에게는 부활하신 나사렛 예수만이 유일한 메시야, 그들에게 충성을 요구하실 수 있는 분이셨다. 예슈아(예수)와 시몬 둘 다에게 그들의 충성이 주어질 수는 없었다. 따라서 바 코흐바의 주장을 지지하는 것은 "사실상 예수의 메시야성을 부인하는 것을 의미했다."[20]

그러나 유대 공동체는 바 코흐바의 주장을 지지함으로써 유대 기독교인들에게 자신들의 입장을 분명히 했다. 그들은 자신들의 카리스마적인 지도자의 메시야성을 지지함으로 예수가 메시야라고 하는 주장을 최종적으로 거부했다. 그 이후로 선교 활동에 있어서 큰 변화가 일어났다. 유대 역사가 하임 힐렐 벤 사쏜(Haim Hillel Ben-Sasson)이 지적한 대로, "기독교의 선교가 번창하고 있는 반면, 바 코흐바 전쟁의 재난들은 유대교로의 개종을 (완전히 아니라고 할지라도) 저해하였다. 결과는 치열한 투쟁뿐이었고 교회는 몇세기 동안 계속 승리를 거두었다."[21]

이때까지 이 두 공동체를 분리하려는 압력은 유대편에서부터 있었다. 예수를 믿는 유대인들은 회당 안에 계속 남아있기를 원했거나, 아니면 최소한 유대교의 우산 아래서 보호받기를 원했었다. *Birkat ha-Minim*은 그 목적이나 대상이 무엇이었든지 간에 이러한 신자들을 회당으로부터 완전히 축출하는 데 있어서 그렇게 성공적이지는 못했다. 그들은 아직도 동료 유대인들이 자기들처럼 예수의 메시야성과 부활을 믿기를 기대하고 있었다. 그러나 2차 유대인 반란 사건은 유대 기독교인들로 하여금 바 코흐바의 주장에 동조하는 사람들로부터 자신들을 분리시키도록 하는 결과를 낳았다. 분리와 분열의 조장(助長)은 이제 더 이상 유대교인들에게서가 아니고 유대 기독교인 자신들에게서 비롯되었다.

5. 갈라서다

제롬의 시대에도(A.D. 400년경) 얼마간의 유대 기독교인들이 회당에 나가고 있긴 했지만,[22] 유대교인과 유대 기독교인들은 2세기 중반경에는 거의 완전히 갈라서게 된 것으로 보인다. 순교자 져스틴(Justin, A.D. 160년경)의 시대에는 교회 안에 새로운 태도가 널리 퍼져있었다. 즉 그들은 자신들을 "이스라엘"로 인식하기 시작했던 것이다.[23] 그때까지만 해도 교회는 자신을 유대 민족과의 관계 속에서 이해하였다. 즉 이스라엘의 연장으로 이해하였던 것이다. 그러나 회당이 예수는 이스라엘의 메시야가 아니라는 입장을 분명히 하고 또 그 생각을 바꿀 기미를 전혀 보이지 않고 있음을 교회는 점점 분명하게 인식하기 시작했다. 따라서 교회는 점진적으로 자신을 이스라엘과의 불연속성에서 — 사실은 이스라엘을 대신한 자로서 — 보게 되었다. 이때까지 유대 기독교인들은 자신들을 이스라엘 국가의 일원으로 생각했을 뿐만 아니라, 이방 신자들도 그렇게 생각하고 있었다. 자신들을 이스라엘에 접붙여진 자들로서, 이스라엘 안에 있는 신실한 '남은 자'로 여겼었다. 이스라엘의 위치를 빼앗은 자 또는 이스라엘과 무관한 분리된 자로 생각하지는 않았었다. 그러므로 교회가, 한 몸 안에서 유대인들과 이방인들의 균형이 합리적으로 조화를 이룰 때는 "이스라엘"이라는 말을 떠맡으려는 경향을 보이지 않았었다. 그러나 져스틴 시대에 이르러서는 그러한 균형이 깨어져 버렸다.

회당과 교회 사이에 근본적인 균열 현상이 일어났음에도 불구하고 이 두 그룹 사이의 싸움이 끝난 것은 결코 아니었다. 대부분 이방인으로 이루어진 교회는 이제 승리감에 찬 오만함으로 점차 비유대화하기 시작했다. 교회는 그 뿌리로부터 자신을 단절시켰다. 이러한 비유대화 현상은 2세기부터 지금에 이르기까지 계속 되어오고 있는, 우스꽝스러운 만화와도 같은 반유대주의로 발전해 나갔다. 유대교와 유대 민족에 대한 교회의 무시라는 불행한 이야기는 다음 장에서 살펴보기로 하자.

제 6 장의 이해를 위한 연구과제

1. 예루살렘이 B.C. 63년 로마에 의해 함락된 뒤 로마는 전 이스라엘을 지배하였다. 예루살렘을 정복한 사람은 누구인가?
2. A.D. 49년에 유대인들과 기독교인들을 로마에서 쫓아낸 황제는 누구이며 왜 그랬는가?
3. 전승에 의하면, 바울의 죽음에 책임이 있는 황제는 누구인가?
4. 로마에 대한 유대인의 반란이 처음 일어난 것은 언제인가? 두번째 반란 사건은 언제 일어났는가?
5. 갈릴리를 공격하다가 거기에서 유대 군대를 이끌고 있던 요세푸스를 만난 로마의 지도자는 누구인가?
6. 티투스는 누구이며, 유명한 티투스 아취는 무엇을 기념하기 위해 만든 것인가?
7. 마사다의 함락에 대하여 기술하라. 유대 역사에 있어서 이 사건이 가장 유명하게 된 이유는 무엇인가? 이 사건과 연관해서 다음을 설명하라.
    1) 로마 제 10군단
    2) 열심당원
    3) 헤롯 대왕
    4) 경사로(ramp)
    5) 요세푸스
8. 예루살렘이 함락되기 전 벨라(Pella)로 피신한 사람들은 누구인가? 벨라는 어디에 있는가? 벨라는 초대 유대 기독교에 있어서 중요한 곳이었다. 왜 벨라로 피신한 사건이 회당과 교회 사이의 분열을 조장하게 되었는지 그 이유를 두가지만 들어보라.
9. 유대 기독교인들은 회당을 논박할 때 예루살렘 함락 사건을 어떻게 이용했는가?
10. 예루살렘이 함락된 이후의 몇 십년 동안에도 유대인들이 예루살렘 교회에서 지도자적 역할을 계속했다고 하는 증거로는 어떤 것이 있는가?
11. 예루살렘의 함락이 유대 공동체 안에 있던 다양한 종파들에게 미친 영향은 무엇이었는가? 끝까지 남아 격렬하게 대립한 두 종파는?
12. A.D. 70년 이후에 어떤 그룹이 유대교를 재건하는 데 가장 큰 역할을 했는가? 이 일은 어디에서 일어났는가? 성전이 무너진 뒤 성전 제의들은 어떤 형태

로 재형성되었는가?

13. 야브네 아카데미의 창설자와 첫 지도자는 누구였는가? 야브네 아카데미는 유대교를 재건하기 위하여 여러 분야에 걸쳐서 개정과 새로운 방향으로의 수정, 또는 혁신을 했다. 그 중 중요한 여섯가지 분야에 대하여 말해보라.

14. 야브네 시대가 시작되고 약 100년 정도 후에 미쉬나를 편집한 랍비는?

15. 신약성서에서의 랍비라는 용어와 야브네 시대 요하난 벤 자카이의 제자들에게 붙여진 명칭인 랍비 사이에는 어떠한 차이가 있는가?

16. 주요 사도들의 죽음이 교회와 회당의 분열에 미친 영향을 말하라(특별히 안디옥과 로마 같은 도시들에 미친 영향을 말하라).

17. 교회가 이미 2세기 초반에도 주일에 예배를 드렸음을 보여주는 그 당시의 자료 두가지를 말하라.

18. 주일로 예배를 옮기자 유대인들은, 기독교의 메시지에 대하여 진지한 태도를 보이거나 기독교와 허심탄회한 대화를 나누는 것이 거의 불가능하다고 생각했다. 그 이유는 무엇인가?

19. 안식일 계명을 의식법의 일종으로서, 교회의 일치에 필수적인 요소가 아니라고 생각했음을 암시해주는 곳을 신약성서에서 찾아보라.

20. 초대 기독교인들은 처음에는 안식일과 주일을 다 지켰던 것으로 보인다. 유대인의 시간 계산법에 의하면 안식일이 끝나고 일요일이 시작되는 때는 언제인가? 하브달라(Habdalah) 의식의 기능은 무엇인가?

21. 제2차 유대인 반란 사건에 대하여 다음을 설명하라.
    1) 바 코흐바
    2) 랍비 아키바
    3) "한 별이 야곱에게서 나오며"
    4) 율리우스 세베루스
    5) 하드리안
    6) 앨리아 수도
    7) 쥬피터 신전
    8) 이 사건에 빛을 비추어주는 고고학

22. 유대 기독교인들과 다른 유대인들 사이를 심각하게 갈라놓은, 이 반란 사건과 관련된 중요한 요인 두가지를 말하라.

23. 이때까지(A.D. 132-135)이 두 공동체가 분리되도록 압력을 가한 것은 유대 편에서였다. 그러나 이제 분리와 분열은 더 이상 유대편에서부터가 아니고 유

대 기독교인들 편에서 조장되었다. 유대 기독교인들이 그때까지 회당과의 관계를 계속해 온 이유는 무엇이었는가? 왜 2차 반란 사건이 유대 기독교인들로 하여금 이러한 관계를 다시 생각해보게 만들었는가?

24. 언제쯤 해서 회당과 교회가 거의 완전히 갈라서게 되었는가? 순교자 져스틴과 후기 교부들의 저술 가운데서 "이스라엘"이라는 용어의 사용이 두 조직 사이의 분열에 대하여 말해주고 있는 것은 무엇인가? 이스라엘에 대한 이러한 입장과 첫번 교회 당시의 입장은 어떻게 다른가?(로마서 11장을 보라.)

25. 1세기 중반과 2세기 중반 사이에 기독교인들과 유대인들을 갈라지게 한 중요한 요인들에 대하여 간단히 요약해보라.

제 7 장
경멸의 역사: 반셈족주의와 교회

"*사단의 회 곧 자칭 유대인이라 하나 그렇지 않고 거짓말 하는 자들
중에서 몇을 네게 주어 저희로 와서 네 발 앞에 절하게 하고
내가 너를 사랑하는 줄을 알게 하리라*"(계 3:9)

 앞에서 4장에 걸쳐 2세기 중반까지 교회와 회당의 분리에 영향을 미친 주요한 역사적, 정치적, 종교적 요인들을 살펴보았다. 예수와 그를 따르던 사람들 그리고 초대교회 신도들이 자신들을 유대교의 "부분"으로 이해했음을 보았다. 그러나 순교자 져스틴의 시대에 이르러서는 교회는 자신을 유대교와 "무관한" 또는 유대교를 대신한 존재로 생각했다. 이 장에서는 교회와 회당간의 관계에 대한 우리의 연구, 즉 5부에 걸친 본서의 통시적 연구의 결론을 미리 살펴보기로 하겠다. 우리는 이 장에서 광범위한 역사 즉 교부 시대로부터 지금까지의 역사를 살펴보게 될 것이다.
 분리의 결과에 대해 논의하기 전에 먼저 서론적으로 지금까지 살펴본 것들 가운데서 중요한 사실들만 다시 요약해 보기로 하자. 우리는 여러가지 요인들이 한 세기 이상 동안 결정적인 시점에 이르기까지 긴장을 고조시켜왔음을 살펴보았다. 먼저, 예수의 가르침과 특별히 예수의 메시야성에 대한 신학적인 견해의 차이가 있었다. 군중들은 "호산나"("부디 우리를 구원하소서")와 "찬송하리로다, 이스라엘의 왕이시여"(요 12:13)라고 외쳤지만, 칼이 낫으로 되지는 않았다. 왜냐하면 아직도 이스라엘은 로마의 치하에서 시달리고 있었기 때문이다. 자신을 "새로운 토라"로 제시함으로써, 예수는

대중들의 기대를 만족시키지 못했다. 그들에게 그는 이스라엘의 희망을 구현하거나 대표하지 못했다.

둘째로, 교회는 이방인에게 나아가는 데 있어서 성공을 거두었다. 이러한 성공은 예루살렘 회의에 큰 영향을 미쳤다. A.D. 49년에 이루어진 결정 사항은 이방인 회심자들로 하여금 할례나 모세의 율법으로부터 자유케 하였다. 유대교의 의식들과 규정들로부터 이방인들을 자유하게 함으로 바울과 다른 사도들은 문을 열어놓았으니, 공동체를 재건하는 급속한 변화를 가져왔다. 이러한 변화는 새로운 도전을 낳았다. 유대인들과 이방인들은 곧, 같은 조직 안에서 함께 조화를 이루며 사는 법을 배우는 것보다는 차라리 분리하는 것이 훨씬 쉽다는 사실을 알게 되었다. 안식일에서 주일로 예배를 옮긴 것은 교회가 그 당시 직면했던 변화에 대한 하나의 중요한 예에 지나지 않는다.

세째로, 특히 사도행전에 역사적으로 잘 기록되어 있는 것처럼, 유대 기독교인들에 대한 핍박이 분열의 한 요인이었다. 쌍방간에 점증되었던 적대감 또한 회당으로부터 *minim*("이교도들")을 추방하려는 노력을 더 하게 했다. 그래서 바리새파의 규정들로부터 벗어난 사람들은 - 유대인이든 유대 기독교인이든 - 더 이상 공동체에서 환영을 받지 못했다. 이러한 행위는 유대교를 보존하고 살리려는 생각과 더불어 유대인의 순수성을 지키려는 데서 나온 결과이다.

네째로, 로마에 대한 두 번의 유대인 반란 사건에(A.D. 66-73, 132-135) 있어서 유대 기독교인들은 싸우기를 거절했다. 그래서 그들은 유대 공동체와의 연대감과 유대 국가의 일원으로서의 정체성이 의심받게 되었다. 또다른 한편, 유대인들은 바 코흐바의 메시야 주장을 지지했다. 그리하여 유대 기독교인들은 대중들의 신념을 바꾸어 보려는 희망을 이제는 미련없이 버려야만 했다. 더욱이, 예루살렘이 함락되고 바리새파를 제외한 모든 주요 종파들이 사라지게 되자 유대인들은 유대교를 재건할 필요를 절감하게 되었다. 야브네에서 바리새인들의 노력을 통해 새로운 유대교가 서서히 등장하기 시작했다. 랍비 유대교(Rabbinic Judaism)라고 불리워지게 된 이 새로운 유대교는 기독교와는 별개의 종교였으며, 모든 유대 기독교인들을 못마땅한 존재로 여겼다. 그래서 유대인들끼리의 논쟁 또는 같은 집안 내부의 논쟁이 영원한 분열의 결과를 가져오게 되었다. 이제 "회당과 교회는 라이벌 관계가 되었다."[1]

1. "새" 이스라엘의 등장

이방인들에게 자긍하지 말라고 한 바울의 충고는 지켜지지 않았다. 교회는 절대 다수가 이방인들로 구성되어 갔으며 따라서 뿌리(이스라엘)의 지원을 필요로 하지 않게 되었다. 이 얼마나 가당치 않은 일인가! 이방인들은 하나님의 은혜로 아브라함의 믿음의 가족에게로 접붙임을 받은, 원래는 거절된 야생 감람나무가 아니었던가? 그러나 2, 3, 4세기를 지나면서 새로운 자긍심과 대치론(代置論)이 생기게 되었다. 바울은 사태가 이렇게까지 발전될 줄은 몰랐을 것이다. 그는 하나님이 자신의 백성을 거절하신 것은 아니라고 했다. "하나님의 은사와 부르심에는 후회함이 없기" 때문이다(롬 11:29; 참조, 1절). 그러나 이방인들은 이스라엘을 대신하게 되었다고 주장하기 시작했다. "새" 이스라엘로서 이방교회는 이스라엘에 속한 것들을 영적으로 탈취해왔다. 이러한 영적인 해석은 신약성서의 일부분에서 이미 시작되었지만, 초기 교부들의 저술물 가운데서 이러한 해석이 만개(滿開)했음을 볼 수 있다.

처음에 교회는, 새로워진 "하나님의 이스라엘" 안에서 새로운 언약의 삶에 참여함으로써 이스라엘의 남은 자였다. 이방인들은 이 새로워진 "하나님의 이스라엘"이라는 유대 형제단(haburah)의 구성원이 아니었다. 왜냐하면 교회가 시작되었을 때만 해도 이방인들은 "하나님을 모르는"(살전 4:5) 자들로 묘사되고 있기 때문이다. 그러나 전에는 언약 밖에 있던 사람들이 이제, 그들에게 영적인 탄생을 가져다 준 아브라함의 육적인 후손들을 밀어내고 자신들이 그 자리를 차지했다. 이러한 바꿔치기는 이방 교회들로 하여금 이스라엘의 많은 제도들과 개념들을 비유대화하거나 헬라화하는 결과를 낳았다. 순교자 져스틴은 그의 저서 "유대인 트리포와의 대화"에서 옛 것과 이스라엘에 속한 것들이 이제는 기독교인들의 소유가 되었음을 강조하고 있다. 유대인들의 성서는 이러한 변이의 대표라 할 수 있다. 져스틴은 트리포에게 그 성서는 "당신네 것이 아니고 우리 것이라"고 강조하고 있다.[2]

유대교 뿌리로부터의 이탈은 교회가 자신을 대개 비유대적인 용어로 규정하는 결과를 낳았다. 그 대표적인 예로, "기독교"(Christianity)라는 용어를 들 수 있는데, 이 단어는 메시야를 뜻하는 히브리어 *mashiah*의 헬라어 번역 *Christos*에서 왔다. 딕스(Dom Gregory Dix)는 그 외의 다른 여러가지 중요한 변화들에 대하여 우리의 관심을 집중시키고 있다. "'살아계신 하나님'은 '우리 주 예수의 하나님이며 아버지'로 바뀌었고 결과적으로는 '성부 하나님'으로 바뀌게 되었다. '메시야 예슈아'(*Messiah Jeshua*)는 '하나님의 아들 예수 그리스도'로 그리고 결국에는 '성자 하나님'으로 바뀌었다. '새로운 언약의 삶'은 '성령'과 '보혜사'로 그리고 마침내는 '성령 하나님'으로 바뀌게 되었다. '새 언약'은 '속죄'가 되었으며, '나사렛당'은 '기독교인'으로, '성서'는 '구약'으로, '하나님의 이스라엘'은 '거룩한 교회'로 바뀌게 되었다."[3] 그 뿐만이 아니다. 최후의 만찬을 기념하는 예식은 "성례전"(Eucharist)으로 불리워지게 되었다. 나아가 교회는 성서를 새로운 용어로 부르게 되었다. 즉 "토라"는 "오경"으로, "테힐림"(Tehillim)은 "시편"으로 부르게 되었다. 창세기, 출애굽기 같은 헬라어 이름들이 히브리 명칭들을 서서히 대신하게 되었다. 성서(Bible)라는 단어의 어원과 발달 과정을 보면 헬라적임을 알 수 있다. 이 말은 파피루스를, 기록하기 위한 재료로 수입하던 페니키아의 항구 도시 게벨(Gebal, 헬라어로는 *Byblos*)에서 유래된 것이다.

바울은 그의 생애 대부분을 유대인들이 많이 흩어져 살던 헬라 세계에서 보냈다. 그러나 분명히 그는 헬라 세계의 지혜만을 강조하는 철학을 가진 사람들에 대하여 염려했다. 그래서 그는 고린도 교인들에게 그가 발견한 새롭고 더 좋은 세계관에 대해서 설명해 주었다. 그는 유대인들과 헬라인들에게 "십자가에 달린 그리스도"를 아는 것이 "하나님의 지혜를 아는 것"이라고 주장했다(고전 1:18-25를 보라). 그러나 2세기 중반에 "기독교는 결국 헬라 철학을 받아들이고 사용했다."[4] "새 이스라엘"이 이방인들에게 복음을 전하기 위해 노력한 결과 교회는 시내산보다 마르스 언덕(Mars Hill, 헬라의 신전-역주)에 더 가까워 갔다.

순교자 져스틴은 회심하기 전에 플라톤 철학에 영향을 받았었다.[5] 기독교인이 된 다음 그는 자신의 가르침 속에 플라톤 사상을 도입했다. 히브리 성서가 유대인을 그리스도에게로 이끌기 위해 사용되어진 것처럼, 져스틴은 헬라인들에게 접근하기 위해 플라톤 사상을 사용했다. 그 다음 세기에, 알렉

산드리아의 클레멘트를 비롯한 여러 사람들이 성서를 플라톤주의의 관점에서 읽을 것을 강조했다. 그 결과 중의 하나가 3세기의 기독교인들이 육체와 물질의 세계를 악하다고 보기 시작한 것이다. 여러 세기에 걸쳐서 교회 안에 널리 퍼져 있던 이러한 사상은 특별히 구원, 영성, 결혼, 그리고 가족에 관한 이해에 무서운 영향을 끼쳤다. 플라톤주의와 영지주의(Gnosticism)는 교회의 사고에 깊은 영향을 주었기 때문에 다음에 좀더 상세하게 이러한 문제를 다루게 될 것이다.

2. 비 유대화에서 반 유대주의로

성서 시대로부터 지금에 이르기까지 교회가 유대인들에게 고통을 주지 않은 세기가 한 번이라도 있었을까? 불행하게도 반 유대주의(anti-Judaism)와 반 셈족주의(anti-Semitism)는 유대 역사의 대부분을 차지하고 있다. 이와 관련해서 로젠베르크(Stuart Rosenberg)는 다음과 같이 잘 관찰하였다: "역사는 반 셈족주의와 반 유대주의가 서로를 고양했음을 보여주고 있다. 그들은 쌍둥이 현상이다."[6] 중요한 점은 유대교에 대한 기독교의 적대감이 항상 유대인들에 대한 적대감을 가져왔다는 것이다. 이 둘은 서로 밀접하게 관련되어 있어 흔히 구별하기 힘들다. 그러나 반 셈족주의라는 용어는 1879년 독일의 정치 운동가 빌헬름 마르(Wilhelm Marr)가 처음 사용했다. 그 당시에 그것은 유럽에서의 반 유대 운동을 위해 사용되어졌다. 그러나 이 용어는 즉시, 기독교 시대 이전부터 있어온 유대인들에 대한 적대감과 증오를 표현하는 데 사용되어졌다. 그러나 우리는 고대의 유대인들은, 이 단어가 흔히 현대인들에게 의미하는 바와 같은 그러한 방식의 반 셈족주의를 경험하지는 않았다고 하는 사실을 알아야 한다. 예를 들면, 코헨(Shaye Cohen)이 지적한 것처럼, 마르 시대의 독일인들은 유대인을 별종의 "종족"으로 생각했다. 우리는 고대의 역사에서 이러한 유례는 찾아볼 수가 없다. 반 셈족주의의 파도를 일어나게 한 19, 20세기 유럽의 사회적, 경제적인 긴장들 또한 고대에서는 그 유례를 찾아볼 수 없다. 사실 고대 세계의 어떤 텍스트에서도 사람들이 유대인들의 경제적인 힘 때문에 그들을 미워했다고 하는 증거나 암시를 발견할 수 없다.[7] 그러므로 "반(反)유대주의"가, 고대

세계에 있었던 이러한 적의를 기술하는 데 있어서 더 적절한 용어라 할 수 있다.[8]

반셈족주의는 도처에 있는 듯한 이 악이 항상 존재하고 있기 때문에, 전 세계 유대인들의 집단적인 의식과 결코 무관하지 않다. 오늘날 교회는 기독교에 의해 유대인들에게 가해진 부끄러운 자기-모욕적인 적의와 증오, 투쟁에 대하여 대체적으로 침묵을 지키고 있다. 유대인들에게 행한 악에 대하여 교회의 역사가 침묵을 지키고 있는 것은 그들의 죄책에서 나온 것이라 할 수 있다.[9]

신약성서의 일부분과 다른 초기의 기독교 문서들은 오히려 반유대적인 표현을 사용하고 있다. 그러나 유대인과 유대주의에 대한 논쟁적인 감정 폭발은 분명히 구별해야 한다. 이것은 중요한 문제이다. 신약성서에서 반유대주의 논쟁은 "유대인들을 기독교로 이끌기 위한 집안 내부의 고안물이었다. 2세기에 이르러 그것은 반셈족주의로 바뀌게 되었으며, 이방인들을 이끌기 위해 사용되어졌다."[10] 첫번 경우의 반유대주의는 주로 유대인들에 의해 유대인에게, 둘째의 반셈족주의는 주로 이방인에 의해 유대인에게 행해진 것이었다.

신약성서의 공격 소리는 매우 시끄럽게 들린다. 여기에서는 매우 내적인 그리고 분명히 혁명적인 이슈들에 관하여 유대인들끼리 싸움을 벌이고 있다. 전통적인 유대인들은 메시야가 왔다고 믿지 않았다. 나사렛당을 따르는 사람들은 메시야가 왔다고 믿었다. 그래서 그들은 서로 상대방을 격렬하게 공격했던 것이다. 마태복음 23장에서 예수님은 노골적으로 바리새인들을 비난하고 있다. 그러나 그 자신이 그 종파의 대표자인 것처럼 보인다. 예수는 그들을 "외식하는 자들"(15절), "소경된 인도자들"(16절), "우맹이요 소경된 자들"(17절), 그리고 "뱀들"(33절)이라고 부르신다. 또한 "회칠한 무덤들"에 비교를 하고 있다(27절). 또 다른 곳에서는 이렇게 꾸짖고 있다: "너희는 너희 아비 마귀에서 났느니라"(요 8:44). 바울은 데살로니가 교인들에게 "우리를 쫓아내고 하나님을 기쁘시게 아니하고 모든 사람에게 대적이 된" "유대인들"에 대하여 쓰고 있다(살전 2:15). 요한은 "사단의 회"인 유대인들에 대하여 서머나 교회에 편지했다(계 2:9).

이상과 같은 선동적인 언어들을 제 1세기의 유대인끼리의 논쟁의 컨텍스트에서 읽는 것과, 이러한 쏘는 수사법을 유대인들에 대한 공격용으로 또는 유대적인 모든 것들에 대한 부정을 위해 이용하는 것은 —유감스럽게도 교회가 몇세기에 걸쳐서 이렇게 해왔다— 별개의 문제이다. 초대 교부(敎父)들의 이방 기독교인 문서에 지배적으로 나타나는 후자의 반유대주의의 형태에 대해서 자세히 살펴보기로 하자.

3. 초대 교부들: 희생자들에 대한 비난

2세기 중반까지의 교부 문서들은 이방 기독교인들과 유대인들 사이에 상당한 적대감이 형성되어 있었음을 보여주고 있다. 바나바스의 서신(Letter of Barnabas)과 안디옥의 이그나티우스(Ignatius of Antioch)와 순교자 져스틴의 저작들은 특별히 언급할 가치가 있다.

교회는 회당에 대해서 절대적으로 반대하는 태도를 취하였다. 이방 세계가 기독교 선교사들의 포교에 긍정적인 반응을 보인 반면, 회당은 교회를 더욱 더 실망시키고 더 괴로움을 당하게 내버려둔 채, 조상들의 믿음을 고집스럽게 고수하고 있었다. 설교와 대화, 비난, 그리고 논쟁은 당시의 질서가 되었다. 교회는 유대교가 죽은 율법주의적인 믿음이라고 하는 것을 보여주는 모든 가능한 증거를 다 동원해서 그 대적을 정복하려고 노력했다. 유대인들이 점차적으로, 그들보다 우월한 믿음을 가지고 있다고 주장하는 사람들에 의한 차별과 경멸의 희생자가 되어감에 따라 골은 더욱 더 깊어갔다. 이 두 공동체 사이의 간격이 점점 넓어져감에 따라, 지중해 연안 세계의 많은 곳에서 유대인들은 기독교인들로부터 분리해서 자신들의 이웃끼리만 함께 모여서 그들 고유의 의식(衣食), 매장법과 같은 관습을 지키며 살았다.

실패로 끝난, 로마에 대한 두 차례의 유대인 반란 사건은 이방 교회에 사상적인 수단을 제공했으며, 이방 교회는 곧 이를 이용했다. 이방인의 무력에 의한 유대 국가의 전복—특별히 예루살렘의 함락과 성전의 파괴—은 하나님께서 한때 선택하신 바 있는 그 백성을 버리셨다는 증거요 징벌로 보였다. 초토화된 이스라엘은, 교회야말로 진정한 하나님의 이스라엘이라고 주장하던 변증가들에게 탄약을 제공해주었다. 수천명의 유대인들이 죽고, 끌려가고, 노예가 되고 한 사건은 좋은 공격 거리를 제공해 주었던 것이다. 로마 제국 치하에서, 유대교는 황제 숭배의 제의를 하지 않아도 괜찮도록 법적으로 인정된 *religio licita* 즉 합법적인 종교로서의 위치를 잃었다. 어떤 유대인도 예루살렘에 가까이 접근하지 못하게 되었다. *Pax Romana*(로마 지배 하의 평화)가 부정되어서는 안되게 되어 있었다. 유대인들은 이제 쫓겨나 새로운 언약의 상속자들인 기독교인이 사는 소위 기독교 국가에서 방황하는 저주를 받게 되었다.

교회는 또한 예루살렘이 노략질당한 것을 유대인들이 예수를 십자가에 못박은 데 대한 징벌로 이해하였다. 유대인의 고난과 쫓겨남은 그리스도를 십자가에 못박은 사악한 백성들의 무지와 불경에서 비롯된 것으로 여겨졌다. 따라서 "그리스도를 죽인 자"는 이제 교부들의 문서에 주제로 선택되게 되었다. 순교자 져스틴과 오리겐(Origen) 두 사람의 예만 들어보기로 하자.

순교자 져스틴은 로마에서 순교를 당한 회심한 이방 철학자였다. 2세기에 씌어진 그의 "유대인 트리포와의 대화"는 "승리감으로 가득 차 있는, 주역으로서의 기독교인과 궁지에 몰려 주눅들어 있는 유대인과의 전형적인 대조"[11]를 보여주는 작품이다. 져스틴은 유대인들이 다른 나라들로부터 분리되었고 "정당한 고통"을 받고 있다고 진술함으로써 트리포에게 자신의 주장을 펴고 있다. 특별히 져스틴은 유대 도시들이 "불살라지고" 유대인들이 예루살렘에 올라가지 못하도록 "버려지게" 된 것에 초점을 모으면서 자신의 주장을 펴나가고 있다. 그렇게 된 이유를 이렇게 말한다: "당신들이 의로우신 분과 그분 앞서 온 그의 예언자들을 죽였으며 그리고 지금 당신들은 그분에게 희망을 두고 있는 사람들을 거부하고 있기 때문이오."[12]

제3세기에 오리겐도 비슷한 글을 썼다: "그들[유대인들]이 받고 있는 이러한 재앙들은 그들이 가장 사악한 민족이었기 때문이다. 사상 유례없는 그런 극심한 징벌을 받고 있는 것은 다른 어떤 죄악들보다도 그들이 우리 예수님에 대하여 죄를 범했기 때문이다."[13] 여기에서 우리는 다시 한번 분명하게 유대 민족의 고통을 예수를 거절한 "죄"와 직접적으로 연관시키고 있는 것을 보게 된다.

더 나아가, 교부들은 유대 민족의 불신실이 하나님의 영원한 저주를 받게 한 집단적인 죄를 낳았다고 가르쳤다. 따라서 제롬(Jerome)과 어거스틴(Augustine, 4세기 말)과 그 이후의 교부들은, 열매맺지 못한 무화과나무(마 21:18-22)의 교훈을 유대 민족에게 적용시켰다.[14] 예수님은 "이제부터 영원토록 네게 열매가 맺지 못하리라"고 말씀하셨다(19절). 그래서 교회는 유대인들이 하나님에게 영원토록 저주받은 백성이 되었다고 주장했다. 이제 교회는, 이스라엘에게 주어진 것으로 여겼던 성서의 온갖 축복들을 자신들의 것으로 여기기 시작했다. 그러나 모든 저주들은 유대인들의 것으로 남겨놓았다.

비유대적인 관점에서 볼 때, 예루살렘의 함락과 유대 민족의 불행스런 고통은 하나님의 선택뿐만 아니라 특별히 예수에 대한 기독교의 주장의 정당성에 대하여 극적인 방법으로 말해주는 것이라고 흔히 생각했다. 그러나 람페(G. W. H. Lampe)가 바르게 본 것처럼 이방인들과 유대 기독교인들에 있어서, "예수가 그리스도, 주님, 하나님의 아들임을 입증해주는 결정적인 사건은 그의 원수들의 패망이 아니라 그의 죽음으로부터의 부활이었다."[15]

2, 3세기에 씌어진 거의 모든 기독교 저술물들은 같은 내용 즉 유대인과 유대주의에 대한 일반적인 비웃음과 경멸을 많이 보여준다. 예를 들면, 이방인들에 대한 기독교 해설서인 "디오그네투스에게 보낸 서신"(Epistle to Diognetus)에서 저자는 유대인의 "선민의 표시로서의 육체의 절단"에 대해서 주목하면서, "마치 그들은 그렇게 함으로 하나님에게 특별히 사랑을 받은 것처럼 여긴다"고 말하고 있다. 그는 또한 그들의 "일반적인 어리석음과 속임, 떠들어대기 좋아하는 것, 자만"을 언급하고 있다.[16] 그 시대의 다른 저술가들도 같은 반유대주의의 전통을 반영하고 있다.[17] 사이프리안(Cyprian)의 "세 권의 유대인에 대한 반증"(Three Books of Testimonies Against the Jews), 히폴리투스(Hippolytus)의 "유대인에 대한 해설논문"(Expository Treatise Against the Jews), 터툴리안(Tertullian)의 "유대인에 반대해서"(Against the Jews), 그리고 이레네우스(Irenaeus)와 같은 사람들의 저술물들은 특별히 주목할만하다.

4세기에 콘스탄틴(Constantine)이 기독교를 로마 제국의 국교로 만들었을 때, 유대인들은 더 큰 차별과 박해를 받게 되었다. 많은 법적인 권리를 박탈당했다. 예루살렘에 살 수도 없게 되었고 개종자들을 만들 수도 없게 되었다. 339년에는 유대교로 개종하는 것이 법적으로 금지되었다. 수십년이 지난 후 라오디게아 종교 회의는 기독교인들이 유대인들의 축제에 참여하는 것을 금지시키면서 그러한 일은 이교도적인 행위로 규정했다. 380년경 밀란의 주교 암브로우스(Ambrose)는 회당을 불지르는 것을 하나님이 기뻐하시는 일이라고 찬양했다.

4세기말 안디옥에서 크리소스톰(John Chrysostom, 약 347-407)은 "유대인에 반대하는 설교"(Homilies against the Jews) 8편을 내놓았다. 웅변술 때문에 그는 "크리소스톰" 즉 "황금 입"이라는 이름이 붙여졌다. 크리소스톰의 설교들은 근본적으로 이방인들로 하여금 유대인의 예배와 율법에 가까이 하지 못하도록 하기 위한 것이었다. 그는 이성을 잃은 것처럼 유대인들을 격렬히 공격하면서 모든 사람 앞에서 통렬하게 비난했다. 그 이전의 많은 교부들이 그랬던 것처럼 "유대인들"이 그리스도를 죽였기 때문에 하나님은 그들을 버리셨고, 그들을 미워한다는 것을 보여주시기 위해 예루살렘을 무너지게 하셨다고 설교했다. 첫번째 설교에서 그가 유대인에 대적하기 위해 사용한 수사법들은 완전히 노골적이며 철저히 공격적인 것들이었다. 처음으로 "크리스챤"이라는 이름이 불리워지게 된 곳인 안디옥(행 11:26)[18]의 장로의 입술에서 이런 말이 나온 것이다. 유대 공포증에 걸린 이 교부의 설교 가운데 일부를 인용해보자.

> 나는 많은 사람들이 유대인을 존경하며 그들의 현재의 삶의 방식을 훌륭한 것으로 생각하고 있음을 알고 있습니다. 그렇기 때문에 서둘러서 이러한 치명적인 생각들을 뿌리뽑아 버리고 찢어버리려고 하는 것입니다. …회당은 갈보집이며 극장입니다. 그것은 도적의 소굴이며 들짐승들의 거처입니다. …하나님이 한 백성을 버리실 때, 그들에게 무슨 구원의 희망이 있겠습니까? 하나님이 한 장소를 버리실 때, 그곳은 악마들의 거처가 되고 맙니다. …유대인들은 자기들의 배를 위해 살고 있으며 이 세상에 속한 것들에 대하여 입을 헤 벌리고 있습니다. 그들의 음탕한 생활과 지나친 폭식은 그들이 돼지나 염소보다 낫지 못함을 말해주고 있습니다. 그들이 아는 것이라곤 배를 채우는 일과 마시는 일밖에 없습니다.[19]

여러 세기를 통해 유대 민족에 대한 이와같은 모욕은 크리소스톰이 그랬던 것과 같이 설교에서 뿐만이 아니었다. 이러한 모욕은, 기독교 신자들이 보인 증오와 수치스런 일들을 통해서 계속되었으며 결국 유대인들로 하여금 복음에 귀를 기울일 수가 없게 만들고 말았다. 탈무드 시대에 랍비들이 복음을 언급할 때, 같은 발음이지만 뜻은 다른 표현을 사용한 것은 이상한 일이 아니다. 즉 유대인들에게는 "복음"(헬라어로 *evangelion*)이 "사악한 두루마리"(히브리어로 *avengilyon*)가 된 것이다.[20]

4. 알레고리 : 유대 성서를 구하기 위한 하나의 시도

초대교회 교부들은 구약성서를 어떻게 다루어야 하는가 하는 문제를 해결해야만 했다. 그들의 반유대적인 입장은 그들로 하여금, 이상한 법규들과 관습들을 많이 갖고 있는 유대인들의 성서를 최악의 경우에는 공격적인 것으로 또는 기껏해야 낡은 것으로 보도록 강요했다. 게다가 교회는 자신을 이스라엘을 대신한 존재로 생각했다. 교회는 더 이상 이스라엘 안에 있는 남은 자들이 아니라 하나의 별개의 이방 단체가 되었다. 따라서 교회는 의기양양하게 하나의 새로운 역할을 떠맡았다. 그것은 자기를 낳아준 부모에게 적대적인 역할이었다. 그러므로 교회의 입장에서 볼 때, 구약을 복음의 예비로서 어떤 실제적인 관계가 있는 것으로 인정하게 되면 유대 민족의 합법성과 그들의 역사의 정당성을 인정하게 되는 격이 되고마는 것이었다.[21] 교회로서는 그러한 인정을 할 수가 없었기 때문에 곤경에 처할 수밖에 없었다.

마르시온(Marcion)이 하나의 해결책을 제시했다. 그는 유대적인 것은 무엇이나 적극적으로 반대했고 구약성서는 없애야하며 교회의 정경에서 빼버려야 한다고 주장했다. 마르시온의 입장에 대해서는 다음 장에서 자세하게 논의할 것이다. 여기서는 간단하게, 그의 입장은 교회에 받아들여질 수 없는 것이라고 하는 것만 설명하기로 하자. 그의 해결책은 일반적으로 2세기 교회의 반유대적인 태도를 반영하고 있는 것이긴 하지만, 교회는 유대인의 성서로부터 자신을 완전히 단절시킬 수는 없었다. 이 성서는 교회의 존재 이유를 제공해 주었다. 교회는 이스라엘을 대신했다. 구약성서는 이러한 "새" 이스라엘이 자기들 것이라고 주장하는 유산을 묘사해 주는 문서였다. 더욱이 구약성서를 제거한다고 하는 것은 유대주의와의 논쟁에 있어서 중요한 변증 도구를 교회로부터 치워버리는 것이나 다름없는 것이었다. 예수의 메시야 주장을 증명하기 위해서 교회는 구약성서에서 수백개에 달하는 예언서 본문들을 인용하여, 적대자인 유대인들 앞에 제시했다. 그래서 교회는 구약성서를 완전한 파괴로부터 따라서 마르시온의 극단적인 주장으로부터 구해내야 할 필요가 있었던 것이다. 그대신 교회는 대안책을 찾았다. 그것이 알레고리(allegory)였다.

알레고리를 통해 구약성서는 "기독교인의" 문서가 될 수 있었다. 텍스트를 영적으로, 유비적으로, 그리고 기독론적으로 해석하려는 노력을 통해 초대교회 교부들은 구약성서 안에서 기독교적인 의미를 상당히 많이 발견할 수 있었다. 그리스도, 또는 신약성서 사상은, 보다 불명확한 장소들에 있는 성서 본문들로 "부터"(out of)가 아니라 성서 본문 "속으로"(into) 읽혀지게 되었다. 따라서 이레네우스, 오리겐, 어거스틴을 비롯해 여러 사람들은 비유적 해석의 체계를 만들어냈다. 그러나 이러한 해석 방법은 성서 본문의 역사적인 의미를 왜곡시키는 불행을 초래하고 말았다. 종교개혁 시대에 루터는 오리겐의 알레고리적 해석 방법을 비난하면서 알레고리를 "성서의 더껑이" "원숭이 게임" 또는 "밀랍(wax)의 코"(즉 마음대로 구부릴 수 있는 어떤 것)라고 불렀다.[22]

유대 성서의 "새" 이스라엘에로의 전이(轉移)는 유대 성서에 기독교인의 옷을 입히는 것을 의미했다. 예를 들면, 구약성서의 제사들은 떡과 포도즙이 되었다. 제사장의 옷에 있는 열두 방울은 이제 열두 사도를 의미했다.[23] 초대교회의 문헌 가운데는 비유적 해석 방법을 사용하여 도덕적, 영적, 종말론적으로 성서 본문을 해석한 곳도 있으나 대개는 기독론적으로 해석하였다. 예를 들면, 교부들은 거의가 다, 라합의 붉은 줄(수 2:17-21)을 그리스도의 피를 통한 구원으로 해석하였다. 홍수 이야기에서 노아는 그리스도를, 방주는 교회를 상징하는 것으로 해석하였다.[24]

제 8 장에서 언급하겠지만 성서 해석의 역사는 알레고리적 해석 방법이 기껏해야 의심스럽고 위험한 해석 방법에 지나지 않음을 증명해주고 있다. 본문에 대한 해석학적인 성실은 주관성의 황무지에 의해 정복당하고 말았다. 신비적인, 비유적인, 또는 숨겨진 의미가 어떤 규제하는 기준도 없이 본문으로부터 돌출해 나온다고 믿으면, 저자의 의도는 양보되거나 아니면 전적으로 상실되는 위험에 빠지게 된다. 어떤 구절에 대한 통제는 대개가 특별한 역사적, 문화적 배경 안에서 컨텍스트(성서의 전후 문맥)에서의 단어들의 분명한 의미를 찾으려고 할 때 이루어지게 된다. 신약성서를 기록한 사람들은 모든 구약성서가 그리스도와 관계된 깊은 의미를 갖고 있다고 보았으며, 그런 점을 주장하려고 그러한 텍스트들을-가끔 우리가 보기에는 매우 이상하고 난해한 방법으로-사용했지만, 거룩한 영감을 통해 텍스트들을 연결시켰던 것이다. 그러나 우리도(교부들을 포함해서) 구약성서를 그들과 똑같은 방식으로 해석할 수 있다고 생각하는 것은 가정에 지나지 않을 뿐이다.

의미가 힘을 잃게 된 것만이 성서 본문에 대한 영적 해석의 결과는 아닐 것이다. 반셈족주의의 주제도 마찬가지로 포함될 수 있을 것이다. 이와 연관해서 브라운(Harold O. J. Brown)은 "기독교인들은 천년왕국(millennium)의 성서 교리를 영적으로 해석하고 제자직에 대하여 타계적인, 금욕적인 접근을 하는 경향이 있었던 것 못지 않게 더욱 그 당시의 개종하지 아니한 유대인들을 적대시하는 경향이 있었다"[25]고 주장했다. 유대 민족에 대한 교회의 경멸이 더해감에 따라—특별히 어거스틴(400년경) 이후로—점점 천년왕국 교리를 반대하는 경향을 보여왔다고 하는 브라운의 주장은 더 숙고할 만한 가치가 있다. 타계주의와 현세주의의 문제에 대해서는 제 10 장에서 보다 더 자세하게 다루게 될 것이다.

5. 중세기의 반(反) 셈족주의

중세기의 거의 모든 기독교 문명이 유대인을 배척했다. 유대인들은 사회적, 경제적, 교회적인 압력들을 피하기 위해 도시의 떨어진 지역에 모여 살았다. 그들은 오직 한가지 일, 즉 돈 빌려주는 일에나 유용한 사람들로 여겨졌다. 보다 넓은 사회로부터의 이러한 격리는 기독교인들로 하여금 유대인들을 천민으로 취급하게 만들었다. 유대인들은 많은 개인적 자유를 빼앗기고 엘리트적인 "기독교" 문명에 의해 희생당했다. 그들은 특별한 모자를 쓰거나 옷에 특별한 헝겊 조각을 달도록 강요당했다. 일반적으로 "히브리적"이라는 말은 곧 "사탄적인"이라는 말과 동일시되었다.[26]

유대인들은 수많은 비난을 받았다. 그들은 "신성한 냄새"와 반대되는 괴상한 냄새가 나는 사람들이라고 알려졌다. 유대인들은 많은 악에 대하여 책임을 져야 했다. "그리스도를 죽인 자들"이라고 하는 죄명이 아직도 그들에게 사용되고 있었다. 몰래 교회에 들어가서 예수의 "진짜 피"가 흘러나오는 성체(聖體)를 찌르는 성체(Host)의 모독자들이라고 불리워졌다. 그들은 유월절 세더(Seder)에서 사용하기 위해 기독교인의 유아들을 죽여 그 피를 (포도즙 대신) 사용한다고 하는 누명을 썼다. 흑사병으로 해서 유럽 인구의 삼분의 일이 죽게되었을 때, 사람들은 유대인들이 우물에 독을 넣어서 그런 재앙이 일어나게 되었다고 비난했다.

1096년에 교회는 십자군 전쟁을 시작했다. 교황 우르반 2세(Urban

II)는 모슬렘 침략자들로부터 성지를 회복하기 위해 그리스도의 군사들을 모집했다. 그러나 도중에 "믿음이 없는" 유대인들은 십자군들의 손에 엄청난 고통을 당했다. 수천명의 유대인들이 세례받기를 거부하다가 길에서 살해당했다. 수많은 사람이 자살하기도 했다. 회당은 불질러졌다. 그러나 이 모든 박해에도 불구하고 거의 모든 유대인들이 끝까지 개종하기를 거부했다.

12, 13세기 동안, 특별히 프랑스와 독일, 영국의 기독교 예술과 조각들을 보면 유대인들은 의기양양하고 똑바로 선 모습이 아니라 비천하고 풀죽은 모습으로 나타나 있다. 특별히 주목을 끄는 것은 교회와 회당을 묘사한 두 여인의 모습인데, 이것은 승리한 교회와 패배한 회당을 상징하고 있다. 흔히 교회는 은혜롭고 면류관을 쓴 그리고 지팡이를 손에 잡은 모습으로 나타나고 있으나, 회당은 부러진 지팡이와 눈을 가린 모습으로 나타났으며 때로는 깨진 율법판으로 장식되기도 했다. 이는 성당 외부에 있는 석상(石像)이나 조상(彫像)에서도 볼 수 있으며 중세기의 사본들이나 미사 전서, 스테인드글래스 창, 세례반(盤) 등에서도 찾을 수 있다.[27]

중세기 말에, 유대인들은 더 많은 모욕과 박해를 받았다. 13세기에는 거룩한 책들이 압수되어 대량으로 불살라졌다. 스페인의 한 교회 회의에서는 유대인이 기독교인으로 개종하려고 하면 그를 죽이고 그의 재산을 몰수하도록 했다. 유대인들로 하여금 기독교인들과 함께 먹거나 이야기를 나누지 못하도록 했다. 그들은 집없이 방황해야 했으며, 1290년에는 영국에서 그리고 1306년에는 프랑스에서 쫓겨났으며, 계속해서 스페인과 독일, 오스트리아에 있는 도시들에서 쫓겨나게 되었다.

1492년의 종교 재판과 축출은 수천명을 고문하고 말뚝에 매달아 화형을 시키고 개종을 강요하는 결과를 낳게 했다. 유대인들은 스페인에서 떠나거나 아니면 죽임을 당할 수밖에 없었다. 많은 유대인들이 공적으로는 가톨릭으로 개종했으나, 사적으로는 유대인으로 남아 있었다. 이러한 유대인들은 마라노스(Marranos)로 알려져 있다. 15만 이상이 스페인을 떠났지만 서부 유럽에서 그들이 정착할 수 있도록 받아주는 곳은 하나도 없었다. 결국 피난민들은 북 아프리카, 모로코, 그리고 지중해 동쪽 지역으로 들어갔다.

6. 루터로부터 지금까지

말틴 루터는 가톨릭 교회와 결정적으로 갈라서게 한 사람이다. 이 독일의 개혁자에게 있어서 가장 중요한 중심 문제는 믿음과 행위, 성서와 전통, 그리고 신도의 제사장직과 같은 것들이었다. 그러나 이러한 문제들이 루터의 전체 신학적 주제는 아니었다. 그는 본격적인 개혁 운동을 시작함에 있어서 기독교 복음으로 유대인 공동체를 움직이기를 바랬다. 1523년에 그는 예수가 유대인의 자손임을 강조하는 "예수 그리스도는 유대인으로 태어났다"는 논문을 발표했다. 루터는, 유대인들에게 접근한 초기의 선교사들이 실패한 것은 유대인들의 악함이나 완악함으로 인해서가 아니고 교황과 사제들, 학자들의 "사악하고 부끄러운" 생활 때문이었다고 지적했다.

그러나 루터는 처음에는 그와같은 좋은 의도를 가지고 있었으나 결국 태도를 바꾸었다. 유대인들이 기독교 복음에 응답하지 않는 것을 보고 루터는 그들에게 적대적인 태도를 보이기 시작했다. 그는 신랄한 비판이 담긴 "유대인과 그들의 거짓말에 대해서"(On the Jews and Their Lies [1543])와 같은 일련의 팜플렛들을 만들었다. 유대인들에게 "독이 있는" "도둑들" "혐오스러운 벌레" 등의 표현을 사용하여 통렬히 비난했다. 더 나아가 유대인들에게 영원히 독일에서 나갈 것을 요구했다. 4세기가 지난 후 나찌들이 이러 저러한 반셈족주의 교리에 호소하면서 유대인들을 무참하게 박해하였다. 결국은 루터의 희망을 이루어준 격이다. 그러나 다행한 것은 최근에 들어서 유대교와 루터교의 지도자들 사이에 종파를 초월해서 상당히 밀접한 관계가 맺어지고 있다는 것이다.

근대에 들어서면서 폴란드에서 코사크 사람들(Cossacks)에 대항한 피의 혁명이 일어났다(1648-58). 그 와중에 수십만 명의 유대인들이 죽임을 당하거나 노예가 되었다. 그 당시의 다른 유럽 국가들에서도 계속 핍박을 받거나 아니면 잘해야 수상한 사람들이나 경멸적인 사람들로 취급 당했다. 그런 나라에 살고 있던 많은 유대인들은 박해를 피하기 위한 수단으로 세례를 선택했다. 19세기에 그와 같은 길을 밟은 하이네(Heinrich Heine)는 경멸적으로 이러한 세례의 행위를 "유럽 사회에 들어가기 위한 티켓"이라고 표현했다.[28]

19세기 후반에 세계에서 가장 많은 유대인들이(600만명) 제정 러시아에 모여 살고 있었다. 거기에서 유대인들은 일련의 사악한 조직적인 학살로 수천명이 살해되었다. 살아남은 사람들은 다른 유럽 국가들에 살고 있던 유대인들에 합류하여 미국으로 도망했다. 그들은 죠지 위싱턴이 이미 말한 대로 "편협을 인정하지 않고 박해를 도와주지 않는" 땅을 발견할 수 있기를 바랬다. 1880년부터 1910년 사이에 2백만이 넘는 유대인들이 뉴욕 시를 통하여 미국으로 이민왔다. 1894년 프랑스에서는 드레퓌스 사건에 대한 재판이 있었다. 프랑스 군대에서 복무하던 유대인 드레퓌스(Alfred Dreyfus)는 독일에 기밀을 누설했다는 거짓 혐의를 받고 기소되었다. 반역자로 확정되어 투옥되었으나, 결국은 무죄가 증명되었다. 이 떠들썩한 사건은 반 셈족주의의 문제를 세상에 다시 환기시켜 주게 되었다.

20세기의 홀로코스트(Holocaust)는 사상 유례가 없는 사건이었다. 나찌는 인류를 "정화시키기" 위해서는 유대인을 세상에서 없애야 한다고 선동했다. 유대인 "문제"에 대한 "마지막 해결책"은 집단 수용소와 가스실, 그리고 화장터였다. 히틀러가 정권을 잡은 1933년에서 제2차 세계 대전이 끝난 1945년 사이에 대략 6백만명의 유대인들이 죽임을 당했다. 이러한 도살을 방지하거나 반대하지 못했다는 것은 모든 기독교인들의 부끄러움이 아닐 수 없다.

오늘날 예루살렘에는 나찌와 그 공범자들에 의해 희생당한 유대인들을 기념하기 위하여 야드 바쉠(Yad Vashem, 문자적인 의미는 "손 [즉 기념비]과 이름"; 사 56:5에서 취한 이름)이 세워져 있다. 야드 바쉠에는 박물관과 도서관, 연구 기관, 회당, 그리고 희생당한 이들의 이름이 적혀있는 기념관이 있다. 이 홀로코스트 기념관의 모든 방들은 나찌 하에 있던 유럽의 유대인들의 생과 사에 대한 자세한 기록으로 차 있다. 야드 바쉠 밖에는 "의인의 길"(즉, 의로운 이방인들의 길)이라는 이름이 붙여진 보도가 있다. 이는 자신들의 생명의 위협을 무릅쓰고 용감하게 유대인들의 생명을 구하기 위해 노력한 얼마 안되는 이방인들을 기념하기 위한 것이다. 그 길에는 왈렌베르그(Raoul Wallenberg), 코리 텐 붐(Corrie ten Boom), 그리고 다른 이들을 기리기 위해 나무들이 심겨져 있다.

현재도 반 셈족주의는 유대인들이 있는 곳에는 어디에나 있다. 러시아와 프랑스의 유대인들은 특별히 압제를 받고 있다. 유럽과 미국에서는 최근 회당을 더럽히고 회당에 폭탄을 터뜨리며, 무덤들을 모독하고 사악한 낙서를 하며, 나찌 팜플렛을 돌리고, 기괴한 유대인의 모습을 신문에 싣고 있음을 볼 수 있다. 이러한 것들은 반 유대주의의 일부분이다. 또한 이보다는 덜 하다고 할 수 있는 다양한 반 셈족주의가 사회, 교육, 경제 분야에서 유대인에 대한 반감과 차별 가운데서 발견되어진다.

이 장에서 우리는 2천여 년의 "경멸의 역사"에 대한 모든 것을 매우 간략하게 살펴보았다. 결론적으로 우리가 강조해야 할 것은 홀로코스트가 진공 상태에서 일어난 것이 아니라고 하는 것이다. 찬란한 문화와 지적인 궤변에 대한 찬탄으로 한 나라에서 고안된 것이긴 하지만, 반 셈족주의의 씨앗은 훨씬 이전에 뿌려졌다. 홀로코스트는, 2천여 년 동안 교회 안에서 또는 그 주변에서 거의 아무런 저지도 받지 않고 자라온 반 유대적인 태도와 행동들의 비극적인 정점이라 할 수 있다. 아마도 홀로코스트가 일어난 가장 주된 요인은 교회가 자신의 유대적 뿌리를 잊어버린 것일 것이다.

제 7 장의 이해를 위한 연구과제

1. 앞의 네장을 통하여, 회당과 교회 사이에 금이 가게 된 가장 중요한 요인들을 간단히 설명하라.
2. "새 이스라엘"이라는 용어가 의미하는 바는 무엇인가? 신약성서에 이 용어가 나오는가? 교회가 이스라엘을 대신했다(이스라엘 안에 있는 남은 자, 즉 이스라엘로 "접붙여진" 존재가 아니라)는 가르침이 어떤 특별한 방식으로 교회와 회당 사이의 경멸의 역사에 기여했다고 보는가?
3. 헬라어에서 유래된 "기독교(Christianity)"라는 단어는 성서에 나오는 어떤 히브리어와 그 의미에 있어서 연관을 맺고 있는가?
4. "성서(Bible)"라는 단어의 어원과 발전 과정에 대하여 설명하라.
5. 성서 이외의 어떤 고대의 자료가 순교자 져스틴(Justin)의 성서와 기독교 신앙의 전체적인 조망에 대한 사상에 영향을 끼쳤는가?
6. 반유대주의와 반셈족주의의 차이점을 설명하라. 이런 용어들이 흔히 구별 없이 사용될 정도로 서로 밀접한 관련을 맺고 있는 이유는 무엇인가? 빌헬름 마르(Wilhelm Marr)는 누구인가? 고대 세계의 유대인들이 반셈족주의를 경험했는가?
7. 제 1 세기(신약성서 시대)의 유대인과 유대교에 대한 논쟁적인 감정의 폭

발을 제2세기의 것과 비교할 때, 대체로 어떤 특징이 있는가?

8. 신약성서 가운데서 유대인들에게 가해진 거칠고 선동적인 언어들을 몇 구절만 찾아보라. 1세기 유대인 세계에서 이 말들은 "반유대주의" 또는 "반셈족주의"라고 못박을 수 있는가?(간단히 말해서 유대인과 유대교에 대한 경멸이 신약성서와는 피할 수 없는 그리고 뗄 수도 없는 관계를 가지고 있는가?)

9. 초기 교부들은 신학적으로 유대인 국가의 패망을 어떻게 해석했는가? 특히 예루살렘의 멸망과 성전 파괴, 수천명의 유대인들이 죽임을 당하고 포로로 끌려가게 된 것에 대하여 어떻게 해석했는가?

10. 순교자 져스틴과 오리겐(Origen)이, 유대 민족에게 고통과 재앙을 초래했다고 지적한 특별한 죄는 무엇인가?

11. 람페(G. W. H. Lampe)에 의하면, 예루살렘의 멸망과 유대인들의 비극적인 고통은 유대 민족에 대한 교회의 반박적인 논쟁에 있어서 중요한 사실들이었다. 그러나 람페는, 초대교회가 예수에 대해 주장했던 바들을 보증해 주었던 결정적인 사건은 무엇이었다고 말하는가?

12. 제4세기에 로마의 어떤 황제가 기독교를 로마 제국의 국교로 만들었는가? 그 때에 유대 민족에게 가해진 두가지 금령은 무엇이었는가?

13. 제4세기 말 안디옥 출신의 장로로, "황금 입"을 가진 사람이라고도 불리우며, "유대인에 반대하는 설교 8편"을 내놓아 유명해진 사람은 누구인가? 그는 회당을 어떻게 표현했는가? 오늘날 교회 교육의 커리큘럼에서는 그와같은 수사학적인 중상(中傷)이 일어나고 있지는 않은가? 그렇다면 어떤 영역에서 그런 일들이 일어나는가?

14. 유대인들에 대한 교회의 반박과 적대감 때문에, 탈무드 시대에 랍비들이 "복음"이라는 헬라어 용어를 히브리어로 어떻게 발음했는가? 그 히브리어의 뜻은 무엇인가?

15. 초대교회의 교부들이 구약성서를 문제가 있다고 보았던 이유는 무엇인가? 이런 문제들에 대하여 교회는 어떠한 태도를 취했는가? 초대 교부들은 구약 성서를 기독교인들에게 의미가 있는 것으로 만들기 위해 어떠한 해결책을 사용했는가?

16. 초대 기독교 문헌 가운데서 구약 성서를 비유적으로 또는 기독론적으로 해석한 실례들을 찾아보라.

17. 여러 세기에 걸쳐 어떤 약점과 한계들이, 구약성서를 비유적으로 해석하는 것이 사실은 의심스럽거나 위험스런 일임을 보여주었는가?

18. 중세 시대에 유대인들은 집중적인 비난의 포격을 받았다. 다음과 같은 고

발이 그들에게 주어졌는데, 그 배경은 무엇이었으며, 의미하는 바가 무엇이었는지 각각 설명하라.
    1) "그리스도 – 살인자"
    2) 천사 모독자
    3) 기독교 유아 살해자
    4) 샘에 독을 뿌린 사람들
  19. 제1차 십자군 원정은 언제 시작되었는가? 목적은 무엇이었는가? 유럽의 유대인들에게 어떤 영향을 미쳤는가? 강요된 개종과, 진지한 탐구 및 개인적 선택으로 이루어지는 개종의 차이를 논하라.
  20. 중세의 예술 활동에 있어서 교회와 회당이 의미했던 바는 무엇인가? 예술가들은 교회와 회당을 어떻게 묘사했는가? 왜 이러한 것들이 반셈족주의의 역사를 연구하는 데 있어서 중요한가?
  21. 1492년에, 유럽의 어떤 나라에서 유대인들이 종교재판과 추방을 당했는가? 마라노(Marrano)는 누구를 말하는가?
  22. 말틴 루터가 개혁자로서의 활동을 시작할 때에, 유대 공동체에 대한 그의 태도는 어떠했는가? 왜 그는 그 후에 태도를 바꾸었는가?(이러한 변화를 설명해 주는 그의 두 저술물의 제목을 참조하라). 타종교와의 대화에 참여하고 있는 사람들이 말틴 루터에게서 배울 수 있는 것은 무엇인가? 특히 자신의 종교를 받아들이기를 기대하지 않고, 그들의 종교적 전통을 인정하면서, 그들을 있는 그대로 받아들이는 법을 배우는 것이 얼마나 중요한가 논하라.
  23. 어떤 행위를 하인리히 하이네(Heinrich Heine)는 "유럽 사회에 들어가기 위한 티켓"이라고 경멸적으로 표현했는가?
  24. 19세기 말에 유대인들이 가장 많이 살고 있던 나라는 어느 나라였는가? 이 나라에서 *pogrom*이 시작되어 수많은 사람들이 희생되었다. *pogrom*의 뜻을 사전에서 찾아보라.
  25. 유대인들이 미국에 가장 많이 들어온 때는 어느 기간 동안이었는가?
  26. 미국의 어느 대통령이 로드 아일랜드 뉴포트의 유대인 이민자들에게 미국이 "편협을 인정하지 않고 박해를 도와주지 않는" 나라라고 선언했는가?
  27. 알프레드 드레퓌스(Alfred Dreyfus)는 어떤 사람인가? 왜 그의 사건이 전 세계에 센세이션을 불러 일으켰는가?
  28. 홀로코스트와 관련해서 "마지막 해결책"이라는 용어가 의미하는 것은 무엇인가? 야드 바솀(Yad Vashem)은 무엇인가? "의인의 길"은 무엇인가?

29. 오늘날 반셈족주의는 보통 어떤 행동들을 통해 나타나는가? 중동을 제외하고 반셈족주의가 아직도 계속 남아 있는 곳은 어느 나라인가? 어디에서 특별히 유대인들이 압박을 받고 있는가?

30. 2천여 년 동안의 "경멸의 역사"의 빛에서 볼 때, 홀로코스트가 일어나게 된 가장 중요한 요인은 무엇이라고 보는가? 이에 대해 논의하고 다른 요인들에 대해서도 토론해 보라.

제 3 부
히브리 사상의 이해

제 8 장
구약성서 : 교회의 히브리적 기반

*"또 네가 어려서부터 성경을 알았나니 성경은 능히 너로 하여금
그리스도 예수 안에 있는 믿음으로 말미암아
구원에 이르는 지혜가 있게 하느니라"(딤후 3:15)*

    신약성서가 안전하게 그 닻을 내리고 있는 곳은 히브리 성서이다. 대부분의 기독교인들은 그것을 "구약성서"라고 부르며, 유대인들은 테나크(Tenach) 또는 타나크(Tanak)라고 부른다.[1] 이것은 유대인들과 기독교인들이 공유하고 있는 유산이 유래되는 가장 중요한 자료이다.
    기독교인들이 유대 성서를 "구약"이라고 부르는 것은 분명히 기독교인들에게 있어서 불행한 일이 아닐 수 없다. 그러한 타이틀은 이 성서가 이제는 지나가버린 것이라는 의미를 내포하고 있다. 사실 교회가 그 이름을 "첫번째" 성서, 또는 "본래의" 성서라고 붙였더라면 훨씬 좋았을 것이다. 곧 강조하겠지만, 예수나 사도들은 한번도, 이 첫번째의 신성한 39개 성서들을 죽은 것 또는 폐기된 것으로 선언한 적이 없다. 교회가 그랬던 것과는 다르게 생각했던 것이다.

성서학이나 신학을 공부하는 사람들에게 있어서 구약성서의 가치는 결코 과소평가될 수 없을 것이다. "구약성서는 신약성서의 어버이이며, 구약의 종교는 기독교의 요람이다."[2] 그러나 에밀 브룬너(Emil Brunner)가 지적한 것처럼 "그리스도의 교회는 이상주의와 신비주의에 빠져버린, 이성주의적 문화와 영성(spirituality)에 대항하여 싸워야 한다." 그는 이렇게 현명하게 결론짓고 있다: "신약성서를 바르게 이해하기 위해서는 구약성서를 통과해야 한다. 왜냐하면 구약성서에서 우리는 그 어떤 헬라 정신에도 전혀 영향받지 않은 세계를 만나기 때문이다."[3] 그러므로 초대교회의 신학과 삶을 지탱하고 있는 히브리적 기반을 이해하기 위해서는 구약성서에 정통해야 한다.

기독교가 2천여년 동안 이러한 풍부한 유산을 공유하게 된 것은 유대민족의 덕택이다. 그러나 많은 기독교인들이 구약성서를 "무시해도 괜찮은 것"으로 회피하고 있는 것은 불행한 일이다. 전형적으로 이러한 기독교인들은 설교나 교회학교 교육, 또는 그룹 성경 공부에서 구약성서를 강조하는 것을 보지 못한 사람들이다. 그들은 구약성서는 거의 대부분 지루하고 부적절한 것으로 믿고 있다. 결과적으로 교회들은, 구약성서와 그 안에 있는 유대인들의 역사에 대한 깊은 이해는 다소간 오늘날의 기독교인들에게 필수적인 것이 아니라 선택적인 것이라고 생각한다. 이러한 식의 잘못된 사고방식은 적어도 부분적으로는 기독교 대학과 신학교들의 커리큘럼에서 비롯된 것이라고도 볼 수 있다. 이러한 학교들 가운데 상당수가 구약성서 과목보다 신약성서 과목을 더 많이 학생들에게 요구하고 있으며, 헬라어는 필수과목으로 하는 반면 히브리어는 선택과목으로 정하고 있다. 그러나 사실은 보다 깊은 다른 이유가 있는데, 2세기까지 거슬러 올라가는, 마르시온이라고 하는 뿌리깊은 암이 바로 그것이다. 앞 장에서도 간단하게 언급한 바 있는 영향력있던 기독교인이었던 마르시온의 가르침과 그 영향을 살펴보기로 하자.

1. 마르시온의 이교적인 가르침

신약성서 시대 이래 교회가 직면했던 최초의 이단들 가운데 하나가 바로

마르시온에 의해 주장되었다. 그는 로마 출신의 시노페(Sinope, 지금의 터어키 북쪽 지방) 사람으로 많은 배를 소유한 부자였다. 138년경, 마르시온은 구약성서가 신약성서보다 못하며 따라서 권위있는 계시가 될 수 없다고 하면서 논쟁을 시작했다. 따라서 그는 구약성서를 정경에서 제외시키려고 싸웠다.

마르시온은 영지주의의 이원론적인 가르침에 어느 정도 영향을 받았던 것으로 보인다. 그래서 그는 세계는 악들과 Demiurge(영지주의자들이 플라톤주의자들에게서 빌어온 용어)에 의해 창조되어졌다고 주장했다. 전쟁과 피의 제물을 받는 이 잔인한 신(神) Demiurge는 마르시온의 주장에 따르면 구약성서에서 발견된다. 그는, 선한 하나님에게서는 어떤 악도 창조되어질 수 없으므로 구약성서는 실제로 Demiurge의 책이며 따라서 신약성서보다 열등한 책이라고 주장했다. 구약은 신약과 크게 반(反)하며 따라서 불완전하고 공격적이며 비교육적이라고 비난했다.

그러나 신약성서는 그리스도가 하늘로부터 오심 가운데서 진정한 하나님을 계시하고 있다는 것이 그의 주장이었다. Demiurge와는 달리 이 하나님은 사랑의 하나님이었다. 마르시온은 신약성서 ─ 그리스도의 책(Demiurge의 책이 아니라) ─ 는 두말 할 것 없이 구약성서보다 우월하다고 주장했다. 더 나아가 그는 이미 인정받고 있던 구약성서의 권위를 실추시키기 위해 쓴 논문에서, 기독교인들은 "율법으로부터 자유했다"(참조, 갈 5:1)고 한 바울의 서신들을 극찬했다. 그는 교회가 복음을 유대교와 연관시키려는 것은 잘못된 것이라고 강하게 주장했다. 사실 마르시온의 제1차적인 목표는 모든 유대교의 흔적을 제거하려는 데 있었다. 그래서 그는 "유대 하나님"의 불구대천의 원수로 알려지게 되었던 것이다.

144년에 이 문제는 마침내 절정에 이르게 되었고, 로마 교회는 마르시온을 출교시켰다. 그러나 이로써 그의 이단이 끝난 것은 아니다. 순교자 져스틴에 의하면, 마르시온의 추종자들(마르시온주의자들)은 곧 전 로마 제국으로 퍼져나갔다고 한다. 져스틴 자신도 반유대적인 사람이었음에도 불구하고 마르시온주의를 그 당시의 가장 위험한 이단으로 여겼다.

2. 신-마르시온주의(Neo-Marcionism)

흔히 교묘하게 숨겨져 있긴 하지만 오늘날의 교회 안에서 이 마르시온주의의 흔적은 더 강하게 남아 있다. 그러나 우리는 예의바르게도, 이러한 사상의 교묘한 현존을 거의 인식하지 못하면서, 그것을 "신-마르시온주의", "이단", 또는 "반-유대주의"라고 부르지 않는다. "신약성서" 신자가 되기 위한 우리의 일치된 노력에 있어서 우리는 너무 자주 무의식적으로 구약성서와 교회의 히브리적 뿌리의 위치와 중요성을 축소하는 경향이 있다. 불행하게도 이른바 성서를 믿는다고 하는 기독교인들 가운데서도 많은 사람들이 성서의 1/4만을 지지하는 자들이 되고 말았다(구약에는 929장이, 신약에는 260장이 있다). 기껏해야 구약성서를 "루스리프"(Loose-leaf, 페이지를 뺐다 끼웠다 할 수 있게 만든 장부) 식으로 취급하고 있다. (다시말해, 그 구약성서 중에서 필요한 일부분만 받아들이는 것이다.) 이러한 선택성(selectivity)은 기독교 신앙의 히브리적 뿌리를 잘라버리고 기록된 계시의 전체성(totality)을 무시하는 것이며, 따라서 성서의 모든 권위를 부식시키는 결과를 가져왔다.

구약성서를, 설교와 가르침에 있어서 2차적인 중요성을 가진 것으로 도외시하고 있을 뿐만아니라 나아가 신-마르시온주의는 오늘날의 교회를 다른 방식으로 병들게 하고 있다. 일례로, 이러한 현상은 환치 또는 폐기 이론이 가르쳐지고 있는 신학 써클들 안에서 흔히 발견되어진다. 이러한 학설은 이스라엘이 영구적으로 버려졌고 따라서 이스라엘은 지난 1900년 동안 아무런 신학적 연관성이 없다고 말하는 것과 다름이 없다. 이러한 입장은 바울의 다음과 같은 주장에 대해 충분한 설명을 할 수가 없다고 본다:"이 비밀은 이방인의 충만한 수가 들어오기까지 이스라엘의 더러는 완악하게 된 것이라. 그리하여 온 이스라엘이 구원을 얻으리라"(롬 11:25-26).

신-마르시온주의는 또한, 의식적으로든 무의식적으로든 예수와 초대교회의 유대성을 경시하는 경향이 있는 기독교 예술 속에서도 발견되어진다. 이러한 경향은 화가들이 예수의 얼굴 모습을 비유대적인 모습으로 묘사하는 데서도 나타나며, 또는 공공연하게 -무지하게 또는 교묘하게- 반유대적인 주제를 예술작품들을 통해 표현하는 데서도, 예를 들면, 할례 받지 않은 아기 예수를 묘사하는 것, 포도주를 마시는 공동의 잔이 없거나 또는 기댄 자세가 아닌 앉은 자세로 그린 최후의 만찬 장면 같은 데서 나타난다.

신-마르시온주의는 또한, 교회가 회당에 다음과 같은 인상을 줄 때도 발견되어진다: "우리는 당신들과 당신들의 죽어버린 율법주의적 종교로부터 아무 것도 배울 것이 없다고 생각합니다. 반대로 당신들은 우리에게 배워야 할 것입니다." 이러한 태도는, 1세기 이래로 회당과 교회에 쌓여져온 장벽을 더 두껍게 만드는 배타주의와 엘리트주의를 연상케 한다.

마지막 경우로, 이스라엘의 국가적인 해방 운동과 모국에 대한 권리를 무시하는 반-시온주의 현상은 바로 가장된 반-유대주의 또는 신-마르시온주의에 지나지 않는 것일 것이다.

3. 무시되어온 보화

그 외에도 다른 여러가지 요인들이 구약성서에 대한 냉대, 비-강조, 더 나아가 회피를 가져온 이러한 일반적인 불쾌(malaise)에 기여했다. 먼저 구약성서의 부피가, 많은 기독교인들을 위협했다. 구약성서의 히브리어 본문(Stuttgartensia 판)은 천 오백여 쪽에 달한다. 더욱이 구약성서에는 수백 개의 인명과 지명이 나타난다. 구약성서는 또한 수많은 민족과 나라들과 긴 족보들, 그리고 역사의 동이 트던 때부터 시작해서 수천년간의 역사를 포함하고 있다.

둘째로, 구약성서의 시대와 언어가 현대 기독교인들에게 거리감을 느끼게 하는 것 같다. 그들은 구약성서가 유대인을 위한 그리고 유대인에 대한 책이라고 들어왔다. 그렇듯 구약성서는 이전 시대를 증거해주는 과거에 대한 기록이다. 시와 비유, 우리에게 익숙치 않은 히브리 관용구들로 가득차 있는 까닭에 구약성서의 고대 근동 사고 방식을 이해하는 것이 쉽지 않다.

셋째로, 어떤 기독교인들은 구약성서의 이른바 비-기독교적인(또는 기독교적인 요소가 조금밖에 없는) 내용들로 인해 흔들린다. 예를 들면, 일부다처주의, 노예 제도, 수많은 폭력적인 행위들과 같은 것에 대하여 질문을 제기한다. 그들은 이렇게 묻는다: "정말로 '선하신' 하나님, 사랑의 아버지 하나님이 가나안 대학살을 '거룩한' 전쟁으로 인정하시고, 바벨론의 어린 아이들을 바위에 메어치는 자들을 축복하셨는가?"(참조, 신 7:1-5, 20:16

-18, 시 137:9).

마지막으로, 교회는 두 성서의 차이점을 지나치게 강조한 책임을 져야할 것이다. 교회는 두 성서 사이의 연속성보다는 상반성을 더 강조했다. 이러한 문제는 어제 오늘의 일이 아니다. 초대교회가 점차적으로 헬라 문화와 다른 비-유대적인 사고에 영향받음에 따라 "뿌리에 대한 인식, 연관성, 그리고 빚을 지고 있음에 대한 인식 보다는 대조와 상반성이 관점이 되었다."[4] 이러한 현상에 대해서는 많은 실례를 들 수 있을 것이다: 옛언약과 새언약, "분노의 책"과 "사랑의 책", "율법과 복음"이 대조를 이룬다. 또한 이스라엘과 교회, 약속과 성취, B.C.와 A.D.도 대조를 이룬다. 그뿐만 아니라 우리는 신약이 구약을 무효화시키고, 폐기시켰다고, 또한 대신하게 되었다고 들어왔다. 신약은 구약보다 "더 나으며" 구약은 "십자가 이전에" 왔다. 우리는 지금 "은혜의 시대"에 살고 있다고 한다. 그 결과 불행하게도 많은 기독교인들이 신약은 구약과 구별된(또는 구약을 능가하는) 성서로 보게 되었다. 이는 신약과 구약이라는 단어 자체가 그렇게 만들었다고도 볼 수 있다.

귀중한 보화인 히브리적 기반에 대한 이러한 무관심과 무시를 극복하기 위해서는 무엇을 해야 할 것인가? 교회가 어떻게 하면 "자신을 지탱시켜주는 히브리적인 뿌리"로부터 다시 진액을 공급받을 수 있는가? 다시 말해, 교회가 구약 성서를 본래의 위치로 회복시키기 위해서, 그리고 그 본래의 권위를 회복시키기 위해 따라야 할 지침들은 무엇인가? 이제 이러한 문제를 해결할 수 있는 방법에 대하여 알아보기로 하자.

4. 초대교회의 성서

구약성서를 그 본래의 위치로 회복시키기 위해 따라야 할 첫번째 지침은, 예수와 신약성서 기자들의 태도를 따르는 것이다. 예수와 사도들 모두 구약성서의 권위와 영감(inspiration)을 인정했다(마 5:17-18, 요 10:35, 딤후 3:14-17, 벧후 1:20-21). 그들에게는 오직 하나의 문서만이 표준이었으니 그들은 "성서에 따라" 살았다. 그들에게는 히브리 성서 외에 다른 성서가 없었다. 왜냐하면 신약성서 기록들은 예수가 죽고나서도 오랫동안 그렇게 널리 회람되지는 않았기 때문이다. 구약성서는, 적대자들(사탄을 포함해서)과의 논쟁 및 가르침을 위한 기본적인 자료였다. 그리고 시편은 초대교회의 "찬송가"였다(참조, 고전 14:26).

복음 선포에 있어서도 구약성서는 중요했다. 예수는 고향인 나사렛의 회당에서 이사야서의 말씀을 읽으면서 "가난한 자들에게 복음을 전파했다." 그렇게 함으로 갈릴리에서의 공생애를 시작했다(눅 4:16-19). 빌립과(행 8:28-35) 아볼로는(행 18:24-28) 사람들에게 "구약성서로" 예수가 메시야라고 하는 것을 믿게 했다. 신학교에서도 설교학 시간에 적어도 한번은 구약성서 본문을 가지고 "복음적" 설교를 하도록 하지 않는가?

5. 두 부분으로 된 하나의 책

두번째 지침은, 성서는 어느 한 권만으로는 불완전하고 제한된 가치밖에 지닐 수 없다는 것을 기억하는 것이다. 기독교인들은 이 점을 이해해야만 한다. 왜냐하면 신약성서는 구약성서를 뒤돌아봄으로 성취의 선율을 울리기 때문이다. 그러므로 구약성서 전체는 그 자체를 넘어서는 다른 것을 가르치고 있다. 그것은 클라이막스와 끝마침을 기대하고 있다. 그것은 "때가 찼으매"(갈 4:4)라는 선언을 향하고 있다. 존 브라이트가 지적했듯이, 그것은 2막으로 된 하나의 연극과 같다. 제2막이 없는 제1막은 "미완성이며 불충분하다. 그러나 제1막이 없는 제2막은 이해할 수 없으며 불가능하다."5)

신구약 성서는 결코 분리될 수 없다. 그러므로 학자들이 신약을 구약과 연결시키는 1,600개에 달하는 인용과 참조(reference), 그리고 암시들을 제시해주고 있는 것은 놀랄만한 일이 아니다. 현수교에 있는 수많은 케이블들이 다리의 양편을 연결시키기 위해 하나의 케이블에 연결되어 있는 것처럼, 수백개에 달하는 본문들이 두개의 성서를 분리할 수 없도록 연결시키기 위해 결합되어 있다.

두 성서의 관계는 복합적이다. 우리는 한편으로는, 두 성서가 똑같다고 주장하지는 않는다. 왜냐하면 그 둘은 상당히 다르며 불연속적인 요소들을 가지고 있기 때문이다. 다른 한편으로 우리는, 구약성서의 입장을 찬양하지는 않는다. 신약성서를, 구약성서를 해석하기 위해 덧붙여진 부속물로 격하시키지 않기 위함이다. 사실, 각각의 성서는 그 자체로 충분한 하나님의 말씀이다. 두 성서가 갖고 있는 권위는 똑같다.

아마도 두 성서의 관계에 대해 다음보다 더 극명하게 설명해주는 것은 없을 것이다: "구약은 신약 없이는 불완전하다. 왜냐하면 구약의 모든 부분이 그 성취를 기다리고 있기 때문이다. 그러나 신약도 구약없이는 불완전하다. 신약만을 사용하는 것은 대성당의 지붕과 탑만을 따로 취급하면서, 벽들은 오직 지붕을 받치기 위해서만 있는 것이라고 제안하는 것과 같다."[6]

6. 신학적인 열쇠

세번째 지침은, 구약성서가 신약성서에 이르는 문을 열어주는 신학적인 열쇠라고 하는 사실을 기억하는 것이다. 초대교회의 신학은 철저히 히브리적이었다. 그 신학은, 이제 예수의 오심 속에서 궁극적인 영적 중요성을 갖게 된 구약성서 신학이었다. 따라서 오늘날의 기독교인들은 이 구약성서 신학의 기반이 갑자기 버려질 경우, 무엇을 잃게 될 것인지를 인식해야 한다. 어떤 신학적 기둥들이 흔들리고 무너지기 시작하겠는가?

유일신론의 개념과 한 분이신 진정한, 살아계신 하나님에 대한 개념은 구약성서로부터 온 것이다. 창조와 인간의 타락, 그리고 하나님과 인간 사이의 신실한 사랑의 관계를 통하여 구원을 가져다주는 하나님의 은혜에 대한 우리들의 기본적인 이해도 구약성서로부터 유래된 것이다. 구약성서 전체를 통하여 인간의 죄됨은 하나님의 거룩성과 의로움과 대조를 이루고 있다. 또한 여기에서 우리는 선택의 사랑, 언약, 하나님의 나라와 같은 중요한, 아치형을 이루는 신학적 주제들을 따라가게 된다. 십계명의 도덕법과 예언자들의 사회적, 윤리적 가르침들도 구약에서 발견된다. 또한 예수의 메시야성과 제사장직, 구속에 대한 예수의 주장들을 이해하는 데 있어서도 구약성서는 중요하다. 구약성서는 삶이 신성한 것임을, 죽음이 기다릴만한 것은 아닐지라도 궁극적으로 하나님의 백성들은 부활에 대한 더 밝은 희망을 기다리고 있음을 가르치고 있다. 더 나아가, 신약성서의 마지막 책인 요한 계시록은 수백개의 구약성서의 인유(引喩)들에 대한 이해 없이는 이해될 수 없는 책이다. 요약하자면, 교회는 구약성서를 결코 과소평가해서는 안 된다는 것이다. 성서전체의 거의 80%를 차지하고 있는 이 책은 읽어도 좋고 안 읽어도 좋은 그런 책이 아니다.

7. 영감으로 기록된 유용한 책

네번째 지침은, 구약성서의 권위와 해석에 관한 논지들을 조심스럽게 연구해야 한다는 것이다. 초대교회의 교부들과 상당히 비슷하게, 어떤 기독교인들은 구약성서에서 기독론적인, 비유적인, 또는 영적인 의미를 찾음으로써, 구약성서의 입지를 찾아보려 든다.[7] 이른바 *sensus plenior*(가장 완전한 또는 가장 깊은 의미)를 찾음에 있어서, 이러한 해석자들은 흔히 분명한 성서의 뒷받침없이 본문의 평이한 의미를 훨씬 벗어난다. 지나친 영적 해석의 늪에 빠져서 이러한 해석자들은 흔히, 본문은 무엇보다 먼저 그 자체의 용어로, 그 자체의 문학적 쟝르 안에서, 그 자체의 성서 안에서 그 의미를 찾아야한다고 하는 해석의 기본 원리를 지나쳐버린다. 한 예를 들면, 아가서는 신부에 대한 그리스도의 사랑, 즉 교회에 대한 그리스도의 사랑의 묘사로 해석되어 왔다.[8] 그러나 신약성서에서는 이러한 해석을 분명하게 지지해주는 어떠한 근거도 발견되지 않는다.

또 어떤 기독교인들은 구약성서의 권위를 지키겠다는 생각에서, "시간을 초월해서" "계속해서" 가치를 지니고 있는 구절들과 "시대에 뒤떨어지는" "더이상 가치가 없는" 구절들로 구약성서를 나누기도 한다. 이들은 신약성서에서 추출해낸 도덕 및 윤리의 표준적 원칙에서 그렇게 하고 있다. 이러한 접근 방식은 불행하게도 대개가 변덕스러운 취사선택의 문제에 지나지 않음이 드러나게 된다. 또한, 절차방법이 지나치게 주관적이다. 이것은 구약성서의 많은 부분을, 어떤 방식으로든 신약성서의 지지를 받지 못한다고 하는 이유만으로 아무런 권위도 없는 것으로 만들고마는 결과를 낳는다.

그렇다면 어떻게, 구약성서가 완전한 권위를 갖고 있으며 영감으로 씌어진 것이라고 인정하면서 해석을 할 수 있겠는가? 구약성서의 권위와 영속적인 가치가 궁극적으로 유래되는 구약성서의 풍부하고도 다양한 신학들을 찾아내는 것에 목표를 두어야 한다. 어떤 분야에서는, 기독교가 유대교의 가르침과는 다른 가르침들을 강조하고 있다. 이런 경우에 우리는 두 성서가 똑같이 중요한 것으로 또는 완전한 일치성을 가진 것으로 여겨지리라고 기대할 수는 없다. 성서는 한꺼번에 모두 다 하늘에서 낙하산으로 내려보내진 것이 아니다. 성서의 계시는 점진적으로, 수백년에 걸쳐서 드러난 것이다. 그러므로 성서의 구조적인 일치성 안에서 우리는 다양한 신학적 강조점들을 만나게 된다. 성서의 모든 하나하나의 본문들은 단순히 그들이 차지하고 있는 공간을 메꾸기 위해서 거기에 있는 것이 아니다. 그것들은 하나님의 영에 의해 주어진 것이고, 어떤 신학적인 관심을 지니고 있기때문에 하나님의 섭리에 의해 정경(canon)안으로 들어오게 된 것이다.

비록 어떤 본문들은 다른 것들보다 더 직접적으로 신학을 위한 규범을 제공하지만(예를 들면, 동물 희생 제사에 관한 레위기 제사법보다는 십계명이 기독교인들에게 더 깊은 연관성을 갖고 있는데, 이는 희생 제사법과는 달리 십계명은 그들의 생활에 적용할 수 있기 때문이다.), 모든 구약성서는 다 "하나님의 영감으로 된 것으로 유익하다"(딤후 3:16). 우리는 조심스럽게, 성서가 보도하고 있는 것과 그것이 가르치고 있는 것을 구분해야만 한다. 각 본문이 말하고 있는 것을 신중하게 그 컨텍스트 안에서 연구하게 되면 본래의 저자가 의도했던 것과 일치하는 신학적인 가르침을 발견할 수 있게 될 것이다. 모든 구약성서의 본문들이 신학적인 중요성을 갖고 있기 때문에 우리는 신학적인 차원에서 본문의 궁극적인 가치와 권위를 찾아야 할 것이다.[9]

하지만, 그렇게 한다고 하는 것은 결코 쉬운 일이 아니다. 성서 해석은 과학이라기보다는 예술에 가깝다. 기독교인들 개개인은 성령이 이러한 과정을 인도할 것이라고 확신하고 있다(참조, 요 16:13, 고전 2:10-16). 그러나 그 성령은 백지 상태에서 활동하시는 것이 아니다. 해석하는 사람은 누구나 교회가 구약성서 본문과 연관해서 가르친 것과 또 가르치고 있는 것에 대해 민감해야 하지만, 동시에 개인적으로 연구해야할 의무가 있다.

8. 유대인 예수에 대한 발견

구약성서를 교회 안에서 그 본래의 자리로 되돌리기 위해 따라야 할 다섯번째 지침은 예수의 유대성을 회복시켜야 한다는 것이다. 만일 예수가 기독교인의 모델이라고 한다면, 우리는 제 1 세기의 교사인 예수가 유대교와 히브리 성서에 대해 어떤 연관을 갖고 있었는가 하는 것을 통해 상당히 많은 것을 배울 수 있을 것이다.
  하지만, 예수의 유대성에 관한 질문은 성서 학자들이 항상 당연한 것으로 받아들인 것은 아니다. 금세기 초에 프리드리히 델리취(Friedrich Delitzsch, 저명한 구약성서 학자 Frantz Delitzsch의 아들)는 기독교의 유대적 기원을 부정했을 뿐만 아니라 예수는 이방인이었다고 주장하기까지 했다.[10] 그러나 최근에는 거의 모든 기독교 학자와 유대교 학자들이 예수의 생애와 가르침의 유대적 배경을 강하게 지지하고 있다. 이러한 그룹의 대표적인 사람으로서 우리는 랍비 팔크(Harvey Falk)를 들 수 있을 것이다. 그는 확언하기를, "나사렛 예수는 …그의 동료 유대인들이 그들의 전통적인 신앙을 한 점(iota)이라도 바꾸는 것을 결코 보기를 원하지 않았다. 그는 그 자신이 최후의 순간까지 정통적인 유대인으로 남아 있었다."[11] 로마 가톨릭 학자인 피셔(Eugene Fisher)도 의견을 같이하고 있다: "그 [예수]는 자신을 신실한 유대인으로 생각했다. 그는 유대교 율법인 토라를 지키면서 자랐다. … 그가 말할 때, 그는 동료 유대인들에게 말했으며, 또한 그들이 히브리 성서를 잘 알고 있으며 또한 사랑하고 있다고 생각하며 말했다."[12] 사실, 예수와 그를 맨 처음 따른 사람들은 유대적인 틀 안에서 생각하고 말했다. 그러므로 기독교인들이 예수의 삶과 가르침을 이해할 수 있는 유일한 방법은 유대적인 관점을 갖는 것이다.[13] 공관 복음서에는 예수가 교회가 "하나님의 선민인 이스라엘로부터 분리해서 또는 적대적인 관계 속에서" 성장할 것으로 보았다는 아무런 증거도 없다.[14] 따라서, 여러 세기동안 교회가 유대인들에게 가했던 적대감과 박해에도 불구하고, 예수와 그를 따르던 사람들이 사용한 바로 그 히브리 성서를 보존하려고 했던 사람들이 기독교인이 아니라 유대인이었을 것이라는 사실은 가장 큰 아이러니가 아닐 수 없다.[15]
  또한 중요한 사실은, 신약성서 기자들이 한 유대인이 모든 인류를 대표한다는 사실을 강조하고 있다는 것이다. 예수는 투표나 민주적인 절차를 통해서 선택되어진 것이 아니라 하나님에 의해 보냄을 받았다(요 3:17, 갈 4:4, 롬 8:3).[16] 신약성서는 예수의 조상들을, 바로 유대적인 방법으로 소개하고 있다. 마태는 그의 복음서를, 예수의 다윗 기원에 대한 분명한 표현을 통해 시작하고 있다. 고대에는 글자들이 수적인 가치를 지니고 있었다. 그래서 알파벳의 첫자는 1을, 두번째 글자는 2를, 세번째 글자는 3을 의미했다. 이런 식으로 계산하면, 다윗이라는 히브리어는 14를 의미하게 된다.

이 수는 마태가 족보를 제시할 때 세번 사용되었다. 즉 아브라함으로부터 다윗까지가 14대, 다윗으로부터 포로기까지가 14대, 그리고 포로기로부터 예수까지 14대(마 1:17). 더욱이, 이 독특한(유일한) 유대인은 "그 법률이 만민보다 다른"(에 3:8) 민족의 살과 피를 가진 사람이다. 그러므로, 마태복음 5:17에 의하면 예수의 의도는 이스라엘의 율법을 "폐기하거나" "파괴하는"(즉, 잘못된 해석을 통하여 그것을 뿌리뽑거나 무시하는) 데 있었던 것이 아니라 그것을 "완성하는"(즉, 바른 해석을 통하여 그것을 확립하거나 지지하는) 데 있었다.[17]

확실히, 기독교인은 바리새인들이 "경문을 넓게 하며 옷술을 크게 한다"(마 23:5)는 예수의 지적을 이해하려면 유대교에 의존해야 한다. 모세의 율법은 히브리인들에게 "너는 또 그것을 네 손목에 매어 기호를 삼으며 네 미간에 붙여 표를 삼으라"(신 6:8)고 가르칠 때에 이 경문(tephillin, 또는 tefillin)을 언급하고 있다. 경문은 토라의 일부분을 써놓은 양피지를 담은 두개의 곽으로 되어 있다. 아침 기도 시간에 하나는 가죽끈으로 왼쪽 팔(심장 반대편)에 매고, 다른 하나는 머리(뇌 윗부분)에 맨다. 그렇게 함으로 유대인들은 자신들이 가슴(감정)과 마음(지성 또는 사고)으로 하나님께 헌신하고 하나님을 사랑한다고 하는 것을 보인다. 사해 사본이 발굴된 쿰란에서는 예수 당시의 테필린이 발굴되어 마태복음 23:5에 대한 고고학적인 빛을 던져주고 있다.

옷술(tzitzit, 또는 zizith) 또한 성서의 가르침에 따라 만든 것이다. "여호와께서 모세에게 일러 가라사대 이스라엘 자손에게 명하여 그들의 대대로 그 옷단 귀에 술(tzitzit)을 만들고 청색 끈을 그 귀의 술에 더하라. 이 술은 너희로 보고 여호와의 모든 계명을 기억하여 준행하게 하기 위함이라"(민 15:37-39. 참조, 마 9:20, 눅 8:44). 유대인의 옷에는 네개의 옷단을 달도록 되어 있다. 오늘날은 이것들을 기도 숄(tallit)에 달고 아침 기도 시간에 걸친다.(흥미있는 것은, 각각의 술은 여덟 가닥의 실과 다섯개의 매듭으로 되어 있어 합치면 13이 된다. *tzitzit*을 숫자로 환산하면 600이 된다. 이를 다 합하면 613이라고 하는 토라에 나오는 계명의 합계 숫자가 나온다.) 1세기에 유대인으로서 그리고 모세의 율법에 신실했던 예수는 *tephillin*과 *tzitzit*을 걸쳤다(참조, 신 22:12).

예수의 유대성은 주기도문에서도 설명될 수 있다(마 6:9-13).[18] 이

기도는 철저히 유대적인 성격을 지니고 있으며, "랍비들의 문헌에서도 조금도 변경되지 않고 나타날 수도 있는" 그런 기도이다.[19] 주기도문은 애통하는 자의 카디쉬(Kaddish), 즉 죽음을 앞두고 하나님의 이름이 거룩히 여김을 받게 해달라고 하는 기도와 앞에서도(5장) 살펴본 "18개의 축원"인 쉐모네 에스레(Shemoneh Esreh)를 반영하고 있다. 예수는 그 당시의 유대인 절기들을 지키는 데 있어서도 충실했다. 그는 장막절(Sukkot, 요 7:1-39)과 "유월절"(Pesah 또는 Pesach, 막 14:12-25)을 지켰다.

전형적인 유대교의 위대한 현인 힐렐의 생애를 살펴보면 예수의 생애와 비슷한 면을 많이 볼 수 있다. 힐렐은 예수의 탄생 이후에 가르쳤지만, 그의 가르침의 대부분은 기독교 시대가 시작되기 전에 분명하게 전해내려 왔다. 한번은 어떤 이방인이 힐렐에게 찾아와서 그가 한 발로 서있는 동안에 모든 유대교를 다 가르쳐달라고 하는 요청을 했다. 이에 힐렐은 이렇게 대답했다: "네가 싫어하는 것은 이웃에게도 하지 말라. 이것이 모든 율법이요 나머지는 그에 대한 주석에 불과하니라. 자, 이제 가서 연구하라"(Shabbat 31a). 힐렐과 예수를 양 극에 놓아서는 안 될 것이다. 유대교에 대한 힐렐의 이러한 정의는, 영생을 얻는 것이 의미하는 바에 대한 예수의 정의 가운데서도 나타난다. 힐렐과 예수 모두 레위기 19:18에 근거하고 있다: "네 이웃을 네 몸과 같이 사랑하라." 예수는 이 계명과 그리고 다음과 같은 계명과 관련해서 여러가지 중요한 것들을 가르치셨다: "너는 마음을 다하고 성품을 다하고 힘을 다하여 네 하나님 여호와를 사랑하라"(신 6:5). 예수는 말씀하시기를, "이 두 계명이 온 율법과 선지자의 강령이니라"(마 22:40), "이에서 더 큰 계명이 없느니라"(막 12:31) 하셨다. 더 나아가, 예수는 진실한 살아있는 믿음의 증거로서 이 계명들을 순종해야 함을 지적하면서, 어느 율법사에게 "이것을 행하라, 그리하면 살리라"(눅 10:28)고 말씀하셨다.

이러한 말씀들을 비롯해 복음서에 있는 여러 말씀들이 분명하게 예수의 유대성을 보여주고 있으며, 또한 예수가 구약성서의 가르침들을 지지함으로써 구약성서를 강하게 지지하고 있음을 보여주고 있다. 이러한 문제들에 대한 교회의 태도는 예수의 태도와 달라서는 절대로 안 될 것이다.

9. 다른 초기의 유대교 문헌들

여섯번째 지침은, 신구약 성서에 대하여 언어학적인, 신학적인, 그리고 역사적인 통찰을 제공하는 다른 여러 유대교 자료들에 대하여 잘 알 필요가 있다고 하는 것이다. 이미 우리는 신약성서의 사상과 삶이 그 기반으로 삼고 있는 주요 자료가 구약성서임을 살펴보았다. 그러나 구약성서만이 예수 당시의 유대교를 이해하는 데 있어서 꼭 필요한 유일한 문헌이 아니라는 것도 살펴보았다.

거의 4천여년동안, 유대인들은 종교 문화를 발전시켜 왔다. 따라서 우리는 족장 시대의 종교가 모세 종교와 다르며, 마찬가지로 솔로몬의 성전 종교가 포로기의 종교와 다르다는 것을 잘 기억해야 할 것이다. 또한, 에스라 시대, 곧 포로기 이후의 종교와 예수 시대의 종교도 같지 않으며, 탈무드 시대의 랍비 유대교와 현대의 유대교도 같지 않다. 물론 어떤 공통적인 강한 흐름이 모든 역사를 관통하고 있기는 하지만, 기독교 공동체는 특별히 조심스럽게 신약 시대의 유대교와는 다른, 보다 이르거나 늦은 시대의 유대교를 구분하도록 노력해야 한다.

아마도 그렇게 해야 하는 가장 중요한 이유는 예수와 바울 그리고 다른 여러 사람들의 가르침에 미친 구전법의 영향 때문이다. 서기관과 바리새인의 다양한 전통들은 구약성서 시대의 끝 무렵에 활발했던 성서적 유대교에 상당한 영향을 미쳤다. 랍비들의 가르침들의 대부분이 신약성서 시대 이후에 가서야 기록되긴 했지만, 랍비 문헌과 신약성서 사이에는 상당히 많은 공통점들이 있다. 더 나아가, 쿰란 두루마리들과 외경(外經)들 또한 신구약 중간기시대의 유대 종교 사상을 이해하는 데 큰 도움을 준다. 이제 이러한 유대교 자료들로부터 간단간단하게 여러 예들을 인용하게 될 것이다. 그리고 쉐마(Shema)에 대해서도 더 자세하게 다루게 될 것이다. 이 쉐마는 신약과 초기 유대교 문헌들에서 공통적으로 언급하고 있는, 가장 중요한 구약성서 구절로 보인다.

쿰란 문서 또는 사해 사본은 많은 불명료한 신약성서 표현들에 대하여 빛을 던져주고 있다. 예를 들면, 마태복음 5:43에서 예수는 "원수를 미워하라"는 언급을 하고 있다.[20] 우리가 알고 있는 한 이러한 표현은 구약성서에도 없고 랍비 문헌에도 나오지 않는다. 하지만, 이러한 사상은 쿰란에서 발견된다. 쿰란 종파의 사람들은 세상의 종말을 기다리기 위해 광야로 나가 따로 살았다. 그들은 자신들을 "빛의 아들들"이라고 부르며, 그들의 대적들, 즉 "어둠의 아들들"을 이기기 위해 강한 훈련과 정결 예식, 성서 연구로 자신들을 준비시켰다. 훈육 규범서(Manual of Discipline) 1:9-11을 보면 이렇다 : "어둠의 아들들을, 각각 그들이 하나님의 진노시에 심판받게 될 그들의 죄에 따라서 미워하라." 산상 설교에서 예수는, 최소한 그 당시 한 종파의 신념이었던 이러한 복수의 개념을 논박하면서, 악은 선으로 갚아야 한다는 것을 강조하셨던 것이다.

외경 역시 빛을 비춰주고 있다. 한 예로 요한복음 10:22-23을 들어보기로 하자. "예루살렘에 수전절이 이르니 때는 겨울이라. 예수께서 성전 안 솔로몬 행각에서 다니시니 유대인들이 에워싸고 가로되 당신이 언제까지나 우리 마음을 의혹케 하려나이까 그리스도여든 밝히 말하시오 하더라." 여기서 예수가 지킨 절기는 유대인의 하누카(Hanukkah)이다. 이 절기에 대해서는 구약성서에 언급되어 있지 않다. 그 기원은 신구약중간기 시대로서, B.C. 165년 기슬레우(Kislev)월 25일에까지 거슬러 올라간다. 이때는 마카베오 형제들이 안티오쿠스 4세 에피파네스(Antiochus IV Epiphanes)가 훼손한 성전을 "재봉헌"한 날이다. 유다 마카베오가 이 행사를 주도했다(마카베오상 4:53-59. 참조, 마카베오하 10:5). 이 외경은 왜 예수가 하누카를 지키기 위해 예루살렘에 있었는지를 말해주고 있다 : "유다와 그의 형제들과 이스라엘의 온 회중들은 매년 기슬레우월 이십 오일부터 팔일간 기쁜 마음으로 제단 봉헌 축일을 지키기로 정하였다"(마카베오상 4:59-이 외경은 공동번역[외경포함]에 포함되어 있음 : 역자주). 이러한 설명은 신약성서 시대의 유대교에 대한 이해를 위해서는 구약성서 이외의 다른 유대교 문헌들이 얼마나 중요한가 하는 것을 잘 보여주고 있다.

또한 랍비 문헌에 대한 연구는 예수의 비유를 이해하는 데 큰 도움을 주고 있다. 비유는 예수가 즐겨 사용한 방법이다. 특별히 왕에 관한 비유가 그렇다. 우리는 랍비 문헌들 가운데서 거의 5천여개의 비유들을 발견할 수 있으며, 왕을 소재로 한 비유도 8백개 이상이 된다. 유대인들이 아람어를 주로 사용하고 있기는 했지만, 아람어로 알려진 비유들은 몇 안된다. 사실상 모두가 다 히브리어로 씌어졌다고 할 수 있으며, 예수의 비유적인 가르침도 아마 본래는 히브리어로 말해졌을 것으로 보인다.[21] 여기에서 이 비유들에 대한 자세한 연구를 할 필요는 없다. 독자들은 이 분야에 대한 연구를 하고 있는 '공관복음서 연구를 위한 예루살렘 학파'와 같은 단체들의 연구 결과를 참조할 수 있을 것이다.[22]

산상 설교에서 예수는 "너희의 헤아리는 그 헤아림으로 너희가 헤아림을 받을 것이니라"(마 7:2)고 말씀하셨다. 여기에서 예수는 가장 중요한 랍비들의 원리 가운데 하나인 *middah ke-neged middah*(한글 개역성서에서는 "헤아린만큼 헤아림을 받는다"로, 표준 새번역 성서에서는 "되질하여 준만큼 되질해서 받는다"로, 그리고 공동번역 성서에서는 "저울질하는대로 저울질을 받는다"로 옮겼다-역자주)라는 개념을 선언하고 있는 것이다. 랍비들의 수많은 가르침들이 "되받아치기" 또는 "오는 말에 가는 말"의 원리를 강조하고 있다. 이것은 신적인 응보와 징벌의 원리와도 깊은 연관성이 있는 것으로 여겨졌다. 탈무드는 이렇게 진술하고 있다: "거룩하신 분-그분을 찬양할지라-이 행하시는 [징벌과 응보]의 모든 기준은 *middah ke-neged middah*의 원리와 상통한다"(Sanhedrin 90a). 외경도 이러한 개념을 분명하게 밝히고 있다: "사람은 자기가 죄지은 것을 통해서 벌도 받는다"(솔로몬의 지혜 1:16). 예수는 판단에 관한 말씀을 하시면서 이런 사상을 강조했다: "너희의 비판하는 그 비판으로 너희가 비판을 받을 것임이요." 간단히 말해서, '네가 (판단)한만큼 되돌려 받는다'는 것이다.[23]

산상 설교의 다른 부분에서도 예수는 히브리 관용어를 사용하였다: "네 눈이 성하면 …눈이 나쁘면"(마 6:22-23). 거의 모든 번역들이 이 말씀의 의미가 눈의 질이나 신체적인 시력 상태와는 아무런 관계가 없다고 하는 사실을 밝혀주는 데 실패하고 있다. 여기에서는 윤리적인 것을 말하고 있는 것이다. 랍비 문헌에서는, 만일 당신이 "좋은 눈"을 가지고 있으면 당신은 관대한 사람이지만, "악한 눈"을 가지고 있으면 당신은 인색하거나 탐욕적인 사람이라고 가르치고 있다.[24]

마태복음의 뒷부분에서 우리는 "매고 푸는 것"에 관한 예수의 가르침을 대하게 된다(18:18. 참조, 16:19): "진실로 너희에게 이르노니 무엇이든지 너희가 땅에서 매면 하늘에서도 매일 것이요 무엇이든지 땅에서 풀면 하늘에서도 풀리리라." "맨다"는 것은 어떤 행동을 "금하다"를 의미하는 일반적인 표현이며, "풀다"는 "허락하다"는 의미로 사용되었다.[25] 데이비스(W. D. Davies)는 예수에 대하여 이렇게 보고 있다: "그는 자신의 것과 더불어 반대편 서기관들의 것도 받아들일 수 있었다. 그러므로 그는 그들의 방법에 대해서 정확히 알고 있었든지 아니면 최소한 그것들에 대하여 잘 인식하고 있었음에 틀림없다."26)

마태복음의 "율법의 더 중한 바"(23:23)라는 표현도 설명이 필요하다. 얼핏 보면 예수가, 율법의 도덕적인 또는 윤리적인 측면들(즉, "의와 인과 신")이 의식적(儀式的) 또는 사회적 교훈들보다 훨씬 더 중요하다고 언급하고 있는 것처럼 보인다. 그러나 예수의 가르침과 랍비 문헌을 잘 살펴보면 그렇지 않다는 사실을 발견하게 된다. 사실, 예수는 이른바 '보다 가벼운 것'도 경시되어서는 안 된다는 것을 가르치신 것이다(23:23b).27) 그래서 샌더스(E. P. Sanders)가 바르게 지적한 것처럼, "랍비들의 견해에 의하면… 하나님이 모든 계명을 주셨으며, 모두 다 순종해야 할 것들이다. 어떤 것은 경시해도 괜찮다고 하는 생각은 인간들의 가정일 뿐이다."28) "더 중한 것"을 강조했다고 해서, 예수가 그의 유대인 청중들에게 율법의 윤리적 차원들 이외에는 더 이상 권위나 구속력이 없다고 말씀하시려 했던 것은 아니다. 늘 그러셨듯이 예수는, 제의에 대한 순종이나 형식주의 종교가 산출할 수 없는, 내적인 순종과 영적인 헌신의 필요성에 대해 거듭 강조하셨던 것이다.

우리는 이외에도, 신약성서의 가르침에 있어서 중요한 다른 여러가지 배경을 이해하기 위해서는 구약성서 이외에도 다른 여러 자료들에 절대적으로 의존해야 한다. 즉 회당, 공회(산헤드린), 유대교의 여러 종파들, 그리고 순회 랍비들이 그런 부류에 속한다. 한가지 덧붙일 것은, 초대 기독교와 유대교가 함께 공유하고 있는 이러한 하부 구조는, 유월절 때에 포도주를 사용하는 것과 같은 보다 작은 일들에서도 설명될 수 있다는 것이다(참조, 눅 22:17-20, 고전 11:25ff.). 구약성서에서, 포도주가 유월절과 연관해서 언급된 곳은 없다. 그러나 이제 뒤에서 언급하겠지만, 포도주는 구전법에서 언급되고 있다. 이 구전법은 최후의 만찬에서의 포도주가 사용된 그 정확한 의미를 이해하는 데 있어서 상당히 중요하다.

10. 쉐마(Shema): 이스라엘 신앙의 핵심적인 고백

이 장을 마무리하는 의미에서, 위에서 언급한 여섯번째 지침을 좀더 자세히 설명하기 위해 신명기 6:4을 살펴보기로 하자: "이스라엘아 들어라 우리 하나님 여호와는 오직 하나인 여호와시니."[29] 쉐마로 알려진 이 말씀은 예수와 유대교의 기본적인 가르침으로서, 가장 중요한 구약성서 본문 가운데 하나이다. 초기의 자료들을 자세히 연구해보면, 신명기 6:4은 예수가 히브리 성서 가운데서 맨 처음으로 암기한 말씀임에 분명하다. 바벨론 탈무드 (Sukkah 42a)에 의하면, 유대의 아이들이 말할 수 있게 되자마자 맨 처음 배우는 것이 바로 이 구절이다. 탈무드는 특별히 "아버지는 그 [아들]에게 가르쳐야만 한다"고 규정하고 있어 우리는 예수의 육신의 아버지인 요셉이 이 의무를 지켰으리라고 확신할 수 있다.

모세의 율법 조문 가운데 하나인 이 쉐마는 여섯개의 히브리어로 이루어져 있다: *Shema yisra'el adonai eloheynu adonai ehad.* 이 구절이 예수 당시에 가장 널리 읽히고 또 오경 가운데서도 가장 애독되었던 신명기에 나온다는 것도 주목할 만하다. 신명기가 이처럼 큰 영향력을 끼치고 있었다는 사실은 다음과 같은 두가지 사실에서도 입증이 된다. 1) 신약성서는 모세 오경 중에서도 신명기를 가장 많이 인용하고 있다. 2) 쿰란 종파의 사해 사본 가운데서도 다른 어떤 모세 오경 보다 신명기 사본들이 많이 남아 있다. 그러나 신명기의 중요성은, 예수의 어린 시절에나 또는 그 당시의 다른 사람들에게만 한정되지는 않는다. 성인이 되어 예수가 공생애를 시작할 때에도, 예수는 사탄에게 시험을 받을 때 세차례나 이 책에 있는 말씀을 인용하여 대항하시면서 이 책으로부터 영적인 지원을 받으셨다(마 4:1-11).

오늘날 신명기 6:4은, 이 구절의 처음에 나오는 "들으라"는 명령형의 동사를 따서 쉐마(Shema)라고 부르고 있다. 쉐마는 흔히 이스라엘 신앙의 슬로건으로 불리우는데, 하나님의 하나됨과 유일성을 선포하고 있기 때문이다. 이 구절이, 유대인의 역사에서 처럼 예수의 생애와 가르침에서도(막 12:29을 보라) 상당히 중요한 구절이었으므로, 그 배경과 의미를 찾아보는 것은 중요한 일이다.

쉐마는 기도가 아니라(랍비 문헌에서는 쉐마를 "기도"라고 부르지 않는다) 신앙 고백 또는 신조이다. 쉐마는 매일 암송하도록 미쉬나(Mishnah)에서 규정하고 있다(A. D. 200경). 유대 종교에 있어서 쉐마가 얼마나 중요한가 하는 것은 전체 미쉬나가 "저녁에는 몇시부터 쉐마를 암송해야 하는가?"(Berakhot 1:1)라는 질문으로부터 시작되고 있는 데서도 발견할 수 있다. 그러나 아리스테아스의 서신(Letter of Aristeas, B.C. 150년경)이 암시해주고 있듯이, 신약성서 시대동안에 그리고 그 이전에도 쉐마를 정규적으로 암송했음이 분명하다. 또한 미쉬나는 제사장들이 성전에서 쉐마를 암송하였음을 말해주고 있다(Tamid 4:3, 5:1). 이는 A.D. 70년 이전에도 쉐마가 사용되었음을 의미하는 것이다.

쉐마가 발전됨에 따라, 나중에는 모세의 율법으로부터 세 구절을 더 포함하게 되었다. 첫번째 구절은(신 6:4-9) 하나님이 한분이심을 선언하면서(4절) 이스라엘에게 하나님을 사랑하고 그의 계명들을 준수하도록 요구하고 있다(5-9절). 두번째 구절은(신 11:13-21) 이 계명들을 순종하는 자에게 약속된 축복들과 불순종하는 자에게 주어지는 징벌들에 대하여 자세히 언급하고 있다. 세번째 구절은(민 15:37-41) "여호와의 모든 계명을" (39절) 상기시키도록 하기 위하여 옷단에 술을 달도록 규정하고 있다.

신명기 6:7의 말씀("누웠을 때에든지 일어날 때에든지")에 따라 쉐마는 하루에 두번씩 즉 아침과 저녁에 암송되었다(참조, 미쉬나, Berakhot 1:1-2). 탈무드 시대에는, 해가 뜨거나 지고나서 정확하게 얼마 후에 이 쉐마를 암송해야 하는가에 대하여 열띤 논쟁이 있었다(바벨론 탈무드, Berakhot 2a-3a, 9b). 또한 샴마이 학파는 쉐마를 어떤 자세로 암송해야 하는가 하는 것에 대하여 힐렐 학파와 논쟁을 벌였다(Berakhot 10b-11a. 참조, 신 6:7). 여자와 노예, 아이들은 쉐마를 암송하지 않아도 되었다(미쉬나, Berakhot 3:3). 쉐마는 순교하는 마지막 순간에서도 암송되기도 했으며, 오늘날도 마지막 운명할 때 하는 고백의 결론으로서 암송되고 있다. 그래서 유대인들은 어릴 때부터 죽는 순간까지 하나님의 이름을 그들의 입술에 담고 살아가도록 가르침을 받았던 것이다.

미쉬나는 아침에는 쉐마를 암송하기 전에 두개의 축복 기도를 암송하고, 쉐마를 암송하고 나서 하나의 축복 기도를 암송하도록 가르쳤다. 저녁에는 두개의 축원 기도를 드리고 난 다음 쉐마를 암송하고, 이어서 두개의 축원기도를 드려야 했다. 아침 축원 기도의 중요 테마는 낮의 빛을 만드시고 토라를 주시고 이스라엘을 구속하신 하나님을 찬양하는 것이다. 저녁 축원 기도도 그와 비슷하게 육체적인 빛과 영적인 빛에 대해 감사를 드리고, 하나님의 진리들에 대하여 증언하고 평화로운 안식을 간구하는 것으로 되어 있다.

오경의 5,845개 구절 중 "이스라엘아 들으라. 우리 하나님 여호와는 오직 하나인 여호와시니라"는 말씀은 모든 유대교의 역사적인 기초처럼 보인다. 이 '하나님은 유일하시다'는 핵심적이고 근본적인 진리가 '하나님을 사랑하라'는 근본적인 의무를 다하도록 격려하고 있다(신 6:5). 따라서, 예수가 "가장 큰 계명"에 대한 질문을 받았을 때, 그의 대답은 유대교의 이 중심 주제와 상치되지 않았다(막 12:28-34. 참조, 마 22:34-40). 토라의 613개 율법 가운데서 하나를 선택해야 하게 되었을 때에, 예수는 하나님을 사랑하라는 명령을 포함한 쉐마를 인용하였다. 그러나 그는 또한 "크고 첫째되는" 계명의 정의를 이웃 사랑(레 19:18)에까지 확장시켰다.

학자들은 신명기 6:4을 번역하는 데 있어서 의견을 달리하고 있다(NIV와 RSV는 난외주까지 포함해서 네가지의 가능성있는 번역을 제시해 주고 있다). 어떤 번역자들은 이 여섯개의 히브리어 글자가 하나의 주어 문장을 이룬다고 생각하는 반면, 다른 이들은 두개의 주어 문장으로 번역하기도 한다. 그러나 더욱 중요한 것은 마지막 단어인 ehad(하나)가 함축하고 있는 것이다. 유대인 해석가들은 대개가 "여호와는 한 분이시다"라는 말씀이 다음 두개 중 하나나 또는 둘 다의 의미를 담고 있다고 이해하고 있다.

1) 이것은 유일신론에 대해서 말씀하고 있다.

히브리인들은 그들 주변의 다신론적 환경과는 정반대로, 하나님은 오직 한 분이시며, 그 외에 다른 신들이 없음을 알고 있었다. 여호와는 오직 한 분이시며, 그 외에는 다른 하나님이 없다. 고든(Cyrus H. Gordon)은 더 나아가 신명기 6:4은 오직 하나님은 한 분이며, 그 이름은 "하나"이시라고 제안하고 있다(참조, 슥 14:9).[30]

2) 이 말씀은 하나님의 유일성을 선언하고 있다.

여호와는 최고의 존재(Supreme Being)이며, 그에 의해 창조되어진 세상의 어떤 것과도 전혀 다른 분이시다.

구약성서에서, ehad는 대체적으로 '한 사람'과 같이 하나의 단위를 언급할 때 사용되어진다. 그러나 어떤 해석가들은 ehad가 하나의 집합적인 단위, 즉 통일성 속의 다양성을 나타낼 때도 사용되어진다고 주장하고 있다(참조, 창 1:5, 2:24, 민 13:23). 그래서 어떤 기독교 학자들은 신명기 6:4의 ehad에서 삼위일체 신론을 발견하기도 한다. 그렇게 해석될 때, 하나님은 단순히 숫자적으로 하나가 아니라 복합적인 하나의 총체로서 보인다. 그러나, 그 본래의 삶의 자리-고대 근동의 다신론적 배경-에서의 쉐마의 중요 초점은 하나님은 오직 한 분이시라고 하는 사실에 있음이 분명하다(참조, 신 4:39). 여호와 한 분만이 그의 모든 피조물들에게 무조건의 사랑과 순종을 요구하신다.

11. 기독교는 유대적이다.

기독교의 히브리적 기반을 재발견하기 위한 일곱번째 지침은, 기독교의 핵심-기독교의 생명, 구조, 관습들-이 유대적이라고 하는 사실을 기억하는 것이다. 이 책의 전체적 목표는 이러한 테마의 다양한 차원들을 설명하는데 있다. 분명히 파이퍼(Otto Piper)가 우리에게 상기시켜주고 있듯이, "기독교와 유대교는 그 기반에 있어서 상당한 부분을 공유하고 있다. 비록 그들이 서로 완전히 분리되기를 원한다고 할지라도, 그들은 그럴 수 없다."[31] 이미 살펴보았듯이, 구약성서와 신약성서는 한 책의 다른 두 부분이며, 따라서 서로 연결되어져 있으며 상호의존적이다. 아마도 성서를 연구하는 이들에게 있어서, 몰트만(Juergen Moltmann)의 다음과 같은 말보다 더 이러한 점의 중요성을 잘 나타내는 말은 없을 것이다: "우리는 오늘날 특기할만한 전환의 시대에 살고 있다. 한편으로는 헬라적으로 형성된 기독교 신앙이 점점 썰물처럼 밀려가고… 다른 한편으로는 기독교 신앙은 내가 "히브리적 파도"라고 부르고 싶은 것을 경험하고 있다." 그러면서 그는 이렇게 결론짓는다: "신약성서는 구약성서를 떠나서는 읽을 수 없다. 오직 두 책을 서로서로 함께 읽을 때만이 믿음 안에 있는 삶의 충만이 열려지게 된다."[32]

유대교와 기독교에 대한 이러한 해석은 여러 차원에서 관찰될 수 있을 것이다. 먼저 적당한 예들을 몇가지 들어보기로 하자. 교회는 정경(캐논)에 대한 사상, 신성에 대한 개념, 삶의 모든 영역을 다스리고 인도하는 성서의 권위와 같은 것들에 있어서 회당에 빚을 지고 있다. 초기의 회당에서 성서는 네가지 방법으로 사용되어졌으며,[33] 그들은 각각 기독교 안에서 그 짝을 찾을 수 있다. 성서는 1) 읽혀졌으며(seder, haftarah), 2) 설교되어졌고(미드라쉬에서 발견되어지는 것들과 같은 설교 또는 훈계), 3) 이해될 수 있도록 번역되고 흔히 다른 말로 풀어서 옮겨졌으며(Targums), 4) 기도에서 사용되어졌다(의식문). 더 나아가, 성서 해석의 방법들과, 예배의 형식 및 절차, 교회의 제단, 설교단의 사용, 교회 제직의 명칭들(예를 들면, 장로, 교사, 목자)과 기도의 어휘(즉, 아멘, 할렐루야) 등 모두가 다 유대교로부터 취하거나 발전시킨 것들이다. 마찬가지로, 초대교회의 세례 예식(잠금에 의한)[34]과 주의 만찬(유월절과 연관된 모임, 구원에 대한 공동 회상)의 준수는 유대교에 그 뿌리를 두고 있다.

더욱이, 신약성서에서 가르치고 있는 것과 같은 기독교적인 경험의 성격에 대한 통찰은 유대의 유산에 대한 연구로부터 얻어질 수 있다. 예를 들면, 가장 오래된 신학적인 서신 가운데 하나인 로마서에서 바울은 중요한 영적 개념을 그의 바리새적 배경에서 끌어내고 있다. 로마서 7장과 8장에서, 바울은 옛사람(죄된 본성)과 새사람(영적인 본성)사이의 투쟁에 대하여 쓰고 있다. 이 개념은 인간의 충동, 자극, 또는 악으로 기울어지는 성향(*yetzer ha-ra*)과 선에 대한 의욕(*yetzer ha-tob*)에 대한 유대교의 가르침을 반영하고 있다.[35] 로마서 3:23에서, 바울은 "모든 사람이 죄를 범하였으매 하나님의 영광에 이르지 못하더니"라고 말하고 있다. 랍비 유대교는 아담이 타락 했을 때에 하나님의 형상을 잃었다고 가르친다. 바울의 신학은 새로운 것이 아니었다. 바울의 성서인 구약은 "범죄치 아니한 사람이 없으니"(왕상 8:46)라고 진술하고 있다. 죄를 "미치지 못함"(falling shot)으로서 생각하는 것은 철저히 유대적인 관용구이다. 죄를 서술하는 중요한 히브리어 가운데 하나는 *het*이다. 이는 궁술 또는 사격의 세계로부터 유래한 용어로서, 화살이나 돌이 황소의 눈을 빗나간 것처럼 표적을 빗나가거나 표적까지 이르지 못함을 의미한다.[36] 이러한 것 뿐만 아니라 다른 여러가지 개념들을 통해서도, 구약성서와 유대교를 아는 것이 기독교의 기반을 이해하는 데 있어서 필수적이라는 사실을 일깨워 준다.

12. 히브리 성서와 초창기 미국

기독교 신앙의 유대적 뿌리의 중요성에 대한 토의는 이 주제에 대한 보다 직접적인 역사적 관점없이는 불완전할 수 밖에 없을 것이다. 그러므로 이제 이 장의 나머지 부분에서는 구약성서와 히브리에 대한 연구들이 미국 사회의 형성기에 지녔던 특별한 역할에 대하여 어떤 통찰력을 가질 수 있게 하는 데 그 목적이 있다.

이 책의 시작 부분에서 언급했듯이, 초기의 기독교는 몇세기에 걸쳐 교회와 사회의 비유대화를 꾀했다. 그러나 개신교 종교개혁 시대(16세기)에는 히브리적인 성서 범주들(categories)이 재발견됨에 따라 기독교 신앙의 "재유대화"(re-Judaization)의 몇몇 조짐들이 표면에 나타났었다. 종교개혁자들은 오직 성서(sola scriptura, 성서만이 기독교인들에게 있어서 유일한 그리고 최후의 권위를 가지고 있다)의 원리를 상당히 강조했다. 결과적으로 전통을 강조하지 않게 되었으며, 이는 또한 어느 정도 성서의 뿌리로 되돌아가게 했다. 따라서, 종교개혁 이후 두세기 동안, 여러 그룹들이 교회의 히브리적 유산에 대하여 다시 강조를 하는 것이 중요하다는 것을 인식하게 되었다. 필그림 아메리카(Pilgrim America)의 기초를 놓은 청교도들과 미국 교육을 선도한 지도자들이 바로 그런 부류에 속하는 사람들이었다. 후자에 대하여 살펴보기 전에 청교도들에 대하여 먼저 간단히 알아보자.

미국에 온 청교도들은 히브리 전통에 깊이 뿌리박은 사람들이었다. 상당수가 히브리 이름들을 가지고 있었다. 맷처럼 미국에 건너온 청교도들은 자신들을 "이집트"(영국)로부터 "홍해"(대서양)를 건너 "약속의 땅"(뉴 잉글랜드)으로 "출애굽"한 사람들로 여겼다. 그들은 자신들을 "모든 아브라함의 자녀들"로 생각했으며, 따라서 아브라함의 언약아래 놓여있다고 믿었다.[37] 미국 사회에 미친 그들의 영향은 그렇게 쉽게 사라지지 않았다. 첫번째 청교도 개척자들이 뉴 잉글랜드(New England)에 도착하고 150년 이상이 지난 다음에, 미국 사람들은 어느 주 하원에서 "하나님의 미국 이스라엘"(God's American Israel)로서 불리워졌다.[38]

미국 교회의 종교적 자유의 씨앗은 로저 윌리암스(Roger Williams)와 안네 허친슨(Anne Hutchinson) 같은 뉴잉글랜드의 고귀한 지도자들로부터 온 것이 아니었다. 오히려 그것은 히브리인들 자신들로부터 왔다고 할 수 있다. 왜냐하면 그들의 거룩한 문서들이 청교도들에게 영감을 주었기 때문이다.[39] 17세기의 영국 청교도들 중 많은 사람들이 박식한 히브리주의자들이었다. 초기 미국의 저명인사요 30년 이상동안 플리머스 콜로니(Plymouth Colony)를 통치한 윌리암 브래드포드(William Bradford, 1590-1657)는 히브리에 대한 이러한 관심을 보여주고 있다. 그는, 죽을 때 "가장 오래된 고전어, 하나님이 말씀하시고 천사들도 말한 거룩한 언어"로 말할 수 있도록 하기 위해, 히브리어를 공부했다고 진술했다.[40] 잘 알려진 매사추세츠 출신의 청교도 목사이며 학자였던 코튼 메이더(Cotton Mather, 1663-1728)도 히브리어에 대하여 비슷한 존경심을 가지고 있었다. 히브리어의 중요성에 대하여 한번은 이런 말을 한 적이 있다고 한다: "담배를 피우는 시간만큼 아침 저녁으로 히브리어를 공부한다면 단시일에 히브리어 실력이 상당히 좋아지리라고 확언해줄 수 있다."[41]

초기의 미국 교육자들 또한 구약성서와 히브리 연구를 강조한, 또다른 영향력을 미치고 있는 사람들이다. 이 사람들은 "감람나무 뿌리"와 긴밀한 관련을 맺고 있었으며, 그들의 청교도 전통대로 히브리어가 고등교육의 중심이 되어야 한다고 주장했다. 동부에 있는 아이비 연맹(Ivy League)의 대학들의 시작과 커리큘럼에 대한 연구가 이를 잘 말해주고 있다. 예를 들면, 히브리 비문들이 콜럼비아(Columbia)나 다트머스(Dartmouth)와 같은 학교들의 기장(교기)이나 인장 등에서 발견되고 있다. 특별히 흥미로운 것은 하버드, 예일, 다트머스의 초기 역사들이다.

하버드 대학은 미국의 고등교육 기관 중 가장 오래된 학교로 유명하다. 이 학교는 청교도들을 태운 메이플라워(Mayflower) 호가 플리머스(Plymouth)에 도착한 지 16년 후인 1636년에 개교되었다. 이 학교는 청교도 목사인 존 하버드(John Harvard, 1607-1638)의 이름을 따서 지어졌다. 매사추세츠 역사 학회의 회의록들(Proceedings of the Massachusetts Historical Society)에 의하면, 히브리어는 그 문을 열던 날부터 하버드 대학의 중요한 교육과정이었다: "히브리어는 대학 창설시부터 필수 과목이었다. 처음에는 저명한 히브리어 학자였던 쳔시(Chancy) 총장 같은 이들이 가르쳤다."[42] 사실 히브리어는 하버드 대학의 총장이었던 헨리 던스터(Henly Dunster)가 가장 좋아하는 과목이었으며, 그의 시편 번역은 1651년에 하버드 대학에서 출판되기도 했다.[43] 따라서 유대사가인 헨리 화인골드(Henry Feingold)가 말했듯이 미국의 초기 역사에 있어서 "회중교회주의자들"(Congregationalists)은 유대인보다 더 히브리주의자들이었다"는 사실은 이상한 것이 아니다.[44]

하버드 대학에서 히브리 연구를 발전시킨 저명한 인물 가운데 한 사람은 랍비 모니스(Judah Monis, 1683-1764)였다. 이탈리아 태생(대개가 그렇게 알고 있다) 모니스는 미국에서 대학의 학위를 받은 최초의 유대인이었다. 1720년경에 그는 하버드 대학에서 문학 석사 학위를 받았다.[45] 그의 졸업논문은 히브리어 문법에 대한 것으로 손으로 써서 제출하였다. 1722년 봄에 모니스는 공식적으로 기독교를 받아들이고 세례를 받았다. 그 해 여름에 그는 하버드 대학으로부터 히브리어 강사로 임명을 받았으며, 40년동안 히브리어를 가르쳤다. 임명을 받으면서 하버드 대학 총장에게 보낸 편지에서 그는 히브리어 연구의 중요성, 특히 목회자가 되려는 사람들에게 있어서 히브리어가 얼마나 중요한가 하는 것을 이렇게 강조했다: "나는 복음 증거자들이 히브리어에 익숙하면 할수록 구약에도 익숙하게 될 것이며, 마찬가지로 신약성서를 더 잘 이해하게 될 것이며, 설교도 더 잘하게 될 것이라고 생각합니다…."[46] 두세기 반이 지난 오늘날, 이 말은 다른 어느 때보다도 더 그 진실함이 입증되고 있다.

1735년은 미국에서의 히브리 연구 역사에 있어서 기념비적인 해였다. 그 해에 모니스는 대학으로부터 재정지원을 받아 히브리 문법 책을 출간하였으니, 이는 신세계에서 발간된 최초의 히브리 문법 책이었다. 영국으로부터 히브리어 활자 한 벌을 들여와야만 했었고, 요나스 그린(Jonas Green)이 보스톤에서 인쇄하고, 모니스가 메사추세츠 주의 캠브리지에 있는 그의 집에서 판매한 이 책은 다음과 같은 이상하고도 성가신 제목을 갖고 있다: "히브리어 문법. 히브리어 문법을 영어 속으로 쉽게 가져오고, 또한 스스로 공부함으로써 이 고대 언어의 분명한 사상을 얻기를 원하는 모든 사람들을 돕기 위한 에세이." 표지 안쪽에는 현자적인 충고가 들어 있다: "나는 초보자들이, 언뜻 보아서는 어려운 것처럼 보이는 어떤 규칙에 대하여 당황하지 말도록 권면한다. 그 규칙은 이 고대어를 아는 데 큰 도움을 줄 것이다." 이 교육적인 금언은 히브리어를 처음 배우는 학생들에게 큰 힘을 주고 있다.

메사추세츠 주의 노스보로(Northboro)에 있는 그의 비문에는 이런 시적인 글귀가 새겨져 있다.

    한때는 감람나무로부터 잘리워진
    야곱의 본 가지 하나가
    소생케하는 진액이 있는
    살아있는 나무에 다시 접붙여졌구나!
    풍성한 시온의 비옥한 모태로부터,
    아침 이슬 방울처럼

아니면 무덤에서 일어나는 사람들처럼
곧 이스라엘의 나라가 태어나리.

미국에서의 초기 히브리어 연구 단계에 미친 유다 모니스의 영향은 과소 평가될 수 없다. 여러 해동안 히브리어 연구는 하버드의 커리큘럼의 핵심을 차지하고 있었다. 그러나 특별히 지난 백년동안, 다른 많은 고등 교육 학교들이 그랬던 것처럼, 하버드의 구성과 커리큘럼도 바뀌었다. 오늘날의 학생들은 더 이상 모니스나 그의 학생들이 그랬던 것과 같은 방식으로 그 감람나무의 소생케하는 진액을 빨아들일 필요를 느끼거나 그럴 기회를 갖지 못하게 되었다.

예일과 다트모스의 대학들도 초기에는 히브리어 연구에 깊은 관심을 갖고 있었다. 간단히 예를 들자면, 1777년 미국의 건국 직후에 예일의 에즈라 스틸레스(Ezra Stiles) 총장은 히브리어 연구는 "신사(紳士) 교육에 있어서 필수적"이라고 선언했다. 그렇게 함으로 그는 "내가 확신하건데 히브리어가 하늘에서 듣게 될 첫번 언어가 아니겠는가?"라고 말할 수 있었던 것이다.[47] 다트모스에서, 히브리어는 그 대학의 원래의 커리큘럼 가운데 있었다. 1803년에 다트모스의 교수였던 존 스미스(John Smith)가 미국에서 두번째로 히브리어 문법책을 발행했다(이는 모니스가 처음으로 히브리어 문법책을 발행한 지 68년이 지난 일이었다). 그러나 20세기의 시작과 더불어 히브리어 과목은 커리큘럼에서 제외되었다. 최근에 이르러서야 히브리어를 선택과목으로 다시 포함시키기 위한 노력들이 이루어지고 있다.

13. 선택적인 것이 아닌 근본적인 것

지난 한세기 동안 교회는 히브리적 기반에 붙어있는 데 실패했다고 말할 수 있다. 고등 교육의 세속화와 더불어, 본래는 교회와 긴밀한 관계를 가지고 있던 학교들이 그들의 히브리적 뿌리로부터 갑자기 자신들을 단절시켰다. 히브리어와 구약성서 연구는 선택 과목이 되거나 아니면 커리큘럼에서 완전히 제외되었다. 그 결과 히브리어를 사랑하는 일부의 목사 또는 평신도들만이 미국의 교회에 영향을 미치게 되었다. 대신, 교회는 다양한 인위적인 뿌리들로 자신을 지탱하려고 헛되이 씨름했다. 결과적으로 교회는 이렇다할 만한 성장을 하지 못하게 되었고 그 열매도 줄어들게 되고 말았다.

그러나 오늘날 우리는 새로운 시대의 문턱에 서 있다. 많은 기독교인들이, 구약성서와 히브리어에 대한 연구가 선택적인 문제가 아님을 인식해 가고 있다. 사실, 그것들이 바로 기독교 신앙이 의존하고 있는 기반이다. 또한 "성경은 구원에 이르는 지혜가 있게 하느니라"(딤후 3:15)는 바울의 말이 언급하고 있는 바로 그것이다. 그러므로 우리는 초대교회가 가졌던 것과 같은 그런 태도를 취해야 한다고 계속 주장해야만 한다. 존 브라이트(John Bright)가 강력하게 주장했던 것처럼, 초대교회의 태도를 취해야만 오늘날의 기독교인은 "신약성서가 그랬던 것처럼, 구약성서를 주장할 수 있게 될 것이다. 왜냐하면 구약성서는 그것이 이스라엘에게 속했던(속하고 있는) 것 못지않게 그들에게도 속하기 때문이다. 사실, 기독교인은 가장 진정한 의미에서 그리스도를 통해서 이스라엘 민족이 되었으며, 돌감람나무가 접붙여짐 같이 이스라엘에게로 접붙여졌다(롬 11:17-24). 그러므로 기독교인은 구약의 역사를 '자기 자신의' 역사로 그리고 그 자신의 신앙의 유산의 역사로 보아야 하며, 구약의 하나님을 자신의 하나님으로, 구약의 성인들과 죄인들을 그 하나님과 관계를 맺고 있던 사람들로서 보아야 한다. 그렇게 하기를 거절하는 기독교인은 신약성서의 증거로부터 도망하는 것이며 자신의 과거를 부정하는 것이나 다름없는 것이다."[48]

구약성서는 선택적인 것이 아니라 근본적인 것이다. 왜냐하면 그것은 우리들 자신의 "신앙의 유산"의 역사이기 때문이다. 그것은 하나님의 영감으로 기록된 것이며, 충분한 권위를 가지고 있으며, "교훈과 책망과 바르게 함과 의로 교육하기에 유익하다"(딤후 3:16). 더욱이 구약성서는 교회 신앙으로 하여금 내일을 직면할 수 있도록 하기 위해 쓰여졌다. 바울의 말대로, "무엇이든지 전에 기록한 바는 우리의 교훈을 위하여 기록된 것이니 우리로 하여금 인내로 또는 성경의 안위로 소망을 가지게 함이니라"(롬 15:4). 그러므로 구약성서는 오늘날의 교회의 삶에 있어서 중심 부분을 차지해야 한다. 어떻게 우리가 구약성서를 예수나 바울 또는 초대교회가 그랬던 것보다 덜 존중할 수 있겠는가?

제8장의 이해를 위한 연구과제

1. 유대인들은 대체로 "구약성서"라는 용어를 사용하지 않는다. 그 이유는 무엇인가? 그대신으로 사용하는 용어들은 무엇인가? 테나크(*Tenakh*)라는 용어는 히브리 성서의 세 부분과 어떤 연관이 있는지 설명하라(이 장의 주를 참조하라).

2. 기독교인들이 구약이라고 부르는 성서에 대하여 구약이라는 용어보다 더 적절한 용어 두개만 제시해보라.

3. 마르시온은 어떤 인물인가? 그는 구약성서를 어떻게 대했는가? 왜 그런 태도를 갖고 있었는가? 어떤 가르침이 그에게 영향을 주었는가? 그가 찬양한 신약성서 기자는 누구인가? 144년에 로마 교회가 마르시온에게 취한 조치는 무엇이었는가?

4. "신마르시온주의"를 정의하라. 이러한 가르침이 오늘날 교회에서 어떻게 영향을 미치고 있는지 예를 들어 설명해보라.

5. 기독교인들로 하여금 구약성서를 무관심, 냉대, 또는 무시하게 만든 중요 요인들을 네가지만 들어보라. 이러한 현상들을 실증하는 예들을 각각 들어보라.

6. 예수와 신약성서 기자들의 구약성서에 대한 태도는 어떠했는가? 어떤 성서 구절들이 그 대답을 뒷받침해주고 있는가? 초대교회의 복음은 구약성서로부터 선포되었는가 아니면 철저히 신약의 가르침이었는가? 초대교회에서 "찬송가"로 사용한 구약성서의 책은?

7. 어떤 의미에서 성서가 두개의 막으로 되어 있는 하나의 연극과 같다고 할 수 있는가? 오늘날의 유대인들은 이 비유를 어떻게 받아들이겠는가?

8. 구약성서가 갑자기 제거되어진다고 하면, 신약성서의 사상을 뒷받침하고 있는 어떤 중요한 신학적 열쇠들을 잃어버리게 되겠는가?

9. 구약성서의 권위와 위치를 보존하려는 노력의 일환으로 행해지고 있는 세 가지 해석 방법에 대하여 논하고, 그 각각에 대하여 평가하라.

10. 아가서에 대한 일반적인 해석에 있어서 제기되는 문제는 무엇인가? 아가서를 바르게 해석하기 위해 고려해야 할 사항들은 무엇인가?

11. "성서는 한꺼번에 모두 다 하늘에서 낙하산으로 내려보내진 것이 아니다. 성서의 계시는 점진적으로 수백년에 걸쳐서 드러난 것이다"라는 진술에 대하여 어떻게 생각하는가?

12. 성서 해석은 과학보다는 예술에 더 가깝다는 진술에 대하여 동의하는가? 성령은 백지상태에서 역사(일)하시는 것은 아니다는 진술에 대해서 동의하는가?

이러한 진술들이 의미하는 바는 무엇인가?

13. 기독교의 기원과 예수의 조상에 대한 프리드리히 델리취의 주장에 대해 서술하고, 그러한 가르침이 성서 연구와 반셈족주의의 활동에 미칠 수 있는 영향을 말해보라.

14. 예수의 유대 조상들을 제시하면서 마태복음은 예수의 다윗 기원에 대하여 어떠한 표현법을 어떻게 사용하고 있는가?

15. 예수는 이스라엘의 율법을 "폐하러"온 것이 아니라 "완성하기"위하여 왔다고 선언하셨다(마 5:17). 랍비 문헌은 이러한 예수의 말씀을 이해하는 데 어떤 빛을 던져주고 있는가?

16. *tephillin*은 무엇이며, 왜 달고 다녔는가?

17. *tzitzit*은 무엇인가? 모세의 율법은 이에 대하여 어떻게 말하고 있는가? 예수는 이러한 유대인의 관습을 어떻게 받아들였는가?

18. 주기도문과 상당히 유사한, 널리 알려진 두개의 유대인 기도문이 있는데 그것은 무엇인가?

19. 예수가 지켰던 유대인들의 명절(축일)을 말해보라.

20. 예수 탄생시에 힐렐은 무슨 일을 하고 있었는가? 한발로 딛고 서있는 동안에 유대교 전부를 알고 싶어했던 사람에게 힐렐은 무엇이라 대답을 했는가? 그 답변과 예수의 말씀 사이에는 어떤 연관이 있는지 설명하라.

21. 예수의 유대성에 대한 신약성서의 증거들을 기억하면서, 다음 물음에 답하라: 만일 예수가 오늘 뉴욕을 방문해서 주말에 "예배의 집"을 방문한다고 가정할 때, 그는 교회를 방문하시겠는가, 아니면 회당을 방문하시겠는가? 그 이유는?

22. 사해 사본은 예수가 인용하신 "네 원수를 미워하라"(마 5:43)는 계명에 어떤 빛을 던져주고 있는가?

23. 하누카는 신구약 중간기 시대에 만들어진 절기이다. 하누카의 유래에 대하여 외경은 어떻게 말하고 있는가? 왜 이 절기를 봉헌 축제라고 부르는가?

24. 비유를 말할 때, 초기의 랍비들이 널리 즐겨 사용했으며 예수도 자주 사용한 바 있는 유형은 무엇인가?

25. 가장 중요한 랍비들의 원리 가운데 하나인 "헤아리는대로 헤아림을 받는다"는 개념을 간단히 설명하라. 이 개념이 "판단하지 말라"(마 7:1)는 예수의 말씀에 어떤 빛을 비추어주고 있는가?

26. 랍비 문헌들은 어떻게 "네 눈이 성하면, …네 눈이 어두우면…"(마 6:22-23)이라는 말씀의 뜻을 분명하게 알려주고 있는가?

27. 예수가 "율법의 더 중한 바" 또는 "더 무거운"이라는 말씀을 했을 때 의미하신 바는 무엇인가?

28. 쉐마에 대하여 답하라.
   1) 신명기 6:4을 인용할 수 있도록 하라.
   2) 쉐마가 히브리 성서가운데 예수가 맨처음 암송한 것이라는 증거는 무엇인가?
   3) 예수님 시대에 신명기가 오경 중에 가장 널리 알려지고 애독된 성서일 것이라는 증거는 무엇인가?
   4) 쉐마가 신약성서 시대에도 이미 암송되었다는 것을 보여주는 증거는 무엇인가?
   5) 하루에 몇번이나 이 신조를 암송하도록 되어 있었는가?
   6) 어떤 경우에 이 신조를 암송하는 관습이 있었는가?
   7) 예수의 가르침 가운데서 쉐마는 얼마나 중요시되고 있는가(막 12:28-34)?
   8) "여호와는 오직 한 분(ehad)"이라는 말씀 가운데서 유대인 해석가들이 강조하는 것 두개를 말해보라.

29. 초기의 회당에서 성서를 사용한 방법 4가지를 말해보라(후에 초대교회에서도 이 방법들을 사용하였다).

30. 유대교에 영향받은 교회의 관습들과 조직들은 무엇인가?

31. yetzer ha-ra와 yetzer ha-tob의 의미는? 이 개념들이 로마서 7장과 8장의 바울의 토론을 이해하는 데 어떤 빛을 비추어주고 있는가? 바울이 죄를 "이르지 못함"의 개념으로 설명하고 있는데, 이는 유대 관용어인가? 설명하라.

32. 미국에 건너온 청교도들이 히브리 전통에 깊이 뿌리박고 있던 사람들이라는 것을 어떻게 알 수 있는가? 히브리 연구에 있어서 가장 존경을 받았던 저명한 사람 둘을 들어보라.

33. 유대 사가인 Henry Feingold는 초창기 미국 역사의 회중교회주의자들이 유대인들보다 더 유대적이라고 지적했는데, 이에 대하여 어떻게 생각하는가?

34. 미국에서의 초창기 히브리어 연구 역사에 있어서 하버드 대학의 Judah Monis의 역할을 약술하라.

35. 예일이나 다트모스 대학이 그 초창기에 히브리어 연구에 깊은 관심을 가지고 있었던 사실에 대하여 설명하라. 미국의 역사에 있어서 어떤 요인들이 고등교육 기관에서 히브리어와 성서 연구를 점차적으로 덜 강조하게 만들었다고 생각하

는가? 20세기 동안에 이루어진, 중동이나 성지에 있어서의 고고학이 히브리어 연구와 성서의 유대적 배경에 대해 어떤 영향을 미쳤는가?

36. John Bright의 다음과 같은 진술이 의미하는 바에 대하여 논하라: "구약성서는 그것이 이스라엘에게 속했던 것 못지않게 [교회]에도 속하기 때문이다. 사실, 기독교인은 가장 진정한 의미에서 그리스도를 통하여 이스라엘 민족이 되었다."

제 9 장
히브리 사상의 윤곽

"오직 여호와의 율법을 즐거워하여 그 율법을
주야로 묵상하는 자로다"(시 1:2)

이 책의 첫부분에서 우리는 성서 기자들이 히브리적 사고 구조를 갖고 있음을 살펴보았다. 구약과 신약의 기자들이 다 일차적으로는 근동의 셈족 문화의 배경을 갖고 있다. 따라서 우리는 기독교가, 이방의 헬라적 문화 또는 사색적인 세계관들로부터 유래되지 않았음을 주장하였다. 기독교는 신비적 제의들이나 영지주의, 자연주의 철학들, 또는 다신론적인 사상에 깊이 뿌리박고 있는 혼합주의 종교도 아니다. 기독교 신앙은 신적으로 계시된 것이며 히브리 성서 ― 율법과 선지서, 그리고 성문서 ― 에 굳건히 닻을 내리고 있다. 하나님은 그의 말씀을, 유대적인 문화의 환경 가운데 있는 성서 기자들의 마음 속으로 불어 넣으셨다. 결과적으로, 가장 간결하게 말하자면, 우리들에게 있어서 "히브리식 사고 방식을 무시하는 것은 기독교 신앙을 파괴하는 것이다."[1] 그러므로 우리는 성서의 언어와 사고 패턴에 초점을 모아야 한다. 그리할 때 우리는 히브리 사람들의 마음을 꿰뚫어 알 수 있게 될 것이다. 우리가 그들의 문화 속으로 들어가고 그들의 눈으로 그것을 바라볼 때, 그들의 사상이 얼마나 힘차며 풍요하며 다양한지를 발견할 수 있을 것이다. 그것은 그 자신의 뉘앙스들과 모습들을 가지고 있는 것이다. 사실, 기독교 사상의 히브리적 배경은 유대인들이 기독교인들과 공유하고 있는, 풍부한 영적 유산의 핵심에 있다. 따라서 이 장에서는 히브리인들의 심성을 살펴보고 히브리인들이 그들의 세계를 어떻게 바라보았는가 하는 것을 찾아보도록 하겠다.

1. 활동적인 민족, 묘사적인 언어

현대적인 발명과 철저한 무관심을 통하여 현대의 서구 세계는 더욱 더 수동적이 되어가고 있다. 우리는 텔레비젼에 사로잡혀 있다. 연예 프로그램에 빠져 있고 구경꾼의 심성을 가지고 있다. 그래서 삶을 살기 보다는 그것을 바라보는 데 만족하고 있는 것처럼 보인다. 이와는 대조적으로 히브리인들은 상당히 활동적이며 튼튼하며 때에 따라서는 난폭스럽기까지지한 그런 사람들이었다. 본래 그들은 바깥에서 활동하는 민족이었다. 농부로서, 어부로서, 상인으로서 그들의 삶을 마음껏 살았다. 그들에게 있어서 진리는 사색을 통해 얻는 사상이 아니라 경험을 통한 삶이었으며 행동하는 행위였다. 흔히 성서를 기록한 사람들은 상당히 그림같은, 역동적인, 그리고 행위 중심적인 어휘들을 사용한다. 그들은 옮겨다니는 사람들, 대담하며 추진력 있게 그리고 야망을 갖고 살아가는 사람들의 이야기를 해주고 있다. 진정한 의미에서 이스라엘의 종교는 "작은 천막"의 종교라고 부를 수 있을 것이다. 이스라엘은 "움직이는" 하나님을 따라갔으며 그들은 하나님의 "움직일 수 있는 보배"였다(참조, 출 19:5).[2]

히브리 성서를 자세히 연구하면, 말틴 루터가 "특별한 에너지"라고 부른 것을 발견하게 될 것이다. 히브리 성서를 독일어로 옮기는 고투를 통해 루터는 16세기에, 20세기의 많은 히브리어 학자들이 최근에 다시 확증한 사실을 발견하였다. 그것은 다른 언어로는 그렇게 많은 것을 그토록 간단하게 옮길 수 없다는 것이었다. 루터가 다음과 같이 말한 것은 이상할 것이 없다: "이 언어[히브리어]가 달리는 소용없을지라도 우리는 감사함으로 이 언어를 배워야 한다." 더 나아가 그는 이렇게 진술하고 있다: "그것[히브리어]에서 우리는 하나님이 말씀하신 것을 듣는다.… 그러므로 이 언어를 배우는 것은 하나의 미사 또는 거룩한 예배를 드리는 것이라고 부를 수도 있을 것이다."[3] 사실 유대인들에 대해 매우 복합적인 태도를 보였던 루터는 다음과 같이 결론짓고 있다: "히브리어는 가장 풍부한 어휘를 가진 최고의 언어이다.… 내가 좀더 젊었더라면 나는 이 언어를 배우기를 원했을 것이다. 왜냐하면 그 누구도 히브리어를 알지 못하고는 성경을 참으로 이해할 수 없기 때문이다. 신약성서도 그것이 헬라어로 기록되긴 했지만 헤브라이즘과 히브리적 표현으로 가득차 있다. 그러므로 히브리인들은 샘에서 물을 퍼 마시고, 헬라인들은 거기에서 흘러나와 흐르는 개울에서 마시고, 라틴 민족들은 하류에 고여 있는 웅덩이에서 그 물을 퍼 마신다고 말하는 것은 틀린 것이 아니다."[4] 루터가 종교 개혁 시대에 한 이 말을 현대에 기독교 히브리어 학자 레슬리 알렌(Leslie Allen)이 다시 풀어서 다음과 같이 잘 표현했다: "히브리어는 우리로 하여금 구약성서를 번역서의 망원경을 통해 자세히 보는 것 대신에 안으로부터 그것을 볼 수 있게 한다."[5]

히브리인들의, 활동 중심적인 삶의 스타일은 히브리어 문장 구조에도 자주 반영되어 있다. 영어는 보통, 명사나 주어를 문장의 처음에 놓고 그 다음에 동사나 활동을 묘사하는 단어를 위치시킨다. 예를 들면 "왕이 심판했다." 그러나 성서 히브리어의 화법에 있어서는 그 반대다. 즉 거의 대부분 동사가 먼저 오고 그 다음에 명사가 따라온다: "심판했다, 왕이." 히브리어 문법에서 강조하는 말은 대개 처음에 나온다. 그러나 영어 번역 성서를 보면 강조하는 것이 분명하게 드러나지 않는 것을 많이 보게 된다. 그러므로 히브리어는 보통 듣는 사람이나 읽는 사람이 주어를 파악하기도 전에 먼저 즉시로 동사 형태(대개의 경우 타동사, 그러나 때로는 자동사 또는 "상태"를 나타내는 단어)를 듣게 된다는 것을 잊어서는 안 된다.

게으름이나 활동하지 않음, 또는 수동성은 히브리인들의 삶의 모습과는 관계가 멀다. 오히려 그들은 주로 '행하고 느끼는' 사람들이었다. 그러므로 그들의 언어는 추상적인 것이 거의 없다. "히브리어는 본질적으로 감각의 언어라고 할 수 있을 것이다. 단어들은 본래 감각을 자극하거나 감정을 유발시키는 구체적인 사물과 움직임, 또는 행위들을 표현하였다. 오직 이차적으로만 그리고 은유에 있어서만 추상적이거나 형이상학적인 개념들을 나타내기 위한 단어들이 사용되었다."[6] 성서에는 추상적인 사상들이나 비물질적인 개념들을 구체적인 또는 물질적인 용어들을 통해 표현하는 히브리식 표현법들이 많이 있다. 예를 들어, "바라보다"는 "눈을 들다"로 표현되어 있다(창 22:4), "화를 내다"는 "콧구멍에 열이 나다"로(출 4:14), "다른 사람에게 알리다" 또는 "드러내다"는 "누구의 귀를 열다"로(룻 4:4), "무정하다"는 "마음을 딱딱하게 하다"로(삼상 6:6), "완악함"은 "목을 세우는 것"으로(대하 30:8. 참조, 행 7:51), "준비하다" 또는 "대비하다"는 "허리를 졸라매다"로(렘 1:17), "갈 결심이 서다"는 "갈 곳을 얼굴로 쳐다보다"로(렘 42:15, 17. 참조, 눅 9:51) 표현되어 있다. 덧붙인다면, 히브리인들은 하나님을 표현할 때 종종 신인동형론(神人同型論)적으로, 즉 인간의 속성을 가지고 하나님을 표현한다. 따라서 히브리인들의 "살아 있는" 그리고 "활동하는" 하나님은 결코 비인격적인 추상으로 떨어지지 않는다. 예를 들면, 십계명은 "하나님의 손가락으로 새겨졌다"고 말해진다(출 31:18). 예언자 이사야는 이렇게 증거한다: "여호와의 손이 짧아 구원치 못하심도 아니요, 귀가 둔하여 듣지 못하심도 아니라"(사 59:1). 우리가 잘 아는 잠언구절은 이렇게 말한다: "여호와의 눈은 어디서든지 악인과 선인을 감찰하시느니라"(15:3).

　유대인 인류학자 라파엘 파타이(Raphael Patai)는, 히브리인들은 구체적인 것을 좋아했으며 추상적인 것을 피하는 경향이 있었기 때문에 교리를 만드는 일 따위는 그들에게 낯선 것이었다고 지적했다.[7] 히브리인들의 생각 속에서 참된 신성의 본질은 기본적으로 관계(relationship)와 연관되어 있지 교리와는 상관이 없다. 여호와는 이스라엘의 하나님이고 이스라엘은 하나님의 백성이다(레 26:12, 삼하 7:24, 렘 31:33. 참조, 히 8:8-12). 여기에 성서 신학의 중심사상이 있다. 토라는 이스라엘에게 창조주, 그의 백성, 그의 세계와 어떻게 관계를 맺어야 하는지를 알려준다. 죄는 관계를 단절시킨다. 그러나 회개는 용서와 관계 회복을 가져온다. 히브리인들에게 있어서 인격적인 또는 개인적인 관계는 항상, 추상적인 진술이나 종교적인 사상들에 대한 단순한 지적 동의보다 훨씬 더 종교의 핵심을 잘 나타내는 것이었다.

　같은 맥락에서, 오늘날의 교회는 신약성서에 나타난 가장 초기의 신학이 논리적이거나 신조적인 것이 아니라 관계적인 또는 실존적인 것이었음을 잊지 말아야 한다. 그렇다고 해서 교리가 신약성서에서 별로 중요한 역할을 하고 있지 못하다고 말하는 것은 아니다. 그러나 예수님이 처음에 열 두 제자를 선택한 것은 그들을 "자기와 함께 있게 하시려"함이었다는 것을 주목하라(막 3:14). 신약성서에서 분명히 누가복음 15장의 "자비로운 아버지"의 비유(흔히 '탕자의 비유'라고 부른다)와 믿는 자들을 "하나님의 자녀"로서 하나님의 가족으로 받아들인다는 말씀(요 1:12-13)은 관계의 중요성을 매우 잘 보여주는 예이다. 요약하자면, 신조(사도행전과 특별히 서신들에 잘 표현된 것과 같이)는 기본적으로 초대교회의 필요에 따라 즉 예수와의 인격적인 만남(복음서에 기록된대로)을 설명할 - 또는 그것에 대한 신학적인 진술을 할 - 필요성이 생긴 데서 나온 것이다.

히브리인들은 때때로 매우 "내장(內臟)적인" 사람들로 불리워지기도 한다. 생리학적인 그리고 인간학적인 관점에서 의지, 감정, 마음, 영적인 힘의 자리를 흔히 위장 계통에서 찾았다. 히브리인들은 해부학이나 생리학에 대해서 잘 몰랐다. 그래서 우리가 마음에서 기인되는 것으로 대개 생각하는 기능들을 히브리인들은 그들의 몸의 기관에서 일어나는 것으로 생각했다. 예를 들면, 구약성서는 심장(leb, 또는 lebab)에서 사랑하고(신 6:5), 두려움을 느끼고(28:65), 죄를 짓는다(렘 17:9)고 한다. 창자(臟, me'eh) 계통에서는 전쟁을 알리는 나팔소리를 듣는 것과 같은 고통을 느낄 수 있다(렘 4:19). 간(kabed, 문자적인 의미는 "무거운"이다. 이는 간이 3파운드 이상 나가는 것을 반영한다)에서는 예루살렘의 멸망에 대한 공포를 경험할 수 있다(애 2:11). 그리고 신장(kelayot)에서는 기뻐할 수 있다(잠 23:16).

신약성서도 이와 똑같은, 인간의 성격에 대한 내장적인 히브리 관점을 반영하고 있다: 사람은 심장으로 믿는다(롬 10:10); 다른 사람의 창자를 영적으로 상쾌하게 할 수 있다(몬 7절, 20절); 하나님은 심판하실 때 신장을 살피신다(계 2:23). 이러한 텍스트들은, 신약성서 기자들은 인간을 "전체"로서 즉 육체적인, 심리학적인, 그리고 영적인 기능들을 하나의 분할할 수 없는 통합체로 보았음을 보여주고 있다. 위의 구절들에서 볼 수 있는 것처럼 신구약 성서 모두가 이러한 견해를 뒷받침해주고 있다. 신구약 성서는 스트레스에 대한 마음의, 영적인, 감정적인 반응을 묘사함에 있어서, 사람이 실제로 그 스트레스의 여파를 느끼는 곳인 몸의 기관들이 이러한 반응을 보인다고 말한다.

서구 문명에 익숙한 현대인들은 자신이 방어해야할 이미지(image)를 가지고 있다고 생각한다. 강철로 만들어져서 모든 것을 조종할 수 있는 존재가 되기를 기대한다. 자신의 감정을 많이 드러내놓음으로써 약한 사람으로 낙인찍히는 것을 원치 않는다. 우는 것을 남자답지 못한 것으로 여긴다. 그러나 인간의 모형이신 예수님도 우셨다(눅 19:41, 요 11:35). 이같은 예수님의 감정 표출은 기쁨이나 고통에 무관심하려고 애를 썼던 스토아 철학의 헬라-로마 세계와는 정반대였다. 그들은 결코 굴복하지 않으려 했다. 그들은 자신의 감정과 욕구들을 억제하도록 기대되었다. 이와는 반대로 히브리인은 매우 열정적인 민족이었다. 그들은 감정을 숨기거나 억제하지 않았다.

남자든 여자든 모든 히브리인들은 그들의 인간적인 모습을 긍정했다. 부끄러움을 느끼지 않고 감정을 표현했다. 왜냐하면 각각의 감정은-화를 내고, 울고, 웃고, 노래하고, 즐기고, 춤추고, 손뼉치고, 외치고, 껴안고, 사랑하고 하는 감정의 표현- 그것을 표현하기에 적절한 "때"를 갖고 있었기 때문이다(참조, 전 3:1-8). 음악과 시에 유능했던, 용사이며 왕인 다윗은 극도의 흥분과 깊은 절망감을 표현했는데 이는 좋은 예이다. 다윗의 감정은 그의 삶의 물줄기와 더불어 흘러갔다. 법궤가 예루살렘에 돌아왔을 때 그는 "힘을 다하여" 하나님 앞에서 껑충껑충 뛰며 춤을 추었다(삼하 6:14-16). 그러나 밧세바를 통해 얻은 아이가 병들어 죽게 되었을 때에는 한주간 동안 바닥에 엎드려 밤을 새우며 울며 금식을 했다(12:15-23). 시편, 특히 다윗이 지은 시들은 인간의 마음의 가장 깊은 곳에 있는 감정적인 틈새로 우리를 들어가게 한다. 우리가 시편을 읽을 때, 우리는 그 시편을 통해 하나님 앞에 우리 자신의 감정들을 표현하게 된다.

성서 시대 이후로, 삶의 여로에서 만나게 되는 다양한 축일들과 의식들은 유대인들에게 기뻐하고 축하할 수 있는 특별한 기회들을 제공해 주었다.[8] 아가서는 부부간의 사랑의 관능적인 순수성을 공개적으로 알리는 정열적인 사랑의 시의 한 예이다. 포도주는 기쁨의 상징이며 흔히 특별한 축제들에서 사용된다(참조, 시 104:15; 전 10:19; 요 2:1-11). 성서에서 간단하게 묘사된 축제들을 보면 감정의 표출, 특별히 기쁨을 상당히 강조하고 있음을 알 수 있다. 매주 지키는 안식일은 하나님을 창조주로 기념하는 기쁨의 시간이다(사 58:13-14. 참조, 출 20:8-11). *Rosh Hashanah* ("신년 축제")는 세상의 창조를 기념하는 축제이다. *Sukkot* 곧, 추수 축제일("장막절")은 "기쁨의 축제"라고도 불리워진다(참조, 레 23:40; 느 8:17). *Hanukkah* ("봉헌절." 요 10:22을 보라. 한글 개역성서에서는 "수전절"로 옮겼다-역주)는 마카비 혁명을 통해 종교의 자유를 얻게된 것을 기념하는 절기이다. *Purim* ("제비뽑은 절기." 한글 개역성서에서는 "부림일"로 옮겼다-역주)은 에스더의 대담한 용기와, 페르시아의 유대인을 멸절시키려는 음모를 꾸민 하만을 처치한 사건을 기념하는 절기이다(참조, 에 9:22). *Pesah* ("유월절")는 이집트에서의 노예생활로부터의 해방을 기념하는 구원의 축제이다. *Shabuot*의 순례 축제("칠칠절" 또는 오순절)는 *bikkurim*("첫열매")을 성전에 갖다 바치면서 노래하고 춤추며 지켰다. 마지막으로, 예루살렘을 기억하는 것을 "가장 큰 기쁨"으로 여겼다(시 137:6). 한여름인 아브 (Ab)월 제 9 일은 예루살렘의 패망을 슬퍼하며 금식하는 날이다. 이때는 예레미야 애가를 읽는다. 종합하면, 이렇게 연중 계속 지키는 절기들을 보면 히브리인들이 공동적인 역사의 기억 가운데서 그리고 하나님이나 사람들 앞에서 감정을 표현하는 것을 꺼려하지 않았음을 알 수 있다. 도무지 히브리인들은 어중간한 마음을 품는다든지 무언가를 유보시켜놓으면서 산다든지 하는 것과는 거리가 먼 사람들이었다.

이러한 사실들은 오늘날의 기독교인들에게 어떤 메시지를 주고 있는가? 히브리인들의 역동적이고 감정적이며 더없이 인간적인 이러한 성향은 현대 교회에 어떻게 영향을 미칠 수 있는가? 구약성서 학자 존 브라이트(John Bright)는 이에 대하여 다음과 같이 적절히 지적했다.

> 우리가 구약성서 전체에 귀를 기울이려고 하지 않으면 우리는 구약성서의 말씀들을 결코 바르게 이해할 수 없을 것이다. 다시 말하면, 우리는 그것이 인간적인 모든 모습들을 반영하고 있음을 인식하고 그러한 가운데서 그것에 귀를 기울여야 한다는 것이다. 거기에는 성서적인 계시 안에서의 화육을 향한 질주가 있다… 무시간적인 가르침이나 어떤 천상의 지혜(gnosis)가 아니라 특별한 역사의 사건들을 통하여, 그리고 역사 가운데서 선택된 사람들과 우리들처럼 모든 경우에 열정을 갖고 있으며 또 육체의 모든 제약을 받으며 살아가는 사람들을 통하여 그리고 그들에게 하나님은 자신을 계시하시기를 기뻐하셨다. 그리고 하나님의 마지막 자기 계시는 신약성서가 선포하고 있듯이, "말씀이 육신이 되어 우리 가운데 거하실 때," 우리 자신들과 같은 몸과 감정을 가진 인간의 모습으로 주어졌으며 그리고 그의 유한한 생명은 우리들처럼 죽음으로 끝맺었다. 우리는 이러한 성서의 계시의 특성을 진지하게 받아들여야만 한다.[9]

바로 이것이 성서를 그토록 생생한 것으로 만드는 가장 중요한 요인가운데 하나이다. 성서는 실제적인, 현실적인 문학이다. 성서의 인물들은 후광을 두르고 있는 별세계의 정령들이 아니라, 모든 인간성이 속속들이 드러나는 혈과 육을 지니고 있는 남녀들이다. 그러므로 우리는 성서 속에서 우리들의 모습을 보게 된다. 성서의 인물들은 바로 우리와 꼭같은 사람들이기 때문이다. 그들의 투쟁과 문제, 약점은 모두 우리들이 갖고 있는 것들과 같은 것들이다. 그들의 느낌과 욕구, 그들의 슬픔과 기쁨, 그들의 회의와 꿈들을 우리들도 갖고 있다. 성육신은, 하나님께서 얼마나 그의 백성들의 모든 인성(人性)을 함께 공유하시길 원하셨는가 하는 것을 잘 보여준다. 국적이나 나이, 역사에 관계없이 모든 기독교인은 자신을 성서의 인물들과 동일시할 수 있기 때문에 성서의 메시지는 시간을 초월한다. 그러므로 성서는 우리가 있는 곳에서 우리들을 만나며, 오늘날도 우리들에게 강력하게 말하고 있는 것이다.

2. 시(詩)의 힘
(※ 여기에서 인용되는 성서구절들은 한글개역성경이다. 의미를 더 잘 살려주고 있는 표준새번역성서를 참고하는 것이 좋겠다:역주)

히브리 성서의 삼분의 일정도가 시로 되어 있다. 시는 기억하는 데 좋은 도구이다. 정확한 박자는 정해져 있지 않아도 리듬을 가지고 있는 평행법을 사용하기 때문이다. 더욱이 다양한 표현법을 많이 사용하므로 더욱더 생생하고 창조적이며 깊은 의미를 갖고 있다.

예언자들은 그들의 시 가운데서 광범위하게 언어유희(또는 말 놀이 — 비슷한 말을 대조시켜서 뜻을 전달하는 표현법)를 적절히 사용하고 있다. 실례로, 이사야 5:7에서의 *mishpat*(정의)와 *mispah*(피 흘림), *tzedaqah*(의)와 *tze'aqah*(울음, 부르짖음), 예레미야 1:11−12에서의 *shaqed*(아몬드 나무)와 *shoqed*(바라봄), 아모스 8:1−2에서의 *qayitz*(익은 열매)와 *qetz*(시간이 무르익었다. 즉, 끝), 미가 6:3−4에서의 *heletikhah*(내가 너에게 짐을 지웠다)와 *he'eletikhah*(내가 인도하여 냈다)를 들 수 있다. 그 외에도 많은 예를 들 수 있을 것이다.

다른 표현법들도 성서의 시에 다양함과 창조력을 더해 주고 있다. 예를 들면, 시편 1:3에서는 의인을 묘사하기 위하여 직유법이 사용되고 있다: "저는 시냇가에 심은 나무가 시절을 좇아 과실을 맺으며 그 잎사귀가 마르지 아니함 같으니라." 기쁨은 은유법을 사용하여 표현되었다: "들의 모든 나무가 손바닥을 칠 것이며"(사 55:12), "산악이 함께 즐거이 노래할지어다"(시 98:8). 하나님의 보호하시는 은혜는 동물표상(zoomorphism, 동물의 모습으로 나타내는 것)을 통하여 표현되고 있다: "주의 날개 그늘 아래 감추사"(시 17:8). 자연이 의인화되기도 한다(그러나 신격화되지는 않는다): 별들이 전쟁을 하고(삿 5:20), 산들이 뛰놀고(시 114:6), 하늘은 하나님의 영광을 선포한다(시 19:1).

때로는 시의 감정적인 홍분과 빠른 맥박이 빠른 운율과 단모음의 사용으로 표현된다. 또는 행을 길게 하고 장모음을 사용하여 그 반대의 효과를 거두기도 한다. 더 나아가 히브리 시는 때때로 중요한 단어를 반복 사용하여 극적인 효과를 거두기도 한다. 그러나 불행하게도 번역된 성서로 읽을 때는 시의 참 맛을 느낄 수 없는 경우가 많다. 시의 참 의미를 놓치거나 그 시를 밀접하게 느끼지 못한다. 그럼에도 불구하고 다음과 같은 구절들은 시가 묘사하고 있는 상황을 우리로 느낄 수 있게 해준다.

다음은 가나안 군대의 지휘관 시스라를 텐트 말뚝과 망치로 죽인 용감한 히브리 여인 야엘의 이야기 가운데 클라이막스 부분이다.

> 손으로 장막 말뚝을 잡으며
> 　오른손에 장인의 방망이를 들고
> 그 방망이로 시스라를 쳐서 머리를 뚫되
> 　곧 살쩍을 꿰뚫었도다.
> 그가 그의 발 앞에 꾸부러지며
> 　엎드러지고 쓰러졌고
> 그의 발 앞에 꾸부러져 엎드러져서
> 　그 꾸부러진 곳에 엎드러져 죽었도다.
> 　　　　　　　　　　　　(삿 5:26-27)

선지자 나훔은 바벨론 군사들에 의한 니느웨 성읍의 멸망을 묘사하고 있는데, 이 사건은 B.C. 612년에 일어났다. 앗시리아의 수도로서 니느웨는 그들의 잔인함과 피에 굶주린 것처럼 보이는 행위들로 인해 적대국들로부터 상당한 증오를 받아왔다. 다음은 그 성읍의 멸망에 대한 빠른 박자의 시적 표현의 일부분이다.

> 화 있을진저 피 성이여
> 　그 속에서는 궤휼과
> 강포가 가득하며

늑탈이 떠나지 아니하는도다.
획획하는 채찍 소리
  굉굉하는 병거 바퀴 소리
뛰는 말
  달리는 병거
충돌하는 기병
  번쩍이는 칼
번개같은 창
  살륙당한 떼
큰 무더기 주검
  무수한 시체여
사람이 그 시체에 걸려 넘어지니.
(나 3:1-3)

이스라엘의 문필가들과 시인들은 유음(類音)과 의성(擬聲)을 능란하게 사용하였다. 유음은 두 단어 또는 음절 사이에 소리가 유사한 것 또는 두 단어들이 자음의 반복없이 모음의 반복만 있는 것을 말한다. *peloni almoni*(어떤 사람, 룻 4:1), 그리고 *tohu va-bohu*(공허와 혼돈, 창 1:2)이 그 예이다. 의성은 *tzeltzel*(심벌, 제금. 시 150:5), *zebub*(파리, 사 7:18)처럼 어떤 단어가 그것이 나타내는 객체나 또는 그 움직임과 비슷한 것을 말한다. 다음에 인용하는 시들을 통해서 그러한 수사학적인 기술들을 살펴보게 될 것이다.

이사야 1-39장의 주제는 기본적으로 심판과 꾸짖음에 관한 것이다. 그러나 이 예언서의 후반부인 40-66장에서는 갑자기 위로와 축복, 희망의 분위기로 바뀐다. 그래서 이사야 예언자는 다음의 말을 도입하고 있다.[10] 여기서 그는 예루살렘 사람들에게 다음과 같은 부드러운 의성법을 사용하고 있다.

Nahamu nahamu ammi
(위로하라, 내 백성을 위로하라)
            (사 40:1a)

가장 오래된 이스라엘의 시 가운데 하나는 드보라의 노래이다(삿 5장). 여기에도 의성법이 사용되고 있다. 전쟁터에서의 말들의 돌격소리를 듣는 드보라의 귀를 주목하라. 우리는 그들의 발굽소리를 들을 수 있을 것이다.

Daharot daharot abbirayv
(군마가 빨리 달리니 말굽소리는 땅을 울리도다.)
(삿 5:22b)

잘 울리는 유음과 의성법으로 예언자 이사야는 자연의 소리 가운데 하나를 포착한다. 그는 구비치며 파도치는 물소리를 이용하여 앗시리아와 그 동맹국들의 함락에 대하여 예언하고 있다. 군사들이 서로 충돌하여 소란한 전장의 모습을 우리는 태풍이 몰아치는 바다에서 들을 수 있을 것이다. 시인으로서 이사야는 장모음과 자음의 반복을 기술적으로 사용하여 원하는 바를 표현하고 있다. 그러므로 자음의 이중 반복이 폭발과 충돌, 모든 해안을 파도가 휩쓸고 가는 소리를 반영해주고 있는 반면, 서서히 일기 시작하는 파도는 장모음을 사용하여 표현하고 있다.

hoy hammon ammim rabbim
kahamot yammim yehemayun
ushe'on le'ummim
kishe'on mayim kabbirim yishsha'un
le'ummim kishe'on mayim rabbim yishsha'un
(슬프다 많은 민족이 소동하였으되
바다 파도의 뛰노는 소리 같이 그들이 소동하였고
열방이 충돌하였으되
큰 물의 몰려옴 같이 그들도 충돌하였도다
열방이 충돌하기를 많은 물의 몰려옴과 같이 하나…)
(사 17:12-13a)

주목할만한 가치가 있는 예를 하나만 더 들어보기로 하자. 이것 역시 소리를 잘 묘사하고 있는데, 아이들이 철자를 배우는 소리를 듣게 된다. 이사야 28:7-13에서 예언자는 술취한 상태에 있던 그 당시의 종교 지도자들을 책망하고 있다. 자신들이 토한 오물과 더러운 것 가운데서 비틀거리며 옆걸음질 치고 있는(7-9절) 이 "아이들"에게 이사야가 하나님의 메시지를 설명할 때, 그는 그들이 그의 가르침을 비꼬는 것을 발견했다. 그들은 이사야의 말들을 조롱과 비웃음으로 흉내내려고 했던 것이다(14절). 그들은 이사야가 마치 초보자들에게나 가르치는 철자를 어른들에게 가르치고 있다는 듯이 조롱했다. 히브리 자모에 대한 이 철자법 수업은 이런 식이다.

> tzav latzav tzav latzav
> qav laqav qav laqav
> ze'er sham ze'er sham
> 〔짜데 짜데, 짜데 짜데
> 코프 코프, 코프 코프
> 작은(소년) 여기에서 작은(소년) 저기에서: 역자 사역〕
> 사 28:10a, 13b.

히브리 자모음에서 짜데(צ)는 코프(ק) 바로 앞에 나온다. 이것은 어른들에게 알파벳을 가르치는 교사라고 이사야를 비웃는 것이다. 대개의 경우 이 구절은 "경계에 경계를 더하며, 행에 행을 더한다" 또는 "행하고 행하라 규칙에 규칙을"(개역성서에서도 이와 비슷하게 "경계에 경계를 더하며… 교훈에 교훈을 더하며…"로 번역되어 있다 - 역주)이라고 번역되고 있으나 이는 이 구절의 의미를 모호하게 만드는 것처럼 보인다.[11]

3. 그림같은 말

지금까지 살펴본대로 히브리어는 매우 그림같은 언어이다. 성서 기자들은 그것을 어떻게 최대한 이용할 수 있는지를 알고 있던 사람들이었다. 그러나 히브리어는, 묘한 뉘앙스를 가지고 있는 의미들을 정확하게 표현할 수 있는 분석적인 언어는 아니다. 예를 들면, 히브리어는 단지 두개의 시제만을 가지고 있다. 대개가 미완료된 동작을 위해서는 미래 시제를 사용하고 완료된 동작을 위해서는 과거 시제를 사용한다. 대체적으로 히브리어 구문과 문법은 어미가 변화하는 라틴어나 헬라어보다 훨씬 덜 복잡하다.

히브리어의 특성은 붓으로 대담하게 언어 그림을 칠하는 것이다. 성서를 기록한 히브리인들은, 전체 그림을 그릴 때 세밀한 부분이나 조화같은 것에는 관심을 두지 않았다. 기본적으로 그들은 눈으로 보는 것을 그렸지, 마음으로 사색하는 것을 그리지 않았다. 간단히 말해서, 세상은 히브리인들에게는 이해할 수도 없고 철저하게 파헤칠 수도 없는 하나의 신비였다: "그는 그

의 눈에 비치는대로의 사물을 그대로 취한다. 그는 그것들을 받아들이고 그
것들에 대하여 경탄한다."[12]

히브리어의 특성에 대해서 좀 더 알기 위해 오케스트라의 유비를 들어보
기로 하자. 집단적으로 볼 때, 기본적으로 히브리 성서 기자들은 잘 조율된
악기들을 가지고 서로 다른 악기들과 정확하게 하모니를 이루며 서로 화합하
여 아름다운 소리를 들려주는 오케스트라와 같은 역할을 하고 싶어하지는 않
는다. 때로는 음을 틀리게 연주하는 악기들도 있는 것처럼 보이기는 하지만
(이것은 그렇게 크게 관심을 끌만한 것은 못된다), 영감에 찬 히브리 현자들
은 전체로서의 오케스트라의 다양한 소리를 서로 합하여 효과있게 잘 내고
있는 것같다.

히브리 사상에 대한 대형 그림을 그림에 있어서, 먼저 히브리인들이 하
나님을 어떻게 보았는가 하는 것을 생각해보기로 하자. 성서 기자들은 하나
님의 존재 여부에 대해서는 결코 논쟁을 하지 않는다. 그들은 하나님의 존재
를 당연한 것으로 여긴다. 하나님은 철학적으로 이해되지 않았다. 오로지 기
능적으로 이해될 뿐이다. 그분은 행동하시는 분이다. 히브리인들은 일차적으
로 하나님에 대하여 그림적으로, 다시 말해 순수한 존재나 어떤 상태적인 존
재로서가 아니라 인격적이며 활동적인 존재로서 이해하였다. 즉 하나님의 사
랑의 속성을 표현할 때 히브리인들은 보통 "하나님은 사랑이다"라는 식으로
보다는 "사랑의 하나님"(즉, 하나님은 사랑하시는 분이다)으로 생각했다.
그러므로 분명히 성서 시대의 히브리인들의 사고 구조는 교회가 수세기동안
논쟁해온 이슈들 즉, 하나님의 존재, 하나님의 본성, 자유의지와 예정론, 다
가 올 일들의 세부적인 내용, 성서의 축자설과 인용법, 성서의 영감에 있어
서의 하나님과 인간의 정확한 역할 따위에 대해서도 거의 또는 전혀 관심을
갖고 있지 않았다고 할 수 있다.

성서에서 히브리인 기자들에 의해 색칠해진 언어 그림들은 때때로 세속
적이고, 신랄하며, 직설적이다. 레슬리 알렌(Leslie Allen)은 우리에게 다
음과 같은 점을 상기시켜준다: "이 세대의 궤변과 지식인인 체 하는 지성주
의로부터 우리는 순진하지만 신성한 그들의 감동적인 단순성에서 새롭게 하
는 사고 형태들에로, 확실한 감각에로, 땅 냄새를 머금은 공기에로 여행할
수 있다."[13] 사실, "땅"(히브리어로 *eretz*)이라는 단어는 구약성서에서
"하늘"(히브리어로 *shamayim*)이라는 말보다 다섯 배이상 사용되고 있다.

히브리인들에게 있어서 매일매일의 생활 가운데서 일어나는 일들은 하나님 다음으로 중요시되었다. 히브리 성서에서 우리는 언어 그림들 가운데서 솔직한 인간성과 개방성 - 때에 따라서는 무딘 감각과 예민한 감각 - 을 만나게 된다. 서구적인 풍미에 길들여진 사람들에게는 이러한 솔직함(세속적이며 현실적인 성격)에 대해 불쾌하게 느낄지도 모른다. 그럼에도 불구하고 성서에서는 그 신학의 대부분이 일상적인 생활의 경험에 뿌리박은 용어들로 표현되어 있다. 이것이 히브리인의 세계였으며, 또한 하나님이 얼마나 성서의 신적인 말씀을 우리가 이해할 수 있는 우리의 인간적인 차원으로 가지고 내려오셨는가를 잘 보여준다.

이러한 솔직성(또는 세속성)에 대한 몇가지 예를 살펴보기로 하자. B. C. 701년 강력한 앗시리아의 산헤립(Sennacherib) 군대에 의하여 예루살렘이 포위되었을 때 이사야 예언자는 예루살렘 사람들의 예정된 운명을 생생하게 표현하고 있다. 즉, "자기의 대변을 먹으며 자기의 소변을 마셔야만" 했던 사람들로 묘사되고 있다(사 36:12). 기적적으로, 이 앗시리아의 공격은 막아낼 수 있긴 했지만(사 37장과 왕하 19장을 보라), 한세기가 조금 더 지난 다음에(586 B.C.) 바벨론이 예루살렘을 무너뜨렸다. 예레미야는 그 당시의 남왕국 유다의 지도적인 예언자 가운데 한 사람이었다. 예레미야도 이사야 만큼이나 솔직하게, 예루살렘 사람들이 기아로 다 죽어가게 되었을 때에 서로 잡아먹는 모습을 비극적으로 묘사하고 있다: "내 백성의 멸망할 때에 자비한 부녀가 손으로 자기 자녀를 삶아 식물을 삼았도다"(애 4:10. 참조, 신 28:53-57). 바벨론 포로의 배경에서 하나님의 백성들은, 그 "의는 다 더러운 옷같은," 죄많고 불결한 사람들로 묘사되고 있다(사 64:6). 그러나 "더러운 옷"에 대한 히브리어는 히브리인들의 생생하고 세상적인 표현 스타일을 반영하는, 더 노골적인 용어인 *beged iddim*이다. 그 문자적인 의미는 "월경(月經)의 옷"이다. 이와 비슷한 그림 - 언어로써 예레미야는 가나안 성소에서의 이스라엘의 성적인 난폭 행위를, 달아오른 들암나귀의 성적인 행위와 같다고 표현하고 있다: "너는 광야에 익숙한 들암나귀가 그 성욕이 동하므로 헐떡거림 같았도다. 그 성욕의 때에 누가 그것을 막으리요. 그것을 찾는 자들이 수고치 아니하고 그것의 달에 만나리라"(렘 2:24). 윌리암 홀러데이(William Holladay)는 이 인상적인 언어 그림(verbal picture)을 이렇게 설명한다: "암컷의 때가 이르렀을 때 그것은 수컷이 배설한 오줌 냄새를 맡으면 미친듯이 날뛴다. 암컷이 그 냄새를 찾으면, 기뻐하며 짝을 만나기 위해 달아난다."[14] 이스라엘의 영적 상태에 대한 이와같은 강력한 묘사들은 왜 예언자들이 자주 그들의 백성 가운데서 탐탁치 않게 여김을 받았는지를 설명해준다. 그들이 그런 취급을 받은 것은 심판에 대한 그들의 예언 ― 이런 예언은 많지는 않았지만 강도높은 것이었다 ― 때문보다도 그들이 하나님의 말씀들을 드러내는 자들이었기 때문이다.

그와같은 생생한 성서의 비유적 표현은 히브리인들이 자연을 가까이하며 살았음을 보여준다. 그들은 서구인들이 보통 완곡하게 표현하는 또는 함께 토론하기를 꺼려하는 그런 삶의 영역들을 직접적으로 마주 대하는 것을 두려워하지 않았다. 그러므로 오늘날 할례가 유대인 공동체 안에서 여러 사람들 앞에서 또는 전체 회당 앞에서 행해지고 있음은 이상한 일이 아닌 것처럼 보인다. 이러한 맥락에서 우리는 서구의 기독교인들이 할례를 전 교인 앞에서 받아야 한다고 할 때 어떤 반응을 보일지 물어볼 수 있을 것이다. 그들은 강단에서 위에서 언급한 월경, 성욕이 동하고 있는 동물들과 같은 주제들에 대하여 언급하거나 또는 단지 아가서의 한 부분을 읽는 것조차도 꺼려할 것이다. 마찬가지로 많은 기독교인들도 어느 정도 편하지 못할 것이다. 그러한 반응은 또한 서구 세계의 현대 기독교의 문화적 관점이, 교회를 탄생시킨 히브리인들의 동방의, 셈족의 세계와 다르다는 사실을 다시 한번 확인시켜 준다. 그러나 보다 중요한 것은, 그것이 또한 히브리 사상에 대해 기독교인들이 계속해서 연구해야 함을 상기시켜 준다는 것이다.

히브리인의 창조 이야기(창 1~2장)는 문학적 관점에서 다른 어떤 고대 세계의 문학과도 비교가 안 된다. 여러가지 방식으로 이 창조 이야기는 히브리인들이 단어에 정통해 있음을 아름답게 설명해 주고 있다. 그들은 "명문장가들"(word-smiths)이었다. "저녁이 되며 아침이 되니"를 반복해서 표현함으로 성서 기자는 서서히, 창조 "첫 날"부터 창조의 절정에 이른 "일곱째 날"까지 옮겨간다. 비유적 표현과 말놀이도 이야기를 강조하는 역할을 한다. 땅은 $tohu$하고 $bohu$했다("공허하고 혼돈했다," formless and empty, 창 1:2); 하나님은 남자와 여자에게 말씀하시기를, $peru$와 $rebu$하라 하셨다("번성하여 충만하라," 1:28); "하나님의 신은 수면에 운행하시니라"(1:2)에서 "운행하다"(hovering)로 번역된 히브리어 $merahephet$는 조류학적인 용어로서, 성서에서는 새끼의 보금자리 위에서 새끼를 돌보면서 날고 있는 독수리를 표현할 때 사용되었다(신 32:11을 보라). 창세기 2장에서, 창조에 대한 찬양은 계속해서 하나님이 땅의 흙으로부터 사람을 "지으셨다"고 말하고 있다(7절). "지으셨다"로 번역된 히브리어 동사 *yatzar*는 도자기를 빚을 때 사용하는 단어이다. 예언자들은 이 단어를, 흙으로 항아리를 빚거나 만드는 사람과 관련하여 사용하였다(렘 18:4, 6). 훌륭한 언어유희를 통해서 성서 기자는 하나님이 "사람"(*adam*)을 "땅"(*adamah*)으로부터 지으셨으며, 그의 이름을 "아담"이라고 붙이셨다(창 2:7, 20)고 말하는 것이다.

이사야의 예언은 히브리인들의 화려한 비유적 표현의 성격을 한층 더 잘 보여주고 있다. 그 예언은 이스라엘의 영적인 질병에 대한 묘사로부터 시작된다. 반역적인 나라는 완전히 상처나고 병든 몸과 같이 되었다. 따라서 이사야는 이렇게 말한다(문학적 특성을 더 잘 살린 표준 새번역 성서를 인용하겠다 – 역자주).

> 어찌하여 너희는 더 맞을 일만 하느냐?
>   어찌하여 여전히 배반을 일삼느냐?
> 머리는 온통 상처투성이고
>   속은 온통 골병이 들었으며
> 발바닥에서 정수리까지
>   성한 데가 없이,
> 상처난 곳과 매맞은 곳과
>   또 새로 맞아 생긴 상처뿐인데도,
> 그것을 짜내지도 못하고, 싸매지도 못하고,
>   상처가 가라앉게 기름을 바르지도 못하였구나.
>   (사 1:5-6)

그러나 하나님은 희망을 갖게 하신다. 그 희망은 죄 가운데 있는 하나님의 백성들을 근본적으로 변혁시킬 수 있는 그런 것이었다. 그래서 이사야는 그의 동족에게 하나님의 메시지를 호소하고 있다: "오라, 우리가 서로 변론하자. 너희 죄가 주홍같을지라도 눈과 같이 희어질 것이요, 진홍같이 붉을지라도 양털같이 되리라"(1:18). 여기에서 "진홍"으로 옮겨진 단어는 *tola*로서, 용서의 성격을 이해하는 데 생생한 모습을 제공해준다. *tola*는 일차적으로는 "벌레"를 뜻하며, 이차적으로는 진홍색을 뜻한다. 이 두번째 의미는 이 벌레(오늘날은 *coccus ilicis*라는 전문적인 용어로 불리운다)가 뭉개져 뜨거운 물에 담구어졌을 때, 바래지 않고 지워지지 않는 밝은 진홍색을 만들어 내기 때문에 나온 것이다. 그래서 그것은 고대의 염료 산업에 있어서 가치있는 상품이 되었다(참조, 애 4:5). 진홍색을 만들어내는 벌레에서 나온 색소는 성막의 덮개를 만들 때 사용되었다(출 26:1).

그러면, 이 예언자가 주는 교훈은 무엇이며 오늘날 그것을 어떻게 적용할 수 있는가? 히브리적인 비유적 표현으로 묘사된 이 말씀은 죄인들을 위한 하나님의 복음으로서, 삶을 바꾸어 놓는 메시지이다. 인간의 죄를 제거하시는 하나님의 용서의 능력은 헐몬 산 정상에 새로 내린 희고 정결한 눈과 같으며, 또한 털을 깎기 전 요단 강에서 씻기운 자연적으로 흰, 염료가 섞이지 않은 양털과 같다. 인간의 삶에 찍힌 영원히 지워지지 않는 죄의 얼룩은 하나님의 깨끗케 하시는 능력으로 깨끗하게 될 수 있다. 맥베스가 "아라비아의 모든 향료로도 내 작은 손을 향기롭게 할 수 없구나!"라고 울부짖었던 것만큼이나 죄책감 때문에 시달리는 사람이 있을 것이다. 그러나 하나님의 능력으로 우리는 깨끗케 되고, 변화되고, 용서받을 수 있다. 신약성서적인 용어로, 모든 나라와 족속과 민족의 사람들, 서로 말이 다른 모든 사람들이 언젠가 흰 옷을 입고 하나님의 보좌 앞에서 "구원하심이 우리 하나님에게 있도다"라고 외칠 것이다(계 7:9-10). 이것은 고대 이스라엘 사람들에게 그랬던 것처럼, 오늘 우리에게 주시는 하나님의 기쁜 선언이다: "너희 죄가 *tola*의 진홍색 염료처럼 지울 수 없는 붉은 색이라고 할지라도, 나는 너희의 죄를 용서할 수 있고, 너희 삶을 새롭게 할 수 있으며, 너희가 완전히 깨끗한 모습으로 설 수 있도록 할 수 있다."

성서 문학에 나오는 언어 그림이 그려진 방법 가운데 하나는 이야기를 하는 기술을 통해서이다. 히브리 해설자는 그의 이야기를 보통 등장 인물들 자신이 스스로 이야기하게 함으로 살아 있는 이야기로 만들었다. 더욱이 히브리 분사(participle)를 사용하여 이야기를 더욱 생생하게 만들었는데, 이 분사는 보통 어떤 행동이 진행 중에 있음을 표현할 때 사용되며, 오늘날의 현재 시제와 매우 비슷하다. 그래서 모든 행동들은 이야기 하는 사람의 눈 앞에서 벌어지는 것처럼, 영화의 장면들이 지나가듯이 극적으로 그려질 수 있었다.[15]

이야기하는 예술에 있어서 숙련된 기술을 가지고 있던 예수는 독특한 모범을 보이고 있다. 대부분의 그의 유대인 선조들과 당시 사람들과 같이, 예수는 질문을 받으셨을 때 처음부터 결론까지 이론으로 답하지 않으셨다. 오히려 예수는 대개의 경우 이야기를 통해서, 종종 비유의 형태로, 답하셨다. 이러한 방법을 통해 그는 청중들의 주의를 끄셨다. 즉, 그는 청중들 자신이 생생한 그리고 개인적인 방법으로 대답을 얻을 수 있도록 만드셨던 것이다. 동시에 이 방법을 통해 예수는 자신이 하고자 하시는 말씀을 하셨다. 그러나 요점은 미묘하게, 상상적으로, 그리고 간접적으로 제시되었다. 예수는 그가 전하고자 하시는 진리를 항상 자세하게 설명하지는 않으셨다. 이야기를 듣는 사람이 스스로 결론에 이를 수 있게 하셨다. 그러므로 진리는 직접적인 방법이 아니라 암시적으로 전해졌다. 진리는 명백하기 보다는 암시적이라 할 수 있다. 이러한 창조적인 접근 방식을 통해서 청중들은 대개 스스로 확신을 가질 수 있었다. 랍비들이 가르칠 때 일반적으로 사용한 이러한 기술은 효과적이었다. 왜냐하면 그것은 진리를 정면으로 드러내지 않고 감추기 때문이다. 예수가 이렇게 가르치신 주된 이유가 예수에 관해 진술한 바울의 편지들에서도 발견된다: "부요하신 자로서 너희를 위하여 가난하게 되심은 그의 가난함을 인하여 너희로 부요케하려 하심이라"(고후 8:9).

4. 블록 논리(Block Logic)

소위 '블록 논리'를 사용하는 것도 또 다른 중요한 히브리 사상의 특징 가운데 하나이다. 서양 세계에 커다란 영향을 미친 헬라의 논리는 그것과 다르다. 헬라인들은 흔히 전제로부터 시작하여, 꽉 짜여 있는 단계들을 통해 결론을 이끌어내는 논리 방법을 사용하였다. 이 논리 단계들은 서로 다음 단계들과 밀착되어 있으며 합리적인, 논리적인 형태를 지니고 있다. 그러나 결론은 대개가 하나의 관점에, 즉 실재에 대한 인간의 인식에 제한되어졌다.

이와는 대조적으로, 히브리인들은 보통 블록 논리를 사용했다. 다시 말해, 개념들은 독립적인 단위 속에서 또는 사상의 블록 속에서 표현되어졌다. 이 블록들은, 분명하게 이성적이거나 조화를 이루는 어떤 형태 속에서 항상 서로 꼭 맞지 않아도 되었다. 특히, 한 블록이 진리에 대하여 인간적인 관점을 표현하고 다른 블록이 신적인 것을 표현할 때 더욱 그랬다. 이러한 사고 방법은 역설, 모순, 또는 분명한 상반의 특성을 낳을 수밖에 없었다. 한 블록은 다른 블록에 대하여 긴장 관계를 이룬다. 두 블록은 흔히 비논리적인 관계를 갖는다. 그러므로 사상의 양극성 또는 변증법이 대개 블록 논리의 특징이었다.

성서의 블록 논리를 서로 맞추는 것이, 사고 방식에 있어서 히브리인들 보다는 헬라인과 로마인들에게 더 많은 영향을 받은 서양인들에게는 쉬운 일이 아니다. 그들은 동양인들과는 달라서 성서를 펼 때, 로버트 말틴-아카드 (Robert Martin-Achard)가 진술한 바와 같이, 동양의 히브리 세계에로 "일종의 지성적인 회개(conversion)를 하도록"요구되어진다.[16]

그러면 이제 성서에서 발견되어지는 많은 블록 논리 가운데 몇가지를 실례로 살펴보기로 하자. 출애굽기는 바로가 자신의 마음을 완악하게 했다고 말하고 있다. 그러나 동시에 그 성서는 하나님이 그렇게 하셨다고 말하기도 한다(출 8:15; 참조, 7:3). 예언자들은 하나님이 진노의 하나님이시면서 동시에 자비의 하나님이시라고 가르친다(사 45:7; 합 3:2). 신약성서는 예수를 "하나님의 어린양"과 "유대 지파의 사자"로 부르고 있다(요 1:29, 36; 계 5:5). 지옥은 "캄캄한 흑암"과 "불붙는 못"으로 묘사되고 있다(유 13; 계 19:20). 구원에 있어서 예수는 "내게 오는 자는 내가 결코 내어쫓지 아니하리라"고 말씀하시면서 또한 아무도 "아버지께서 이끌지 아니하시면" 올 수 없다고도 말씀하였다(요 6:37, 44). 목숨을 얻고자 하면 잃을 것이다(마 10:39). 우리는 약할 때 강하다(고후 12:10). 올라가는 길(높임)은 내려가는 길(겸손)이다(눅 14:11). "내가 야곱은 사랑하였고 에서는 미워하였다"(롬 9:13. 참조, 말 1:3). 얼마든지 이러한 예들을 어렵지 않게 더 들 수 있다.

블록 논리의 형태에 대해서 숙고할 때, 신의 섭리와 인간의 책임이 양립될 수 없는 것, 상반되는 것이라는 인상을 받을 수도 있다. 그러나 히브리인들은 그들이 하나님의 목적을 성취할 때 그들의 자유가 제한된다고 생각하지 않는다. 성서 본문들을 더욱 신중하게 읽다보면, 한 블록은 신적인 초월의 관점으로 보는 한편(하나님이 "내가 바로의 마음을 강퍅하게 하였다"고 말씀하신다), 다른 블록은 인간의 관점에서 보는("바로가 그 마음을 강퍅케 하였다") 경우가 왕왕 있다(출 4:21; 7:3, 13; 8:15). '예정/선택'과

'자유의지/인간의 자유'의 주제를 다루는 성서 구절들도 대개 그와 마찬가지다. 산드멜(Samuel Sandmel)의 토론은 특별히 이 점에 있어서 헬라적 관점과 유대적 관점을 비교하는 데 도움을 줄 것이다:

> 각 사람의 운명이 하나님에 의해 정해져있다는 관점은 언뜻보면 헬라인들의 운명론과 비슷한 것처럼 보인다. 운명은 인간과 신들에게 일어나게 되어 있던 것을 명령한 맹목적인 힘이었으며, 일어나게 되어 있는 것은 어떻게 변경할 수가 없다. 이것은 예정론으로 알려진 견해와는 전혀 다른 것이다. 예정론은 어떤 의미에서, 하나님이 이 바꿀 수 없는 운명을 결정(바꾸거나 고치신다는 의미 : 역주)하신다는 점을 빼놓고는 운명론과 비슷하다. 유대인의 견해 – 우리는 그것을 섭리라고 부를 수 있을 것이다 – 로는 완전히 변경 불가한 미래가 앞에 놓여 있다고 하는 결론을 결코 내릴 수 없다. 왜냐하면 그러한 견해는 하나님의 전능하심과 자비하심에 모순되기 때문이다. 또한, 하나님이 사람의 운명을 바꾸실 수 있다는 견해는 사람의 자유 의지나 도덕적 책임감을 배제하지 않는다. 만일 철학적으로 예정론 교리와 자유의지론 교리, 그리고 도덕적 책임이 모순되는 것처럼 보인다면(극단적으로 까지 그것들이 주장되어질 때처럼), 유대 사상은 어떤 한 교리를 제외하기 위해 둘 중 하나를 그렇게까지 발전시키지는 않을 것이다. 랍비 아키바(Akiba)의 금언은 사실상 두개의 상호 모순되는 생각을 긍정하고 있다:"모든 것이 다 섭리아래 있다[즉, 모든 것이 다 예정되어 있다]. 그러나 사람은 자유 의지를 가지고 있다"(미쉬나, Abot 3:16). 하나님이 뜻하신 어떤 사람의 운명이 바뀌어질 수 없다면, 그러한 변화를 위하여 하나님 앞에 기도하는 것은 의미가 없는 일이다."[17]

요약하면, 히브리인의 마음은 "하늘에 대한 두려움을 제외하고는 모든 것이 다 하늘의 손에 달려 있다"고 확신하면서(바벨론 탈무드, Berakhot 33b), 이러한 파라독스의 언어의 긴장을 다룰 수 있었다. 하나님의 주권과 인간의 책임은 양립할 수 없는 것이 아니었다.

히브리인들은 자신들이 모든 것을 다 알고 있지 못함을 알고 있었다. 그들은 "해아래"있었다(전 8:17). 그래서 그들의 말은 적었다(5:2). 그들은 하나님의 진리의 수수께끼나 우주의 신비를 지나치게 조직화하거나 강제로 조화시키려 하지 않았다. 그들은 하나님이 굽게 하신 것은 누구도 곧게 할 수 없음을 인식하고 있었다(7:13). 그러므로 모든 것이 다 충분히 합리적인 것이어야 할 필요가 없었다. 히브리인의 마음은 이율배반적인 양면적 가르침을 모두 받아들일 수 있는 준비가 되어 있었다. 그들은 신비와 분명한 모순들은 흔히 신적인 것의 표징임을 인식했다. 요컨대 히브리인들은, 충분히 이해할 수 없는 문제들에서 신뢰하는 법을 배우는 지혜를 갖고 있었다.

배움에 있어서의 철학적이며 구조적인 구분들은 분명히 현대 교육에 있어서 중요한 역할을 하고 있다. 그러나 서구 문명은 - 특별히 대부분의 세속적인 그리고 기독교적인 가르침의 차원들에 있어서 - 히브리 사상의 성격에 대하여 거의 가르치지 않고 있다. 그래서 그들은 자연히 보다 더 이성적이며 보다 더 조직적인 사상의 범주들(categories)을 성서에 부과시키는 경향이 있다. 그러나 성서는 매우 세밀한 도표와 철저한 도식을 만들기 위한 시도들을 거절한다. 하나님도 그분의 말씀도, 논리적이거나 과학적인 분석을 위하여 하나의 상자에 담을 수는 없을 것이다. 하나님과 그분의 말씀 모두 이성적인, 인간의 설명을 허용치 않는 주권적인 예측불허의 성격을 가지고 있다. 기독교의 교리 전통은 이 점에 있어서, 특별히 예수와 바울을 이해하려는 노력에 있어서, 많은 것을 유대 공동체로부터 배워야 한다. 이와 관련해서 유대인 성서 학자 라피드(Pinchas Lapide)는 기독교인들이 깊이 생각해야 할 다음과 같은 자극적인 말을 하고 있다:

> 예수는, 서양인들의 단어 감각을 가진 신학자는 분명 아니었다. 왜냐하면 그는 유대인이었기 때문이다. 그보다 먼저 온 예언자들처럼 그는 일상적인 삶 - 가난, 납세, 친척 또는 동료 간의 불화, 매일의 생계 - 에 관한 고통스런 물음들에 대하여 구체적인 성서적 답변들을 해주셨다. 그는 분명코, 하나님의 신비를 풀거나 매끈하게 조직화하려는 시도를 거만스런 신성 모독으로 여기시고 혐오하셨을 것이다. 바울의 경우도 마찬가지다… 그의 서신들은 매우 구체적인, 당시의, 지역적인 문제들을 다루고 있으며, 그의 스타일은 의심의 여지없이 랍비들의 사상 형태들을 드러내고 있다. 우리는 그의 스타일 가운데서 바리새적인 대화의 형태가 반짝거리고 있음을 보게 된다. 그의 모든 답변들은 - 가장 이성적인 것처럼 보이는 것까지도 - 이상하게 단편적인 것처럼 보인다. 그는 참으로 유대적인 방식으로, 수평적으로 뿐만 아니라 수직적으로도 열려있는(open-ended, 제한치 않는) 답변을 제시하고 있다.[18]

비슷한 컨텍스트에서 라피드는, 예수와 그의 파라독스를 "논리적인 구속복(logical straitjacket)" 속으로 집어 넣으려는 이방 기독교인들을 지적함으로써 위의 주장을 더욱 강조하고 있다. 라피드는 말한다 : "예수는 '나는 영리하게 깊이 생각한 책이 아니다. 나는 모든 본성적인 모순들을 가지고 있는 인간이다'라고 여전히 항거하시고 있다."[19] 맞는 말이다. 이 말은 기독교인들로 하여금 복음서로 돌아가서 마태복음 10:34과 같은 말씀들을 다시 생각해보도록 만든다. 이 구절에서 "평화의 왕자"(마 5:9; 참조, 사 9:6-7)는 "내가 세상에 화평을 주러 온 줄로 생각지 말라. 화평이 아니요 검을 주러 왔노라"고 말씀하신다.

성서 시대의 셈족은 진리를 '생각하지' 않았다. 그들은 진리를 '경험했다.' 앞에서 강조한대로, 진리는 그것이 명제(proposition)인 것만큼이나 만남(encounter)이다. 실재에 대한 이러한 경험적인 관점은 부분적으로 왜 유대교가 광대한 사고 체계를 결코 발전시키지 않았는지를 설명해준다. 또한 유대교가 어떻게 블록 논리를 둘러싸고 있는 긴장과 역설들과 함께 존재할 수 있었는지를 이해할 수 있게 해준다. 유대인들에게는 행함이 신조보다 언제나 더 중요했다. 그들은 인간의 관점에서 볼 때 모순처럼 보이는 말에 대하여 당황하지 않았다. 대립되는 것처럼 보이는 것에 대해서도 조화시켜야 할 필요를 느끼지 못했다. 그들은 진리를 조직화하려는 인간의 어떤 노력보다도 하나님은 궁극적으로 더 큰 분이심을 믿었다. 진리를 이성적으로 분석하는 것보다 "진리에 행하는 것"(요이 4)과 "진리를 따라 사는 것"(요일 1:6)을 더 중요시했다. 저명한 성서 학자 랍비 솔로바이칙(Joseph Soloveitchik)의 말대로, "우리들[유대인들]은 실제적인 사람들이다. 우리는 하나님의 속성을 묘사하는 것보다 하나님께서 사람에게 무엇을 행하시기를 바라시는지를 발견하는데 더 관심이 있다… 가르치는 사람으로서, 나는 물음들을 해결하려고 노력한 적이 한번도 없다. 왜냐하면 대부분의 물음들은 풀 수 없는 것들이기 때문이다." 그는 이렇게 결론짓는다 : "유대교는 결코 모순을 두려워하지 않는다… 그 둘을 충분히 조화시키는 것은 하나님에게서만 가능하다는 사실을 인식한다. 하나님은 상반되는 것들이 동시에 공존하는 존재이시다."[20]

교회는 커다란 신학적인 사상 체계를 방법론적으로 조직하거나 범주화하는 경향이 있는데, 그것은 기껏해야 위험스런 일에 지나지 않는다는 것이 우리의 결론이다. 성서는 하나님과 삶에 대한 취사선택적인 메모들을 위한 쓰레기 하치장이나 잡동사니 보관소가 절대로 아니다! 그것은 하나님의 영감으로 된 말씀이다. 만일 하나님에 의해 감동된 그 메시지가 결합성과 아치형을 이루는 구조를 가지고 있다면(사실이 그렇다), 이 결합과 구조를 성서에 부과해서는 안 된다. 오히려 우리는 성서 안에서 발견되는 미결(未結)부분과 역설적인 언어가 자유로운 활동을 할 수 있도록 하면서, 성서 안에 있는 이 상호연관성을 귀납적으로 발견해야만 한다.

5. 명상을 위한 시간

히브리인들은 오랜 세월, 방해받지 않은 명상 시간을 가져왔다. 그들의 삶의 리듬은 자명종 시계나 공장의 호루라기 소리에 의해서가 아니라 해에 의하여 정해졌다. 목자로서, 농부로서, 또는 어부로서 히브리인들은 밖에서 살았기 까닭에, 토지와 바다와 밀접한 생활을 했다. 그들은 한 주간에 한번씩 안식일에 쉬었을 뿐만 아니라 해가 중천에 떴을 때에도 휴식시간을 가졌다. 해가 지고 저녁이 되면, 그들은 자유였다. 그들은 또한 정기적으로 금식을 했다. 이러한 고대의 생활과, 전화와 텔레비젼, 그리고 다른 여러가지 문명의 이기들로 인해 시간을 빼앗기고 있는 현대인들의 생활을 인식할 때, 우리는 그들이 훨씬 더, 명상을 위한 시간을 가질 수 있는 기회를 많이 가질 수 있었음을 알 수 있다.

명상의 주제는 히브리 성서가 정확하게 세부분으로 즉 율법서와 예언서 그리고 성문서로 이루어져 있음을 이해하는 데 중요하다. 여호수아가 히브리 성서의 두번째 부분인 예언서[21]의 첫부분이다. 이 책은 이스라엘에게 모세의 율법서(히브리 성서의 첫번째 부분)를 "밤낮으로" 묵상하라고 하는 하나님의 명령으로 시작되고 있다(수 1:8). 시편은 히브리 성서의 세번째 부분인 성문서의 첫번째 책이다. 이 책도 같은 모티브로 시작하고 있다. 즉 하나님의 율법을 "밤낮으로" 묵상하라고 하는 모티브로 시작하고 있다(시 1:2). 다른 곳에서도 시편 기자는 "주의 모든 일을 묵상하리라"(시 77:12)라고 말하고 있다. 컨텍스트로 미루어 볼 때 이상의 구절들은 묵상이, 세 부분으로 이루어져 있는 히브리 성서를 하나로 묶어주고 있는 열쇠임을 말해주고 있다.

　위에서 인용한 세 구절에서 "묵상"으로 옮겨진 히브리어는 하가 (hagah)로서, "소리를 내다," "나직하게 말하다," "중얼거리다," "낮은 목소리로 말하다"는 뜻을 가지고 있다. 히브리인들에게 있어서 명상(묵상)은 퀘이커 교도들이 하는 것과 같은 침묵이 아니다. 여러 본문들이, 묵상은 일반적으로 언어, 즉 말하는 것을 의미하고 있음을 분명하게 말해주고 있다. 시편 49:3에 보면, "내 입은 지혜를 말하겠고, 나의 마음의 묵상(hagut)은 명철이 될 것이다"(RSV). 여기에 사용된 히브리 대구법은, 입으로 말한 것과 "묵상"이 똑같은 의미를 지니고 있음을 보여준다. 그러므로 NIV성서는 하구트(hagut)를 "묵상"이 아니라 "말"(utterance)로 옮기고 있다. 시편 19:14도 마찬가지다. 여기에서 "내 입의 말"과 "마음의 묵상 (hegyon)"이 평행을 이루고 있다. 더 나아가 여호수아 1:8은 "이 율법책을 네 입에서 떠나지 말게 하며 주야로 그것을 묵상하여 [vehagita]"라고 말씀하고 있다. 이 컨텍스트에서 "묵상하여"라는 단어는 율법을 입에서 떠나지 말게 하라는 명령에 의해 규정되어지고 있다. "이러한 식의 부정적인 말의 방식은 강한 긍정을 내포하고 있다.…입은 여기에서 언어의 기관이다."[22] 더욱이 하가(hagah)는 히브리 성서에서 사자의 "으르렁거림"이나(사 31:4) 비둘기가 "구슬피 우는 것"을(사 38:14) 묘사할 때도 사용되었다.

　이러한 구절들은, 묵상이 내포하고 있는 것에 대한 생생한 통찰력을 가질 수 있게 한다. 묵상은 하나님 앞에 자신의 생각을, 또는 그의 가르침이나 역사에 대해 깊이 생각한 것을 입술을 통해 외적으로 표현하는 것을 말한다. 그것은 낮은 목소리로 예배, 기이한 일, 찬양에 대한 생각들을 표현하는 것을 의미한다. 그러나 여호수아 1:8과 시편 1:2과 같은 곳에서 hagah는 성서가 1차적으로는 소리내지 않고 읽을 수 있도록 씌어진 것이 아님을 암시해주고 있다. 실상, 오토 카이저(Otto Kaiser)의 말대로, 율법 그 자체는 밤낮으로 "크게 읽도록" 되어 있던 것이었다.[23]

　이와같은 성서적인 묵상 방법은 오늘날 많은 정통 유대교 회당들과 예루살렘의 통곡의 벽에서 행해지고 있다. 유대인은 손에 기도서(siddur)를 들고 자신들의 생각을 들릴 수 있게 표현하며 기도한다(daven). 이렇게 말로 표현하는 것은 그들로 하여금 집중적인 기도, 그리고 카바나(kavanah), 다시 말해 목적을 가지고 주의를 집중해서 그리고 방향을 의식하면서 기도할 수 있게 도와준다. 집중하기가 어려울 정도록 주변에서 소음이 커지면, 기도 쇼올로 그 머리를 더욱 더 꽉 감싼다.

현대 히브리인들의 또 다른 명상법은, 히트봇다두트(hitboddadut)를 행하는 극단적인 하시딤(Hasidim) 정통주의자에게서 볼 수 있다. 히트봇다두트라는 히브리어는 "홀로 있는 것," "(묵상을 위해) 자신을 고립시키는 것"이란 뜻을 가지고 있다. 매일 매일 얼마간의 시간을 하나님과 큰 소리로 이야기 하기 위해 따로 떼어놓는 것이 하시드들의 관습이다. 이 묵상은 개인적인 기도와, 의혹들 및 문제들에 대해 개인적으로 숙고하는 것이다. 어린아이 같은 믿음을 회복시키기 위해(참조, 마 18:3-4) 랍비들은 넓게 확 트인 곳에서 밤중에 히트봇다두트를 행할 것을 권면하였다. 하나님에 대한 이러한 개인적인 사색을 명확히 말로 표현하는 것에 대해, 유명한 뮤지컬 영화 "지붕 위의 바이올린"의 여러 장면에서 우유 장수 테브예(Tevye)가 잘 보여주고 있다.

교회 예배의 현대적인 형태들 중에는 보다 완화된 그리고 정돈된 서구식 냄새가 나는, 그리고 조금은 거칠거나 지나치게 임시변통적인 것처럼 보이는 것들이 있다. 그러나 히브리 예배는-기도와 성서 연구를 포함해서-조용하거나 지루하지 않았다는 사실을 기억해야 한다. 히브리인들은 탬버린을 치며 춤을 추기도 하고(시 149:3, 150:4), 트럼펫이나 심벌츠와 같은 여러 악기들을 동원해서(시 150) 노래하며(33:3) 손뼉을 쳤으며(47:1) 소리를 지르기도 했다(95:1). 히브리인들에게 있어서 찬양은 살아있음의 기본적인 증거였다. 또한 그것은 "밤낮으로 묵상하라"는 명령에 순종하는 방법이었다.

6. 모든 것이 신학적이다.

히브리인들의 의식 구조 속에서는 모든 것이 신학적이다. 다시 말해, 히브리인들은 거룩한 삶의 영역과 세속적인 삶의 영역을 구별하지 않는다.[24] 그들은 모든 삶을 하나의 합체(unity)로 본다. 그 모든 것은 하나님의 지배 영역 안에 있다. 그분은 모든 지나가 버리고 마는 것들-그것이 시련이든 기쁨이든-속에 말뚝(stake)을 갖고 계신다. 그리고 인간은 그들이 하는 모든 것들 속에서 하나님을 인식한다. 시편 기자는 히브리인들의 사고를 분명하게 묘사해주고 있다: "내가 여호와를 항상 내 앞에 모심이여"(시 16: 8). 잠언에서도 이렇게 가르치고 있다: "너는 범사에 그를 인정하라. 그리하면 네 길을 지도하시리라"(잠 3:6). 그러므로 태를 열고(창 30:22) 닫고 (삼상 1:5-6) 하는 일 속에서도 하나님을 볼 수 있다. 룻기는 이러한 가르침을 뒷받침해주는 좋은 예이다: "여호와께서 자기 백성을 권고하사 그들에게 양식을 주셨다"(룻 1:6). 이것은 기근으로 인해 베들레헴과 유다 성읍들이 황폐하게 되었을 때 그들을 위해 보내진 구조에 대한 언급이다. 이 장의 뒷부분에서 나오미는 이렇게 말한다: "여호와께서 나로 비어 돌아오게 하셨느니라"(1:21). 이는 모압에서 남편과 두 아들을 잃은 일에 대한 언급이다. 다시 말해 히브리인들의 의식 구조에 있어서, 삶의 모든 정황들은 – 좋은 때나 어려운 때나 – 우연의 결과가 아니라 전능하신 하나님의 섭리의 결과이다.

신구약 성서 모두 모든 삶의 신성성에 대한 이러한 가르침들을 강조하고 있다. 구약 시대에 히브리 농부들은 땅을 경작하는 것이 신성한 것이라는 사실을 잊지 않기 위하여 특별 기도문을 하나 암송하고 있었다(신 26:5-10a).[25] 자신의 유대적 배경을 회상하면서(빌 3:4-6을 보라) 바울은 "너희가 먹든지 마시든지 무엇을 하든지 다 하나님의 영광을 위하여 하라"(고전 10:31, 참조, 골 3:17)고 말한다. 마찬가지로 베드로도 말에나 행동에 있어서나 "하나님이 영광을 받으시게 하라"고 권면하고 있다(벧전 4:11).

기도는 지금이나 옛날이나 유대인들에게 있어서 모든 삶이 거룩하다고 하는 개념에 주파수를 고정시키는 하나의 방법이다. 유대인들의 기도는 짧은 편이다. 왜냐하면 유대인들의 하루 일과는 문장으로 된 기도들(sentence prayers)로 끝나기 때문이다. 하루에 그들은 백개 이상의 베라코트 (Berakhot, 축원 기도)를 암송한다(참조, 미쉬나 베라코트 9:1-5). 그들은 관습적으로 "주님의 이름을 찬양합니다"(*Barukh attah adonai*)로 기도문을 외기 시작한다. 우주의 왕과 창조주로서, 하나님의 임재는 그의 세계 안에서 모든 활동 속에서 그리고 언제나 인지된다. 모세는 이스라엘에게, 선하심을 인하여 여호와를 찬양하라고 명했다(신 8:10). 이와 같은 구절들에 근거해서 랍비들은 이렇게 가르쳤다: "감사 기도(benediction) 없이 세상에 있는 것들을 즐겨서는 안된다. 만일 누군가가 감사 기도없이 이 세상의 것들을 즐긴다면, 그는 신성을 모독하는 사람이다"(바벨론 탈무드, 베라코드 35a). 그래서 유대인은 나쁜 소식을 들어도 기쁜 소식을 들어도, 향기로운 식물들을 냄새 맡거나, 음식을 먹거나, 포도주를 마실 때에도 기도문을 암송한다. 그들은 천둥 번개나 무지개, 혜성들 앞에서도 기도를 드린다. 거인이나 난장이 같은 이상하게 생긴 사람을 볼 때에도 기도한다. 그들은 소변을 볼 수 있도록 해달라고 하는 기도도 하루에 여러 차례 기도하도록 가르침을 받는다. "지혜로 사람을 지으시고 그 안에 많은 구멍을 만들어 놓으신 하나님께 영광을 돌립니다. 그 구멍들 가운데 하나라도 잘못 열리거나 닫히기라도 한다면, 사람이 당신 앞에 설 수 없다는 사실은 당신의 영광스러운 보좌 앞에 다 알려져 있습니다"(바벨론 탈무드, 베라코트 60b).

그러므로, "지붕 위의 바이올린"에서 랍비가 "황제를 위한 축원을 드렸는가," "재봉틀을 위해서 [하나님에게] 복을 빌었는가"라는 질문을 받는 것은 결코 익살이 아니다. 러시아에 살던 이 유대인들은 모든 것이 신학적이라고 하는 고대 히브리인들의 신앙을 반영하고 있다. 이것이 전능하신 분과 접촉하는 방법이며 삶이 거룩한 것이라고 하는 관점을 유지하는 방법이다. 이는 기도문을 통해 하루종일 모든 일들 가운데서 끊임없이 하나님을 찬양하는 것을 의미한다. 아브라함 헤셸은 이러한 유대인의 사고 방식을 잘 묘사하였다: "성스러움(saintliness)은 엄청난 기도나…와 같은 어떤 특별한 행동들이 아니라 모든 행동들과 밀접한 관계를 가지고 있으며 그 모든 행동들과 동시에 생기는, 그리고 모든 삶의 활동들을 동반하고 형성하는 태도로 이루어진다고 생각했다."[26] 사실, 오늘날의 기독교인들이 유대인들의 기도의 중요한 면이 그것의 퍼짐성(pervasiveness)에 있음을 이해하지 못한다면, "쉬지말고 기도하라"(살전 5:17) 즉 "끊임없이 기도하라"는 바울의 권고를 잘 이해하지 못할 것이다.

진정한 성서적 휴머니즘이 있다. 그것은 평범한 일들 가운데서, 또는 신비적인 삶의 반전(reversal) 가운데서 조차도 거룩(신성)을 발견하는 것이다. 그것은 욥 처럼, 주시든지 취하시든지 여호와의 이름을 찬양할 수 있는 것이다(욥 1:21). 그것은 자신에게 고난을 안긴 형제들에게 "당신들은 나를 해하려 하였으나 하나님은 그것을 선으로 바꾸셨다"고 말한 요셉의 그 확신을 갖는 것이다(창 50:20). 그것은 "하나님을 사랑하는 자들에게는 모든 것이 합력하여 선을 이룬다"는 것을 믿는 것이다(롬 8:28). 그것은 사람들로 하여금 모든 삶을 고양시키도록 해서, 어디에서나 언제나 어떤 일을 하든지 어떤 말을 하든지, 거룩이 드러날 수 있도록 하는 도전이다.

오늘날에도 하시딤과 유대인들은 하나님이 임재하지 않는 삶의 영역이란 도무지 없음을 특별히 강조하고 있다. 하시딤이 이런 점을 특별히 강조하는 방법 가운데 하나는 이디시말로 된 두둘레(Dudule)라고 하는 노래를 부르는 것이다. 이 노래에서 하시딤은 하나님을 독일어로 du 즉 "당신"이라는 말로 지칭하고 있다.—Dudule는 목자들이 사용하는 단순한 악기가 내는 "삐이삐이" 같은 소리를 말하지만 그러나 여기 dudule라는 단어 가운데서 dudu는 독일어로 "당신, 당신!"을 의미하며 le는 친애를 표현하는 지소형 어미(diminutive)이다.[27] 이 노래는 하나님이 그의 백성들 가운데 어떻게 관여하시는가 하는 것을 아름답게 묘사하고 있다.

> 우주의 주재시여,
> 당신을 노래합니다[dudule].
> 당신을 발견할 수 있는 곳이 어디며
> 당신을 발견할 수 없는 곳은 어디입니까?
> 내가 어디에 있든지 당신은 거기 계시며,
> 내가 어디에 머물든지 당신은 거기에 계십니다.
> 오직 당신, 당신, 당신, 당신만이 말입니다.
> 　좋은 일 가운데 당신은 계시며,
> 그런 일이 없기를 바라지만, 시련이 닥쳐도
> 거기에 당신, 당신, 당신, 당신, 당신은 계십니다.
> 　당신은 현재도 계시고, 과거에도 계셨고, 미래에도 계실 것입니다.
> 당신, 당신, 당신이 말입니다.
> 하늘에도 땅에도 당신은 계시며,
> 높은 곳에도 낮은 곳에도 당신은 계십니다.
> 당신, 당신, 당신, 당신, 당신이 말입니다.
> 　내가 어디에 가든지
> 당신은 거기에 계십니다.[28]

7. 삶의 길로서의 종교

종교를 윤리 체계나 행위의 규범, 또는 사상이나 신조로 정의하는 사람도 있을 것이다. 그러나 히브리인들에게 있어서 종교는 그러한 것이 아니다. 그런 정의들은 오해의 여지가 많으며, 불완전하며, 부정확하다. 히브리인들은 믿음을 따라 살아가는 일상 생활을 하나의 여행 또는 순례의 용어로 이해하였다. 그들의 종교는 그들이 걸어가기로 선택한 길이었다. 홍수 이전에도 에녹과 노아같은 사람들은 "하나님과 동행하였다"(창 5:24, 6:9). 하나님을 안다고 하는 것은 매일매일 하나님에게 모든 것을 맡기며, 하나님과 밀접한 관계를 갖고 동행하는 것이다. 의식주의(ceremonialism, ritualism)만이 선한 삶을 살라는 하나님의 요구를 이해할 수 있는 것이 아니다(사 1:11-14, 암 5:21-23). 바르게 살아가며 자비를 베풀고 하나님과 함께 "겸손히 동행하는" 사람도 하나님을 기쁘시게 한다(미 6:8). 그러므로 우리는 종교의 본질은 '관계'라고 하는 사실을 거듭 상기해야 한다. 그것은 하나님의 지혜와 의의 길을 하나님과 함께 걷는 것이며, 다른 사람들을 섬기는 하나님의 길을 따라가는 것을 말한다.

누구나 다 그가 선택한 인생의 길을 따라 걸어간다. 이러한 길들 가운데는 "악인의 길"(잠 15:9)도 있고 "의인의 길"(시 1:6)도 있다. 하나님은 우리가 택한 길을 알고 계신다(욥 23:10). 하나님은 "그(의) 모든 도(길)를 행하여" 그에게 복종할 것을 명하신다(신 11:22). 따라서 우리는 그분 앞에서 "나의 걸음이 주의 길을 굳게 지키고 실족치 아니하였나이다"(시 17:5)라고 고백할 수 있어야 한다. 하나님의 계명의 길이 있고(시 119:35), 공평의 길이 있으며(잠 2:8), "사람의 보기에 바르나 필경은 사망에 이르게 하는" 가장된 길도 있다(잠 14:12, 16:25). 그러나 "지혜로운 자는 위로 향한 생명길"을 걸어간다(잠 15:24). 하나님은 "너희는 길에 서서 보며 옛적 길 곧 선한 길이 어디인지 알아보고 그리로 행하라"고 가르치신다(렘 6:16). 마지막 날들에 일어날 일들을 예언하면서, 이사야 예언자는 그때에 많은 백성들이 시온으로 돌아올 것이며, 거기에서 하나님은 그들이 그의 길을 걷도록 그의 길을 그들에게 가르치실 것이라고 말하고 있다(사 2:3). 자신의 길을 여호와께 맡기는 사람이(시 37:5) 복있는 사람이다(시 128:1). 하나님의 말씀은 우리가 가는 길의 빛이다(시 119:105). 인생 길을 걸어가다 우리가 피곤하고 지칠 때, 하나님은 우리의 힘을 새롭게 하신다 (사 40:31). 우리가 그 길에서 비틀거릴 때에도 우리는 넘어지지 않을 것이다. 왜냐하면 하나님이 그의 팔로 우리를 안으시기 때문이다(시 37:23-24). 우리가 모든 길에서 하나님을 인정할 때, 하나님은 우리의 길을 곧게 하신다(잠 3:6). 그러나 하나님의 길들이 항상 우리에게 분명한 것은 아니다. 그 길은 우리의 길보다 더 높고(사 55:9), 때로는 헤아릴 수 없을 때도 있다(롬 11:33).

산상 보훈 가운데서 예수는 두 길에 관하여 가르치기 위하여 이러한 잘 알려진 히브리적인 표현을 사용하셨다: 넓은 길은 사망에 이르는 길이고 좁은 길은 생명에 이르는 길이다(마 7:13-14). 요한복음에 나오는 여덟개의 예수의 자기 선언(나는…이다) 중 하나에서 예수는 이런 개념을 더욱 더 분명히 하고 있다. 그는 이렇게 선언하셨다: "나는 길이다"(요 14:6). 사도행전을 보면, 초대교회 신도들은 그들의 운동을 "길"(도, the Way)로 규정하였다(행 9:2; 19:9, 23; 22:4; 24:14, 22). 사도행전에서 이 용어는 예수가 자신을 "길"이라고 선언한 것과 관계가 있는 것처럼 보인다. 즉, 초대교회는 자신을 구원과 삶에 이르는 길에 대해 최고의 진리를 간직하고 있는 것으로 인식했던 것이다.

"길"이라고 하는 개념은 성서 이외의 다른 문헌들에서도 나타난다. 예를 들면, 사해 사본은 쿰란 공동체가 자신들과 자신들의 삶을 "길"(the Way)이라고 불렀음을 보여주고 있다. 디다케(Didache)는 기독교인들을 가르치기 위해 2세기경에 쓰여진 작자 불명의 소책자인데 "두가지 길" 즉 생명의 길과 죽음의 길에 대해 상세히 논하고 있다. 생명의 길은 하나님과 이웃을 사랑하고, 여러가지 형태의 죄로부터 자신을 지키며, 가정과 교회에서 기독교인의 의무를 성실하게 이행하는 것으로 표현되어 있다. 죽음의 길에 대해서는 특별한 죄의 목록들이 제시되고 있다. 이 책에서 독자들은 생명의 길을 따르라고 권고받고 있다.

랍비 유대교 기간 동안, 할라카(halakhah, 문자적인 뜻은 "걷는 것, 가는 것, 나아가는 것"이다)는 상당히 중요시되었다. 이것은 바른 인생 길을 걸어가기 위해서 따라야 할 종교 법규와 규정들을 의미했다. 할라카는 여행하는 사람들에게 처음부터 목적지까지의 길을 안내해주는 지도와도 같았다. 하나님의 길을 벗어나서 잘못된 곁길로 가게될 때, 우리는 하나님의 토라를 범하는 것이며, 그때 우리는 "돌아와야" 한다. 회개에 해당하는 히브리어는 테슈바(teshubah)로서 "방향을 바꾸다," "되돌아 가다"는 의미가 내포되어 있다. 다시 돌아가는 길이 토라의 길이다. 토라는 바른 길을 따라가도록 하는 데 있어서 필요한 방향제시와 안내의 역할을 해준다.

8. 시간관과 역사관

성서는 뭐니뭐니 해도 역사에 나타난 하나님의 계시이며, 이것이 바로 성서가 다른 종교문헌들과 다른 점이다. 구약성서의 대부분이 "역사서"이며, 구체적인 역사적 배경을 갖고 있다. 구약성서는 역사에 대한 신학적인 해석에 관심을 갖고 있다. "유대의 역사는 신에 열중하고 신에 목마른 백성의 기록이다"(참조, 시 143:6).[29] 역사는 전능자의 자취를 특별한 계시적인 사건들을 통하여 추적할 수 있는 그런 마당이다. 유대 공동체의 집단적인 기억이 그것에 목적을 부여하고 그것을 살아있는 것으로 만들었다. 과거에 언약 백성으로 불리움 받았다고 하는 인식은 유대인들에게 자신들의 정체성(identity)에 대한 인식과 사명, 그리고 미래에 대한 희망을 가져다 주었다. 초대교회는 이러한 유대의 역사 기억 배경에서 성만찬(고전 11:25)과 세례(롬 6:3-5)를 이해하였다. 이러한 경외감을 느끼게 하는 의식들을 통하여, 교회는 주님의 삶 가운데 중심적인 구원 사건들의 의미를 되풀이하여 인식하도록 불리움 받았다.

말틴 부버(Martin Buber)가 한번은 이렇게 말했다: "성서로부터 하나님의 행동하시는 성격을 제거하면 성서는 그 중요성을 상실하게 될 것이다."[30] 사실, 하나님의 백성의 역사는 마그날리아(magnalia, [하나님의] "위대한 것들, 놀라운 행위들"을 뜻하는 라틴어로서 교부들이 자주 사용하였다)의 반복을 포함한다. 여호수아(수 24:1-15), 사무엘(삼상 12:6-12), 스데반(행 7:1-53)이 하나님의 위대한 구원의 행위를 암송한 대표적인 성서의 인물들이다. 구약성서에서 하나님이 자신을 알리시기 위해 사용하신 가장 큰 일은 출애굽이다(출 6:6-7). 하나님의 행위들은 그의 사랑과 그의 의로움, 자비, 그리고 분노를 드러낸다. 하나님은 보이지 않는 분이시기에 하나님은 그의 본성을 지각할 수 있는 사건들을 통하여 드러내기로 하셨던 것이다. 역대기라는 히브리어 책명 디브레 하야민(*dibre ha-yamin*, 문자적인 의미는 "날들의 사건들"[the events of the days])이 이를 잘 나타내주고 있다. 히브리인들은 역대기서를, 역사 속에 일어난 사건들을 개괄적으로 매일매일 기록한 책으로 생각해왔다. 이와 똑같은 생각이 대체적으로 누가의 두 번째 책인 사도행전(*praxeis apostolon*)에 반영되어 있다.

주변의 이웃들과는 달리 히브리인들은 역사를, 자연의 순환과 깊이 연관된 순환적(circular)인 것으로 생각하지 않았다. 변화가 없거나 목적이 없는, 또한 영원한 반복으로 보지 않았다. 그렇다고 해서 삶을 시간의 수중으로부터 필사적으로 벗어나려 발버둥치는 순간인 죽음을 향한 경주로 생각한 것도 아니다. 역사에 대한 히브리인들의 개념은 어떤 "원자의 우연한 괴상 집적(塊狀集積)의 맹목적인, 의미가 없는 결과, 또는 조정할 수 없거나 조정되지 않는 우주적인 힘이나 운명, 죽음의 영원히 반복되는 표현"[31]을 포함하고 있지 않다. 오히려 그와는 정반대로 히브리인들은 시간과 역사를 본질적으로 직선적인, 계속적인, 그리고 발전적인 것으로 이해하였다. 간단히 말해서, 그것은 어딘가를 향하여 가고 있는 것이다. 그것은 목적, 즉 이 세대의 마지막에 있을 영광스러운 클라이막스를 향하여 나가고 있는 가운데 있다. 마지막 때는 이 땅으로부터 악이 제거되어짐으로써 역사가 완성될 것이다. "그 날에" 하나님은 악한 자를 심판하시고 의로운 자를 구원하실 것이며, "여호와께서 천하의 왕이 되실 것이다"(슥 14:9).

히브리 역사는 거룩한 역사(Heilsgeschichte)이다. 하나님은 역사의 주님이시다. 역사는, 자신의 세상에서 자신의 백성들 가운데 일하시며 "적극적으로 임재하시는 분이신" 여호와의 이야기이다. 역사는 하나님의 구원의 이야기이다. 행동과 말씀(사건과 그에 대한 해석)을 통하여 하나님은 이스라엘의 이 땅에서의 순례에 의미를 부여하신다. 하나님은 역사 위에 계신(역사를 초월한) 분이다. 그분은 통치자이며, 사건들을 만드시는 분이다. 그의 백성들이 그들 자신의 행위에 책임이 있으며 선택의 자유를 갖고 있긴 하지만, 하나님은 그들 가운데 임재하시며, 그들과 함께 하시는 분이다.

다른 고대 문명들은 역사를 근본적으로, 백성들에 대한 지배자의 권위를 높이고 그들을 영화롭게 하며, 사람들의 눈에 자신들의 나라를 높이기 위해 만들었다. 그러나 히브리 역사는 우주의 하나님을 영화롭게 하기 위해 씌어졌다. 그것은 살아계신 하나님에 대한 믿음과 신뢰를 고양시키기 위해 씌어졌다. 고대 지중해 연안의 세계에 살았던 다른 사람들은 삶이 가치가 있는 것인가 하는 질문을 던지며 살았지만(그들에게 있어서 자살이나 갑작스런 죽음은 항상 선택적인 것이었다) 히브리인들은 시간을 성화(聖化)하라고 가르쳤다. 그들은 무엇인가 거룩한 것이 각각의 사건과 삶 속에서 위협당하고 있다고 믿었다. 그러므로 우리는 시간을 죽여서는 안되며 그것을 구원해야만 한다(엡 5:16).

우리는 세속에서 살고 있다. 이 세계는 변화와 불확실성, 비관주의, 뿌리 상실로 그 성격을 규정지을 수 있다. 오늘날 많은 사람들이 확고하며 영원한 것, 그리고 내일에 대한 희망과 용기를 줄 수 있는 것들이 어디에 있는가 하고 찾고 있다. 삶의 태풍이 불어닥쳐 우리가 파선하게 될 때, 우리는 뿌리를 잃게 된다. 여기 우리를 굳게 지탱시켜 주는 뿌리가 있다. 우리를 "지탱시켜 주며"(롬 11:18) 우리에게 "진액을 공급해주는"(11:17) 뿌리는 이스라엘의 신성한 살아있는 믿음이다. 역사의 하나님을 아는 것, 그리고 이스라엘의 역사를 아는 것이 바로 우리의 기반이다(히 11장). 역사에 대한 이러한 개념은 개인적인 그리고 우주적인 사건들에 궁극적인 의미와 목적을 부여해준다. 우리는 혼자가 아니다.[32] 미래는 안전하다. 하나님은 살아계시며, 일하고 계신다. 그리고 만물을 다스리고 계시다.

제 9 장의 이해를 위한 연구과제

1. 어떤 학자들은 기독교가 신비 제의와 영지주의, 자연 철학 또는 다신론적 사상에 깊이 뿌리박은 혼합종교라고 주장하기도 한다. 유대적인 기원을 가지고 있는 성서의 진리 및 권위와 관련해서 이러한 견해가 암시하고 있는 바를 논하라.

2. 말틴 루터는 히브리인들은 샘에서 물을 마시며, 헬라인들은 그 샘에서 흘러 나오는 개울에서 물을 마시며, 라틴어를 사용하는 사람들은 하류에 고여있는 웅덩이에서 물을 퍼마신다는 말을 했다. 이 말의 의미는 무엇인가?

3. 성서는 많은 헤브라이즘을 포함하고 있다. 이 헤브라이즘은 추상적인 개념이나 비물질적인 개념들을 물질적인 또는 구체적인 용어로 표현한다. 그러한 실례를 몇가지 들어보라. 신인동형론(anthropomorphism)이란 무엇인가? 그 실례를 성서에서 들어보라.

4. 히브리 사상에 있어서 참된 신성은 본질적으로 교리나 신조, 또는 신학적인 전제와 거리가 멀다. 오히려 신앙의 핵심은 주로 다른 영역에 초점을 두고 있다. 이 영역은 무엇인가? 이에 대해 동의하는가?

5. 생리학적인 그리고 신인동형론적인 관점에서 볼 때, 히브리인들은 대체적으로 어떤 영역에 의지, 감정, 마음, 그리고 영적인 힘들이 자리잡고 있다고 생각하는가? 우리 몸의 어떤 기관이 그러한 것들과 관계를 가지고 있다고 믿고 있는가?

6. 쾌락이나 고통에 대한 접근 방식에 있어서 고대의 스토아주의자와 히브리인들은 어떻게 다른가?

7. 고대 근동의 셈족 세계가 그랬던 것처럼 다윗의 감정은 그의 삶의 흐름을 따라 흘렀다. 그 예를 들어보라.

8. 히브리인들은 과거에 대한 집단적인 회상 속에서, 그리고 하나님과 서로의 앞에서 자신들의 감정을 표현하는 것을 주저하지 않았음을 보여주는 히브리인들의 축제 달력에 대하여 설명하라.

9. 구약성서의 말씀에 귀를 기울일 준비가 되어있지 않은 이상 우리는 그것을 바르게 이해할 수 없다는 주장, 다시 말해 우리는 그것이 철저히 인간적인 성격을 지니고 있음을 이해하고 그것에 귀를 기울여야 한다는 주장이 암시하고 있는 것은 무엇인가?

10. 구약성서에서 시가 차지하는 분량은?

11. 구약성서의 시문학 가운데서 다음에 대하여 한가지 이상씩 실례를 들어보라.
   1) 언어유희(paranomasia, play on words)
   2) 직유법
   3) 의인법
   4) 동물표상(zoomorphism)

12. 유음법(assonance)과 의성법(성유법, onomatopocia)을 정의하고 예를 들어 설명하라.

13. 히브리 알파벳의 기원은? 헬라어의 알파(α) 베타(β)에 해당하는 히브리어는?(이 장의 각주를 참조하라)

14. 히브리인들은 하나님을 무엇보다도 그림적으로, 인격과 행위의 관점에서 생각했다. 그들은 하나님을 순수 존재나 어떤 정적인 존재로서 보지 않았다. 이와 관련해서 히브리인들은 하나님의 사랑의 속성을 어떻게 표현하였는가?

15. 실제 그림처럼 생생하게 묘사하는 히브리인들의 동양적 사고방식은 현대

서양의 종교 사상과 날카로운 대조를 이룬다. 성서를 기록한 히브리인들이 그 생생한 상상력을 통하여 사용한 지상(地上)적인, 열린, 그리고 솔직한 표현방법에 대하여 실례를 들어보라.

16. 창세기 1장과 2장의 창조 이야기는 히브리 성서 기자들의 문학적 기술을 어떤 방식으로 보여주고 있는가?

17. 고대 근동의 염색 산업의 배경에서 본 이사야 1:18의 의미와 적용에 대하여 논하라.

18. 히브리인들의 이야기법의 특성에 대하여 알아보라. 예수는 전달하고자 하는 진리를 언제나 자세히 풀어 전하지는 않으셨다고 한다. 이 말이 의미하는 바는 무엇인가?

19. "블록 논리"(Block Logic)는 무엇을 의미하는가? 몇가지 예를 성서에서 들어보라.

20. 서양인들은 성서를 펼 때, "일종의 지성적인 회개"를 해야 한다는 것은 무엇을 뜻하는가?

21. 예정/선택, 그리고 자유 의지/인간의 자유의 문제는 고대로부터 항상 가장 날카로운 두뇌를 당황스럽게 만들었다. Samuel Sandmel은 이 점에 대한 히브리인들과 헬라인들의 관점을 어떻게 대조시키고 있는가?

22. 많은 기독교인들은 성서에 보다 이성적이며 조직적인 그리고 도식적인 사상의 범주들을 부과하려는 경향이 있다. 이와 관련해서, 기독교 교리 전통이 오랫동안 빠지기 쉬웠던 함정들과 위험들에 대해 논하라.

23. 성서 시대의 셈족에게 있어서 진리는 단순히 정적(靜的)인 명제들의 나열이 아니었다. 오히려 진리는 살아있는 어떤 것이었다. 그것은 경험할 수 있는 것이었다. 이 사실이 오늘날의 교회와 어떤 연관성을 갖고 있는가?

24. 히브리 성서는 율법과 예언서와 성문서로 구분된다. 그들의 첫번째 책들의 이름을 말하라. 이렇게 세부분으로 된 히브리 성서를 함께 묶어주는 주제는 무엇인가?

25. "묵상하다"로 옮겨지는 히브리어 *hagah*의 참 의미를 말하고, 이를 뒷받침해주는 구절들을 들어보라. 묵상에 대한 성서적 견해를 기술하라.

26. 다음 용어들을 정의하라.
   1) *daven*
   2) *siddur*
   3) *kavanah*

27. *hitboddadut*는 무엇을 의미하는가? 오늘날 이것이 어떻게, 어디에서, 그리고 누구에 의하여 행해지고 있는가? 랍비들이 이를 권장하는 이유는 무엇인가?

28. 고대 히브리인들의 예배와 오늘날 기독교인들의 예배 형태를 비교하라. 기독교 중 어떤 종파가 히브리적 강조점들을 비교적 많이 반영하고 있는가? 어떤 종파가 가장 적게 반영하고 있는가?

29. 히브리식 사고에 있어서는 "모든 것이 신학적이다." 성서에서 이에 대한 예를 들어보라.

30. 어떻게 수도원 운동이 성과 속을 구별하는 데 잘못된 영향을 끼쳤는가? 성과 속의 이원론에 대해서 회당은 어떤 입장을 보여왔는가?(이 장의 주를 보라.)

31. *berakhot*를 정의하라. 유대인들의 기도가 짧은 경향이 있는 이유는 무엇인가? 신명기 8:10과 바벨론 탈무드 Berakhot 35a에 의하면, 축원 기도들을 암송해야 하는 이유는 무엇인가? 어떤 경우에 기도가 드려져야 했는가? 바울이 "쉬지 말고 기도하라"(살전 5:17)고 권면할 때, 그가 말하고자 했던 것은 무엇인가?

32. *A Dudule*는 무엇인가? 여기에 나타난 언어유희를 설명하라. *A Dudule*가 설명하고 있는 기본적인 신학적 진리는 무엇인가?

33. 종파는 본질적으로 어떤 사람이 걸어가기 위해 선택한 길이라는 가르침을 뒷받침해주는 구약성서 본문들을 제시하라.

34. 길(*the way*)이라는 용어가 다음에서는 어떻게 사용되고 있는가?
    1) 요 14:6
    2) 사도행전
    3) 사해 사본
    4) 디다케(Didache)

35. *halakhah*는 무엇인가? 이 말이 유대교의 "삶의 길"의 개념과 어떤 관계를 맺고 있는가?

36. *magnalia*를 정의하라. *magnalia*를 암송한 성서의 인물들을 들어보라.

37. 히브리인들의 시간관과 역사관은 고대의 다른 민족들의 그것과 어떻게 다른가? 역대기의 히브리 명칭을 문자적으로 옮겨보라.

38. 이 장의 중요점들을 다시 복습하여 히브리 사상의 윤곽을 잡을 수 있도록 하라.

제 10 장
교회가 잘못된 길로 가기 시작한 곳

*"미쁜 말씀의 가르침을 그대로 지켜야 하리니
이는 능히 바른 교훈으로 권면하고
거스려 말하는 자들을 책망하게 하려 함이라"(딛 1:9)*

젊은 목회자 디모데에게 보낸 편지 가운데서 바울은 이렇게 썼다: "그러나 너는 배우고 확신한 일에 거하라. 네가 뉘게서 배운 것을 알기 때문이다"(딤후 3:14). 디모데의 아버지가 헬라인이었음에도 불구하고 디모데는 경건한 유대인 어머니 유니게에 의해 자라났다(참조, 행 16:1, 딤후 1:5).[1] 구약성서는 그의 유산이었고 어렸을 때부터 그는 구약성서의 가르침을 받으면서 자랐다(딤후 3:15). 나중에 바울은 디모데를, 같은 히브리 성서를 통해 가르쳤으며 그에게 이 유산을 희석시키거나 타협함이 없이 다음 세대들에게 물려주도록 권면했다(딤후 2:2을 보라). 따라서 디모데는 이 유산을 보존하는 데 있어서 살아있는 연결 고리였다.

지난 천 구백년 동안의 역사를 공부하면서 우리는 어떻게 교회가 그 본래의 유대 보금자리를 떠났으며, 어떻게 교회가 의도적으로 자신을 낳아준 셈족 문명으로부터 멀리 떨어져 나갔는가 하는 것을 살펴보았다. 교회는 자신의 본래 자리인 히브리 컨텍스트 속에서 배우고 확신한 것에 계속 거하라는 바울의 권고에 귀를 기울이지 않았다. 그 반대로 교회는, 지중해 지역을 통해 서쪽으로 계속 움직여 나아감에 따라 더욱 더 헬라화 되었으며 이상한 것들을 가르치기 시작했다(참조, 히 13:9). 사실 기독교 철학자인 랄프 스톱(Ralph Stob)이 말한대로, "이러한 헬라 정신 세계의 요소는 처음의 3세기에 걸쳐서 기독교 운동에 상당한 영향을 끼쳤다. 동시에 그것은 교회 안에 있던 이교도적인 것들의 밑바닥에서 활동하고 있는 요소이기도 했다."[2] 교회는 자신을 양육해 준 뿌리로부터 스스로를 잘라 나왔기 까닭에 이러한 이교도적인 것들에 영향받기가 쉬웠다. 존 스퐁(John Spong)이 그 영향에 대하여 예리하게 잘 지적했다 : "기독교가 유대교로부터 자신을 단절시켰을 때 기독교 신앙은 잘못되기 시작했다."[3]

우리는 아직도 이러한 단절이 가져다 준 열매를 거두고 있다. 서양인들은 흔히, 유대인의 책을 헬라 문명의 눈을 통해 이해하려고 하는 자신들의 모습을 발견한다. 이러한 상황은 딕스(Dom Gregory Dix)의 견해처럼 "영적인 정신 분열증 증세"가 생기도록 했다.[4] 더욱이 여러 세기동안 그것은 교회의 역사와 가르침에 치명적이며 중대한 결과들을 초래했다. 이 장에서는 오늘날의 교회가 본래의 히브리적 뿌리로 돌아가서 바로잡기와 궤도 수정을 해야 할 필요가 있는 것을 세가지로 살펴보기로 하자. 이 세가지 사실은 기독교 공동체 안에 있는 모든 신자들이 추구하는 삶의 질과 관련해서 깊은 의미들을 담고 있다. 그러나 이러한 문제들은 성서가 요구하고 있는 삶 즉 공동체 밖의 보다 넓은 세계를 위한 봉사의 삶을 이해하는 데 있어서도 중요하다.

1. 역동적인 조화(Dynamic Unity) 대(對) 이원론(Dualism)

첫번째 개선책으로 제시하고자 하는 것은 히브리 성서기자들이 가르쳐 준 것으로, 우리는 우리 자신과 세계를 이원론적으로 볼 것이 아니라 역동적인 조화와 일치(oneness)의 관점에서 보아야만 한다는 것이다. 서구 문명과 사상에 영향을 받은 사람들은 플라톤과 헬라 철학자들에 대해서 경외심을 갖는다. 그들은 고대 세계의 사상에 뿐만 아니라 오늘날의 세계에도 크게 영향을 미치고 있다. 우리는 플라톤과 그의 제자들에게 많은 것을 빚지고 있다. 그들은 이성과 진리, 미, 선한 삶과 같은 것들에 대한 그들의 예리한 통찰력으로 많은 것을 우리에게 가르치고 있다. 그러나 플라톤과 헬라 사상가들의 또다른 측면은 교회에 상당히 부정적인 영향을 미쳤는데, 바로 이원론적인 사고 방식이 그것이다. 그러므로 이 헬라 철학의 이원론이 무엇이며 인간과 세상에 대한 히브리적 관점과는 어떻게 다른가를 살펴보기로 하자.

플라톤주의는 두개의 세계가 있다고 주장한다. 보이는 물질적 세계와 보이지 않는 영적 세계가 그것이다. 눈에 보이는 현상학적 세계는 보이지 않는 개념적 세계와 긴장 관계를 갖고 있다. 물질적 세계는 불완전하며 악의 근원이기 때문에 정신적 세계보다 못하다. 인간의 영혼은 천상(天上)의 영역에서 유래된 것이며 거기서부터 물질의 영역으로 내려온 것이다. 인간들은 이 두 세상과 연관된 자신들을 발견하지만, 진실된 자아(영혼)가 육적인 문에서 해방되어 영원한 천상의 신적 세계로 돌아갈 수 있게 되기를 고대하고 있다.

인간에 대한 이원론적인 관점은, 플라톤의 우주에 대한 이원론적 개념과 연관되어진다. 플라톤은 몸을 영혼의 감옥인 것처럼 생각한다. 영원불멸한 영혼-순수 정신-은 부서지는 흙인, 불완전한 몸 속에 감금되어 있다. 구원은 죽을 때, 즉 영혼이 몸에서 탈출하여 영원한 순수한 정신의 보이지 않는 영역을 향하여 하늘로 날아오를 때 이루어진다. 플라톤 철학이 기독교 사상의 역사에 미친 영향은 결코 과소평가될 수 없을 것이다. 베르너 제거(Werner Jaeger)는 "기독교 교리사에 있어서 가장 중요한 사실은 기독교 신학의 아버지라 할 수 있는 오리겐이 알렉산드리아 학파의 플라톤주의 철학자였다는 것이다"라고 말한다. 더 나아가 그는 이렇게 지적하고 있다: "그 [오리겐]는 플라톤에게서 취한 영혼의 모든 우주적 드라마를 기독교 교리 속으로 끌어넣었다. 비록 후기의 기독교 교부들이 그가 너무 지나쳤다고 하는 결론을 내리기는 했지만 그들도 영혼에 대한 플라톤 철학의 본질을 계속 견지했다."[5]

고대의 헬라인들과는 달리 히브리인들은 세상을 선한 것으로 보았다. 비록 타락하고 구제할 수 없는 것이 되긴 했지만, 세상은 하나님의 피조물로서 인간에게 최선의 유익이 되도록 만들어주신 것이다. 따라서 세상으로부터의 탈출 대신에 인간은 바로 세상의 역사적인 질서 안에서, 하나님의 친교와 사랑, 구원의 역사를 경험했다. 히브리식 사고에 의하면 우주적인 이원론(즉 창조된 세계는 악하며 정신적인 세계와 분리되어진 또 그것과 반대되는 세계라고 하는 믿음)이나 인간학적인 이원론(영혼과 몸의 대립) 같은 것은 존재하지 않는다. 히브리인들의 생각에 있어서 인간은, 자신의 전존재(Whole being)로 이 자연적인 세상 안에서 창조주 하나님을 열심으로 섬기도록 불리움받은 존재로서, 몸과 영혼이 역동적으로 조화를 이루고 있는 하나의 연합체이다. 분명히 구약성서의 경건한 이들은 오늘날 교회 안에서 들을 수 있는 다음과 같은 낯설고 이단적인 가사들로 이루어진 노래를 부를 수 없었을 것이다: "죄많은 이 세상은 내 집 아니네," 또는 "어떤 기쁜 날 아침, 이 세상을 떠날 때 나는 날아가리," "고생과 수고가 다 지나고 광명한 천국에 편히 쉴 때." 성서 시대의 히브리인들에게는, 다가올 "진정한" 영적 세계의 기쁨에 초점을 모으면서 현세적인 물질의 세계를 포기하려는 열망으로 차있는 이런 종류의 언어는 비현실적이고 무책임적이며 도피적인 것으로 느껴졌을 것이다.

(1) 즐기기 위함인가 아닌가?

이원론은 금욕주의에 대한 강조를 가져왔다. 성서의 유대적 규범과는 전혀 다른 이러한 삶의 방식은, 정도의 차이는 있지만 오늘날도 교회 안에 존재하고 있다. 금욕주의는 삶을 낮게 평가하게 만든다. 물질 세계를 즐기는 것은 육체에 대한 일반적인 금욕을 지지하는 사람들에 의하여 거부되고 있다. 육체적인 욕구와 기쁨들은 올가미에 빠지게 부추기는 아무 가치도 없는 방종으로 여겨지고 있다. 그래서 몸은 규칙에 의하여 다스려져야 한다. 따라서 사람은 자신의 "영적인" 삶을 계발하는 데 방해가 되는 즐거움을 가져다 줄 수 있는 모든 것들로부터 자신을 제어하고 규제하도록 힘쓰거나 그런 것들을 부인하거나 포기해야 한다. 여러가지 다양한 육체적 물질적 기쁨들을 절제하기 위해 먹는 것을 제한하고, 침묵 훈련을 하며, 소유를 버리고, 사회로부터 분리하고, 고난을 기쁨으로 여기고, 기타 엄격한 규정들을 지키려드는 바, 이러한 것들을 통해 자신의 몸을 다스리려는 것이다.

영지주의(Gnosticism, 골로새서와 요한1서와 같은 신약성서에서 논박하고 있는 것으로 보이는, 널리 퍼졌던 이단)는 물질 자체를 악이라고 보았다. 영지주의의 대부분이 플라톤의 이원론에 영향받았으며 금욕적인 성격을 갖고 있다. 영지주의자들은 구원은 이 세상에서 현재적으로 즐길 수 있는 그 어떤 것이 아니라 비밀스러운 지식(헬라어로 *gnosis*는 지식을 뜻한다)을 통해 육체로부터 탈출하는 것이라고 가르쳤다. 그들은 자신들의 몸을 엄격하게 다루는 경향이 있었다. 에드윈 야마우치(Edwin Yamauchi)가 지적한 바에 의하면, 만디안교도(Mandeans, 이라크와 이란에 살고 있는 영지주의의 한 종파)들은 여인이 생리기간 중에 죽으면 연옥의 징벌에 넘겨진다고 가르쳤다.[6]

바울도 거부하긴 했지만, "맛보지도 말고 만지지도 말라"(골 2:21)는 금욕주의적인 태도는 기독교 사상의 역사에 깊이 박혀 있다. 종교개혁 시대에 학자 에라스무스(Erasmus)는, 그 당시의 기독교는 이웃에 대한 사랑이 아니라 사순절 동안에 버터와 치즈를 먹지 말라는 규정을 강조하는 기독교가 되었다고 지적하고 있다.[7] 요한 웨슬리조차도 "기독교인의 완전의 신학"에서 금욕주의적인 경향을 보이고 있다: "하나님외에 다른 어떤 것도 열망하지 말라 …음식을 탐하지 말고 다른 어떤 감각적인 쾌락도 추구하지 말라. 눈을 기쁘게 하려 하지 말고, 굉장하거나 새로운 또는 아름다운 것에 의한 상상을 금하라. 어떤 피조물 가운데서도 행복을 추구하지 말라."[8]

그러나 전체적으로 볼 때 성서는 다른 강조점을 갖고 있다. 육체적인 즐거움이 최고의 선이나 삶의 유일한 목적은 아니라고 할지라도, 우리는 그것을 감사의 태도로 받아들이고 그것에 대하여 긍정적이어야 한다. 물질의 소유와 육체적인 열정과 같은 것에 의해 다스려지는 사람도 있을 것이다. 우리와 하나님 사이에 옴으로 해서(참조, 딤전 6:9-10)남용되어지고 또 사실 우상이 될 수도 있는 좋은 것들이 많이 있다. 그러나 그러한 즐거움에 대한 성서적인 해결책은 금욕주의적인 부정이 아니다. 그 반대로, 창조주의 좋은 선물들을 맡은 책임있는 청지기로서 하나님에게 이러한 것들을 겸손하게 바치는 것이 성서의 해답이다.

히브리 성서는 분명히 "이 세상의 책"(worldly book)이다. 창세기 1장은 인간에게 문화적인 의무를 부과하고 있다. 그것은 문명으로부터 도피하라는 명령이 아니고 문화를 만들라고 하는 명령이다(28절). 사실 천지에 있는 모든 것들은 다 오직 한 분 하나님의 손으로부터 온 것이다(사 44:24). 더 나아가 시편 기자는 하나님이 이 땅위에 식물과 동물을 주시고 그것들을 즐길 수 있는 특권을 주신 하나님을 찬양하고 있다(시 65:9-13).[9] 하나님은 우리의 모든 삶의 영역에 대하여 관심을 갖고 계시다. 하나님은 인간에게, 책임성을 갖고 기쁨과 즐거움을 누릴 수 있는 그러한 것들을 주신다. 전도서 기자(Kohelet, 또는 Qohelet)는 이렇게 권면한다: "사람이 먹고 마시며 수고하는 가운데서 심령으로 낙을 누리는 것보다 나은 것이 없나니 내가 이것도 본즉 하나님의 손에서 나는 것이로다"(전 2:24). "매우 늙어 나이 80세인" "죽으려하는" 다윗의 친구 바르실래도 먹고 마시고 노래하는 즐거움에 대하여 관심을 갖고 있음을 보여주고 있다(삼하 19:32, 35, 37).

이와 같은 풍부한 히브리 전통 속에서 예수님은 창조물과 물질 세계에 대해서 완전히 긍정하셨다. 복음서에서 우리는 농부와 어부, 새와 꽃, 결혼과 공휴일, 먹고 마시고 축제를 벌이는 것 들에 대해서 읽을 수 있다. 예수님은 하나님이, 보이지 않는 하늘의 세계 뿐만 아니라 실제적인 지상의 세계를 지으신 창조주이심을 확증하셨다.[10] 예수님은, 이 세상의 질서로부터 탈출시키시기 위해서가 아니라 하나님이 주신 세상의 축복을 누릴 수 있는 권리를 부여받은 종으로서 책임적으로 살아가도록 하기 위해서 남자와 여자들을 부르셨다. 바울은 "만물이 다 너희 것임이라"(고전 3:21)고 했다. 이는 하나님의 소유된 자녀로서 "육과 혈"의 이 세상에 충분히 그리고 책임적으로 참여해야 된다는 것을 암시하는 것이다. 우리가 지금 이곳에서 즐거움을 발견한다해서(전 3:12-13을 보라) 놀라지는 말아야 할 것이다. 우리는 이 즐거움이, 우리에게 최선의 것을 주시는 사랑의 창조주 하나님의 손에서 비롯된 것임을 알고 있다. 그러므로 예루살렘 탈무드는, 내세에 우리가 해야 할 일이 있는데 그것은 이생에서 즐길 수 있는 것들 가운데서 즐기지 못한 것들에 대하여 설명을 해야 한다는 것이다(Kiddushin 4:12). 랍비들의 견해에 의하면, 모든 합법적인 쾌락을 즐기지 않는 것은 본질적으로 우주의 주인 앞에서 배은망덕한 자가 되는 것이라고 한다.

기독교인들이 다가올 미래의 영적 세계의 한없는 쾌락들을 지나치게 추구하게 되면 지금 그들의 몸으로 하나님을 영화롭게 할 수 있도록 주어진 이 땅 위에서의 짧은 기회의 중요성을 최소화하게 될 위험이 있다(고전 6:20). 스태포드 라이트(J. Stafford Wright)가 정확하게 말했듯이, "우리는 영혼의 불멸성 위에 존재하고 있다. 그러나 지금 하나님을 섬길 수 있는 도구는 몸이다. 만일 우리가 지금 우리의 몸으로 하나님을 섬기지 않는다면 우리는 우리가 지금 하지 못한 일을 미래에 대신 할 수는 없을 것이다."[11] 우리의 몸(즉 전인[全人])은 하나님 앞에 "산 제사"로 매일 기쁨의 순종으로 드려져야 한다. 한편으로는 쾌락과 만족은 그 자체가 추구의 대상이 되어서는 안된다. 다른 한편, 육체의 기쁨과 이 세상의 물질적인 측면들은 보다 높은 어떤 것들을 위한 단순한 예비가 아니라, 훨씬 그 이상의 것이다. 즐기는 것은 자신의 창조주에게 기쁨을 가져다 주는 것이다: "그런즉 너희가 먹든지 마시든지 무엇을 하든지 다 하나님의 영광을 위하여 하라"(고전 10:31).

(2) 결혼 - 할 것인가 말 것인가?

이원론이 기독교에 영향을 준 두번째 영역은 결혼과 가족이다. 제 11 장에서 우리는 유대인의 결혼관과 가족관, 그리고 이 유산에 있어서 중심을 차지하고 있는 전통들을 깊이있게 살펴보게 될 것이다.[12] 여기에서는 이 유산이 교회의 역사를 통하여 어떻게 왜곡되었는가를 간단히 살펴보자.

위에서 언급한대로, 헬라 사상은 모두가 다 몸을 영혼보다 못한 것으로 보았다. 이 둘은 끊임없이 서로 투쟁을 하고 있는 것으로 여겼다. 몸은 혐오스럽고 타락할 수밖에 없으며 죄의 근원이었다. 그래서 이방인들이 교회의 본래적인 유대적 지도력을 대신하면서부터, 결혼과 가족은 곧 부정적으로 또는 의심스러운 것으로 여겨지게 되었다. 이처럼 결혼을 저급한 생활 방식으로 생각하게된 것은 결혼을 육체적인 욕구에의 굴복으로 여겼기 때문이다. 역동적인 통합체 또는 몸과 영혼의 일체로서의 인격의 개념을 유지하는 데 실패함에 따라, 교회는 잘못된 길로 가기 시작했다. 이원론의 미묘한 영향에 따라 결혼은, 하나님의 선한 선물들 중 하나로부터(창 1:31) 의심스러운 상태의 관계로 강등되었다.

성서는 분명하게, 결혼이 거룩하며 영예로우며 더럽혀질 수 없는 제도라고 확증하고 있다(딤후 4:3-4, 히 13:4). 따라서, 히브리인들은 인간의 몸과 그 기능들을 악하거나 부끄러운 또는 꼴 사나운 것으로 여기지 않았다. 아가서는 성관계를 맺는 것과 인간적인 사랑을 대담한 용어로 표현하고 있다. 히브리인들은 삶에 대하여 무관심한 또는 온후한 태도를 보이는 사람들과는 거리가 멀었다. 쾌락주의자는 아니었지만, 그들의 삶의 방식은 육체적이었으며, 건강한 것이었다. 그러므로 그들은 다른 지중해 연안의 민족들과는 달리 독신 생활을 이상적인 것이라고 가르치지 않았으며, 최상의 인간은 육체를 초월하거나 영적인 차원에서 단순하게 살아가는 사람이라고 가르치지 않았다.[13]

교회사의 면면들이 기독교인 공동체가 유대적인 결혼 개념을 어떻게 왜곡시켰는가를 보여주고 있다. 이러한 사실을 보여주는 여러가지 다양한 실례들을 살펴보기로 하자. 순결의 서약 아래 살았던 수도사들은 이 세상적인 것들과 육체의 기질들을 부정하며 살았기 때문에 다른 누구보다도 하나님과 더욱 가까이서 사는 사람들로 생각했다. 어떤 수도사들은 육체의 기질들을, 목욕시켜야 할 하나의 함정(덫)이라고 생각했다. 그들 자신의 벌거벗은 모습을 보는 것을 두려워했던 것이다. 독신 생활을 했던 사제들은 육체의 죄된 욕망들을 부정하기 위해 영적인 주춧대 위에 자신들을 세웠다. 이원론에 영향받은 어떤 영지주의자들은 결혼은 "불결하고 오염된 삶의 방식"이며, 이런 관계 가운데 계속 머물러 있는 한 영원한 삶은 얻을 수 없다고까지 가르쳤다.

제롬(Jerome, 5세기 사람)은 "너무 열심히 자신의 아내를 사랑하는 사람은 우상숭배자이다"라고 말하기도 했다.[14] 어거스틴(마찬가지로 5세기 사람)은 히브리 조상(족장)들은 "생육하고 번성하라"는 계명을 성관계에 탐닉하지 않고 이룰 수 있게 되기를 원했을 것이라고 말했다. 그러나 그것은 분명히 불가능했기 까닭에, 어거스틴은 그들이 자신들의 아내들과 할 수 없이 그리고 단순한 의무감에서 성관계를 가졌다고 제안했다.

마찬가지로, 토마스 아퀴나스(Thomas Aquinas, 13세기)도 "사람들이 따를 수 없는 방식으로 행해진 모든 육적인 행위는 본성에 대한 악이며 자살에 해당하는 무서운 죄이다"라고 가르쳤다.[15] 말틴 루터(16세기)는 결혼은 "육욕을 위한 치료제" 또는 모든 사람들을 괴롭히는 제어되지 않는 성욕에 대한 치료로서 보았다. 그는 이렇게 말했다 : "어떤 찬양이 결혼에게 주어진다고 할지라도, 나는 그것이 본성적인 것이기 때문에 죄가 아니라고 말하지는 않을 것이다."[16]

최근에 들어서는, 교황 피우스 12세(Pius XII)가 "교회의 경고에도 불구하고 그리고 자신의 의사와는 정반대로, 원칙에 있어서 결혼을 독신보다 더 선호하는 사람들을 혹독하게 비난했다"고 한다.[17] 이러한 진술은 기독교인들이 성적인 제어(독신)를 아직도 상당히 존경할 만한 것으로 받아들이고 있음을 말해주고 있다.

이와같이 오랫동안 인성(人性)의 육적인 그리고 성적인 측면에 대해서는 부정적으로 보아왔는데, 동정녀 마리아에 관한 여러 가르침들도 이런 과정 가운데서 만들어지게 된 것이다. 마리아의 무염수태(無染受胎), 영원한 동정녀 교리, 성모 몽소승천(夢召昇天) 교리같은 것들이 바로 그러한 것들이다. 인간의 몸과 그 기능들을 악과 연결되어 있는 것으로 생각하는 이원론적 세계관에서는 마리아가 성적인 관계를 맺거나 아이를 잉태할 수 없다. 그녀는 그러한 악으로부터 보호되어야 했다. 왜냐하면 문자 그대로 그리스도를 잉태한 자궁은 더럽혀질 수 없기 때문이다. 그래서 교회는 마리아의 무염수태를 주장하게 된 것이다. 이것은 마리아가 잉태된 직후 하나님의 은혜의 역사로 말미암아 그녀가 "원조의 모든 흠으로부터 자유케 되었다"는 가르침이다.[18] 또한 교회는 예수의 형제 자매들은(마 13:55-56. 참조, 12:46-50), 사촌들이거나 아니면 요셉이 마리아와 결혼하기 전에 다른 여인과의 결혼에서 얻은 사람들로서, 예수의 혈육이 아니라고 주장하면서 마리아가 계속 동정녀로 있었다고 선언했다.[19] 더욱이, 교회는 성모 몽소승천을 주장했다. 인간의 몸은 죄때문에 부패할 수밖에 없다고 생각했기 때문에, 교회는 마리아를 육체적인 죽음과 썩음으로부터 보존해야 할 필요를 느꼈던 것이다. 오늘날까지 이러한 신학적인 가르침들은 가톨릭과 개신교의 가장 큰 차이점들로 남아 있다.

요약하면, 우리는 지금까지 성서는 인간과 세상을 이원론적으로가 아니라 역동적인 통합체로 보고 있음을 살펴보았다. 그러나 점차적으로 온전치 못한 비성서적인 태도들이 기독교 사상에 침투하였다. 결과적으로, 물질을 즐기는 것과 육체적인 쾌락, 그리고 결혼과 가족의 선함에 대한 교회의 관점이 왜곡되었으며, 교회는 잘못된 길로 나갔다. 그러나 이러한 현상은 진공 상태에서 일어난 것이 아니었다. 교회는 자신을 지탱하던 유대적 뿌리로부터 스스로를 잘라버렸을 때에 이러한 이상한 가르침들에 대해 문을 열어놓게 되었던 것이다.

2. '내세적' 대(對) '현세적'

히브리식 사고의 성서적 세계로부터의 두번째 개선책은, 기독교 역사의 한 부분을 차지하고 있는 지나친 내세적인 태도를 현세에 대한 관심으로 돌아오게 함으로써 성서적인 균형을 이루도록 해야한다는 것이다. 이러한 두번째 주요요지 아래, 세가지 신학적인 개념들을 살펴보기로 하겠다. 이들 각자는 내세가 현세보다 우월하다는 것을 강조하는, 우주에 대한 이분법적인 세계관의 영향을 받아 교회가 잘못된 길로 가기 시작한 하나의 특별한 영역을 설명해줄 것이다. 아래의 히브리식 사고를 통한 개선책은 영성(spirituality), 구원, 그리고 믿음, 이 세가지 개념에 영향을 미칠 것이다.

(1) 영성 – 천상적인가 지상적인가?

기독교 운동의 시작으로부터 지금까지 기독교 공동체 안에 있는 다양한 부분들이 활기없는, 금욕적이며 내세적인 영성을 말해주고 있다.[20] "영적인"(spiritual)이라는 보편적인 종교 용어는 흔히 내세적인 경건의 개념을 가지고 있는 것으로 사용되어지고 있다. 우리는 "영적인" 사람을, 내적인 눈으로 기도와 묵상 가운데서 하늘을 향하여 바라보며 내세에서의 기쁨을 추구하는 사람으로 배워왔다. "영적인" 사람이 된다는 것은 삶을 부정하는 사람이 된다는 의미를 내포하고 있다. 보이지 않는 실재들과 하나님의 거룩성의 영원한 신비들에 몰두함으로써 천상의 창조주와 교제를 갖는다. "영적으로" 산다는 것은 흔히 이 세상에 대해 수동적으로 초연하게 사는 것 또는 자신을 보다 높고 고상하며 보다 숭고한 세계로 초월시키는 것으로 생각해왔다. "영적인" 사람은 사실 한가지, 즉 사람들의 영혼을 천국으로 인도하는 일에만 전념하는 사람이다. 이 일 외에 이 세상의 육체적인, 물질적인, 사회적인 필요들에 관심을 갖는 것 따위는 저열한 것이며 중요치 않은 것이다.

영성에 대한 이러한 가르침은 그 대부분이 프쉬케(*psyche*, 영 또는 혼)에 대한 헬라인들의 이해에서 비롯되었다. 헬라인들은 프쉬케를 인간 속에 있는 비육체적인, 불멸하는 부분으로 생각했다. 죽을 때에, 이것은 육신의 짐으로부터 벗어나서 영원한 실재의 세계로 되돌아간다. 바울은 디아스포라 유대인으로서 프쉬케에 대한 이러한 헬라인들의 관점을 잘 알고 있었을 것임에 틀림없지만 그는 "몸으로부터 분리된 영혼의 구원을 생각해본 적이 없다. 구원은 몸의 구원과, 그리고 마찬가지로 모든 창조 질서의 구원을 의미한다(롬 8:21–23)."[21]

히브리적인 사고에 있어서, 사람은 몸-영혼이다. 하나의 합체로서, 단일의 통합체로서, 그리고 분리할 수 없는 전체로서 이해되었다. 히브리인들에게 있어서 사람은, 지금은 몸에 갇혀 있으나 죽을 때에 그것을 떠나는 영혼이 아니다. "영" 또는 "혼"으로 번역되는 여하한 히브리어도 인간의 비육체적인 부분을 가리키지 않는다. 그것은 헬라인들의 이분법적인 사고방식이다. 불행하게도 이러한 사고는 영어 용어들에 대한 우리들의 이해에도 영향을 미쳤다. 히브리식 사고에 있어서, "영" 또는 "혼"은 전체 인격을 가리키거나 살아있는 존재로서의 개인을 말한다. 이것은 어떤 사람 그 자체를 의미한다. "구약성서는 인간을 육체를 입은 영혼이라기 보다는 생기를 불어넣은 몸으로 보고 있다."[22] 요컨대 인간은 영혼을 "가지고"있는 것이 아니라 영혼으로서 살아간다.[23]

네페쉬(nephesh)와 루아흐(ruah)는 각각 "혼"(soul)과 "영"(spirit)을 의미하는 히브리어로서, 그 의미를 연구하면 더 잘 이해할 수 있게 될 것이다. 창조 이야기는 하나님이 흙으로 사람을 만드시고 "생기를 그 코에 불어넣으시니 사람이 생령이 된지라"(창 2:7)고 선언하고 있다. 여기에서 생령(living being)이란 히브리어는 네페쉬 하이야(nephesh hayyah)이다. 사람은 하나님의 숨에 의하여 "생령"이 되었다. "사람의 '영혼'(nephesh)은 근본적으로 그의 생명력, 그의 생명으로서 결코 분리된 한 '부분'이 아니다."[24] 루아흐는 "바람" 또는 "숨"(즉, "움직이는 공기")을 의미하는 용어로서, 흔히 네페쉬와 동의어로 사용되어진다. "'영혼'은 무엇보다 모든 살아있는 것들을 창조하고 지탱하는(시 33:6, 104:29-30) 하나님의 영(루아흐)과 숨, 그리고 힘을 의미한다(사 31:3, 40:7)."[25] 이 두 단어는 모두 "생기"(animation), "활발함"(vivaciousness), "활기"(vigor)의 개념을 내포하고 있다. 바람과 숨이, 활기있게 하고 생생하게 한다. 즉 전인, 곧 몸과 영혼에 에너지를 주는 기능을 한다. 분명히 그러한 것은, "급하고 강한 바람 같은"(행 2:2)이라고 묘사된 것처럼, 샤부옷(Shabuot)에 성령이 임함으로 생긴 결과였다. 영적으로, 교회는 완전히 생생히 살아 움직이게 되었다.

하나님의 루아흐와 관련, 예리한 구약성서의 이미지가 에스겔 37장의 해골 골짜기의 환상 가운데서 발견되어진다. 마른 뼈들이 소리를 내며 서로 연락하여 합쳐지더니 거기에 힘줄이 생기고 살이 오르고 피부가 덮였다(7-8절). 그때 하나님께서 그의 호흡(루아흐)을 이 마른 뼈들에게 불어넣으셨다. 그러자 그것들이 살아서 일어났다(10절). 하나님의 루아흐는 생명을 주는 바람으로서 역동적으로 그의 백성들을 소생케하며, 그들이 봉사하며 살도록 힘을 공급해준다. 이스라엘의 집은 다시 회복되고 땅을 되찾아 그들은 여호와를 알게 될 것이다(13절). "여호와를 안다"(에스겔 선지자는 이 용어를 다른 여러 단어들과 연결하여 70번 정도 사용하였다)는 것은 지적으로 그분에 대하여 아는 것을 말하는 것이 아니다. 그것은 하나님의 능력을 그의 창조적인 은혜와 사랑의 행위들을 통해 실존적으로 경험하는 것을 말한다.

영과 혼에 대한 이러한 성서적인 배경을 통해, 우리는 이제 영성(spirituality)의 성격을 좀더 분명하게 정의할 수 있게 되었다. 히브리인들에게 있어서 영성은 내부로 향하는 것이 아니었다. 진정한 경건은 단순히 개인적인 혼의 덕목들을 양육하는 것이 아니었다. 오히려 그것은 완전히 인간적이 되는 것을 의미했으며, 하나님과 인간에 대해 열정적인 그리고 영감에 의한 봉사를 함으로써 자신의 전존재가 살아있는 그런 존재가 되는 것을 의미했다.

서양 사람들은 영성을 흔히, 자신을 부정하고 세속적인 것에 대한 관심을 끊어버리고 내세에 만족하는 것으로 정의한다. 이와는 대조적으로 히브리인들은 영의 세계를 건전한, 삶을 긍정하는, 이 세상적인 성격을 가지고 있는 것으로 경험했다. 그러한 것이 바로 히브리인들의 "영적인" 성향이었다. 이른바 영성이라고 하는 것은 풍부한 삶의 경험들을 부정하거나 세상으로부터 물러남으로써 얻을 수 있는 것이 아니었다. 그 대신 그들은 지금 여기에서 거룩을 발견함으로써 창조를 긍정했다. 그들은 삶의 영역을 거룩한 것과 세속적인 것으로 구분하지 않았다. 모든 삶의 영역이 다 하나님의 세계였으며, 수치심이나 죄책감없이 그것을 즐겼다. 바울의 말대로, "깨끗한 자들에게는 모든 것이 깨끗하다"(딛 1:15). 하나님 세계의 청지기와 관리인으로서 인간은 하나님의 세계 안에서 그것을 하나님의 뜻에 따라 사용하며 살도록 되어 있었다. 잘 알려진 히브리 관용구를 사용해서 표현한 바울의 말을 다시 한번 인용해보자: "무슨 일을 하든지 마음을 다하여 주께 하듯 하고 사람에게 하듯 하지 말라"(골 3:23; 참조, 전 9:10).

불행하게도 교회 역사는, 기독교인들이 다가올 내세의 하나님을 찾는 데 집착하게 되었을 때 지금 여기에서 이 지구와 역사의 하나님, 이 세상의 창조주를 찾는 데 실패한 사실을 보여준다. 하늘을 바라보면서 동시에 두 발로는 이 땅을 굳게 밟고 서있던 성서 시대의 히브리인들과는 달리, 기독교인들은 그러한 균형을 유지하는 것을 제대로 배우지 못했다. 우리가 어떻게 불가시적인 것을 소실하지 않으면서도 가시적인 것을 지키며, 물질적인 것을 부정하지 않으면서도 영적인 것을 지키며, 실제적인 것을 배제하지 않으면서도 이론적인 것을 지키며, 그리고 행위를 무시하지 않으면서도 믿음을 지킬 수 있는가 하는 물음은 어제 오늘의 질문이 아니다.

대부분의 서구 기독교인들의 관습과는 달리 성서 시대의 히브리인들은 음식이나 음료 또는 다른 물질적인 것들 자체를 위해 복을 빌 필요를 느끼지 못했다. 그들은 기도 가운데서, 그러한 것들을 주신 창조주 하나님을 찬양하는 일에만 초점을 모았다. 복음서들은 예수가 이와 똑같은 관습을 따랐음을 보여주고 있다(예로서 마 26:26과 눅 24:30에 대한 NIV번역을 보라). 토라는 이렇게 명하고 있다: "네가 먹어 배불리고 만족할 때, 네 하나님 여호와께서 네게 옥토를 주셨음을 인하여 그를 찬송하라"(신 8:10).[26] 하나님만이 신적인 공급자로서 찬양과 영광을 받으시기에 합당하신 분이시다. 앞 장에서도 지적한 것과 같이, 히브리어 berakhot(단수 형태로는 berakhah)는 복을 뜻한다. 엑스타인(Yechiel Eckstein)은 이렇게 설명을 했다: "berakhah는 어떤 것 자체에 거룩성을 전해주는 것이 아니다. 그 보다는 우리에게 세상의 즐거움을 누릴 수 있는 권한을 부여해준다… 우리는 여호와께 감사를 드린다. 그리고 그것을 통해 우리는 땅이 그분의 것이며 우리는 단지 그 땅을 하나님과 함께 돌보는 자임을 고백한다."[27] 유대교에서 식사 전에 사용한 다음과 같은 고대의 감사 기도는 이러한 사실을 잘 반영해주고 있다: "땅으로부터 빵을 가져다주신 우주의 왕이신 우리 주 하나님을 찬양합니다"(Barukh attah adonai elohenu melekh ha-olam ha-motzi lehem min ha-aretz).[28] 고대 히브리인들은, 그들이 먹는 그것을 축복해야 한다고 생각하지 않았을 것이다. 그런 생각은 도무지 낯선 것이었을 것이다. 하나님에 대한 일종의 모독으로 여겼을 것이다. 하나님이 창조하신 모든 것이 "심히 좋은"것일진대(창 1:31), 그것을 정말로 거룩하지 않으며 불경스러운 것인양 여길 수는 없는 일이 아닌가? 하나님이 이미 창조하시고 좋다고 선언하신 것에 대해 거룩하게 하고 깨끗이 하고 정결하게 하는 것이 필요하다고 하는, 성서 이후에 생긴 생각들은 성서 기자들에게는 이상한 것으로 보일 수밖에 없을 것이다. 그러한 생각은, 기도를 통해 갑작스럽게 거룩하게 만들어지기 전까지는 음식과 음료 그 자체는 받아들여질 수 없는 선물로 생각하는 것이나 마찬가지다.

그러면 이러한 관습이 어떻게 생겼는가? 거듭 말하거니와 교회는 자신의 히브리적 뿌리로부터 자신을 스스로 잘라버렸기 때문에 잘못된 길로 갔다. 헬라화 현상은 비유대화의 결과였다. 이분법적인 헬라 사상은, 물질적이며 육체적인 세계와 연관을 맺고 있는 것들을 "거룩하게 해야"할 필요가 있다고 하는 생각을 갖게 했다. 그러므로 성찬식의 떡과 포도주는 성화되어야 할 뿐만 아니라 다른 본체로 변화되어야 했다(화체설). 교회는 또한 물이나 무덤, 십자가들, 그리고 다른 여러가지 종교적인 대상들 등과 같은 다른 물질적인 것들도 "거룩하게" 만들어야 했다.

기독교인들은, 하나님이 맨 처음 거룩하게 만드신 것이 어떤 장소나 물질이 아니라 시간이었다고 하는 사실을 간과해서는 안 된다: "하나님이 일곱째 날을 복 주사 거룩하게 하셨으니"(창 2:3). "시간 안에 있는 영원한 것에 대한 장엄함을 인식하지 못할 때, 우리의 영적 삶은 부패하기 시작한다."[29] 성서의 역사는 공간을 경축하는 이야기가 아니라, 어떻게 한 민족이 순간과 사건들 즉, 시간을 거룩하게 하는 법을 배웠는지를 보여주는 계시이다. 그러므로 하나님의 백성에게 있어서 영성의 본질은, 이 땅에서 그들의 일상적인 삶과 활동 가운데 역사하시는 하늘의 주님의 역동적인 임재와 소생시키는 능력을 아는 것이다.

(2) 구원 – 탈출인가 개입인가?

중세 시대에 구원의 개념은, 삶으로부터 뛰어 오르는 것이라고 하는 개념을 맴돌고 있었다. 구원은 세상으로부터 빠져나올 때 얻는다고 믿었다. 이러한 구원의 섬광은 흔히 "축복스런 비전"(beatific vision)으로 불리웠다. "축복스런 비전"은 하나님의 비전으로서 이 비전을 보는 사람은 이 세상을 뛰어넘어 장엄한 영역에로 들어갔다. 선한 삶은 명상을 통해 이 잠시잠깐의 세계의 압력으로부터 벗어나서 하늘의 세계와 조금은 흡사한 평안을 얻는 것이었다.[30] 폭력과 비도덕, 가난, 배고픔, 그리고 질병으로 인한 많은 희생때문에 사람들이 이 부패한 세상으로부터 벗어날 수 있게 되기를 고대했다. 따라서 내세중심적인 신학 같은 것이 중세 시대에 관심을 끌었으며, 오늘날도 많은 사람들에게 강요되고 있다. 모든 세대의 사람들은 다가올 하늘나라에서 맛보게 될 미래의 기쁨들에 초점을 모으는 것이 비교적 쉽다는 것을 발견해 왔다. 오늘날도 교회의 찬송가들을 보면, 이 "눈물 골짜기"로부터 재빠르게 벗어나려는 사람들의 욕구에 초점을 모으는 가사로 가득 차 있는 것처럼 보인다. 예를 들면, 이러한 가사가 있다: "나의 영혼이 불멸의 옷을 입을 때,

내 영혼은 날아가…." 또다른 찬송가는 이렇게 노래한다: "곧 신실한 용사들은 편히 쉬리라. 복 받은 자들에게 낙원의 감미로움과 고요가 깃들리라."

이와는 대조적으로, 히브리인들은 근본적으로 구원을 이 세상으로부터 벗어나는 것으로 보지 않았다. 그들은 이생에서 도피하는 것이 아니라, 그들의 삶과 사회를 바꾸어놓을 수 있는 하나님의 능력과 임재를 아는 일에 힘썼다. 역사가 스미드(Timothy Smith)는 이러한 사실에 관심을 기울였다: "히브리인들의 감각은 헬라 철학의 플라톤주의와는 달리 인간 존재의 전체성(wholeness)과 그들의 정신적인 그리고 육체적인 존재의 통합성(unity), 그리고 사회적 경험을 내적인 영성과 연결하는 결합력들을 강조했다."[31] 사회와 연관을 맺고 살기 때문에, 히브리인들은 삶을 충만하게 살고 충만한 인간 경험 속으로 들어가려고 노력하였다. 그들은 죽음을 통하여 현재의 삶으로부터 도피하려고 하는 것은 이 세상의 질병들을 영원히 치유하는 방법이 아님을 알고 있었다. 바울과 실라가 옥으로부터 탈출하려는 순간 자신의 생명을 끝내려고 했던 빌립보 감옥의 헬라인 간수의 행동은 한때는 바리새인이었던 바울의 사고 방식으로는 이해가 안되는 일이었을 것이다(행 16:27을 보라). 성서에 나오는 수많은 유대인들이 그들의 인간성(humanity)과 투쟁을 하고 언제나 하나님을 실망시키고, 승리보다는 훨씬 더욱 더 많은 고민을 경험하긴 했지만, 그들은 궁극적으로 자신들이 시간으로부터 달아날 수 없음을 알고 있었다 ― 자신들의 상황이 심히 절망적이라 할지라도. 하나님의 백성으로서 하나님의 은혜와 자비에 자신들을 맡기며, 모든 삶의 경험 속에서 하나님의 임재를 인정해야만 했다.

히브리인들은 대담하게 하나님에 의해 주어진 그들의 인간성을 인정했다. 성서는 반복해서 그들이 자신들의 정체성(identity)을 다른 사람들로부터의 격리에서가 아니라 사회 속에서 찾았음을 보여주고 있다. 그들은 지구를 외계로 보지 않고 창조물의 일부로서 보았다. 인간의 최고의 의무와 소명(calling)을 이행할 수 있는 곳은 이 땅 위에서이며, 또 그 땅에서만 그렇게 할 수 있다. 즉 인간의 입술과 인간의 손으로 하는 일들을 통해 창조주를 영화롭게 할 수 있는 곳은 이 지구밖에 없다.

히브리어 *yasha*(예샤)는 "구원하다," "구조하다"는 뜻을 가지고 있으며, 명사형인 *yeshu'ah*(예슈아)는 "구원"을 의미한다. 히브리어 성서에서, 이 동사가 "하늘에로의 탈출"이라는 의미로 사용되어진 곳은 하나도 없다.

오히려 자세히 연구해보면, "자유롭게 하다," "악으로부터 구조하다," 또는 "압제로부터 벗어나다"가 그 중심 사상임을 알 수 있게 된다. 따라서 "안전," "복지," "번영," 그리고 "승리"와 같은 단어들이 이러한 구원의 행위를 묘사하는 데 사용되어진다. 하나님은 자기 백성을 외적(外的)인 악으로부터 구원하는 모습으로 자주 그려지고 있다(신 20:4, 수 22:22, 삿 3:9). 그러나 자주 이러한 구조(rescue)는 대행자에 의해 영향을 받는다(삼상 11:9, 대상 19:12). 구원에 대한 이와 똑같은 히브리적 개념 - 지상적인 구조를 포함하는 개념 - 이 신약성서에서도 발견된다. 세례 요한의 아버지 스가랴는 예수가 가져올 구원이 적대자의 손으로부터의 이스라엘의 구조를 포함한다고 예언했다(눅 1:71, 74). 이는 여호와께서 이스라엘을 그들의 적인 에집트의 노예로부터 구원한 것과 매우 흡사하다(시 106:9-11). 출애굽은 우리들에게 "하나님의 구원은 영적인 복지(福祉)와 마찬가지로 실질적인 것에 대한 관심도 포함하고 있다. 출애굽은 단순한 영적 비유가 아니다. 사실, 그것은 하나님에 대한 새로운 관계를 가능케 하는 하나님의 구체적인, 실질적인 구조(救助)에 대한 이스라엘의 경험으로부터 유래된다"[32]는 것을 상기시켜 준다.

때로는 구원에 대한 구약성서의 개념이 시편 119:41에서와 같이 실질적인 구조보다는 영적인 구원을 의미할 때도 있다. 이 구절에서 하나님의 "가없는 사랑" 또는 자비(헤세드)는 그의 "구원"과 평행을 이루고 있다. 그러나 이와 같은 구절에서 강조점은 이생으로부터의 퇴각에 있는 것이 아니다. 반대로, 구원은 이 땅의 압제하는 모든 것들을 깨뜨리고 그의 백성들을 자유케 하는 하나님의 능력이라는 사상을 담고 있다. 간단히 말해서, 구원에 대한 히브리적 개념은 대체적으로 상당히 윤리적인 성격을 지니고 있다.

구약으로부터 많은 구절들을 인용하면서 유대적인 성격을 상당히 갖고 있는 마태복음은 구원에 대한 이러한 정의를 매우 잘 보여주고 있다. 구원의 완성의 때에 왕은 염소와 양을 구별하기 위해 오실 것이다(마 25:31-46). 그러나 우리는 심판하실 주님의 그 판결 기준을 잊어서는 안된다. "하나님 나라를 유업으로 이어받고" "영생"에 들어갈 사람들에게 재판관은 이렇게 말씀하실 것이다: "내가 주릴 때에 너희가 먹을 것을 주었고 목마를 때에 마시게 하였고 나그네 되었을 때에 영접하였고 벗었을 때에 옷을 입혔고 병들었을 때에 돌아보았고 옥에 갇힐 때에 와서 보았느니라"(35-36절). 구세주의 심판 기준은, 어려운 사람들의 삶에 개입해서 그들로 약함과 악, 그리고 이 세상 순례자들을 압박하는 것들로부터 벗어나도록 도와주었는지의 여부에 있다. 예수는 말씀하신다: "내 형제 중에 지극히 작은 자 하나에게 한 것이 곧 내게 한 것이니라"(40절). 따라서 구원의 일을 하는 것은 무거운 짐을 진 사람들에게 지금 여기에서의 돌봄과 관심을 통해 그들의 짐을 가볍게 함으로써 치유와 구조, 승리를 가져다 주는 것이다.

구원이 현재의 삶에서 구조와 해방의 사역을 포함한다고 할지라도, 구원의 완성은 인간과 세상이 모두 완전하게 변화되어지는 부활이다. 신학자 핀노크(Clark Pinnock)가 잘 표현한대로, "[유대] 묵시적인 기대에 있어서 부활의 의미는 …사람, 몸과 영혼…의 완전한 구속을 바란다. 구원은 하나님이 약속하신 새로운 피조물 안에서의 전인(全人)의 완전한 변화에 대하여 이야기한다."[33] 그 때서야 비로소 구원은 완성되어질 것이다.

구원의 성격에 대한 또다른 관점은 "예수"라는 이름에 관심한다. 히브리 사상에 있어서, 개인의 이름은 아이덴티티를 위한 타이틀이나 라벨 그 이상의 의미가 있다. 이름은 본질이나 성격, 명성, 또는 그 사람의 운명을 나타내는 것으로 믿었다. 이것이 바로 모세의 도덕법이 거짓 증언을 통해 다른 사람의 이름을 모독해서는 안 된다고 규정하고 있는 이유인 것이다(출 20:16). 참으로 "많은 재물보다 명예[즉 좋은 이름]를 택할"(잠 22:1) 일이다. 그러므로 모든 히브리인들의 이름은 그 안에 일종의 메시지를 갖고 있는 것이다. 이제 살펴보겠지만, 이것은 특별히 예수의 경우에 더욱 그랬다.

예수가 유대인으로 태어났다고 하는 사실은 복음서에서 제시한대로 예수의 본성이나 인격을 이해하는 데 있어서 상당히 중요하다. 예수의 이름은 히브리어로 예슈아(*Yeshu'a*)이다. ("예수"는 예슈아의 헬라어식 표기인 에수스[*Iesous*]의 라틴어 형태이다.) 예슈아라는 이름은 히브리 동사 *yasha*(이에 대해서는 위에서 논의하였다)에서 유래한 것으로, 이 땅에서의 삶과 사역을 통해 이루어야 할 그의 운명을 드러내주었다. 하나님의 천사가 말하기를 "이름을 예수라 하라. 이는 그가 자기 백성을 저희 죄에서 구원할 자이심이라"하였다(마 1:21).

그의 가르침과 설교, 그리고 치유 목회를 통해 – 특별히 사회의 소외 계층들 가운데서 – 예수는 하나님의 구원이 이르렀음을 보여주셨다. 그는 하나님의 나라가 그의 인격 안에서 어느 정도는 실제적인 의미에서 이미 이루어졌음을 선포했다(눅 17:21을 참조하라). 하나님의 통치가 인간의 삶 속으로 파고 들어왔으며, 하나님 나라의 능력이 풀어졌다(눅 11:20). 히브리식 사고에 있어서, 하나님이 인간사 속에서 주권을 행하시며 다스리는 곳은 어디나 다 하나님 나라이다. 예를 들면, 구약성서에서 하나님의 "통치"는 홍해를 건넌 것과 연관되어 있다(출 15:18). 예수의 경우에서는, 하나님의 능력이 그를 통해 삶 가운데로 파고 들어옴을 통해, 얽어매고 있던 족쇄와 억누르고 있던 사슬들을 끊어버림으로써, 하나님의 구원이 다가왔던 것이다.

나사렛에 있는 그의 고향 회당에서 예수는 다음과 같은 말씀으로 하나님의 구원의 계획을 선언하심으로써 공생애를 시작하셨다: "가난한 자에게 복음을 전하게 하시려고 내게 기름을 부으시고 나를 보내사 포로된 자에게 자유를, 눈먼 자에게 다시 보게 함을 전파하며 눌린 자를 자유케 하려 하심이라"(눅 4:18). 하나님의 기름부음을 받은 분의 이 "왕 같은" 선언은 고대 근동의 왕권의 개념과 상당히 비슷하다. 이 지역에서 "왕은 ispo facto, 즉 구원자다."[34] 왕권이 백성들에게 그들이 실제적으로 필요로 하는 구조와 돌봄, 보호들을 제공함으로써 구원을 가져다주는 것이 관습이었다(마 21:9, 15등에서 "호산나!"는 "구원하소서"를 의미한다).[35] 그러나 이 개념은 특별히 구약성서의 왕같은 통치에 대한 묘사에 보다 깊이 그 뿌리를 박고 있다. 시편 72편은 백성들을 공의와 정의로 다스리는 예루살렘의 다윗 왕조의 덕을 기리는 기도이다. 후기 유대 전승은 이 시편을 초대 기독교가 그랬던 것처럼 메시야에 관한 시로 해석을 하였다. 구원자로서 이스라엘의 왕은 "궁핍한 자의 부르짖을 때에 건지며 도움이 없는 가난한 자도 건지며 저는 가난한 자와 궁핍한 자를 긍휼히 여기며 궁핍한 자의 생명을 구원하며 저희 생명을 압박과 강포에서 구속하리니 저희 피가 그 목전에 귀하리로다"(시 72:12-14). 구원자로서의 왕의 역할은 나사렛에서의 예수의 선언(눅 4:18)의 의미를 분명히 해주고 있다.

예수의 모든 사역은, 따라서, 그의 이름에 대한 주석(commentary)이었다. 그는 이 땅에 구조(救助)의 사명을 띠고 오셨다. 사람들을 이 세상으로부터 탈출시키려고 오신 것은 아니었다. 그 반대로, 죄와 자아, 질병, 그리고 압제의 손아귀에서 벗어나 olam ha-ba, 즉 "다가올 세계"를 준비하도록 하기 위해 오셨다. 예수는 섬김을 받기 위해서가 아니라 섬기기 위해 오셨다. 그는 인간을 하나님과 화해토록, 또 인간들 서로 화해를 하도록 하기 위해 오셨다(마 22:34-40). 그는 자신이 본을 보이심으로써, 사람들을 완전하게 만들기 위해서는 어떻게 그들의 삶 속에 관여해야 하는지를 추종자들에게 가르치셨다. 사회 정의와 인간의 필요에 대한 예수의 관심은 정확히 역사적인 유대교 전승과 맞아 떨어진다. 마찬가지로, "그것은 기독교로 하여금 묵시적인 영광의 꿈에 사로잡히는 유혹에 떨어지지 않게 하고, 또한 우리가 이 세상의 조건 아래에서 믿음의 삶을 살아야 한다고 하는 것을 상기시켜 준다."[36] 이것이 예슈아가 하신 일이었으며 그의 백성들이 해야 할 일이다. 즉 구원을 이 땅에 가져오는 일을 해야 한다.

(3) 믿음 - 생각인가 행함인가?

내세 지향과 현세 지향 사이의 불균형이 왕왕 발견되어지는 세번째 신학적 개념은 믿음에 대한 성서적 관점이다. 믿음을 갖는다고 하는 것이 오늘날의 기독교인들에게 어떤 의미가 있는가? 많은 기독교인들, 특별히 이 단어의 히브리적 배경을 모르는 사람들은 믿음을 대개 마음의 행동으로 이해한다. 이러한 기독교인들은 "믿는다"는 것 또는 "믿음을 갖는 것"은 대체적으로 어떤 제안에 대해 지적인 동의를 하는 것으로 이해한다. 그러나 히브리인들은 믿음을 다르게 이해한다.

aman이란 히브리어 동사는 "믿다," "신용하다"는 의미로 사용되는 용어들 가운데 하나이다. 이 용어는 때로는 "지지하다," "양육하다," "확인하다," "확실하게 하다," 또는 "지속하게 하다"는 의미로 번역되기도 한다. omenet는 "간호"(룻 4:16), omenot는 "기둥들," "문설주들"(왕하 18:16)이라는 뜻을 가지고 있으며, 동사 aman에서 파생되었다.

더 자주 쓰이는 동족어는 emunah로서 흔히 "신실함," "신용"으로 옮겨진다. 여러 컨텍스트에서 이 단어는 "확고함," "불변"의 사상을 갖고 있다. 이 단어는 일관성, 안정, 견고함, 믿을만함, 지지를 뜻하기도 한다. 이런 의미는 분명히 출애굽기 17:12에서 볼 수 있다. 여기에서 우리는 아멜렉 군대와의 싸움에서 승리를 가져다 주신 - 모세가 손을 들고 있는 동안은 - 하나님에 대하여 읽게 된다. 모세의 손누은 점점 피곤하게 되었고, 그래서 아론과 훌이 그의 손을 떠받쳐 주었다. 그리고 "그 손이 해가 지도록 emunah로 남아 있었다." 이 구절에서 emunah는 불변 또는 확고함의 의미를 가지고 있다. 그 의미가 이 용어로 하여금 계속적으로 사용될 수 있도록 기반을 마

련해주었다.[37]

　　*emunah*가 하나님과 연관해서 사용되어질 때, 그것은 대개 하나님은 전적으로 의존할 수 있는 분이심과 그의 신실하심이 변치 않는다는 사실을 나타낸다. 이 용어는 하나님의 말씀이나(시 119:86), 자비(*hesed*. 참조, 시 89:24)와 같은 속성들과 연관해서 사용된다. *emunah*는 참고(忍), 흔들리지 않으며, 그리고 신용할 수 있는 존재를 나타내기도 한다.

　　*emunah*는 또한 인간과도 연관해서 사용된다. 그런 컨텍스트에서는 이 용어는 흔히 하나님의 진리가 자신들을 확고하게 했음을 인식하며(시 119:30), 삶의 불안한 상황 가운데서도 변하지 않을 수 있는(즉 신실한) 자질을 가진 사람을 말한다. *emunah*가 사용된 히브리 성서 중에서 가장 중요한 구절들 가운데 하나는 하박국 2:4이다: "의인은 그 믿음[*emunah*]으로 말미암아 살리라." 이 구절은 바울도 인용했으며(롬 1:17, 갈 3:11), 종교 개혁의 기치가 된 말씀이기도 하다. 먼저 본래의 컨텍스트를 연구해보자. 하박국 당시의 사람들은 곤경에 빠질 위기에 놓여 있었다. 왜냐하면 하나님이 한 나라를 통해 다른 나라를 징벌하실 계획이 있었기 때문이다. 이러한 상황은 하나님에 대한, 특별히 세계를 움직이시는 데 있어서의 하나님의 정의와 지혜에 대한 뿌리깊은 신뢰를 요구했을 것이다. 하나님의 백성이 임박한 "재앙의 날" 동안에 오래 견디고 살아남기 위해서는 확고(stability)와 지지(support)를 필요로 했다(합 3:16-17). 여기에서 우리는 레오 백(Leo Baeck)이 말한 대로 *emunah*는 "내적인 확고함과 평화, 인간 영혼의 강함과 일관성"임을 알 수 있다.[38] 그러나 성서의 여러 곳에서, 신실함이라고 하는 성서적 이상이 하나님의 백성들에 의해 항상 구현되지는 않았음을 보여준다. 그러나 그들의 죄로 말미암아 예루살렘이 멸망하고 포로 신세가 되었을 때에도 예레미야 같은 사람들은 눈물을 흘리면서 하나님 앞에 "주의 성실[*emunah*]이 크도소이다"라고 고백했다(애 3:23).

　　emet, 즉 "진리"라는 단어도 *aman*에서 유래되었다. *emunah*와 마찬가지로 *emet*도 견고함, 확실함, 믿을만함과 같은 의미를 갖고 있다. 하나님의 본성 가운데 하나는 *emet*이다(시 71:22). 여호와는 "인자와 진실이 많은"(*rab hesed ve-emet*)분으로 나타난다(출 34:6. 참조, 민 14:18, 느 9:17, 시 86:15, 103:8, 145:8, 욘 4:2). 하나님을 아는 사람은 "*emet*가운데 행한다"(즉, 진실히 행한다. 왕상 2:4, 사 38:3). 그리고 하나님 처럼 다른

사람들에게 "진실한 재판"(mishpat emet)을 행한다(슥 7:9).

랍비들은 emet에 특별한 의미를 부여했다. 탈무드에 의하면 "거룩하신 분—그분을 찬양할지라—의 표증(seal)은 emet, 즉 '진리'이다"(산헤드린 64a). 랍비들은 이 신성한 표증에 대하여 여러가지 표현들을 사용했다. 예를 들면, 죠지 무어(George Foot Moore)는 랍비 시므온 벤 라키쉬(Simeon ben Lakish)가 "기발한 설명"이라고 이름붙인 것을 이렇게 설명하고 있다: "alef는 히브리 알파벳의 첫 글자이고 mem은 가운데 글자이며 tav는 마지막 글자이다. 이는 이렇게 말하는 것이나 다름없다: '나 여호와는 첫째이다.' 왜냐하면 나는 다른 누구로부터도 통치권을 넘겨받지 않았기 때문이다; '나 이외에는 다른 신이 없느니라.' 왜냐하면 나는 짝이 없기 때문이다; '나는 마지막이니라.' 왜냐하면 나는 누구에게도 그것을 넘기지 않을 것이기 때문이다."39)(alef, mem, tav는 히브리 자음으로서 이들을 합치면 emet[진리]가 된다.)

아멘(amen)은 유대인과 기독교인 모두 예배 시에 자주 사용하는 단어로서,40) 이 역시 동사 aman에서 나왔다. "아멘"은 히브리어를 직접 음역한 것이다. 예배드리는 사람들이 "아멘"이라고 말하면, 그것은 어떤 것을 긍정하고 찬성하며, 지지한다는 뜻이다. 그 말은 "믿을만한 가치가 있다. 믿을만하며 견고하며 안정되며 영원하며 지속적이다. 나는 그것이 진리임을 확신한다. 하나님이 그렇게 하시기를 바란다."고 말하는 것이나 다름없다.

그러므로 히브리식 사고로는 믿음은 확신을 의미했다. 그것은 "대담한 기대와 함께 삶으로 들어가는"41) 능력이었다. 믿음의 사람은 단순히 마음으로 믿거나 신용의 태도를 발전시키는 것으로 끝나지 않았다. 그는 삶 속에서 그 믿음에 근거하여 행동하였다. 그의 마음의 확신을 행동으로 옮겼던 것이다. 히브리인들에게 있어서 믿음은 그저 하나의 이론만은 아니었다. 그것은 봉사의 삶에로의 결혼이었다. 사실, 히브리인들은 하나님을, 일(행위)을 통해 섬길 수 있었다. 그들은 하나님을 언제나 역사 속에서, 사건들 속에서, 활동의 세상 속에서 만날 수 있음을 알고 있었다. 믿음의 사람은, 하나님에게 자신을 철저히 위임했던 사람들이었다. 그래서 그들은 아브라함처럼, 하나님을 만날 수 있을 것이라는 확신을 가지고 과감히 미지의 세계로 나아갔다. 그러므로, 성서적인 의미에서, 믿음을 갖는다는 것은 삶 가운데서 밖으로 움직여 나가는 것이며, 하나님이 거기에서 기다리시고 있음을 아는 것이었다. 그것은 "담대하게 내일로 발걸음을 옮기는 것이며, 모든 새 날은 거룩하시며 영원하신 하나님을 만나는 장소임을 확신하며 새 것을 포옹하는 것이다. 믿음의 반대는 어제에 필사적으로 매달리며 그것을 놓치면 하나님을 잃어버리게 될 것이라는 두려움을 가지고 있는 것이다."[42]

이것이 바로 믿음에 대한 히브리식이며 성서적인 모델이다. 아브라함 헤쉘(Abraham Heschel)이 잘 지적한대로, 믿음은 "생각의 도약보다는 행위의 도약"을 요구한다.[43] 헤쉘은 정반대적인 표현을 사용하여 이렇게 믿음을 정의하고 있다: "믿음은 수동의 상태가 아니다.… 그것은 불활동(inertia)이 아니라 모험(enterprise)이다."[44] 그의 이와같은 강조는 분명히 신약성서의 가르침과 일치한다는 사실을 우리는 강조해야 한다. "행함이 없는 믿음은 그 자체가 죽은 것이라"(약 2:17). 성서적인 믿음은, 비록 그것이 하늘을 인식하긴 해도, 혈과 육의 영역 안에서 작용하며, 또 그 영역에 정통해 있다. 천사들의 영역에서 벗어났기 까닭에, 그러한 믿음은 우상과 대결하며, 죄로 오염된 세상의 비인간성과 불의에 대하여 말을 한다. 이러한 성서적인 믿음은 우리의 삶을 변화시킬 수 있는 가능성을 갖고 있으며, 이러한 믿음에 의해 변화된 사람은 하나님의 은혜로 내세를 소유할 수 있게 될 것이다.

3. 개인 대(對) 공동체

이제 교회가 잘못된 길로 가기 시작한 마지막 세번째 영역을 살펴볼 차례다. 성서를 기록한 히브리인들은 이 세번째 잘못에 대해 다음과 같은 교정책을 제시해 주고 있다. 오늘날 교회 안에서 보여지는 조야한 개인주의와 사적인 기독교를 수정하기 위해서는 믿음의 공동체의 통합적인 삶에 더 많은 강조점을 두어야 한다. 교회의 구성 또는 사회학적인 구조는 여러 세기동안 논의의 대상이 되어 왔다. 기독교 역사에 있어서 초기에 나타났던 운동들(movements) 가운데 하나는 수도원주의(monasticism)였다. 이 용어는 "홀로 있는 것," "홀로 사는 것"을 의미하는 헬라어 동사 monazein에서 왔다. 수도원주의는 개인적인 믿음의 삶에로의 퇴각을 통한 세상과 사회로부터의 은둔을 강조했다. 독립적인, 분리적인 기독교 형태들이 많이 있었으며 지금도 많이 있다. 이와 동시에 로마 가톨릭 교회는 여러 해동안 세상을 향해 교회는 모든 기독교인들이 그 구성원이 되어야만 하는 필요불가결의 공동체라고 주장해왔다. 이러한 사실에 대한 역사적 증언은 *extra ecclesiam nulla salus*, 즉 "교회 밖에는 구원이 없다"는 가톨릭 교회의 가르침에서 유래한다.

이와같은 간단한 소개로부터 곧 여러가지 의문들이 제기된다. 교회는 무엇인가? 우리는 개인과 공동체의 관계를 어떻게 이해해야 하는가? 우리들의 히브리적 유산 속에서 오늘날 교회 영역에서 발견되는 불균형을 고칠 수 있는 어떤 모델을 발견할 수 있는가?

(1) 독립적인 기독교인들

불행하게도 현대 개신교의 특성 가운데 하나는 "고독한 방랑자"(Lone Ranger) 기독교라 불릴 수 있는 점을 강조하고 있다는 것이다. 즉, 다른 사람에 대한 성서적인 책임감을 느끼지 못하는 것처럼 보이며, 대부분 사람들이 그들 스스로의 힘으로 움직일 수 있다고 생각하는 것같다. 지배적인 그리고 때때로 뻔뻔스러운 개신교가 경건과 삶에 있어서의 개인주의를 강조함으로써 무정하다(callousness)는 비난을 들어온 것은 당연한 일이다.[45] 현재 우리는 구색을 갖춰 입은 지배적인 그리고 독립적인 교회 지도자들이 경건한 말과 위협으로 그들의 의지를 그룹에게 강요하고 있음을 볼 수 있다. 이러한 권위있는 인물들은 자주 그들의 주장을 이런 말들을 통해 강조하고 있다: "주님께서 내게 말씀하셨다," "하나님이 내게 계시를 보여 주셨다," "주님이 나에게 말씀하시기를…."

성서에서 묘사된 바와 같은 교회의 공동체 중심의 초점은 이제 사적인 믿음의 뻔뻔스러운 개인주의에 의해 대치될 위험에 처해 있다. 교회는 이러한 위험을 스스로 자초한 책임을 져야 한다. 잠깐만 이런 것들을 생각해보자: 우리가 하나님 앞에서의 양심의 자유와 모든 신자의 제사장직, 개인적인 헌신의 중요성, 성서를 개인적으로 해석할 수 있는 권리, 하나님 앞에 직접적으로 개인적인 죄를 고백하는 것의 우선성, 독립 교회와 분리적인, 자치적인 준(準) 교회 기관들(parachurch agencies)을 강조해왔는데, 그런 일이 가능한 것인가? 그리고 그런 것들을 강조함으로써 우리는 우리가 이런 영역들에서 뿐만 아니라 다른 영역에서도 다른 사람의 도움을 필요로 하지 않는 신자들로 작용할 수 있다고 믿게 되었는데, 그런 일이 가능한 일인가?

이 이슈는 개신교와 가톨릭의 중요 차이점을 간단하게 설명해 줄 수 있 겠느냐는 요청을 받은 한 가톨릭 신부의 답변 속에서 더욱 분명해진다. "그 것은 어려운 일이 아닙니다. 개신교는 사람들에게 '교회는 당신을 필요로 합 니다'라고 말합니다. 그러나 가톨릭 교회는 '당신은 교회가 필요합니다'라고 말하지요." 이러한 대답은 분명 가톨릭과 개신교를 지나치게 단순히 묘사한 것이라고 할지라도, 이 신부가 말한 것은 크게 봐서 사실이다. 즉, 교회는 각자가 자신의 길을 가는 이런 저런 독립적인 개인주의자들이 모인 그런 모 임 이상이 되어야 한다. 개인은 결코 단체를 떠나서는 존재할 수 없다. 인간 은 사회적인 존재로 창조되었다. 하나님은 그의 백성들을 한 몸 안에서 작용 하도록 하셨다. 한 개인의 진정한 의미는 하나님과의 관계 그리고 다른 사람 들과의 관계 속에서 찾을 수 있다(막 12:28-34).

(2) 연합체(A Corporate Body)

성서 시대 이후로 유대인들은 이 개념을 모범적인 방법으로 구현시켰다. 하나님은 한 백성을 선택하셨다(신 7:7). 따라서 유대 종교는 사람-집단 (peoplehood)의 특성이 있다. 흔히 기독교인들은 그들의 믿음을 근본적으 로 믿음의 체계로 정의하는 반면, 유대인들은 교리나 신앙을 유대교를 구성 하는 여러 본질적인 요소들 가운데 한 요소로만 이해한다. 교리나 신앙을 가 장 중요한 것으로는 보지 않는다. 유대 학자 랑게(Nicholas De Lange)의 말대로 "유대인이 된다는 것은 무엇보다 먼저 그룹, 즉 유대 백성에 속하는 것을 의미한다. 종교적인 신념은 어떤 의미에서 이 협력적인 충성에 부차적 인 것이다."[46] 민족 즉, 그룹에 대한 이 뿌리깊은 성서적 강조는 대부분의 기도가 "나"라는 단수대신 "우리"라는 복수 형태로 되어있다는 사실에서도 드러난다. 기도는 "공동체 모두의 외침"을 표현한다.[47] 가장 잘 알려진 성 서의 기도 가운데 하나는 이러한 공공의 요소를 기도 첫머리에 잘 표현하고 있다: "하늘에 계신 우리 아버지"(마 6:9). 오래된 하시딤의 말 가운데 이 런 것이 있다: "모든 이스라엘의 이름으로 드려지지 않은 기도는 절대로 기 도가 아니다."[48]

공동체에 대한 히브리적 개념에 있어서 중심을 이루고 있는 것은 집단적 인격(corporate personality)의 사상이다.[49] 이 개념은 개인은 항상 집단 (가족, 부족, 나라)의 측면에서, 그리고 집단은 개인의 측면에서 이해하였음을 의미한다. 이 공동 일치는[50] 전체 공동체(과거의 조상들과 미래의 구성원들)를 하나의 인격체, "살아있는 전체, 혈과 육과 뼈의 생기있는 하나의 덩어리"[51]로 봄으로써 강화되었다. 하나님의 계약은 광야에 있던 사람들과만 맺으신 것이 아니라 미래의 세대들, "오늘날 여기에 있지 아니한 자"(신 29:15)와도 맺으신 것이다.

히브리어는 영어로 "집합 명사"(collectives)라고 부르는 단어들로 가득 차 있으며, 이러한 사실은 저 유기체적인 연대성의 개념을 더 확고하게 해 주고 있다.[52] 예를 들면, 히브리 성서에서 아담(adam)이라는 단어는 개인으로서의 인간을 가리킬 수도 있고 집합적인 의미에서의 인류(사람)를 가리킬 수도 있다. 모든 이스라엘 사람들은 서로 상대방에 대하여 책임의식을 가지고 있다. 그들은 서로 다른 사람의 삶과 관계를 맺고 산다. 이러한 상호연관성을 가장 잘 드러내주는 예가 고대 시대에 행해졌던 피의 보복의 관습이다.[53]

현대 유대 공동체에서, 유월절 의식에 참예하는 모든 유대인들은 그들 자신이 개인적으로 ─단순히 그들의 조상들이 아니라─ 에집트로부터 나온 사람들로 동일시하도록 요구되어진다(이에 대해서는 12장을 참조하라). 또한 모든 유대인들은 바로 자신들이 토라를 받기 위해 시내산에 서 있는 것으로 생각하도록 가르침을 받는다. 그래서 율법은 모세 한 사람에게가 아니라 모든 유대인 개개인에게 주어진다.[54] 비슷한 방식으로, 인간 생명의 신성성이 집단적 인격의 개념에 있어서 기본이 된다. 미쉬나는 이렇게 말하고 있다: "한 사람이라도 멸망시킨 사람은 모든 세계를 다 멸망시킨 사람으로 여겨야 하며, 한 생명이라도 구원한 사람은 온 세계를 구원한 사람으로 여겨야 한다"(산헤드린 4:5).

"세계 유대인"(World Jewry)은 오랫동안 공동체의 모델 역할을 해왔다. 히브리어 *mishpahah*는 "가족"을 뜻한다. 하지만 *mishpahah*는 단순히 부모나 자녀들만을 포함하지는 않는다. 그것은 전체 사회 단위로서 아저씨, 아주머니, 먼 사촌까지도 다 포함한다. 더욱이, 각각의 *mishpahah*는 자신들을 하나의 전세계 유대인 가족의 일부로서 생각한다. 그러므로 가족 연대 의식이 여러 세기를 걸쳐 유대 공동체의 안정과 존속의 배후에 있는 주요 요인들 가운데 하나가 되어왔던 것이다.

유대인들은 또한 관습적으로 자신들을 *am*("한 백성"), *haburah*("공동체"), 그리고 qehillah("회중, 회집자")로 부르고 있다. 이러한 용어들은 공동의식과 책임의식을 강조한다. 회당의 구성원 수는 개인이 아니라 가족 단위에 기초해서 계산된다. 더 나아가, 그 공동체에서 가장 빈곤한 유대인이라 할지라도 구제의 의무를 면제받지 않는다. 그도 상호간의 책임의식을 갖고 있기 때문이다.

오랜 옛날부터 유대인들은 모든 사람이 다 그의 형제를 지키는 자라고 하는 성서의 가르침을 진지하게 받아들였다(참조, 창 4:9). 그러므로 각 사람은 이웃의 어려움과 필요에 대해 책임감을 갖고 있다. 사실, 그 누구도 이웃과 완전히 격리해서 사는 사람은 없다. 이러한 점을 잘 설명해주는 극적인 이야기가 탈무드 시대로부터 전해 내려오고 있다. 그것은 한 배에 탄 세 사람의 이야기이다. 그들 중 한 사람이 갑자기 자기 자리 밑에 구멍을 뚫기 시작했다. 친구들이 당장 그렇게 못하도록 말렸다. 그러자 그가 하는 말이, "너희들이 왜 염려하니? 나는 다만 '내' 자리 밑에 구멍을 뚫고 있는 것 뿐이야" 했다. 랍비들이 이끌어낸 도덕은 거듭거듭 되풀이해서 전해내려 오고 있다:"우리는 '다' 한 배에 탔다."[55]

(3) 공동체로서의 교회

위에서 말한 히브리식 사고에 있어서의 집단적 인격의 개념을 어떻게 교회의 삶에 적용할 수 있을까? 먼저, 신약성서는 한 사람이 구원의 믿음을 갖게 될 때, 그는 그리스도의 살을 먹고(요 6:35, 54), 그리스도와 합하여 세례를 받으며(롬 6:3), 그리스도 안에서 "새로운 피조물"로서 존재하기 위해(고후 5:17) 그리스도 속으로 연합하게 된다.[56] 더 나아가, 믿는 사람들의 가시적(可視的)몸으로서 교회는 영적으로 아브라함의 가족 속으로 접붙임을 받았다(롬 4:11, 16, 갈 3:26-29). "기독교인들에게는, 오직 개인적이기만 한 경험이란 없다. 공동체적인 경험만이 있을 뿐이다."[57] 바울의 말대로, "우리가 유대인이나 헬라인이나 종이나 자유자나 다 한 성령으로 세례를 받아 한 몸이 되었느니라"(고전 12:13). 그러므로 한 몸으로서의 교회에 대한 바울의 사상은 구약성서의 집단적인 인격의 개념에 깊이 뿌리를 박고 있다. 따라서 옛 이스라엘 공동체의 일원이었던 바울에게 있어서, 개인은 그룹 속으로 연합되며, 그룹을 자신의 운명과 동일시하고 그룹이 고백하는 이상들을 그의 인격과 삶을 통해 보여준다. 그러나 그와 동시에 그룹의

삶과 독특한 아이덴티티는 개인에게서 유래된다.[58]

사실상, 회당이 예배와 연구, 회합의 집으로서 역할을 하고 있는 것과 꼭 마찬가지로, 교회도 믿음과 배움, 삶의 공동체이다. 그러므로 성도의 교제 가운데서의 기독교인의 행위들은 단순히 개인적인 문제가 아니다. 한 지체가 고통을 당하면 모든 몸이 함께 슬픔을 나눈다. 한 사람이 즐거워하면 모두가 그 기쁨을 공유한다(참조, 고전 12:26). 기독교 신자의 몸은 각 멤버들의 총합만큼만 강해질 수 있다. 왜냐하면 교회는 이스라엘처럼 집단적인 인격으로서 작용하기 때문이다. 개개인의 삶은 서로 얽혀있으며, 그들의 가장 참된 의미는 이 몸 안에서 서로 맺고 있는 관계성 안에서 발견된다. 유대 현인이 언젠가 말했던 것처럼, "자기(自己)로 가득차 있는 사람에게는 하나님을 위한 장소가 없다."[59] 성서에서 경건은 항상 공동체 지향적이다. 옛 이스라엘처럼 "하나님의 백성"이라고 불리우는 교회는(벧전 2:10), 공동체적인 자기-인식을 가지고 활동해야 한다. 교회가 자신의 이러한 유대적 뿌리의 모습—이른바 회당 민주주의—를 무시하고, 평신도 또는 사람 중심이 아니라 권위 또는 성직 계급 중심이 될 때마다, 교회의 사회 의식은 무척 둔감하게 되곤 했다.[60] 기독교에 있어서, 하나님과 이웃은 서로 분리되지 않고 함께 속해 있다. 교회는 결코 자기중심적이 되거나 자기 만족에 빠져서 이러한 사실을 잊어버리는 일이 있어서는 안 된다. 왜냐하면 모든 신자의 제사장직 개념은 각각의 기독교인들이 하나님에게 뿐만 아니라 그의 이웃에 대해서도 제사장으로서 역할을 해야 한다는 의미를 갖고 있기 때문이다.

현재의 회당에서 그러는 것처럼 고대에도, 회당의 회중들은 모세의 책 가운데 하나를 다 읽게 되면 모든 회중들이 큰 소리로 *hazaq, hazaq venithazeq!*("강하라, 강하라, 서로 서로를 강하게 하자!")라고 외친다. 오늘날의 교회는 자신의 히브리 유산의 충만한 힘 가운데 서는 법을 배워야 할 것인 바, 이와 같은 상호 의존의 정신을 가져야 할 것이다.

제 10 장의 이해를 위한 연구과제

1. 디모데는 이중 문화를 가진 가정에서 태어났다. 그의 부모들의 배경을 말하라. 부모 중 누구에게서 종교적인 영향을 받았는가? 그 이유는?

2. 돔 그레고리 딕스(Dom Gregory Dix)에 의하면, 서양인들이 일종의 "영적인 정신분열증"을 갖게 된 배경은 무엇인가?

3. 플라톤주의는 우주와 인간에 대하여 이원론적인 관점을 갖고 있다. 이 이원론은 무엇을 의미하는가? 히브리인들의 세계관 및 인간관과는 어떻게 다른가?

4. 오리겐(Origen)의 신학에 큰 영향을 미친 학자는 누구인가? 오리겐이 주로 거하면서 가르쳤던 이집트의 도시 이름은?

5. 금욕주의는 무엇인가? 금욕주의의 가르침과 이원론은 어떤 관계가 있는가? 오늘날 교회 안에서는 어떤 형태로 이 금욕주의가 남아 있는가? 어떤 종류의 설교와 가르침 속에서 이러한 금욕주의적인 영향이 발견되는지 알아보라.

6. 영지주의자들은 누구였으며, 무엇을 믿었는가? 신약성서 가운데서 영지주의에 반대해서 기록된 책은?

7. 전체적인 관점에서 볼 때 성서는 금욕적인 삶의 스타일을 지지하지 않는다. 그렇다면 육체의 즐거움과 물질의 소유에 대해서 성서는 어떻게 가르치고 있는가? 신구약 성서에서 해당 구절들을 인용해보라.

8. 히브리 성서의 기반 위에서 탈무드는 이 생에서 좋은 것들을 즐기는 것의 중요성에 대하여 어떻게 가르치고 있는가?

9. 기독교가 결혼을 부정적으로 또는 저급한 삶의 방식으로 보기 시작한 이유는 무엇인가?

10. 결혼과 성(Sexuality)에 대하여 왜곡된 견해를 보인 유명한 기독교 사상가는 누구인가? 이러한 사고 방식의 예를 들어보라. 신학자나 교회 지도자들의 가르침들을 기반으로 삼을 때, 어떤 잠재적인 위험성이 있는가?

11. 동정녀 마리아에 대해서 세가지의 가르침이 있는데, 이들은 어떻게 이원론을 반영하고 있는가? 이러한 견해들이 가르치고자 하는 바는 각각 무엇인가? 개신교가 이에 대해 대안으로 내놓은 것은 무엇인가?

12. 오늘날 널리 사용되는 종교 용어에 있어서 "영적인"(spiritual)이라는 말은 어떤 의미로 사용되고 있는가?

14. 영혼의 불멸성과 육체의 부활에 대해 신약성서와 구약성서는 어떻게 가르치고 있는지 비교하라(이 장의 각주를 보라).

15. 히브리어 *nephesh*와 *ruah*를 적당한 말로 옮겨보라. 이 단어들의 히브리 성서에서의 용법을 연구할 때, 우리는 영성의 성격을 보다 정확하게 규정할 수 있다. 어떤 면에서 그러한가?

16. 히브리인들에게 있어서 영성은 기본적으로 천상적인 성격을 띠고 있는가,

아니면 지상적인 성격을 띠고 있는가? 이에 대해 설명하라.

17. 오늘날 대부분의 서구 기독교의 관습과는 달리, 고대 히브리인들은 음식이나 다른 물질적인 것들을 축복하는 일을 언감생심 생각도 못했다. 그 이유는 무엇인가? *berakhah*는 무엇인가? 사람이 물질적인 세상과 관계된 것들에 대해 거룩을 전가시킬 수 있다고 하는 생각은 어디에서 유래했는가?

18. 성서에서 하나님이 맨처음 거룩케 하신 것은 무엇인가?

19. 중세 시대에 널리 퍼졌던 구원의 개념에 대해 설명하라. 왜 그러한 생각이 관심을 끌었는가? 그와는 대조적으로 히브리인들은 구원에 대해 일차적으로 어떻게 생각했는가?

20. 히브리 성서에 *yeshu'ah* 즉, "구원"이라는 용어가 자주 사용되고 있는데, 이 용어는 어떤 의미로 가장 많이 사용되었는가?

21. 마태복음 25:31-46에 있는 예수의 가르침은 구원에 대한 구약 성서적 개념을 어떻게 반영하고 있는가?

22. 구원의 완성의 때에 일어날 일은?

23. 이름이 히브리인들에게는 어떻게 아이텐티티를 위한 타이틀이나 라벨 그 이상의 의미가 있었는지 설명하라.

24. "예수"라는 이름의 어원적 유래를 설명하라.

25. 예수가 나사렛에서 공생애를 시작하실 때 하나님의 구원 계획에 대해 선포하셨는데, 이것이 구원에 대한 구약성서적 개념과 어떻게 평행을 이루고 있는가?

26. 고대 근동에서 왕권이 구원자로서의 왕에 대한 이해와 어떻게 연결되어 있었는지 설명하라. 그의 백성의 구원자로서의 왕의 책임은 어떤 것이었는가? 시편 72편은 이 테마에 대하여 어떤 빛을 비추어주고 있는가? 이러한 배경에서, 예수가 예루살렘 입성하실 때 "호산나"라는 군중들의 외침이 함축하고 있었던 바는 무엇이겠는가?(마 21:9, 15)

27. 어떤 의미에서 예수의 모든 사역이 그의 이름에 대한 주석이라고 할 수 있는가?

28. 히브리어 *emunah*배후에 있는 기본 사상은 무엇인가? 출애굽기 17:12은 이 용어의 의미에 어떤 빛을 비추어주고 있는가?

29. 랍비들의 가르침에 의하면, 어떤 히브리어 단어가 하나님의 표증(seal)으로 여겨졌는가? 랍비들은 이 단어의 히브리어 자음의 결합 속에서 무엇을 발견했는가? 유대교와 기독교의 신비스러운 전승에 대해 논하라.

30. 하박국 2:4은 "의인은 그 믿음(*emunah*)으로 말미암아 살리라"고 말씀하

고 있다. 여기에 나오는 *emunah*의 컨텍스트와 그 의미를 설명하라. 로마서 1:17 과 갈라디아서 3:11에서 바울이 이 말씀을 인용하고 있는데, 이 말씀의 본래의 의미와 어떻게 차이가 있는가?

31. 히브리어 아멘(*amen*)의 기원과 의미는?

32. 히브리인들에게 있어서 믿음은 생각의 문제인가 아니면 행함의 문제인가? 어떤 방식으로 아브라함은 믿음의 본을 보였는가?

33. 로마 가톨릭의 *extra ecclesiam nulla salus*(교회 밖에는 구원이 없다)는 가르침은 교회로부터 독립적인 기독교인들의 문제와 어떤 연관을 맺고 있는가? 이 문제에 대한 기독교와 가톨릭의 입장을 설명하라.

34. 개인적인 신앙과 독립성에 대한 강조가 오늘날 교회의 공동체 중심성을 위협하고 있다. 이와 같은 주장들 가운데 몇가지 예를 들어보라.

35. 개신교와 로마 가톨릭의 중요한 차이점은 개신교는 사람들에게 "교회는 당신을 필요로 합니다"라고 말하며, 가톨릭은 "당신은 교회를 필요로 합니다"라고 말하는 데 있다고 어떤 신부가 말했다. 이에 대해 어떻게 생각하는가? 이런 지적이 판에 박은 것이라고 생각하는가, 아니면 기본적으로 바른 지적이라고 생각하는가?

36. 유대인의 기도 가운데 무엇이 그들의 공동체 지향적인 성격을 잘 보여주고 있는가?

37. 공동체에 대한 히브리적 개념의 중심은 "집단적 인격"의 사상에 있다. 이 용어가 의미하는 바를 설명하라. 유대 역사나 문헌 가운데서 이러한 가르침을 보여주는 예를 세가지 이상 들어보라.

38. 그룹 단위를 강조하는 다음 단어들의 의미를 말하라.
   1) *mishpahah*
   2) *am*
   3) *haburah*
   4) *qehillah*

39. 랍비 문헌은 한 배에 탄 세 사람의 이야기를 전해주고 있다. 이 이야기를 통해 랍비들이 공동체의 책임에 관해 말하려고 하는 도덕은 무엇인가?

40. 신약성서 가운데서 히브리들의 집단적 인격의 사상을 이용한 곳은 어디인가? 어떤 특별한 신약성서 개념이 이 집단적 인격 사상과 연관을 가지고 있는가?

41. 유대 공동체에서 회중이, 모세의 책 가운데 하나를 다 읽고 난 뒤에 하는

말은 무엇인가?
42. 교회가 잘못된 길로 가기 시작한 세개의 중요 영역을 지적하라.

제 4 부
유대적 유산과 교회

제 11 장
히브리 관점에서 본 결혼과 가정

"아내를 얻는 자는 복을 얻고 여호와께 은총을 받는 자니라."
(잠언 18:22)

　제 4 부에서 우리는 유대 민족을 지탱해오고 그들에게 성서 시대로부터 지금까지 의미를 부여해 준 몇몇 주요 전통과 이상(理想), 기구들에 대해 초점을 맞추어 살펴볼 것이다. 앞으로 4장에 걸친 연구를 통해서 드러나겠지만, 이런 연구들은 기독교 신앙의 유대적 뿌리를 이해하는 데 역시 매우 중요하다.
　첫번째 주제인 결혼과 가족에 대한 연구로 들어가기 전에, 독자들은 유대전통과 삶 사이의 관계를 사실적인 관점에서 보아야 하며, 이를 바탕으로 이제 살펴보게 될 주제들을 이해해야 한다. 이 책에서 우리는 기독교 공동체가 영적인 기원과 유산과 관련해서 유대 민족으로부터 배워야 할 것이 많다는 사실을 강조하고 있다. 그러나 먼저 지적해야 할 것은 유대인들은 집단적으로 그들의 전통과 가치를 모든 세대를 통해 보존해 왔으나, 역사는 개인의 실제적인 삶과 그들의 믿음의 이상들 사이에는 흔히 갭이 있었음을 보여주고 있다는 것이다. 즉, 어떤 유대인의 삶의 스타일과 그의 종교적인 전통들이 가르치고 있는 것 사이에는 반드시 상관 관계가 있지는 않을 수도 있다는 것이다(이는 기독교인의 경우에도 마찬가지이다). 우리는 타락한 불완전한 세계에서 살고 있다는 것을 강조해야 할 것이다. 결혼과 가정에 대한 연구는 특별히, 누구나 다 강함과 약함, 선과 악, 신실함과 실패와 같은 양면성을 다 가지고 있음을 잘 보여준다. 한 마디로, 성서 시대나 지금이나 개개인은 그룹의 이상에 따라 항상 살지는 않는다. 그러나 그런 이상들에 따라 사는 데 실패했다고 해서, 그들이 전체로서의 종교적 공동체의 이러한 이상(理想)들의 구심성과 가치를 무시한 것이라고 생각할 필요는 없다.

여러 세기 동안, 유대인의 전통과 세속적인 문화는 서로 정면으로 충돌해왔다. 현대의 유대인들을 보면 유대인들이 이러한 충돌에 대하여 여러가지 방식으로 대처해왔음을 알 수 있다. 첫째로, 유대인들 가운데는 매우 엄격하게 전통을 준수하는 사람들이 있다. 그들의 목적은 어떤 대가를 치루더라도 유대의 전통과 가르침을 고수하는 것이다. 그들의 삶의 스타일은 흔히 *halakhah*와 깊이 관련되어 있으며, 할라카의 구속력은 상당하다. 주변의 세속 문화와의 접촉을 최소화하면서 그들은 수세기동안 이어받아온 유대교의 이상들을 희석하거나 타협함이 없이 온전히 구현하기 위해 노력한다.

둘째 부류의 사람들은 전통을 잘 모르는 사람들이라고도 할 수 있을 것이다. 때로 거기에는 정당한 이유가 있다. 예를 들면, 20세기 전체를 통하여 수백만의 유대인들은 충분한 종교의 자유를 누리지 못했다. 그 결과 대부분의 사람들이 그들의 전통에 대해 배울 수 있는 기회를 갖지 못했다. 아니 그보다는 유대교의 가르침을 배울 수 있는 권리와 그들의 믿음을 자유롭게 실행할 수 있는 권리를 박탈당했다고 하는 것이 옳을 것이다. 그래서 이들에게는 흔히 "세속적인" 유대인들이라는 라벨이 붙여진다.

세째는 유대적인 신앙의 배경에서 살았으나 현대 문명에 동화되어 살기로 선택한 사람들이다. 개인적인 이유때문에 이들은 유대 공동체와는 어떤 공적인 관계도 맺기를 원하지 않으며, 유대인의 생활 방식을 따름으로 다른 사람들에게 자신들이 유대인으로 노출되는 것을 꺼리는 사람들일 것이다. 이런 사람들중에 많은 이들이 자신들을, "실행하는" 유대인으로 여기지 않을 것이다. 그러나 기억해야 할 것은 *halakhah*에 의하면 유대인인지의 여부는 개인적인 믿음이나 삶의 양식이 아니라 태생에 따라 결정된다고 하는 것이다.

　네째로, 유대인들은 때에 따라 그들의 집단 전승을 서로 다르게 해석하기도 한다. 유대교는 광대하고도 풍부한 전통을 가지고 있으며, 그 전통은 고정적이 아니다. 유대 문화는 역동적이다. 그것은 발전하고, 확장하며, 변한다. 이리저리 누벼 만든 큰 이불처럼, 유대교는 색깔이 다양하다. 우리는 유대인들이 "좋은" 또는 "신실한" 유대인이 어떤 사람인가 하는 것에 대해 서로 다른 견해를 나타내는 것을 발견할 수 있다. 간단히 말해서, 유대교는 단일체(monolithic)가 아니기 까닭에, 전통이 말하는 바와 유대인 개개인이 거기에 대해 보이는 반응 사이에는 흔히 커다란 차이가 있다.

　이러한 논의는 기독교 공동체와 어떤 연관을 맺고 있는가? 먼저, 기독교인이 유대교의 이상과 전통을 아는 것이 중요하다는 것이다. 그러나 동시에 유대인 공동체가 이러한 가르침들에 대하여 이해하고 응답하는 방식은 매우 다양하다는 사실도 이해해야 한다. 더 자세히 설명해 보기로 하자. 어떤 유대인(또는 기독교인)이 유대교의 기본적인 전통들과 가르침들을 교회 그룹에 소개할 때, 청중에게서 다음과 같은 반응들을 종종 들을 수 있다: "그러나 나는 그렇게 살지 않는 유대인을 알고 있다." 우리는 개인적인 경험을 통해 어떤 이상들을 따르지 않고 살아가는 사람들을 제시할 수 있을 것이다. 그러나 우리는 다른 공동체에 속한 사람과의 제한적인 접촉을 통해서는 그 종교를 바르게 이해할 수 없고 그 사람들을 바르게 판단할 수 없는 것이다. 더구나 우리가 만난 사람은 그 공동체의 대표나 모범자가 되기에는 부족한 사람일 수도 있기 때문이다. 반대로 얼마나 많은 유대인들 또는 타 종교 사람들이 기독교 전통과 가르침을 소개받을 때 "그러나 우리가 아는 기독교인이 있는데 그는 그렇게 살지 않습니다"라는 반응을 보이는가 생각해보라. 요약하면, 유대교의 가르침과 유산에 대한 기독교인의 이해는 유대인 개개인의 차이점을 인식하고 그것을 받아들임으로써 균형을 이루어야 한다.

　이제 이 장의 주제인 결혼과 가정의 문제로 돌아가기로 하자. 앞 장에서 우리는 이원론적인 사상과 금욕주의적인 사상이 얼마나 기독교 역사에 부정적인 영향을 미쳤는지 살펴보았다. 우리는 앞에서 교회는 종종 결혼과 가정을, 영적으로 약하게 만들거나 이 세상의 유혹에 빠지게 만드는 저급한 삶의 방식으로 보아왔다는 것을 지적하였다. 분명히 교회는 그런 왜곡된 가르침을 신봉함으로써 잘못된 길로 가기 시작했다. 이 장에서는 먼저 간단하게 현대 기독교인들이 이 문제에 대한 부정적인 견해 또는 모호한 태도들과 투쟁하고 있는 몇가지 사항들을 알아보기로 하겠다. 그러나 우리의 주 관심사는 히브리식 관점을 가지고 결혼과 가정에 대하여 긍정적인 대안과 교정안을 발전시키는 것이다.

1. 현대의 태도들

오늘날의 기독교인들은 악성 인플레 현상과 물질적인 풍요에 대한 욕망으로 인해 흔히 노동 시간을 지나서까지 일하거나 직장을 두개씩 갖는 경향이 있다. 이 추가적인 노동 시간이 가정 생활의 분열을 가져왔다. 미국의 대부분 주부들은 집 밖에서 일을 하고 있다. 경제적인 안정에 대한 추구로 인해 갑자기 "물건"(things)이 "사람"보다 더 가치있는 것으로 여겨지고 있는 것처럼 보인다. 많은 미국 사람들은 특별한 모델의 자동차를 얻는 것이 자녀들보다 더 중요한 것처럼 생각한다. 이러한 물질주의는, 부지불식간에 결혼과 가정에 대해 무심하게 만듦으로써 결혼과 가정의 가치를 평가절하하게 하는 결과를 낳고 있다. 더군다나, 이 물질주의는 때때로 결혼이나 가정을 갖는 것에 대한 생각을 뒤로 미루게 한다. 많은 사람들이 결혼이나 가정보다 경제적인 안정을 더 중요시한다.

결혼에 대한 변화된 태도는 "종말 증후군"(Doomsday Syndrome)이라고 불리는 사고 방식에 굴복한 기독교인들에게서도 볼 수 있다. 이 묵시적인 열병의 희생자들, 혼미해진 성인들은 이른바 시대의 징조를 읽으며 우리에게 이 세상이 결딴나고 있음을 알려주고 있다. 중동은 화약고이며, 문명은 파멸의 위기에 놓여 있으며, 시간은 급속히 흘러가고 있다는 것이다. 만일 메시야가 우리 시대에 나타나지 않으면, 세상은 거의 확실히 원자 방사, 세계 대전, 경제 공황, 또는 전세계적인 기아 현상에 그 무릎을 꿇을 것이라고 한다.

불행하게도, 그러한 생각은 종종 다음과 같은 결론에 이르게 하고 있다: "우리는 죽음의 덫에 걸려서 살고 있는데, 결혼은 왜 하는가? 우리가 설혹 결혼을 한다고 하더라도 아이들을 낳아야 할 이유는 무엇인가?" 이러한 생각의 결론은, 결혼 제도는 선한 것이라고 하신 하나님의 선언을 훼손하게 된다. 특별히, 자녀를 낳지 않는 결혼 생활이나 독신 생활을 더욱 선호하게 된다. 그러한 선택은 쉽게, 그런 생활이 더 나을 뿐만 아니라 보다 가치있는 생활 방식이라고 하는 결론을 낳게 할 수 있다.

혼자 사는 삶에 대하여 다른 이의를 제기하지 않겠다. 그러나 내가 하려고 하는 말은 그러한 생활 방식은 비정상적이며 성서가 기대하는 바가 아니라고 하는 것이다.[1] 기독교 공동체 안에서는 그러한 삶은 규칙이 아니라 예외로 여겨져야 한다. 하나님의 관점에서 볼 때, 독신 생활에는 정당한 이유와 그렇지 못한 이유들이 있다. 이것은 하나님과 개인 사이의 개별적인 문제이다. 우리는 안전을, 궁극적으로는 배필이 아니라 하나님 안에서만 찾을 수 있다는 사실을 알아야 한다. 예를 들면, 예레미야에게는 독신으로 살아야 했던 정당한 이유가 있었다. 결혼하지 않겠다는 그의 결정은 특별히 하나님에 의해서 이루어졌다(렘 16:1-4). 그러나 우리는 이 예레미야의 예를 들어서 독신 생활이 하나님께 더 영광을 돌리는 삶의 방식이라는 결론을 내려서는 안될 것이다.

오늘날, 결혼하지 않은 사람들은 종종 이성과의 플라톤적인 관계들을 통해 보상받으려는 심리를 가지고 있다. 유행하는 말로 플라톤적인 사랑은 성적인 욕구나 성적인 목적의 추구로부터 자유한 남녀 사이의 깊은 영적인, 동료 의식의 일종이다. 동기가 바르기만 하다면 그러한 우정도 부인하지 않는다. 그러나 그러한 종류의 사랑을, 하나님이 의도하신 정상적인 결혼을 영원히 대치하는 것으로 생각해서는 안 된다. 그러므로 우리는 히브리인들의 사상의 역사 속에서 결혼과 가정에 부여되었던 긍정적인 중심 사상을 살펴볼 것이다.

2. 성서적인 기반들: 창세기와 결혼

우리는 결혼과 가정에 대한 기독교인들의 왜곡된 가르침의 대부분이 성서적 기반들에 대한 무지를 드러내고 있음을 보았다. 그러나 이 주제에 대한 기독교인들의 이해는 사실 히브리 성서의 기반에 그 닻을 두고 있어야만 한다. 그러므로 우리는 창세기부터 공부할 것이다. 토라의 첫번째 책인 창세기는 여러가지 독특한 방식으로 결혼 관계의 신성성과 순수성을 확증해주고 있다.

(1) 결혼과 성은 선한 것이다

먼저, 결혼과 성은 하나님으로부터 왔으며, 따라서 선한 것이다. 이성과 관계를 맺을 수 있는 우리의 능력은 하나님의 형상대로 지음받은 사실과 직접적으로 연관되어 있다: "하나님이 자기 형상 곧 하나님의 형상대로 사람을 창조하시되 남자와 여자를 창조하시니라"(창 1:27). 하나님이 만드신 모든 것은 "매우 좋았다"(1:31. 참고, 딤전 4:4). 히브리 지혜 문학은 이러한 모세의 가르침의 기반 위에 세워져 있다: "아내를 얻는 자는 복을 얻고 여호와께 은총을 받는 자니라"(잠 18:22). 그러나 인간은, 창조주에 의해 주어지고 "좋다"는 선언을 받은 바 있는 이 은혜의 선물인 결혼을, 범죄함으로 뒤틀리게 했다. 남자다움과 여자다움은 인간 관계의 핵심이다. 그들은 사랑의 하나님이 주신 좋은 선물이다. 히브리 성서에 근거해서 랍비들은, 사람은 먼저 아내를 취하고 그 다음에 토라를 연구하는 일에 전념해야 한다고 주장함으로써 결혼이 선한 것임을 확증했다. 더욱이, 결혼식 행렬과 장례식 행렬이 사거리에서 서로 만나게 되면, 결혼식 행렬이 먼저 지나가야 한다고 제정했다.[2] 유대 전통에서는 결혼을 선한 것으로 보았는데, 이러한 빛에서 볼 때 성서 히브리어에 "독신"이라는 단어가 없음은 놀랄만한 일이 아니다.

(2) 자녀의 복

둘째로, 자녀는 하나님의 선물이며 복이다. 모세의 613개의 율법가운데 성서에 처음 나오는 것은 "생육하고 번성하라"는 것이다(창 1:28). 시편 기자는 가정의 선함을 기념하고 있다: "자식은 여호와의 주신 기업이라"(시 127:3); "네 상에 둘린 자식은 어린 감람나무 같으리로다. 여호와를 경외하는 자는 이같이 복을 얻으리로다"(시 128:3b-4). 이와는 대조적으로, 자식을 낳지 못하는 결혼은 시련과 낙심을 가져다 준다(창 30:1-2, 삼상 1:1-20).

어떤 교회에서는 으뜸 죄가 성적인 결합이라고 가르치고 있는데, 그것은 사실이 아니다. 데이빗 허바드(David Hubbard)가 지적한대로, "타락이 정욕(passion)을 만든 것이 아니라 그것을 변질시켰다. 창조 이야기를 보면, 남자는 여자를 보는 순간 그녀에게로 이끌렸다. 그들은 옷을 입지 않았으나 부끄러움을 느끼지 않았다."³⁾ 하나님이 보시기에 성은 죄도 아니고 구원도 아니다. 그러나 결혼의 컨텍스트에서 하나님은 그것을 복된 선물이라고 선언하신다. 왜냐하면 그것은 자녀의 탄생 그리고 기쁨의 기회와 결합되어 있기 때문이다(삼상 2:1-10과 눅 1장을 보라).

(3) 배필: "떠남과 합함"

셋째로, 배필의 필요성은 하나님이 제정하신 결혼 관계를 통해 채워진다. 창세기 2:18은 "사람의 독처하는 것이 좋지 못하다"고 말한다. 하나님은 남자와 여자를 사회적인 존재로 만드셨다. 하나님은 결코, 사람이 독립적으로 이성과 짝을 맺지 않고 살아가도록 의도하지 않으셨다. 그러므로, "남자가 부모를 떠나 그 아내와 연합하여 둘이 한 몸을 이룰지라"(창 2:24). 아담과 하와는 삶의 동반자가 되었다. 짝을 맺는 것에 대하여 언급하면서 중세의 유명한 유대인 학자 마이모니데스(Maimonides)는 결혼에 있어서의 동반자 의식은 동료의 짐을 나누어 지는 동반자 의식을 통해 자라며, 동반자가 운명을 같이하는 동료가 될 때 그 절정에 이른다고 했다.⁴⁾

사실적인 의미에서 아가서는 모세가 결혼에 대하여 가르친 바를 극적으로 주석한 것이라고 볼 수 있다. 노래를 통하여 사랑하는 사람들 사이의 파트너 쉽, 상호 관계, 상호 의존이, 한 사람이 말하면 다른 사람이 받아서 말하는 식의 대화 방식을 통해 강조되고 있다. *Dodi li va-ani lo*, 즉 "나의 사랑하는 자는 내게 속하였고 나는 그에게 속하였구나"(아 2:16)가 이 관계를 상징적으로 잘 나타낸다. 이 구절은 흔히 유대인들의 결혼 반지에, 그들이 한 몸이 됨과 결혼에 대한 그들의 구속을 나타내기 위해 새겨진다.

따라서 성서에 의하면 결혼의 본질은 "함께함"(togetherness)이다. 결혼의 반대는 분리(이혼)이다. 결혼은 상징적으로 함께 "붙임"(glued) 또는 "멍에를 짐"(두마리의 소처럼, 마 19:5-6)으로 표현된다. 그러나 아직 혼자인 사람에게 있어서, 이러한 동료 관계의 필요성은 하나님의 은혜가 드러날 수 있는 다른 창조적인 관계를 통해 채워져야만 한다. 청년, 장년, 또는 노년층과 가깝게 일하거나 그들과의 우정을 만드는 것 등이 그러한 방법들이 될 수 있을 것이다. 우리의 핵심은, 사람은 공동체를 통하여 성취감을 맛볼 수 있다는 것이다.

(4) 서로에게 어울리기

네번째는, 결혼을 통하여 우리는 서로에게 어울리는 한 존재가 되어 남자됨과 여자됨의 독특성을 배우게 된다. 수백개의 성서적인 표현을 사용한 세익스피어는 한번은 이렇게 썼다: "모든 결혼의 최상의 메이커(maker)인 하나님은 당신의 마음들을 하나로 묶어주십니다"(헨리 5세, 5막 2장). 유대 전통은 결혼이 하나의 결합으로서, 이에 의하여 두 사람이 그들의 창조주에 의해 짝지워져 독특한 유일성을 만든다고 가르친다.[5] 따라서, 결혼의 중요한 역할 가운데 하나는 상대방을 보완하는 것(그와 경쟁하는 것이 아니라)이다. 창세기 2:18, 20은 여자가 *ezer kenegdo*가 되도록 창조되었다고 진술한다. 프리드만(R. David Freedman)은, 보통 "돕는 자"라고 번역되는 *ezer*는 다른 곳에서 사용되고 있는 의미대로 사실은 "힘"(power, 또는 strength)을 의미한다고 지적했다. 더 나아가, 그는 "그를 위하여 적당한"이라고 옮겨지는 *kenegdo*를 후기 미쉬나 히브리어에 근거해서 "그와 동등한" 사람이라는 의미로 해석하고 있다. 그러므로 하나님께서 "그[즉 남자]를 위하여 적당한 도움자"를 만들겠다고 말씀하실 때, 여자는 남자와 동등한 힘이라는 뜻으로 그렇게 하셨던 것같다. 즉 여자는 남자의 짝이며, 모든 면에 있어서 남자와 동등하다는 것이다.[6] 사실, "여자는 단순히 남자를 도와주기 위해 창조된 존재가 아니다. 그 보다는 남자의 파트너가 되도록 된 존재이다."[7] 남자와 여자는 상호 의존적인 관계 속에서 서로에게 어울리는 짝이 되어 성서의 표현대로 "한 몸"을 이룬다(창 2:24).

랍비 문헌은 하나님을 최상의 짝지워주는 분(결혼 중매자)으로 묘사하고 있다. 성공적으로 짝을 맺어주는 일은 홍해를 가르는 일만큼이나 힘든 일이다(바벨론 탈무드, Sotah 2a). 이와 비슷하게, 피터 샤퍼(Peter Shaffer)의 걸작인 아마데우스(Amadeus)에서 모짜르트는 살리에리(Salieri)에게 "음악을 만드는 것은 쉽지만, 결혼은 어렵다"고 말한다. 만일 결혼이 가장 귀중한 경험들 가운데 하나라면, 그것은 가장 큰 모험 가운데 하나라고 할 수 있을 것이다. 성공적인 결혼 관계를 지속시키기 위해서는 공동체가 힘써야 하며, 공동체의 격려를 필요로 한다.

(5) 결혼 후의 사랑

마지막으로, 사랑은 결혼 전에만 아니라 결혼 후에도 온다. 오늘날 서구인들은 사랑때문에 결혼하는 것으로 여기며, 로맨스와 인간의 감정을 특별히 강조한다. 신혼인 사람들에게 주어지는 도전은, 어떻게 결혼 전의 로맨스 감정을 성숙한 사랑으로 발전시키느냐 하는 것이다.

성서 시대의 히브리 남녀들은 동방에서 살았기 까닭에 사랑에 대한 다른 관점을 가지고 있었다. 우선 사랑은 감정이라기 보다는 위임에 더 가까왔다. 무엇보다도 사랑을 감정적인 격앙이 아니라 서약으로 보았다. 그것은, 어떤 사람에게 충실하는 선한 말이었으며 그러한 관계를 작용하게 만드는 것이었다. 사랑은 그저 내적인 따뜻한 감정이 아니었다.

여러 세기 동안, 유대인들은 결혼 "후에" 사랑을 발전시키고 심화시켜야 할 필요성을 잘 설명해주는 특별한 구절에 관심을 가졌다. 그것은 창세기 24:67로서, "이삭이 리브가를 인도하여 모친 사라의 장막으로 들이고 그를 취하여 아내로 삼고 사랑하였더라"는 구절이다. 다른 사람에 의해 결혼이 결정되는 세계에서, 결혼 당사자들은 결혼하는 날에야 서로를 처음으로 보게 되는 것이 이상한 일이 아니었다. 리브가와 이삭의 경우도 마찬가지였다. 이 구절은 리브가가 아내가 된 후에 "그가 그녀를 사랑하였다"고 말한다. 간단히 말해서, 히브리 족장들에게 있어서, 사랑은 결혼 다음의 일이었다. 그것은 사랑에 빠져서 그 다음에 결혼하는 그런 것이 아니었다.

그러므로, 고대 근동의 성서 세계에서 커플들은 결혼 후에 서로를 사랑하게 되어 있었다. 그러나 현대 서구 세계에서는 배우자를 사랑하는 법을 배우는 것보다는 사랑하는 사람과의 결혼에 더 중점을 두고 있다. 현대 기독교인들의 결혼에 있어서 이 두가지가 다 중요함에도 불구하고, 설교나 가르침, 문학을 보면 결혼식 후에 꽃피워야 할 사랑의 필요성에 대한 강조가 절대적으로 부족하다.

심리학자인 왈터 트로비쉬(Walter Trobisch) 목사는 그의 베스트 셀러인 "나는 한 여자를 사랑하였다"에서 동양과 서양의 결혼을 잘 비교해 놓았다. 사랑은 결혼 전 뿐만이 아니고 결혼 후에도 필요한 것임을 강조하면서, 그는 동양 사람이 유럽인에게 말한 것을 인용했다: "우리는 찬 수프를 불에 올려 놓습니다. 그러면 서서히 따뜻해져 갑니다. 당신들은 뜨거운 수프를 찬 그릇에 담아놓습니다. 그것은 서서히 식어 갑니다."[5] 이처럼 두 사람이 결합한 다음에 그들의 사랑이 더 따뜻해져 가고 성숙해가야 한다고 하는 것을 강조하는 것은 결혼에 대한 성서적인 히브리 개념을 강화해준다.

2. 결혼과 시내산, 두 계약의 비교

결혼의 본질 — 내용, 결합, 결과로 생기는 관계 — 은 계약이다.[9] 하나님은 "너와 맹약한 아내"(말 2:14)에 신실하지 않음에 대하여 직접적으로 꾸짖으신다. 하나님이 선택한 백성에 대한 계약을 이렇게 비유하고 있다: "내가 네 곁으로 지나가며 보니 네 때가 사랑스러운 때라…네게 맹세하고 언약하여 너로 내게 속하게 하였었느니라"(겔 16:8). 잠언에서는 "소시의 짝을 버리며 그 하나님의 언약을 잊어버린" 여인에 대하여 경고하고 있다(2:17).

랍비들은 결혼 예식을, 하나님이 시내산에서 이스라엘과 맺은 계약의 주요 특징들을 반영하는 것으로 여겼다. 결혼의 계약 체결 예식을 시내산에서 있었던 일의 모사(模寫) 또는 재연으로 보았던 것이다. 그것은 하나님과 그의 백성 사이에 맺은 계약의 기본적인 의무들을 상기시켜 주도록 짜여져 있었다. 어떻게 유대 현인들이 히브리 성서에 기반해서 그렇게 할 수 있었는지 알아보기로 하자.[10]

(1) 신랑과 신부

성서는 하나님을 신랑에, 히브리 백성들을 그의 신부에 비유하고 있다(사 54:5, 6; 62:5). 여호와께서 예레미야를 통해 말씀하시기를, 새 계약(언약)이 언젠가 맺어지게 될 때 "이 언약은 그들의 열조의 손을 잡고 애굽 땅에서 인도하여 내던 날에 세운 것과 같지 아니할 것은 내가 그들의 남편이 되었어도 그들이 내 언약을 파하였음이니라"(렘 31:32)하셨다. 여호와께서는 또 그의 백성 이스라엘에게 "네가 나를 '내 남편이라' 일컬으리라"(호 2:16)고 말씀하셨다. 더 나아가, 헬라주의적인 유대교는 성서의 아가서를 하나님과 이스라엘 사이의 사랑의 관계에 대한 비유적 애화라고 해석했다.[11] 아가서에 대한 이러한 방식의 해석은 미쉬나에서도 발견된다(Taanit 4:8을 보라).

(2) 계약(Contract)으로서의 결혼

ketubah, 즉 "결혼 계약"은 결합의 의무와 조건들을 명시한 문서로서,

여자가 신랑에게 마지막 위임(commitment)을 하기 전에 신부에게 읽혀진 다. 랍비들은 이러한 예식이 성서적으로 하나님이 시내산에서 이스라엘에게 "너희가 내 말을 잘 듣고 내 언약을 지키면 너희는 열국 중에서 내 소유가 되리라"(출 19:5)고 선언하신 데서 발견된다고 한다. 성서는 계속해서 이 렇게 말씀하고 있다: "모세가 와서 백성의 장로들을 불러 여호와께서 자기 에게 명하신 모든 말씀을 그 앞에 진술하니 백성이 일제히 응답하여 가로되 여호와의 명하신대로 우리가 다 행하리이다"(출 19:7-8). *ketubah*가 결 혼의 근본적인 기대들과 조건들을 규정한 것처럼, 시내산에서 하나님은 계약 형식으로 그의 규정들을 상세히 설명하고 있다. 비록 성서가 유대인의 결혼 식과 연관해서 결혼 계약을 특별히 언급하고 있지는 않다고 할지라도, 그러 한 것이 B.C. 5세기경 이전에도 존재하고 있었다는 사실은 이집트의 엘레판 틴(Elephantine)문서에서 발견할 수 있다(토비트 7:12-15도 참조).

(3) 신랑이 와서 기다린다.

유대 결혼 예식에서는 신랑이, 예식을 거행할 *huppah*(canopy, 닫집)에 먼저 와서 신부가 오기를 기다린다. 랍비들은 이러한 행위가 "여호와께서 시내에서 오시고 세일 산에서 일어나시고 바란 산에서 비취시고… 강림하셨 도다"(신 33:2)는 말씀과 평행을 이루고 있음을 지적한다. 그는 "오시는 하나님이시다." 구약성서의 하나님의 계약의 형식에 있어서, 하나님은 시작 하시고 이스라엘은 완성한다. 하나님은 기반을 세우시고 이스라엘은 응답한 다. 그래서 아브라함 헤셸(Abraham Heschel)은 "선택된 하나님 개념은 없다. 다만 선택된 백성 사상만이 있을 뿐이다."[12]

(4) 불의 행렬

고대 세계에서는 대개 횃불이나 촛불을 가진 사람들이 결혼 행렬을 호위 했다. 이러한 관습은 B.C. 14세기경 가나안에서 행해졌으며, 그 후 헬라와 로마의 결혼 예식에서 널리 행해졌다. 유대인 공동체에서는 신랑 신부가 촛 불을 든 사람들에게 에워싸여 닫집(canopy)으로 가는 것이 오래된 관습이 었다. 현대극 "지붕 위의 바이올린"은 그러한 결혼식을 생생하게 보여주고 있다. 등(또는 긴 막대기 끝에 기름을 적신 헝겊에 불을 붙인 횃불일 가능성 도 있다)을 사용하는 결혼식 풍습에 대해서는 열처녀의 비유가 잘 말해주고 있다(마 25:1-13): "천국은 마치 등을 들고 신랑을 맞으러 나간 열 처녀와 같다"(1절).

랍비들은 이러한 풍습에 대해서도 시내산에서의 계약 체결 예식에서 그 대비(parallel)를 발견하고 있다. 계시가 주어질 때 이스라엘 백성들은 천둥 번개가 치며 연기가 나는 것을 보았다고 성서는 말하고 있다(출 20:18). 이 구절에서 번개에 해당하는 히브리어(lappidim)는 흔히 "횃불"이라는 의미로도 옮겨진다. 예를 들면, 기드온의 300용사가 미디안의 군대와 싸울 때 가지고 있던 횃불이 바로 이 lappidim이었다(삿 7:16). 빛에 대한 이와같은 구약성서의 풍부한 이미지는 신랑되신 예수가 그의 신부인 교회를 취하러 올 때의 모습에 대한 묘사에서도 볼 수 있을 것이다: "번개가 동편에서 나서 서편까지 번쩍임 같이 인자의 임함도 그러하리라"(마 24:27). 재림에 대한 바울의 묘사와도 비교해보라: "주 예수께서 하늘로부터 불꽃 중에 나타나실 때에"(살후 1:7).

(5) 짝을 향한 구별

초기의 랍비 문헌을 보면 약혼식을 통해 커플을 계약적으로 구별시켜 놓는, 결혼식의 첫번째 부분은 키두쉰(kiddushin, 또는 qiddushin)으로 알려져 있는데, 이는 "성화"(sanctification) 또는 "성결케 함"(consecration)의 행위로 이해할 수 있을 것이다. 이 용어의 배후에 있는 기본적인 의미는 "분리시킨다," "거룩하게 한다"이다. 그러므로 히브리적인 관점에서 볼 때, 결혼은 "거룩한 결합" "거룩한 관계" "하나님과 서로를 향하여 구별되는 행위"이다. 랍비들은 오랫동안 시내산 계약에 있어서 중심이 되는 이 성화(聖化)의 개념에 대해 강조해 왔다. 율법이 주어지기 전에 여호와께서 모세에게 "너는 백성에게로 가서 그들을 성결케 하라(giddashtam, 출 19:10)"고 이르셨다. 그래서 이스라엘은 하나님의 거룩한 임재 속으로 들어가기 위한 그리고 그분의 봉사에 자신들을 맡길 준비를 하기 위해 하나님을 향하여 구별되어야 했으며 하나님 앞에 성결해야 했다. 이스라엘의 부르심은 "거룩한 나라"(goy qadosh)가 되게 함에 있었다(출 19:6).

그래서 지금까지 살펴본대로 유대 전승은 특별한 방식으로, 결혼 계약에 있어서 남녀의 결합은 하나님과 그의 백성 사이의 영원한 계약 관계의 재연 또는 모사임을 가르치고 있다. 오래 전에 랍비들이 그랬던 것처럼, 우리도 성서적인 결혼을 이해하는 것은 성서적인 계약 개념을 이해하는 것임을 강조하는 바, 지금까지 살펴본 이와같은 결혼 개념에 근거해서 오늘날 우리들에게 주는 실제적인 의미들을 알아보기로 하자.

(6) 준비 기간

결혼 전에 충분히 생각할 수 있는 준비 기간을 가져야 한다. 결혼은 순간적인 충동이나 운좋은 우연한 만남이 아니다. 혼인 기간은 준비를 위한 시간으로서 구별된 것이었다(참조, 신 20:7, 22:23ff.). 완전한 관계는 그 다음에 온다. 이스라엘은 언약을 받을 수 있는 준비를 하기 위해 특별한 준비들을 했다(출 19:10-11). 성서는 교회를 그리스도의 신부로 묘사한다(엡 5:25-32). 이 신부는 결혼 예식을 위해 지금 준비하고 있는 것이다. 요한계시록에서 예시된 것처럼, 이 사건은 기쁨의 때로 그려지고 있다: "어린 양의 혼인 기약이 이르렀고 그 아내가 예비하였느니라"(계 19:7). 오늘날의 교회는 결혼을 단지 치료적인 차원에서만 다루어서는 안 된다. 교회는 결혼생활의 문제를 예방하는 차원에서 결혼을 잘 준비할 수 있도록 교육과 상담을 위한 시간을 충분히 제공해야만 한다.

(7) 영원한 계약

현대의 잘못된 경향에도 불구하고, 결혼은 영원한 계약이라는 사실을 잊지 말아야 한다. 결혼은 상황에 관계없이 영원한 가치를 가지고 있다. 이스라엘과 맺은 하나님의 계약은 영원한 것이다(창 17:7). 이스라엘에게 하나님은 "내가 네게 장가들어 영원히 살리라"(호 2:19)고 말씀하셨다. 하나님은 그의 손바닥에다 이스라엘을 새기시고(사 49:16), 해와 달과 별이 빛나는 한, 언약에 대한 그의 신실함은 결코 변하지 않을 것임을 맹세하셨다(렘 31:35-36).

히브리어 "계약을 맺는다"는 말을 문자적으로 옮기면 "계약을 끊는다"(*karat berit*)이다. 성서의 계약들은 종종 동물을 두 조각으로 자르는 엄숙한 예식을 통해 맺어진다. 피를 흘리는 것은 계약을 극적으로 인증하고 확증한다(창 15:9ff, 렘 34:18-20을 보라). 이 피흘림은 만일 한 편에서 계약을 깨뜨리는 경우에 그도 피를 흘리게 될 것이라고 하는 사실을 강력하고도 생생하게 가르쳐주는 역할을 했다. 간단히 말해서, 그것은 죽기까지 그 계약을 지키겠다는 근엄한 맹세였다. 그러므로 계약은 깨뜨리거나 변경할 수 없는 것이었다.

우리가 살고 있는 이 시대는 부서진 약속과 깨어진 관계들의 시대이다. 감상벽(sentimentality)에 병든 세대는 "죽음이 우리를 갈라놓을 때까지"라는 서약을 무시한다. 사랑은 온갖 종류의 용어로 표현되고 있지만 대개 위임(commitment)의 의미는 제외되어 있다. 우리는 시내산으로 되돌아가야 한다. 왜냐하면 거기에서 우리는 히브리식 관점을 통해 결혼이, 계시가 주어질 때의 장엄한 계약 체결식처럼 진지한 그리고 구속력있는 것임을 깨달을 수 있기 때문이다.

(8) 전적인 위임

더 나아가 우리는 결혼이 전적인 위임을 요구한다는 사실을 강조해야 한다. 이 위임은 결혼 당사자들의 주의를 빼앗아갈만한 모든 잠재적인 요인들을 배제한다. 시내산에서 하나님은 이스라엘에게 "너희는 열국 중에서 내 소유가 되리라"고 말씀하셨다(출 19:5). 여기에 특성이 있다. 온 세계의 주권자가 열국 가운데서 이스라엘만을 바로 자기 자신의 언약 백성으로 선택하신다. 오늘날 어떤 이들은 일부일처제가 지루하게 만들며 결혼은 그 일체성이 보존되는 한에서만 성공적일 수 있다고 주장한다. 충성심에 대한 경쟁이 계약 관계의 잠재적인 일치성을 파괴한다. 이런 이유때문에 여호와께서 시내산에서 그의 사랑하는 이스라엘에게 "내 옆에 다른 신을 두지 말지니라"고 말씀하신 것이 아니겠는가?[13]

(9) 약속으로서의 말

또한 계약의 개념은 결혼하는 사람은 반드시 그가 한 말을 지켜야만 한다는 것을 우리에게 가르치고 있다. 결혼 계약은 질문에 대한 대답을 요구한다. 이스라엘은 시내산에서 공적으로, 계약의 조건들에 대해 그들이 전적으로 동의한다고 서원했다(출 19:7-8). 그와 마찬가지로 결혼도 그에 못지 않은 응답을 요구한다. 이스라엘이 "우리가 다 행하리이다"(8절)라고 응답했을 때, 계약의 규정들을 지키겠다고 하는 약속을 한 것이다. 그들의 말을 지킬 것을 서약했던 것이다.

현대 세계에서는 약속을 하거나 바꾸는 것이 비교적 쉽다. "나는 생각을 바꾸었어," 또는 "나는 너에게 대하여 더 이상 전과 같은 감정을 느끼지 못해"라고 말하면 그만이다. 말의 가치가 형편없을 때가 많다. 그러나 이스라엘 사람들에게 말은 곧 약속과 같은 것으로 여겨졌다(시 15:4). 이러한 동일시는 히브리어와 깊은 관련이 있다. 성서 히브리어는 "약속"에 해당하는 특별한 단어를 가지고 있지 않다. 흔히 "말," "연설," "명령"으로 옮겨지는 히브리어 dabar가 "약속"을 뜻하는 단어로 쓰인다(수 21:45을 보라). 성서에서 dabar는 상당히 다양한 의미로 쓰이며, 단순히 말과 관련해서만 사용되는 것은 아니다. 예를 들면, dabar는 구체적인 "행위"나 "사건"들을 가리키기도 한다(왕상 11:41, 대상 29:29을 보라). 그러므로, dabar가 "약속"으로 옮겨질 때, 그것은 어떤 내용을 포함한다. 즉, 그것은 실질적인 행위를 통하여 말을 지키겠다는 약속이나 자신의 선한 믿음의 서약이었다. 그러므로 오늘날 결혼식에 있어서, 제단에서 입으로 행해지는 서약이 dabar 즉, "말"에 대한 깊은 이해를 반영할 때만이 결혼은 지속될 수 있을 것이다.

(10) 주기적인 갱신

결혼 계약은 또한 갱신되어야만 한다. 아브라함과 맺은 하나님의 계약은 아브라함에서 끝난 것이 아니었다. 그것은 이삭과 야곱에게도 되풀이되었다. 시내산 계약은 아브라함과 전에 맺었던 계약의 갱신이며 확장이었다. 신명기는 의심의 여지없이 계약 갱신 의식을 반영하고 있다. 다윗 계약(삼하 7장)은 시내산 계약에 대한 재진술이며 점진적인 강화였다. 기독교인들은 하나님의 언약의 사랑의 최종적인 그리고 최대의 표현이었던 예수의 보혈의 피를 통하여 새언약이 맺어졌음을 알고 있다(눅 22:20, 고전 11:25).

사람은 잊어버리기 마련이다. 그래서 주기적으로 계약을 새롭게 할 필요가 있는 것이다. 오늘날, 결혼식을 올리는 그 감정에만 도취되어 서로 상대방에게 한 서약은 잊어버리기 쉽다. 모든 부부들은 때때로 그들의 결혼 서약을 상기할 필요가 있다. 이스라엘이 시내산에서 계약에 순종할 것을 요구받았던 것처럼(출 19:5) 결혼 계약도, 조건들을 완전하게 받아들이고, 정직하게 그리고 성실하게 그것들을 지키겠다는 의지를 요구한다. 이스라엘의 계약에는 조건들이 있었다. 불순종은, 신실함을 통해서만 얻을 수 있는 개인적인 이익과 복들을 상실하는 것을 의미했다. 대체적으로 사람들은 그들이 결혼 생활을 통해 투자한 것을 결혼을 통하여 얻는다. 정규적으로 행해지는 결혼 서약의 갱신은 그 투자가 어떻게 되어가고 있는가를 잘 보여줄 것이다.

4. 결혼과 가정에 대한 히브리인들의 통찰

지금까지 우리는 가정에 대한 성서적인 개념은 히브리적인 것이라는 사실을 밝히기 위해 노력하였다. 아마도 누가복음을 제외한 모든 신구약 성서들은 유대인들이 기록하였다. 그들은 그들 자신의 유대인 가정이라는 유산을 가지고 있는 사람들이었다. 따라서, 기독교 가정을 바르게 이해하기 위해서는 먼저 유대인 가정을 이해해야 한다는 사실을 상기해야 한다. 그러므로 결혼과 가정에 대한 유대인의 통찰을 얻는 것은 현대 기독교인들에게 선택적인 것이 아니라 필수적인 것이다. 왜냐하면 그것은 바로 기독교 가정의 기반과 관계를 갖고 있기 때문이다. 유대교의 가르침으로부터 교회는 가정에 대해 많은 중요한 교훈들을 배울 수 있으며, 그렇게 함으로써 가정에 대한 새로운 관점을 가질 수 있게 될 것이다. 그래서 우리는 가정에 대한 유대인의 보다 중요한 가치와 전통들을 간단하게 살펴볼 것이다.

(1) 가족 배경을 존중히 여김

현대 미국인들의 결혼은 흔히 감정주의, 느낌, 또는 단순히 "사랑을 사랑함"에 상당한 기반을 두고 있다. 그러나 전통적인 유대인들의 결혼은 *yihus*, 즉 "가족 배경," "혈통," 또는 "가문"에 기반을 두려고 노력하고 있다. 여러 세기 동안 유대의 중매인(*shadkhan*)은 공동체에서 중요한 인물로 여겨져왔다. 중매인은 결혼을 객관적인 요인들에 기초해서 성사시키려고 노력했다. 공동체에서의 평판, 한 사람으로서의 덕, 가족 배경 등은 모두가 다 *yihus*의 본질적인 요소들이다. 결혼 후에 사랑하는 것을 배우는 것도 쉬운 일은 아니지만, *yihus*에 기초해서 맺어진 부부들은 대개 시작부터 견고한 요소를 갖는 것이다.

대체적으로, 더 많이 알면 *yihus*도 더 강화되게 된다. 배움은, 공동체 존중과 마찬가지로 자기 존중에 이르게 하는 문이 된다. 그래서 탈무드는, "현인의 제자"로 알려진 아버지를 모신 가정에서 자란 어머니가 있는 가정은 분명히 성공적인 가정이 될 수 있을 것이라고 가르치고 있다(Yoma 71a). 그러한 여인은 토라의 정신을 경험했고 그것을 자녀들에게 물려줄 수 있기 때문이다.

현대 기독교인들은 오랜 시간을 걸쳐 검증을 받아온 이러한 유대인들의 가정에 대한 가치를 마음 속에 새겨야 한다. 먼저 객관적인 기준에 근거한 우정을 나누도록 해야 한다. 그러한 우정이 결국은 확고한 결혼에 이르게 할 것이기 때문이다. 한 장의 결혼 증명서에 의해 결혼이 이루어진다고 기대할 수는 없는 것이다. 기도만 가지고도 안된다. 결점, 약점, 부족함 등은 기도를 해도 그대로 남아있을 수 있는 그런 문제들이다. 기도가 상처와 갭, 그리고 결혼 당사자들의 문화적, 사회적, 심리적인 차이점들을 없애지는 못한다. 사랑의 위임이 활짝 꽃을 피우고 잘맞는 짝으로서 성공하려면, 처음부터 *yihus* 의 건전한 기반에 의하여 뒷받침되어야 한다.

(2) 기도가 중심이 됨

결혼식이 진행되는 동안과 마친 후에도 그렇지만, 결혼을 준비함에 있어서 기도는 유대 전통에 있어서 중요한 자리를 차지한다. 하늘의 중매자로서 하나님은 사람들의 짝을 잘 맞춰주시는 일에 정말로 관심을 갖고 계신다. 랍비 문헌에 의하면, 하나님은 창조의 사역을 완성하신 이후로 결혼을 성사시키는 일에 시간을 보내고 계신다고 한다. 탈무드는 사내 아이가 태어나기 전 40일동안에 앞으로 이러이러한 사람의 딸이 그의 아내가 될 것이라고 하는 하늘의 소리가 선포된다고 진술하고 있다.[14] 이처럼 유대인은 나면서부터 배우자를 위해 기도해야 한다고 가르칠 정도로 기도의 필요성을 강조하고 있다. 아이가 태어날 때, 유대인들은 아이의 머리에 손을 얹고 그가 몸과 마음에 있어서 자라나고, 선한 삶을 살며, 결혼 닫집에 이르를 수 있도록 기도한다.

유대인의 전통은, 신랑 신부가 결혼식 날 예식이 끝날 때까지 영적인 일에 초점을 모으면서 금식해야 한다고 가르치고 있다. 결혼식 전에는 하나님에게 직접 고백하는 기도를 한다. 더 나아가, 결혼식이 진행되는 동안에는 결혼 커플을 위해 일곱 차례의 축복 기도가 드려진다. 결혼식이 끝나기 직전에도 기도가 있다. 일곱 개의 축복 기도는 결혼 축하연에서 다시 한번 되풀이하여 드려진다.

흔히 교회는 건설적이며 예방적인 방법으로가 아니라 회복적인 방법으로 대처하고 있다. 결혼 준비를 바르게 하기 위해서는 먼저 부모 편에서의 기도를 포함시켜야 한다. 부모들의 관심은, 자녀들이 앞으로 몇년 동안에 걸쳐 배우자를 선택하는 일에 있어서 하나님께서 인도해달라고 하는 것과 결혼 후에 부부가 매일 매일 더 깊은 사랑을 하는 법을 배울 수 있게 해달라고 하는 것이 되어야 한다. 동시에, 부모는 하나님께서 성서시대에 그러셨던 것처럼(창 24:44을 보라) 처음부터 하나님께서 이러한 결합을 이루어주셨음을 알고 기뻐해야 한다.

(3) 공동체의 뒷받침

성서 시대로부터 지금까지, 유대교는 결혼이 단순히 개인적인 일이 아님을 강조해왔다. 그 반대로 결혼은 전체 공동체의 지주 역할을 하는 제도이다. 거의 모든 유대인의 기도들이 "우리"라는 복수 형태로, 즉 전체 공동체의 이름으로 드려지고 있는 것처럼, 결혼에 있어서도 몸(공동체) 안에 있는 모든 사람들의 사랑과 뒷받침, 양육, 그리고 축복이 필요함을 공적으로 인정한다.

유럽에 사는 유대인들은 특별한 사람들을 선정해서 청첩장을 보내지는 않았다. 그들은 그 지역에 사는 사람들의 결혼식에 참여하는 것을 *mitzvah*, 즉 신성한 의무로 여겼다. 사실, 누구나 다 신부의 빛나는 아름다움을 찬탄해 줄 필요가 있지 않은가! 만일 신부가 가난하여 혼수감을 장만할 수 없으면 공동체가 그녀에게 혼수감중 무엇 하나를 장만해 줄 의무가 있었다.

더 나아가, 이러한 공동체의 뒷받침은 *mishpahah*, 즉 "가족"이라는 히브리어 속에서도 잘 나타난다. 바로 앞 장에서도 언급했듯이, *mishpahah*는 단순히 부모와 자녀로 구성된 핵가족만이 아니라, 확대된 가족, 친척을 포함하는 단어이다. 이 단어는 흔히 부모와 자녀, 할아버지와 할머니, 사촌, 아저씨, 아주머니 등을 포함하는 하나의 전체적인 사회적 단위이다. 가족의 연대감은 유대인이 생존하고 있음을 보여주고 있는 중요한 증거들 가운데 하나이다. 그러므로 *mishpahah*는 분열이나 독립이 아니라 공동을 의미하는 그룹 개념이다. *mishpahah*와 그 보다 큰 공동체에 의해 주어지는 힘과 격려는 오늘날 교회가 고려해보아야 할 중요한 개념이다. 이제 막 결혼하려고 하는 사람들 가운데는 가족이나 교회들과 다투는 사람들도 있다. 그들은 막다른 골목에 처해 있으며, 소외감과 낙망감을 느낀다. 그리고 좌절감 가운데, 결혼하기 위해 아무데로나 도망하며, 인생을 독립적으로 살기로 작정을 한다. 그러한 때에 그들은, 돌보아주는 친구들과 또 결혼에 있어서 그들을 지탱시켜 주는 사랑하는 사람들의 필요성에 대하여 그렇게 많이 생각하지 않는다. 중한 병이나 경제적인 실패, 적응 문제, 또는 예상치 못했던 문제들을 만나게 될 때, 결혼 생활이 지속되기 위해서는, 물질적인, 정신적인, 그리고 영적인 뒷받침은 선택적인 것이 될 수가 없을 것이다. 그러한 때에 만일 그들이 스스로 살아가기로 선택하고, 가족 및 교회 공동체와 자신들을 연결하는 다리를 불질러 버렸다고 한다면, 이제 과연 그들은 누구에게로 갈 수 있겠는가?

그 누구도, 혼자서 살아갈 수 있을만큼 강한 사람은 없다. 누구나 다 도움을 필요로 한다. 가족에 대한 유대인들의 개념은 우리로 하여금 오늘날의 교회와 가정의 건강한 힘을 위해 꼭 필요한 이러한 성서적인 가치를 생각하게 한다.

(4) 공동 운명을 함께 함

유대인들의 결혼식에 있어서 신부와 신랑은 두번, 한 컵의 포도주를 함께 마신다. 유대인 결혼식에 있어서 포도주의 사용은 매주 안식일에 그러는 것처럼 이러한 제도들을 성화하고 구별하는 것을 상징한다.

성서 시대 이후로 유대인 공동체에게 있어서, 포도주는 행복과 축제, 노래를 의미했다. 그러므로 포도주의 사용은 안식일이나 결혼식처럼 즐거운 의식들에 있어서 관습이 된 것이다(전 10:19과 요 2:1-11을 보라). 안식일이나 결혼식은 둘 다 축제들을 포함한다. 히브리어로 "축제" 또는 "잔치"라는 말은 *mishteh*로서, *shatah*("마시다")라는 동사에서 온 것이라는 사실을 주지하는 것은 중요한 일이다(에 2:18을 보라). 성서는 술 취하는 것과 포도주를 남용하는 것이 위험스러운 것임을 강조하긴 하지만(잠 20:1, 사 28:7, 엡 5:18), 하나님의 언약 백성의 삶에 있어서 포도주의 특별한 사용을 성급히 그리고 감정적으로 무시해서는 안 된다.

현대의 유대인 결혼식에 있어서 공동의 잔을 함께 사용하는 것은 결혼 당사자들에게 있어서 하나의 상징적인 행위이다. 그것은 그들이 이제 어떤 새로운 방식으로 하나가 되었음을 상기시켜 준다. 그것은 위임과 우정의 나눌 수 없는 연합을 나타낸다. 유대인 학자 가스터(T. H. Gaster)의 말대로,

같은 잔으로 마시는 것은 "'동료'(companion)라는 단어가 '함께 빵을 나누는 사람'이라는 의미로 적절하게 옮겨질 수 있는 것처럼, 결연(alliance)을 의미하고 굳게 하는" 하나의 표준적인 방법이다.[15]

이처럼 함께 참여함을 통한 동일시와 하나됨의 사상은 성서에 뿌리를 박고 있다. 예를 들면, 잔을 함께 사용하는 개념은 예수님의 가르침에서 발견된다. 그분은 야고보와 요한에게 "나의 마시려는 잔을 너희가 마실 수 있느냐?"라고 물으셨다(마 20:22). 이 질문에서 예수는 제자들에게 그의 운명에 동참할 준비가 되어 있는지, 그의 운명을 함께 경험할 수 있는 준비가 되어 있는지를 물으셨던 것이다. 이때 야고보와 요한은 "할 수 있나이다"라고 대답했다. 그들이 만나게 될 운명은 그들의 주님과 함께 고난받는 것을 포함하는 것이었다. 다락방에서 그들은 공동의 잔으로 함께 마셨는데, 이는 그러한 사실에 대한 또 다른 확증이었다. 예수는 돌이킬 수 없었다. 그분은 인간의 죄에 대한 하나님의 심판을 스스로 짊어지기 위하여 갈보리로 향하셨다. 그러므로 제자들은, 죽음에 이를 수도 있는 그런 길을 선택하고 있었던 셈이다. 교회 전승에 의하면, 열 두 제자 가운데 열 한명이 순교를 했다고 한다.

위에서 언급한 예수의 잔과 같이, 유대인의 결혼식에서 함께 마시는 두 잔의 포도주는 공동 운명의 개념을 극적으로 표현한 것이다. 첫 잔은 "기쁨의 잔"이라고 불리운다. 이 잔은 삶의 기쁨을 함께 나눌 때, 그것이 배가(倍加)된다는 것을 상기시켜 준다. 둘째 잔은 "희생의 잔"이다. 이로써 축하연을 하는 도중에 신랑과 신부는 결혼 생활 가운데 언젠가는 무거운 짐과 문제들을 만나게 될 것임을 인식함으로 엄숙하게 된다. 그러나 이러한 문제들도 함께 나누면 반으로 줄어들게 될 것이다.

현대 기독교인들의 결혼은 유대인의 결혼의 잔을 통해 많은 것을 배울 수 있을 것이다. 기독교인의 결혼에 있어서, 커플은 기쁨을 나누고 공동의 운명의 도전들을 공유한다. 각각의 파트너는 사랑과 상호적인 위임에 의하여 서로 상대방에게 매인다. 기쁨의 잔은 기독교인들에게 매일 고통과 비극, 질병, 그리고 죽음으로 얼룩지고 있는 세상 가운데서 기쁨의 축제가 필요하다고 하는 사실을 상기시켜 준다. 결혼이 삶에 있어서 최상의 행복을 공유할 수 있는 경험들 가운데 하나일 수 있는 잠재성을 갖고 있기는 하지만, 그것은 또한 가장 상처받기 쉬운 것이기도 하다. 결혼의 연합성과 하나됨을 부수려는 많은 적들이 있다. 그러므로 희생의 잔은 오늘의 기독교인들에게 시련과 절망의 어려운 시기가 결혼을 깨뜨릴 수도 있다는 메시지를 보내주고 있다. 그래서 결혼하는 사람들은 하나님의 은혜로 개인적인 희생과 상대에 대한 순종을 통하여 서로를 지탱시킴으로 서로 하나가 되어야 한다(참조, 엡 5:21). 그것이 그 관계의 결과를 확증시켜주는 데 필요한 뒷받침(support)이다.

(5) 서로를 향상시킴

심리학자들과 인간 관계 분야에서 활동하는 전문가들은 종종 우리 사회를 "눌러 내리는"(put-down) 사회라고 묘사한다. 아이들은 학교에서 실패자라고 불리움으로서 눌림을 받고 집에서는 칭찬보다는 꾸지람을 훨씬 많이 받는다. 그러한 부정적인 영향들은 자기 존중과 개인의 가치 의식을 감소시키거나 심지어는 부수어 버린다.

가정에 있는 어른들도 마찬가지이다. 장모된 사람들은 흔히 조롱을 받음으로써 의기 소침하게 된다. 경멸적인 비웃음이나 굴욕적인 모욕의 대상이 된다. 할아버지와 할머니는 자주 무시당하고 옆으로 제쳐진다. 더 이상 아무런 존경도 받지 못하기에 정말로 자신들이 살아야 할 이유가 있는가 하는 회의에 빠진다.

이와 비슷하게 부부들도 불안한 상태에서 그리고 무심결에 서로를 상하게 할 때가 많다. 결혼이 숭고한 소명임에도 불구하고, 배우자가 자신의 파트너를 함양시키고 지원해주어야 할 책임을 다하지 못할 때, 그 결혼은 쉽게 가장 비천한 존재 방식 가운데 하나로 퇴보하게 된다. 그 배우자는 결코 오랫동안 모욕을 당하며 참고 있지는 못할 것이다. 한 편에서 끊임없이 다른 편을 모독할 때, 그러한 깨어진 관계의 실재는 흔히 이혼의 형태로 나타나게 된다.

그러나 보다 더 고위의 방법이 있다. 초기의 랍비 문헌에 보면, 결혼식의 두번째 부분은 nissu'in으로 불리우는데, 이는 법적으로보다는 개인적으로 그리고 사적으로 완성되는 부분이다. 현대 히브리어로 nissu'in은 "결혼"으로 옮겨지는 여러 단어들 가운데 하나이다. nissu'in과 이와 연관된 형태의 단어인 nasu("결혼한")는 "올리다"(to lift up), "지탱하다", "싣고 가다"는 뜻을 가진 동사 nasa에서 나온 것이다. nissu'in은 다른 사람을 짓누르는 것의 정반대의 뜻을 암시하고 있다. 사실, 결혼은 다른 사람을 들어

올리는 모습으로 그려진다. 이러한 개념은 전통적인 유대 결혼 예식에서 극적으로 아름답게 표현되어진다. 결혼식이 끝난 후, 신랑과 신부는 넘치는 노래와 춤에 맞추어 축하연에 참석한 사람들에 의하여 의자에서 높이 들어 올려진다. 더 나아가, *nissu'in*은 마을 사람들이 신부를 그녀의 부모의 집으로부터 신랑과 함께 그녀의 새로운 집으로 실 것에 싣고 갔던(nasa) 유대 역사를 회상시켜 준다.[16] 간단히 말해서, "키두쉰(*kiddushin*)은 평등한 두 남녀를 남편과 아내의 관계 속에서 연결시킨다. 고양(elevation)을 의미하기도 하는 니수인(*nissu'in*)은 남편과 아내, 그리고 하나님을 영원한 위임 가운데서 연결시킨다."[17] 상대방을 고양시키는 경험으로서의 이러한 결혼 개념은 서로를 돕고, 지탱하고, 고양시켜야 하는 남편과 아내의 소명을 분명히 말해주고 있다. 또한 그것은 부부가 서로를 싣고 가는 것처럼, 상호간의 의존을 포함한다.

5. 가정 안의 가치들

사회학자들과 가정 문제 상담자들은 오랫동안 유대인 가정을 연구와 겨룸의 대상으로 만들어왔다. 모든 현대의 가정들과 마찬가지로, 오늘날의 유대인 가정은 전에 없었던 압력과 도전들을 받고 있다. 유대인이나 기독교인을 막론하고 압박을 받지 않는 가정이 없다. 사실, 여러 세기에 걸쳐 유대인들은 아마도 다른 어떤 민족보다도 더 큰 시련과 고통을 받아왔다고 할 수 있다. 유대인 대학살(Holocaust)이 행해졌던 시기를 포함해서 2천년 이상에 걸친 반셈족주의는 이러한 사실에 대한 고통스러운 증거를 제시해주고 있다. 그러나 성서 시대 이후 수백년 이상 동안 유대인 가정은 강한 요새로 남아 있었다. 삶의 굴곡에도 불구하고 유대인 가정은 의미와 목적을 상실하지 않은 채 견고하게 지켜져 왔다. 시인 로버트 프로스트는 가정을 "당신이 거기에 갈 때, 그들이 당신을 안으로 맞아 들여야 하는 곳"으로 묘사했으나, 유대인들은 항상 가정을 그 이상으로 생각했다.

이 장을 시작하면서 우리는 유대교와 기독교 모두가 다 이상과 현실, 그리고 명기된 전통과 실제적인 실행 사이에 갭을 갖고 있음을 강조했다. 완전한 가정을 찾는 사람들은—그들이 어느 정도나 완전한 가정을 찾는가에 관계없이 - 결코 그런 가정을 발견할 수 없을 것이다. 문제가 없는 것은 아니지만, 유대인 가정이 존속되어온 데는 타당한 이유가 있다. 유대인 가정에는 안정과 영구성을 가지고 있었다. 이는 가정의 전통과 가치들이 그 가족들에게 자기 이해와 지향해야할 바를 가져다주었기 때문이다. 교회가 내부로부터 유대인 가정을 발견할 때, 교회는 가정에 대한 기독교인의 개념 속으로 받아들일 수 있는 유용한 교훈들과 가치들을 많이 발견할 수 있을 것이다. 이제 다음과 같은 세개의 가장 중요한 실제적인 것들에 대해 논의해보기로 하자: 작은 성전으로서의 가정, 가정에서의 평화, 가정에 손님을 초대하는 것.

(1) 작은 성전으로서의 가정

이 장을 시작하면서 결혼과 가정에 대한 성서적인 관점이 성서의 첫번째 책인 창세기에 굳게 뿌리박고 있음을 살펴보았다. 이 가르침은 창조 이야기에서부터 시작해서 족장들의 이야기에까지 계속 나타나고 있다. 그러나 이 주제에 대한 히브리적인 가르침은 창세기에만 국한되어 나타나지는 않는다. 랍비들은 유대인 가정의 모델을 개발하기 위하여 오경의 나머지 책들과 예언서, 성문서들을 인용하고 있다.

히브리 성서는 모세의 장막(Tabernacle, 후의 솔로몬 성전)을 *miqdash* 즉 "성소"로서 언급하고 있다(레 12:4, 19:30; 민 3:38. 참조, 겔 5:11, 9:6). 이 *miqdash*는 히브리어 *qadash*에서 온 말이다. 앞에서도 살펴보았듯이, 동사 *qadash*는 "분리(구별)하다," "신성하게 하다," "거룩하게 하다"는 뜻이다. 그러므로 이스라엘이 함께 모여 예배를 드렸던 곳 또는 성소(*miqdash*)는 "거룩한 장소"로서 생각했다.

예루살렘 성전이 무너지고 유대인들이 포로(*galut*)로 끌려간 후부터, 랍비들은 가정을 *miqdash me'at*,[18] 즉 "작은 성소" 또는 "축소한 성전"으로 부르기 시작했다. 따라서, "유대인의 가정은 그들의 '성'(城)이 아니었다. 수많은 세대를 통하여 가정은 그보다 훨씬 이상의 어떤 것, 즉 그들의 성소였다"는 관찰은 맞는 것이다.[19] "거룩"한 관계 또는 "신성한" 연합은 *miqdash me'at*에서 이루어졌는데, 이는 결혼의 고귀한 소명, 즉 우리가 이미 살펴본 바 있는, *qadash*에서 파생된 단어인 키두쉰(*qiddushin*)을 통해서였다.

작은 성소로서 가정은 성전처럼 특별한 목적들을 위해서 사용되어질 수 있도록 준비되어야 한다고 랍비들은 가르쳤다. 이 목적들 가운데는 하나님에 대한 예배("기도의 집"), 토라 연구("배움의 집"), 그리고 공동체의 필요를 채워주는 일("회중의 집") 등이 포함된다. 쉐키나(shekhinah, 하나님의 임재)가 성전을 채웠던 것처럼, 그리고 신성의 상징인 빛이 일곱 촛대(menorah)를 통하여 성소를 밝혔듯이, 각 가정은 기도와 찬양을 통하여 하나님의 영광을 드러내야 했다. 그 뿐만 아니라, 성소에서 하나님의 임재를 위하여 금으로 된 상에 떡을 두 줄로 놓았던 것처럼, 가정에서 안식일 전야에 할라(hallah) 두 조각을, 그의 백성 가운데 하나님이 항상 임재하심을 상징하기 위하여 상 위에 진열해 놓는다.

가정의 저녁 식탁은 말하자면 성전의 제단이 되었다.[20] 이것이 바로 가족 제단의 기원이다. 먹는 것은 육체의 기능 이상의 의미를 갖게 되었다. 그것은 종교적인 봉사의 영적인 도구로 여겨지게 되었다. 제단이 그런 것처럼, 식탁은 성화되어졌다. 그것은 단순히 음식을 차려놓는 그런 곳이 아니었다. 그것은 따로 구별되었으며, 토라의 말씀들을 나누는 곳이 되었던 것이다. 왜냐하면 사람은 "떡으로만 사는 것이 아니기"때문이다(신 8:3. 참조, 마 4:4, 눅 4:4).

가족들은 성가대가 솔로몬의 성전에서 노래했던 것처럼, 식탁 주위에서 거룩하신 분을 찬양하는 zimrot("노래들")을 불렀다. 식탁에서 아버지는 그 자신의 성소의 제사장 역할을 했다. 그는 옛날 제사장의 한 사람으로서 가족들을 토라의 말씀들을 통해 가르쳤다. 이스라엘이 유월절 같은 절기들을 지키려고 성전에 왔던 것처럼, 후대의 유대인들은 가정을 종교 생활의 중심으로 여겼다. 가정은 기쁨과 헌신의 마음으로 휴일과 절기들을 지키는 장소가 되었다. 그러나 그것이 다는 아니다. 가정에서의 축제들은 자유와, 토라에 대한 사랑과 같은 종교적 가치들을 가르칠 수 있는 기회를 제공해주었다.

miqdash meʻat의 유대적 개념을 연구함으로써, 오늘날의 기독교 가정은 결혼관계의 거룩성에 대한 보다 깊은 통찰을 얻을 수 있을 것이며, 각각의 기독교 가정들이 어떻게 축소된 성전이 될 수 있는가를 배울 수 있을 것이다.[21] 이 점과 관련해서 오늘날의 교회에 적용할 수 있는 세가지 사항이 있다. 이제 그것을 차례대로 살펴보기로 하자.

먼저, 가정에 대한 성서적인 개념에 관한 모든 이론의 기반이 되는 것은 가정이 회당보다 더 중요하다고 하는 유대인의 가르침이다. 유대 전통에 있어서, 종교 생활은 항상 가정을 중심으로 이루어졌다. 교회는 이러한 중요한 개념을 진지하게 받아들여야 한다. 불행하게도 많은 기독교인들은 교회가, 가족의 영성 계발에 있어서 가장 중요한 영향을 미치는 기능을 하는 것이 하나님의 뜻이라고 믿고 있다. 여러가지 이유들 - 이를테면 무지, 편리, 또는 무책임 - 때문에 교회가 흔히 가정의 자리를 대신해왔다. 그러나 교회는 결코 가정을 대신하기 위해 만들어진 것이 아니다. 하나님의 계획 가운데서 그 어떤 것도 기독교의 가치를 함께 나누는 일과, 모든 가족들의 신성한 양육과 성장에 대해 기본적인 책임을 지니고 있는 가정을 대신하지 못한다. 모세의 말대로, "너는(다른 누가가 아니라 바로 네가) 네 자녀에게[하나님의 계명들을] 부지런히 가르치라"(신 6:7a).

히브리어로 "부모"는 horeh인데, 교사의 역할과 관련해서 특별히 언급할만한 가치가 있는 단어이다. 명사 horeh는 torah처럼 "던지다," "쏘다," "지도하다"는 뜻을 가진 동사 yarah에서 파생된 것으로 보인다(토라는 "밖으로 던지는" 것으로, 삶을 위한 "가르침," "지시"의 개념이 있다). 따라서, 마치 제사장이 성전 안에서 모세의 토라를 해설하듯이, 자신의 집에서 제사장으로서 호레("부모")는 토라("가르침")를 제공한다.

두번째로 우리가 살펴보려고 하는 것은 유대주의는 평신도의 종교라고 하는 것이다. 유대교 신앙은 오랫동안 그들의 종교를, 종교적인 의무와 봉사를 하도록 회중에 의하여 불리움받은 전문가들의 종교가 아니며, 그러한 종교로서 역할하지 않는다고 가르쳐왔다. 사실, 랍비들도 평신도로 여겨져왔다. 어떤 회중에게든지 다 토라를 봉독하거나, 기도를 인도하거나, 강단에서 설교하는 일을 맡길 수 있었다. 이와 관련해서 한 랍비가 나에게 이런 말을 했다: "모든 회당이 다 문을 닫는 일이 생기게 된다고 하더라도, 유대교는 존속할 것이다. 유대교는 결코 파괴되지 않을 것이다." 그 랍비는 모든 유대인은 한 사람의 평신도로서 자신의 믿음에 대하여 잘 알아야 할 의무가 있기 때문이라고 설명했다. 그러므로, 유대교는 그 형성된 방식 때문에 가정에서 항상 존속할 것이다. 그러기에 가정이 miqdash meʻat(작은 성소)인 것이다. 한 사람의 평신도로서, 부모는 가정이라고 하는 성소에서 교사로서 봉사하기 위해서 유대교의 가르침을 잘 알아야 할 의무가 있다. 기독교는 그 기능이 평신도 종교의 기능이 되어야 한다는 것을 잘 알아야 한다. 너무 오랫동안 기독교는 수동적인 구경꾼 타입의 심성에 상당히 만족해왔다. 기독교는 그러한 심성 가운데서 목사를 선택하고, 보수를 지불했으며, 사람들을 위하여 공연을 하도록 요구를 했던 것이다.

마지막 실제적인 가르침은 이런 것이다. 즉, 신약 성서는 모든 신자들이 제사장이라고 가르치고 있다는 것이다. 베드로는 교회에 이렇게 지시했다: "너희도 산 돌같이 신령한 집으로 세워지고 예수 그리스도로 말미암아 하나님이 기쁘게 받으실 신령한 제사를 드릴 거룩한 제사장이 될지니라"(벧전 2:5). 분명히 기독교 신자의 모든 전 세계적인 몸은 거룩한 제사장이다. 이 구절의 이미지는 구약성서의 성전으로부터 나온 것이다. 거기에서 성서가 해석되어지고, 예배와 희생제사가 드려졌으며, 제물과 구제의 행위들이 다른 사람들에게 베풀어졌다. 기독교인은 교회와 가정을 일차적으로 건축물이라고 이해해서는 안 된다. 교회와 가정을 사람으로 볼 때, 즉 하나님과 다른 사람들에게 봉사하는 제사장 공동체로서 이해할 때, 그들은 하나님이 의도하신 기능을 행할 수 있을 것이다.

(2) 가정의 평화

오늘날 많은 가정들은 내적인 다툼과 갈등, 긴장으로 특징지어질 수 있을 것이다. 가정은 매일 다툼과 논쟁의 전쟁마당이 되고 있다. 고대의 랍비들은 가정에서의 말다툼과 논쟁의 위험에 대하여 경고했다. "가정에서의 분노는 곡식의 벌레와도 같다"(바벨론 탈무드, Sotah 3b). "불화가 있는 가정은 굳게 설 수 없을 것이다"(Derekh Eretz Zuta 9:12, 탈무드의 소논문 가운데 한 부분). 사도 바울도 그와 비슷하게 조화가 없으면 반드시 무너진다고 경고했다: "온 율법은 네 이웃 사랑하기를 네 몸 같이 하라 하신 한 말씀에 이루었나니 만일 서로 물고 먹으면 피차 멸망할까 조심하라"(갈 5:14-15).

그러나 히브리 성서는 하나님의 백성은 "화평을 따를지어다"고 명령한다(시 34:14b). 그러므로 유대교에서 가장 중요한 가정의 가치들 가운데 하나는 *shalom bayit*, "평화로운 가정"이다. 낯선 사람 앞이나 공동체 중의 우연히 아는 사람들 가운데서 샬롬의 시험에 합격하는 것은 그렇게 어려운 것이 아니다. 그러나 가정에서 샬롬을 지탱하기란 어렵다. 그 가정에서, 사람의 참 기질은 매일매일의 삶 가운데서 드러나게 된다. 우리가 조그만 일에도 쉽게 화를 내는 곳이 가정이다. 그래서 탈무드는 사람들과의 대화는 "부드리워야" 한다고 가르치고 있다(Yoma 86a). 남을 손상시키는 말(leshon ha-ra)은 하지 말아야 한다. 긍정적이고 평화로운 영을 보증하기 위하여, 선한 행위에는 흔히 "당신에게 더 강한 힘을"(yasher kohakhah)이라는 축복의 인사가 주어졌다.

바울은 아버지들에게 "너희 자녀를 노엽게 하지 말라"고 주의시키고 있다(엡 6:4). 아버지들은 자녀들을 노엽게 하기 보다는, 그들의 자녀들 앞에서 성숙과 안정, 평화의 센시티브한 모델이 되어야 한다. 사실, 바울은 모든 신자들에게 "서로 마음을 같이 하라(조화를 이루며 살라)"고 권면하고 있다(롬 12:16). 조화는 미움과 불화, 시기, 분노의 폭발, 이기적인 야망, 의견의 차이, 파당, 질투와 같은 죄악된 본성의 행위에 의하여 파괴된다. "이러한 일을 하는 자들은 하나님의 나라를 유업으로 받지 못할 것이요"(갈 5:19-21).

샬롬 바이트(shalom bayit)는 다툼이 없는 가정이다. 그러나 샬롬 바이트는 결코 단순히 부정적인 개념만은 아니다. 그것은 결정적으로 긍정적인 요소를 가지고 있다. 히브리어로 샬롬은 강하고 풍부한 이미지(像)로 충만하다. 샬롬은 "온전하고, 건전하고, 전체적이며, 좋고, 완전하게 됨"을 뜻하는 동사에서 유래되었다. 랍비들은 샬롬을 흔히 하나님의 이름으로서 사용하였다. 즉 하나님은 완전의 총합이며, 따라서 그의 메시야는 sar shalom, "평화의 왕"으로 묘사되어졌던 것이다(사 9:6을 보라). 더 나아가, 히브리 성서는 흔히 샬롬이라는 단어를 다른 사람들과 "우정과 바른 관계, 그리고 조화 가운데 있음"의 의미로 사용한다. 이 단어는 또한 평정 즉, 내적 외적 투쟁으로부터의 자유라는 개념을 지니고 있다.

아름다운 관습이 안식일 전날 밤에 전통적인 유대인 가정에서 종종 행해진다. "샤바트 샬롬"(shabbat shalom, "안식일 평화")은 가족들끼리 나누는 특유한 안식일 인사이다. 아버지가 회당에서 기도를 마치고 집으로 돌아오면, 그는 관례적으로 자녀들을 축복한다. 자녀들의 머리에 손을 얹고 아들들을 위해서는 이러한 축복 기도를 드린다: "하나님께서 너희들을 에브라임과 므낫세와 같은 사람이 되게 해주시기를 기도하노라." 딸들을 위해서는 이러한 축복을 한다: "하나님께서 너희들을 사라와 리브가, 라헬, 레아와 같은 사람이 되게 해주시기를 비노라. 여호와께서 너희들에게 복을 내리시고 지켜주시기를 기도하노라. 여호와께서 그 얼굴의 광채를 너희에게 비추시고, 너희에게 자비를 베푸시기를 바라노라. 여호와께서 그의 용모를 너희 위에 나타내시고 너희에게 평화(shalom) 주시기를 원하노라." 그러면 자녀들은 "아-멘"하고 응답한다. 이렇게 안식일은 평화를 위한 기도로 시작된다.[22]

그러므로 샬롬의 가정은 건강한 가정이다. 다툼은 병을 가져온다. 그러나 샬롬은 좋음(wellness)이며 완전함(wholeness)이다. 다툼은 나누게 하나 샬롬은 합하게 한다. 예수께서도 "화평케 하는 자는 복이 있느니라"고 말씀하셨다(마 5:9). 바울은 평화는 내적인 성령의 열매라고 말했다(갈 5:22). 여기에 샬롬 바이트 곧, "평화로운 가정"에 대한 기독교인의 열쇠가 있다. 샬롬은 초자연적으로 각각의 신자의 삶에서 생긴다. 가정의 연합, 그리고 모든 하나님의 백성의 연합은 성령의 연합이다(참조, 엡 4:3).

(3) 가정에 손님을 초대하는 것

환대(hospitality)는 유대인 가정의 기본적인 기능이다. 이 관습은 또한 교회의 히브리적 유산에서 중심을 이루기도 한다. 풍부한 랍비적 배경에서 공부를 한 바울은 이러한 가르침을 그의 독자들에게 되풀이하여 가르치고 있다. 그는 로마 교회에 편지하면서 "손 대접하기를 힘쓰라"고 가르쳤다(롬 12:13). 여기에서 바울은 초기 구약 시대로부터 내려온 신성한 의무를 반영하고 있다. 성서의 법은 ger, 즉 "이방인" 또는 "낯선 사람"까지도 환대해야 한다고 명령하고 있는데, 이는 히브리 백성들 자신들도 한 때는 에집트에서 "객들"(gerim)이 되었었기 때문이다(레 19:34). 이사야는 진정으로 의로운 사람은 "주린 자에게 네 식물을 나눠주며 유리하는 빈민을 네 집에 들여야 하는" 의무에 성실할 것이라고 했다(사 58:7). 그 자신의 개인적인 윤리를 변호하는 진술에서 욥은 이렇게 주장한다: "나그네로 거리에서 자게 하지 아니하고 내가 행인에게 내 문을 열어 주었었노라"(욥 31:32).

랍비 문헌에서 접대를 위해 사용된 용어는 hakhanasat orhim으로서, 문자적인 의미는 "손님을 맞아들임" 또는 "여행하는 사람들을 모으는 것"이다.[23] 랍비 문헌은 hakhanasat orhim의 관습에 대해 중요한 통찰을 얻게 해 준다. 특별히 델리취(Franz Delitzsch)는 로마서 12:13에 나타난, 바울의 환대에 대한 가르침을 고전 히브리어로 번역하면서 바로 이 용어를 사용하였다.

첫째로, 랍비들은 접대를 가정의 기능 가운데 가장 중요한 것 중 하나로 여겼다. "접대는 고귀한 것이다. 공부의 집에 일찍 가는 것이나 쉐키나를 받는 것보다 더 고귀한 것이다"(바벨론 탈무드, Shabbat 127a). 사실, 접대는 여섯개의 덕목 — "사람은 이 세계에서 그것의 열매를 먹는다" — 가운데 맨 처음 나오는 것이기도 하다(Shabbat 127a).

둘째로, 접대를 함에 있어서 차별 대우를 해서는 안 된다는 것이다. 어떤 사람은 부자들만을 또는 특수 계층에 있는 사람들만을 환대한다. 특수 인종에게만 호의를 베푸는 사람도 있다. 그러나 랍비들은 모든 계층과 모든 종류의 사람들에게 다 문을 열어주어야 한다고 가르쳤다. 예루살렘에는 냅킨을 입구에 놓아두는 관습이 있었다. "항상 냅킨이 준비되어 있었으며, 손님들(여행자들)이 들어 올 수가 있었다"(Tosefta, Berakhot 4:9, *Tosefta*는 아람어로서 "부가, 첨가"라는 뜻을 가지고 있으며, 미쉬나를 확대하고 주석한 자료들을 모아놓은 책이다). 예루살렘에는 식사 중임을 알리는 기를 달아 놓는 관습이 있었다(바벨론 탈무드, Baba Batra 93b). 랍비들은 이렇게 말했다: "너희 집을 넓게 열어놓고 가난한 자들이 너희 가족의 한사람이 되게 하라"(미쉬나, Abot 1:5). 랍비 후나(Huna)는 "식사를 하기 위해 앉을 때마다 문들을 다 열고는 '배고픈 사람은 누구나 다 들어와서 먹으시오'라고 외쳤다"고 한다(바벨론 탈무드, Taanit 20b).

세째로, 아이들은 호의적인 사람이 되어야 한다고 배웠다. 그들은 손님이 문을 두드리면 문을 열어주고 그에게 가족과 함께 식사를 하도록 권해야 한다고 배웠다. "너희 가족들에게 겸손을 가르치라. 그래서 만일 가난한 사람이 문에 서서 '아버지가 집에 계시냐?'라고 물으면, '예, 계십니다. 들어오십시오.'라고 말할 수 있게 해야 한다. 가난한 사람이 들어오면, 그를 위해 상을 차려야 한다"(Abot of Rabbi Nathan 7: ARN으로 약해서 표기하기도 하는 이 자료는 미쉬나의 소논문인 Abot에 대한 주석으로, 흔히 탈무드의 "외경적인" 소논문이라고 불리워진다).

네째로, 손님을 친절하게 그리고 기쁜 마음으로 맞아야 한다. 오늘날 많은 서구인들이 접대하는 것을 회피하거나 싫어하며, 접대하는 것을 필요악으로 여긴다. 그러나 중동 사람들은 항상 접대를, 기꺼이 해야 할 신성한 의무로 생각한다. 랍비 문헌은 특별히 이러한 의무를 강조한다: "그대의 집을 손님들에게 넓게 열어놓으라. 사람들을 친절하게 맞이하라. 불쾌한 마음으로 하는 호화스런 접대는 기쁨으로 하는 수수한 접대에 훨씬 못미친다"(Abot of Rabbi Nathan 1).

마지막으로, 손님에게는 주인에 대한 책임이 있다. 그것은 접시에 음식을 조금 남겨 놓는 것이다(바벨론 탈무드, Erubin 53b). 손님은 주인의 친절을 이용해서는 안된다. 그는 감사하는 마음을 가져야 하며(Berakhot 58a), 식사가 끝나면 주인을 위해서 특별한 기도를 드려야 한다(Berakhot 46a). 또한 손님은 주인의 마음을 상하게 하거나 근심하게 만들면 안된다. "지나치게 주인을 괴롭히는 손님은 무익한 사람이다"(Derekh Eretz Zuta 8:9).

기독교 공동체는 접대의 개념을 옵션으로 생각해서는 절대로 안된다. 그것은 기독교 신앙의 사회 의식의 핵심이기 때문이다. 히브리서는 신약성서 신자들에게 유대적인 *hakhanasat orhim*의 유산을 이어받아야 함을 상기시켜주고 있다: "손님 대접하기를 잊지 말라. 이로써 부지 중에 천사들을 대접한 이들이 있었느니라"(히 13:2. 참조, 약 2:14-17, 요일 3:17).

6. "지붕 위의 바이올린"에서 배울 수 있는 것

"지붕 위의 바이올린"에 대하여 들어보았을 것이다.[24] 이 뮤지컬은 1960년대 초기에 처음 브로드웨이(Broadway) 무대에 올려졌다. 곧 굉장한 반응을 불러 일으켰으며, 마침내는 역사상 제일 오랜 장기 공연에 들어갔다. 미국에 이 극이 소개된 이래, "지붕 위의 바이올린"은 전 세계적으로 수천만명의 관객들을 동원했다. 1970년대 초, 이스라엘 연기자인 토폴(Topol)이 주연을 맡은 영화가 나왔다. 이 영화 또한 굉장한 반응을 불러 일으켰다. "Saturday Review" 잡지에서 영화 평론가 홀리스 알퍼트(Hollis Alpert)는 "이 영화가 역사 이래로 가장 만족스러운 뮤지컬 영화가 아니라면, 최소한 그런 영화에 가장 가까운 영화임에 틀림없다"고 평했다.[25]

"지붕 위의 바이올린"은 상당히 재미있는 이야기로 되어 있으며, 유대인 가족의 전통적인 가치들에 대해 많이 말해주고 있다. 나는 모든 기독교인들에게 이 영화를 보고, 그것에 대하여 함께 토의해보도록 강하게 권하고 싶다. 이 예술적인 드라마는 모든 기독교인들로 하여금-그들의 배경에 관계없이 — 가족에 안정과 의미를 가져다준, 성서와 랍비들의 전통에 깊이 뿌리박고 있는 많은 유대인 가치들과 관습들을 아는 데 도움을 줄 것이다. "지붕 위의 바이올린"을 통해 가족에 대해 배울 수 있는 중요한 것들 가운데 몇가지를 살펴보기로 하자. 먼저 이 이야기에 대해 간단한 소개부터 하겠다.

(1) 이야기의 구성

"지붕 위의 바이올린"은 1차 세계 대전 전의 제정 러시아 치하의 작은 마을 아나테브카(Anatevka)를 배경으로 하고 있다. 낙농장을 하고 있던 테브예(Tevye)는 다섯 딸을 "좋은 책"(Good Book, 테브예는 자주 이 책을 인용하고 있는데, 사실은 대부분 그 자신이 만든 말들로 이루어져 있다)이 가르치는 바에 따라 기르려고 노력한다. 테브예는 가정에서 유대인의 전통을 지키려고 노력하지만, 쉬운 일은 아니었다. 사실, 그것은 지는 전쟁이었다. 왜냐하면, 이야기가 말해주듯이, 그는 그 자신의 전통의 세계가 점점 그의 주변에서 흔들리고 있음을 보고 있었기 때문이다. 그의 딸들이 결혼 닫집(canopy)에 들어갈 때마다, 유대 전통이라고 하는 갑주에 더 큰 금이 가는 것을 보게 된다. 처음에는 "전통"을 강하게 지키려고 노력하지만("전통이 없다면, 우리의 삶은 지붕 위의 바이올린 연주자처럼 휘청댈 것이다") 유대 신앙을 갖지 않은 사람과 결혼한 딸 카바(Chava) 앞에서 얼어붙은 침묵 속에서 정신을 잃은 모습으로 서 있다.

이렇게 테브예의 "전통"의 세계는 금이 가지만, 어떤 의미에서는 테브예의 곤경은 모든 사람이 갖고 있는 것이기도 하다. 즉 변화하는 세계 속에서, 때로는 혁명적인 세계 속에서, 소중히 여기는 자신의 과거 가족전통들에 성실하려는 투쟁을 누구나 다 하고 있다. 우리는 여기에서 바로 이 뮤지컬의 명작인 이 작품 속에서 시간을 초월하는 가치를, 즉 유모어 감각을 잃지 않고 그러나 동시에 진지한 태도로 곤궁의 때를 직면할 수 있는 불요 불굴의 능력을 발견하게 된다. 테브예는 적대적인 환경 속에서 그리고 매일매일의 단조로운 일에 직면하면서, 부분적으로는 그의 민족적인 위트로 — 더 나아가 하나님과의 일상적인 대화 가운데서 — 정신을 잃지 않고 살아간다.

(2) 결혼 후에 더 커지는 사랑

"지붕 위의 바이올린"에 나타난 유대인 가족의 가치들에 대하여 논의함에 있어서, 우리는 먼저 이 장의 앞부분에서 지적한 것으로 돌아가야 한다. 거기에서 우리는 히브리인들이 얼마나 결혼 뒤의 – 단순히 결혼 전만이 아니라 – 사랑의 중요성을 강조했는가를 논했다. 이 뮤지컬은 이러한 원리에 대하여 매우 극적인 주석을 제공하고 있다. 이 이야기에서, 테브예는 자신이 그의 아내 골데(Golde)와 결혼할 때 그의 아버지가 그랬던 것처럼, 딸들의 혼사를 결정하려고 한다. 그러나 딸들은 그런 방식으로 생각하지 않는다. 그들이 결혼하기를 원하는 것은 "사랑" 때문이다. 새로운 개념과 맞부딪히게 되었을 때에, 그는 이렇게 말한다: "사랑 – 그것은 새로운 세계야." 그는 아내에게 묻는다(그들은 결혼한지 25년이 지났다): "당신, 나를 사랑하오?" 이에 대한 대답은 결혼 후의 사랑에 대한 전통적인 유대적 개념을 반영하는 아름답고 부드러운 것이었다. 테브예는 골데에게 말한다: "내가 당신을 처음 만난 것은 우리의 결혼식 날이었소." 이에 골데는 "나는 부끄러웠지요"라고 말한다. "나는 긴장했었소"라는 테브예의 말에 골데도 "나도 그랬답니다"고 답한다. 그때 테브예는 "부모님께서 우리는 앞으로 '서로를 사랑하는 법'을 배우게 될 것이라고 말씀하셨소"라고 덧붙인다(작은 따옴표는 내가 강조하기 위해 한 것이다). 다시 한번 우리는, 아브라함의 시대로부터 오늘날까지 히브리 전통은 사랑이 그 감정 이상의 것이라는 사실을 가르쳐왔음을 발견하게 된다. 결혼이 지속되려면, 사랑이 감정 이상의 차원에서 결혼 후에도 자라고 양육되어야 한다.

(3) 손으로 하는 일을 귀하게 여김

"지붕 위의 바이올린"을 통해 배울 수 있는 또다른 교훈은 손으로 하는 일이 신성하며 그런 일을 존중해야 한다고 하는 것이다. 탈무드에 의하면, "아들에게 거래하는 법을 가르쳐주지 않는 사람은 도둑질을 가르쳐주는 것이나 다름없다"고 한다(Kiddushin, 29a). 이러한 관점은 "지붕 위의 바이올린"의 시작 부분, 즉 아이들이 "세 살이 되었을 때 나는 히브리 학교에 가기 시작했고, 열 살이 되면서 거래하는 법을 배웠지"라고 부르는 노래에도 반영되어 있다. 테브예에게는 아들이 없었지만, 그의 딸들은 제각기 다 집에서 해야 할 일들이 있었다. 이를테면, 우유를 짜거나, 빨래를 하거나, 청소를 해야 했다. 테브예는 우유 배달 달구지를 끌고(그의 말이 불구가 되었기 때문이다) 아나테브카 마을을 돌면서 재봉사(모텔), 정육점 주인(라자르 울프), 모자판매상(유셀)과 같은 많은 사람들을 만난다. 공업과 손재주는 오랫동안 유대인을 특징지어 왔다. 특기할만한 것은 유대 법이 종교를 통하여 생계를 유지하는 것을 금한다고 하는 것이다. "토라를, 파는(dig) 삽으로 만들지 말라"(미쉬나, Abot 4:5). 바울도 고린도 교인들에 대한 봉사의 대가로 돈을 받지 않았다. 그는 "값없이" 복음을 증거했다(고후 11:7. 참조, 2:17). 여러 세기에 걸쳐, 대부분의 랍비들은 전통의 학자-선생으로서의 그의 의무를 수행하면서 세속적인 직업을 갖고 있었다. 미쉬나는 또한 이렇게 말한다: "세속적인 직업에 종사하면서 토라를 연구하는 것이야말로 훌륭한 일이다. 왜냐하면 이 두가지가 요구하는 노동은 마음 속으로부터 죄를 몰아내기 때문이다"(Abot 2:2). 바울이 천막 만드는 일에 종사했던 것은 의심의 여지없이 이러한 원리가 작용했던 것이다(행 18:3).

성서 시대의 유대인들은 하나님이 주신 소명(직업)-목자나 어부, 세금 징수원, 선생, 또는 서기관 할 것 없이-은 일 그 자체의 특권을 통하여 하나님께 영광을 돌릴 수 있는 한 방편으로 보았다. 자신의 손으로 일해서 그 열매를 먹는 사람을 행복한 사람으로 보았다(시 128:2). 다음 14장에서도 강조하겠지만, "일하다," "노동하다," "봉사하다"는 의미를 가지고 있는 히브리어 *abad*는 "예배하다"는 뜻으로도 번역된다(사 19:21을 보라). 고대 히브리인들은 직업을 신성한 것과 그렇지 않은 것으로 양분하지 않았다. 모든 삶의 영역은 우주의 왕, 그의 주권 아래 놓여 있었다.

그러나 오늘날 서구의 세계는 다르다. 서구 세계는 대학을 테두리로 하는 전문가 지향의 사회이다. 손으로 하는 일보다는 두뇌로 하는 일이 더 높은 신분을 나타내는 것으로 보는 경향이 있다. 따라서 우리는 힘든 육체 노동의 존엄성을 잘 인식해야 할 것이다. 나사렛 예수도 목수(또는 석수)이지 않았었는가(막 6:3. 참조, 마 13:55)? 목사도 나가서 세속 사회 속에서 또 다른 직업을 가져야 한다고 주장하는 것은 결코 아니다. 요즈음은 랍비들조차도 극소수만이 그렇게 할 뿐이다. 그러나 아마도 아나테브카 마을은 우리들에게, 특별히 하루의 대부분을 책상에서 보내는 사람들에게, 손으로 하는 노동이 창조때로부터 신성하게 여겨졌음을 말없이 상기시켜 준다.

(4) 안식일 준수

유대인 가정의 안정성과 관련해서 세번째로 중요한 원리는 "지붕 위의 바이올린 연주자"에서 볼 수 있는 것처럼 안식일의 준수에서 찾을 수 있다. 아나테브카 사람들은 안식일이 가까와올 때 설레는 가슴으로 그것을 기다렸다(사 58:13을 보라). 일주일 중 일곱째 날은 공동체의 극적인 상징이다. 그것은 '거룩'이라는 단어로 요약될 수 있을 것이다. 테브예와 그의 가족에게 있어서 거룩은 다른 많은 일상적인 일들로부터의 분리의 행위를 뜻한다. 골데가 안식일 전야에 촛불을 밝히는 순간부터 약 24시간 후 첫 별이 뜰 때까지, 끓어오르는 듯한 모임 가운데서 그들은 영적인 만족과 평안을 맛본다. 아나테브카의 유대인 공동체는 끊임없이 또다른 학살의 위협 가운데 놓여 있다. 그러나 우리는 영적인 평온의 단편을, 안식일 테이블 둘레에서 테브예와 골데가 다섯 딸에게 "안식일의 기도"를 노래해주는 장면에서 발견할 수 있다. 그 노래는 이렇게 끝난다: "여호와께서 보호해주시고 막아주기를 원하나이다. 여호와께서 너희들을 고통으로부터 보전해주시기를 기도하노라. 오 주님, 행복과 평화로 저들에게 은혜를 베푸시옵소서. 오, 우리들의 안식일 기도를 들어주소서. 아멘."

제각기 살아가는 기독교인 가족들에게서 주일을 기쁨으로 기다리는 모습을 발견하기 힘든 오늘날, 우리는 유대인의 격언을 깊이 생각해야 한다: "이스라엘이 안식일을 지킨 것보다는 훨씬 더, 안식일이 이스라엘을 지켜주었다."[26] 아브라함 헤쉘의 말대로, "유대교는 삶을 일곱째 날을 향한 순례라고 하는 생각을 갖도록 노력하고 있다. 즉 일주일 내내 안식일을 기다리며 살아가도록 노력한다는 것이다."[27] 유대교는 안식일을 여왕 또는 신부로서 대한다. 안식일의 거룩성은 다가올 세계를 생각나게 하는 역할을 한다.[28] 이러한 비유적 상(像)과 가르침이 전통을 지키려고 하는 유대인들로 하여금 한주일을 살면서 받는 압박들 가운데서 초점을 다시 모으며, 평온을 지속하며, 신적인 관점을 회복할 수 있도록 도와주었던 것처럼, 기독교인들에게 있어서 주일은 ─다른 영적인 목적들 가운데서─ 그와 비슷한 방식으로 회복을 제공해야 한다.

(5) 부모 공경

"지붕 위의 바이올린"은 또한 부모 공경에 대한 문제를 제기한다. 그 마을의 shadkhan("중매자") 옌테(Yente)는 골데에게 "오, 아이들, 아이들! 그들은 당신의 노년기에 당신의 복입니다"고 말한다. 이야기가 말해주고 있는 것처럼 이것은 얼마간 옌테 편에서의 바램이긴 했지만, 그럼에도 불구하고 부모 공경의 중요성은 모세와 도덕법만큼 오래 전부터 강조되어 왔다 (출 20:12). 한 히브리 현인은 영감에 차서 이렇게 말했다: "손자는 노인의 면류관이요 아비는 자식의 영화이니라"(잠 17:6). 오래 전에 랍비들은 이 주제에 대하여 "손자에게서 토라의 한 부분을 듣는 사람은 누구나 다, 계시의 시대에 시내산에서 그것을 듣는 것처럼 생각해야 한다"고 말했다(예루살렘 탈무드, Shabbat 1:2).

현대 유대의 유머 작가인 샘 레벤슨(Sam Levenson)은 그의 유년 시절에는 부모 공경에 대하여 특별한 강조가 있었다고 회상했다: "엄마, 아빠는 그 자녀들로부터 기쁨을 얻기를 바랬다. 자녀들에 의해서 부모에게 돌려진 영예는 성공을 측정하는 표준 척도로 받아들여졌다. 그것은 우리들에게도 자극이 되었다. 우리의 개인적인 성공은 우리가 부모에게 드릴 수 있는 행복과 상당히 깊은 연관을 갖고 있었다. 이런 생각이 완전히 바뀌게 된 것은 그리 오래전의 일이 아니다. 이제는 자녀들을 행복하게 하는 것이 가족 생활의 최고선(summum bonum)이 되어버렸다."[29] 레벤슨의 말이 유대인들에게만 해당되는 것으로 무시해서는 안 된다. 우리는 교회에 의무로 주어진 다음과 같은 잘 알려진 신약성서의 말씀을 기억하고 있을 것이다: "자녀들아, 너희 부모를 주 안에서 순종하라. 이것이 옳으니라. 네 아버지와 어머니를 공경하라. 이것이 약속 있는 첫계명이니, 이는 네가 잘되고 땅에서 장수하리라"(엡 6:1-3).

(6) 우리 모두가 다 테브예이다

테브예에게 유일한 약점이 있다면, 그것은 레벤슨이 위에서 주장한 진리의 중심에 있다. 테브예가 처음에 "전통"을 노래하고 있는 장면에서, 부모로서의 그의 역할에 아무런 잘못도 없어 보인다: "가장으로서 가정에서 결정을 내릴 수 있는 권한을 가진 사람이 누구인가? 아빠지 아빠야, 그것이 전통이거든!" 그러나 딸들이 각각 사랑에 빠져감에 따라서, 테브예는 전통에 근거해서 가지고 있던 그의 확고한 권위가 약화되고 있음을 발견한다. 그가 처음에 주장했던 전통, 즉 "아빠가 결혼할 사람을 골라준다"는 전통이 밀려나게 된 것이었다.

여기에 오늘날의 유대인과 기독교인 가족들에게 이 "지붕 위의 바이올린 연주자"가 제기하는 중요한 물음이 있다. 세계가 변화하고 있으며 도덕적으로 유동 상태에 있음을 인식하면서, 어떤 일이 있어도 지켜야 할 과거의 가치들은 어떤 것인가 하는 물음이 그것이다. 테브예는 가 첫 딸 짜이텔(Tzeitel)이 결혼할 때 조심스럽게 묻는다: "너는 한 순간에 지주를 무너뜨린다. 어디에서 그것이 멈추는가? 어디에서 그것이 멈추는가?" 둘째 딸 호델(Hodel)이 아버지의 허락도 없이 결혼하려고 할 때, 테브예는 이렇게 분을 터뜨린다: "도대체 전통에 무슨 일이 일어나고 있는 것인가? 한 순간에 나는 실을 끊어 버렸다. 그것은 어디로 인도했는가? 그것이 어디로 인도했는가?" 마지막으로 그는 "지주를 무너뜨리는" 일이 도미노 현상처럼 계속 일어나는 현실을 고통스럽게 인식하게 된다. 셋째 딸 카바(Chava)는 유대인이 아닌 사람과 결혼하려고 하면서 이렇게 말한다: "아빠, 세상이 바뀌고 있어요." 이에 테브예는 "아니다. 우리에게는 바뀌지 않는 것이 있단다. 어떤 것은 영원히 바뀌지 않을 것이다"라고 응답한다.

그러나 그들은 바꾼다. 카바는 곧 결혼했다. 테브예는 그 때 아내인 골데에게 말한다. "이제 카바는 우리들에게 있어서 죽었어! 우리는 그 애를 잊을거야." 이 말은 단순히 비유적인 표현이 아니다. 유대인 *shtetl*(동유럽의 게토, ghetto)에서 부모들은 자식이 유대인과 결혼하지 않으면 그를 "죽은" 사람으로 취급한다. 그들은 한 주간동안 공식적으로 곡하는 기간을 가지며 때에 따라서는 빈 관으로 장례식을 치르기도 했다.

"지붕 위의 바이올린"을 통해 가족에 대해 살펴보았으나, 이 재미있는 뮤지컬에서 얻을 수 있는 교훈들을 다 살펴볼 수는 없다. 그러나 우리 모두는 테브예가 취한 행동에 대해 동의하든 하지 않든 관계없이, 이모저모로 우리 자신을 그와 동일시할 수 있을 것이다. 이 극은 우리가 어떤 일을 할 때, 단순히 "우리가 그런 방식으로 그런 것들을 항상 해왔기 때문에" 그렇게 하는가, 아니면 그렇게 하는 것이 옳으며 또한 영원한 삶의 패턴과도 조화되기 때문에 그렇게 하는가 하는 질문을 심각하게 제기해준다.

"지붕 위의 바이올린"은 기독교인들에게 전통들을 다시 평가하도록 만든다. 기독교인들은 우리에게 단순히 전해내려 온, 과거의 때묻은 유물, 그리고 이미 그 효용가치를 나타내온 것일 수도 있는 그러한 가치들을, 시간을 초월하는 영원한 가치가 있는 것들로부터 분류할 필요가 있음을 새롭게 인식할 것이다. 이러한 분류 작업은 복합적인, 결코 끝나지 않는 과정으로서, 성서와 성령의 지혜, 그리고 상당한 상식을 필요로 한다.
 테브예의 곤경은 살아 있다. 그것은 우리 모두 안에서 계속되고 있다. 왜냐하면 우리는 모두가 다 테브예이기 때문이다.

7. 나이가 들 수록 더 좋다: 히브리 관점에서 본 나이 먹기

 우리 사회는 젊음을 상당히 강조하며 따라서 나이 드는 것에 대해 두려움을 갖게 한다. 노년층 인구가 그 숫적 증가와 더불어 역할과 지위는 낮아지고 있다. 우리는 젊음의 바람직스러움과 그 특징들에 대해 지나치게 강조해왔다. 그래서 유대 인류학자 라파엘 파타이(Raphael Patai)가 지적한 대로, "젊음은 우상시될만큼 높은 주춧대 위에 위치하고 있다." "아이들이 지배하는" 우리 사회에서 "부모들의 지나친 관대는 흔히 아이들이나 십대들을 집에서 중요한 사람으로 만들고 있다. 그래서 그들이 원하는 것들을 이루어주어야 하며 변덕들도 받아들여야 하게 되었다."[30] 서구 세계에서 하는 광고의 목표와 현대의 흐름을 보면 젊음이 실로 큰 바램의 대상이 되었음을 알 수 있다. 이렇게 젊음이 모든 것을 점유하게 되자, 나이가 들어감에 따라 육체적으로 쇠퇴해가는 운명을 몰아내거나, 지연시키거나, 그것으로부터 벗어나려고 하는 강박관념에 사람들이 사로잡히게 되었다. 미국인들은 나이 들어가는 것에 대한 공포로부터 벗어나고자 하는 희망 가운데서 젊음에 대해 매력을 느끼는 문화를 지지하기 위하여 해마다 어마어마한 돈을 성형수술이나 머리 염색, 새로운 의상에 쏟아붓고 있다. 또한 미국인들은 나이에 대하여 완곡하게 말한다. 사십대의 사람들을, 아직도 "젊은 사람들"이라고 부른다. 육십대나 칠십대의 사람들은 "성숙한 사람," "여러 해 산 사람," "어른," 또는 "황금기를 사는 사람"이라고 부를지언정 "나이가 든 사람" 또는 "노인"이라 하지는 않는다. 결코 "늙지" 않을 것처럼 보인다. 인생의 황혼기에도 말이다.

 (1) 삶의 절정
 현대 사회는 사람들이 십대 후반이나 삶의 이정표라고 할 수 있는 21살에 삶의 정점 또는 그들이 가장 바라는 국면에 도달한다고 말한다. 그 후에는 그들의 삶이 내리막길에 들어선 것이라고, "언덕 위에" 있다고 생각한다. 이와는 대조적으로 히브리 성서는 삶의 절정은 노년기에 이른다고 말하고 있다. 내적 가치와 위신이 해가 감에 따라 점차적으로 올라가기 때문에, 성서는 결코 사람들의 나이에 대하여 숨기지 않는다. 예를 들면, 다음 히브리인들이 죽을 때의 나이를 신중하게 알려주고 있다: 이삭 180세, 아브라함 175세, 야곱 147세, 이스마엘 137세, 사라 127세, 모세 120세, 요셉과 여호수아 110세, 엘리 98세.

그러나 성서가 강조하고 있는 것은 노년기에 육체적인 절정기에 도달한다는 것이 아니라 영적으로, 심리학적으로, 그리고 정신적으로 절정에 이른다는 사실이다. 그러므로 나이 드는 것은 두려워할 것이 아니라 낙관적으로 환영해야 한다. "나이가 많은 것은 패배가 아니라 성공이며, 징벌이 아니라 특권이다."[31] 고대의 현인들도 그렇게 가르쳤다: "노년은 얼마나 환영할 만한 것인가! 노인은 하나님께 사랑받는다"(Exodus Rabbah 5:12, 이 자료는 출애굽기에 대한 주석적인 미드라쉬로서 *Midrash Rabbah*로 알려진 큰 책의 일부분이다). 그러므로, 성서 시대의 히브리 공동체에서 노인은 그들의 가치보다 오래 사는 사람으로 생각하지 않았다. 그들의 공동체는 그들이 살아있는 것을 죄스럽게 생각하지 않도록 만들었다. 나이가 들어가는 것을 축하했던 것이다. 참으로, 더 늙어가는 것이 더 좋은 것이었다.

지금 회당과 교회, 공동체와 가정은 새로운 중대 도전을 받고 있는데, 그것은 나이가 들어가는 것, 노인, 그리고 그들을 어떻게 효과적으로 섬길 것인가 하는 것에 대한 이해에 관한 것이다. 성서는 이 주제에 대하여 매우 실제적인 많은 교훈들을 가르치고 있다. 우리의 신학이 잘못되어 있으면, 우리 사회도 바를 수가 없을 것이다. 나이가 들어가는 것에 관해 지속적인 신학을 세우려면, 우리는 연장자에 대한 여러가지 중요한 성서적 관심들에 주의를 기울여야만 한다.

(2) 육체적인 쇠퇴

먼저, 우리는 나이가 지긋한 사람들로 하여금 육체적인 쇠퇴를 직시하도록 도와주어야 한다(그리고 우리 자신이 그것을 직면할 수 있도록 해야 한다). 성서는 나이많은 것을 하나님의 축복으로 보고 있기도 하지만(때때로 그것은 개인적인 경건과 계약에 대한 신실함과 연결되기도 한다—신 5:16,

욥 5:26), 누구나 육체적으로 쇠퇴하고 연약해지기 마련이다. 시편 기자가 "나를 늙은 때에 버리지 마시며 내 힘이 쇠약한 때에 떠나지 마소서. 하나님이여, 내가 늙어 백수가 될 때에도 나를 버리지 마소서"(시 71:9, 18)라고 부르짖는 것처럼, 누구나 다 육체의 한계, 즉 68세 때에 할 수 있는 일과 18년 전인 50세때 할 수 있는 일이 다르다는 것을 받아들여야 한다.

실제적으로, 나이가 들어감에 따라 어쩔 수 없이 듣는 것이 어려워진다든가(삼하 19:35), 시력이 나빠진다든가(창 48:10), 비대해진다든가(삼상 4:18), 몸을 따뜻하게 하기가 어려워진다든가(왕상 1:1) 하는 건강의 문제가 생기게 되는데, 우리는 이러한 것들을 잘 조절해야 한다. 전도서 12장은 육체의 쇠퇴에 대하여 놀랄만한 비유를 하고 있다. 나이는 손과 다리, 이, 눈, 귀, 그리고 잠자는 것에까지 영향을 미친다고 말하고 있다. 사실, 성서는 어디에서나 이러한 삶의 보화가 "질그릇"속에 담겨 있음을 상기시켜주고 있다(고후 4:7).

누구도 이 낡은 뼈 주머니 속에서 영원히 살 수 없다. 그러므로, 교회는 노인들로 하여금 죽음을 정직하게 대할 수 있도록 그리고 그것을 잘 준비할 수 있도록 도와주어야 한다. 오늘날의 많은 사람들과는 달리, 히브리인들은 죽음의 문제를 외면하지 않았다.[32] 야곱과 요셉 모두(창 50:5, 24-25) 그들의 장례식 문제를 미리 결정하였다. 아리마대 요셉도 그의 무덤을 미리 준비했다(마 27:60).

(3) 존경받을 만한 사람들을 존경하는 것

두번째 성서적인 관심은, 우리보다 나이든 사람을 존경해야 한다고 하는 것이다. "네 부모를 공경하라"는 다섯번째 계명은 성서에 여덟번 반복되어 나타난다. 우리는 이것이 아이들에게만 주어진 것이 아니라, 일차적으로 히브리 어른들에게 주어진 것이라는 사실을 고려해야 한다. 후에 예수님과(막 7:9-13) 바울이(엡 6:2) 이 계명을 뽑아서 그 중요성을 강조하였다. 이 계명은 제5계명에서 제10계명에 이르는 십계명의 두번째 부분의 첫번째 계명이다. 헤쉘은 "하나님은 '나를 공경하라', '나를 존경하라' 그렇게 명령하지 않으셨다. '네 부모를 공경하라' 그렇게 명령하셨다. 부모를 공경하지 않고는 하나님을 공경할 수 없다."[33]

탈무드는 부모에 대한 공경과 하나님에 대한 공경을 또다른 방식으로 연

결시키고 있다: 아버지와 어머니, 그리고 하나님은 아이의 창조에 있어서 파트너이다. "사람을 창조하는 데는 세 파트너가 있다: 하나님과, 그의 아버지, 그의 어머니. 사람이 그 부모를 공경할 때, 하나님은 이렇게 말씀하신다: '그것은 마치 내가 그들 가운데 거하며, 그들이 나를 공경하는 것과 같다'"(Kiddushin 30b).

어떤 사람의 전체적인 성격을 판단하는 한가지 방법은 그가 노인을 어떻게 대하는가를 보는 것이다. 베델의 어떤 청년들이 한 노인(선지자 엘리사)을 조롱했을 때("대머리"라고 불렀다), 그들은 성난 곰들에게 호되게 당했다. 노인을 공경하지 않음으로 결국 모든 하나님의 백성들은 심판을 당했다(사 3:5, 애 5:12). 노인을 공경하는 것은 가정에서부터 시작된다: "너 낳은 아비에게 청종하고 네 늙은 어미를 경히 여기지 말지니라"(잠 23:22).

성서는 부모들이 늙었을 때 자식들이 그들의 복이 될 것이라고 가르치고 있지만, 오늘날은 전혀 그렇지 않다. 전통적인 가정의 가치들은 지금 위협을 받고 있다. 한번은 한 랍비가 그의 회중 가운데서 목격한 것에 대해 탄식하는 말을 들었다: "내가 자랄 때는 모든 것에 대해 '예, 아버지' '예, 어머니' 해야 했습니다. 어느 누구도 아버지가 집에 안계신다고 해서 아버지의 의자에 앉지는 않았었습니다." 그러면서 그는 덧붙였다. "만일 우리가 아버지를 존경하지 않는 눈치를 조금만 보였다고 할지라도 아버지는 엄하게 '*Kibbud ob*'[(너희) 부모를 공경하라]하고 명령하셨을 것입니다. 그때 아버지는 종종 기다란 회초리로 그가 하시고자 하는 말씀을 강조하시곤 했습니다."

(4) 돌봄과 도움의 필요성

성서에서 발견하는 세번째 강조점은 노인을 돌보는 것이다. 성서 시대에 히브리어 *mishpahah*, "가족"은 다음과 같은 성격의 사회적 단위였다.

1) 가부장적이었다(아버지가 그 가족의 영적인 지도자 또는 족장이었다).

2) 결혼을 하면 아들이 신부를 데리고 들어와 아버지 집에서 같이 살았다.

3) 대가족 적이었다(할아버지, 할머니, 자녀, 손자, 손녀, 삼촌, 숙모, 사촌이 함께 살았다).

각 가정은 하나의 경제적인 그룹으로서 역할을 했다. 같은 지붕 아래 모여 살면서 가족들은 대단한 충성심으로 엮어져 있었다. 이러한 구조는 노인들에게 큰 유익을 가져다 주었다: 가족은 노인의 집 문제와 경제적인 문제, 그리고 건강의 문제에 대처했다. 노인들은 죽음, 장례, 그 후의 애곡 뿐만 아니라, 죽을 때까지 대가족들의 도움을 받았다.

오늘날, 자신들의 삶의 절정을 누리는 사람은 그렇게 많지 않다. 대신, 많은 사람들이 이렇게 묻는다: "내가 정말로 필요한 존재인가?" 흔히 가족과 친구들의 보호를 받지 못하며, 심장 박동이 사라져버린 듯한 죽음의 그늘과 함께, 노인들은 지금 우리에게 커다란 도전을 던져주고 있다. 이렇게 거절당하고 가치를 인정받지 못하는 것처럼 느끼는 사람들, 그리고 지루함과 외로움에 지쳐있는 사람들을 치료할 방법이 있는가?

예수에게서, 교회는 부모를 돌보아드리는 훌륭한 모범을 발견한다. 요셉은 젊어서 죽은 것같다(요한복음 2장의 결혼식에 언급되지 않으며, 예수가 십대가 된 이후에 대해서는 복음서는 침묵을 지키고 있다). 그래서 마리아는 장남인 예수에게 많이 의존했음에 틀림없다. 예수는 십자가에서 돌아가시면서도 요한에게 어머니를 "그 집에 모실 것을" 부탁하셨다(요 19:27).

많은 노인들의 건강 문제를 가정에서는 적당한 기구나 시설, 전문적인 기술의 부족으로 다 해결하기가 어렵겠지만, 환자나 곤경에 있는 사람들은 친구나 방문객을 기다린다. 교회는 만국 심판의 날에 — 양과 염소를 갈라놓을 때에 — 그 판단 기준은 신조(信條)가 아니라 행위라는 사실을 잊어서는 안될 것이다. 즉 다른 사람들을 돌보고 그들에게 관심을 보임으로써 하나님을 섬겼는지의 여부가 심판의 기준이 될 것이다(마 25:34-40).

(5) 경험의 지혜

네번째는, 우리는 노인들이 연륜을 통해 얻은 지혜 때문에 그분들과 가까이 하도록 노력해야 한다는 것이다. 히브리인들은 나이를 지혜 및 경험과 동일시한다(욥 12:12, 20; 32:7). 나이를 통해 얻은 지혜 때문에 장로 (elder, 이 단어는 성서에 175회 나타난다)들은 재판관, 상담자, 군대의 장교로서 그리고 다른 여러가지 지도자로서의 역할을 했다. "장로"(헬라어로 *presbyteros*, "노인")직은 초대교회에서 중요한 위치였다(행 20:17, 딤전 4:14, 약 5:14).

랍비 문헌도, 지혜의 공급원으로서 노인의 중요성을 강조하고 있다:

"젊은이에게서 배우는 사람은 덜 익은 포도를 먹는 사람과 같으며 포도즙을 짜는 통에서 마시는 사람과 같다. 그러나 노인에게서 배우는 사람은 잘 익은 포도를 먹는 사람과 같으며 오래된 포도주를 마시는 사람과 같다"(미쉬나, Abot 4:20). 한 미드라쉬는 이렇게 진술한다: "장로들에게서 충고를 받는 사람은 결코 흔들리지 않을 것이다"(Exodus Rabbah 3:8). 랍비들은 각 세대의 그룹들이-5세에서 100세까지-공동체 안에서 나름대로의 특별한 기능을 가지고 있음을 분명하게 밝혀준다: "다섯살에는 성서를 공부하고, 열살에는 미쉬나를 공부하며, 열세살에는 계명을 [성취하고], 열다섯에는 탈무드를 공부하며, 열여덟에는 결혼을 하고, 스물에는 [생계에] 종사하며, 서른에는 가장 강해지며, 마흔에는 모든 것을 이해하며, 쉰에는 조언을 해 줄 수 있고, 예순에는 노인(즉, 장로)이 되며, 일흔에는 흰 머리가 나오며, 여든에는 특별한 힘을 [그가 살아있음이 그것을 반영한다] 보여주며, 아흔에는 몸이 구부러지며, 백이 되면 죽어 세상을 떠나도 좋을 나이이다"(Abot 5:21).

오늘날 흰 머리는 진급할 수 있는 기회를 망치거나 근로 수당을 적게 만든다. 그러나 성서 시대의 히브리 공동체에서는 그것이 아름다움으로(잠 20:29) 여겨졌으며, "영화의 면류관"(잠 16:31)으로서 간절한 바램의 대상이었다. 흰 머리와 더불어 존경과 명예도 주어졌다: "너는 센 머리 앞에 일어서고 노인의 얼굴을 공경하며 네 하나님을 경외하라"(레 19:32). 백발의 노인 앞에서 모든 세대의 백성들이 조용하게 지혜의 충고를 듣기 위해 서 있었다. 요한(아마도 "장로"였을 것이다)은 "눈처럼 흰" 머리를 가진 사람 앞에서 죽은 사람처럼 엎드려 있었다고 했는데(계 1:14), 이는 하나님의 지혜에 대한 그림적인 묘사임에 틀림없다.

여기에 교회가 개발해야 할 거대한 지식의 수원지, 찾아내야 할 깊은 지혜의 바다가 있다. 젊음은 보통, 경험 부족과 충동이 그 특징이다. 나이가 든 사람들은 어떤 문제에 필요한 역사적인 관점을 줄 수 있다. 이러한 관점은 오늘날의 분별없는 세계에서 너무 쉽게 상실되었다. 더군다나, 만일 교회가 몸 안에 있는 연로한 분들의 총명을 이용한다면, 교회는 "모든 교훈의 풍조에 밀리는" "어린아이"들을 영적인 성숙과 안정에로 인도할 수 있을 것이다(엡 4:14).

(6) 끝까지 활동적인.

성서에 의하여 주어지는 또다른 관심과 도전은 우리는 노인들을 끝까지 활동하도록 도와야 한다는 것이다. 광야에서 사십년을 지낸 뒤에 갈렙은 — 그때 이미 그의 나이 85세였으나 여전히 가나안을 정복할 준비가 되어 있었다 — 이렇게 선언했다. "모세가 나를 보내던 날과 같이 오늘날 오히려 강건하니 나의 힘이 그때나 이제나 일반이라 싸움에나 출입에 감당할 수 있사옵니다"(수 14:11). 이 히브리 지도자는 일선에서 물러나기보다는 그의 힘을 끝까지 적극적으로 사용하기로 결정하였다. 다음은 모세가 120의 나이로 죽을 때의 모습이다: "그 눈이 흐리지 아니하였고 기력이 쇠하지 아니하였더라"(신 34:7).

신약성서에 보면, 시므온과 안나라는 두 유대 노인이 있어 성전에서 하나님을 계속해서 열심히 섬겼다. 아셀 지파의 "매우 늙은" 과부였던 여선지자 안나에 대하여 누가복음은 "이 사람이 성전을 떠나지 아니하고 주야에 금식하며 기도함으로 섬기더라"라고 기록하였다(2:37). 성서 전체를 통하여 히브리인들은 나이에 관계없이, 수동적이거나 움츠린 또는 느슨한 삶의 스타일을 보이지 않고 있다. 그와 반대로 적극적이고 활달하며 열심으로 일하며 살았다. 그들은 "행함이 없는 믿음은 죽은 믿음"임을 알고 있었다(약 2:26). 실제적인 표현으로 랍비들은 모든 사람들에게 계속해서 일하도록 권했다. "일을 완성하는 것은 너희의 의무가 아니다. 또한, 그 일을 그만두어서도 안된다"(미쉬나 Abot, 2:16).

(7) 부활에 대한 희망

마지막으로, 그리고 아마도 제일 중요한 것은, 노인들에게 내세가 있다고 하는 희망을 확신시켜주어야 한다. 성서 시대에, 이 세대(*olam ha-zeh*)에서 하나님과 함께 신실하게 동행했던 사람들은 다가올 세대(*olam ha-ba*)에서 하나님과 함께 있을 것이라고 확신했다. 바로 앞 장에서 살펴본대로, 고대 헬라인들과는 달리 히브리인들은 몸과 분리된 영의 구원을 가르치지 않았다. 반대로, "구원은 몸의 구속과 모든 창조 질서의 구속을 의미했다(롬 8:21-23)."[34] 히브리 성서는 죽음이나 음부(스올)가 우리의 창조주와의 관계를 끊어놓지 못한다고 가르친다(시 49:15, 139:8). 참으로, 이 세상의 마지막 때에 하나님은 자신을 위하여 행동하실 것이며 "사망을 영원히 멸하실 것이다"(사 25:8). 죽은 자의 부활에 대한 확신은 이러한 행위와 연관되어 있다: "주의 죽은 자들은 살아나고 우리의 시체들은 일어나리이다. 티끌에 거하는 자들아 너희는 깨어 노래하라"(사 26:19). 또 이렇게 말씀하고 있다: "땅의 티끌 가운데서 자는 자 중에 많이 깨어 영생을 얻는 자도 있겠고 수욕을 받아서 무궁히 부끄러움을 입을 자도 있을 것이라"(단 12:2).

고대의 랍비들은 이 구약성서의 기반위에 큰 확신을 세웠다. 그들은 부활에 대한 믿음을 주요한 가르침으로 여겼다.[35] 그들은 만일 어떤 사람이 "죽은 자의 부활에 대한 믿음을 부인하면, 그는 부활에 참예하지 못할 것이다"라고 가르쳤다(바벨론 탈무드, Sanhedrin 90a).

이러한 풍부한 히브리적인 배경과 부가적인 신약성서 본문들을 숙고함으로, 교회는 인생 여정의 종착역에 가까이 다가온 노인들에게 확신과 희망을 심어주어야 한다. 이와 관련해서, 요한 계시록은 특별히 적절하다. 성서의 마지막 책으로서 요한 계시록은 길고 역동적인 이야기의 결론적인 내용들을 포함하고 있다. 그 주제는 사람을 찾는 하나님 이야기의 절정인 구원이다. 창세기가 "실락원"에 관한 이야기라면, 계시록은 "복락원"(復樂園)을 이야기한다. 계시록은 단순히 이스라엘의 미래에 대한 꿈과 비젼이 아니라, 이스라엘의 과거와 밀접하게 연관되어 있다. 사실 히브리 성서는 계시록을 해석하는 열쇠이다. 왜냐하면 저자인 요한은 구약성서로부터 수백 개의 인유와 참조를 하고 있기 때문이다. 다른 사도들처럼 요한에게 있어서도 그의 성서는 구약성서였다. 요한은 상당히 히브리적인 사상의 맥락 안에서 계시록을 기록하면서, 열심히 인생을 살아가고 있는 "주님 안에서 나이가 들어가는" 사람들이 맛보게 될 궁극적인 만족에 대하여 언급하고 있다. 그들은 하늘로부터 이런 소리를 들을 것이다: "지금 이후로 주 안에서 죽는 자들은 복이 있도다… 저희 수고를 그치고 쉬리니 이는 저희의 행한 일이 따름이라"(계 14:13).

제11장의 이해를 위한 연구과제

1. 여러 세기동안 유대인의 전통과 세속 문화는 정면으로 충돌해왔다. 현대 세계에서 유대인들은 이에 대하여 어떻게 대처하는지 말해보라. 기독교인들에게

예수와 유대주의에 대하여 실제적인 관점(이상적인 관점이 아니라)을 갖는 것이 중요한지 말해보라.

2. 오늘날 기독교인들이 가정과 사회에서 어떤 종류의 스트레스와 압력을 받아 결혼과 가정에 대한 태도를 바꾸고 있는가?

3. 흔히 독신으로 혼자 사는 것이 "하나님을 영화롭게" 하는 더 좋은 방법이라고 주장되어 왔다. 성서의 빛에서 이 이슈의 찬반양론을 논의하라. 어떤 성서적인 기준이 있다면, 우리는 어떻게 성서적인 예외들을(예를 들면, 예레미야, 예수, 바울)을 설명할 수 있을까?(이 장의 주를 참조하라).

4. 플라톤적인 사랑을 정의하라. 플라톤적인 관계의 본질적인 성격이 앞 장에서 논의한 이원론적인 인간관을 어떻게 반영하고 있는가?

5. 유대적인 전통에서는 결혼과 성을 선한 것으로 여기는데, 이를 뒷받침하는 증거들을 성서와 그리고 성서 밖에서 찾아보라.

6. 모세의 613개의 계명 중 첫번째는 무엇인가?

7. 데이빗 후바드(David Hubbard)는 타락이 욕정(passion)을 가져온 것이 아니라 그것은 다만 욕정을 왜곡시켰을 뿐이라고 했는데, 이 주장이 함축하고 있는 것은 무엇인가?

8. 창세기, 아가서, 그리고 마태복음서의 여러 구절들이 어떻게, 결혼이 '동료의식'과 '함께 함'의 의식에 기반을 두고 있음을 보여주고 있는가?

9. 아가서 2:16중에 어떤 말씀을 일반적으로 결혼 반지에 새기는가?

10. 창세기 2:18은 여자가 남자를 돕는 배필로 창조되었다고 선언하고 있는데 그 의미는 무엇인가? 데이빗 프리드만(David Freedman)에 의하면, *ezer kenegdo*라는 표현은 어떻게 옮겨야 하는가?

11. 랍비 문헌은 하나님을 최상의 중매자로 묘사하면서, 중매는 쉽지 않은 일이라고 설명하고 있다. 랍비들은 성공적으로 짝을 맺어주는 것이 얼마나 힘든가 하는 것을 설명하기 위해 이스라엘 민족이 경험한 어떤 기적과 그 일을 비교하고 있는가? 랍비들이 여기에서 암시하고 있는 또다른 교훈들은 무엇이라고 생각하는가?

12. 고대 근동의 성서 세계와 서구의 세계는 각각 결혼에 있어서 사랑을 어떤 위치에 두고 있는가 비교하라. 부모가 정해준 배필과의 결혼속에서 사랑이 차지하는 전통적인 역할을 잘 설명해주고 있는 이삭과 리브가의 이야기에 관하여 말해보라. 트로비쉬(Walter Trobish)가 동양인들과 서양인들의 결혼관을 보여주기 위해 적절하게 사용한 "수프" 비유를 인용하라.

13. 히브리인들에게 있어서, 성서적인 결혼의 본질을 한마디로 요약하면?

14. 이스라엘 역사에 있어서 어떤 중요 사건이 결혼식을 통하여 재연 또는 묘사되고 있다고 랍비들은 가르치고 있는가?

15. 히브리 성서에서, 신랑과 신부는 각각 누구와 비유되고 있는가?

16. *ketubah*를 정의하라. 얼마나 일찍부터 그리고 어떤 장소에 *ketubah*가 존재하고 있었는가?

17. *huppah*를 정의하라. 유대 결혼 예식에서 누가 먼저 *huppah*에 오는가? 구약성서의 하나님의 계약형식에 있어 누가 주도권을 갖고 있는가? 이스라엘의 역할은 무엇인가?

18. 시내산에서 계약이 체결될 때의 불(火)과 전통적인 유대 결혼식에서의 불의 사용을 비교하라. 신약성서의 어떤 구절이 불 가운데 임하는 신랑의 주제에 대한 통찰을 갖게 해줄 수 있는가?

19. 결혼식 전에 커플이 따로 떨어져 있는 것을 히브리어로 무엇이라고 하는가? 이 히브리어의 배후에 있는 기본적인 의미는? 오늘날의 교회에서 결혼식의 거룩성을 회복하기 위하여 무엇을 할 수 있는지 토의하라.

20. 구약성서의 이미지를 사용하여 신약성서는 신부라는 용어를 쓰고 있다. 에베소서 5:25-32과 요한 계시록 19:7에서 신랑은 누구를 가리키는가?

21. 이스라엘과 맺은 하나님의 언약의 영원성을 이사야 49:16과 예레미야 31:35-36에서 가르치고 있다. 이 구절들의 요지를 각각 말하라.

22. "언약을 맺다"를 히브리어로는 *karat berit*로 묘사하는데, 이 표현의 배후에는 어떤 뜻이 있는가? 계약 당사자들에게 있어서 피흘림이 중요한 이유는 무엇이었는가?

23. 이스라엘 백성들에게 있어서 "말"은 곧 "약속"과 같은 것이었다. 성서 히브리어는 이에 대하여 어떤 빛을 비추어주고 있는가?

24. 아브라함과 맺은 하나님의 계약이 성서 전체를 통하여 어떻게 갱신되어 갔는지 그 주요 단계들을 약술하라. "새 언약"에 대한 기독교인과 유대인들의 이해가 어떻게 다른가?

25. *yihus*는 무엇인가? 그것을 강화하기 위한 가장 바람직한 방법은 무엇인가?

26. *shadkhan* 공동체의 기능은 무엇인가?

27. 랍비 전승에 의하면, 창조 사역을 마치신 후 하나님은 무엇을 하는 데 시간을 보내고 계신가?

28. 유대인의 결혼과 관련해서 기도가 차지하는 위치는? 새로 유대인 아이가 태어났을 때, 전통적으로 머리에 손을 얹고 드리는 기도는 무엇인가?

29. 유럽에 사는 유대인들이 초청자 명단을 작성해서 청첩장을 보내지는 않은 이유는 무엇이었는가?

30. 결혼식과 안식일에, 그 제도들을 거룩히 하기 위하여 상징적으로 마시는 것으로서, 기쁨과 잔치를 나타내기도 하는 것은?

31. 고대 세계에서, 두 사람이 같은 잔으로 마시는 것이 상징하는 바는 무엇인가? 복음서에서, 같은 잔으로 마시는 것에 대하여 언급하는 곳 둘을 들어보라. 예수가 제자들에게 공동의 잔을 함께 마실 기회를 주신 특별한 이유는 무엇인가? 실제로 사건이 일어났을 때, 이러한 공유가 의미했던 바는 무엇이었는가?

32. 현대 유대인들의 결혼식에서는 결혼하는 두 사람이 함께 같은 잔으로 포도주를 두 번 마시는데, 이 잔을 각각 무엇이라고 부르는가? 각각의 잔은 상징적으로 어떤 공동 운명을 극화하는가? 이러한 상징이 기독교의 결혼에 대한 보다 실제적인 접근에 어떻게 공헌할 수 있는가?

33. 결혼식의 첫번째 부분인 약혼(kiddushin) 기간 동안에는 법적으로(계약적으로) 커플이 따로 있다가 결혼식의 두번째 부분(nissu'in)에 이른다. 실제적인 자격과 관련해서, 이 두번째 단계가 의미하는 바는 무엇인가?

34. nissu'in의 근원적인 의미는 무엇인가? 전통적인 유대인의 결혼식과 관련해서, 이 근원적인 의미가 어떻게 공적으로 극화되는가?

35. miqdash는 보통 히브리 성서에 어떻게 옮겨져 있는가? 히브리 성서에서 miqdash는 어떤 구조에 대하여 사용되고 있는가? miqdash me'at는 어떻게 옮겨지는가? 후기 유대교에서 miqdash me'at는 어떤 구조에 대하여 언급하는가?

36. 랍비들은 가정이 "작은 성소"로서 세가지 주요 목적 또는 기능을 갖고 있다고 가르쳤다. 그것은 무엇인가?

37. 성전과 성전 예배의 다양한 양태들이 현재 어떻게 가정에서 또는 miqdash me'at에서 반영되어 있는가?

38. 바울이 고린도전서에서 '성전'이라는 단어를 상징적으로 사용하는 방법 두 가지를 말하라.

39. 유대 전통에서 어느 곳이 종교 생활의 중심지로 여겨져 왔는가?

40. '부모'에 해당하는 히브리어 horeh는 어떤 단어로부터 파생된 것으로 보이는가? 어떻게 이것이 miqdash me'at안에서의 부모의 책임에 대한 우리의 이해에 도움을 주는가?

41. 유대교는 평신도의 종교이다. 실제적으로 말해서, 이것은 무엇을 의미하는가? 이와 관련해서 기독교는 유대교와 다른가? 이에 대해 논하라.
42. shalom bayit의 의미를 설명하라. 랍비들은 무엇이 shalom bayit를 파괴할 수 있다고 경고했는가? 바울이 이 주제에 대하여 공헌한 것이 있는가?
43. shalom(평안)이라는 단어의 배후에 있는 기본적인 사상은 무엇인가? 히브리 성서에서 샬롬이 어떤 점에서 종종 shalom bayit의 개념을 조명해주고 있는가? 랍비들은 왜 샬롬을 하나님을 칭할 때 사용했는가?
44. 전통적인 유대인 가정에서 안식일 전야에 아버지가 자녀들과 함께 흔히 하는 일에 대해 말해보라.
45. 환대에 대한 성서적인 근거는 무엇인가?
46. 랍비 문헌이 환대와 관련해서 주로 가르치며 강조하고 있는 것은 무엇인가?
47. "지붕 위의 바이올린"은 유대 가족의 전통적인 가치들을 많이 보여주고 있다. 다음에 대하여 답하라.
    1) 이 극의 즐거리는? 어떤 의미에서 테브예의 곤경이 모든 사람의 곤경이라고 할 수 있는가?
    2) 성서와 초기 유대교 문헌은 손으로 하는 노동의 존엄성에 대하여 어떻게 가르치며 설명하고 있는가?
    3) 이스라엘이 안식일을 지킨 것보다 훨씬 더, 안식일이 이스라엘을 지켰다는 말에 대하여 어떻게 생각하는가?
    4) 이 극이 유대인과 기독교인 모두에게 던지는 중요한 질문은 무엇인가?
48. 현대 사회가 어떤 방식으로 젊음은 강조하고 나이 드는 것에 대해 두려움을 갖게 만들고 있는가?
49. 히브리 성서적인 관점에서 볼 때, 어떤 의미에서 삶의 절정이 노년기에 이르고, 나이드는 것은 축하할만한 일이라고 할 수 있는가?
50. 구약성서 중 어떤 구절들이 육체의 쇠잔함에 대하여 특기할만한 상징적 묘사를 하고 있는가? 창세기 중에서 자신들의 장례식을 미리 준비한 사람 둘을 들어보라. 오늘날 우리는 죽음의 주제를 회피하고 있는가? 이에 대해 논하라.
51. 어떤 사람의 전체적인 성격을 판단하는 한가지 방법으로 노인에 대하여 어떤 태도를 보이는가를 본다. 이에 대해 논하라. 우리보다 나이든 사람들을 존경해야 한다고 하는 것이 함축하는 바는 무엇인가?
52. 성서 시대 mishpahah(가족)의 세가지 주요 특징을 말하라.

53. 히브리인들은 나이를 어떤 특성과 동일시하고 있는가? 구약성서 시대에 "장로들"이 한 일들 가운데 중요한 세가지를 들어보라.

54. 미쉬나(Abot 5:21)는 나이에 따라 하는 일이 다르다고 말하고 있다. 다음 나이의 중요성을 설명하라.
1) 5
2) 10
3) 13
4) 15
5) 18
6) 20
7) 50
8) 60.

55. 흰 머리에 대한 성서 시대와 오늘날의 이해는 어떠한가?

56. 모세와 갈렙, 안나의 노후에 대하여 성서는 어떻게 말하는가? 성서 시대의 노년층의 역할과 관련해서 현대의 퇴직의 개념을 논하라.

57. 성서 세계의 유대인들은 시간을 두 다른 시대로 구분했다. 그것은 무엇인가?

58. 히브리 성서에서도 부활의 개념이 발견되는가? 설명하라.

59. 탈무드는 "죽은 자의 부활을 믿지 않는" 사람은 어떻게 된다고 했는가?

60. "나이가 들수록 더 좋다"는 제목 하에 나이가 드는 것에 대한 적절한 신학을 세움에 있어서 기본이 되는 주요 성서적인 관심사들을 언급하였다. 이에 대하여 다시 복습하라.

제 12 장
유월절과 최후의 만찬

"내가 피를 볼 때에 너희를 넘어가리라"(출 12:13)

유월절은 유대인이나 기독교인 모두에게 있어서 가장 중요한 사건이다. 유대인에게 있어서 출애굽과 시내산 계시는 구원과 계약의 커다란 역사적 초점이다. 구원과 계약의 주제들에 초점을 두는 화해의 역사적 사건들을 상기시키는 다락방에서의 최후 만찬과 갈보리 언덕의 십자가도 기독교인들에게 그와 비슷한 중요성을 지니고 있다.

공관 복음서들을 읽다보면, 다락방에서의 최후 만찬은 출애굽을 기념하는 전통적인 유대 종교의 유월절 식사였음을 알게 된다(마 26:17-30, 막 14:12-26, 눅 22:7-23을 보라). 그러나 예수는 이 축제에 대한 일반적인 유대인의 이해를 넘어서셨다. 그는 제자들에게 이 식사가 어떻게 그의 임박한 고난과 죽음을 묘사해주는지 알려주셨다. 유대교와 기독교가 각기 구원의 주제를 끊임없이 기억해야 하는 의무 주변에서 서성대면서도 두개의 별개의 종교공동체로서 존재하고 있다는 사실은 그냥 지나쳐버릴 수 있는 성질의 문제가 아니다. 첫번째 유월절에 여호와께서 이스라엘에게 "너희는 이 날을 기념하여 여호와의 절기를 삼아 영원한 규례로 대대에 지킬지니라"고 말씀하셨다(출 12:14. 참조, 17절). 최후의 만찬 시, 예수는 "이를 행하여 나를 기념하라"고 말씀하셨다(눅 22:19). 최후의 만찬(성만찬)에 관하여 바울은 "너희가 이 떡을 먹으며 이 잔을 마실 때마다 주의 죽으심을 오실 때까지 전하라"고 지시했다(고전 11:26).

제4부/제12장 유월절과 최후의 만찬   277

기독교 공동체에게 있어서, 주님의 만찬-성만찬이라고 불리우기도 한 다-은 히브리 사상이 교회에 미친 영향을 설명해주는 중추적인 신약성서 제도들 가운데 하나이다. 주님의 만찬은 예수에 의하여 그의 유대인 제자들 앞에서, 이스라엘이 이집트의 노예로부터 해방된 것을 상징적으로 극화한 유 월절 축제의 식사와 연관되어 제정되었다. 이 사건에 대한 신중한 주석적인, 신학적인, 그리고 역사적인 연구 없이는, 구원에 대한 기독교적인 개념의 풍 부한 히브리적 배경을 상실하고 말 것이다. 이 장은 이러한 임무를 알리는 데 그 목적이 있다.[1]

1. 유월절의 기원

유월절은 히브리어로 *pesah*인데, 이는 동사 *pasah*에서 나온 말이다.[2] 히브리 성서는 이 용어를 여러 모양으로 사용하고 있다. 그러나 대부분 이스라엘이 이집트로부터 해방된 것을 함께 기념하기 위하여 봄철에 갖는 중요한 축제를 지칭한다. 이 용어는 거의 대부분이 전체 축제 행사를 가리킬 때 사용된다(출 12:48, 왕하 23:21). 그러나 보다 좁은 의미로는 유월절에 먹는 희생 제물과(출 12:11, 대하 30:18) 희생 동물 즉 "유월절 양"(출 12: 21, 대하 30:15)을 가리키기도 한다. 유월절은 가장 오래된 유대 명절이다. 그것은 약 삼천년 전에 시작되었다. 이 유월절은 본래 별개의 두 봄철 축제를 합친 것으로 보인다. 한 의식은 누룩이 없는 떡을 사용했으며, 다른 의식은 희생 양을 사용하였다. 구약성서는(출 34:18, 25) 이 축제들을 "무교절"(*hag ha-matzot*)과 "유월절"(*hag ha-pasah*)이라는 용어들을 사용함으로써 구분하고 있다.

신약성서(마 26:17; 막 14:1; 눅 22:1)는 이 두 축제들을 "유월절" 즉, *to pascha*(헬라어 *pascha*는 히브리어와 밀접한 관계를 갖고 있다)와 "무교절" 즉, *ta azyma* 또는 *he heorte ton azymon*으로 언급하고 있다. 이 절기들은 연속해서 지켰다. 유월절은 그 달 열나흘 날 해질 무렵에 지켰으며 (출 12:6), 무교절은 그 이후 이레동안 즉 열다섯째 날부터 스무 하루째 날까지 지켰다(출 12:15; 레 23:5-6; 민 28:16-17; 대하 35:1, 17). 그러나 신약성서 시대 말에는 대체적으로 유월절이라는 용어가, 애초 별개의 축제로 시작되었던 이 두 절기를 통털어 부르는 명칭이 되었다. 그때까지 "무교절"이라는 타이틀이 완전히 사라진 것은 아니었지만, 요세푸스는 보통 "유월절"이라는 용어가 이 두 축제들을 가리키는 데 사용되었다고 지적한다.[3] 미쉬나(Mishnah) 중 유월절에 관한 법들을 다루고 있는 페사힘(Pesahim)도 일반적으로 이 두 축제들이 서로 결합되어 있었음을 보여주고 있다.

어떤 학자들은 출애굽 역사 이전에 유월절이 있었다고 가정하기도 한다. 예를 들면, "내 백성을 보내라. 그들이 광야에서 내 앞에 절기를 지킬 것이라"(출 5:1. 참조, 10:9)와 같은 구절을 그 근거로 댄다. 여기에 나오는 절기는 아마도 봄철에 유목민인 셈족이 가뭄 철이 닥치기 전 새로운 초장을 향해 출발하기에 앞서 지켰던 목자들의 절기였을 것이다. 무교절은 그 기원을 봄철 보리 수확과 관련된 농사 절기에 두고 있었던 것으로 보인다. 가나안에 들어간 후 히브리인들은 가나안 민족들로부터 이 축제의 여러 요소들을 받아들였을 것이다.[4]

또다른 학자들은 이 두 축제들이 출애굽할 때 또는 그 후에 까지도 서로 결합되지도, 역사화되지도(실제 출애굽과 연관되지도) 않았다고 하는, 보다 비평적인 주장을 하기도 한다. 물론, 이러한 식의 생각은 추측일 뿐이다. 유월절의 전역사(prehistory)가 정확히 어떤 것이었든지간에, 이 축제는 이집트로부터의 기적적인 구출을 가져다준 이스라엘의 과거의 한 시점과 분리시켜놓을 수 없다.

2. 구약성서 시대의 유월절

출애굽은 하나님의 언약 백성의 삶에 있어서 가장 특별한 구원의 사건이었다. 해마다 유월절에는 여호와께서 택한 백성들을 위하여 은혜로 행하신 가장 큰 기적을 재연했다. 그것은 전 세계 유대인의 역사에서 가장 핵심적인 것을 지키는 것이었다. 유월절 축제는 이집트의 노예로부터 벗어난지 사천년도 더 지난 다음에도 자유의 이야기를 다시 들려준다. 출애굽은 구약성서의 중요한 테마 가운데 하나이다. 폭군 치하로부터의 구원에 대한 언급들은 모든 이스라엘 사람들 개개인에게 자기 민족의 미래의 구원에 대한 희망을 갖게 하였다.

(1) 유월절에 관한 모세의 가르침

유월절을 지키는 것과 관련된 가르침들은 주로 오경에서 발견된다. 출애굽기 12:1-13:16의 설명은 역사적인 배경과 이집트에서의 마지막 식사에 관한 규정들을 개괄적으로 보여주고 있다.

1) 축제는 봄의 "첫 달" 보름에 지킨다(출 12:2, 6). 이 달은 아빕 (Abib)월이라 불리웠는데(참조, 13:4; 신 16:1), 그 뜻은 (곡식의)"귀 (이삭)"를 의미한다. 나중에는 니산(Nisan)월로 불리웠다. 그것은 보리 추수의 시작을 나타냈다.

2) 그 달 열흘에 흠없는 일년된 수양이나 새끼를 가족의 크기에 따라 고른다(12:3-5).

3) 그 달 열나흘 날 해질 무렵에(문자적으로는, "두 저녁 사이에") 그 양을 잡는다(12:6).

4) 그 피는 받아다가 그 양을 먹을 집의 좌우 문설주와 상인방에 우슬초(잎이 많은 풀) 묶음에 묻혀서 바른다(7절, 22절).

5) 양은 머리, 다리, 내장 모두 불 위에 구워야 한다. 뼈는 하나라도 꺾어서는 안된다(9절, 46절).

6) 쓴나물(merorim)과 누룩없는 빵(matzot)을 함께 먹는다(8절).

7) 남은 것은 불에 태워 버려야 한다(10절).

8) 허리에 띠를 띠고, 발에 신을 신고, 손에 지팡이를 들고, 서둘러서 먹어야 한다(11절).

9) 모든 세대의 이스라엘 사람들이 유월절을 영원한 규례로 지켜야 한다(14, 24, 42, 47절).

10) 종이나 이방 사람이라고 할지라도 그들이 할례를 받았으면 유월절 제물을 함께 먹을 수 있다(44, 48절).

다음 날, 아빕(니산)월 보름에 무교절이 시작된다. 유월절 예식과는 구분되는 이 절기는 이레동안 계속된다. 이 기간에는 누룩을 넣어 만든 빵은 버리고 누룩없는 빵만 먹어야 한다(출 12:15, 17-20; 13:6-7). 첫째 날과 마지막날은 거룩한 모임을 열고, 먹을 것을 장만하는 일말고는 어떤 일도 해서는 안 된다(12:16).

유월절은 아버지가 자녀들에게 가르칠 수 있는 기회를 제공해주었다. 그에게는(다른 사람이 아니라) 자녀들이 이 절기의 의미를 물을 때 대답을 해주어야 할 의무가 있었다(출 12:26-27; 13:8, 14). 이러한 제의적인 질문의 관례로부터, 학가다, *haggadah*(문자적인 의미는 "설명하기," "말하기")라는 용어가 그들 공동체의 생활에 있어서 점점 더 중요한 것이 되었다(오늘날 학가다는 유월절 식사의 의미를 설명하고 있는 의식서를 말한다). 히브리 교육의 초기역사에 있어서 오늘날과 같이 아버지는 유산의 전달자로서 중요한 역할을 했다(신 6:20-25을 보라). 이스라엘의 역사를 통하여 마그날리아, *magnalia*(성서적 신앙의 위대한 구속 사건들)의 암송은 "이스라엘 자손이 대대로"(출 12:42) 출애굽을 기억하는 데 있어서 중요한 역할을 했다(신 26:5-9과 이 책의 제9장을 보라).

오경에 나타난 유월절에 대한 다른 주요 언급들은(레 23:5-8; 민 28:16-25; 신 16:1-8) 무교절이 그 절기와 밀접하게 통합되었음을 말해주고 있다. 한주간 동안, 공동체가 누룩없는 빵(*matzot*, 민 28:16, 17) 또는 이른바 "고난의 떡"(신 16:3)을 먹는 동안 드려야 할 여러가지 제물들을 규정하고 있다(민 28:18-25). 유월절이 가정에서 가족 명절로 시작되었으나(출 12:21-23, 46), 신명기는 광야 생활을 거쳐 가나안에 영원히 정착하여 중앙 성소를 갖고 예배를 드리게 될 때를 내다보고 있다(신 16:2, 6-7). 상황의 변화가 유월절을 모든 성인들이 함께 모여 행하는 순례 축제로 변형시키리라고 보았다(출 23:14-17; 34:23). 모세 율법도 두번째 유월절, 또는 랍비 시대에 지칭했던 것처럼 "작은 유월절," minor Passover를 위한 지침을 제공해주고 있다. 유월절 기간 동안 제의적으로 부정했거나 여행 중에 있던 사람들을 위하여 한 달 뒤(두번째 달의 열나흘 날)에 다시 이 절기를 지키도록 했다(민 9:1-14; 대하 30:2).

(2) 구약성서 전체에 걸친 유월절 축제들

가나안에 들어가는 순간부터 지키기 시작한 다양한 유월절 축제가 구약성서 전체를 통하여 기록되어 있다. 가나안을 정복하기에 앞서 여리고 평원에서 여호수아의 인도 아래 지켜졌다(수 5:10-12). 솔로몬은 당시 예루살렘을 중심으로한 세개의 순례 축제를 지켰다(대하 8:13). 그 때로부터 유월절은 영구한 중앙 성소에 집중되기 시작했다. 이제 유월절 양의 피는 제사장에 의하여 성전의 번제 제단위에 뿌려지게 되었다. 더욱 더 공적인 축제로 바뀌어감에 따라 유월절은 종교적으로 예민한 지도자들에 의해 강력한 지지를 받게 되었다.

역대기 사가는 예루살렘 성전에서 행해진 두개의 커다란 유월절에 대하여 기록하고 있다(대하 30:1-27; 35:1-19. 참조, 왕하 23:21-23). 이들은 히스기야(716-687 B.C.)와 요시야의 통치 기간(640-609 B.C.) 동안에도 계속 지속되었다. 이 축제들은 그 규모에 있어서 여러 세기 동안 이스라엘에서 행해졌던 다른 어떤 것들과도 비교할 수 없는 것이었다(대하 30:26; 35:18). 유월절에 관한 언급을 하고 있는 또다른 역사적 자료는 에스라서이다. 귀환해서 성전을 재건한 후 백성들은 말할 수 없는 기쁨으로 유월절을 지켰다(스 6:19-22). 구약성서 예언자들은, 에스겔의 새성전에 대한 묘사 속에 반영된 것을(겔 45:21-24) 제외하고는 유월절 축제들에 대하여 어떤 특별한 언급도 하지 않고 있다.

신구약 중간기 시대에, 셀루시드(Selucid)와 로마의 예루살렘 지배에도 불구하고, 유월절은 분명히 비교적 정규적으로 지켜지고 있었다. B.C. 2세기 경에 쓰여진 두개의 경외서(經外書)에 유월절 주제가 강조되고 있다. 외경 가운데 첫번째 책인 제1에스드라(1Esdras)는 요시아의 유월절에 대한 이야기로 시작되고 있다(1:1-22. 참조, 대하 35:1-19). 이 이야기는 대체적으로 역대기 사가의 것과 일치한다. 그러나 제1에스드라서의 기자는 특이한 강조점들(생략을 포함해서)을 갖고 있다. 예를 들면, 역대기 사가는 레위인을 모든 이스라엘을 "가르치는" 사람들로 묘사하고 있는 반면(대하 35:3 참조), 제1에스드라서는 "성전 봉사자들"로 진술하고 있다(1:3)[5] 쥬빌리(Jubilees)서는 중요한 위경(僞經)가운데 하나로서, 유월절 축제의 절차에 대하여 자세하게 설명하고 있다(49:1-23). 쥬빌리서 기자는 유월절이 "하늘의 테이블에 새겨진" 규정이며, 모든 이스라엘이 신실하게 영원히 지켜야만 하는 절기라고 진술하고 있다(49:8). 쥬빌리서는 유월절과 관련해서 포도주를 마시는 것에 대해 최초로 언급한 책이기도 하다(49:6).[6]

3. 신약 시대의 유월절

신약성서 시대의 유월절에 대한 우리의 이해는 상당 부분 요세푸스의 저작들과 미쉬나의 소논문 페사힘(Pesahim), 그리고 신약성서 자체로부터 온다. 유월절 희생제사를 위한 예루살렘에로의 순례 여행은 성전이 A.D. 70년에 무너질 때까지 매년 계속되었다. 그후 많은 유대인들이 전 세계로 흩어졌고, 자신들이 galut(포로)로 살고 있음을 보았다. 유월절은 더 이상 중앙 성소에서의 순례 축제가 아니었다. 다시 한번, 바로 치하의 이집트에서와 같이, 유월절 축제는 가정에서 가족 중심으로 지키기 시작했으며, 그 후로 천구백년 이상동안 계속 그래왔다.

(1) 흥분의 분위기

신약성서 시대의 유월절은 대단한 흥분과 헌신의 장면이었다. 원근각처에서 순례자들이 성도 예루살렘으로 모여들었다(요 11:55을 보라). 그 당시의 예루살렘 지역을 고려해볼 때, 학자들은 유월절에 삼백만명정도나 모였다고 하는 요세푸스의 기록은 좀 과장된 것으로 보인다고 한다.[7] 많은 역사가들이 보다 실제적인 숫자는 이십만 이하일 것이라고 제안한다. 모든 숙박 시설과 축제를 위한 시설들이 만원이었다(막 14:15을 보라). 방세를 대신해서 순례자들은 주인들에게 그들이 축제를 위해서 잡은 동물들의 가죽을 주었다(바벨론 탈무드, Yoma 12a). 로마의 지배에 대한 유대인의 불만을 누그러뜨리기 위해 각 지역의 로마 당국자들은 유월절에 죄수 하나를 풀어주었다(막 15:6-15. 참조, Pesahim 9:6).

유월절이 시작되기 전 며칠동안 예루살렘 시장은 왁자지껄했다. 상인이기도 했던 순례자들은 미리 와서 그들의 상품을 팔거나 교환했다(참조, 마 21:12-13; 요 2:13-16). 구걸하는 사람들은 전략적으로, 북적거리는 성문 가까운 곳에 자리를 잡았다. 예루살렘은 옷이나 보석, 신종(新種) 연고와 같은 가정 용품뿐만 아니라 향료, 약초, 양념, 밀, 물고기, 그리고 축제 기간 내내 사용할 포도주를 위한 시장이 되었다. 그러나 순례자들에게 가장 중요한 것은 성전에서 희생 제사로 드릴 양이나 염소를 사는 일이었다. 동물(되도록이면 양)은 니산월 열흘에 선택하였다(미쉬나, Pesa-him 9:5). 양의 크기는 다양했다. 왜냐하면 한 사람이 동물 전체를 먹는 것은 금지되었기 때문이다. 가족 또는 최소한 열명의 동료들이(이를테면 주님과 제자들의 경우처럼) 한 자리에서 한 마리의 양을 다 먹도록 되어 있었다(바벨론 탈무드, Pesahim 64b). 먹다 남은 고기가 다음날 까지 남아 있어서는 안 되었다.

(2) 유월절 전야

유월절 전야에 공동 식사를 하기 전까지, 그 날은 이 절기를 준비하는 일에 분주했다. 모든 제사장들은 성전에 일찍 왔다(보통 때는 한 그룹의 제사장들이 일을 했으나 이 때는 24그룹에 속한 모든 제사장들이 일을 했다). 그들의 첫번째 임무는 *hametz*, "누룩"을 불사르는 것이었다. 이 누룩은 전에는 각 가정에서 밤에 촛불을 밝히고 찾아서 아침에 불살랐었다(미쉬나, Pesahim 1-3). 정오까지는 모든 일을 끝냈다.

오후는 양을 잡는 시간으로 따로 정해놓았다. 성전에서의 유월절 희생 제사는 오후 3시경에 시작되었으며(Pesahim 5:1), 3교대로 행해졌다. 성전 뜰이 예물을 드리려는 첫 번째 그룹의 사람들로 가득차게 되면, 뜰 문이 닫혔다. 그러면 뿔피리가 울리고 제사가 시작됐다(Pesahim 5:5). 모든 유대인들은 각자 자신의 양을 잡았다. 제사장들이 두 열로 서서 한쪽은 금대야를, 다른쪽은 은대야를 들었다. 피가 대야에 떨어지면 그것을 제단 아래로 옮겼다(Pesahim 5:6). 제사가 드려지고 있는 동안 제사장들은 할렐, *Hallel*(시 113-118)을 불렀다. 양의 가죽을 벗기고 콩팥과 그 위의 기름을 떼어서 제단 불 위에 살랐다(Pesahim 5:9-10. 참조, 레 3:3-5). 성전을 떠나기 전에 사람들은 자기 양을 그 가죽에 싸서 어깨에 둘러메고 동료들과 함께 유월절 식사를 준비하기 위해 밖으로 나갔다(바벨론 탈무드, Pesahim 65b). 그런 다음에 다음 그룹들이 들어와서 똑같은 방식으로 제물을 바쳤다.

(3) 세데르(Seder, 유월절 밤 축제)

유월절 저녁 식사는 가정에서 또는 이 행사를 위하여 예약해 둔, 성(城) 안에 있는 방에서 행해졌다(참조, 마 26:17-19). 집 뜰에서 양의 고기는 다리를 꺾지 않은 채 석류 나무 꼬챙이에 달아서 흙으로 만든 화덕에다 구웠다(미쉬나 Pesahim 7:1). 안에 모여있는 사람들은 명절답게 흰 옷으로 차려입었다. 방에는 기댈 수 있는 쿠션들과 작은 상들이 마련되어 있었다. 방 정면에는 제의적인 식사를 인도하는 사람이 앉았다.

신약성서 시대까지는, 유월절은 이미 상술한 구약성서 때의 것들에 추가적인 면들을 갖고 있었다. 유월절은 "예배 순서"를 의미하는 세데르, *Seder*에 따라 진행되었다(참조, Pesahim 10:1-9). 그것은 자유를 기념하는 축제였다. 이 축제에 참여하는 사람들은 먹을 때에 비스듬히 기댔다. 이는 휴식과 편함을 상징하는 자세였다(참조, 출 12:11). 모든 사람들은 각자가 다 "자신이 [개인적으로] 이집트로부터 나온 사람인 것처럼 생각해야만 했다"(Pesahim 10:5). 식사는 여러가지 상징적인 요소들을 갖고 있었으며, 각 사람은 저녁 내내 정한 장소에서 먹어야 했다. 음식은 이런 것이었다: 구운 양고기, 쓴 나물, 무교병, *haroset*(땅콩, 과일, 포도주를 섞어 만든 것), 그리고 시큼한 술을 살짝 뿌린 싱싱한 야채. 그리고 중간 중간에 기쁨의 상징인 포도주를 네 잔 마신다. 포도주는 아마도 물과 섞어 데운 것이었을 것이다(참조, Pesahim 7:13). 의식적인 손 씻음과 기도, *Hallel*의 일부도 중간 중간 역할을 했다. 이스라엘 전통에 있어서 가르침의 핵심은 아들이 아버지에게 다음과 같은 제의적인 질문을 던질 때 나타난다: "*mah nishtannah ha-layla ha-zeh mikkol ha-leylot?*" 즉, "오늘 밤이 다른 모든 밤들과 다른 점은 무엇입니까?" 그러면 아버지는 개괄적으로, 어떻게 하나님의 구원의 행위로 이집트로부터 벗어나게 되었는가를 설명해주었다.

이 예식은 밤 늦게 끝나지만, 그러고 나서도 명절을 지키는 많은 사람들이 예루살렘 거리로 나와서 축제를 계속한다. 다른 사람들은 다시 성전 산으로 올라가서 한밤중에 열리는 성전 문이 열려지기를 기다리고 있다가, 그 안에 들어가서 예배와 기도로 밤을 새우기도 했다.[8]

4. 예수의 최후 만찬

학자들은 최후의 만찬이 유월절 식사였는지 토론을 벌였다. 공관 복음서는 예수께서 죽기 전 날(목요일 저녁) 제자들이 그들의 "선생"과 유월절 저녁 식사를 같이 했다고 진술하고 있다(마 26:17; 막 14:12; 눅 22:15). 그러나 요한복음서 가운데 많은 구절들이, 같은 것이었다고 보는 것에 의문을 던지게 한다. 이 구절들은 유대인들이 그들의 유월절 식사를 금요일 저녁(예수가 죽으신 후)까지도 갖지 아니했음을 암시해 준다. 이러한 구절들 가운데 몇몇을 간단히 살펴보기로 하자.

요한복음 18:28은 아침 일찍 예수를 로마 통치자의 관정으로 데리고 간 유대인들이 "유월절 (잔치)를 먹고자"해서, 제의적으로 자신들을 더럽히는 것이 될 이방인의 거주지로 들어가는 것을 주저했음을 보여주고 있다. 그러나 "유월절을 먹고자 하여"라는 구절을 "유월절 만찬"에 관한 언급으로 이해할 필요는 없다. 그것은 일주일 동안 계속된 일반적인 유월절 잔치를 뜻할 수 있다.[9]

또한, 요한복음 19:14은 예수께서 십자가에 못박히시던 날(금요일)을 "유월절의 예비일," *en de paraskeue tou pascha*와 일치시키고 있는데, 이것도 공관복음서 전승과는 달리 유대인들이 자기 유월절을 지키지 않은 것처럼(즉, 양들을 아직 성전에서 잡지 않은 것으로) 말하고 있다. 그러나 "유월절의 예비일"은 "유월절 주간의 준비일"(NIV)로 이해할 수도 있을 것이다. 요한의 시대에는 "예비일"(Preparation)이 우리가 지금 금요일로 부르는 날을 지칭하는 용어였다(이러한 명칭은 금요일이 주마다 돌아오는 안식일을 준비하는 날이었기 때문에 붙여진 이름이다). 따라서 요한이 언급한 "유월절 예비일"은 이레동안의 축제 기간동안에 들어있던 금요일을 말하는 것이었을 것이다.[10] 더 나아가, 우리가 이러한 해석을 받아들인다면, 요한은 공관복음서 기자들과 상충되지도 않으며, 요한복음 13:2의 "저녁"에 대한 언급은 예수와 제자들과의 단순한 친교 식사가 아니라 바로 유월절 식사였을 것이다.

위와는 다른 해석이지만, 공관 복음서와 요한복음서의 일치성에 대한 연구 가운데, 유대인들이 시간을 다른 방식으로 계산했을 수 있다는 이론에 근거한 연구도 있다. 그래서 어떤 학자들은 두개의 달력을 사용했다고 하는, 즉 하나는 공관 복음서 기자들이 사용하고, 다른 하나는 요한이 사용했다는 가정에 근거해서 연대기적인 조화를 꾀하려고 한다. 그들은 예수께서 유대인의 공식적인 유월절 바로 전 날 제자들과 함께 유월절을 지키셨다고 한다.[11] 만일 유대인들이 그들의 유월절 식사를, 우리가 요한복음서를 얼핏 읽을 때 생각하는 것처럼 금요일 저녁에 한 것이 사실이라고 한다면, 그리고 최후의 만찬이 전 날 저녁에 이루어졌다면, 그것은 바룩 복서(Baruch Bokser)가 지적한대로, "요한은 예수를 유월절 제물"로 제시하고 있는 것이다. 왜냐하면 예수는 유월절 양이 성전에서 잡혀지는 시간에 죽임을 당하셨기 때문이다.[12] 마지막으로, 시간의 순서와 관련해서 우리는 이러한 설명들이, 가능성이 없는 것은 아니지만 요한복음서와 공관 복음서의 설명들을 조화시키기에는 충분하지 못하다는 사실을 지적해야 할 것이다.

최후 만찬의 정확한 시간을 우리가 어떻게 생각하든지 간에, 예수께서는 주님의 만찬을 유월절 식사 후에 마시는 세번째 포도주 잔과 연관시켜 제정하셨음은 분명한 것같다(참조, 고전 11:25). 그것은 "구원의 잔"으로 알려져 있는데, 랍비 전승은 이를 출 6:6-7의 4중의 구원 약속 중 세번째 즉, "나는 너희를 구속하리라"와 연결시켜왔다. 예수께서는 이 잔을 그의 구속적인 죽음과 연결시켰다: "이 잔은 내 피로 세우는 새 언약이니 곧 너희를 위하여 붓는 것이라"(눅 22:20. 참조, 고전 11:25). 그러나 예수는 하나님께서 자기 백성들을 그와 함께 있게 하기 위하여 취하실 것이라는 약속에 근거한 "완성의 잔"이라고 불리우는(참조, 출 6:7)[13] 네 번째 잔 마시기를 거절하셨다(막 14:25. 참조, 미쉬나 Pesahim 10:7).[14] 예수의 다 마치지 못한 식사는 구원이 미래의 메시아 축제 때 그가 잔을 들어 "하나님 나라에서 새 것으로 마시는" 날 완성될 것을 보증하는 것이었다(막 14:25. 참조, 마 26:29; 계 3:20; 19:6-9). 주님의 만찬은 찬송으로 끝을 맺었다(마 26:30; 막 14:26). 그 찬송은 의심의 여지없이 할렐의 후반부(시 115-118)였을 것이다.

자신의 죽음을 희생 제물로 여기시면서, 예수께서는 자신을 유월절 양에 비교하셨다(참조, 계 5:12, "죽임을 당하신 어린 양"). 세례 요한도 그를 "하나님의 어린 양"으로 불렀다(요 1:29, 36). 바울도 같은 상징을 사용하고 있다: "우리의 유월절 양, 곧 그리스도께서 희생이 되셨느니라"(고전 5:7). 베드로는 하나님의 자녀들을 "흠 없고 점 없는 그리스도의 보배로운 피로" 구속받은 자들로 묘사하고 있다(벧전 1:19). 피로 구속받은 이 공동체는 또한 "누룩없는 새 덩어리"로도 묘사된다(고전 5:7). "그 뼈가 하나도 꺾이우지 아니하리라"(요 19:36)는 예수의 죽음에 대한 예언의 중요성은 유월절 양의 뼈를 꺾지 못하도록 규정한 구약성서 구절들로부터 분명해진다(출 12:46; 민 9:12. 참조, 시 34:20).

5. 오늘날의 유월절

오늘날에는 세겜(현재의 Nablus)에서 가까운 곳에 있는 수백개의 작은 공동체들만이 아직도 해마다 유월절 양의 피의 희생 제사를 준수하고 있다. 오로지 모세의 율법(성서의 다른 부분은 제외하고)에 대해서만 변함없는 위임을 보이고 있는 그들은, 대제사장의 지도 아래 그리심산이라고 부르는 "정한 장소"(참조, 신 16:2, 6-7)의 비탈에 전체 사마리아 공동체가 모여서 축제 기간동안 함께 지낸다.[15]

그러나 유대 공동체는 로마가 시온 산과 성전을 파괴한 이래로 제사를 드리지 않았다. 그러나 이 파괴는 유대인의 종교적인 삶의 마지막을 찍는 표지는 아니었다. 랍비들은 각 사람이 자신을 성전으로 생각하도록 가르쳤다. 짐승을 제물로 바치는 대신 입술의 제사 즉, 기도를 바쳤다. *Tephillah*("기도"), *tzedaqah*("의"-구제의 의미에서), *teshubah*("회개")는 구원을 위한 새로운 방법이 되었다.

(1) 가정의 세데르(*Seder*)

유월절이 성전 중심의 희생 제의가 될 수 없게 되었을 때, 유월절 의식은 다시 가정 중심으로 행해지게 되었다. 이스라엘을 노예에서 해방시키신 하나님을 각 가족 단위의 찬양과 축하를 통해 "구원자"로서 기억하였다. 오늘날 제의적인 유월절 식사(세데르라고 불리운다)에는 정강이 뼈와 익힌 달걀을 성전 시대를 회상하기 위하여 세데르 상에 올린다. 이것들은 성전이 있었을 때 유대인들이 가져왔던 제물과 익힌 유월절 제물을 상징한다.

오늘날의 유월절 세데르는 학가다(*Haggadah*)라 불리우는, 글로 씌어진 설명서를 사용한다. 많은 유대인 공동체들이 전통적으로 유월절 전야에 가정에서 가족 세데르를 갖는다. 그리고 다음날 밤은 회당에서 공동체 세데르를 갖는다. 세데르 상(床)에는 "엘리야의 잔"이 올라오는데, 이 잔은 붓기만 하고 마시지는 않는다. 성서적인 전승에 의해, 하늘로 불병거를 타고 올라간 엘리야는(왕하 2:11-12) 오실 메시아의 선도자 또는 사자로서 다시 돌아올 것으로 기대되었다(말 4:5). 그래서 유대인들의 믿음 가운데서, 메시아에 대한 희망은 다른 어떤 때보다도 유월절 기간 동안에 더 강하게 불타올랐다. 왜냐하면 유월절은 "구원의 시즌"(season)이기 때문이다. 미드라쉬 랍바(Midrash Rabbah, 오경에 대한 하가드적인 미드라쉬[즉, 영감을 주고 권면하기 위해서 쓰여진 해석학적인 주석들]의 가장 중요한 모음집)에 의하면, 이스라엘의 역사에 있어서 니산월은 구원의 달이다. "그분[하나님]이 야곱과 그 자녀들을 택하셨을 때, 그분은 그들을 위하여 구원의 '새 달' (New Moon, 즉 월[month])을 지정하셨다. 이스라엘은 그 달에 이집트에서 해방되었으며, 그들은 다시 구원받게 예정되어 있다"(출애굽기 랍바, Exodus Rabbah 15:11). 그러므로 "엘리야의 잔"은 기대 가운데서 그리고 신실하게 유대인의 가정에서 그 예언자가 유월절 밤에 방문할 때 그를 맞이하기 위해 채워져왔다.

세데르에서 정한 시간에 문으로 가서 문을 열어 그 예언자를 맞이하는 관습이 생겼다. 그러나 이 행위는 여러가지로 해석되어 왔다. 어떤 사람들은 열린 문은 중세 시대로부터 유래되었다고 한다: 중세 시대에 사람들은 유대인들이 *matzot*(무교병)를 만들기 위한 피를 얻기 위해 기독교인 어린이들을 잡아간다고 주장했다. 이는 "피의 중상모독"(blood libel)으로 잘 알려져 있다. 문을 열어놓은 것은 주변의 이방인들이 유대인 가정 안에서 비밀리에 종교적 고문이 행해지고 있다고 하는 의심을 갖지 못하도록 하기 위함이었다는 것이다. 그러나 문을 열어놓는 관습은, 가장이 거리로 나가 가난하고 배고픈 사람들을 초청하여 함께 식사를 하는 훨씬 오래 전의 관습에서 생긴 것으로 보인다.

(2) 회당의 의식

유월절에 회당에서 행하는 의식은 여러가지 특별한 강조점들을 포함하고 있다. 유월절 첫날, 이슬을 위한 기도가 암송된다. 이는 우기가 끝나고 건조기가 가까이 다가옴을 상기시켜 준다. 유월절 둘째 밤은 "오메르 (Omer, 문자적인 의미는 [보리의] 묶음)의 계수"를 시작한다. 이 일곱 주간은 우리가 흔히 오순절(五筍節)이라 부르는 샤부옷, *Shabuot*('주[週]'의 복수형태인 weeks) 때에 그 절정에 이르게 된다(이 날은 유월절 둘째날 밤부터 시작해서 오십일째 되는 날이다 - 역자주).

또한 유월절 축제 기간 동안에는 아가서를 읽는다. 이 책은 유월절 시즌인 봄의 아름다움을 암시하기 때문에(아 2:11-13) 랍비들은 그것을 자기 백성에 대한 하나님의 사랑의 그림으로 해석했다. 유월절 기간이 끝나갈 때

쯤해서 회당에서 읽는 토라는 홍해로부터의 극적인 구원을 노래하는 승리의 찬가인 모세의 노래이다(출 15:1-18).

(3) 미래의 구원에 대한 희망

자유의 축제로서 유월절을 다루면서, 현대의 유대인들은 단순히 과거의 구원사건에만 초점을 모으지 않는다. 많은 현대의 세데르들은 러시아에서 노예가 되었던 유대인들과 세계 곳곳에서 압제를 받았던 사람들을 기억하기 위하여 다섯번째 포도주 잔을 포함시키고 있다. 세데르는 "*Addir Hu*"("그분[하나님]은 전능자이시다")라는 노래를 부름으로써 현재를 넘어서 미래를 내다본다. "*Addir Hu*"는 성전 재건에 대한 부름으로 끝난다: "오, 하나님이시여, 이 시대에 속히 속히 어서 빨리 재건하소서. 오, 하나님이시여, 재건하소서. 당신의 성전을 곧 재건하소서."

하나님의 구원의 역사가 더 완전히 실현되어지기를 바람으로써 유대인들의 세데르가 미래를 내다보는 것처럼, 기독교인들은 주님의 만찬을 반복함을 통해서 구원이 완성되어질 날이 다가오고 있음을 끊임없이 상기해야 한다 (고전 11:26). 마지막으로, 모든 세데르는 희망의 말로 끝을 맺는다. 즉 이 제의는 향수에 어린 다음과 같은 기도로 끝을 맺는다: "*Leshanah ha-ba'ah birushalayim!*"-"내년에는 예루살렘에서!" 그래서 유대인이나 기독교인 모두 예루살렘은 구원의 이야기가 되풀이될 때마다 가장 중요한 곳으로 남아 있다. 모든 유대인들이 유월절에, 구원의 마지막 날을 기대하면서 끊임없이 바라보는 곳은 예루살렘이다. 모든 기독교인들도 주님의 재림에 대한 기대 가운데서 예수의 죽음과 부활, 승천을 응시하면서 뒤돌아 보는 곳도 바로 이 예루살렘이다.

6. 유월절과 현대 기독교

이 장에서 우리는 가장 오래되고 가장 중요한 유대교 유산에 빛을 비추어 보려고 노력하였다. 공관 복음서들은 분명하게 유월절이, 예수와 열 두 제자들의 최후 만찬의 배경을 이루고 있음을 강조하고 있다. 우리는 신약성서의 기반을 이루고 있는 구약의 중요성 뿐만 아니라 미쉬나(Mishnah), 탈무드(Talmud), 미드라쉬(Midrash), 그리고 요세푸스의 저작들이 1세기 기독교의 *Sitz im Leben*(문화적 상황 또는 역사적 배경)의 중요한 특성들을 밝히는 데 얼마나 유용한 자료인가 하는 것을 강조해왔다. 적어도 우리의 논의는 기독교인들에게 그들이 기독교 신앙의 유대적 뿌리를 찾는 데 있어서 유용한 언어적, 역사적, 신학적 자료들로부터 어떻게 유익을 얻을 수 있는가 하는 것에 대하여 —간략하긴 했지만— 유용한 패러다임(paradigm)을 제공하는 데 그 의도가 있었다. 우리는 또한 오늘날 유대 공동체들이 어떻게 유월절을 지키는지도 살펴보았다. 이제 우리는 오늘날의 기독교와 연관이 있는 여러가지 실제적인 관찰들을 함으로써 특별히 이 마지막 분야에 우리의 촛점을 모으려 한다.

먼저, 기독교인들이 자신들의 믿음을 보다 충분하게 이해하기 위해서는 개인적으로 현대의 유대적 배경에서 유월절을 경험하도록 노력해야 한다. 우리는 책이나 영화, 강의를 통해서도 많은 것을 배울 수 있지만, 개인적으로 유월절을 경험함을 통해서 다르게 배울 수 있을 것이다. 유대인들은 그들이 유월절에 "역사를 먹는다"고 말한다. 그러므로 유대 가정이나 회당에서 세데르에 참여하거나 종파를 초월한 세데르나 또는 유대 공동체에 속한 학식있는 사람이 인도하는 모델 세데르에 참여한다면 잊지 못할 창조적인 배움의 경험을 얻게 될 것이다. 세데르를 통해 우리는 상(床)에 있는 다양한 상징적인 음식들과 관련해서 출애굽 이야기를 극적으로 다시 설명해주는 학가다, *Haggadah*에 익숙하게 될 것이다. 출애굽기를 단순히 개인적으로 읽는 것은 사실 다양한 감각들—시각, 청각, 미각, 그리고 후각을 동원하여 이 극적인 축제에 참여하는 것과 비교할 때, 너무 약한 것처럼 보인다. 더욱이 세데르에 참여할 때, 우리는 노예로부터의 해방의 기쁨과 역사 속에서의 하나님의 은혜를 적절하게 기리는 다양한 노래들과 친숙하게 될 것이다.

둘째로, 유월절에 대한 진지한 연구는 기독교인들에게 성서의 주요한 신학적 주제 가운데 하나인 구원의 배경에 대하여 더욱 많은 것을 가르쳐 줄 것이다. 유대인에게 있어서 출애굽 사건과 시내산에서의 계시는 기독교인들에게 갈보리의 십자가와 같다. 즉 최대의 구원의 사건이며, 구원사의 거룩한 기둥들이다. 그러나 불행하게도 많은 기독교인들은 구원의 개념을, 풍부하고 외적이고 이 세상적인 구약의 컨텍스트와는 전혀 관계없이, 오로지 내적인 또는 영적인 관점에서만 보려는 경향이 있다. 따라서 유월절을 해마다 지킴으로써 오늘날의 유대인 공동체는 교회에, 하나님께서 구체적이고 역사적인 세계 속에서 그의 구원 계획을 이루어가고 계심을 적절하게 상기시켜 주고 있다. 제10장에서 논의했듯이 히브리 성서는 구원을 기본적으로, 보이지 않는 하늘 세계에로의 어떤 미래적인 탈출로서가 아니라 이 세상에서의 인간의 곤경에 하나님이 개입하셔서 해방시켜주시는 것으로 그리고 있다.

셋째로, 유월절 기간 중에 여러가지 제의적인 강조들을 통하여 회당은 교회에 교회의 성서적인 유산 가운데 잘 알려지지 않은 면들을 효율적으로 상기시켜준다. 기독교인 가운데 '할렐'(시 113-118)에 익숙한 사람들이 얼마나 되겠는가? 그러나 이 시편들은 의심의 여지없이 예수께서 그의 제자들과 함께 다락방에서 부른 찬송의 핵심을 이루고 있다. 더욱이, 오늘날의 교회는 얼마나 자주 아가서를 강해하고 있는가? 인간의 사랑과 해부학에 대한 뚜렷한 강조로 인해, 교회의 많은 사람들이 당황해하거나, 또는 그것을 부적절하거나 심지어는 웃기는 소리로 생각하기도 한다. 그러나 이 영감에 찬 -비록 널리 무시되어오긴 했지만- 성서 작품은 봄날의 사랑에 대한 뛰어난 언급으로 인해 유월절 축제 기간 동안 회당 제의에서 중심을 차지하고 있다.

마지막으로, 유월절에 대한 연구를 통해 현대의 기독교인들은 최후 만찬의 히브리적 배경과 연관해서 즐거움이 넘치는 축제의 중요성을 인식하게 된다. 오늘날 유대 공동체에서 행하는 유월절 세데르에 한번 참여해 본 기독교인들은 자주 세데르에 재차 참여한다. 이들은 그 저녁의 분위기가 주로 가벼운 마음과 기쁨의 분위기이며, 더 할 수 없이 귀중한 자유에 대하여 하나님 앞에 감사를 드리며 출애굽의 개인적인 그리고 집단적인 구원을 기념하는 것에 대하여 놀라와 한다. 기독교인들이 유월절을 무겁고 칙칙하며 매우 근엄스러운 그리고 영적인 자기반성의 시간일 것이라고 예상하는 것은 이상한 일이 아니다. 또 어떤 사람들은 잘못 연관을 지어서 유월절의 분위기가 죽은 사람을 기념하는 예배 분위기일 것이라고 생각한다. 이런 종류의 선입견은 대개가 의식적이든 무의식적이든 유월절 세데르를 최후의 만찬에 대한 개인적인 교회 경험과 연관해서 생각하는 데서 생긴 것이다.

예수의 죽음이나 구속의 가치를 저하시키거나 주님의 만찬에 참여함에 있어서의 자기-성찰의 중요성을(고전 11:28-29) 평가절하 하려는 것이 우리의 의도는 아니다. 그럼에도 불구하고 구원의 빛에서 삶을 기념하고 기뽐의 찬양을 하는 것은—이는 성서 시대로부터 지금까지 유월절 축제의 한 부분을 이루어 왔다—교회가 죽음에 대해서만 초점을 모음으로 인하여 흔히 상실되어 왔다. 예수의 구속적인 죽음이 기독교 사상에서 중심을 차지하고 있기는 하지만, 만일 그것이 부활을 통한 즐거운 삶의 경험으로 직접 인도되지 않으면, 그것의 중요성은 사라지고 말 것이다. 요한 계시록의 서두 부분에 있는 송영(頌詠)이 강조하고 있는 것이 바로 이것이 아닌가? "우리를 사랑하사 그의 피로 우리 죄에서 우리를 해방하신 그에게 영광과 능력이…" (계 1:5-6. 참조, 엡 1:7). 이스라엘 사람들은 그들의 '해방자'가 그들을 이집트의 노예로부터 자유케 하심을 통해 기적적으로 구속하셨기에 유월절에 기뻐하였다. 그러나 그들은 또한 모든 남아 있는 바로들과 이 현세를 지배하고 있는 악으로부터 구원하실 때 완성되어질 하나님의 최종적인 구원을 기대하면서 기뻐하였다(참조, 사 65:17-18; 미 4:1-5).

의심의 여지없이 예수께서는, 다락방에서 네번째 잔 마시기를 거절하셨을 때 이 구원의 클라이막스를 염두에 두셨다(이 장의 앞부분에서 토의한 바대로). 유월절 식사 때 예수는 죽음 너머의, 완성된 하나님의 나라의 완전한 친교를 내다 보셨다."[16] 가르침을 위한 예수의 히브리적인 비유들은 아마도 부분적으로는 이사야의 "작은 묵시록"(24-27장)으로부터 유래한다. 여기에서(특별히 25:6-9) 예언자는 하나님 나라의 완성을, 하나님께서 모든 백성을 위하여 마련하신 "골수가 가득한 기름진 것과 오래 저장하였던 맑은 포도주"(25:6)가 나오는 큰 잔치로 비유하고 있다. 그러나 또한 여호와께서 "사망을 영원히 멸하실… 모든 얼굴에서 눈물을 씻기실"(25:8) 때를 그리고 있다. 성서적인 용어로, 이것은 하나님의 마지막 구원의 행동이며, "내가 피를 볼 때에 너희를 넘어 가리니"(출 12:13)라는 옛 약속의 궁극적인 성취이다.

제12장의 이해를 위한 연구과제

1. 출애굽과 시내산이 유대인들에게, 그리고 다락방과 갈보리가 기독교인들에게 생각나게 하는 중요한 신학적 주제들은 무엇인가? 유대인이 유월절을 지키는 이유는 무엇이며, 기독교인들이 주님의 만찬(성만찬)을 지키는 이유는 무엇인가?

2. 히브리 성서에서는 Passover라는 용어가 여러 의미로 사용되고 있는데, 이에 대하여 설명하라.

3. 유월절은 본래 별개의 두 봄철 축제가 합쳐진 것으로 보인다. 그것들은 무엇인가? 이 축제들은 각각 언제 시작되었는가? 신약성서 시대와 요세푸스 시대가 끝날 무렵(1세기 후반) 이 축제들의 명칭과 관련해서 어떤 변화가 일어났는가?

4. 출애굽기 12:1 – 13:16에 나오는 유월절에 대한 설명으로부터 다음의 중요성을 정의하거나 설명할 수 있도록 하라.
   1) 보름달(만월)
   2) 아빕월 또는 니산월
   3) 어떤 짐승을 어떻게 골랐는가?
   4) 우슬초
   5) *merorim*
   6) *matzot*
   7) 할례

5. *Haggadah*라는 용어의 의미는 무엇인가? 출애굽기로부터 이 용어가 한 가정의 아버지와 어떤 관련을 갖고 있는가를 설명하라. 유월절 축제와 관련해서 오늘날 이 용어는 어떤 새로운 의미를 가지고 있는가?

6. 모세의 율법은 왜 유월절이 끝난 한 달 후에 다시 "작은 유월절"을 지키도록 했는가?

7. 역대기 사가는 유다의 위대한 두 왕의 통치 기간동안에도 계속되었던, 예루살렘 성전에서 지켰던 두개의 큰 유월절 축제들에 대해 기록하고 있다. 이 두 왕은 누구인가?

8. 외경 목록 가운데 맨 처음 나오는 책은 무엇인가? 그 책의 첫 장의 주제는 무엇인가? 유월절과 관련해서 포도주를 마시는 관습에 대해 처음으로 언급한 고대의 문헌은 무엇이며, 이 자료는 언제 쓰였는가?

9. 신약성서 시대의 유월절에 대한 우리의 이해는 대체적으로 세개의 자료에 의존하고 있다. 그것이 무엇인가?

10. 성전이 A.D. 70년에 무너졌을 때, 유월절은 중앙 성소에서의 순례 축제의 성격을 잃게 되었다. 그 후로 유월절은 어디를 중심으로 지켜졌는가?

11. 예수님 당시에 유월절에 참석하려고 예루살렘에 올라온 순례자들은 숙박비를 무엇으로 대신 지불했는가?

12. 순례자들이 제물로 드릴 짐승을 선택함에 있어서 그 짐승의 크기에 관심을

가졌는데, 그 이유는 무엇인가? 가족이나 그룹이 짐승의 고기를 먹기 위해 상에 둘러 앉을 때 지켜야 했던 규정은 무엇인가?

13. 성전에 올라온 순례자들의 편의를 위해서 몇 명의 제사장들이 일을 했는가?

14. 각 가정에서는 유월절 전야에 촛불을 밝히고 무엇을 찾았는가? 그것을 언제 찾았고 언제 집으로부터 치웠는가? 그것을 어떻게 없앴는가?

15. 예루살렘 성전에서 유월절 희생 제물은 유월절 전 날 정오부터 드려졌다. 이 예식이 시작될 때, 어떤 소리가 울려퍼졌는가? 양을 잡는 일은 누가 했는가? 금대야와 은대야는 무엇을 위해 사용되었는가? 레위인들이 부른 할렐, *Hallel*은 성서의 어떤 부분인가? 양의 어떤 부분을 희생 제물로 태워 바쳤는가? 이런 예식이 끝난 다음 사람들은 성전을 떠나서 무엇을 했는가? 어디에서 어떻게 양고기를 구웠는가?

16. *Seder*(세데르)는 무엇을 의미하는가? 왜 의식에 참여한 사람들이 조금 기댄 자세로 음식을 먹었는가? 세데르에서 각 사람은 자신을 어떠한 사람으로 여겼는가? 누가 다음과 같은 제의적인 질문을 할 의무가 있었는가: "오늘 밤이 다른 밤들과 다른 점은 무엇입니까?" 그리고 누가 대답을 했는가?

17. 최후 만찬은 유월절 식사였는가? 공관 복음서는 이에 대해 어떻게 말하고 있는가? 이 점에 있어서 요한 복음서가 공관 복음서들과 어떻게 다른 것처럼 보이는가? 시간적인 문제를 해결할 수 있는 가능한 방법 두가지를 간략하게 설명해 보라.

18. 예수께서는 어떤 포도주 잔으로 성만찬(주님의 만찬)을 제정하신 것처럼 보이는가? 이 특별한 포도주 잔에 대하여 랍비 전승은 어떤 용어를 사용하고 있는가? 예수께서는 "완성의 잔"으로 식사를 끝내시기를 거절하셨다. 이는 예수님 편에서 무엇을 보증하기 위한 것이라고 볼 수 있는가?

19. 예수는 그의 초기 제자들에 의하여 유월절의 무엇과 비교되었는가?(요 1:29; 고전 5:7; 벧전 1:19을 보라). 히브리 성서는 유월절 양의 뼈에 대하여 무엇을 말하고 있는가? 초대교회는 예수의 죽음의 방식을, 양의 뼈에 대해 위의 구절들이 언급한 바와 연관해서 어떻게 이해했는가?(참조, 요 19:33, 36)

20. 유월절 양의 피의 희생 제사를 아직도 드리고 있는 유일한 사람들은 누구인가? 이 제의는 어디에서 행하는가? 이 사람들을 성서에서는 어떤 명칭으로 부르고 있는가?(이 장의 주를 보라)

21. *Massoretes*는 어떤 사람들이었으며, 그들이 완성한 것은 무엇이었는가?

MT는 무엇의 약자인가?(이 장의 주를 보라)

22. 예루살렘 성전이 무너진 뒤 랍비들은 구원을 위해서 해야 할 세가지를 가르쳤다. 이와 대조해서, 교회는 역사적으로 구원의 개념과 그 세가지 행위들을 어떻게 이해해왔는가?

23. 현대의 제의적인 유월절 식사에서 무엇이 유월절 양의 고기와, 성전이 있었을 때 바쳤던 제물을 상징하고 있는가?

24. "엘리야의 잔"의 중요성에 대하여 설명하라. 어떤 성서적인 전승이 엘리야와 관계되어 있는가? 유대 전승에서 어떤 달이 "구원의 달"로 알려져 있는가? 세데르 중에 문을 열어놓는 이유는 무엇인가?

25. 중세 시대에 기독교인들이 유대인들에 대하여 행한 "피의 중상 모독"은 무엇인가?

26. 유월절 첫날 회당에서는 어떤 특별한 기도가 의식 가운데 행해졌는가? 이 기도가 이스라엘 국토 안에서 드려질 때 특별한 실존적인 의미를 가졌는가?

27. 유월절 축제 기간 동안 회당에서 히브리 성서 중에 봄의 아름다움을 노래하는 책이 읽혀졌는데, 그것은 무엇인가?

28. 오늘날 세데르에서 다섯번째 잔을 포함시키는 이유는 무엇인지 설명하라.

29. 모든 세데르는 향수어린, 기억에 남을만한 기도로 끝을 맺는다. 이 희망의 기도는 무엇인가?

30. *Sitz im Leben*을 정의하라. 최후 만찬의 *Sitz im Leben*을 어떻게 찾을 수 있는가?

31. 유대인들은 어떤 일을 통해 "역사를 먹는다"고 말하는가? 어떤 의미에서 이 말이 주님의 만찬을 기념함에 있어서 오늘날의 교회를 정확하게 묘사하는가?

32. 유대 공동체 안에서 행하는 세데르에 참석해본 기독교인들이 놀라워하면서 또 거듭 참석하고자 하는 이유를 말하라. 그것은 "문화적/종교적인 차이(gap)" 때문인가, 아니면 구원에 대한 풍부하고도 기쁨에 넘치는 히브리적 유산에 대한 교회의 잘못된 이해에서 비롯된 것인가? 논하라.

33. 히브리 예언자들이 하나님의 궁극적인 구원의 모습들을 어떻게 보았는지 요약하라(사 25:6-9; 65:17-18; 미 4:1-5을 보라).

제 13 장
유대인, 기독교인, 그리고 땅

"내가 너와 네 자손에게 너의 우거하는 이 땅 곧 가나안 일경으로 주어 영원한 기업이 되게 하리라"(창 17:8)

거의 4천년 전 하나님은 아브라함에게 "너는 일어나 그 땅을 종과 횡으로 행하여 보라 내가 그것을 네게 주리라"고 말씀하셨다(창 13:17). 그러나 이 약속의 의미는 오늘날 신학자들과 역사가들, 그리고 정치가들에 의해 논쟁이 되고 있다. 유대인과 기독교인 모두 시온주의 -유대 민족의 "시온"에로의 민족 해방 운동- 가 히브리 성서에 깊은 뿌리를 두고 있다는 사실을 뒷받침하기 위하여 자주 이 구절과 또 그와 비슷한, 다른 족장들의 이야기 가운데 나오는 구절들을 인용한다. 확실히 교회의 유대적 유산에 대한 어떤 논의도 유대인과 -교회도 마찬가지다- 그들의 땅의 관계에 대한 물음을 피할 수가 없다. 왜냐하면 사실, 유대교 신학의 주요한 증거들은 "땅을 유대교의 본질로서" 보고 있기 때문이다.[1)]

유대 민족의 역사적인 본토(homeland)에 대하여 어떤 용어를 사용해야 하는가에 대한 중대한 논의가 계속되어 왔다. "약속의 땅"(참조, 창 12:1), "성지"(참조, 슥 2:12), "이스라엘 땅"(삼상 13:19)과 같은 용어들은 성서 시대 동안에는 성서적인 근거를 가지고 있었다. 하지만 사실상 오늘날 유대인들이 그들의 뿌리를 두고 있는 그 영토에 대하여, 현재 중동의 민족적인 분쟁을 고려할 때, 정치적으로 중립적인 용어를 찾는다는 것은 불가능한 일이다. 오늘날, 중동에 거주하고 있는 많은 사람들에게 "팔레스타인"과 "이스라엘"이라는 단어들은 결코 동의어가 아니며, 상당히 다른 정치적인 언외의 뜻을 갖고 있다. 그럼에도 불구하고 이 장에서 우리가 다루게 될 논의를 위한 평가 기준을 설정하기 위하여, 그리고 우리가 이 책에서 지금까지 지지해 온 전체적인 입장을 지키기 위하여, 우리는 유대인들이 되돌아온 현재의 고국을 지칭함에 있어서 주로 역사적인 단어인 "이스라엘" 또는 "시온"(시온은 이스라엘 역사 초기에 예루살렘을 지칭했던 용어이다)을 사용할 것이다. 하나의 유비를 사용하자면, 어떤 미국인이 자기는 미국 시민이라고 말할 때, 그는 미국의 정치적이며 군사적인 이론이나 실행에 대해 전적인 동의를 반드시 표시할 필요는 없는 것이다. 그럼에도 불구하고 그는 미국이 존재하기 위한 기본적인 권리를 인정할 뿐만 아니라 국가의 존립을 위한 지원을 지지하기를 주저하지 않을 것임은 우리가 예측할 수 있는 일이다. 그러므로 우리도 어느 정도 그러한 맥락에서 이스라엘과 시온이라는 단어를 사용해도 된다고 본다.

현재 중동에서의 민족 분쟁은 우리로 하여금 곧장 다음과 같은 본질적인 질문에 직면하게 한다: 유대인은 어떤 역사적인 근거로 그 땅을 주장하고 있는가? 성서는 민족으로서의 이스라엘의 미래를 지지해주는 어떤 증거를 보여주고 있는가? 기독교인들이 이스라엘 국가를 이해 함에 있어서 성서 본문들은 어떤 역할을 해야 하는가? 기독교인들이 오늘날 유대인의 이스라엘 영토주장에 대하여 지지해야 하는가? 아랍과 유대인 사이의 평화에 대한 전망은 어떠한가? 그 분쟁에 있어서 기독교인의 책임은 무엇인가? 유대인, 기독교인, 그리고 땅에 관한 이러한 문제들에 대해 어떤 빛을 비추어보려고 하는 것이 이 장의 목적이다.

1. 유대인과 땅: 개요

(1) 선택과 보존

하나님의 계획의 신비 가운데서 하나님은 히브리 족장 아브라함을 선택하셨다. 그의 선택과 땅의 선택은 같이 이루어졌다.[2] 그러나 이 땅에서의 하나님의 구원 행동의 도구로 택함받은 것은, 우월성이나 타고난 재능, 또는 영적인 엘리트주의를 포함하지 않으며 거기에 바탕을 두고 있지도 않다. 오히려 아브라함을 중심한 선택의 개념은 순전한 은혜의 문제였다. 그것은 하나님의 헤세드, hesed(충성적인 사랑)에 대한 인간의 hesed였다. 이 선택과 함께, 아브라함 족장의 후손들에게 그랬던 것처럼, 봉사와 행동, 그리고 책임이 그들에게 부여되었다. 아브라함은 성취해야 할 사명을 가지고 있었다. 그와 그의 후손들에게 주어진 언약의 약속들은 "땅의 모든 족속에게" "복"이 되도록 하기 위해 주어진 것들이다(창 12:2-3).

이스라엘의 역사를 통하여 -그들의 죄와 반역에도 불구하고- 하나님은 택하신 백성을 결코 버리지 않으셨다. 그러나 성서 시대로부터 지금까지 이스라엘의 선택 개념을 무시하려는 사람들이 있었다. 그들 중의 많은 이들은 구약성서를 근본적으로, 기독교 이전의 문서로서 구약성서 당시에는 유효했으나 이제는 더이상 소용이 없는 것으로 이해하였다. 그러나 성서는 분명히 말한다: 모든 세대의 이스라엘 백성의 보존은 이스라엘 자신의 의로움보다 하나님의 신실하심과 은혜, 그리고 역사에 있어서의 궁극적인 목적을 반영해주고 있다(신 9:5-6). 광야에서 방황하는 동안(민 14장) 하나님은 이스라엘의 반항에 몹시 노하셔서 언약을 무효화하실 생각을 하셨다. 자기 백성을 버리고 모세 한 사람과 새로 시작할 생각을 하셨다(12절).[3] 그럼에도 불구하고, 하나님께서는 열국 가운데서 자신의 평판과 명예를 손상시키지 않기 위하여 그들을 버리지 아니하셨음을 본문은 말해주고 있다. 그래서 이스라엘의 불신과 잘못에도 불구하고 자신의 말을 지키시고 자기 백성에게 하신 언약의 약속들에 신실하셨다(15-16절). 성서가 우리에게 확신시켜주고 있는 바대로, 영원히 참으시는 위대한 사랑을 통하여(참조, 시 138:8) 자기 백성들을 용서하셨고(17-20절), 그들은 여행을 계속할 수 있었다. 이 이야기를 통해서 우리가 기억해야 할 중요한 점은 하나님이 이스라엘을 보존하신 것은 인간의 어떤 공적 때문이 아니라 그분의 명예와 세상에서의 목적 때문이었다는 것이다.

우리는 이러한 신적인 선택의 개념 때문에 유대인이 얼마나 큰 댓가를 지불했는가를 알고 있다. 그것은 오해와 증오를 낳았으며, 성서적인 이스라엘의 후손들을 대적하는 데 사용되었다.[4] 전 세계의 많은 사람들은 이러한 복에 대해 알지 못했으며, 유대인을 대적하게 되었으며, 그들을 단지 문제거리, 위협 -사실, 어떤 사람들에게는 그들이 위협이 되었다- 그리고 하나님에 의해 저주받은 백성으로 여겼다. 그러므로 유대인은 전 세계에서 영원한 방랑자로, 불청객으로, 갈 곳 없는 천민으로 취급당했다. 반 셈족주의의 불행한 이야기는 십자군 전쟁, 종교 재판소, 논쟁들, 유대인 학살, 그리고 나찌의 유대인 대학살(Holocaust)과 더불어 이러한 사실을 냉혹하게 증거해 주고 있다(제 7장을 참조하라).

금세기에, 특별히 2차 세계 대전 이후, 많은 사람들이 성지에 유대인들의 나라를 세우는 것의 합법성에 대하여 의문을 제기하거나 강력하게 반대해 왔다. 그러나 현대의 유대인 정부에 적대적인 사람들의 거의 대부분이 자신들은 반 셈족주의와 아무런 연관도 없다고 주장한다. 역설적으로 보일지 모르겠지만, 때로는 유대교 공동체 안의 종교적 우익 편에서 이런 주장을 하기도 한다. 그러나 이스라엘의 존재를 위한 도덕적 권리에 대해서 가장 넓고 가장 목청 높은 그리고 계속적인 도전은 당연히 아랍 국가들로부터, 그들 중에서도 특별히 팔레스타인 해방 기구(PLO)로부터 있었다. 이라크의 전 대통령 압둘 모하메드 아라프(Abdul Mohammed Araf)는 이러한 적대적인 입장을 잘 보여주는 인물이다 : "이스라엘의 존재는 수정되어야만 하는 잘못이다… 우리의 목적은 분명하다. 이스라엘을 지도에서 지워버리는 것, 그것이다."[5]

비방자들과 비평가들에 대한 응답으로, 세계 각처의 유대인들은 현대 이스라엘 정부의 설립에 어떤 중추적인 날짜들을 지적한다. 1897년, 최초의 시온주의자 회의가 스위스 바젤에서 현대 시온주의자의 아버지로 알려진 오스트리아의 저널리스트 테오도르 헤르즐(Theodor Herzl)의 강력한 지도력 아래 열렸다. 그 전 해에, 헤르즐은 고국을 절대로 필요로했던 박해받고 공민권을 박탈당한 채 살아가고 있는 디아스포라 유대인들에 대한 관심에서 Der Judenstaat(유대인 정부)를 썼다. 1917년, 영국 정부는 "유대인을 위해 팔레스타인에 그들의 고국을 세우는 것"을 호의적으로 받아들이는 발포어 선언(Balfour Declaration)을 냈다. 1922년에 영국은 팔레스타인에 대한 통치를 위임받았다. 1947년 12월 29일, 유엔 총회는 팔레스타인을 두 정부로 나누어 한쪽은 유대인이, 다른 쪽은 다른 아랍인들이 각각 차지하도록 하는 '분할계획'(Partition Plan)을 받아들였다. 이 안건은 가결에 필요한 3분의 2가 넘는 지지로 통과되었다. 그 6개월 후인 1948년 5월 14일, 이스라엘 정부가 공식적으로 탄생하였던 것이다.

(2) 땅에 대한 성서적인 그리고 역사적인 관련성

제 2장에서 이미 강조했듯이, 유대교 안에서 berit(계약)의 개념은 네 개의 기본적 기둥들에 의존한다: 하나님, 토라, 백성, 그리고 땅. 이들은 서로 연관되어 있으며, 상호 의존적이다. 이스라엘의 계약이 오직 영적인 차원만 가지고 있다는 일반적인 생각과는 전혀 달리, 그것은 "지구와 삶, 그리고 땅"에 실제로 매여 있다.[6]

테나크(Tenakh, 구약성서)에서, 자기 백성에 대한 하나님의 계약적인 신실함은 그들의 안전과 유효성, 그리고 영구적인 존립을 보증한다(삼하 7:24; 렘 31:35-36). 그래서 이스라엘도 하나님의 "영원한 언약"을(창 17:19) 땅의 "영원한 소유"에 대한 보증으로 이해하였다(창 13:15; 15:18; 17:7-8). 땅의 약속과 관계된 많은 성서 구절들이 맹세의 형태로 되어 있으며, 하나님 자신이 그 약속을 하시는 것으로서 일인칭 동사가 사용되고 있다. 더 나아가, 히브리 성서는 이 약속한 땅을 특별한 지리적 영역으로, 실제적인 지구 상의 한 부분으로 묘사하고 있다(창 15:18-21; 민 34:2-12; 수 15:1-12; 겔 47:13-20 등).

땅의 지구물리학적인 이러한 성격은 특별히 기독교인들이 이해해야 할 중요한 점이다. 불행하게도 교회는 땅의 개념을 너무 영적으로만 해석해왔다. 그래서 이 땅의 가나안은 영원한 하늘나라의 가나안으로 증발되고 말았다. 스탠달(Krister Stendahl)은 이 문제에 있어서의 기독교인들의 불일치를 잘 지적하고 있다.[7] 한편으로 기독교인들은 흔히 땅의 문자적인, 물리적인, 이 세상적인 차원들을 받아들이면서 그것을 영적으로 해석해버리는 반면, 다른 한편으로는 몸을 입으신 "그 분"의 성육신과 인성을 대단히 강조한다고 스탠달은 지적한다.

히브리 성서는 하나님이 땅의 참 주인이라고 하는 사실을 반복해서 강조한다. 신명기의 25곳 이상에서(예를 들면, 1:20,25; 2:29) 땅이 하나님의 선물임을 강조하고 있다. 이스라엘은 단지, 그들의 "영주"(Suzerain)에게 속한 땅을 "소유"하거나 "물려받았을" 뿐이다.

그러나 때가 이르매 이스라엘은 "그 땅에서 뽑혀" "열방 가운데로 흩어지게 되었다." 그 땅에 대한 이스라엘의 계속적인 소유는 순종에 달려 있었다. 모세와 예언자들은 이스라엘에게 언약의 하나님에 대한 불순종은 포로로 끌려가는 징벌의 결과를 가져올 것이라고 경고했다(신 28:63-68; 사 7:

17; 렘 13:19; 16:13; 25:11). 동시에 이스라엘은, 영원히 포로 신세가 되지는 않을 것이라는 점을 알고 있었다. 흩어져 핍박을 받을지라도 하나님은 "그 땅을 기억하실 것"이며(레 26:42) 그의 백성들을 데려와(신 30:4) 그들의 선조들에게 속했던 땅으로 인도하실 것이다(5절). 참으로 이스라엘의 미래는 "소망"이 있다(렘 31:17). 왜냐하면 "여호와께서 시온을 택하시고 자기 거처를 삼고자 하여 이르시기를 이는 나의 영원히 쉴 곳이라"(시 132:13-14)하셨기 때문이다. 그러므로 땅에 대한 언약은 무효화되거나 취소되지 않았다. 오히려, "디아스포라(Diaspora)에 의하여 중단되긴 했지만 영원히 버려진 것은 아니었다."[8] 포로기 동안 유대인들은 "이방에 있어서 어찌 여호와의 노래를 부를꼬?"하며 탄식하였다(시 137:4). 시온은 잊혀질 수가 없었다. 시온을 기억하는 것은 유대인들에게는 "제일 즐거운 일"이었다(5-6절). 따라서, 예언자들의 말은 계속해서 그들이 돌아가게 될 것이라는 것이었다.

그러나 70년간의 포로 생활이 끝나게 되었을 때는 정작 소수의 사람들만이 그 땅으로 돌아갔다. 더 나아가 그 후손들도 로마의 지배 아래 두번째로 그 땅에서 쫓겨나 전 세계로 흩어져야만 했다. 이 귀환은 예레미야와 아모스가 묘사한 것과는 달리, 영원한 것일 수가 없었다: "내가 그들을 심고 뽑지 아니하리라"(렘 24:6), "내가 저희를 그 본토에 심으리니 저희가 나의 준 땅에서 다시 뽑히지 아니하리라"(암 9:15). 또한 바벨론으로부터의 귀환은 이사야가 언급하고 있는 것과 같은(11:11-12. 참조, 슥 8:3-8) 그런 전세계적인 집합처럼 보이지는 않는다. 마찬가지로, 예언서들은 그 땅에로의 이스라엘의 귀환은 이스라엘과 전 세계에 영향을 미칠 큰 평화와 영적인 갱신의 때로 그리고 있지만(겔 36:24-28; 미 4:11-5) 그 포로후기의 이스라엘, "바로 그" 구원받은 나라는 그러나 페르시아와 그리이스, 로마의 지배를 받게 되지 않았는가!

히브리 예언자들의 희망과 꿈은 결코 완전히 이루어지지는 않았다. 하나님의 왕적인 통치의 승리, 이 언약 백성의 최종적인 지상적 구원은 미래로 미루어졌다. 따라서 테나크(Tenach)의 순서를 정한 사람들이 성서를 역대기하로 끝맺고 있음은, 그들이 순전히 역사적인 관심만 가지고 있었던 것이 아님을 보여주고 있는 것이 아닐까? 우리는 그렇다고 믿는다. 왜냐하면 히브리 성서는, 스룹바벨, 에스라, 또는 느헤미야 아래에서 완성하지 못했던 과업을 지적하는 예언적인 희망의 말씀으로 끝을 맺고 있기 때문이다(대하 36:23): "그[백성들]로 하여금 올라가게 하라"(ya'al). 그것은 *Aliyah*, 즉 이스라엘의 본토에로의 귀환 또는 "올라감"에 대한 소명이다.

성서 시대로부터 지금까지 유대인 공동체는 결코 이러한 희망을 잃지 않았다. *Ha-Tiqvah*(그 희망, The Hope) - 현 이스라엘의 국가(國歌) - 는 결연히 "우리의 희망, 2천년동안 간직해온 희망을 아직 잃지 않았다"고 확언하고 있다. 모든 유대인들이 다 한꺼번에 본토를 떠난 적은 한번도 없었지만,[9] 대부분의 유대인들이 세계 각지에 흩어져 살았다. 그러므로 랍비 문헌들은 *Eretz Yisra'el*(이스라엘 땅)에로 돌아가기를 염원하고 있음을 보여주고 있다. 어떤 신비스런 분위기와 매력이 이제 땅과 연관되어지고 있다. 예를 들면, 유대인은 자기 집 담의 한 구석을 색칠하지 않고 내버려두거나 또는 어떤 보석을 부분적으로 완성하지 않음으로써 시온을 기억하도록 가르침 받았다. 이스라엘 땅은 "배꼽" 또는 "세상의 중앙"으로 생각되었다(겔 38:12. 참조, 5:5). 그러므로 거기에 사는 것이 미츠바(*mitzvah*,계율)였다. 왜냐하면 그것은 하나님께로 더 가까이 나아가게 해주기 때문이다. 그 땅에 묻히는 것을 구원의 제단에 묻히는 것으로 생각했다. 그들은 자기네 나라에서 나는 과일이 다른 어떤 나라에서 나는 것보다 더 맛있다고 생각했다. 그 땅의 공기조차 그들을 지혜롭게 만든다고 생각했다. 보다 높은 도덕적 기준이 그곳에 존재한다고 믿었다. 더 나아가, 미쉬나(Mishnah)는 이스라엘 땅이 다른 어떤 땅보다 거룩하다고 선언한다. 그러므로 우리가 앞 장에서도 지적한 것처럼, 해마다 유월절 세데르를 "내년에는 예루살렘에서!"라는 향수적인 그러나 희망적인 선언으로 마치는 것은 이상한 일이 아니다.

(3) 현대 시온주의의 영적-세속적 긴장

현대의 이스라엘 국가가 1948년에 설립되었을 때, 그것은 성서적, 역사적, 정치적, 경제적, 그리고 사회적인 요인들의 복합적인 산물로서 나타났다. 어떤 학자들은 "그들이 결국 고국으로 돌아가 나라를 다시 세운 것은 그들이 박해를 당한 결과라기 보다는 (유대인) 성서에 더 큰 영향을 받았기 때문이었다"라고 주장했다.[10] 성서의 역할에 대한 토론이 끊임없이 있어왔지만, 성서는 전 세계 유대인의 집단적인 실존 의식에 있어서 하나의 요인이었음이 분명한 것같다.

제 6장과 7장에서 살펴보았듯이, 초대 기독교 몇 세기동안 정복주의적인, 자만에 찬 교회는 자신을 이스라엘보다 월등한 존재로 보면서 자신에게 "새" 이스라엘 또는 "참" 이스라엘이라는 칭호를 붙였다. 그러나 유대인 공동체는 그 역사를 통하여 한번도, 귀환의 희망을 지지해주고 있는 예언 본문들을 넘겨주지 않았다. 반대로, 바로 그 성서 구절들은 유대인들의 깊은 내면에서 땅에 대한 애착을 끊임없이 더욱 더 갖게 해주었다. 일부 정통파 유대인들을 제외하고는 거의 대부분의 유대인들은 이러한 성서 본문들을 그 땅에 대한 일종의 소유 증서나 법정에 제시할 수 있는 증거로 여기지는 않았다. 이 본문들은 일반적으로 어떤 특별한 해석학적인 예민한 통찰력으로 해석되거나 읽혀지지 않았다. 오히려 이 성서 구절들은 주로 유대인의 역사적 자기-인식, 그 땅에 대한 실존적인 유대를 촉진시키는 역할을 해왔다. 이스라엘 정부가 세워지기 전 몇십년동안 히브리 성서에 대한 이러한 집착은 라브 쿡(Rav Kook)을 "종교적 시온주의"를 이끄는 대표적인 인물로 만들었다. 그는 예루살렘에 탈무드적인 아카데미를 만들고, 히브리어를 널리 사용하고, 이스라엘에 사는 모든 유대인들은 그곳을 "마지막 구원… 메시야의 날의 도래"를 위한 장소로 준비해야 한다고 주장했다.[11]

그러나 현대 시온주의자의 지도자들 ― 모세스 헤쓰(Moses Hess), 레온 핀스커(Leon Pinsker), 그리고 앞에서 언급한 테오도르 헤르즐― 은 영적인 것에 대한 관심이 없었다. 오히려 그들은 이 운동의 정치적인 차원들에 전심을 기울였다. 그들은 다른 나라들이 민족적인 회복 운동을 전개하고 있는 마당에, 박해받고 억압받는 디아스포라 유대인들을 위한 국가적인 유대인들의 국토가 있어야 한다고 주장했다. 다른 시온주의의 초기 지도자였던 아하드 하-암(Ahad Ha-Am)은 문화, 교육, 역사의 종교적인 이상들이 자유롭게 개발될 수 있는 유대인의 피난처가 있어야 함을 강조함으로써 정치적인 시온주의자들의 입장을 강화했다. 시온주의 운동의 다양성은 데이빗 벤-구리온(David Ben-Gurion)의 사회주의의 강조, 블라디미르 야보틴스키(Vladimir Jabotinsky)의 무력적 민족주의, 그리고 아랍의 주장들과 권한들과 마찬가지로 유대인들의 주장들과 권한들도 똑같이 인정하는 이중 국가를 주장한 사람인 말틴 부버(Martin Buber)의 "히브리 휴머니즘"에 의하여 더욱 확대되었다.[12]

현대의 이스라엘 정부가 세워졌을 때, 이 새로 태어난 통일체는 많은 유대인들과 기독교인들이 받아들이기 어려웠다. 고대 민족이 하나의 국가로 재탄생하게 된 것은 하나님이 메시야를 보내서 된 그런 것이 아니었다. 오히려 그것은 세속적인, 정치적인, 자연주의적인 힘들에 의하여 이루어진 것이었다. 이러한 상호 충돌적인 견해들이 왜 오늘날 이스라엘의 하시드 공동체에 속한 많은 사람들이 이스라엘 군대에 입영하기를 거부하는지를 부분적으로 말해주고 있다. 그들은 이스라엘 정부를 메시야의 도래와의 연관 속에서 세워지지 않은, 매우 세속적인 정부라고 생각하면서 인정하지 않는다.

이스라엘이 왕왕 세력을 얻기 위해 싸우긴 했지만, 특별히 예언자들의 시대로부터 유대인들은 한 국가로서의 무력이나 정치적인 연맹, 그리고 세속적인 힘을 단념하도록 가르침 받아 왔다(시 33:16-19; 147:10-11; 사 31:1; 슥 4:6).[13] 자신들의 땅으로부터 쫓겨나 포로로 끌려갔던 그들은 자신들의 무력(無力)함과 희생, 고통들은 메시야의 도래를 더 가깝게 할 것이라고 믿으며, 더욱 영적인 사람들이 되었다. 역사에 대한 이러한 수동적인 자세는 랍비 유대교의 가르침에 있어서 중요한 강조점이었으며, 결국은 유대인들로 하여금 행동에 주도권을 취하는 대신 다른 사람들의 행동에 반응하는 사람들이 되게 했다. 초기 시온주의자들은 유대인은 지배(통제)를 받기 보다는 지배를 하도록 노력해야 한다고 가르쳤다. 전통적인 메시야 사상과 현대 세속적인 사상 사이의 이러한 긴장은 전통적인 메시야 사상의 변화를 요구했다. 과거와의 급진적인 단절이 요구되었던 것이다. 이제 이른바 세속적인 메시야주의가 서서히 발전하게 되었다. 이러한 메시야주의 안에서 "유대인들은 그들 자신의 구원을 추구할 것이며, 동시에 메시야를 기다릴 것이다 … 기다리며 한숨짓는 대신 일하며 건설할 것이다."[14]

2. 이스라엘 국가에 대한 기독교인의 태도

현대 시온주의의 복잡한 모자이크의 관점에서, 현대 기독교인들은 이스라엘 국가를 어떻게 이해하며, 성서는 이러한 이슈에 대하여 어떠한 역할-어떤 역할이 있다면-을 하는가? 이스라엘에 대한 다양한 관점들을 발견할 수 있을 것이다. 여기에서 우리는 이 문제에 대한 두가지 중요한 접근 방법을 살펴보고, 그 다음 우리가 지지하는 세번째 대안을 살펴보기로 하겠다.

(1) 교회에 의해 대치되었다.

기독교인들의 반응 가운데 하나는, 유대 민족에게 주어진 성서적인 약속들을 영적인 것들로 만들어 버리고 또 그렇게 함으로써 그것들을 제거하는 것이었다. 이러한 반응은 교회가 고대 이스라엘을 대치했다는 관점에 그 기반을 두고 있다. "새" 이스라엘으로서 교회의 "새 언약"은 유대교의 "옛 언약"을 능가해왔다. 그러므로 유대 민족과 유대 정부는 아무런 신학적인 정당성을 갖고 있지 않다. 이러한 견해에 의하면, 하나님과 아무런 살아있는 언약 관계도 갖고 있지 않은 오늘날의 유대 민족은 성서적으로 파산한, 그리고 영적으로 죽은 문화의 흔적일 뿐이다.

헤르첼 휘시맨(Hertzel Fishman)은 그의 유명한 저서 "미국의 프로테스탄트주의와 유대 정부"에서 아랍 지역에서의 미국 개신교의 선교 사업과 거기에 따른 아랍 민족주의에 대한 정치적인 지원이 유대 민족주의에 대한 지원 못지 않게 신학적으로 중요하다고 지적했다. 현대 시온주의자들의 이스라엘로의 복귀는 단지 "하나님의 궁극적인 목적과는 관계없는, 쓸데 없는 노력"일 뿐이다.[15] 유대인과 유대 정부에 대한 이러한 신학적인 비합법화, 땅과 민족성에 대한 성서적인 약속으로부터 잘라버리는 일은 불행하게도 흔히 교회 편에서 반-셈족주의를 조장시키는 데 일익을 해왔다.

요컨대, 이 첫번째 접근 방식은 옛 언약에서 약속된 모든 지정학적인 권리들이 무효가 되었다는 주장이다. 하나의 민족으로서의 유대는 영구적으로 버림받는다. 세계의 유대인들이 이제 희망을 걸 수 있는 최선책은 국적과 땅을 포기하고 하나님의 새 백성인 교회의 일부가 되는 데 있다고 한다.[16]

(2) 예언의 성취 – 신적인 권한

기독교인들, 특별히 다양한 복음주의적 그리고 근본주의적 그룹들이 견지하고 있는 두번째 입장은 이스라엘 국가를 전폭적으로 그리고 열성적으로 지지하는 것이다. 이 견해는 근본적으로, 유대인이 그 땅을 되찾는 것을 지지하는데, 이는 그것이 예언의 성취라고 믿기 때문이다. 그 땅에 대한 이스라엘의 소유권은 예언적으로 성서에서 공포되었으며, 따라서 그 땅은 신적인 재가에 의하여 정당하게 그들의 것이라는 것이다. 이와 관련해서, 마리타인(Jacques Maritain)은 이렇게 진술했다: "인류 전체의 역사를 고려해 볼 때 신적으로, 절대적으로 이스라엘에게 소유권이 있음이 분명한 지역을 그들의 것으로 인정하지 않는 것은 이상한 역설이 아닐 수 없다."[17] 하나님의 택함받은 백성으로서 이스라엘은 하나님이 허락하신 소유권을 갖고 있다. 이러한 생각은 뉴욕 타임즈(New York Times)에 실렸던 "복음주의자들은 이스라엘에 관심을 갖고 있다"는 제목의 전면 광고 속에 잘 표현되어 있다.[18] 여기에는 "그 땅에 대한 이스라엘의 신성한 권리"를 지지하는 15명의 학자 및 교회 지도자들의 명단도 하단에 실렸었다.

"이스라엘은 어떤 기독교인들에게 기댈 수 있는가?"라는 제목의 논설에서 교회사가 말틴 말티(Martin Marty)는 "전천년설(premillennialism)은 이스라엘을 지지할 것을 요청한다"고 결론지으면서 따라서 그것이 그의 "동정의 사다리(ladder of sympathies)" 중 가장 꼭대기 가로막대라고 말한다.[19] 말티는 전천년설을 주장하는 근본주의자들이 역사적으로 이스라엘에게 보여온 강한 지원을 바르게 지적하고 있다. 그러나 불행하게도 전천년설을 주장하는 사람들의, 이스라엘을 회복시키기 위한 이러한 열성은 흔히 윤리적인, 인도주의적인 측면에 대한 고려 없이 상당히 결정론적인 언어로만 표현되어 왔다. 이러한 예들은 신학적인 문헌들과 교회 문헌들에서 얼마든지 찾아볼 수 있다. 예를 들면, 현대 이스라엘 국가의 형성에 대한 다음과 같은 반응들을 살펴보라: "유대인들은 영국이나 지구 상의 다른 어떤 나라의 도움을 받든지 아니면 그런 도움 없이도 팔레스타인을 차지할 것이다!… [시온주의를]반대하는 것은 하나님의 계획에 반대하는 것이다."[20] 다음과 같은 숙명론적인 진술도 그와 비슷하다: "물론 그 땅에 사는 사람들은 그들을 원하지 않을 것이다. 옛 가나안도 그들을 원하지 않았고… 그러나 그들은 왔고 그들은 다시 오고 있다. 하나님이 그렇게 하도록 하신 것이다. 그것은 그래야만 한다."[21]

전천년설을 주장하는 사람들은 성서를 해석함에 있어서, 예언의 성취에 대해 문자적인 접근 방법을 취한다. 그래서 이들은 미래의 사건을 상세히 예언하고 있는 성서 구절들을 찾음으로써, 중동에서 일어나는 거의 모든 움직임들에 어떤 미리 예정된 종말론적인 중요성을 부여하는 것 같다. 그 결과 이스라엘은 많은 전천년주의자들에게 있어서 마지막 때에 대한 수수께끼를 푸는 데 있어서 중요한 역할을 하는 것처럼 보인다. 분명히, 그러한 결정론적인 사고는 세계 역사에— 특별히 반 셈족주의, 나찌의 유대인 대학살, 그리고 아랍의 역할(이들은 주로 마지막 때의 시나리오에서 악마적인 역할을 하게 되어 있다)과 관련해서— 밀접한 관계를 갖고 있으며, 중대한 영향을 미쳤다.

사실, 어느 누구도 단순히 "신적인 권리"에 근거해서 어떤 땅의 소유권을 주장할 수는 없는 것이다. 시간의 복도에는 자신들의 비인간적인 행위들을 승인한 "성서적인 명령"이나 어떤 "하늘의 소리"를 들은 사람들의 비극적인 희생물이었던 개인이나 사회 단체들의 잔해들로 가득 채워져 있다. 예를 들면, 스페인의 종교 재판소, 유럽의 십자군 전쟁, 미국 남부의 흑인 노예, 매사추세츠주 살렘(Salem, Massachusetts)에서의 악마 살해와 같은 일들을 지원한 교회와 관계된 잔인함과 피흘림 등이 그것이다. 그러므로 땅의 문제를 "그것은 하나님에 의해 그렇게 의도되어졌다"는 식으로 해결할 수는 없다는 것이 우리의 주장이다. 이것은 또한, 한 나라가 어떤 땅의 소유권을 주장하기 위하여 무력을 사용해서도 안된다는 것을 뜻하기도 한다. 왜냐하면 한 나라가 "정치적인 목적을 위하여 성서를 오용하는 것은, 우리 시대의 뜨거운 정치적 사회적 문제들로부터 성서를 분리시키는 것 만큼이나 성서를 모독하는 것이기 때문이다."[22] 전천년설을 주장하는 자신의 동료들에게 현명하게 충고하면서 역사가 윌슨(Dwight Wilson)은 이 종말론적인 얼개에서 종종 발견되는 교묘한 올가미에 대하여 이렇게 묘사하고 있다.

> 이스라엘에 대해서 전천년설을 주장하는 사람들의 반응을 분석해보면, 많은 경우에 역사에 대한 그들의 철학이 이단사설인 도덕률 폐기론(antinomian)과 비슷함을 발견할 수 밖에 없게 된다. 도덕률 폐기론은 "율법에 반대하는"의 뜻을 가지고 있다. 만일 모든 행위가 예정된 것이라면, 어떤 사람의 행위들을 도덕법에 의하여 판단할 필요가 없다. 왜냐하면 표준에 대한 순종 또는 불순종에 대한 결정은 이미 내려졌기 때문이다. 만일 이스라엘이 선민이라면, 그리고 유대인의 역사가 하나님에 의해 미리 결정되고 예언자들에 의해 미리 말해졌다면 국제법(도덕성)의 일반적인 규칙들이 하나님의 택함을 받은 백성들에게는 적용되지 않을 것이다. 그리고 그들을 판단할 수 있는 아무런 절대적인 기준도 없을 것이다. 이것이 예언에 대한 전천년설을 주장하는 사람들의 관점에 내포되어 있는 것은 아니지만, 그러나 이스라엘에 대한 태도에 있어서는 실제적으로 이러한 일들이 일어나고 있다.[23]

미래에 집착하는 교회는 종말론이 정의를 무효로 하지 않는다는 사실을 결코 잊어서는 안 된다. "사실, 성서주의자는 —그들의 종말론이 어떤 이름을 갖고 있든지 관계없이— 그 어떤 특별한 세계적 위기도 어쩔 수 없는 것으로 보아서는 안 된다. 하나님이 기독교인에게 주신 의무는… 자유와 정의 그리고 평화를 위해서, 그가 할 수 있는 범위 안에서 그가 할 수 있는 모든 것을 다하여 일하고 기도하는 것이다."[24] 기독교인 공동체는, 역사와 사회 정의의 개념에 대해 전천년설을 주장하는 사람들이 생각하는 것이 실제적으로 함축하고 있는 바에 대하여, 과거에 그랬던 것보다 더 많은 주의를 기울여 알아보아야 할 필요가 있다.

성서를 자세하게 연구함에 있어서, 이스라엘의 미래에 대한 사항들 가운데 많은 부분은 여러가지 이유들로 인해 모호하고 불분명한 채 남아 있어야 한다. 첫째로, 신약성서 기자들이 사용한 해석학은 많은 구약성서의 예언들이 구약성서 기자들 자신들과 예수님 당시의 유대인들이 예상했던 바와는 전혀 다른 방법으로 이루어졌음을 지적하고 있다. 둘째로, 예언의 언어는 그 안에 어떤 불명료함을 갖고 있다. 예언은 그 안에 제한적인 요소를 갖고 있을 수 있다(참조, 렘 18:7–10). 또한 거의 모든 예언이 산문이 아니라 시의 형태로 되어 있는 바, 그 다양한 수사법으로 해서 어느 정도 모호성을 갖고 있다. 셋째로, 어떤 기독교인들은 자주, 이스라엘의 미래에 대한 예상된 예언적 세부 사항에 도달하기 위하여 바람직하지 않은 성서 해석 방법을 사용한다. 이 의심스러운 해석들은 흔히 감각주의(sensationalism)나 단순한 사고로 특징지워지는 자기 해석(eisegetical)에서 초래된다. 이러한 해석 방법은 대개가 교리적인 확신과 자만스런 예상의 보증할 수 없는 태도를 낳는다. 마지막으로, 기독교인들은 유대인들로 하여금 그들의 성서를 해석할 수 있는 권리를 행사하도록 허락하지 않는다. 흔히 교회는 너무 염려하여 유대인들에게 그들이 그들 자신의 성서를 —이 성서를 교회는 유대인들로부터 이어받았다— 어떻게 해석하는지 묻지 않는다. 유대인 공동체가 어떻게 성서의 예언을 듣고 이해하는가 하는 것은 기독교 현인들이 질문하기에 충분한 가치가 있는 것으로서 상당히 큰 충격이나 교훈을 줄 것이다.

신약성서는 이스라엘 민족의 미래에 대하여 확언하고 있는 것처럼 보인다. 그러나 그 미래의 성격은 설명할 필요가 있다. 로마서 9-11장에서 바울은 미래에 대한 하나님의 계획 안에서의 유대인과 이방인이라는 주제를 다룸으로써 그의 신학적인 강론을 절정에 이르게 한다. 바울의 주된 논지는 유대인과 이방인의 운명은 서로 매우 밀접하게 연관되어 있어서 이방인은 유대인을 통하지 아니하고는 하나님을 발견할 수 없다는 것이다. 이 책의 서두에서도 강조한 바대로, 바울은 이 상호의존성을 올리브 나무의 비유를 사용하여 설명하고 있다. 로마서 11장에서 바울은 이스라엘의 불신에도 불구하고 하나님께서는 자기 백성을 버리지 않으셨음을 강조한다(1절). 이스라엘은 아직도 하나님께 속하여 있으며 "거룩한" 백성으로 불리운다(16절). 그들은 "조상들을 인하여 사랑을 입은 자"들이다(28절). 이스라엘이 역사적으로 독특하게 존속해 왔다는 사실도 그들이 아직 구원의 역사에 있어서 독특한 역할을 하고 있음을 추가적으로 증거하고 있다(15절). 이처럼 하나님의 뜻 가운데서 하나님의 옛 언약 백성과 교회가 지금까지 상존해 온 것은 바울에게 있어서 하나의 큰 "신비"였다(참조, 15절). 하지만 그는 하나님께서는 "그가 택하시고 복주신 사람들에 대하여 그의 마음을 돌이키지 않으신다"고 확신한다(29절, Today's English Version).

바울의 주장은 이스라엘의 미래의 구원, 즉 "구원자가 시온에서 오실" 때(26-27절)에 대한 언급에서 그 대단원에 이르게 된다. 여기에서 바울이 혼합적으로 인용하고 있는 구약성서의 컨텍스트는 신적인 구원자가 나타나 이스라엘을 구원할 것이라는 것이다(참조, 사 59:20-21; 27:9). 그래서 "온 이스라엘"(즉, 전체로서의 이스라엘)이 구원받을 것이다(26절). 로마서 11장에서 바울은 이러한 구원이 어떻게 시온으로부터 올 것인가에 대해서는 자세히 설명하지는 않지만, 그의 다른 서신들로 미루어볼 때 그는 예수의 재림을 염두에 두고 있었던 것으로 보인다.

현 유대 정부의 불확실한 존립을 볼 때, 바르트(Markus Barth)가 기독교인들에게 유대인들의 팔레스타인으로의 귀환을 성서의 종말론적인 약속들의 실현으로 보지 않도록 경고한 것은 잘 한 것 같다. 그는 더 나아가 "바울은 분명히 현재의 기독교인들에게 그들이 새로운 이스라엘 국가에 대하여 취해야 할 입장을 제시해 주지는 않았다.… 그럼에도 불구하고 우리는 그의 메시지의 결과와 적용들에 대하여 물을 수 있다. 우리는 어떤 경우에도 한 입장을 취하도록 강요당하지 않는다"고 지적한다.[25] 내 생각에는, 교회가 나찌의 유대인 대학살 기간동안 침묵을 지킨 것에 대한 죄책감 외의 다른 어떤 이유를 들어 현 이스라엘과 관련해서 애매하며 우유부단한 불확실한 태도를 취하는 것에 대해서 반대한 것은 옳은 것같다. 우리는 최소한 이스라엘 정부가, 자기 백성에 대한 하나님의 끊임없는 사랑과 보호 그리고 그들에 대한 목적의 현저한 표증이라고 주장할 수는 있을 것이다.

더욱이 한 백성으로서 유대인은 하나님의 궁극적인 구원의 목적들을 진전시키는 역할을 계속하고 있다. 그러나 그 어떤 표준이나 입장을 취한다 할지라도 기독교인들은 '기독교는 예언적 희망이 갖고 있는 국가적인 그리고 정치적인 면들을 제거하려고 노력해왔다'는 클라우스너(Joseph Klausner)의 반론에 눈을 감아서는 안 된다.[26] 하나님은 성과 속을 통하여 역사하신다. 제임스 파케스(James Parkes)는 교회가 세속적인 것과 영적인 것을 구별하려고 할 때마다 사실상 교회는 교회가 구약성서를 성취했다는 주장을 스스로 손상시킨다고 현명하게 잘 지적했다.[27] 분명히 현 이스라엘 정부는 예언자들이 이상화한, 완전한 이스라엘과는 상당히 다르다. 많은 차이가 있다. 그럼에도 불구하고, 하나님께서 고레스라 이름하는 이교도 페르시아인을 "나의 기름받은" 사람이라 부르며(사 45:1), 또다른 이교도인 느부갓네살 왕을 "나의 종"이라 부르실 수 있다면(렘 25:9), 그리고 열국 가운데서 그의 거룩한 목적들을 그 둘을 통하여 이루실 수 있다면, 옛부터 그의 백성이었던 사람들을 위하여 하나님이 가지고 계셨을지 모르는 계획들에 관하여 누가 말할 수 있는가?[28]

이 단원의 주요 주제는, "부동산" 신학은 기껏해야 불확실한 신학일 뿐이라는 사실이다. 그것이 신학으로부터 정략을 끌어내려고 할 때, 그것은 언제나 위험을 내포한다. 그 신학은 대단히 지혜롭고 신중하게 적용하지 않으면 대개가 다른 사람들을 해치게 된다. 그러므로 그것은 기꺼이 받아들여지지 않는다. 같은 맥락에서, 여러 세기 동안 유대인들은 기독교인들에 의해 차별 대우를 받고 희생을 당했는데, 이 기독교인들은 자신들의 그와같은 바르지 못한 행위들을 부추기거나 아니면 허락하는 것처럼 보이는 그와같은 신학에 대해 확신을 가지고 있었다. 간단히 말해서, "사람의 도성"과 관련해서 "하나님의 도성"에 속한 것들을 협상한다는 것은 지극히 어려운 일이다. 그러므로 아랍인들과 유대인들이 협상할 수 없는 신학적인 절대성들을 고수하며 논쟁하는 한, 우리는 평화에 대한 아무런 희망도 가질 수 없다.

(3) 정의에 뿌리박은 홈랜드(Homeland)

이러한 긴장관계는 성서적 주장의 문제들을 다룸에 있어서 또 다른 대안에로 이끈다. 이 세번째 안은 내가 지지하는 것으로서, 위의 두 입장 사이에 위치한다. 이것은 이 복합적인 문제가 모든 종류의 신학적인 관심을 배제하거나 또는 단순하게 신적 권리에 근거해서 해결되지는 않는다는 사실을 인식한다. 이러한 관점에서 옛날의 자기 땅에 대한 유대 민족의 권리에 대한 우리의 이해는 기본적으로 정의, 도덕, 그리고 역사에 근거해야 한다.

우리는 아랍인과 유대인 모두, 스스로 결정할 수 있는 권한과 국가적인 정체성과 합법적인 인권을 추구하고 있음을 먼저 인식해야 한다. 아랍인들은 홈랜드를 원하며, 유대인들은 인정받은 국경을 수호하기를 원하고 있다. 각 그룹이 상호간에 존경심과 겸허함, 그리고 신뢰로 상대방의 실재를 받아들이지 않는 한, 이러한 목표들은 하나도 온전히 성취되어질 수 없을 것이다. 우리가 밝히려고 노력한 바와 같이 비록 성서가 하나님께서 그의 언약 백성과 그리고 그들의 역사적인 본토와 관련해서 끊임없이 관계를 유지하고 있음을 증거해주고 있기는 하지만, 우리는 우선적으로 정의와 의로움, 동정, 그리고 평화에 대한 예언자적인 관심을 갖도록 노력해야 한다. 만일 기독교인들이 한 나라로서 존재하기 위한 이스라엘의 권리를 지지한다면, 그 이유는 단순히 그것이 "예언을 성취하는 것"이기 때문이 아니라, 도덕적이며 정당하며 인류애적인 것이기 때문이어야 한다. 이스라엘 국가의 탄생은 한때는 "역사의 국외자"(局外者)였던 유대인들을 다시 역사속으로 들어오도록 만들었다. 오늘날 기독교인들이 사법적인 이유들과 도덕적인 이유들 때문에 이스라엘을 격려하고 지지한다면, 이는 역사적으로 매우 잘못된 것을 바로잡는 데 있어서 거보(巨步)를 내딛은 것으로 해석될 수 있을 것이다. 이스라엘은 나찌의 6백만 유대인 대학살에서 살아남은 자들의 손에 의해 세워졌기 까닭에, 이스라엘은 언제나 유대인 생존의 문제를 주요 관심사로 가지고 있어 왔다.

현대 이스라엘은 신정국가(神政國家)가 아니다. 세속 국가로서, 이스라엘은 예언자 시대에도 그랬고 오늘날도 하나님의 나라가 아니다. 그러므로 오늘날 기독교인들은 무조건 이스라엘의 모든 행위들을 감싸서는 안 된다. 그럼에도 불구하고, 우리는 다른 모든 나라에, 특별히 이스라엘의 파괴에 책임있는 자들에게 적용했던 것과는 다른 도덕적 기준으로 이스라엘을 대하는 것은 강력히 반대한다. 이스라엘 자신의 예언자들은 그 백성들에게 그들의 땅에 거하는 "객"(stranger)들에게 정의와 동정을 베풀라고 요구했다. 이 용어는 흔히 쫓겨난 사람들, 집이 없는 자들, 힘이 없는 자들을 의미한다. 그러나 정의는 2차선 도로이다. 신랄함, 적의, 증오가 타협의 정신과 우정, 인정(認定)에 그 길을 비켜줄 때, 그 땅의 모든 거민들이 평화를 알게 될 것이다.

이스라엘 백성과 그들의 땅의 역사적 관계와 미래 관계를 언급하는 특별한 성서 구절들을 무시함이 없이, 이 세번째 접근 방식은 시온주의에 대하여 다른 그러나 상반되지는 않는 관점으로 대한다. 우리는 이러한 시각이 역사와 그리고 정의, 동정, 도덕적 감성과 같은 뜨거운 성서적 이슈들에 초점을 모으고 있음을 역설한 바 있다. 교회는 너무 자주, 미래를 바라봄에 있어서 지나치게 의도적이었다. 그래서 교회는 현재와 더불어 미래를 다루는 데 있어서, 그리고 과거로부터 배우는 일에 있어서 실패하였다. 우리의 임무는 "마땅히 공의만 좇고"(신 16:20), 그런 다음에 이 길을 통해 하나님이 어떤 특별한 방식으로 이스라엘을 위한 하나님의 예언적 계획을 성취할 것인지의 여부는 하나님께 맡기는 것이다. 어떻든 그것은 예언자들이 요구한 정의에 대한 열정을 달성할 것이다(암 5:24; 미 6:8).

3. 이스라엘에 대한 지원과 기독교인

이 책을 통하여 우리가 취하는 입장은, 교회는 그의 유대적 유산에 대한 권리를 주장함에 있어서 수동적이거나 중립적이거나, 또는 초연할 수 없다는 것이다. 따라서 기독교인들은 유대인들과 마찬가지로, 예루살렘과 깊은 관계를 가지고 있다. 이 점에 있어서 교회는 데이비스(W. D. Davies)가 "유대교의 영토적 특성에 대한 물의(scandal of territorial particulity in Judaism)"라고 부르고 있는 것에 대해 이해해야만 한다. 즉 기독교인들은 "땅은 유대교의 마음에 깊이 새겨져 있다… 분리가 불가능하다"[29]는 것을 인식해야 한다. 결과적으로 교회는 이러한 근본적인 질문에 직면하는 방법 외에는 다른 선택의 여지가 없다. 즉, 아브라함의 영적인 씨가 아브라함의 땅에 대하여 진정 무관심할 수 있겠는가? 이스라엘 국가에 대한 기독교인들의 관심과 관련해 합리적인 원칙이 주어지리라고 믿으면서 이 원칙이 의미하는 바를 자세히 살펴보기로 하자.

먼저, 기독교인의 이스라엘과의 결속은 팔레스타인의 아랍인들을 부정하는 것이 아니라는 것을 주장하는 것이 매우 중요하다(이 장의 결론 부분에서 이 사실을 다시 한번 강조할 것이다). 이것은 "우리편이냐 저편이냐" 또는 "누가 옳고 누가 그르냐"의 문제가 아니며, 또한 "우리 나라가 옳은가, 틀린가"하는 심성도 아니다. 사실, "결속"이라는 용어를 사용함에 있어서 우리는 무엇보다도 정치적인 동의나 연합에 관심을 갖는 것이 아니라, 주로 우리의 영적인 뿌리로 동일시하는 밑바탕에 대하여, 그리고 이 뿌리를 준 사람들의 생존에 관하여 관심을 갖는다. 미국이나 유럽의 기독교인들 못지않게 팔레스타인의 아랍 기독교인들도 유대인들에게 영적인 유산에 있어서 빚을 지고 있다. 그러나 실재적인 영토적, 정치적, 경제적, 그리고 군사적인 문제들에 대한 불일치가 증오로 변할 때, 특별히 그 유산을 공유하고 있는 사람들이 압제자로 보여질 때, 유대적 유산에 대한 감사와 은의(恩意)를 보여주기란 더욱 어려워진다. 중동에서의 정치 사정은 중요하다. 그러나 중동의 정치에 대한 관심 때문에 우리가 이 책에서 다루고 있는 중심적인 요지, 즉 기독교 신앙이 유대교와 유대인에게 어떤 빚을 지고 있는가 하는 문제로부터 다른 길로 벗어나서는 안 된다. 이스라엘과의 결속은 기본적으로 이러한 사실에 기반을 두어야 한다. 알리스와 로이 엑카르트 부부(Alice and Roy Eckardt)는 이렇게 설명한다: "이스라엘이 단지 또다른 하나의 나라일 수 없는 것은… [우리]기독교인들 덕분이다. 기독교는 스스로 존재한다고 생각할 정도로 공간적인 연결이 결핍되어 있다. 그러나 기독교 신앙은 유대 민족과 그리고 그들의 신앙과 분리시킬 수 없는 결속을 통하여, 영적으로 에레츠 이스라엘(이스라엘의 땅)에 결합되어 있다."[30]

주로 인기도나 정치의 변화, 또는 편견적이거나 비판적인 언론의 보도에 기반을 둔 이스라엘과의 관계는 분명히 이랬다 저랬다 할 것이다. 그러나 자신들이 아브라함의 영적인 후손들이며 전체 유대인 유기체에 접붙임을 받았음을 진정으로 인식하는 사람들은 이스라엘에 대한 기독교인들의 지원을 다른 방식으로 고려할 것이다. 그것은 어느 정도 가족 관계와 연관이 있다. 그래서 이스라엘과의 결속은 그것이 교회와 회당의 매우 특별한 관계에 대한 인식과, 기독교의 뿌리가 유대교라는 사실에 대한 새로운 이해, 일반적으로 전 세계에 그리고 특별히 교회에 엄청난 영향을 미친 유대인과 그들의 가르침과의 진정한 만남, 그리고 이른바 유럽 기독교의 심장에서 일어난 홀로코스트(Holocaust)와 반 셈족주의의 역사에 대한 정직한 대면에 근거할 때, 그 관계는 흔들리지 않을 것이다.[31] 이스라엘에 대한 이러한 형태의 결속과 위임은 역사 의식과 형제애에 긴밀하게 연결된 깊은 영적 인식으로부터 온다. 바르트(Markus Barth)는 이스라엘에 대한 이러한 기독교인들의 이해를 한 걸음 더 나아가 이렇게 묘사하고 있다:

"예수 그리스도라는 한 유대인 때문에, 그리고 구원이 유대인들로부터 오기 때문에, 유대인에 관심을 갖고 있는 기독교인은 이 나라를 인정하고 지지할 것이다. 성부 하나님에 의하여, 예수 그리스도를 통하여, 그리고 성령의 가장 작은 흔적이 기독교인들을 움직일 때, 그들은 그 나라에 대하여 '예'(yes)해야 하고 또 그렇게 할 수 있으며, 그 나라가 어떤 문제를 내포하고 있더라도 그 나라에 대한 사상적인 그리고 정치적인 대적자들로부터 그 나라를 지켜야 하며 또 그렇게 할 수 있다. 이스라엘 국가는 하나님의 백성이 프로그램이나 사상, 또는 단지 꿈의 형태로가 아니라 구체적인 형태로 존재하고 또 존재할 것이라는 확신을 갖고 있는 사람들에게 하나의 시금석(표준, touchstone)이다."[32]

기독교인들이 그들의 뿌리가 유대적인 토양에 깊이 박고 있다고 말할 때, 그것은 단순한 하나의 비유적 표현이 아니다. 예루살렘을 예로 들어보자. 오늘날 우리들에게 있어서 영감받은 예언들은, 그들의 메시지를 예루살렘과 그 주위에서 선포한 고대 이스라엘의 예언자들이다. 예루살렘 성전에서 예배 시에 사용한 시편은 초대 기독교의 찬송가의 제1차적인 자료가 되었다. 예수는 예루살렘 가까운 곳의 한 유대 가정에서 태어나셨다. 후에 그는 거기에서 가르치셨고 거기에서 죽으셨다. 거기에서 부활하시고 거기에서 승천하셨다. 그리고 그곳으로 다시 돌아오실 것을 약속하셨다. 그 뿐 아니라 예루살렘 시에서 교회가 유대인들에 의해, 유대인들을 위해, 유대인들의 축제일에 세워졌다. 더욱이 첫번째 유대 기독교인들은 -3천여명이- 예루살렘에서 세례를 받았다. 따라서 예루살렘에 대한 -그 땅의 다른 부분들에 대해서와 마찬가지로- 기독교인들의 개인적인 지식은 성서의 역사, 관습, 고고학, 그리고 지리학을 이해하는 데 있어서 필요한 것처럼 기독교의 기원을 이해하는 데 있어서도 필수적이다. 간단히 말해서, 개인적으로 이스라엘을 방문해 본 다음에는 성서를 다르게 읽을 것이다. 이스라엘은 토양이나 텔 (tell,고고학적 지층들) 또는 고고학적 유물 이상이다. 따라서 예루살렘의 Yad Vashem Memorial 을 방문하고 나면, 기독교인들은 반 셈족주의를, 특별히 홀로코스트를, 같은 방식으로 보지 않을 것이다. 그러한 경험들은 독특하게 기독교인의 이스라엘과의 결속의 중심에 자리잡는다.

이스라엘에 대한 기독교인의 관심은 구체적인 방식으로 다양하게 표현될 수 있다.[33] 성지 순례나 종교 연구를 위한 여행은 우선 할 수 있는 좋은 방법이다. 대학생들은 이스라엘에서 일년간 혜택을 받으며 연구할 수 있을 것이다. 더욱이 기독교 성서 학자들은 그들과 관계있는 이스라엘의 유대인 대학과 함께 공동 연구를 통해, 성서와 고고학에 대한 지식을 증진시킬 수 있을 것이다. 또한 나무 심기, 병원에서의 자원봉사 활동, 그리고 키부츠에서의 노동과 같은 여러가지 다양한 사회활동 프로젝트를 통하여 그 땅의 성장에 기여할 수 있는 기회를 가질 수 있을 것이다.

우리는 이스라엘에 대한 기독교인의 지원의 중요성에 대하여 강조했다. 그러나 동시에 주의해야 할 것들이 있다. 먼저, 기독교인들은 이스라엘을 향한 어떤 비평이 하나님에게 대항하는 것과 같은 것이라고 하는 생각을 버려야 한다. 누군가가 이스라엘의 어떤 정책이나 군사 행동에 대해 반대한다고 해서, 그가 반드시 반 셈족주의자나 반 시온주의자인 것은 아니다. 때에 따라서 우리는 우리가 정말로 가장 깊이 사랑하는 사람에게 가장 강한 반대의 표시를 할 필요도 있다. 그것은 특별히 가족 관계에 있어서 더욱 그렇다. 불합리적이며 맹목적인 반 시온주의자에 대한 증오는, 이스라엘이 잘 되는 것에 관심을 갖고 있는 사람들의 진정으로 염려하는 마음에서 우러나온 비평과는 다르다.

둘째로, 교회 지도자들은 이스라엘에 대하여 사람들이 알아야 할 필요가 있는 것보다는 듣기를 원하는 것에 대하여 말해주고 싶은 유혹을 이겨야 한다. 어떤 기독교인들은 이스라엘에 관하여 로맨틱하거나 또는 센세이셔널한 이야기들을 자주한다. 그들은 그 땅에서 매일매일 일어나고 있는 많은 어려운 실제 문제들을 다루어야 한다. 더 나아가, 기독교인들은 유대인들을 존경한 나머지 이스라엘에 대한 비실제적인 또는 이상화시킨 모습을 제시하지 않도록 해야 한다. 가끔 이렇게 이스라엘을 이상화시키는 일은 기독교인들로 하여금 유대 공동체에게 등을 돌리게 하는 결과를 낳았다. 왜냐하면 그들의 기대들이 이루어지지 않았기 때문이다. 다른 모든 사람들에게도 마찬가지지만, 유대인들에 대한 기독교인들의 우정과 관심은 어떤 선행조건이나 덕목들에 기초한 것이 아니라, 언제나 무조건적인 것이 되어야 한다.

셋째로, 기독교인들은 이스라엘에게 그들의 특별한 정치적 또는 종교적 일정표를 부과해서는 안 된다. 시간의 문제는 언제나 하나님의 역사 방법에 있어서 중요한 것이다. 평화 협상의 진전이 더디 이루어지거나 현대 이스라엘 사회가 세속주의로 상당히 기울어지고 있는 것에 대해서 인내의 태도를 갖고 지켜본다고 하는 것은 쉬운 일이 아니다. 역사 속에서 자신의 목적을 이루시는 데 있어서의 하나님의 시간 감각은 사람의 시간 감각과는 다르다. 하나님께서 아브라함을 부르실 때 그에게 땅의 약속을 주셨지만(창 12:1), 아브라함의 후손들이 그 땅을 차지한 것은 4대가 흐른 다음이었다는 사실을 우리는 잊지 말아야 할 것이다(15:16).

마지막으로, 기독교인이나 유대인이나 땅을 절대화하거나 어떤 방식으로든 그것을 우상화해서는 안 된다. 하나님만이 통치자이시다. 그분은 삶의 주님이시고 땅의 주인이시다. 우리는 최고의 충성을 그분이 아닌 다른 어떤 것에 바쳐서도 안 되며, 그분보다 다른 어떤 것을 더 중요시해서도 안 된다.

4. 에필로그: 평화에 대한 전망

현재 많은 사람들이 군사주의(militarism)와 기타 확장주의(expansionism)를 통한 "보다 위대한 이스라엘"의 건설에 대하여 염려하고 있다. 이 문제는 진지하게 다루어져야 한다. 이스라엘의 국경이 성서가 제시하고 있는 만큼 충분히 확장되어야 한다고 생각하는 사람들은 잠시 멈추어 생각해야 한다. 이스라엘 국경의 실제적인 범위는 테나크(Tenakh)에 세밀하게 제시되어 있으나, 구절들마다 다 다르게 언급하고 있다. 어떤 곳에서는 요단강 동편의 땅까지 포함하고, 또다른 곳에서는 그렇지 않다. 성서가 강조하고 있는 것은 정확하게 규정한 국경이 아니라 단순히 가나안 땅이다. 만일 유대인과 기독교인들이 현재 팔레스타인에 살고 있는 유대인들을 지지하고 있는 성서 구절들을 발견하기 위해 성서를 연구하기 원한다면, 여호수아서에 초점을 모아서는 안 된다. 그 책은 이스라엘이 가나안 본토인들을 정복하고 노예로

삼는 이야기로 되어 있다. 이러한 사건들은 이스라엘 역사의 초기에, 즉 신 정통치 시대에 일어났다. 오히려, 이사야와 그의 섬김과 평화에 대한 환상을 통해서 방향을 발견해야 한다. 하나 더 덧붙이자면, 확장주의에 초점을 모으는 대신 시온주의의 역사를 공부하고 유다 마그네스(Judah Magnes)와 말틴 부버(Martin Buber)가 금세기 초에 제시한 이중(二重) 국가론을 상고함으로써 더 많은 것들을 배울 수 있을 것이다. 이 영웅적인 사람들은 유대인으로 하여금 아랍인들과 함께 힘을 공유토록 하여 평화스런 방식으로 문제를 해결하려고 노력했다. 그러나 불행하게도 그들은 그들과 대화할 의사가 있는 아랍인 파트너를 발견할 수 없었다. 물론 이중 국가주의의 개념이 오늘날 진지하게 고려된다고 하는 것은 있을 법하지 않다. 그럼에도 불구하고, 아랍과 유대인들이 직접 평화 회담을 하고 있다는 사실은 중요하다. 이와 관련해서, 우리는 비판의 바다 한 가운데를 향하여 발걸음을 내디딘 안와르 사다트(Anwar Sadat)의 용기를 칭송할 수도 있을 것이다. 앞으로도 평화를 위하여 협상할 의지가 있는 다른 지도자들을 기대해 보기로 하자.

진정한 안정은 무력을 증강함으로써가 아니라 이웃과 좋은 관계를 유지하는 데서 오는 것임은 틀림없다. 아랍과 이스라엘 사이의 평화에 가장 큰 장애물은 각자가 상대방을 부정하는 민족주의적인 요소를 갖고 있다는 것이라고 주장하는 사람들도 있다.[34] 이 점은 진지하게 논할 가치가 있다. 아랍이 이스라엘을 인정하지 않는 중요한 이유 가운데 하나는 거룩한 도시 예루살렘 때문이다. 예루살렘은 유대인들에게도 거의 3천여년동안 신성시되어 왔지만, 7세기 이후로 대부분 이슬람 정부에 의하여 지배되어 왔다. 더욱이 유대와 사마리아(the West Bank)로부터 모든 팔레스타인 아랍인들을 축출시키기를 원하는 이스라엘 지도자들의 극단적인 인종차별주의가 이스라엘 민족주의 안에서 엿보이는 배타성의 벽을 더욱 두껍게 하고 있다. 이스라엘 편에서는 주변의 아랍 국가들이 왜 팔레스타인 난민들을 받아들이기를 거부하는지 이해가 안 된다. 난민 문제는 1948년 팔레스타인의 아랍인들이 팔레스타인 아랍 정부를 위한 유엔의 "분할 계획"을 거부함으로써 시작되었다. 분할선은 사라졌고 요단강 서안 지구(the West Bank)의 대부분은 요르단에 합병되었다. 이 합병은 영국과 파키스탄만이 인정했다. 그러므로 오늘날 많은 이스라엘 사람들의 생각 속에서는 한 때 동부 팔레스타인이라고 알려진 지역에서 아랍-팔레스타인 요르단 정부가 주권을 가진 독립국으로서 자리잡고 있는 것이다. 그러므로 그들은 다른 아랍 팔레스타인 국가는 필요하지 않다고 주장하는 것이다.

양쪽 모두 테러와 잔인한 행위들을 저질렀다. 그러나 과거의 그러한 일들을 따지는 것은 현재 진행되고 있는 평화 협상의 진전에 아무런 도움도 주지 못할 것이다. 이제 초점은 현재와 미래에 모아져야 하며, 타협에 모아져야 한다. 히브리어로 "평화"를 의미하는 샬롬(shalom)은 완전, 온전, 종합, 통합, 조화의 개념을 가지고 있다. 아랍인들과 유대인들에게 평화 회담을 통해 이 치유와 화해를 이루도록 강요할 수는 없다. 그러나 헨리(Carl F. H. Henry)가 바르게 강조한 것처럼, "국제적 '좌담'(table-talk)은… 평화를 획득하지 않는다. 그것은 단지 시간만을 획득할 뿐이다. 그리고 그것은 귀중한 재산이다. 왜냐하면, 그것은 회개를 위한 시간을 포함하기 때문이다."[35] 평화 회담이 두개의 국가를 인정하는 해결책에 이른다고 할지라도, 유일하고 진정한 그리고 지속적인 해결책은 각자가 다른 편에게 보여야 할 사랑과 존경을 동반한, 용서를 통한 화해이다.[36]

기독교인들은 이스라엘과 아랍 사이의 영토 및 정치 분쟁에 대해 쉬운, 그리고 임시변통의 해결책을 구하려고 해서는 안 된다. 이스라엘의 유대인들도 있고, 팔레스타인 아랍인들도 있다. 이들 중 그 누구도 그 땅을 떠나지 않을 것이다. 복잡하고 참으로 오래된 문제들에 대해 손쉬운 해결책을 찾으려고 한다면, 우리는 그들에게 정당하지 못한 일을 하는 것이다. 우리는 양쪽 모두가 함께 실행이 가능한 해결책을 협상하도록 도와야 한다. 중동에서 계속되는 분쟁은 옳고 그름이나 선과 악의 투쟁이 아니다. 그것은 둘 다 옳은 사람들의 분쟁이며, 수천년동안 같은 영토를 차지하고 거기에 깊은 헌신을 바쳐온 두 민족간의 분쟁이다.

하나님은 정의의 편에 서 계신다. 그분은 모두를 다 사랑하신다. 누구든 아랍을 옹호하고 이스라엘을 반대할 수는 없다. 그 반대로, 이스라엘을 옹호하고 아랍을 반대할 수도 없다. 그러면 우리의 책임은 무엇인가? 그것은 아랍인과 유대인, 이 두 민족이 최대한의 정의와 최소한의 부정 가운데서, 영구적으로 공정하게 땅을 소유할 수 있도록 기도하고 격려하고 일하는 것이다.[37]

제13장의 이해를 위한 연구과제

1. 유대인들의 역사적인 홈랜드를 위하여 성서에서 사용되어진 용어를 세개이상 들어보라.

2. 오늘날, 중동에 살고있는 사람들 중 많은 사람에게 있어서 팔레스타인과 이스라엘이라는 단어는 결코 동의어가 아니며 흔히 정치적으로 전혀 다른 의미로 사용되어지고 있다. 왜 이런 현상이 일어나게 되었는지를 논하라.

3. "시온주의자"에 대해 간단히 정의하라.

4. 어떤 사람들은 아브라함의 피택이 그의 우월성, 천부적인 재능, 영적인 엘리트주의에 기반을 두고 있다고 한다. 성서는 어떻게 말하고 있는가? 아브라함은 무엇을 성취하도록 불리움받았는가?

5. "시온주의자의 아버지"는 누구인가? 그가 1896년에 발행한, 잘 알려진 저서는? 발포어 선언(Balfour Declaration)의 내용을 간단히 설명하라.

6. 현 이스라엘 국가의 역사에 있어서 다음 연대의 중요성들을 말하라.
   1) 1897
   2) 1917
   3) 1922
   4) 1947. 11. 29.
   5) 1948. 5. 14.

7. 크리스터 스텐달(Krister Stendahl)은 땅의 성격에 관한 기독교인들의 이해가 일관성이 없음을 지적했다. 이를 설명하라.

8. 히브리 성서에 의하면 땅의 진정한 소유주는 누구인가? 이와 관련해서 이스라엘의 책임 또는 권리는 무엇이었는가?

9. 이스라엘이 땅을 계속적으로 소유하기 위해 지켜야 할 조건은 무엇이었는가? 이스라엘은 포로 기간이 영원히 계속될 것이며 땅에 대한 언약이 영원히 무효화될 것이라고 믿었는가?

10. 바벨론 포로지에서 유대인들의 "가장 큰 즐거움"은 무엇이었는가?(시 137편을 보라)

11. 히브리 성서(유대인들이 사용하는)에서 마지막 책은 무엇인가? 마지막 책의 마지막 말씀은 무엇인가? 그것은 현대 이스라엘의 조상의 땅 회복과 관련해서 무엇을 말해주고 있는가? 오늘날 어떤 용어가 "올라가다"(going up) 즉, 디아스포라 유대인들이 이스라엘로 돌아오는 것을 설명하기 위해 사용되는가?

12. 현 이스라엘의 국가(國歌)이름은? 이 제목을 번역하라. 왜 이 제목이 새로 이스라엘에 돌아와 정착한 사람들에게 적합한 명칭인가?
13. 에스겔 예언자(와 후기 유대 교사들)에 의하면 어디가 "배꼽" 또는 "세상의 중앙"이었는가?
14. 20세기 전반(前半)에 걸쳐 이스라엘에 살고 있는 유대인들에게 "마지막 구원… 메시야 날의 도래"를 위한 장소를 준비해야 한다고 가르친 "종교적 시온주의"의 대표적 인물은 누구인가?
15. 다음 인물들은 시온주의에 대하여 어떤 철학을 가지고 있었는지 간단하게 설명하라.
   1) 테오도르 헤르즐(Theodor Herzel)
   2) 아하드 하-암(Ahad Ha-Am)
   3) 데이빗 벤-구리온(David Ben-Gurion)
   4) 블라디미르 야보틴스키(Vladimir Jabotinsky)
   5) 말틴 부버(Martin Buber)

어떻게 이처럼 다양한 시온주의자들의 생각이 이스라엘 사람들 가운데서 이스라엘 안에서의 통일에 영향을 주었는가?

16. 오늘날 이스라엘에 있는 하시드들 가운데 많은 사람들이 이스라엘 군대에 입영하기를 거부하고 있는 이유는?
17. 현 이스라엘 국가가 세워지기 전, 유대인들은 역사에 대하여 수동적인 입장을 취하고 있었다. 이 입장이 의미하는 바를 설명하라. 초기의 시온주의자들이 이러한 입장을 바꾸는 데 어떤 역할을 했는가?
18. 기독교인들이 이스라엘 국가에 대하여 취하는 입장 가운데 하나는 교회가 유대인들을 대신하게 되었다는 것이다. 그래서 민족으로서의 또는 나라로서의 이스라엘에 관하여 언급하고 있는 모든 성서 구절들은 이제 유효하지 않다고 한다. 이 견해에 대해 설명하고 평가하라.
19. 땅에 관하여 기독교인들이 취하는 두번째 입장은 이스라엘 국가를 "신적인 권리"에 근거해서 지지한다. 이 견해에 대해 설명하고 평가하라.
20. 전천년설, 즉 예수의 재림 전에 천년왕국이 올 것이라는 견해는 이스라엘을 위한 하나님의 프로그램과 교회를 위한 프로그램을 구분한다. 한 백성으로서 이스라엘에게 주어진 예언은 이스라엘에 의해 성취될 것이다. 말틴 말티에 의하면 어떤 기독교인에게 이스라엘은 의지할 수 있는가? 그 이유는? 이에 대해 동의하는가?

21. 이스라엘을 회복시키기 위해 전천년설을 주장하는 많은 사람들의 열성은 흔히 상당히 결정론적이며, 동시에 윤리적, 인류애적인 고려를 결핍하고 있는 언어들로 표현되어진다. 이 진술이 암시하는 바를 설명하라.

22. 그 누구도 단순히 "신적인 권리"에 근거해서 어떤 땅의 소유권을 주장할 수 없다는 경고가 중요한 이유는 무엇인가?

23. 종말론은 정의를 폐기하는가? 이 두 용어의 관련성을 논하라.

24. 이스라엘의 미래에 대한 성서의 자세한 설명들이 모호하고 불확실한 형태로 남아있어야 한다고 하는 주장에 귀를 기울여야 하는 이유 네가지를 들어보라.

25. "부동산"신학이 기껏해야 불확실한 신학에 지나지 않는 이유는?

26. 이 책에서 지지한, 이스라엘 국가에 대한 기독교인들의 세번째 입장은 무엇보다도 정의와 도덕, 역사의 문제들에 근거해서 유대인들의 홈랜드에 대한 권리를 지지하는 것이다. 이 견해에 대해 더 자세한 설명을 하고 평가하라.

27. 이 장에서 기독교인의 이스라엘과의 "결속"이 의미하는 바는 무엇인가? "결속"에 대한 이러한 이해는 어디에 기반을 두고 있는 것인가?

28. 기독교인의 예루살렘에 대한 개인적인 지식은 기독교의 기원을 이해하는 데 있어서 필수불가결한 것이라고 했는데, 어떤 면에서 그러한지를 설명하라.

29. 기독교인들이 이스라엘을 지지함에 있어서 조심해야 할 것들은 무엇인가?

30. 성서가 약속의 땅의 범위를 얼마나 정확하게 말해주고 있는가? 현대 신학자들이나 정치인들은 이 사실로부터 어떤 결론을 내릴 수 있겠는가?

31. 아랍과 유대인들 사이의 평화에 있어서 가장 큰 장애물은 민족주의의 근본적 요소인, 상대방에 대한 부정임을 살펴보았다. 이러한 철학의 실례들을 들고, 그것이 아랍과 유대인들에게 암시하는 바를 논하라.

32. 이스라엘과 아랍 사이에 계속되고 있는 영토 및 정치적인 분쟁에 대해서 기독교인들은 어떤 책임을 져야 하는가?

제 14 장
배움의 삶: 유대적 유산의 핵심

"훈계를 굳게 잡아 놓치지 말고 지키라. 이것이 네 생명이니라"
(잠 4:13)

배움은 유대 문명이 교회에 물려준 유산의 핵심을 이루고 있다. 이런 고대의 랍비 격언이 있다: "네가 지식을 소유하면 모든 것을 소유한다."[1] 유대인들은 항상 되풀이해 전해 내려온 이 격언의 실재를 알고 있었다. 그들은 오랫동안 "책의 민족"으로 불리워왔다. 성서 시대로부터 지금까지 유대인들은 홈랜드(homeland)로부터 쫓겨나서 살아왔으며, (제 7장에서 살펴본대로) 적의와 증오의 희생자들로 살아왔다. 그럼에도 불구하고 이러한 모든 시련으로부터 세계의 유대인들은 한가지 중요한 사실을 배웠다: 유대인은 그가 갖고 있는 이 세상의 모든 소유물들을 다 빼앗길 수도 있다. 그러나 그가 소유한 지식은 그 누구도 결코 빼앗아 갈 수 없다.

성서 시대 이후로 유대인들은 지식에 대한 탐구를 삶에 있어서 가장 절실한 것으로 여겨왔다(참조, 빌 3:4-11). "배움-배움-배움: 그것이 바로 유대인 생존의 비밀이다"라고 아하드 하-암(Ahad Ha-Am)은 말했다.[2] 유대인들은 그들의 종교적 유산의 가르침들을 자녀들에게 물려주는 일을 소홀히 한다면, 그들과 그들의 종교적 유산은 이 세상에서 사라져버리고 말 것이라고 오랫동안 생각해왔다. 다음과 같은 탈무드의 격언 가운데서도 그러한 면이 반영되어 있다: "학생들에게 가르치지 않는 사람은 그의 아버지의 유산을 버리는 자이다"(Sanhedrin 91b); "다른 사람의 자식에게 토라를 가르치는 사람은 그 아이를 낳은 사람이나 다름없다"(Sanhedrin 19b); "세상은 어린 학생들의 호흡으로 존재한다"(Shabbat 119b). 초기의 랍비들은 이렇게 교육의 중요성을 역설하였다. 교육은 성전을 재건한다는 이유로도 방해받아서는 안 될 것이라고 했다. 현대의 유대인 학자 라파엘 베르블로우스키(Raphael Werblowsky)는 교육의 중요성을 이러한 말로 요약했다: "유대인의 배움은 항상 유대인의 삶의 뿌리와 수원이 되어왔다… 배움이 없다면 우리는 유대인일 수 없을 것이다."[3]

1. 구약성서 시대의 교육

성서 시대에 교육의 제1차적인 목적은 전인(全人)을 평생동안 하나님에 대한 지식 가운데서 순종하는 봉사의 삶을 살도록 훈련시키는 것이었다(잠 1:7; 전 12:13). 아브라함의 자녀들은 "여호와의 도(길)를 지켜야" 했으며(창 18:19), 토라는 그 길을 따라 가도록 하기 위해 주어진 것이었다(시 119:105). 배움의 목적은 거룩한 삶에 있었다. 즉, 모든 삶 가운데서 하나님께로 분리되는 것이었다. 이 거룩은, 역사 속의 하나님의 행동에 대한 지식과 어떻게 살아야 하는가를 지시해준 그의 *mitzvot*(명령들)에 대한 절대적인 준수를 요구했다. 이스라엘은 모든 상황에서 그리고 모든 고비에서 주님의 권위를 인정해야 했다(시 16:8; 잠 3:5-6). 그러므로 궁극적인 예언적 비전은 "세상 만민에게 여호와께서만 하나님이시고 그 외에는 없는 줄을 알게 하는"것이었다(왕상 8:60).

이스라엘 역사 초기로부터 교육의 중심지는 가정이었다. 자녀들을 가르치는 주된 책임이 아버지에게 주어지긴 했지만(신 11:19), 부모가 이 교육의 책무를 공유했다(잠 1:8; 6:20). 아브라함 헤쉘(Abraham Heschel)은 이 점에 대한 현대적 의미를 이렇게 잘 지적했다: "교육은 기본적으로 아버지와 그리고 부모에게 달려있는 문제이다. 교사는, 유대 전통에 따를 것 같으면, 단지 아버지를 대신하는 사람에 불과하다. 너희는 자녀들을 부지런히 가르쳐야 한다(신 6:7 참조; 역주). 남에게 맡길 일이 아니다. 작금의 부모들은 편한 대로 행동하며, 확성기(T.V.나 Radio 따위의; 역주)로부터는 상업주의와 비속한 소리가 흘러나온다-이런데도 아이들에게는 성령의 음성에 귀 기울일 것을 바라고 있다니! 자선과 마찬가지로, 종교 교육은 가정에서 시작된다."[4]

아버지와 교사의 연상(聯想)은 적어도 수메르 문명에까지 거슬러 올라갈 것이다. 수메르인의 학교 교장은 "학교-아버지"라고 불리웠으며, 학생들은 "학교-아들"이라고 불리웠다.[5] 메소포타미아에서와 마찬가지로 이집트에서도 가르침은 주로 "아버지-아들" 형태를 띠고 있었다. 더 나아가, 히브리 성서에서 교사들(제사장들)은 "아버지"라고 불리우고(삿 17:10; 18:19), 교사와 학생의 관계(예를 들면, 엘리야와 엘리사)는 "아버지"와 "아들"로 표현되고 있다(왕하 2:3, 12). 더욱이 잠언의 첫 장들에서 현인(賢人)은 자기 학생들을 통례적으로 "내 아들"이라고 지칭하고 있다. 그뿐 아니라 오늘날 전통적인 유대인 가정에서 아이가 그 부모들을 위해서 기도할 때, "나의 아버지, 나의 선생님; 나의 어머니, 나의 선생님"으로 부른다.

성서 시대에 아버지는 —교과서나 시청각 교재 또는 밝은 색으로 칠한 교실이 아니라— 배움의 과정에 있어서 중요한 도구였다. 자녀들의 선생으로서 아버지는 신적인 진리의 살아있는 역동적인 전달자였다. 성서가 그를 대신할 수 없었다—그 때는 성서가 없었다. 이러한 원리를 오늘날의 성서적인 교육의 필요성에 적용하면서 헤셸은 이렇게 말하고 있다: "우리에게 다른 무엇보다도 더 필요한 것은 '교과를 위해 사용할 책'(textbooks)이 아니라 '사람'(text-people), 곧 학생들이 읽을 텍스트인 교사의 인격이다. 그들은 이 텍스트를 결코 잊지 않을 것이다."[6]

유대인 부모들의 가르침의 근본적인 목표는 역사적, 윤리적 유산을 전승시키는 것이다. 탈무드는 특별히 자녀에 대한 부모의 교육적 책임을 강조하고 있다: "아버지는 아들에 대해서 할례를 베풀고… 토라를 가르치고, 배필을 골라주고, 그에게 기술을 가르쳐주어야 할 의무가 있다"(Kiddushin, 29a). 할아버지에게 있어서 개인적인 종교적 만족의 축도(縮圖)는 손자가 토라의 일부를 암송하는 것을 듣는 것이었다(예루살렘 탈무드, Shabbat 1:2). 그래서 토라에서 발견되는 613개의 계명[7] 중, 다음 계명보다 배움에 대한 유대적 유산을 이해하는 데 더 중요한 것은 없다: "너는 그 일들을 네 아들들과 손자들에게 알게 하라"(신 4:9. 참조, 시 78:1-8).

가정에서의 교육은 또한 생계에 필요한 적당한 기술과 기능, 또는 거래법도 가르쳤다. 아들은 흔히 아버지의 도제(徒弟)로서 배웠다(미쉬나,

Kiddushin 4:14). 아들들은 또한 농사짓는 기술이나 양치는 기술도 배웠다 (삼상 16:11). 딸들은 보통 어머니에게 바느질이나 음식만드는 법을 배웠다 (잠 31:13이하). 히브리인들은 음악과 춤을 많이 사용했기 때문에 많은 부모들이 자녀들에게 그러한 것에 대해서도 가르쳐야 했다(참조, 출 15:1-21; 32:19; 신 31:30-32:47; 눅 15:25 등).

고대 이스라엘은 학교와 같은 공식적인 기구들이 없었다. 그리고 전문적인 기술을 대중에게 가르칠 준비가 되어 있지 않았다. 그 결과 교육은 상당히 다양했으며, 주로 비공식적인 것이 되었다. 가정은 배움의 주요 근원의 역할을 했다. 그러나 다른 중요한 권위자들도 사회에 영향을 미쳤다. 제사장, 예언자, 현인들이 바로 그러한 사람들이었다(참조, 렘 18:18).

제사장들은 율법의 수호자였으며 해설자였다(신 31:9-13). 모세는 백성들에게 "그들이[제사장들이] 너희에게 가르치는 법률의 뜻대로 행할" 것을 지시했다(신 17:11). 지파들을 축복하는 가운데, 모세는 레위 지파(제사장 지파)를 위하여 "주의 법도를 야곱에게, 주의 율법을 이스라엘에게 가르치라"고 말했다(신 33:10). 정기적으로 제사장들은 각 마을을 돌며 사람들을 모아놓고 가르쳤다(대하 17:8-9). 에스라는 제사장을 "모세의 율법에 익숙한 학사(선생)"로 묘사하고 있다(스 7:6).

예언자들은 도덕적인 의와 사회 정의의 투사들이었다. 그들은 사람들에게 모세의 윤리적인 그리고 영적인 가르침에로 돌아오도록 강권했다(암 5:21-24). 많은 예언자들이, 가르침을 받기 위해 그들 주변에 모여들었던 많은 제자들 또는 "자녀들"을 가지고 있었다(사 8:16, 18). 이 예언자 단체들은 ―때로는 "학교"라고도 불리운다― 예언자의 말들을, 그것들이 문자로 충분히 보전되기 전에 입으로 전달했다(왕하 8:4이하).

세번째로 우리가 기억해야 할 가르침의 집단은 현자들이었다. 이른바 지혜학교라 불리우는 많은 단체들이 당시의 현인들에게 훈련받기 원하는 학생들의 관심을 끌었다. 그래서 코헬렛(Koheleth, 또는 Qohelet, 지혜로운 선생)은 "백성에게 지식을 가르쳤다"(전 12:9). 이제 우리는 지혜 전승의 중요성과 지혜로운 자와 어리석은 자의 위치를 상세하게 다루어 보기로 하자.

2. 지혜의 히브리적 개념

지혜를 얻은 자와
　명철을 얻은 자는 복이 있나니
이는 지혜를 얻는 것이 은을 얻는 것보다 낫고
　그 이익이 정금보다 나음이니라
지혜는 진주보다 귀하니
　너의 사모하는 모든 것으로 이에 비교할 수 없도다
그 우편 손에는 장수가 있고
　그 좌편 손에는 부귀가 있나니
그 길은 즐거운 길이요
　그 첩경은 다 평강이니라
지혜는 그 얻은 자에게 생명나무라
　지혜를 가진 자는 복되도다
　　　　　　　　(잠 3:13-18)

고대 이스라엘의 지혜 문학은 주로 잠언, 전도서, 욥기, 아가서와 일부 시편에서 발견되어진다. 히브리 위인들의 갤러리(gallery)에서 모세는 법의 보호자로, 다윗은 시와 음악의 후원자로, 솔로몬은 지혜 문학의 수호자로 인정받고 있다. 성서는 솔로몬이 3천개에 이르는 잠언을 지었으며 그의 지혜는 "동양 모든 사람의 지혜와 애굽의 모든 지혜보다 뛰어나다"(왕상 4:30)고 말하고 있다. 그러나 복음서는 예수의 지혜가 솔로몬의 지혜보다 뛰어나다고 선언하고 있다(눅 11:31. 참조, 고전 1:30). 이는 예수의 가르침과 비유에서 잘 나타나고 있다.

때때로 현인(賢人)들은 인생의 복잡한 문제들을 사색하고 있으며 그 문제들에 대해 신중하게 말해주고 있다. 이러한 이른바 사색적인 또는 관조(觀照)적인 지혜의 측면은 욥기의 주제, 즉 '무고한 자의 고통과 하나님의 정의'에서 잘 설명되고 있다. 이러한 것은 인간 존재의 의미를 찾기 위해 씨름하고 있는 전도서에서도 잘 나타나고 있다고 할 수 있다.

그러나 현인들의 가장 일반적인 역할은, 삶에 대해 실제적인 충고를 필요로 하고 있는 사람들에게 지혜(hokhmah)나 충고를 주는 것이었다. 우리는 여기에서 이러한 종류의 지혜가 집대성되어 있는 잠언에 초점을 모을 것이다. 잠언은 배우려고 하는 사람들을 위한 교훈과 격언들로 가득차 있다. 이 책은 현자의 관찰을 암송하기 위한 일종의 교과서로 사용되어졌던 것으로 보인다. 이 책의 대부분의 잠언들은 개인의 성공이나 행복을 강조하며, 바른 삶을 살아가는 사람들에게 인생에서 주어지는 보응에 대해 힘주어 말하고 있다. 현자는 간결한 말로, 경험에서 얻은 지혜를 응축시킬 수 있는 능력을 갖고 있었다. 헬라인에게 있어서 지식은 덕에 이르는 중요한 길이었다. 지성을 통해서 선한 삶에 이르는 길을 갈 수 있었다. 그러나 히브리인들에게는 지혜는 지적인 추구 그 이상이었다. 그것은 실제적인 것이었다. 지혜는 옳고 그름에 대해 하나님이 주신 판단 기준에 근거하고 있다. 이러한 하나님이 주신 원칙들은 일상적인 삶 속에서, 그리고 인간 관계의 상식적인 차원에서 구현되어야 했다.

그러므로 히브리인들은 지혜를 결코 단순한 사실적 정보나 순수한 인식으로 보지 않았다. 지혜는 지식을 특별한 상황에 적용하는 기술이었다. 지혜는 하나님의 관점으로부터 모든 삶을 바라보고 평가하는 능력으로부터 시작된다(잠 1:7). 지혜는 하나님 안에 자리잡고 있다. 모든 지혜는 그것의 궁극적인 원천인 하나님으로부터 왔지만, 히브리인들은 경험적으로, 적용되어진 그리고 보다 구체적인 방법으로 지혜를 규정하는 경향이 있다. 다시 말해, 그것은 대개가 숙련된 기술, 실제적인 지식, 또는 특별한 일을 해낼 수 있는 능력을 포함한다. 솜씨가 좋거나 영리한 것도 지혜의 일종이라 할 수 있을 것이다. 하나님은 인간의 전존재(whole human being)와 삶에 대해 관심을 갖고 계신다.

그러므로 구약성서 시대에 지도력이나 행정력을 가진 사람들(창 41:33, 39; 신 34:9), 용사(잠 21:22), 배를 움직일 수 있는 사람들(겔 27:8), 옷만드는 기술을 가지고 있는 사람들(출 28:3), 그리고 금, 은, 동으로 예술품을 만들 수 있는 사람들(출 31:3-5)도 지혜를 소유한 사람들로 여겼었다. 간단히 말해서, 지혜는 성공적으로 그리고 최대한으로 유리하게, 자신이 일하고 있는 분야에서 무엇인가를 해낼 수 있는 실제적인 능력을 말한다. 그러므로 호크마(hokhmah) 즉 "지혜"를 적절하게 정의한다면 좋은 센스(sense), 재능, 또는 전문적인 기술을 가진 것을 의미한다.

3. 젊은 어리석은 자와 늙은 어리석은 자

성서의 지혜 문학에 있어서 현자들의 학생들은 지혜롭지 못한 자들로서 대개가 "어리석은 자"(잠 1:7) 또는 "단순한 자"(1:22, 개역성서에서는 특별한 구분없이 "어리석은 자"라고 옮겼다 - 역자주)라고 불리워지고 있다. 아래에서 "어리석은 자"라는 의미로 쓰여진 여러 표현들을 살펴보겠지만, 우선은 "어리석은 자" 또는 "단순한 자"를 정신적으로 결함이 있는 사람과 혼동해서는 안된다는 사실을 지적해야 할 것이다. 오히려 지혜 문학에서 여러 종류의 어리석은 자들은 - 젊거나 늙었거나 - "가르치는 사람이 그것을 가지고 가공해야만 하는 원자재(原資材)이며, 그들의 가공 정도는 다양하다."[8] 아마 다른 것들 만큼이나 어리석음이라는 단어는 고쳐야 할 태도, 마음의 성향, 또는 삶의 방향을 말한다.

"어리석은 자"라는 의미로 쓰여진 히브리어 단어가 잠언에 백번 이상 나타나고 있다. 우리는 여기에서 현자들이 얼마나 지혜를 증진시키는 데 강한 열정을 갖고 있었는가 하는 것을 보게 된다. 왜냐하면 지혜 앞에서 어리석음은 사라지기 시작하기 때문이다. 배움 - 평생 교육 - 을 향한 이러한 열정은 다음과 같은 영감에 찬 교훈 속에 잘 나타나 있다: "훈계를 굳게 잡아 놓치지 말고 지키라 이것이 네 생명이니라"(잠 4:13).

현인들의 잠언적인 교훈들의 일반적인 핵심은, 지혜는 삶을 성공으로 이끌지만 지혜의 반대인 어리석음은 실패로 이끈다는 것이다. 그러나 우리는 잠언이 특별한 종류의 문학 장르를 대표하고 있다는 것을 기억해야 한다. 잠언은 예외 없이 성공적으로 살도록 보장하는 그런 철판을 입힌 것과 같은 약속들이 아니다. 반대로 잠언은 삶에 대한 일반적인 관찰로서(거의 모든 경우에) 진실을 하나의 규칙으로 삼고 살아가게 하는 것이다. 확실히 욥기는 그렇게 특별나지 않은 "예외들"에 대해 자세히 주석한 책이라 할 수 있다. 지혜 문학에 속한 하나의 작품으로서 욥기는, 경건이 번영과 성공을 가져다 주고 불경건은 패망과 실패를 가져다 준다고 하는, 널리 받아들여진 격언 또는 믿음에 대해 도전하고 있다. 사실 욥의 경우, 세계적으로 진정 의로운 사람들 중 한 사람이 거듭되는 재앙을 당하고 있다(욥 1:13-19, 2:7).

성서의 잠언적인 교훈들에 예외가 존재하고 있는 중요한 요인들 가운데 하나는 온 세상이 영적으로 부패하고 하나님을 일반적으로 무시한다는 데 있다(왕상 8:46; 시 14:1-3; 130:3. 참조, 롬 3:10-18). 그러므로 어떤 의미에서는 우리가 모든 성서를 다 고려할 때, 모든 인간은 -어떤 방식으로든지 간에- 어리석다고 할 수 있을 것이다(참조, 고전 1:18-25). 성서는 -적어도 가끔씩은- 그들의 삶이 아래에서 논의하게 될 어리석은 자들의 성격을 한가지 또는 그 이상 가지고 있음을 보여주는, 계약 공동체 안에 있는 사람들로 가득차 있다. 어리석은 자들은 도덕적, 영적인 가치들을 무시한다. 이것은 우주적인 특성이다. 어리석은 자들은 또한 바보같고 부적절한 행동들 -그것들을 고치지 않는 한- 로 인해 멸망과 패망을 당하게 된다. 어리석은 자는 관계를 깨뜨렸다. 그러나 지혜로운 자는 어떻게 하면 성공적인 관계들을 맺을 수 있는 지 알고 있었다. 우리는 이러한 양극적인 사고 방식 -지혜로운 자와 그와 반대인 어리석은 자- 이 히브리인들의 세계에 일반적이었다는 사실을 알아야 한다. 그러므로 "어리석은 자"를 의미하는 히브리 단어들을 살펴볼 필요가 있는 것이다. 이러한 용어들은 이스라엘의 현자들이 맞서있던 어리석음의 의미에 대해 더 깊은 통찰력을 얻게 할 것이다.

(1) "열려 있는" 어리석은 자

히브리어 *peti*(또는 *pethi*)는 흔히 "단순한"으로 옮겨진다. 예를 들면, 잠언의 서언은 "단순한 자로 슬기롭게"(1:4. 또한 1:22과 다른 곳을 보라)하는 것에 대하여 말하고 있다. 이 단어의 어원은 "열려 있는, 광범한, 넓은"을 뜻하는 것으로 보인다.[9] *peti*는 현자로부터 교훈과 교정을 받아들일 가능성을 최대한 가지고 있는 "어리석은 자"를 표현하는 단어이다. "열려 있는" 사람은 접근할 수 있다. 비록 *peti*는 대개 미성숙하고, 경험이 없고, 쉽게 유혹에 빠질 수 있는 사람이긴 하지만, 다행스럽게 그들은 가르칠 수 있는 사람들이다. "단순한" 사람은 순진하고, 속기 쉬우며, 쉽게 어리석은 짓을 하는 사람일 것이다(잠 7:7이하를 보라). 그러나 그의 마음은 지혜의 입구를 향하여 막혀 있지 않다. 열려 있는 것(개방성)은 악에게와 마찬가지로 선에게로도 쉽게 돌아설 수 있는 가능성을 갖고 있다.

마음이 닫혀있고 완고하며 화석화된 사람은 대개가 성서 시대에 어리석은 자들의 표본이었다. 오늘날도 가르치는 사람들은 그러한 종류의 사람들을 대하게 된다. 그러나 다행스럽게도 하나님은 언제나 사람들 가운데서, 그들이 있는 곳에서, 그들을 만나심으로 그분의 역사를 시작하신다는 것이다. 만일 그들이 일반적으로 그분의 인도에 개방적이면, 성장할 수 있는 가능성이 많이 있다. 그래서 peti류의 사람들은 히브리 현인들에게 그들을 가르치고자 하는 의욕을 가져다 주었을 것이다. peti는 보통 다가갈 수 있는 사람들이었고 따라서 가르칠 수 있는 사람들이었다(그러한 접근 가능성이 가져올 수 있는 또다른 부정적인 영향들에 대해서는 잠언 7:21을 보라). 이러한 것들은 배우고자 하는 사람들이 가지고 있는 근본적인 그리고 일반적인 자질들이다. 가르치는 사람들은 보통, peti와 함께 일할 수 있었을 것이다. 즉, 그는 젊고 융통성이 있었다. 그의 어리석음은 고칠 수 있었다. 요약하자면, "pethi의 실수는 젊음의 실수이다. 현자들은 여기에서 기회를 가졌으며 그것을 소홀히 하지 않았다…. 만일 현자들이 그들을 일찍 잡기만 하면 단순한 자들은 가르침을 받을 수 있었다."10) 이들이 "열려 있는" 어리석은 사람들이다.

(2) "굳어진" 어리석은 자

kesil 과 ewil 이라는 히브리어는 현자들이 만났던 두번째 종류의 어리석은 자들을 가리키는 용어이다(역주: 개역성서에서는 이 두 용어를 구분없이 다 "미련한 자"로 옮겼다). 이 두 단어의 배후에 있는 기본적인 개념은 서로 비슷한 것으로 보이는데, "두꺼움" 또는 "뚱뚱함"이 그것이다.11) 이 단어들을 그 문맥 가운데서 연구한 결과에 의하면, 이들은 흔히 "머리가 둔한," "이해가 더딘," 또는 도덕적인 결함의 의미에서의 "어리석은" 사람을 가리킨다. 두껍다는 개념은 굳어진, 나태한, 완고한 사람, 방향 바꾸기를 주저하는 사람을 생각하게 한다. 석회화되고 완고한 사람인지라, 아래에서 보겠지만, 정신적으로 현자의 가르침에 면역이 된 어리석은 사람들이다.

히브리 성서에서 kesil은 자신 만만한 멍청이를 말한다(참조, "확신"을 뜻하는 kislah와 관계된 단어). kesil은 너무 자신만만해서 자신의 방식대로 산다. 그는 또한 의지가 강하며 기꺼이 배우기를 거절한다. 그러므로 그는 도덕적인 이상들을 무시하는 성향을 갖고 있다. 그는 악 가운데서 계속 살아간다. "개가 그 토한 것을 도로 먹는 것같이, 미련한 자(kesil)는 그 미련한 것을 계속하느니라"(잠 26:11). 그는 허풍장이이다(12:23). 지식을 미워한다(1:22, 18:2). 다투기를 좋아한다(18:6). kesil은 행악으로 낙을 삼고

(10:23), 안일을 좋아하며(1:32), 부모에게 고통과 슬픔을 가져다 준다(10:1, 17:21,25). 한 마디로, 그는 여호와를 경외하지 않는다(1:29).

*ewil*도 센스가 없고 부도덕한 사람을 가리킨다. 이런 어리석은 사람은 권고를 듣지 않고(12:15), 생각없이 지껄여대며(10:14), 마음이 조급하다(14:29). 더 나아가 *ewil*은 다툼을 일으키며(20:3), 격노한다(29:9). 거칠고 완악해서 깨지지 않는다(27:22). 오만하여 죄를 우습게 여긴다(14:9). 이러한 행동들은 그가 얼마나 지혜가 없는지를 잘 보여준다.

(3) "비웃는" 어리석은 자

지혜의 교사들은 *letz*도 대했다(역주: 개역성서에서는 "교만한 자," "거만한 자"등으로 옮겼다). 이 말은 "비웃는 사람" 또는 "경멸하는 사람"을 의미한다. 이 용어는 우리가 잘 알고 있는 시편 1:1의 "오만한 자"에서 발견된다. *letz*는 조롱하는 사람이다. 현대 히브리어에서 어릿광대(*letzan*)라는 말도 여기에서 유래되었다. *letz*는 "사람과 하나님 모두에게 못마땅한 사람이다. 그에게는 지식인인 체하는 그 무엇이 있다. 그의 어리석음은 거만한 우월감의 기미를 보인다."[12] 자긍심, 비웃음, 방해, 조롱과 더불어 *letz*는 야유의 으뜸이다. 그는 모든 선한 것과 거룩한 것에 대하여 조소를 보낸다. 헐뜯는 자요, 구습 타파 주의자요, 문제만 일으키는 사람이다. 요란케 하며(잠 29:8), 다른 사람들을 모욕하며(22:10), 넘치는 교만으로 행한다(21:24). 모든 해답을 알고 있어 지혜에 등을 돌리며 바로잡는 것을 싫어한다(9:7-8). 그러나 하나님을 능가하지는 못할 것이다. 마지막 심판 때에 그는 "어릿광대"라고 하는 불쾌한 선언을 들을 것이다. 하나님은 "거만한 자들(*letzim*)을 비웃으시기(*yalitz*)" 때문이다(3:34). 무례하고 냉소적인 태도와 더불어 *letz*는 이스라엘의 현자들에게 가장 큰 도전 가운데 하나였다.

(4) "하나님을 부인하는" 어리석은 자

어리석은 자들을 칭하는 용어 가운데 마지막으로 살펴볼 단어는 *nabal*이다. 이 단어는 잠언에서는 세번밖에 나오지 않으므로 그 의미를 보다 더 자세하게 이해하기 위해서는 구약성서의 다른 곳도 살펴보아야 할 것이다. 이 단어의 의미를 가장 잘 보여주는 곳은 시편 14:1이다: "어리석은 자

(*nabal*)는 그 마음에 이르기를 하나님이 없다 하도다." 어리석은 자들의 이같은 왜곡된 생각은 "사악한" 자들의 특징이다. 이 사악한 자에 대해서 시편 기자는 이렇게 말한다 : "그 모든 사상에 하나님이 없다"(시 10:4). 영적인 인지의 능력이 없는 *nabal*은 "하나님-사상"에 대하여 닫힌 마음을 갖고 있다. 그래서 *nabal*은 교만하다(잠 17:7). 하나님을 인정하지 않는 태도로 그는 성서의 기본적인 대전제 즉 "태초에 하나님이…"(창 1:1)를 무시한다.

이사야는 이러한 *nabal*의 불경건은 도덕적인 비행(그는 "악을 행하는 데 바쁘며")과 사회적인 무감각("주린 자의 심령을 비게 하며 목마른 자의 마시는 것을 없어지게 함이며"-32:6)을 포함하고 있음을 암시하고 있다. 잘못된 신학을 가지고 있으면 영적, 사회적 의식도 무디게 된다. 그 반대도 마찬가지다. 그러므로 하나님은 *nabal*에게 있어서 선택의 대상이 아니다. 우리는 그러한 사람을 실제적인(practical) 무신론자라고 부를 수 있을 것이다. "가증한 소행"을 통하여 어리석은 자는, 살아계신 하나님의 실재는 인간의 경험 밖에 있다고 선언하고 있다. 그러나 그의 관점은 영적으로 결함이 있다. 경멸 가운데서 그는 하나님을 깨닫지 못한다. 그렇게 함으로써 *nabal*은 자신을 "하나님을 부인하는" 어리석은 자라고 선언하는 것이다.

지혜는 인생 길을 가다가 만나게 되는 수많은 도전들을 매일매일 성공적으로 해결할 수 있게 하는 능력이라고 하는 것은 이미 지적한 바 있다. 지혜문학은 히브리 현자들이 모든 종류의 어리석은 자들과 관련해서 한가지 간절한 열망을 가지고 있었음을 보여주고 있는데, 그것은 어리석음을 몰아내고 지혜를 가르치는 것이었다. 젊은이건 노인이건 지혜에 대한 이러한 초청을 거절하는 사람은 자신을 어리석음에 맡기는 어리석은 사람이다. 현자들은 학생들에게 일차적으로는 이론적인 것이 아니라 실제적인 것을 가르쳤다. 그들의 관심은 다가올 세상이 아니라 이 세상에, 지금 여기에 있었다. 그들은 모든 사람들이 만나게 되는 일반적인 문제들을 해결하는 데 도움을 줄 수 있는 기술적인 충고를 주었던 것이다.

오늘의 교회들이 히브리 유산을 충분히 이해하기 위해서는 이러한 실제적인 초점을 기억해야 한다. 좋은 설교는 다가올 일들에 대한 추상적인 신학이나 숙고 그 이상의 것이다. 설교가 히브리 현자들의 전통에 충실하려면, 매일매일의 삶 속에 거룩한 진리를 적용시키는 방법을 가르쳐주는 실용적인 메시지가 되어야 할 것이다. 예를 들어, 이스라엘의 지혜 전승에 있어서 중요한 주제 가운데 하나는 혀의 사용에 관한 것이었다. 잠언은 실제적인 원리를 제시해주고 있다: "유순한 대답은 분노를 쉬게 하여도 과격한 말은 노를 격동케 하느니라"(15:1). 지혜로운 격언들을 포함하고 있는 신약성서의 야고보서는 이렇게 말한다: "혀는 능히 길들일 사람이 없나니 쉬지 아니하는 악이요 죽이는 독이 가득한 것이라"(3:8); "한 입으로 찬송과 저주가 나는도다 내 형제들아 이것이 마땅치 아니하니라"(3:10). 이러한 하나님의 지혜의 선포에 있어서 오늘날의 교회는 사랑의 행위들 속에 진리를 옷입히는 것에 대해 강조해야 할 것이다.

4. 지식에 대한 히브리적 관점

지식과 지혜는 서로 연관이 있는 개념이다. 둘다 하나님에게 뿌리를 두고 있으며 배운 것을 삶에 적용한다는 데 있어서 서로 연관이 있다. 서구 세계에서는 흔히 지식을 정의하는 데 있어서 제한을 두는 바, 추상적인 개념이나 이론적인 원리들에 국한하는 경향이 있다. 그러나 히브리식 사고에 있어서 무엇인가를 "아는" 것은 그것을 단순히 지식화하는 것이라기 보다는 그것을 경험하는 것이었다. 누군가를 "안다"고 하는 것은 그 사람과 밀접한 개인적 관계를 갖는 것을 의미했다. 그래서 히브리어로 "안다"는 뜻을 가진 동사 yada는 마주치는 것, 경험하는 것, 밀접하게 공유하는 것을 의미한다. 한 남자는 한 여자와의 성적인 결합을 통해 그 여자를 "알" 수 있는 것이다 (창 4:1, 17, 25). 요컨대 성서 히브리어에 있어서 동사 yada는 "관심을 포함하는 행위, 내적인 연대성, 헌신, 또는 어떤 사람에 대한 애착"을 의미한다. 그것은 또한 어떤 사람에 대해 동정심과 연민, 또는 애정을 갖는 것을 뜻하기도 한다.[13]

그러므로 지식의 개념은 전인(全人)을 포함한다. 무척 많은 정보를 갖고 있다고 하더라도 그것만으로는 부족하다. 지식은 삶의 실제적인 영역과 행동, 도덕에 적용되어야 한다. 예를 들면, 잠언 12:10은 문자 그대로 이렇게 진술하고 있다: "의인은 그 육축의 생명을 안다(yode'a)." 그 의미는 "그 육축의 생명을 돌아본다"는 것이다. 예언자들에게 있어서도 지식의 개념은 행위나 다른 사람에 대해 관심을 갖는 것이었다. 예레미야 22:15-16

에서 하나님은 예레미야를 통하여 "공평과 의리를 행하는 것"(*mishpat u-tzedaqah*)과 "가난한 자와 궁핍한 자의 소리에" 관심을 갖는 것이 하나님을 "아는 것"(*da'at*, 이 단어는 동사 *yada*와 관계된 명사이지만 여기에서는 동사의 역할을 하고 있다)이다. 그러므로 사회적 행위와 좋은 성격은 하나님의 계시를 통한 하나님과의 바른 관계를 통해 온다. 하나님을 "안다"는 것은 신실하게 그 분의 길을 걸어가는 것을 말하며, 그 분의 계약 조건들을 지키며 살아가는 것을 말한다. 그것은 진리를 내화(內化)하는 것과 삶의 사건들에서 완성하는 것을 포함한다. 간단히 말해서, 히브리인에게 있어서, "안다"는 것은 "행하는" 것이다.

지식의 영역에 있어서 인식의 요소와 감정의 요소가 서로 연결되어져 있음은 동사 *yada*에 대한 보다 깊은 연구를 통해 볼 수 있다. 이 동사는 대개가 "알다"로 옮겨지고 있지만, 때로는 "가르치다," 또는 "인도하다"로 번역된 곳도 있다.[14] 그러한 곳들 중에 두 곳을 보면, 거기에서는 지식이 단순히 마음과 관계된 것이 아니라 몸으로 행하는 구체적인 행동을 의미하고 있음을 볼 수 있다. 사사기 8:16에서 동사 *yada*는 들가시와 찔레로 누군가를 "때리는 것"을 의미한다.[15] 역대하 23:13에서는 이 동사가 찬송을 "인도" 하면서 악기를 가지고 노래하는 자들과 연관해서 사용되고 있다.[16] 그러므로 "안다" 또는 "가르친다"고 하는 것은 단순한 지적 행위가 아니다. 그것은 행하는 것이다. 실제적인 행위 또는 삶의 다양한 영역과 경험에 적용하는 개인적인 기술을 포함한다.

이 책을 통해서 우리가 살펴보았듯이 히브리인과 헬라인의 인생관은 다르다. 지식의 개념을 연구함에 있어서 이러한 세계관들의 중요한 차이점 가운데 하나가 분명히 드러났다. 스나이스(Norman Snaith)는 이 주제를 잘 요약하고 있다:

> 히브리 얼개가 갖고 있는 목적과 목표는 *da'ath elohim*(하나님에 대한 지식)이다. 헬라 얼개가 갖고 있는 목적과 목표는 *gnothi seauton*(네 자신을 알라)이다. 이 둘 사이에는 아마도 가장 큰 차이점이 있다고 할 수 있다. 조화를 이룰 수 있는 것이라곤 도무지 없다. 그들의 태도와 방법은 서로 상극을 이루고 있다. 히브리 얼개는 하나님과 더불어 시작한다. 하나님을 아는 지식만이 유일한 참된 지혜이다: '여호와를 경외함이 지혜의 근본이라.' 사람은 먼저 하나님에 대해 배우지

않고 그리고 하나님의 통치 의지에 순종하는 법을 배우지 않고는 결코 자기 자신이 누구인지, 무엇인지, 세계와는 어떤 관계에 있는지를 알 수가 없다는 것이 대전제이다. 반면에 헬라 얼개는 사람에 대한 지식으로부터 출발하며 그런 다음에 이른바 '사람의 보다 높은 본성'의 지식을 통해서 하나님의 방법들과 본성을 알려고 노력한다. 성서에 의하면 인간은 성령으로 태어나지 아니하고는 보다 높은 본성을 가질 수 없다.

우리는 성서 어디에서도 이러한 헬라인들의 접근 방식을 발견할 수 없다. 신구약 성서는 모두 다 히브리적인 태도와 접근 방법에 근거하고 있다.[17]

5. 차이를 만드는 교육

다른 문명과는 대조적으로, 유대인의 교육은 차이를 만드는 교육을 지향했다. 따라서 유명한 독일의 유대인 지도자 레오 백(Leo Baeck)은 이렇게 말했다: "모든 교육은 이러한 목표를 지향했다. 즉 달라지게 되는 것은 존재의 법이다…. '너희는 달라질 수 있다. 왜냐하면 나 여호와 너희 하나님은 다르기 때문이다.'" 나아가 그는 이렇게 결론짓고 있다: "유대인은 역사에 대해서 대단한 비신봉자이며 반대자였다. 그것이 그들의 존재 이유였다."[18] 사실 세계는 유대인을 "세기의 반항자"(the protestant of the centuries)로 묘사할 수도 있을 것이다. 이러한 면에서 유대 교육의 정수를 보게 된다: "거룩의 이념(理念), 즉 하나님에게 속하기 위해서 다른 모든 민족들로부터 분리되는 이념."[19]

이와는 대조적으로, 헬라인들은 삶의 거룩성에 결합되는 교육을 이해하지 못했다. 그 가르침은 일차적으로 지적인 그리고 기술적인 영역에 있어서의 즉 음악, 예술, 독서, 또는 체육과 같은 면에 있어서의 지식의 전달을 포함했다. 그러므로 교사는 학생들에게 그들이 갖고 있는 적성을 개발시키는 데 도움을 줄 수 있는 어떤 법칙들이나 과정들을 가르쳤다. 사고적인 능력을 개발시킬 필요가 있는 사람에게는 지적인 훈련을 받게 했다. 육체를 훈련시킬 필요가 있는 사람에게는 운동과 육체적인 훈련이 강조되었다. 보다 더 좋은 수공 솜씨를 필요로 하는 사람에게는 예술이나 조각을 가르쳤다.[20] 요약하면, 세속적인 헬라 문학에 있어서 "교사"(*didaskalos*)는 주로 학생들의 재능과 잠재력을 개발시키는 데 중점을 두었다. 가르침에 대한 유대인의 사고와는 달리 헬라의 가르침은 대체적으로 깊은 의미에 있어서의 학생들의 전인 개발과 교육에 관심을 두지 않았다.[21]

더 나아가 고대 헬라 사회에서는 오직 부유한 자와 유한 계급만이 교육을 통하여 계몽되었다.[22] 사실, *school*(학교)과 *scholar*(학자) 라는 단어는 "여가를 갖다," "여유 시간을 갖다," "아무것도 하지 않는다"는 의미를 가진 헬라어 동사 *scholazo*에서 유래한 것이다.[23] 따라서 학교(헬라어로는 *schole*)의 적당한 의미는 "배우기 위해 쓰는 여가"라 할 수 있다.[24] 그러나 우리는 이 헬라어가 히브리어에서는 그 짝을 찾을 수 없다는 사실을 강조해야 한다. 고대 유대인들은 그것을 "게으름"으로 생각했다.[25] 유대주의는, 육체적인 일은 천하며 따라서 종에게나 적당한 일이라고 생각하는 헬라사상을 항상 피했다. 윌리암 콤스키(William Chomsky)가 지적한 대로, "손으로 하는 노동을 무시했던 아리스토텔레스주의자들의 고상한 무관심과 그러한 일을 하는 사람들은 교육을 받을만한 가치가 없고 또 그럴 능력도 없는 열등한 사람들이라고 하는 생각은 히브리인들에게는 도무지 낯선 것이었다."[27]

헬라인들의 개념과는 대조적으로, 유대 교육은 모든 사람을 위한 그리고 전인에 관심을 갖는 교육이었다. 성서를 잘 살펴보면 많은 곳에서 우리는 가르침이 본래 하나님 자신에 의한, 가장에 의한, 또는 공동체의 종교 지도자에 의한 율법, 또는 하나님의 뜻의 전달과 관계가 있는 것이었음을 발견할 수 있다. 유대인 교사의 목적은 제자들의 어떤 지적 또는 실제적인 재능을 개발하는 데 두기보다는 배우는 사람들로 하여금 성서의 신적인 메시지의 권위에 복종하도록 하는 데 있었으며, 사실 그들도 바로 그 성서의 신적인 권위 위에서 가르쳤다. 여기에는 유대인의 전인격이 포함되며, 자기 자신 밖에 있는 보다 높은 신적 실재에 대한 절대적인 복종을 요구하는 교육을 했다.[28] 이점을 요약하면, 우리는 다음과 같이 그 차이점을 분명하게 설명할 수 있을 것이다: "헬라인들은 이해하기 위해 배웠고 히브리인들은 존경하기 위해 배웠다."[29]

6. 배움의 즐거움

교육과 관련해서 가장 많이 인용되는 말씀 가운데 하나는 잠언 22:6이다. "마땅히 행할 길을 아이에게 가르치라. 그리하면 늙어도 그것을 떠나지 않으리라." "가르치라"는 히브리어 동사는 *hanakh*이다. 구약성서에서의 사용법에 대하여 특별히 언급할 필요가 있는 바, *hanakh*는 현대 히브리어에서 배움과 관련된 용어가 되었다. 현대 히브리어에서 *hinukh*는 "교육"을, *mehannekh*는 "교육자"를 의미한다.

구약에서 *hanakh* 동사와 여기에서 파생된 단어들은 주로, "시작하는 것, 창시하는 것, 여는 것"의 의미를 갖고 있는 것처럼 보이는 컨텍스트에서 사용되고 있다.[30] 예를 들면, 이 단어의 어원은 건물을 낙성할 때(예를 들면, 솔로몬 성전, 왕상 8:63), 단의 봉헌을 위하여 제물을 단 앞에 드릴 때(민 7:10), 그리고 새 집에 살기 시작할 때(신 20:5) 행하는 예식들과 연관해서 사용되었다. 제단 제사, 봉헌 예식, 또는 기도들이 흔히 건축물들의 낙성식과 연관되었기에 "봉헌하다"는 의미는 결국 *hanakh*에게까지 확장되었다. 이러한 번역은 어원 자체와는 관계가 없어도 요한복음 10:22에서 *Hanukkah*를 "봉헌절 축제"로 옮긴 이유를 잘 설명해준다.[31] 이 어원의 의미인 "시작하다"를 고려해 잠언 22:6을 "바른 길에서 아이를 시작하게 하라"고 옮긴 영어 성서도 있다(참조, NEB; NIV의 난외주).

그러나 사실상 여러 세기 동안 유대 공동체는 *hanakh*를 다른 어원에서 유래된 것으로 이해했음이 분명하다. 이 동사 *hanakh*는 통례적으로 "구강 또는 잇몸을 문지르는 것"을 의미하는 어원과 연관시켜 왔다. 즉 "입천장"을 뜻하는 *hekh* 같은 단어와 연관시켜 왔다.[32] 셈족어 학자인 가스터(T. H. Gaster)는 이 단어의 본래적인 의미가 갓난 아이의 입천장에 금방 갈아서 만든 쥬스를 넣어주는 아랍의 관습과 관계가 있을 것이라고 생각한다. 그는 16세기 종교 개혁자 칼빈이 그 당시의 유대인들이 그와 비슷한 방식으로 꿀을 발라주었다고 말했던 사실도 지적하고 있다.[33]

*hanakh*의 어원이 무엇이든지간에 꿀을 사용하는 관습은 유대인들의 교육을 연구하는 데 있어서 특별히 언급할 만한 가치가 있다. 랍비 전승에 의하면, 입학식에서 꿀을 사용하는 관습이 유대인들에게 있었다. 어린이는 석

판을 보게 되는데, 여기에는 자모음과 성서의 두 구절(레 1:1, 신 33:4)과 다음과 같은 문장이 적혀 있다: "율법은 나의 소명(calling)이 될 것이다." 선생은 이것을 아이들에게 읽어주며 아이들은 그것을 따라서 읽는다. 그 다음에 꿀을 이 석판에 바르고 곧 이어 선생은 에스겔이 두루마리를 먹었던 것처럼 그것을 핥아 먹는다. 에스겔은 두루마리를 먹고 이렇게 말했다: "내가 먹으니 그것이 내 입에서 달기가 꿀 같더라"(겔 3:3). 이러한 예식이 끝난 후 아이들은 율법서에 기록된 몇 구절의 말씀들이 적힌 맛있는 케이크를 받아먹게 된다.[34]

그러면 왜 랍비들은 공부와 꿀을 함께 연결해서 생각했는가? 그것은 아마도 최소한 부분적으로라도, 성서의 어떤 부분에서 보이는 *hekh*("입천장")와 *hanakh*("교육하다")사이의 어원학적인 연결에서 기인된 것으로 보인다. 랍비들은 꿀의 단 맛과 우리가 영적으로 지혜와 하나님 말씀을 취할 때 느끼는 단 맛을 비교하는 구절들에서 *hekh*를 발견했다. 그 중 두 구절은 특별히 언급할 만하다: "내 아들아, 꿀을 먹으라. 이것이 좋으니라. 송이꿀을 먹으라. 이것이 네 입(의 맛, *hekh*)에 다니라. 지혜가 네 영혼에게 이와 같은 줄을 알라"(잠 24:13-14 전반절). "주의 말씀의 맛(*hekh*)이 내게 어찌 그리 단지요, 내 입에 꿀보다 더하니이다"(시 119:103). 추가적으로, 미드라쉬 라바(Midrash Rabbah)에 의하면 토라를 연구하는 것은 "젖과 꿀에 비교할 수 있다. 이러한 것들이 매우 단 것처럼 토라의 말씀들도 그러하다. 성서에도 이렇게 말씀하고 있다. '꿀보다 더 다니이다[시 19:10]'" (아가서 Rabbah 1:2,3). 그러므로 랍비들의 관점에서 볼 때 교육의 의무 가운데 하나는 사람들로 하여금 하나님의 진리를 연구하는 기쁨을 맛볼 수 있게 하는 것이었다.

잠언 22:6에 대하여 또다른 한가지 중요점을 살펴보자: "마땅히 행할 길을 아이에게 가르치라." 오늘날 이 말씀은 자주 부모들에게 주어지는 명령으로 받아들여지고 있다. 자녀들에게 성서와 경건한 삶을 가르치라는 권면으로 이해되고 있는 것이다. 성서는 부모가 자녀들을 의무적으로 가르칠 것을 요구하고 있지만,[35] 이 잠언의 말씀이 그러한 것을 요구하고 있는 말씀들 가운데 하나가 아니다.

잠언 22:6은 히브리어로 이렇게 되어 있다. "*hanokh la-na'ar al-pi darko.*" 문자적으로 옮기면, "아이를 그 [아이]의 방식에 따라 훈련하라

[시작하라]"이다. 아이를 아이들의 방식에 따라 훈련시키는 것(즉 그들이 보기에 바른 길에서 출발하도록 격려하는 것)과, 부모가 선택하고 규정하고 부모에 의해 지워진 방식대로 아이를 훈련시키는 것은 큰 차이가 있다. 전자는 하나님이 그들에게 주신 그들 고유의 성향, 재능, 재질을 중요시한다. 그것은 아이들의 독특성에 대하여 사려깊은 자세이다. 그러나 아이들을 완전한 성숙인으로 취급하지는 않는다. 데렉 키드너(Derek Kidner)가 바르게 지적했듯이, 이 구절에서 말하고 있는 훈련은 "이이들의 방식에 따른" 훈련이므로 "그들의 개성과 소명을 존경해야"한다는 사실을 말하고 있다.[36] 간단히 말해서, "아이들에 대한 훈계와 교육은 그들의 성격과 잘 조화를 이루어야 한다."[37]

이러한 번역과 해석은 아이들에게 그들 스스로 바른 길을 택해야 하는 무거운 부담을 지워준다. 부모가 아이들을 격려하고 양육하고 이끌고 알려줌으로써 아이들 "자신이" 그들에게 있어서의 바른 길을 선택할 수 있도록 해주는 것과, 부모가 아이들의 길을 선택해주는 것은 다른 문제이다. 이 점이 이 구절을 이해하는 데 있어서 핵심이다. 다시 말하지만, 우리는 이 구절이 성서 전승의 교사로서의 부모의 역할을 무시하지 않는다는 사실을 강조해야 한다. 그러나 이 구절은 오늘날의 학교의 진보적인 교육과 잘 상응하는 히브리식 교육 체계에 대한 어떤 통찰력을 얻게 해준다. "훈련"과정은 아이들의 특성과 요구, 등급 수준, 그리고 삶에 있어서의 단계에 상응하는 주제와 교수 방법을 찾는 데서부터 시작된다.(잠 22:6에서 아이로 번역된 na'ar는 반드시 유아나 작은 아이들만을 의미하는 것이라고 볼 필요는 없다. 이 단어는 구약 성서에서 200회 이상 나타나는데, 어린이로부터 어른에 이르기까지 광범한 계층을 의미하고 있다.) 따라서 개인적인 선택 — 비록 그것이 부모에 의해 영향을 받은 것이라고 할지라도 — 에 의해 자신의 개인적인 자유를 더욱 더 사용하는 "아이들"의 능력은 분명 배제되지 않는다.

잠언 22:6에 대한 이와 같은 이해는 모든 부모에게 특별한 책임을 지워준다. 부모는 아이들을 잘 관찰하고 그들이 창조적인 자기-성취를 할 수 있는 기회를 제공해 주도록 노력해야 한다. 더 나아가 부모는 아이들이 자연적으로 순응하게 되는 삶의 방향에 대해 민감해야 한다. 왜냐하면 아이들이 하나님이 주신 잠재력을 발견하고 그가 최고의 자기-성취를 할 수 있는 것은 "그" 길로 걸을 때에야만 가능한 것이기 때문이다. 엘리자베스 오 코너

(Elizabeth O'Conner)는 이 잠언을 적용하는 법에 대하여 잘 말했다: "모든 아이들의 삶은 그들이 가야 할 길에 대한 암시와 신호를 제공해준다. 숙고할 줄 아는 부모들은 이러한 암시와 신호를 저장하고 그것들을 깊이 생각한다. 우리는 각각의 아이들의 삶이 우리에게 주는 미래에 대한 암시들을 비축해야 한다. 그래서 부지불식간에 그들의 길에 장애물을 설치하는 대신, 그들로 하여금 운명을 성취하도록 도와주어야 한다. 그렇게 한다는 것은 쉬운 일이 아니다. 우리의 자녀들에게 그들이 무엇을 해야되고 또 무엇이 되어야 하는가를 말하지 말고, 그들 안에는 —우리에게는 없는— 그들이 발견해낼 필요가 있는 비밀이 있음을 믿으면서 그들의 지혜 앞에 겸손해야 한다."[38] 이것은 어려운 주문이다. 그러나 부모들이 자신들의 의무가 일차적으로는 아이들에게 바른 길을 선택할 수 있도록 도와주고 가르치는 것이라는 사실을 알게 될 때 비로소 아이들은 "그들의 운명을 성취할" 수 있는 능력을 소유할 수 있게 될 것이다. 바로 이것이 배움을 달콤하고 맛 좋은 모험으로 만들 수 있는 중요한 교육적 열쇠인 것이다.

7. 가르침의 임무에 대한 히브리적 통찰

히브리 성서는 지혜와 지식을 나누어주는 사람들의 임무를 다양한 용어들로 묘사하고 있다. 우리는 여기에서 다양한 교사의 역할과 책임에 대한 좀 더 깊은 통찰을 얻기 위해 몇가지 중요한 용어들을 살펴보기로 하자. 성서시대에 있어서 교사들에게 진리였던 것은 오늘날의 교사들에게도 진리이다. 여기에서 우리는 어떻게 이 자료가 기독교인 교사들에게 지워지는 의무들의 개략으로서 적용될 수 있는지에 대해 초점을 모을 것이다.

(1) 배우는 사람들을 교화함

히브리어 *ra'ah*는 "돌보다" 또는 "양을 친다"는 의미가 있다. 명사 형태인 *ro'eh*("목자")는 이 단어에서 파생된 것으로 60회 이상 나타난다. 하나님은 그의 백성의 *ro'eh*이시다(시 23:1). 예레미야는 이 용어를, 하나님이 자기 백성이 그에게 돌아올 때 가르치도록 하기 위해 세우실 지도자들을 가리킬 때 사용하였다: "내가 또 내 마음에 합하는 목자들 [*ro'im*]을 너희에게 주리니 그들이 지식과 명철로 너희를 양육하리라"(3:15). 잠언 10:21에서 ra'ah는 "교육하다"로 옮겨졌다: "의인의 입술은 여러 사람을 교육하나…." 이 용어는, 지식을 나누어주는 사람이 그의 무리를 위해 해주어야만 하는 교화, 돌봄, 안내를 암시한다. 그러나 그것은 또한 음식 제공의 필요와 성장을 위한 양육의 의미도 내포하고 있다.

신약성서에서 "목사"의 직무는 문자적으로 "양을 치는 것"(poimen)이었고, 두가지 역할 즉 "목사-교사"를 포함했다(엡 4:11). 오늘날 소위 가르침은 농담, 허튼 소리, 흥미있는 이야기 정도로 밖에 여겨지지 않고 있다. 좋은 가르침은 분명한 내용과 요지를 갖고 있다. 목자처럼 가르치는 사람은 배우는 사람들을 먹이고 양육하는 일에 더 많은 시간을 쏟아야 한다. 히브리 관점에서 가르침과 양육은 공존한다.

(2) 개념 설명하기

두번째 히브리 동사는 bin으로서 "구별하다, 분리하다"는 의미를 가진 셈어에서 파생된 것이다. 히브리 전치사 ben("사이에")도 같은 계열의 단어이다.[39] 대부분의 컨텍스트에서 동사 bin은 "이해하다, 구분하다, 구별하다"는 뜻으로 옮겨졌다. 그러나 "가르치다" 또는 "알리다"로 옮겨진 곳도 많이 있다.[40] 분사형이 명사 "가르치는 자"로 옮겨진 역대상 25:8이 그 한 예이다. "이 무리의 큰 자나 작은 자나 스승[mebim]이나 제자를 무론하고."

이 단어의 배후에는 ―개념이나 주장을 분석한다는 의미에서― 분리, 평가 또는 어떤 것을 다른 것과는 구분함 등의 개념이 있다. 흔히 그것은 무엇을 설명함으로써 분석적으로 생각할 수 있는 능력이 있음을 보여주는 것과 연관된다. 예를 들어 다니엘 8:16에서 bin은 가브리엘이 다니엘에게 환상의 의미를 말할 때 "설명하다"의 뜻으로 사용되었다. 가르치는 자는 문제들을 분리하고 설명할 수 있는 능력과, 문제들을 해결할 수 있는 능력을 갖고 있다. 히브리 교육에 있어서 가르치는 자의 역할 가운데 하나는 학생들에게 지식을 전달해주는 것뿐만 아니라 이해를 할 수 있도록 하는 것이었다. 교사는 논의들을 평가함으로써 그리고 문제들을 분류함으로써 학생들로 하여금 생각하게 만들었다.

이와 관련하여, 헤셀은 현대 교육과 관련하여 다음과 같은, 우리로 하여금 깊이 생각하게 만드는 말을 했다: "우리는 학생들을 문제를 이해하는 능력보다는 문제들에 대해 답할 수 있는 능력에 따라 평가한다. 구유와 조롱말이 교육의 중요한 자료가 된다." 그는 전통적인 소크라테스적 방법과는 반대가 되는 방법을 사용할 것을 요구하면서 이렇게 결론을 짓고 있다: "학생들을 바르게 평가하려면 문제를 바르게 던질 수 있는 능력을 시험해야 한다. 나는 우리가 새로운 타입의 시험 문제를 발전시켜야 한다고 제안하고 싶다. 즉, 답을 제시해주고 학생들로 하여금 문제를 만들어내게 하는 것이다."[41]

(3) 마음에 감명을 주는 것

"가르치다"로 옮겨진 용어 가운데서 보다 더 생생한 표현을 가진 것 중 하나는 동사 *shanan*이다. 이 단어는 "예리하게 하다, (칼날을)갈다"는 의미를 가진 단어에서 유래된 것으로 보인다. "이(齒)"를 뜻하는 히브리 명사 *shen*도 같은 단어에서 유래된 것으로 "예리하게 됨," "찌름," "쑤심" 등의 개념에 영향을 미쳤다. *Shanan*은 칼(신 32:41), 화살(사 5:28)과 같은 예리한 도구들을 가리킬 때 사용되어진다. 시편 73:21에서 이 단어는 "찔렸나이다"로 옮겨졌다. 쉐마(Shema)라고 불리워지는 잘 알려진 기도문에서(이 책 8장을 보라) *shanan*은 "인상지우다," 즉 "부지런히 가르치다"(개역성서)로 옮겨졌다: "네 자녀에게 (하나님의 말씀들을) 인상지우며"(신 6:7).

교사에게 있어서 하나님의 말씀은, 학생들에게 요지를 충분하게 가르치려고 할 때 "자르거나" "꿰뚫기" 위해 사용하는 도구였다. 성서의 가장 분명한 요지들은 배우는 사람의 삶에 새겨져야 했다. 이러한 맥락에서 히브리서 기자는 이렇게 진술하고 있다: "하나님의 말씀은 살았고 운동력이 있어 좌우에 날선 어떤 검보다도 예리하여 혼과 영과 및 관절과 골수를 찔러 쪼개기까지 하며"(히 4:12). 성서적인 가르침은 ─ 히브리적인 방식에 따라 ─ 그 논지들을 완전히 이해시켜야 하며 마음 속에 깊이 새겨야 할 것이다.

(4) 안내해 줌

보통 "법"으로 옮겨지는 *torah*는 "던지다," "쏘다"라는 의미를 지닌 *yarah*라는 동사에서 파생된 단어이다. 자주 이 *yarah*는 화살을 "쏘는" 것과 연관해서 사용되며(삼상 20:36-37) 이 단어의 복수형 분사 형태(*mo-*

rim)는 "궁술가," 즉 문자적으로 "화살을 쏘는 사람"(삼상 31:3)으로 번역된다. 얼마되지 않아서 *yarah*는, 구약성서의 40군데 이상에서 보여지는 것처럼 "가르치다"는 의미를 갖게 되었다. 또한 "가르치는 사람"이라는 의미를 가진 *moreh*도 같은 어원에서 파생된 것이라는 사실은 주목할 만하다(창 12:6, 사 30:20).

*yarah*의 의미의 변천은 궁술가처럼 교사도 과녁을 맞추는 데 필요한 어떤 프로젝트를 가지고 있음을 암시해주고 있다. 그는 목표와 목적을 가지고 있다. 따라서 어떤 때는 *yarah*가 "지도하다"(to direct), "지시하다"(to point out)로 번역되기도 한다. 즉 어떤 특별한 장소에 이르는 길(예를 들면, 고센, 창 46:28)을 가르쳐 줄 때 이 단어가 사용되고 있다. 그러므로 여러 컨텍스트에서 *torah*가 "지도, 가르침, 교육"의 의미로 쓰이고 있는 것은 적절한 것이다(이에 대해서는 이 책 11장을 참조하라). 토라는 삶을 안내해주고 지도해줌으로써 "지시해준다." 교사는 하나님의 가르침을 정확하게 이해시켜야 한다. 그렇게 함으로 학생들로 하여금 인생 여정에 있어서 그들의 운명을 향하여 나아가도록 지도해야 한다: "내가 너의 갈 길을 가르쳐 보이고 너를 주목하여 훈계하리라"(시 32:8).

(5) 훈련과 훈육

"가르치다"로 옮겨지고 있는 히브리어 중 가장 많이 사용되고 있는 단어는 *lamad*이다. 이 단어는 흔히 "배우다"로 번역되나, "가르치다"는 의미로 쓰인 곳도 50여곳이 넘는다. *lamad*의 기본적인 의미는 "익숙하게 되다," "훈련시키다"이다. 훈련 또는 가르침은 흔히 노래나(신 31:19), 전쟁(사 2:4), 명령(신 4:5), 또는 외국어(단 1:4)와 같은 특별한 내용이나 주제를 포함한다.

*lamad*의 어의 발달 과정에 있어서 비교적 초기에는 "실행하다" 또는 "훈련하다"의 개념을 포함하고 있었던 것으로 보인다. 이와 관련해서 배움에는 훈련이 요구된다는 사실을 히브리 학생들에게 강력하고도 생생하게 알려준 것이 있었는데, 그것은 히브리 알파벳에서 발견된다. 히브리 문자에서 "L"에 해당하는 것은 *lamed*(ל)라고 부르는데 이것은 훈련받는 사람을 강요하거나 자극하는 막대기의 모습을 가지고 있다. 사실 핀이나 못을 단 기구인 "소몰이 막대기"의 의미를 가진 히브리어 *malmad*의 문자적인 의미는

"가르치는 어떤 것"이다(참조, 사 3:31). 하나님의 백성 이스라엘은 "훈련 받은 [melummadah] 어린 암소"라고 불리웠다(호 10:11).

구약성서 시대 말엽에 talmid라는 단어는 "학생"이란 의미에서의 "학자"를 가리킬 때 사용하였다(대상 25:8). 랍비 시대에 율법 교사는 talmid로, 그의 학생이나 견습생들은 talmidim으로 불렸다. 이 학생들은 그들을 훈련시키는 랍비 아래서 혹독한 훈련을 받았다. A.D. 200년에서 500년 사이에 집대성되어 유대인 교육의 핵심이 된 구전법은 탈무드라고 불리우는데, 그 문자적인 의미는 "배움" 또는 "공부"이다.

모든 양성과 공부, 가르침은 훈련을 필요로 한다. 따라서 잠언서는 고대 히브리인들의 교육 방법 가운데 하나였던 매의 사용에 대해 말하고 있다. "초달(楚撻)을 차마 못하는 자는 그 자식을 미워함이라. 자식을 사랑하는 자는 근실히 징계하느니라"(잠 13:24. 참조, 22:15, 23:14). 이집트에서 사백년을 머무는 동안 이스라엘 백성은 이집트인들이 배움에 있어서의 훈련의 중요성을 강조하는 것을 보고 상당한 인상을 받았을 것임에 틀림없다. 이집트어로 sebayet은 "가르침"이나 "징계"로 옮길 수 있을 것이다. 이집트 상형문자에 있어서 "가르침"을 나타내는 단어의 일부는 채찍으로 사람을 때리는 그림으로 되어 있다. 성서 시대의 이집트 비문 가운데는 한 이집트 교사의 말이 기록되어 있다: "아이의 귀는 등에 달려 있어서 때려야 말을 알아듣는다."[42] 오늘날에는 채찍질을 배움의 과정에 있어서 중요한 요소로 생각하는 서구인들은 거의 없다. 그럼에도 불구하고 훈련은 모든 배움에 있어서 필수적인 요소이다. 히브리 전통에 있어서 항상 중요시되어온 이 점은 현대 세계에서도 상실되지 말아야 한다.

8. 신약성서 시대의 교육

신구약 중간기 시대에 회당이 생겼다. 그리고 새로 만들어진 서기관들의 학교는 성서를 연구하고 해석하며 필사하는 일을 주로 했다(스 7:10, 느 8:8). 신약 시대 이전에 서기관들은 이스라엘의 영적인 유산의 공식적인 교사로 인정을 받았다.

학교라는 단어가 처음 사용된 곳은, 윤리적 금언의 교과서이며 가장 오래된 외경인 시락서(Sirach. 또는 집회서, B.C. 180년경)이다. 시락은 학생들을 그의 *bet midrash*, 즉 "공부의 집"(house of study)에 와서 배우도록 초청하고 있다(시락서 51:23). 다른 학자들도 율법을 가르치기 위한 "집"을 각자 가지고 있었다. 회당은 점차적으로 공동체의 배움의 중심지가 되어갔으며, 신약성서 시대에는 "배움의 집"으로 알려졌다.

　예루살렘 탈무드는 바리새인들이, 어린이들을 위한 지역 학교를 세운 최초의 사람들이라고 말하고 있다. 시므온 벤 쉐타크(Simeon ben Shetach, B.C. 75년경)는 아이들은 *bet sepher*, "책의 집," 즉 학교에 가서 공부를 해야 한다고 강조했다(예루살렘 탈무드, Ketubot 8:11). "책"은 물론 토라를 가리킨다. 그 다음으로 중요한 교육적인 발전은 A.D. 65년경의 대제사장이었던 여호수아 벤 가믈라(Joshua ben Gamla)에 의해 이루어졌다. 바벨론 탈무드는 그가 6,7세 된 남자 아이들을 위하여 팔레스타인의 모든 지역에 선생을 임명했다고 한다(Baba Batra 21a).

　유대 역사가인 요세푸스(Josephus, A.D. 1세기 말)는 교육이 상당히 중요시되었다고 말하고 있다: "무엇보다 우리는 자녀들의 교육에 대해서 우리 자신을 자랑스럽게 생각한다."[43] 십대에 들어설 때까지 아이들은 회당의 부설 기관인 국민학교에서 공부했다.[44] 아주 어렸을 때는 기록된 율법을 읽는 법을 가르쳐주는 *bet sepher*(책의 집)에서 공부하다가, 열살 때까지는 구전법(후에 미쉬나 속에 편집되었다)을 공부하는 *bet talmud*, 즉 "배움의 집"에서 공부했다(참조, 미쉬나 Abot 5:21). 예루살렘 탈무드에 의하면 A.D. 70년 이전의 예루살렘에는 480개의 회당이 있었으며, 모든 회당은 *bet sepher*와 *bet talmud*를 가지고 있었다고 한다(Megillah 3:1).

　열 세살 쯤 되면, 재능 있고 부지런한 학생들은 여가 시간에 *bet midrash*, "공부의 집"에서 공부를 계속 할 수 있었다. 이러한 "아카데미들"(academies)은 율법 교사들이 운영했으며, 그들 가운데는 힐렐(Hillel)과 샴마이(Shammai)같은, 최고의 존경을 받던 이들도 있었다. 이러한 아카데미에서 논의된 것들 가운데 상당 부분이 기록되었으며, 탈무드가 형성될 때 랍비들에 의하여 사용되어졌다.

　초기 학교(*bet sepher*)의 성서적인 커리큘럼은 쉐마(Shema, 신 6:4－9, 11:13－21)와 옷단의 술에 관한 법(tzitzit 또는 zizith, 민 15:37－41), 할렐(시 113－118), 창조 이야기(창 1－5), 그리고 레위기 제사법의

핵심 부분(레 1-8)으로 이루어졌던 것으로 보인다.[45] 성서는 레위기부터 배우기 시작하는 것이 관습이었다. 미드라쉬 랍바(Midrash Rabbah)는 아이들이 창세기보다는 레위기부터 배워야 한다고 말하고 있다: "어린 아이들도 순수하고 제사들도 순수하기 때문에 순수한 자들이 와서 순수한 것을 공부하도록 해야 한다"(레위기 랍바 [Leviticus Rabbah] 7:3). 그런가 하면 다른 학자들은, 성서 시대의 교사들은 제사장들이었으며, 이 제사장들은 그들의 자녀들로 하여금 그들이 앞으로 성전주변에서 행하게 될 제사장 직분을 언급하고 있는 토라를 가르쳐 줄 필요가 있어서 레위기를 먼저 가르쳤다고 주장하기도 한다.[46] *Heder*, 즉 히브리 국민학교에서 하나의 아름다운 전통이 후에 생겼는데, 그것은 동유럽에서 행해졌다. 아이가 처음으로 선생님과 같은 반 친구들을 만나기 위해 학교에 갈 때, 성경 두루마리와 같은 기도숄(어깨 걸치개)에 싸여서 갔던 것이다.[47]

신약성서 시대의 특징은 순회 교사들과 그 제자들이다. 예수는 서기관들의 전통에 서있는 그와같은 교사 가운데 한 분이셨다(마 13:52). 복음서는 예수를 41회에 걸쳐서 *didaskalos* 즉 "교사"로, 그리고 16회에 걸쳐서 랍비로 지칭하고 있다. 서기관처럼 그는 회당에서 가르치시고(막 1:21), 가르치기 위해 앉으셨으며(눅 5:3), 성경을 해설하셨다(눅 4:16-21). 예수님 당시에 *rabbi*라는 칭호는 일반적으로 "나의 주인," "내가 존경하는 분"을 의미하는 경어였다. 나중에(2세기경) 요한난 벤 자카이(Johanan ben Zakkai)가 제자들을 "랍비"로 안수함으로써 비로소 "랍비"라는 칭호가 공식적인 직함 또는 칭호가 되었다(이 책 6장을 보라).

미쉬나는, 어느 누구도 토라를 부(富)를 파기 위한 "삽"으로 이용해서는 안 된다고 선언하고 있다(Abot 4:5). 따라서 교사들과 현자들은 대개 다양한 직업을 갖고 있었다. 이를테면 힐렐은 나무 자르는 사람, 샴마이는 측량사, 여호수아는 대장장이, 이스마엘은 무두장이, 그리고 후나(Huna)는 물 나르는 사람과 연관되어 있다(참조, Abot 2:2). 바울이 장막만드는 일을 했다고 하는 것은 종교적인 가르침에 대해서는 대가를 받지않는 이러한 관습을 반영하고 있다(행 18:3, 20:34; 고후 11:7-8; 살전 2:9; 살후 3:8).

9. 모두가 다 학생

배움에 대한 탐색이 성서 시대의 초기로부터 유대 공동체에 있어서 중심이 되어왔음을 이미 살펴보았다. 성서 이후 시대의 유대교는 이러한 히브리 성서로부터의 기반 위에 세워졌다. 따라서 미쉬나는 이렇게 묻고 있다: "누가 현명한 자인가? 그는 바로 모든 사람에게서 배우는 사람이다"(Abot 4:1). 또한 미쉬나는 이렇게 가르치고 있다: "그대의 집으로 하여금 현자들의 만남의 장소가 되게 하라. 그리고 바로 그들의 발 밑 먼지 위에 앉아서 그들의 말을 목이 갈한 자처럼 마시라"(Abot 1:4). 더 나아가 이렇게 말하고 있다: "네가 많이 배웠다고 해서 네 자신을 높게 생각하지 말지니 이는 네가 그것을 위해 태어났기 때문이다"(Abot 2:8). 같은 맥락에서 야곱 노이스너(Jacob Neusner)는 다음과 같이 바르게 보았다: "다른 전통들은 문학 전승의 지식에 있어서 뛰어난 종교적인 거장들을 가지고 있다. 그러나 유대교에서처럼 모두가 다 그러한 거장들이 되어야 한다고 주장하는 전통들은 거의 없다."[48]

12세기의 유명한 철학자 마이모니데스(Maimonides)는, 모든 유대인은 토라에 전념해야 한다고 하는 이러한 랍비들의 가르침을 반영하고 있다: "이스라엘 사람들은 건강한 자든 병들어 고통당하는 자든, 젊은 자든 나이많아 쇠한 자든 관계없이 누구나가 다 토라를 공부할 의무가 있다. '너는 밤낮으로 묵상할지니라'는 말씀대로, 구제품으로 연명하거나 문 앞에서 구걸해서 사는 가난한 사람이라고 할지라도 그리고 부양해야 할 아내와 아이들이 있는 사람이라고 할지라도, 밤과 낮에 토라를 공부하기 위해 시간을 따로 내야 한다."[49]

마이모니데스에 의해 주창된, 배움에 대한 이러한 공동체 모두를 포함하는 헌신은 현재, 미국에 있는 하시딤(Hasidim) 공동체에 의해 독특한 방법으로 실천되고 있다. 뉴욕의 브루클린(Brooklyn)에 있는 하시딤들은 아이들로 하여금 세 살 때 히브리어를 배우게 하고, 네 살 때부터 토라를 배우게 한다. 그들이 얼마나 열심으로 자녀들을 훈련시키는가 하는 것은 다음에서 잘 엿볼 수 있다: "아이들에게 있어서 토라는 모든 것이다. 일주일에 엿새 동안 아이들은 새벽 3시나 3시 반에 일어나서 *mikveh*(儀式的인 목욕)를 하고 5시 반이나 6시부터 거의 해가 떨어질 때까지 학교에서 공부를 한 다음 회당으로 돌아간다. 저녁을 먹은 다음에는 야간 수업을 위해 다시 회당으로 간다. 안식일인 토요일에는 온종일 회당에 있는다."[50]

오늘날 대부분의 교회는 현대의 이 하시딤 종파의 배움에 대한 열정에 대해 놀랄 것이다. 교회는 기독교 교육의 프로그램에 대해 얼마나 관심을 가지고 있는지 다시 한번 생각해 보아야 할 것이다. 교회는 주일 학교를 통한 피상적인 성서 공부에 소극적으로 만족하고 있는 경향이 너무 많다.

신약성서는 저 배움과 가르침이 모든 기독교인들의 관심이 되어야 한다는 생각을 갖기 시작했다. 에수님의 마지막 위임(마 28:18-20)은 모든 교회에 주어진 명령이다. 그 위임은 책임("모든 민족으로 제자를 삼아")과 방법(주님께서 명하신 것들을 모두 "그들에게 가르쳐" 지키게 하는 것)에 대해서 말씀하고 있다. 이 구절에서 "제자를 만들어"(헬라어로는 *matheteusate*)라는 용어는 문법적으로, 부과된 의무를 강조하는 명령형이다. 신약성서의 사상에 있어서 배움이 중심이 된다고 하는 것은 명사 *mathetes* 즉 "제자"(위의 헬라어와 같은 어원을 갖고 있다)가 250회나 나오고 있다는 사실만 보아도 알 수 있다.

제자를 만든다고 하는 것은 가르칠 수 있도록 그들을 훈련시키는 것을 말한다. 훌륭한 가르침은 연쇄적인 반응을 일으킨다. 바울이 디모데에게 개략적으로 말한 임무는 네 그룹의 교사들을 포함하고 있다 : "또 네가 많은 증인 앞에서 내게 들은 바를 충성된 사람들에게 부탁하라. 저희가 또다른 사람들을 가르칠 수 있으리라"(딤후 2:2). 바로 이 디모데는 어렸을 때부터 "성경"을, 즉 구약성서를 알고 있었다(딤후 3:15). 의심의 여지없이, 디모데가 어렸을 때부터 성경을 알고 따라서 "거짓이 없는 믿음"을 갖게 된 것은 그가 연결되어 있던 신실한 가족 교사들의 체인(chain) 즉 외할머니 로이스와 어머니 유니게를 통해서 온 것이었다(참조, 딤후 1:5).

신약성서는 가르침의 특별한 은사가 교회 안에 있는 "어떤 이들"에게 주어졌다고 분명하게 말하고 있다. 왜냐하면 가르침은 *charismata*, 즉 "은사들" 목록 가운데 들어있기 때문이다(참조, 롬 12:7, 고전 12:28). 그뿐만 아니라 앞에서도 말한 것처럼 목사의 직무와 교사의 직무가 서로 결합되고 있다(엡 4:11).[51] "목사-교사"는 이런 종류의 목회에 대하여 알려주는 풍부한 히브리적 배경을 갖고 있다. 사실 바울이 주의 종은 "가르치기를 잘

해야"한다고 진술할 때(딤후 2:24), 그는 조상들의 전승에까지 거슬러 올라가서 말하고 있는 것이다.

레오 백(Leo Baeck)은 유대인들의 역사에 있어서의 성서학에 대해 살피면서 다음과 같은 날카로운 말로 현대 교회에 도전하고 있다.

> 우리가 하나님의 가르침은 어떤 사람이 그냥 수동적으로 이어받는 그런 유산과 같은 것이 아니고 쟁취해야만 하는 유산과 같은 것이라는 사실을 깨달을 때, 우리는 성서에 대한 이러한 관계를 하나의 종교적인 의무로 보기 시작할 것이다. "공부하라"는 것, 즉 성경을 탐구하라고 하는 것이 최고의 명령이 되었다. 탐구하라는 것은 성서를 선물로보다는… 하나의 도전으로 여기라고 하는 뜻이다. "탐구해야"하는 의무는 더 깊은 생각을 요구한다. 각각의 끝은 새로운 시작이 되며, 각각의 대답은 새로운 문제가 된다…. 그러므로 고대의 말을 새롭게 이해하기 위한 유대교의 열망… 결코 그것의 진정한 의미를 찾았다고 생각하지 않고 언제나 그것의 진정한 의미를 찾기 위해 계속 노력했다.[52]

오늘날의 교회가 배우는 것의 중요성을 인식한다면, 이 문제에 대하여 수동적인 태도를 가질 수 없다는 사실을 깨닫게 될 것이다. 모든 세대의 기독교인들은 믿음의 거대한 역사적 원천들에 대해 개인적으로 새롭게 발견하도록 노력해야 한다.

10. 가르침의 방법과 우선순위

(1) 책이 아니라 입술의 말로.

처음으로 성서가 글자로 인쇄된 것은 1453년 구텐베르크(Gutenberg)에 의해서였다. 성서의 두루마리들은 손으로 일일이 복사해야 했기 때문에 —서기관들이 모세오경만을 필사하는 데도 1년이 소요되었다— 성서 시대에는 성서들이 널리 유포될 수 없었다. 그러므로 구약성서는 가르침이 입술의 말로 행해졌음을 강조하고 있다: "네 아들에게 이르기를"(출 13:8), "집에 앉았을 때에든지 이 말씀을 강론할 것이라"(신 6:7).

반복 공부가 철저히 시행되었다. 구전법을 의미하는 *mishneh*는 "반복,

복습"을 의미한다는 사실을 기억해야 할 것이다. 탈무드는 복습의 필요성에 대해 상당히 강조하고 있다: "토라를 공부하고 다시 복습하지 않는 사람은 씨를 뿌려놓고는 거두지 않는 사람과 같다"(Sanhedrin 99a), "공부한 것을 백번 반복한 사람과 백 한번 반복해서 공부한 사람을 비교하지 말라"(Hagigah 9b). 고대 근동 사람들은 언제나 구전에 대부분 의존하였다. 구약성서 자체도 본래는 크게 소리내어 읽도록 되어있던 초기 히브리 자료들을 모아놓은 것이다. 구약성서의 대부분이 본래 입에서 입으로 내려오던 것들이었음이 거의 확실하다. 전승들은 멜로디를 갖고 있어서 입으로 노래할 수 있었으며 리드미컬하게 암송할 수 있게 되어 있었다. 이런 식으로 말씀이 전승되었던 것이다.[53]

(2) 배운 것 외우기

우리는 교사들이 암송의 중요성을 평가절하 하거나 심지어는 무시하는 그런 시대에 살고 있다. 개념과 원리 그리고 관계성을 강조한다. 그러나 성서 시대에는 선생이 학생들에게 가르친 것을 학생들이 선생에게 다시 반복하여 말하도록 했다. 훌륭한 학자가 되기 위한 가장 큰 자질은 훈련을 통한 기억력과 보유력이 좋은 암기력이었다.[54]

암송의 중요성은 복음서 기자들에 의해 잘 설명될 수 있을 것이다. 예수의 죽음으로부터 첫번째 복음서가 쓰여지기까지는 수십년간의 ―많은 학자들은 20년이나 그 이상으로 생각한다― 공백 기간이 있었다. 그동안 초대교회는(본래는 그 시대의 유대인들) 유대인들의 잘 훈련된 기억력에 의해 예수의 많은 가르침들을 생생하게 보전했다. 이러한 예수의 말씀들(그리고 그의 행위의 기록들)은 다양한 개별적인 증인들에 의해 검토를 받았다. 전통을 이어받음에 있어서의 히브리인들의 기억에 대한 의존이 전해내려온 이야기들에 손상을 입혔는가 하는 질문이 자주 제기되고 있다. 그러나 미국 성서고고학계의 태두인 올브라이트(William Foxwell Albright)는 구전의 확실성과 신빙성을 자신있게 주장했다. 그는 이렇게 말하고 있다: "기록은 고대에 대부분 기억에 대한 도움이나 길잡이로서 사용되었지 기억의 대용으로서 사용되지는 않았다."[55]

유대인들은 기억을 위해 여러가지 보조수단들을 사용했다. 히브리 성서의 삼분의 일이 시로 되어 있다. 이 시에서는 평행법과 개념의 균형, 비유적 표현이 상당히 많이 사용되었는데, 이는 시편과 같은 모음집을 훨씬 쉽게 암송할 수 있게 만들었다. 더 나아가 가르침은 집약적으로 간결하게 표현되었다. A.D. 5세기에 교회의 최고 성직을 수행하기 위해 택함받은 사람들은 시편 150편을 모두 다 암송해야만 했다는 것을 믿을 수 없는 것으로 여겨서는 안된다. 암송을 하는 데 도움을 준 또다른 하나는 이른바 알파벳식 시의 형태이다. 이것은 히브리 자모 22개를 순서대로 구절의 첫글자로서 사용한 것이다. 예를 들면, 하나님의 말씀에 초점을 둔 시편 119편과 현명한 여인에 대해 말하고 있는 잠언 31:10-31, 그리고 예루살렘의 멸망을 애통해하는 예레미야 애가의 거의 대부분이 이런 식으로 되어 있다.

이외에도 기억에 도움을 준 것들은 많다. 홍해를 건너고 난 뒤의 감사의 노래(출 15)와 드보라의 찬양(삿 5)과 같은 역사시 및 찬양들은 노래로 불려졌으며, 악기와 더불어 춤을 추며 불려지기도 했다.[56] 반복, 두운(頭韻), 동의어 반복, 성유(聲喩), 그리고 익살(말놀이, wordplay)도 가르치는 기술로 널리 사용되었다(이 책 제 9장을 참조하라).

(3) 시간표에 따른 학습과 자발적인 학습

랍비 문헌은 공동체의 개개인은 정해진 시간표에 따라 부지런히 공부해야함을 강조하고 있다. 이것이 미쯔바, 즉 종교적인 의무였다. 사실 랍비들은 어떤 사람이 재판정에 불려오게 되면 그에게 던져야 할 첫번째 질문은 "배우기 위해 시간을 정해놓았었는가?"라는 것이라고 가르쳤다(바벨론 탈무드, Shabbat 31a). 이 질문의 보다 정확한 의미는 "당신은 토라를 공부하기 위해 정규적인 기간을 정해 놓았는가?"[57] 하는 것이다. 물론 성서 시대에도 시간을 따로 정해놓았지만 탈무드 시대에는 그것이 더욱 중요시되었다. 정해진 시간표에 따라 집에서 부모는 아이를 가르쳤을 것이다: "랍비 히야(Hiyya)는 전 날 배운 것을 아이와 함께 복습하고 또 몇가지를 더 배우기 전에는 아침을 먹이지 않았다"(바벨론 탈무드, Kiddushin 30a). 그러나 회당이 공부하는 공공 장소가 되어서 어른이나 아이나 함께 이곳에서 토라와 탈무드를 공부했다. 랍비들은 회당을 기도하는 곳으로서보다는 공부하는 곳으로 더 중요시하였다.

성서 시대 전체를 통하여 자발적으로 시간을 더 내서 가르치기도 했다. 우리는 특별히 순회 교사였던 나사렛 예수의 사역에서 그러한 모습을 보게 된다. 히브리 전승에 있어서, 일찍이 출애굽 당시에 모세가 히브리 백성에게 가정에서 자발적인 질문과 답변식 가르침을 가질 수 있도록 준비해야 한다고 말했다: "장래에 네 아들이 네게 묻기를 이것이 어찜이냐 하거든 너는 그에게 이르기를…"(출 13:14). 한 마디로 모든 아버지들은 그들에게 질문하는 자녀들에게 출애굽에 관하여 학가다(haggadah, 문자적인 의미는 "이야기")를 줄 수 있는 준비를 해야만 했다. 이러한 가르침 방법은 오늘날도 유월절 세데르(Seder) 축제의 한 부분으로서 드라마틱하게 재현되고 있다(이 책 제 12장을 보라). 신약성서에서 이러한 자발적인 '질문-답변'식 가르침 방법은, 병거를 타고 가면서 이사야 53장을 읽고 있던 에디오피아 내시와 빌립의 만남에서 잘 나타나 있다(행 8:26-40). 그 내시는 빌립에게 물었다: "선지자가 이 말 한 것이 누구를 가리킴이뇨? 자기를 가리킴이뇨, 타인을 가리킴이뇨?"(34절) 그때 빌립은 성서의 의미를 "설명했다"(35절. 참조, 31절). 그리고 내시는 세례를 받기 위해 물 속으로 들어갔다(36-39절).

(4) 시간을 들여서 배움

몇해 전에 한 랍비가 나에게 그의 십대 자녀 셋을 다른 주에 있는 사립 유대인 학교에 보냈다고 말했다: "우리 아이들은 성서와 유대인 역사, 히브리어를 적어도 한 주에 20시간은 배워야 한다. 그러나 그렇게 할 수 있는 것이 이 주변에는 없어서 다른 주로 보냈다." 그는 이렇게 결론을 지었다: "동화(同化)를 막는 최선의 방지책은 확실한 유대 교육을 시키는 것이다."

좋은 교육에는 지름길이 없다. 만일 누군가가 영적 훈련을 최우선으로 생각한다면, 먼저 그는 그 일에 시간을 많이 쏟아야 할 것이다. 그래서 시편 기자는 의로운 사람은 "오직 여호와의 율법을 즐거워하여 그 율법을 주야로 묵상하는 자로다"(시 1:2)라고 말하고 있다. 요즈음 관심이 집중되어 있는, 예수님 당시에 만들어진 사해사본의 당사자들인 쿰란(Qumran) 공동체는, 배우는 일에 시간을 거의 다 사용하였다. 이 공동체에서 발견된 "훈련지침서"(Manual of Discipline)에 따르면 성경의 율법들을 밤낮으로 일년 내내 끊임없이 공부해야 했다. 이 의무를 다 하기 위해 그들은 3교대조로 나뉘어 수백명이 밤새도록 읽고 공부하고 예배했다.

탈무드는 한 학자가 제자들에게 이렇게 말했다고 기록하고 있다: "토라의 말씀들은 그것을 공부하기 위해 자신을 죽이는 사람에 의해서만 굳게 확립될 수 있다"(Berakhot 63b). 유대교에 있어서 사람은 공부를 통해서 자존심을 지킨다. 모든 세대의 사람들에 의한 지혜에 대한 이러한 꾸준한 추구는 홀로코스트 사건 이전에 동유럽에 살던 유대인들의 특징이었다. 그들에 대한 다음과 같은 생생한 기록에 대하여 생각해보라.

> 동유럽 유대인들의 거의 모든 가정에는, 비록 가장 비천하고 가난한 집이라고 할지라도 책들로 꽉 차있는 책장이 있었다. 그 책장에는 당당하고도 품위있는 전지 2절 판의 큰 책들뿐만 아니라 보잘 것없는 것처럼 보이는 조그만 책들도 함께 있었다. 이 책들은 절망자들의 피난처도 아니었고 어쩌다가 교육하는 데 사용한 도구들도 아니었다. 그것들은 활활 타오르는 용광로였으며 영원한 가치가 있는 정신의 보고(寶庫)였다. 거의 모든 유대인들이, 개인적으로나 또는 공부를 위해 세워진 단체들에 속해서, 배우는 일에 시간을 사용했다….
> 가난한 유대인들, 그래서 자녀들에게 "일요일에도 감자, 월요일에도 감자, 화요일에도 감자" 밖에 먹일 것이 없는 사람들도 지식인들과 함께 앉아서 배웠다. 문제가 제기되면 거기에는 즉시로 자신들의 의견과 주장을 내세우는 사람들과 또 인용을 하는 사람들이 많이 있었다. 배는 고프고 집안 형편은 말이 아니었으나 그들의 마음은 토라의 부요함으로 충만했다.[58]

(5) 시각 교재와 실물 교육

성서에는, 학습 과정에 있어서 효율적인 도구인 시각 교재와 구체적인 상징들에 대한 예들이 많이 있다. 어떻게 계약이 맺어지게 되었는가를 묘사할 때 교사는 생생한 예화를 들려줄 수 있을 것이다. 계약은 쌍방간의 동의로서 그것에 의하여 각자는 분명한 의무와 책임으로 상대방에 예속되었다. 계약은 보통, 동의의 조건들을 드라마화하는 어떤 상징적인 행위에 의해 맺어졌다. 앞에서도 언급한 대로, 히브리어에 있어서 "계약을 맺는 것"은 문자적으로 "계약을 자르다"(to cut a covenant, *karat berit*)는 뜻이다. 하나님이 아브라함과 언약을 맺을 때, 동물들이 취해졌고 둘로 잘랐다. 그리고 반씩 양편에 놓았다(창 15:9-10). 이것은 피의 언약이었다. 그것은 언약을 파기해서는 안 된다고 하는 것을 생동감있게 극화한 것이었다. 연기 뿜는 가마가 나타나고 활활 타는 횃불(하나님의 현현을 상징한다)이 쪼개놓은 짐승 사이로 지나갈 때(17절) 피가 실물 교육 도구의 역할을 했다. 이러한 종류의 고대 근동의 계약에 있어서 한 편이 계약을 어기게 되면 그는 피를 흘리게 되어 있었다. 계약 당사자들이 피에 의해 결속되어 있었던 것이다. 따라서 계약 체결은 중대한 일이었다. 그것을 어기는 것은 곧 계약을 어긴 자의 죽음을 의미하는 것이었다.

다른 계약들은 동물의 피가 아닌 다른 종류의 시각 교재를 사용했다. 어떤 때는 생식기를 잡기 위해 넓적다리 위에 손을 얹기도 했다(창 24:2, 9). 그곳은 재생산의 능력이 있는 곳이기 때문에 정식으로 그곳을 만진다고 하는 것은 계약을 깨뜨리는 자는 불임하게 되거나 아니면 그 자손들이 망하게 된다고 하는 의미가 있었던 것이다. 아무튼 아브라함의 종은 아브라함에게 그러한 몸짓을 하고는 그에게 맡겨진 임무를 수행하기 위해 길을 떠났다. 그렇게 함으로 아브라함은 하나님이 그에게 약속하신 자녀들에 대한 확신을 가질 수 있었다. 이러한 생생한 행동은 로마의 관습에서도 발견할 수 있는데, 이 관습은 "testify"(증언하다)라는 영어의 어원과 깊은 관련이 있다. 증언하는 사람은 증언에 앞서 손으로 그의 성기를 꼭 붙들고 선서를 했다.[59] 그러한 몸짓들은 증거가 고대 세계에서 얼마나 중요한 것이었는가를 잘 보여준다. 어떤 문제에 대하여 자신의 말이 진실임을 맹세한다고 하는 것은 자신의 명성 이상의 것을 각오한다는 의미의 것이었다. 만일 그의 증언이 거짓으로 드러날 경우, 그의 자녀들뿐만 아니라 그의 손자 손녀들의 생명까지도 위험하게 될 가능성이 있었다.

유월절은 또다른 종류의 구체적인 상징들을 보여주고 있다. 이 표상들은 배움의 과정에 있어서 성서 시대로부터 사용되었다. 유월절 세데르(Seder) 식탁에 놓이는 것들은 유대인들이 이집트에서 경험한 것들을 대표한다. 맛조트(matzot)는 그들이 서둘러서 이집트를 떠날 때 먹은 누룩없는 떡을 회상시켜준다. maror("쓴나물")는 노예 생활의 고통을 회상시켜준다. 땅콩과 계피, 사과, 포도주를 가루와 섞어 만든 haroset은 벽돌을 만들 때 사용한 회반죽을 상징한다. 이스라엘이 이집트에서 나와 약속의 땅에 들어간 다음에 열 두개의 기념돌을 요단강에 세워놓았는데(수 4:20-23), 이는 다음 세대들에게 "이스라엘이 걸어서 요단강을 건넜다"는 사실을 가르치기 위한 것이었다.

신약성서 시대에도 시각 교재가 사용되었다. 겸손에 대한 강화(講話)에서 예수는 어린 아이를 제자들 가운데 세우고 말씀하셨다(막 9:36). 가이사라에게 세금을 내는 것에 대한 질문에 답하시면서, 예수는 동전을 가져오게 하시고는 "이것이 누구의 초상화냐?"하고 물으셨다(막 12:13-17). 마찬가지로 바울도 시각 교재를 사용해서, 믿는 자의 세례와 예수의 장사와 부활에 대해 설명하였다(롬 6:4).

(6) 말씀에 대한 경외

신약성서는 히브리 성서를 "성경"이라고 부르고 있다(딤후 3:15). 이 히브리 성서는 옛 예언자들이 "성령의 감동으로 하나님께 받아 말한 것이기"(벧후 1:21) 때문에, 거룩하고 존경할 만한 가치가 있는 것으로 여겼던 것이다. 성서는 하나님의 말씀으로 받아들여졌다. 하나님은 성서를 통해서 말씀하셨다. 고대 이스라엘에 있어서 가장 신성시된 성구(聖具)는 *aron qodesh*("성궤" 또는 법궤)였다. 이 안에는 모세가 시내산에서 받은 두 개의 법 판이 보관되어 있었다. 오늘날 회당의 성궤는 모세 오경 전체를 넣어놓은 상자다. 이 궤가 열릴 때, 회중은 존경의 표시로 똑바로 일어선다. 성서 시대에는 토라를 읽을 때 일어서는 것이 관습이었다(느 8:5). 오늘날 회중들은, 토라가 회중 가운데를 지나갈 때 그들의 기도 숄(prayer shawl)을 그 토라에 닿게 하기 위하여 복도 쪽에 자리잡는 관습이 있다. 그들은 토라에 닿은 기도 숄을 사랑과 존경의 표시로 입맞춘다. 만일 토라 두루마리를 갑자기 바닥에 떨어뜨렸을 경우에는 그곳에 있던 사람들은 금식을 해야 했다. 하나님의 율법은 생명을 가져다 준다. 따라서 토라 두루마리에도 그것이 마치 살아있는 사람인 것처럼 덮개와 가슴받이, 왕관으로 장식을 한다. 만일 회당에 불이 났을 경우에는 먼저 사람을 다 구출하고, 그 다음으로 제일 먼저 토라를 구해내도록 되어 있다. 토라 두루마리가 낡거나 못쓰게 되었을 때에는 사람처럼 무덤에 묻는다.

성서는 다른 책과는 다르다. 그것은 책중의 책(Book of Books)이다. 오늘날 교회의 기독교 교육 프로그램도 성경의 거룩성을 가르쳐야 한다. 그러기 위해서는 먼저 성경을 읽을 때 회중들로 하여금 일어나게 하는 것도 하나의 방법이다. 성서는 오늘날 하나님의 음성을 들을 수 있는 중요한 채널 가운데 하나이다. 기독교인들은 하나님의 말씀에 대해 존경과 경외심을 갖도록 할 수 있는 새롭고 창의적인 방법들을 끊임없이 생각해야 한다.

(7) 음악과 노래

야곱의 아내 레아가 넷째 아이를 낳았을 때에, "내가 이제는 여호와를 찬송하리로다 하고, 이로 인하여 그가 그 이름을 유다라 하였다"(창 29:35). 유다(히브리어로는 Yehudah)와 유대인이라는 단어는 둘 다 yadah, 즉 "찬양하다"라는 동사로부터 유래했다. 히브리인들의 찬양과 기도에는 흔히 음악이 포함되었다. 시편들은 반주에 맞추어 노래할 수 있도록 씌어진 시들이다. 그래서 다윗은 "내 노래로 저를 [ahodenu] 찬송하리로다"(시 28:7)라고 했다. 노래는 유대인의 기도를 바르게 이해하는 데 있어서 매우 중요하다. 헤쉘(Heschel)이 말한대로 "기도의 성격을 ─특별히 유대 전승에 있어서─ 잘못 이해해서는 안 된다. 기도의 첫번째 목적은 어떤 요구를 하는 것이 아니다. 최우선적인 목적은 찬양하고 노래하고 찬송하는 것이다. 왜냐하면 기도의 본질은 노래이며, 사람은 노래없이는 살 수 없기 때문이다."[60] 홀로코스트(나찌의 유대인 대학살 사건)에서 살아남은 엘리 비젤(Elie Wiesel)은 노래의 중요성에 대하여 이렇게 동의한다: "유대인은 누구인가? 유대인은 그 또는 그녀의 노래를 잠잠케 할 수 없는 사람이며, 그 또는 그녀의 기쁨을 어떤 원수라도 그로부터 절대로 빼앗아갈 수 없는 사람이다."[61]

모세는 사십 년에 걸친 그의 광야 여정을, 홍해에서 구원해주신 하나님을 찬양하는 노래와 더불어 시작했다(출 15장). 사십 년 후에 모세는 그의 사역을 같은 음조의 다른 기쁨의 찬양으로 끝맺었다(신 32장). 이러한 노래들은 이스라엘 사람들에 의하여 기억되었으며 다음 세대들로 전해내려 갔다. 그 이유는 무엇인가? "사람은 노래 없이는 살 수 없기 때문이다." 모세가 약속의 땅을 바라보면서 마지막 노래를 부른 다음 모든 이스라엘 백성들에게 가르쳤던 것은 바로 이것이다: "이는 너희에게 허사가 아니라 너희의 생명이니… 너희의 날이 장구하리라"(신 32:47).

이스라엘 백성들은 음악을 통하여 그들의 역사와 전통들에 익숙해 있었다. 가나안 사람들을 물리치고 드보라와 바락은 찬양의 노래를 불렀다(삿 5장). 다윗은 하프를 탔고(삼상 16:16-17. 참조, 암 6:5), 유다 사람들에게 "활의 애가"를 가르쳤다(삼하 1:17-27). 솔로몬은 1,005개의 노래를 지은 것으로 알려져 있다(왕상 4:32). 다른 고대 근동의 사랑의 시(詩)들과 마찬가지로 아가서는 오래 전부터 언약 공동체 안에서 불리워졌다. 히스

기야 왕의 통치기간 동안에는 성전에서 큰 규모의 성가대가 심볼츠, 하프, 수금, 그리고 나팔과 더불어 찬양을 했다(대하 29장).

신약성서도 음악을 상당히 사용했음을 보여주고 있다. 이는 히브리 전통을 반영한 것이다. 누가는 예수님의 탄생에 대한 다양한 노래들을 기록하고 있다. 고린도에서는 시편들이 예배의 일부분으로 노래로 불리워졌다(고전 14:26). 이 시편들은 유대 교육의 핵심으로 가르쳐졌고 한 세대에서 다른 세대로 계속 전해내려 왔다. 바울은 에베소 교인들에게 같은 전통 위에서 "시와 찬미와 신령한 노래들로 서로 화답하라"고 권면할 수 있었다(엡 5:19). 신약성서의 마지막 책인 요한 계시록에서 우리는 모세의 구원의 주제로 다시 돌아가게 된다(15:3-4). 여기에서 요한은 하늘나라를, 하프와 함께 모세의 노래(출 15장)와 어린 양의 노래 -하나의 노래- 를 부르는 모습으로 그리고 있다.

오늘날 많은 기독교의 음악들이 천박스러운 것처럼 보인다. 히브리 전통에서는 그것은 예배가 아니다. 대개의 경우 그것은 하나님의 위대하심을 칭송하고 찬양하기 보다는 거의 대부분이 인간의 문제와 체험, 그리고 요구에 초점을 두고 있다. 히브리인들도 인간적인 차원을 배제하지는 않았지만 그들의 노래는 대개, 믿음과 하나님의 진리에 대한 가르침에 대해 보다 깊이 위임을 하도록 만드는 모티브들을 가지고 있었다. 히브리인들은 하나님의 위대한 구원 행동들을 계속 되풀이 해서 노래함으로써 신학과 히브리인들의 역사에 대해 많이 배웠다. 오늘날의 교회는 찬송학(hymnology)과 음악의 개념을, 성서에 있는 노래들에 비추어 다시 생각하면 좋을 것이다.

11. 예배로서의 공부

배움의 동기에 관한 질문은 태고적부터 있어온 문제이다. 사람들은 여러 가지 가치있는 이유들 때문에 배우려고 노력했다. 어떤 이들은 교육을 통해 지평을 넓히기를 원했으며, 또다른 이들은 기술을 습득하기를 원했다. 물론 지적인 호기심을 만족시키기 위해 배우는 사람들도 있다. 그러나 성서는, 공부는 무엇보다도 예배의 행위가 되어야 한다고 가르치고 있다.[62] 즉 교육은 하나님을 영화롭게 할 수 있는 가장 좋은 방법 가운데 하나라고 하는 것이다. 또한 히브리어 *abodah*는 이중적인 의미가 있다는 사실을 강조해야 할 것이다. 이 단어는 서로 상반되거나 또는 배타적으로 보이는 두가지 행동, 즉 일과 예배를 포함한다. 그러므로 유대 전승에 있어서 "공부는 기도와 마찬가지로 제단 봉사라는 이름으로 불리워지는 예배이다."[63] 이러한 이유 때문에 탈무드에서 "교육"은 "하늘의 일"과 동의어이다.[64]

바리새인으로서 바울은 유대교에 정통한 사람이었으며 유대교 사상과 성서적인 신학에 익숙한 사람이었다(참조, 빌 3:4-6). 그러나 이 책의 앞부분에서 언급한 것처럼, 바울은 이른바 세속적인 일과 신성한 일을 구별짓지 않는다. 그의 조상들이 그랬던 것처럼 모든 삶은 하나님의 통치 영역에 속한다고 가르쳤다. 그러므로 우리의 모든 삶은 가장 작은 부분에 이르기까지 하나님의 영광을 위해 바쳐져야 한다. 그래서 바울은 고린도인들에게 "무엇을 하든지 다 하나님의 영광을 위하여 하라"(고전 10:31)고 편지했다. 후에 그는 골로새 교인들에게도 이렇게 썼다: "무엇을 하든지 말에나 일에나 다 주 예수의 이름으로 하고 그를 힘입어 하나님 아버지께 감사하라"(3:17). 데이빗 후바드(David Hubbard)가 우리에게 상기시켜 주듯이 "일과 예배는 밀접한 연관을 가지고 있다. 왜냐하면 일하는 것은 하나님께 영광을 돌리는 것이기 때문이다…. 우리는 [히브리인들과 같이] 하나님의 물건들을 가지고 일한다. 우리는 하나님의 달란트를 그 일을 위해서 사용한다. 그리고 우리는 우리의 일을 통하여 하나님의 사람들에게 봉사한다."[65]

오늘날 교회 주변에는, 악마가 사람의 마음을 다스리며 따라서 지식이라고 하는 것은 죄된 것이거나 아니면 기껏해야 의심스러운 것밖에는 되지 않는다고 하는 주장들이 퍼져 있다. 그러나 바울은 그와같은 가르침에 대해서는 전혀 알지 못했다.[66] 모든 삶의 영역에서 크리스챤은 그리스도의 주권을 인정하고 신성한 것들이 위태한 가운데 있음을 인식해야 한다. 모든 삶은 하나의 통합체(unity)로 보아야 한다(이 책 10장을 참조하라). 공부와 같은 일상적인 일들도 영적인 경험의 영역으로 고양되어야 한다. 바울도 그와같은 사상을 뒷받침하고 있다: "하나님의 지으신 모든 것이 선하매 감사함으로 받으면 버릴 것이 하나도 없나니 하나님의 말씀과 기도로 거룩하여짐이니라"(딤전 4:4-5).

하시딤(Hasidim)은 오랫동안, 우리 영혼의 깊은 곳에서부터만 하나님을 예배하고 섬길 수 있는 것이 아니라 우리의 몸과 마음으로도 그렇게 할 수 있다고 바르게 가르쳐왔다.[67] 요컨대 우리는 우리의 전존재로 하나님을 예배한다. 하시딤은 이러한 그들의 주장을 뒷받침해주는 두 구절을 자주 인용한다: "내가 여호와를 항상 내 앞에 모심이며"(시 16:8), "너는 범사에 그를 인정하라"(잠 3:6). 같은 맥락에서, 하시딤의 아버지라 할 수 있는 랍비 헤셸은 다음과 같이 예리하게 지적했다: "공부의 신성함에 대한 진정한 존경은 학생들에게 공부는 호된 시련(ordeal)이 아니라 교화(edification)의 행위라고 하는 것과, 학교는 '거룩한 곳'(또는 성전, sanctuary)이지 공장이 아니라는 것을 인식하게 할 것이며, 또한 공부는 '예배의 한 형태'라고 하는 것을 깨닫게 해야 것이다."[68]

12. "훈계를 지키라. 이것이 네 생명이니라"

오늘날의 교회 안에서 어른들은 공부를 위해서 시간을 낼 수 없다고 변명한다. 그들의 변명은 대개 이런 식이다: "나는 너무 바쁘고 또 시간이 나더라도…," "나는 나이도 많고 또 공부는 아이들이나 하는 것이지 나같은 …," "공부는 학자나 선생님들이나 하는 것이지," "나는 책벌레가 아니고 아주 현실적인 사람이거든," "나는 이미 대학을 다 나왔어," "차라리 텔레비젼이나 보는 것이 더 낫지," "나도 어렸을 때는 주일학교에 다녔어," "교육이 사람 망치지. 얼음 위에 앉아 있는 학자가 되느니 불위에 앉아 있는 바보가 되는 것이 더 낫다." 이런 식의 변명을 하는 사람들은, 유대적인 뿌리를 통하여 기독교인들에게 전해 내려온 배움의 유산을 이해하고 그것을 진지하게 받아들여야 한다.

독일의 유대인 신학자 프란쯔 로젠쯔바이크(Franz Rosenzweig)가 한 번은 현대의 유대인을 산소통을 메고 바다에 뛰어든 사람에 비교를 하였다. 일단 산소가 떨어지면 그는 죽는다. 오직 성서에서 발견되는 역사적인 수원지와 그것이 가져다 주는 신선한 생명의 공기로 돌아가야만 각각의 새로운 세대가 생명을 지속할 수 있다는 것이다.[69] 다른 비유를 하자면, 탈무드는 이렇게 말한다: "바다의 물고기가 물을 떠나면 즉시로 죽는 것처럼 사람도 토라의 말씀을 떠나면 멸망한다"(Abodah Zarah 3b). 배움은 기독교인들에게 선택과목이 아니다. 그것 없이는 죽을 수 밖에 없다.

이 장에서 우리는 기독교와 배움에 관계된 많은 잘못된 생각과 신화를 교정하려고 노력했다. 그러나 아직도 한가지 더 지적할 것이 있다. 성서적으로 현명한 유대인 학자 헤쉘은 우리의 관심을 다음에 모으게 한다: "교육을 삶을 위한 하나의 '준비'로서 정의해서는 안된다. 배움은 곧 삶이다. 그것은 삶의 최고의 경험이며 존재의 절정이다."[70] 배움은 곧 삶이다. 삶은 배움을 위해 있는 것이다. 따라서 기독교인은 오직 두가지 중 하나를 택해야 한다: 하나는, 자신의 존재를 "책의 백성"으로 공언하면서도 그것이 의미하는 바가 무엇인지를 거의 모르는 것이다. 다른 하나는, 자신을 배움에, 즉 예배 가운데 생명을 지속시키는 모험에 바치는 것이다. 그러한 사람은 옛 히브리 현자의 영감에 찬 지혜를 깨닫게 될 것이다: "훈계를 굳게 잡아 놓치지 말고 지키라. 이것이 네 생명이니라"(잠 4:13).

제14장의 이해를 위한 연구과제

1. 유대 전통에 있어서 지식에 대한 탐구를 삶에 가장 필요한 것 가운데 하나로 생각한 이유는 무엇인가? 탈무드는 세상이 무엇에 의해 존재한다고 말하는가?
2. 성서 시대에 배움의 목적은 무엇이었는가?
3. 이스라엘 역사의 초기로부터 아이를 가르칠 책임은 주로 누구에게 있었는가?
4. 계명이 613개라고 주장한 사람은 누구인가? 부정적인 계명과 긍정적인 계명 중 어느 것이 더 많은가?
5. 유대인 부모의 가르침의 근본적인 목적은 무엇이었는가? 가정 교육의 두번째 목표는 무엇이었는가?
6. 고대 이스라엘에 있어서 가정 이외에 사회 전반에 걸쳐서 교육적인 영향을 미쳤던 중요한 세부류를 말하라. 그 중 코헬렛(전도자)은 어느 그룹에 속하는가?
7. 고대 이스라엘의 지혜문학을 집대성해 놓은 성서는 무엇인가? 지혜문학의 수호자는 누구로 알려져 있는가? 그 이유는?
8. 현자의 두가지 중요한 역할에 대하여 간단히 말하라. 히브리 성서 가운데 어떤 책들이 그 기능들을 가장 잘 보여주고 있는가?
9. 어떤 책이 현자의 가르침을 암송하기 위한 교과서로 사용되었던 것으로 보이는가?

10. 지혜(hokhmah)를 히브리적인 관점에서 정의하라. 어떤 의미에서 지혜가 지식에 대한 일반적인 견해보다 뛰어난가? 히브리 성서에 있어서 어떤 실제적인 능력이나 봉사의 영역들이 지혜를 부여받은 사람들과 연관되어 있는가?

11. 어떤 의미에서 지혜의 반대는 어리석음이라 할 수 있는가?

12. peti의 성격 또는 자질에 대하여 말하라. 왜 히브리 현자들은 peti에 대해서 희망을 가질 수 있었는가?

13. kesil과 ewil의 성격을 잘 반영해주는 용어는? 잠언은 그들의 삶의 방식에 대하여 어떻게 묘사하고 있는가?

14. letz의 특성과 태도를 설명하라. 왜 이러한 종류의 어리석은 자가 이스라엘의 현자들에게 가장 큰 도전이 되었는가?

15. nabal의 특성과 삶의 방식을 설명하라. 무신론자라는 용어가 nabal을 바르게 표현해준다고 생각하는가?

16. 지식에 대한 히브리인들의 관점의 특징은 무엇인가? 성서적인 배경에서 yada라는 동사를 연구하는 것이 지식에 대한 히브리인들의 관점을 이해하는 데 어떻게 도움을 주는가? 서구 세계는 흔히 지식의 의미를 제한하는 경향이 있다. 이에 대하여 설명하라. 스나이스(Norman Snaith)는 지식에 대한 히브리적 접근방식과 헬라적 접근방식의 비교를 통해 그들이 서로 "태도와 방법에 있어서 상극"에 있음을 지적했다. 스나이스가 말하려는 것은 무엇인가?

17. 레오 백(Leo Baeck)에 의하면 유대인의 존재 이유는 무엇인가? "다른 존재"의 개념은 거룩한 삶을 위한 교육의 필요성과 어떤 관계를 갖고 있는가?

18. 히브리 세계와는 달리 헬라 세계는 교육을 삶의 거룩성에 연관시키지 않는다. 헬라인들의 가르침의 목적은 무엇이었는가? 일반적으로 고대 헬라 사회에서는 어떤 사람들이 교육을 맡았는가? paidagogos, "아이를 인도하는 자," "가정교사"(또는 후견인, tutor)의 역할은 무엇이었는가?(주를 참조하라) 학교라는 말의 기원이 '누가 교육을 받았는가'에 대해 어떠한 빛을 비추어주고 있는가? 교육에 대한 히브리적인 이해와 헬라적인 이해는 어떻게 다른가?

19. 히브리 동사 hanakh("훈련하다," "교육하다")가 유래되었을 가능성이 있는 두개의 단어는?

20. 하누카 또는 "봉헌축제"의 기원에 관해 설명하라(주를 참조하라).

21. 랍비 전승에 의하면 꿀이 어린이들의 입학식에서 어떻게 사용되었는가? 랍비들이 꿀과 공부를 연관시킨 이유는?

22. 잠언 22:6에 대한 다음 질문에 답하라.

1) 일반적으로 이 구절을 어떻게 해석했는가?
2) 문자적으로 이 구절을 옮겨보라.
3) 문자적으로는 이 구절을 어떻게 해석할 수 있으며 또 무엇을 함축하고 있는가?
4) 그러한 해석이 바르다고 가정할 때, 자녀에 대한 부모나 (또는 부모와) 교사의 역할과 책임은 무엇인가?

23. "가르치다"는 의미를 가진 다양한 히브리 동사들을 연구함으로써 우리가 성서 시대의 교사의 임무나 책임에 대해 어떤 통찰을 얻을 수 있는가? 가르침의 주제와 관련해서 다음 질문에 답하라.

1) 신약성서에서 목사(pastor)라는 용어의 문자적인 의미는? 이 의미가 목사직의 기능에 대하여 무엇을 말하고 있는가?
2) 아브라함 헤쉘은 어떤 방법으로 전통적인 소크라테스적 교육방법을 뒤집어야 한다고 주장하고 있는가? 그의 제안에 대하여 어떻게 생각하는가?
3) 히브리어 자음 라메드(ל)는 히브리인들의 교육에 대한 관점에 대하여 무엇을 말해주고 있는가?
4) 배움과 관계된 다음의 용어들에 대하여 정의하고 적절한 용어로 옮겨보라: *moreh, talmidim, Talmud*. 히브리식 교육 개념은 기독교인 교사들에게 어떤 의미를 주고 있는지 설명하라.

24. 신약성서 시대 직전에는 누가 이스라엘의 영적 유산에 대한 공적인 교사로 인정을 받고 있었는가?

25. *bet midrash*, "공부의 집"이라는 용어의 의미는 B.C. 2세기경의 본래적인 사용법으로부터 어떻게 발전했는가? 최초로 학생들을 자기의 집으로 초청해서 공부하도록 했던 사람으로 알려진 랍비는?

26. 유대 교육의 역사에 있어서 시므온 벤 쉐타크(Simeon ben Shetach, ca. 75 B.C.)와 여호수아 벤 가믈라(Josuah ben Gamla, ca. A.D. 65)가 차지하는 위치는?

27. 신약성서 시대에 어린이를 위한 교육 체계에 있어서, 특별히 나이와 학업 내용과 관련하여, 다음 용어를 구분하라.

1) *bet sepher*
2) *bet talmud*
3) *bet midrash*

28. *bet sepher*에 다니는 어린이들을 위한 기본적인 성서적 커리큘럼을 개략적

으로 설명하라. 왜 레위기가 그렇게 중요시되었는가? 왜 오늘날 기독교인들은 레위기에 대해 잘 알지 못하는가?

29. 예수가 서기관의 전통에 서있는 순회 교사였다는 사실을 뒷받침해주는 신약성서의 증거는? 예수 당시에 *rabbi*라는 말은 어떤 의미로 사용되었는가? 2세기 경에는 이 용어의 의미가 어떻게 바뀌었는가?

30. 종교적인 전통의 교사들과 현인들이 세속적인 직업을 갖고 있었던 이유는 무엇인가? 바울은 이러한 관례에 대하여 어떠한 태도를 보였는가?

31. 랍비들이 많이 배웠다고 해서 자신을 높이 평가해서는 안 된다고 한 이유는?

32. 마이모니데스(Maimonides)에 의하면 누가 토라를 공부해야 하는가? 나이나 건강, 경제적인 여건 등이 토라를 공부하는 것과 어떤 관계가 있다고 했는가?

33. 젊은이의 종교 교육에 대한 하시딤의 접근방식과, 다양한 기독교의 종파들의 접근방식은 어떻게 다른가? 어떤 요소들이 접근 방식을 다르게 만들고 있는가?

34. "배움의 삶"과 교회에 부과된 예수의 지상명령은 어떻게 연관을 맺고 있는가? 어떤 방식으로 좋은 가르침은 연쇄적인 반응을 나타내는가? 디모데후서를 참조하여 답하라.

35. 교회 안에 가르침의 특별한 은사를 받은 사람들이 있었음을 보여주는 신약성서의 증거 둘을 제시하라.

36. 하나님의 가르침은 수동적으로 받아들이는 유산이 아니라 취해야만 하는 유산이라고 하는 레오 백(Leo Baeck)의 주장에 대하여 논하라.

37. 가르침은 본래 책을 통해서가 아니라 입을 통해서 이루어졌다고 하는 증거를 제시하라. *mishneh*라는 용어의 의미 가운데서 어떤 단서를 잡을 수 있는가?

38. 오늘날의 교회는 번역된 성서를 갖고 있다. 그러나 구약성서는 (원래의 언어로)크게 낭독하도록 되어 있던 초기의 히브리 자료들을 모아놓은 것이다. 본래의 성서를 크게 읽는 것과 비교할 때, 번역된 성서를 속으로 읽는 것의 장점과 단점에 대해 논하라.

39. 성서 시대에 좋은 학자가 되기 위한 첫번째 자질은 무엇이었는가?

40. 기억이 히브리식 사고의 전승에 있어서 매우 중요한 역할을 했다. 그 결과 전해내려온 이야기들이 많이 손상되었겠는가? 이 문제에 대한 올브라이트(William F. Albright)의 견해는 무엇인가?

41. 히브리 성서를 기록한 사람들이 기억을 위해 사용한 것들은 무엇이 있는가? 알파벳순으로 된 시들의 예를 들어보라.

42. 랍비들은 내세에서는 배움에 관한 어떤 미쯔바를 얼마나 실행했는가 하는

질문을 첫번째로 받게 될 것이라고 가르쳤다. 이 미쯔바는 무엇인가?

43. 쿰란 공동체는 공부와 연구를 위해 시간을 얼마나 사용했는가? 우리가 그 것을 어떻게 알 수 있는가?

44. 고대 근동에서 계약 체결 시 널리 행해졌으며 후에 로마에서도 증언할 때 행해진 바 있는 -이 풍습은 testify라는 단어의 어원과도 깊은 관계가 있다- 상징적인 행위는 무엇인가? 창세기에서 그러한 예를 들어보라. 히브리인들에게 있어서 어떤 중요한 의미가 이러한 형태의 극적인 행위와 연관되어 있는가?

45. 유월절 축제시 세데르(Seder) 식탁에 올라오는 여러가지 음식들은 이집트에서의 경험을 상징한다. 다음 음식들에 대하여 기술하고 그것이 상징하는 바를 말하라.
   1) *matzot*
   2) *maror*
   3) *haroset*

46. 고대 이스라엘에 있어서 가장 신성시된 성구(聖具)는 무엇이었는가? 그 이유는? 오늘날의 회당에서는 토라의 사본을 어디에 보관하는가? 오늘날 회당에서는 어떤 방식으로 토라에 대한 경외심과 존경의 태도를 보이는가?

47. "유다"와 "유대인"의 어원은 무엇인가? 아브라함 헤셸에 의하면 유대전통에 있어서 기도의 제1차적인 목적은 무엇이었는가?

48. 이스라엘과 초대교회에 있어서의 음악의 중요성을 설명하라. 이집트로부터의 구원의 경험을 노래한 것이 요한계시록에서 천상에서 부르는 노래로 다시 나타나는데, 그것은 어떤 노래인가?

49. 히브리어 *abodah*는 두가지 의미를 갖고 있다. 그것은 무엇인가? 플라톤 철학에 의하면 이 두 개념은 서로 배타적이거나 모순되는 것이다. 이러한 플라톤 철학이 교회에 미친 영향은 무엇인가? 제 10장을 참조하라.

50. 탈무드에서 "교육"과 동의어로 쓰이는 것은?

51. 교육도 예배의 한 형태라고 하는 가르침을 뒷받침해주는 구절들은?

52. 왜 오늘날 사람들이 교육을 평생에 걸쳐 받아야 하는 것으로 생각하지 않으려고 하는가?

53. 탈무드에서는 물고기가 물을 떠나면 죽듯이 사람도 이것을 하지 않으면 죽는다고 가르치고 있다. 그것이 무엇인가?

54. "교육을 삶을 위한 하나의 '준비'로서 정의해서는 안된다. 배움은 곧 삶이다"라는 주장에 동의하는가? 이에 대하여 논하라.

제 5 부
유대적 뿌리를 회복하기 위하여

제 15 장
지금이 아니면 언제?

"우리가 말과 혀로만 사랑하지 말고 오직 행함과 진심으로 하자"
(요일 3:18)

이 결론의 장에서 우리는 현대와의 연관성의 문제에 초점을 모으기로 하겠다. 이 책 전체가 어떻게 오늘의 교회를 위한 행동에로의 부름으로서 서로 조화를 이루는가? 어떻게 이 책이, 그리고 기독교인과 유대인의 관계를 다루는 다른 저서들이 단지 정보만을 제공해주는 것이 아니라 유용한 것들이 될 수 있는가? 어떻게 기독교인들이, 특별히 비교적 히브리 사상의 세계에 익숙하지 않은 사람들이 유대적인 유산에 대하여 보다 깊은 인식을 가질 수 있는가? 어떻게 유대 공동체와의 민감한 그리고 지속적인 관계들을 맺을 수 있는가? 이러한 문제들이 우리의 관심사가 될 것이다.

이 책을 통하여 우리는 성서적 신앙의 본질이 "관계"임을 주장해왔다. 성서적인 관점에서 하나님과 이웃을 사랑하라는 윤리적인 명령은 번제나 희생 제물보다 더 중요한 것이다(미 6:1-8; 막 12:28-34). 그러나 이러한 것을 "종교"라고 부른다는 것은 이 말의 현대적인 의미 때문에 잘못일지도 모른다. "종교"라는 용어의 일반적인 용법은, 유대인 성서 기자들이 거룩한 삶을 규정한 것을 왜곡시킨다. 그러므로 우리는 이 개념에 대하여 더 자세히 살펴보아야 한다.

종교를 뜻하는 영어 religion은 "묶는다"를 뜻하는 라틴어 *religare*에서 유래되었음이 거의 확실하다. 따라서 종교는 일반적으로 어떤 서원이나 의무, 의식, 또는 의무들에 의하여 묶여진 삶을 사는 것으로 여겨져 왔다. 정의에 의하면, "기독교인의 종교"는 -특별히 교회가 그 유대적 뿌리로부터 점점 더 멀어져감에 따라-하나의 특별한 교리 체계를 의미하게 되었다. 간단히 말해서, 종교는 무엇보다도 예배와 행위를 지배하는 믿음의 집단(몸)으로 보였던 것이다.

신학적 진리들은 성서적 가르침에 있어서 확실히 중요하다. 그럼에도 불구하고, 히브리인들은 진정한 경건과 신성한 삶을 어떤 사상 체계에 대한 비인격적인 관계로서 보지 않고, 살아계신 하나님과의 매일매일의 새로운 인격적인 관계로 보았다. 그것의 참된 위치는 교리의 나열이나 제의 규정들에서 발견되지 않고, 창조주 하나님에 대한 전인적인 절대 복종과 사랑의 응답 가운데서 발견되었다.

오늘날의 교회 안에 비슷한 위험이 도사리고 있다. 때로 그것은 "성경광신"(bibliotary)이라는 표가 붙여진다. 기독교인들은 성서의 씌어진 진리를 너무 존중한 나머지 그 성서 배후에 있는 살아있는 말씀은 보지 못하는 일이 생기지 않도록 조심해야 한다. 성서의 신앙의 위인들은 근본적으로, 신조를 찬양하기 위하여 살지 않았다. 그들은 어디에나 계신 그들의 주님과의 밀접한 교제 가운데서 매일매일 살아가려고 노력했다.

유대교는 그의 상관적(相關的)이고도 실용적인 강조들을 교회에 물려주었다. 그러므로 아래에서의 우리의 임무는 유대인의 유산과 관련해서 교회를 위한 실제적인 성취 또는 운용법을 개발하는 데 있다. 말라버린 기독교 신앙의 유대교 뿌리를 회복시키는 과정은 단순히 유대인들의 가치, 역사, 그리고 문화에 관하여 추상적으로 배우는 것뿐만 아니라, 그보다 훨씬 이상의 것들을 포함한다. 본질에 있어서 그것은 관계의 회복을 포함한다. 사상들을 통하여 활력을 불어넣는 것만으로는 부족하다. 지식은 유대 공동체와의 개인적인 접촉을 통하여 구체적인 행동으로 변화되어야만 한다. 진정한 성장은 개념들과 마찬가지로 사람들을 직접 대면할 때 나타나게 된다. 사상의 세계 못지않게 실제적인 경험에서 얻은 지혜와 구체적인 행동도 자양분을 공급해준다.

그러므로 우리는 이 장의 제목을 "숙고와 행위에로의 부름"이라고 붙일 수 있을 것이다. 우리가 시도하고자 하는 것은 이러한 연구를, 여러가지 실제적인 것들을 서로 엮고 종합함으로써 유용한 것으로 만드는 데 있다. 여기에서 우리는 독자들을 개인적으로 현대의 기독교인-유대인의 만남에로 초대한다. 요컨대 우리의 목적은 이러한 질문에 대해 답하는 것이다: 우리는 히브리 사상을 소개받았는데, 그러면 이제 우리는 어디로 갈 것인가?

아마도 이러한 물음은 먼저 다른 질문을 제기함으로써(이는 전통적인 히브리 대답 방법이다. 참조, 눅 20:1-8) 가장 잘 대답할 수 있을 것이다. 미쉬나에서 위대한 현인 힐렐(Hillel)은 학생들에게 이러한 질문을 대면하도록 했다: "지금이 아니면, 언제?"(Abot 1:14). 이러한 탐침(探針)과 같은, 시간을 초월하는 말은 우리로 하여금 오늘 해야 할 일을 내일로 미루지 못하도록, 지연을 피하도록 하고 있다. 이 말은 바로 우리를 위한 것이다. 우리는 우리가 알고 있는 것을 적용하기 위하여 바로 지금, 이 순간을 포착해야 한다.

먼저 여기에서 우리는, 기독교 신앙의 유대적 뿌리를 이해하고 깊이 인식할 수 있게 하는 데 안성맞춤인 방법이나 즉각적인, 미리 만들어진 계획을 제공하지는 않을 것이다. 한 사람에게 잘 맞는다고 해서 반드시 다른 사람들에게도 잘 맞는 것은 아닐 것이다. 우리는 개인적인 문제를 다루고 있는 중이다. 이 길을 따라나선 사람들은 저마다 출발점이 다르다. 그러므로 우리의 직접적인 관심은 기독교인-유대인 관계의 역동성을 넓게 살펴보고 광범위한 고려와 실제적인 지침들, 그리고 탐험의 방법을 제시하는 데 있다. 이러한 제안들 가운데 많은 것이 기독교인-유대인 관계의 영역에서의 나의 개인적인 경험들로부터 나온 것들이다. 그러나 아래에서 제시하는 것은 전문적인 논문이 아니다. 기본적으로, 이 책에서 다룬 테마들 가운데 얼마를 개인적인 경험 속에 그리고 교회의 삶 속에 어떻게 적용시킬 수 있겠는가 하는 문제에 대한 일련의 개인적인 숙고와 실용적인 관찰들이라 할 수 있다. 우리의 계획은 기독교인들로 하여금 유대적 유산의 보다 더 중요한 면모들을 회복하는 일을 시작하는 데 도움을 줄 수 있는 몇가지 유용한 단계들과 새로운 지침들을 상세히 설명하는 것이다. 그러나 우리는 또한 이 가치있는 임무를 수행하기 원하는 사람들에게 필요한 열린 마음과 예민한 감각 같은 것에 대하여 무엇인가 전달해주기를 원한다.

1. 기독교인이 예비적으로 고려해야 할 사항들

(1) 유대인의 마음

우리가 현안에 대하여 순전히 학문적인 방법으로만 접근한다면 그것은 뿌리를 내리지 못할 것이다. 그 누구도 비인격적인 또는 초연한 방식으로는 이 분야에 참여할 수 없다. 주관적인 또는 인격적인 차원에서 참여해야만 한다. 아마도 우리는 이러한 태도를 "유대인의 마음을 갖는 것"이라고 부를 수 있을 것이다. 우리는 유대교 세계에 대한 개인적인, 생생한 느낌을 얻어야 한다. 불은 내면에서 타올라야 한다(참조, 렘 20:9). 이 감정은 오로지 객관적인 또는 프로그램화된 방식으로 나누어줄 수 있는 것이 아니다. 요컨대 그것은 붙잡아야 하는 것이지 가르쳐질 수 있는 것이 아니다.

기독교인의 유대 문화와 유대 민족에 대한 깊은 그리고 지속적인 인식은, 우리의 가장 깊은 영적 정체성(identity)은 유대인의 하나님과 관계있으며, "구원이 유대인에게서"(요 4:22) 비롯된다는 것을 내면적으로 감지하는 데서부터 생긴다. 우리가 영적인 심장을 이식받고 내면으로부터의 변화가 일어나는 것은 인식의 차원이다. 영적으로 우리가 유대인에게로, 즉 "이스라엘에로 접붙임"을 받은 것은 실존적인 실현이다. 우리의 조상 아브라함을 통하여 우리가 새로운 가족의 일원이 되고 새로운 관계의 세계로 들어가는 것은 인식하는 것이다(갈 3:29). 이러한 개인적인 인식은 특별히 우리가 유대인에게 상당히 많은 빚을 지고 있음을 인식함으로써 자라게 된다. 가장 만족시키는, 스스로 짊어지는 책임은 단순히 그 빚을 인정하는 것 뿐만이 아니라 그것을 갚기 위한 의미있는 그리고 건설적인 방법을 찾는 것이다.

(2) 겸허한 마음가짐

자랑하고 뽐내는 것은 아마도 기독교인들이 유대인 공동체와 긍정적인 관계를 맺음에 있어서 오랜 세월 동안 가장 큰 장애물이었을 것임에 분명하다. 바울이 이방인 신자들에게 이러한 문제에 대하여 경고한 바 있지만(롬

11:17-24), 그러한 문제는 아직도 존재하고 있다. 누구나 쉽게 편견의 노예가 될 수 있다. 인간이라는 존재는 거만하다. 누구도 자신이 잘못되었음을 인정하기를 좋아하지 않는다. 그것은 진리를 대면하고, 변화할 준비가 되어 있는 도덕적인 용기를 필요로 한다.

기독교가 타고난 것 가운데 어떤 것도 개인으로서의 한 사람을 또는 집단으로서의 기독교인들을 유대인보다 더 낮게 만들지 않는다. 기독교인들이, 특별히 민주 사회내의 종교적 다원주의의 개념을 무시하는 것처럼 보이는 상황에서, 공공연하게 이러한 자긍심과 엘리트 의식을 보여온 것은 사실 교회의 수치이다. 그러한 우월 의식은 흔히 유대교를 부정하는 결과를 낳았으며, 결국은 반-셈족주의의 씨를 뿌릴 수 있는 토양을 만들어주고 말았다.

회당에 대한 교회의 관계도 일반적으로 그 상태가 9월달의 이스라엘의 토양과 비슷하다 하겠다. 더운 여름 기간 동안, 대부분의 대지에는 비가 내리지 않는다. 가을까지 땅은 굳어지고 대부분의 식물들은 뿌리가 마르게 된다. 이러한 생명력없는 상태는, 말라버린 뿌리를 소생시키고 굳어진 땅을 부수어 다시 비옥하게 만들 수 있는 10월 초순의 비를 근심스럽게 기다린다 (호 10:11-12을 보라). 마찬가지로 교회도 회복이 필요하다. 교회의 뿌리는 소생을 열망하고 있다. 그러나 그 기반을 딱딱하게 만들어 사실상 아무 것도 파고 들어갈 수 없도록 만든 교만이라고 하는 가뭄은 먼저 겸손의 비에 의하여 부서져야 한다. 이는 성서가 말씀하고 있는대로, "하나님이 교만한 자를 물리치시고 겸손한 자에게 은혜를 주시기"때문이다(약 4:6; 벧전 5:5. 참조, 잠 3:34).

유대인들을 향한 기독교인 개개인의 태도는 달랐을지 모르나, 교회의 전체적인 입장은 교회 역사의 거의 시작부터 항상 적대적인 것이었다. 교회는 자신의 뿌리를 회복하기 전에, 먼저 자신의 사고 방식을 다시 살펴보아야 한다. 불경한 태도들은 정화되어야 한다. 명예 훼손, 귀에 거슬리는 것, 무감각 등은 금해야 한다. 책임 전가와 지나친 비난은 없애야 한다. 우리는 지금 유대인들에 대해 점잖은 인내심을 보이자고 말하는 것이 아니라, 다른 이미지를 만들 수 있는 새로운 정신에 대하여 말하고 있는 것이다. 기독교인들은 거만하게 진리를 주장할 것이 아니라 설득력있는 태도로 진리를 따라 살아가야 한다. 어떤 기독교인들은 오로지 논쟁을 통해 유대인을 정복하려고 열정을 불태우고 있는데, 겸손과 섬김의 정신으로 대치되어야 한다. 또한 우리는 우선순위를 재조정하고, 시간표를 다시 짜고, 에너지를 다른 방향으로 사용하는 것에 대하여 열린 마음을 가져야 한다.

기독교인들은 다른 사람들을 대하는 잘못된 태도들을 솔선해서 바르게 바꿔야 한다. 예수가 가르치신 대로, "예물을 제단에 드리다가 거기서 네 형제에게 원망들을만한 일이 있는 줄 생각나거든… 먼저 가서 형제와 화목하고 그후에 와서 예물을 드리라"(마 5:23-24). 과거의 잘못과 실패들에 책임이 있는 편에서 먼저 진정으로 회개하는 마음이 없이는, 치유와 궁극적인 화해는 기대할 수 없다.

우리의 태도를 바꾸기 위해서는 먼저 우리의 신학적 견해들을 조사하고 잘못된 것들은 수정해야 한다. 하나님의 변경할 수 없는 말씀과는 달리, 신학은 인간적이며 틀리기 쉬운 학문이다. 그러므로 그것은 언제나 새로운 진술과 개정에 개방적이다. 우리는 지워지지 않는 잉크가 아니라 연필과 지우개를 가지고 신학을 쓸 준비를 해야 한다. 신학은 하나님의 가르침과 역사 속에서의 역사(役事)를 보다 분명하게 인식함에 따라 바뀌기도 하고 발전되기도 한다. 더 나아가, 그 어떤 신학자나 신학 전승도 하나의 특별한 체계 속에 모든 진리를 다 포함시키지는 못한다. 믿음의 공동체는 다양하고, 우리는 서로에게서 배워야 한다. 하나님은 여전히 그의 말씀을 통해 그의 백성에게 더 많은 통찰을 얻게 하시고 그들이 더 많은 것을 수정하기를 원하신다. 최근 몇년동안, 기독교인들은 성령의 은사, "건강과 부"의 복음, 여자의 역할 같은 주제들에 대하여 이전에 가지고 있었던 비성서적인 가정(假定)들을 재고하거나 개정하는 일을 하고 있다. 또한 지금은 회당과 기독교 신앙의 바탕을 이루고 있는 풍부한 히브리 유산에 대한 기독교인들의 자세를 점검해 보아야 할 때가 아닌가?

(3) 장기간의 모험

기독교인과 유대인의 관계는 모험 또는 실험으로 가장 잘 묘사될 수 있을 것이다. 길은 멀고 험하다. 그 길에는 놀랄만한 일들과 위험들이 도사리고 있다. 그러므로 언제 만날지 모르는 여러가지 도전들에 대해 준비하고 있어야 하며 완전히 헌신적인 사람이 되어야 한다. 어떤 기독교인들은 도중에 지치기고 하고 나약하게도 될 것이며, 길을 잃게도 될 것이다. 낙담하는 사람도 있을 것이고, 황폐해지는 사람도 있을 것이다. 낙심한 나머지 포기하는 사람들도 있을 것이다. 어떤 사람은 전상(戰傷)을 입거나 환멸을 느끼기도 할 것이다. 어떤 이들은 전혀 예상치 못했던 일을 만날 것이고, 결코 발견되어지지 않는 것을 기대하기도 할 것이다.

종교 상호간의 관계는 거의 대부분의 기독교인들에게 새로운 세계이다. 그리고 예상하지 못했던 수많은 조정이 필요할 것이다. 그러므로 위임과 인내는 절대적으로 필요하다. 바꾼다는 생각 그 자체가 동요될지도 모르며 위협이 될 수도 있을 것이다. 변화는 과정을 필요로 하며, 대체적으로 서서히 일어나게 된다. 우리는 장기간 동안 사람들과 함께 일할 준비를 갖추어야 하며, 그들도 우리와 함께 장기간 동안 일할 준비를 해야 한다. 우리는 금방 어떤 결과가 나오기를 기대해서는 안 된다.

더욱이, 개개인의 기독교인들이 그들의 유대적 뿌리를 찾기 위해 유대 공동체에 더욱 가까이 다가가기 시작할 때, 그들은 기독교 공동체로부터 오해와 반대를 받을지도 모른다. 어떤 상황에서는 방해가 너무 심해서 자기 자신의 사람들에게서 도전이나 공격을 받는 것처럼 느끼는 경우도 있을 것이다. 개중에는 왜 기독교인들이 유대인의 일에 관심을 갖는지 이상하게 생각하는 기독교인들도 있을 것이다. 왜냐하면 그들에게 "유대적인" 것은 반대편이나 "상대방"으로 보여지기 때문이다. 신학적인 그리고 교파적인 배경에 따라서, 상당한 호기심은 —솔직한 비평까지도— 여러 측면에서 올 수 있다. 어떤 목사는 자기 신도들에게 어떤 새로운 가르침들을 받아들이지 못하도록 주의를 줄 것이다.(아마 신학교 때부터 지금까지, 유대인들이나 유대교에 대한 인식 부족을 간접적으로 보여주는 것이라 할 수 있다.) 어떤 기독교인들은 교회가 "새 이스라엘"이며, 따라서 기독교인들은 유대인들로부터 아무 것도 배울 것이 없다고 주장할 것이다. 또다른 사람들은 솔직하게, 유대인들은 어떤 영적인 사명감이 결여된 세속적인 사람들이라고 주장할 것이다. 어떤 사람들은 유대인들이 메시야이신 예수에 등을 돌렸으므로 기독교인들은 그들과 관련을 맺을 이유가 하나도 없다고 말하기도 할 것이다. 그런가 하면, 아랍 사람들의 주장에 귀를 기울이면서, 공정하게 중립적인 입장에서 이스라엘 사람들이 그들의 역사적인 홈랜드에서 안전하게 살아갈 수 있는 권리를 가지고 있음을 지지해야 한다고 생각하는 사람들을 비난하는 기독교인들도 있을 것이다. 우리는 1900년이라고 하는 시간을 하루에 충분히 생각할 수 없음을 인식하면서, 그러한 문제들을 정직하게 그리고 인내심을 가지고 다루어야 한다.

　유대인에 대해 기독교인 편에서 분리적인 입장을 취하도록 만들어 온 "우리-그들(us-them)" 신드롬은 마땅히 없어져야 한다. 분명히, 기독교의 유대적 뿌리는 공백 상태에서 조사될 수 없다. 더 이상 기독교인들은 유대인들이 존재하지 않는 것처럼 가장해서는 안 될 것이다. 사실, 기독교인들은 유대인들과 주변에 있는 사람들에게 신중하게, 겸허하게, 그리고 배려적인 태도로 접촉해야 할 의무가 있다. 그러한 관심에 반대하는 기독교인들은 성서에 대한 이해가 근본적으로 결핍되어 있음을 보여주는 것이다. 사실, 교회는 "범사에 온유함을 모든 사람에게 나타내야"하며(딛 3:2), "모든 이에게 착한 일을"해야 한다(갈 6:10). 덧붙여서, 기독교인들은 "손님 대접을" 해야 한다(히 13:2). 예수는 "너희가 너희를 사랑하는 자를 사랑하면 무슨 상이 있으리요?"라고 가르치신다(마 5:46). 여기에, 원수가 될 수 있는 사람까지라도 포용하기 위해 접촉해야 할 의무가 있다.

　우리는 유대인의 세계와 접촉하기 위해서는 먼저 유대인의 마음과, 겸허함, 그리고 가르칠 수 있는 정신이 필요함을 살펴보았다. 그러나 기독교인들은 또한 치루어야 할 대가도 고려해야 한다. 때로는 길이 험할지라도, 우리는 그 길을 계속 가야 한다. 만일 성서가 기독교인들은 모든 사람들에게 겸손한 섬김의 자세를 보여야 한다고 가르치고 있다면, 그들이 영적인 빚을 지고 있는 사람들에게는 더 관심을 보여야 하지 않겠는가?

　기독교인들이 유대적인 뿌리의 진가를 인정하는 데 도움을 주는 사용가능한 유용한 방법들과 자료들이 많이 있다. 우선적으로 다음과 같은 세가지 영역에 우리의 초점을 모을 것이다: 종교간의 대화를 통한 개인적인 이해, 교육 활동, 사회적인 활동.

2. 마주 앉아 대화하기

　종교 간의 대화는 기독교인들에게 유대교와 기독교의 공통점과 상이점을 발견할 수 있는 기회를 제공해 줄 것이다. 대화는 단순히 자기-정의(定義)를 위한 토론의 광장이 아니다. 우리는 대화 가운데서, 개인적인 상호 작용(interaction)을 통해 연구할 수 있는 유익을 얻을 수가 있다. 타 종교에 대해서 우리는 단지 이론가들의 말을 읽음으로써가 아니라, 그것을 실천하는 사람들의 소리를 들음으로써 배울 수 있다. 기독교인들은 유대인들과 얼굴을 마주하고 토론을 하는 가운데 인식에 있어서 커다란 갭(gap)이 있음을 발견한다. 고정관념들과 잘못된 인식들이 금방 사라지기 시작한다. 최근의 그리고 믿을만한 유대인들과 유대교의 모습이 떠오르기 시작한다. 그러므로 유대인의 뿌리에 대한 탐구는, 전승이 가르치는 것 뿐만 아니라 일상 생활 속에서 그것을 해석하는 사람들에 대하여 관심을 기울이는 것이어야 한다는 것을 거듭 강조할 필요가 있다.

(1) 대화의 목적

기독교인들은 여러가지 다른 동기들에서 대화에 임한다. 그러므로 유대인들은 흔히 대화에 있어서 그들을 상처받기 쉽게 만드는 것에 대하여 어떤 염려와 세심한 태도를 갖는다. 과거의 대화에는 너무 흔히, 감추어둔 일정표와 책략이 있었다. 종교적 대화는 그것에 성실하게 응할 수 있도록 하는 어떤 지침을 갖고 있어야 한다.

첫째로, 받아들이기 어려운 접근 방법들을 살펴보자. 대화는 결코 "반대편"을 정복하기 위한 기회로 보아서는 안 된다. 대화는 사람들이 모여서 자기 편을 택하고는 그 편이 점수를 올릴 때, 승리를 환호하는 그런 투기장이 아니다. 기독교인과 유대인들은 치열한, 끊임없는 싸움을 하는 경쟁자 관계가 아니다. 어떤 대화든지 그저 무력적인 말들을 가지고 "상대편"과 결투할 수 있는 기회로 여기고 그 대화에 임하면, 그것은 오래 가지 못할 것이다. 대화는 과거의 죄에 대하여 다른 사람을 비난하거나 욕구불만을 맹렬하게 터뜨리는 무대가 아니다. 그것은 또한 자신의 프로그램을 진척시키기 위하여 이웃을 이용하는 연단도 아니다. 대화는 자신의 이야기가 진리임을 자랑스럽게 주장하면서 자신의 적수를 파괴시키기 위한 무대도 아니다. 자신의 위대함을 추구하는 사람들을 위한 장소도 아니다.

더 나아가, 대화의 목적은 상대방의 믿음이나 전통을 다른 것으로 바꾸도록 만드는 것이 아니다. 전향은 사람이 아니라 하나님이 하시는 일이다. 대화는 각 편으로 하여금 상대방에 증거할 수 있는 기회를 주기는 하지만, 우리의 믿음을 상대방에게 강요할 수 없음을 인식해야 한다. 그러나 불행하게도 기독교인-유대인 관계의 비참한 역사는 교회가 언제나 이 점을 이해하지 못했음을 보여준다.
　추가적으로, 대화의 목적은 신학적인 타협을 통하여 화해를 추구하는 데 있지 않다. 그것은 유대교와 기독교를 최소 공통 분모에로 용해시키는 것이 아니다. 대화에 대한 우리의 정의는 유대교와 기독교의 교류를 통하여 어떤 상징적인 세계 종교를 만드는 것을 요구하지 않는다. 요컨대 대화의 목적은 믿음의 균질화에 있지 않다.
　그러면, 대화의 목적은 무엇인가? 그것은 배움에로의 초대이다. 대화는 진리를 함께 추구함으로써 개인적인 성장과 이해를 강화시키는 수단이다. 기독교인이나 유대인은 상대방의 잘못과 풍자에 대해 피차간에 참는 것으로 만족해서는 안된다. 대화는, 기독교인과 유대인이 고대의 자료들을 탐구하고 새롭게 서로를 연결함으로써 새로운 화해를 할 수 있는 장을 마련해 준다. 대화는 자신의 가장 깊은 신앙을 타협하거나 포기하지 않고, 자신의 영적인 수용 능력을 확대시키고 보강시킬 수 있는 기회를 제공해준다. 대화는 기독교인들이 기독교의 유대적 기반들을 탐구하는 동안 새로운 이미지―매력있는 열린 정신의―를 드러내는 기회가 될 것이다. 이 대화는 개인적인 만남을 통해 자신의 지식을 증진시키는 기회가 될 뿐만 아니라, 상호 신뢰를 통한 성장을 촉진시키는 데 이바지하는 태도를, 진정한 겸허와 섬김을 통하여 보일 수 있는 기회도 될 것이다.
　신약성서는 대화에 참여하는 사람들을 위한 몇가지 광범위한 지침들을 제시해주고 있다. 실제적인 격언적 지혜의 구절들로 가득찬 야고보서는 "사람마다 듣기는 속히 하고 말하기는 더디하라"고 진술한다(약 1:19). 듣고 이해하려고 노력하는 것은 ―다른 사람의 견해에 꼭 동의할 필요는 없다― 아마도 대화에서 가장 중요한 필수적인 요소일 것이다. 베드로전서는 기독교인은 말할 권리를 얻어야만 한다고 지적함으로 이 점을 더욱 강조하고 있다: "너희 속에 있는 소망에 관한 이유를 묻는 자에게는 대답할 것을 항상 예비하되 온유와 두려움으로 하라"(벧전 3:15). 어떤 대화에서든지 상대방이 묻지 않은 것을 제기하고 답할 때가 많다. 베드로는 이와는 다른 규칙이 우선해야 한다고 말한다. 즉, 대화에서 상대방이 기독교의 희망에 관하여 관심을 먼저 표할 때, 우리는 대답할 준비가 되어 있어야 한다. 그리고 그 대답은 거만스럽게 또는 생각없이 주어져서는 안 되며, 존경을 가지고 조심스럽게 주어져야 한다.

(2) 차이점을 다루는 법

기독교인과 유대인의 대화에 있어서 —특별히 공통의 뿌리를 찾는 데 있어서 기독교인들이— 차이점을 무시하기가 쉽다. 그러나 유대교와 기독교는 두개의 다른 믿음이다. 건설적인 성숙한 대화가 되기 위해서는 이러한 차이점들을 피하기 보다 정직하게 대면해야 한다. 양편이 모든 문제들에 대하여 전적으로 동의하는 것은 대화의 필수 요소가 아니다. 그러나 기독교인과 유대인 모두 상대편의 입장을 정확하게 인식하고 진지하게 이해하기 위해 노력해야 한다.

차이점이 자주 드러나는 곳 세군데만 간단히 언급하기로 하자.

첫째로, 대화에 있어서 기독교인들과 유대인들은 자주 같은 용어를 다른 의미로 사용한다. 그러므로 대화하는 사람들은 그들의 용어를 조심스럽게 표현해야 한다. 예를 들면, 기독교인들과는 달리 유대인에게 '성서'라는 말은 당연히 신약성서를 포함하지 않는다. 유대인이 '이방인'이라는 말을 들을 때, 그들은 보통 "기독교인"을 생각한다. 그러나 교회의 눈으로 보면, 이 단어들은 그런 의미가 전혀 아니다. 어떤 기독교인은 '바리새인'이라는 말을 들으면 "위선자"를 생각한다. 반면에 유대인들에게 이 말은 그들이 존경하는 영적 선조들을 뜻한다. 어떤 기독교인은 '십자군'이라는 단어를 현대적인 복음 전도 집회의 이름으로 사용한다. 그러나 유대인들이 이 말을 들을 때 대개, 수많은 유대인들에게 죽음과 세례를 강요했던, 1096년에 시작된 수차례에 걸친 교회의 군사적인 원정을 기억할 것이다.

둘째로, 흔히 한 그룹이 다른 그룹을 소유하고 있는 것으로 잘못 가정을 하는 데서 차이점이 나타나기도 한다. 전통적인 개신교에 대해 유대인들이 공통적으로 갖고 있는 잘못된 이해를 살펴보자. (1) 그들은 기독교인들은 흔히 한 하나님이 아니라 세 신을 예배한다고 말한다. 그러나 유대인들과 같이 기독교인들은 유일신론자들이다. (2) 많은 유대인들은 신약성서의 중요한 부분들이 반-셈족주의적이라고 본다. 그러나 기독교인들은 전체 성서가 유대인들에 의하여 유대인들을 위하여 쓰어진 책으로 보아야 한다. 그러나 불행하게도 때로 이방인들은 성서의 가장 신랄한 부분들을 컨텍스트와 관계없이 취해서 유대인들에 대한 증오를 정당화하는 데 사용하여 왔다. (3) 유대인들은 공통적으로, 기독교가 선행을 다소간에 이차적인 또는 선택적인 것으로 여기는 믿음의 종교라고 생각한다. 그러나 신약성서는 "행함이 없는 믿음은 죽은 것"(약 2:26)이며 "사람이 행함으로 의롭다 하심을 받고 믿음으로만 아니니라"(2:24)고 가르친다.

세번째로, 나사렛 예수와 그에 대한 각 그룹의 인식에 있어서 흔히 차이점이 발견된다. 기독교는 예수를 메시아와 하나님으로 본다. 그러나 유대인은 그렇지 않다. 유대인들은 메시아 개념을 순전히 인간적인 용어로 이해한다. 기독교인들에게 있어서 메시아는 하나님이시며 인간이신 예수이다. 이런 기독론은 기독교와 유대교를 분리시키는 가장 핵심적인 요소이다. 현대 유대교는 교회가 예수를 신격화시켰다고 주장한다. 더 나아가 예수는 유대인의 메시아 기대들을 만족시키지 못했다고 한다. 왜냐하면 세계는 구원받지 못한 채로 있기 때문이다. 그러나 기독교인들은 예수의 신성과 메시아성에 대한 주장은 -궁극적으로는 믿음에 기초하고 있는 것이긴 하지만- 성서와 역사에 깊이 뿌리박고 있으며, 예수의 독특성과 빈 무덤, 목격자들의 증언, 그리고 교회의 급속한 성장에 기반을 두고 있다고 논박한다.

두 믿음의 공동체 모두 정직하게 왜 예수에 대하여 그런 문제를 가지고 있는가를 인식해야만 한다. 가장 주된 원인은 유대인과 기독교인들이 다른 가정(假定)으로부터 시작하기 때문이다. 유대인들은 39권의 권위있는 정경을, 기독교인들은 66권의 정경을 주장하고 있다. 유대인은 탈무드와 Codes, Responsa에도 권위를 부여한다. 기독교인들은 그렇지 않다. 기독교인들은 일반적으로 복음서를 구원사(sacred history)로 보며, 신약성서의 기적에 관한 설명들을 전설이라기 보다는 실제적인 사건들로 이해한다. 그러나 유대인들은 그렇지 않다.

예수와 그의 가르침을 중심으로 발전된 믿음은 유대교와 기독교를 분열시킨 중요한 걸림돌 역할을 하긴 했지만, 이 분리가 영원한 것은 아니다. 신약성서에서 바울은 이 두 신앙의 공존은 하나님의 신비한 계획 안에 있다고 강조한다. 그러나 결국 장벽이 무너질 것이며, "분열의 궁극적인 초월"[1]이 있을 것이다. 이 마지막 장벽은 하나님만이 깨뜨리실 수 있다. 그러나 그때까지 유대인들은 기독교인들에게 1세기의 배경에서 예수의 유대성(Jewishness)을 이해하는 데 도움을 줌으로써 기독교인들에게 큰 공헌을 할 수 있다는 사실을 무시해서는 안 된다. 마지막으로 대화의 역동성에 있어서, 그것은 기독교인들과 유대인들 모두에게 이 분수령적인 차이점과 그리고 그보다 중요성이 다소 덜한 차이점들을 가장 정직하게, 공정하게, 존중하는 마음으로 직시할 것을 요구한다.

3. 교육과 개인적인 성장

"배움"은 자신의 유대적 뿌리로 되돌아가는 길을 발견하기 위하여 누구나 들어가야 하는 문의 이름이다. 앞 장에서, 우리는 이 주제에 대한 성서적인 그리고 랍비적인 가르침을 비교적 상세하게 다루었다. 이제 우리는 오늘날의 교회에 그것을 실제적으로 어떻게 적용할 수 있는지를 살펴볼 것이다.

인류는 죄를 합리화하고, 그 다양한 종류들을 분류하는 경향이 있다. 육체의 죄는 보통 입이나 정신으로 범하는 죄보다 훨씬 더 심각하거나 악한 것으로 여기고 있다. 그러나 성서는 그러한 분류나 구별을 하지 않고 있다. 십계명에서 거짓 증거는 간음과 살인과 같은 금지 목록에 같이 들어가 있다.

우리가 기독교인-유대인 관계의 분야에 있어서 교육이 얼마나 부족한가를 알게 될 때, 위에서 언급한 죄의 개념과의 직접적인 연관성을 발견하게 된다. 일찍이 언급했듯이, 기독교인들은 자주 유대인들과 유대교에 대해 잘못 가르침으로 그들의 유대인 이웃들을 비방하고 불신해왔는데, 이는 의도적인 것이 아니었다.[2] 어떤 기독교인은 그러한 비난받을 행동을 합리화하려고 한다. 그러나 이러한 합리화는 그의 이웃을 잘못 전하고, 상처를 입히고, 또는 헐뜯은 죄를 누그러 뜨리지 못한다. 모세는 돌아다니며 중상하는 것을 정죄하며(레 19:16), 바울은 "거짓을 버리고 각각 그 이웃으로 더불어 참된 것을 말하라"고 명령한다(엡 4:25). 기독교인들은 그들이 유대인의 경험에 대하여 배우고 가르친 것이 참됨을 보증할 수 있어야 한다. 유대인의 믿음이 왜곡되고 그들이 기독교인들의 말들로 인하여 모욕을 받는다면, 기독교인의 메시지의 고결성(integrity)이 위태롭게 될 것이다.

(1) 원천으로부터 마심

유대인과 유대교에 대한 더 깊은 지식을 갖기 원하는 기독교인들은 여러 가지 방법으로 그렇게 할 수 있다. 어떤 사람들은 회당이나 교회에서 지원하는 특별한 프로그램에 참여하거나 또는 교육 기관에서 제공하는 공식적인 과목을 들을 수도 있을 것이다. 어떤 사람들은 스스로 연구할 수도 있을 것이다.

그러나 연구 방법이 어떤 것이든지간에, 기독교인들은 반드시 유대인의 자료에 결정적인 강조를 두어야 한다. 그래서 교회의 역사를 이 뿌리들로부터 연구해야 할 것이다.[3] 초기 기독교 사상의 히브리적 토양에로의 복귀는 교회가 오랫동안 여러가지 이상한 가르침들을 가르쳐왔음을 드러내줄 것이다. 현대의 기독교인-유대인 관계는 공백 속에서 시작되지 않는다. 이 관계는 거의 2천여년 동안의 역사를 가지고 있다. 이 기간을 통하여 교회는 영적인 건조 현상을 경험했다. 교회는 뒤돌아가 원천으로부터 마셔야 한다. 그럴 때 그 전망이 소생되고 바뀔 수 있을 것이다.[4]

각 세대는 성서에 대한 신선한 연구를 통해 새로운 진리를 발견하기를 기대해야 한다. 제 8장에서 강조한 것처럼, 교회는 그 기반을 다시 새롭게 바라보아야 하며, 구약성서와 기타 초기 유대교 문헌들을 연구하는 데 열중해야 한다. 기독교인들이 어떤 기본적인 유대인의 가르침을 잘못 이해하는 주된 이유가운데 하나는 그들이 구약성서로부터 시작하지 않는 데 있다. 많은 기독교인들은 '오직' 신약성서의 눈을 통해서만 구약성서를 연구한다. 그러나 만일 기독교인들이 신약성서로 넘어가기 전에 먼저 구약성서로부터 연구를 시작했다면, 그들은 성서의 이 부분을 구성하고 있는 풍부한 역사적인, 언어학적인, 그리고 문화적인 배경을 이해했을 것이다. 구약성서는 신약성서에 다리를 놓아주는 전(前)기독교적인 것으로서만 여겨서도 안 되고, 기독교인의 신앙에 대한 입문서 정도로만 보아서도 안 된다. 건전한 성서 주석은, 본문은 먼저 그 본래의 삶의 자리에서 읽혀져야 한다고 주장한다.

기독교 사상의 잘 조율된 조직적인 카테고리들이 너무 자주 구약성서에 연역적으로 지워져서 그 본래의 의미들이 모호하게 되는 경우가 많다. 그러나 유대적 사고에 있어서는 "진리에 접근하는 합법적인 수단은 체계가 아니라 주석서이다."[5] 기독교인들은 지나치게 유대 사상을 조직화하는 데 열중해왔기 때문에 스스로 본문을 잘못 해석할 수 있는 가능성을 열어놓아 왔던 것이다. 그 뿐 아니라, 진리에 대한 탐구는, 특별히 해석자가 본문이 인도하는 대로 어디든지 따라갈 준비가 되어 있으면, 동요될 것이다. 성서의 의미를 귀납적으로 추구하는 것은 -이것이 바로 주석가의 의무이다- 가끔 진리에 대한 다양하고 단편적인 이해를 가져올 수도 있다. 그러나 본문을 이런 방식으로 다루는 것이, 인위적인 체계를 세우는 것 －이것은 결국 진리로 하여금 스스로 분명하게 말하게 하는 데 실패하게 만들고 말 것이다－ 보다 더 정직하고 지혜로운 것이다.

(2) 감동적인 배움

유대인과 유대교를 이해하는 것은 뇌의 운동 이상의 것이다. 개인적으로 교육 과정에 참여하는 것도 절대로 필요하다. 배운 것은 구체적인 세계에 적용되어야만 한다. 예를 들면, 유대인의 역사는 처음 이스라엘을 방문하는 모든 기독교인에게 특별한 방식으로 살아있는 것이 될 것이다. 실존적인 인식은 그들을 사로잡고 본능적으로 이렇게 선언하게 만든다: "이것은 단순히 이스라엘의 고향만이 아니다. 나도 개인적인 그리고 실체적인 어떤 것을 여기에 가지고 있다."

이와 마찬가지로, 감수성이 예민한 기독교인들이 다카우(Dachau)나 아우슈비츠(Auschwitz)를 방문할 때마다, "홀로코스트(Holocaust)"라는 단어가 갑자기 변화되어진다. 더 이상 그것은 나찌와 희미하게 관련된 모호한 단어가 아니다. 홀로코스트는 역사에서 그 유례를 찾아볼 수 없는, 말로 표현할 수 없는 사건으로 인식되어진다. 이 대재앙은 결코 하찮은 것으로 여겨져서는 안 된다. 모든 희생자들이 다 유대인은 아니라고 할지라도, 모든 유대인들이 다 희생자이기 때문이다. 교회가 침묵을 지킴으로 범한 죄의 관점에서 볼 때, 기독교인들은 더 이상 극단적으로 단순하게 홀로코스트를 유대인의 문제로만 생각할 수는 없을 것이다. 철조망과 화장터에 걸린 한 표지판은 이렇게 말하고 있다: 우리는 결코 잊지 않을 것이다. 우리 모두가 다 관련되어 있으며, 서로에게 책임이 있으며, 미래 세대에게 이 잔학 행위의 교훈을 전해주어야 한다.

배움의 과정은 입력과 출력을 수반한다. 습득한 지식은 사용되어져야 하며, 다른 사람의 삶 속에 영향을 미치도록 해야 한다. 기독교 신앙의 유대적 뿌리에 대한 연구는 그것이 공식적인 또는 비공식적인 형태로 전달되어질 때, 더욱 강화되며 굳어진다. 기독교인들은 1대 1이나 소그룹으로, 또는 짜여진 수업을 통해서 이에 대해서 배울 사람들과 만날 수 있는 기회들을 만들 수 있다. 궁극적인 도전은 당신 안에서 불타고 있는 것을 다른 사람 안에서 마찬가지로 타오르게 하는 것이다. 지역 교회 안에서 접촉하는 것이 좋은 시작 방법이다.

교회의 그룹들에 관련된 여러가지 프로그램들과 프로젝트들을 유대 공동체와 상의하여 만들 수 있다. 이들 중 많은 것들이 피동적인 배움보다는 행동에 초점을 모으게 해줄 것이다. 이러한 종교간의 활동들은 다음과 같은 광범한 영역들 가운데 하나에 속할 것이다: 믿음과 전통, 문화, 또는 역사. 여기에서 몇가지 실행할 수 있는 방법들에 관하여 알아보자.

유대인의 믿음과 전통에 대한 이해는 가까운 회당을 방문해봄으로써 효과적으로 얻을 수 있을 것이다. 여기에서 우리는 유대인의 예배, 기도, 상징, 교육, 명절, 그리고 회당의 건축과 같은 분야에 대해 배울 수 있을 것이다. 공동체의 유월절 세데르(Seder)에 참여할 수 있는 기회도 주어질 수 있을 것이다. 그 뿐만 아니라 우리는 지역에 있는 유대인 공동체 센터에서 히브리어 회화나 탈무드 개론 과목을 들을 수도 있을 것이다. 또는 회당이 후원하는 강의에 참석할 수도 있을 것이다. 유대인의 장례 기관을 방문하거나(죽음과 장례 의식을 공부하기 위하여), 학교를 방문하는 것도(어떻게 성서와 히브리어, 유대 전통들을 배우는가를 알아보기 위해) 또한 매우 유익할 것이다. 더 나아가, 기독교 성직자들은 지역에 있는 랍비들과 교환해서 가르치거나 강연하는 기회를 정규적으로 갖도록 해야 할 것이다. 기독교 여성 단체는 일년에 한 번은 가까운 유대인 하다사(Hadassah) 지부와 함께 모임을 갖도록 노력해야 할 것이다. 예루살렘에서의 예증적인 강의는 상호간에 관심을 갖고 있는 가치있는 주제들을 다룰 것이다.

유대 문화 세계는 기독교인들이 유대적인 유산을 깊이 인식하는 데 도움을 줄 수 있는 두번째 영역이다. 유대인 박물관을 방문하고 전시관들을 찾아가는 것은 실제적으로 고대와 현대의 유대교 모두를 이해하는 데 큰 도움이 될 것이다. 또한 성지에서의 고고학적 유물들의 전시도 광범한 문화를 경험하게 하는 기회를 가져다 줄 것이다. 연극 "안네 프랑크의 일기"나 "지붕 위의 바이올린 연주자"에 대해 한 공동체가 만든(그리고 토의한) 각본도 유대인의 경험에 대한 심오한 통찰을 가져다 줄 것이다. 유대인 음악이나 민속춤의 밤을 관람하거나 또는 전통적인 유대 요리 강좌에 참석하는 것도 문화적 이해를 얻는 데 큰 도움이 될 것이다.

마지막으로, 유대교에 대한 개인적인 이해는 역사 분야에서도 확장되어질 수 있다. 정치적, 종교적 지도자들과 의견을 나눌 수 있는 기회도 가져다 줄 수 있는 이스라엘에 대한 기독교인들과 유대인들의 공동 연구는, 그 땅의 고대와 현대의 역사에 대한 직접적인 통찰을 얻게 해 줄 것이다. 역사적인 주제들에 대한 종교간 토의 그룹은 지역 교회나 회당에서도 만들 수 있을 것이다. 이 그룹들은 홀로코스트에 대한 문학(예를 들면, 엘리 비젤[Elie Wiesel]의 작품들), 반-셈족주의의 역사, 또는 아랍-이스라엘의 분쟁 같은 현대적인 관심사들을 토론할 수 있을 것이다. 더 나아가, 같은 교단에 있는 교회들이 만든 그룹의 장기적인 연구 계획은 기독교인들이 유대인과 유대교에 대하여 무엇을 어떻게 가르치고 있는가 하는 주제에 대한 연구를 포함할 수도 있을 것이다. 그러한 연구가 비록 그 교단의 교육적인 자료로만 쓰여진 다고 할지라도, 그것은 유대인들이 역사를 통하여 어떻게 그려져왔는가 하는 것에 대한 중요한 빛을 비추어 줄 것이다.

4. 사회적 활동

기독교 신앙의 유대적 뿌리에 대한 인식을 더 깊게 하기 위한 세번째 주요한 방법은 사회적 활동이다. 정통(orthodoxy, 정확한 또는 똑바른 생각)은 올바른 행동(orthopraxy)에 이르러야만 한다. 유대교와 기독교에서 이론은 항상 실행과 결합되어 있다. 성서에서 선택의 개념은 자기-성찰에 대한 부름이 아니라 봉사에로의 부름이다. 기독교는 특별히 도그마(dogma, 신조를 통해 묘사된 믿는 방법)가 할라카(*halakhah*, 걷는 또는 살아가는 방법)를 가리게 하지 않도록 조심해야 한다.[6] 두 개념 모두 균형을 이루게 해야 한다.

(1) 관심의 언약

앞에서 살펴보았듯이, 기독교인들은 성서가 요구하는대로 모든 사람들에게 관심을 보여야 한다. 사실, 원수에게도 먹을 것을 주는 것이 기독교인의 의무이다(롬 12:20-21). 교회가 오랜 세기동안 얼마나 이 신학을 뒤집었는지 모른다. 교회는 유대인들의 세계를 대적으로 여기고 동정이나 관심을 보이지 않았다. 그러나 오늘날 많은 기독교인들이 사회 정의의 문제에 있어서 유대 민족의 편에 서야 할 특별한 책임이 있다고 생각하고 있다. 이러한 기독교인들은 유대인들과의 특별한 역사적 관계와, 영적 유대관계의 독특한 의미, 그리고 과거의 추한 과오들을 확실하게 시정해야 할 필요성을 깊이 인식하고 있다. 교회는 무관심한 채로 계속 남아있기 보다는, 세상에 행동의 새로운 메시지를 보내야 한다:"유대인을 공격하는 것은 기독교인을 공격하는 것이다. 그때 우리는 빈둥거리며 있지는 않을 것이다." 증오를 허락하고 심지어는 때로 그것에 의해 지배당하기도 한 이른바 사랑의 종교는 관심의 언약으로 변화되어야 한다.[7] 예수는 진정한 믿음은 행동 속에서 드러난다고 가르치셨다. 그래서 그분은 "나더러 주여 주여 하는 자마다 천국에 다 들어갈 것이 아니요 다만 하늘에 계신 내 아버지의 뜻대로 행하는 자라야 들어가리라"고 경고하셨다(마 7:21).

성서는 높은 수준의 도덕을 요구한다. 성서는 하나님의 백성들에게 바르게 행동하고, 자비를 베풀며, 평화를 추구하라고 강권한다. "너는 마땅히 공의만 좇으라"고 모세는 외치고 있다(신 16:20). 기독교인들은 동정과 친절로 옷입어야 한다(골 3:12; 엡 4:32). 예수는 "긍휼히 여기는 자는 복이 있나니 저희가 긍휼히 여김을 받을 것임이라"고 가르치신다(마 5:7). 후에 랍비들은 이러한 태도에 대해 비슷한 말을 했다: "다른 사람들에게 자비한 자, 자비는 하늘에 의하여 그에게 보여진다"(바벨론 탈무드, Shabbat 151 b). 기독교인들은 또한 "화평을 구하여 이를 좇아야"한다(벧전 3:11). 참으로, "화평케하는 자는 복이 있느니라"고 선언되고 있다(마 5:9). 성서의 생생한 휴머니즘은 우리들에게 인간에 대한 하나님의 열정을 주시하도록 가르치고 있다. 성서는 하나님의 백성들에게 서로에 대하여 관심을 갖고 책임을 질 것을 요구하고 있다. 하시드의 교사들은 사회 정의의 궁극적인 목적은 *tikkun olam*의 개념을 완전히 실현하는 것,즉 "세상을 고치는 것"이라고 가르쳤다. 우리는 그 날을 향하여 박차를 가하고 있으며, 예언자들은 그 날을 꿈꾸었다: "물이 바다를 덮음같이 여호와를 아는 지식이 세상에 충만할 것임이라"(사 11:9).

(2) 계획안 수정

오늘날의 교회는 예언적인 기능을 가지고 있다. 이 책임은, 이스라엘의 예언자들의 책임과 마찬가지로, 일차적으로 미래에 대해 초점을 맞추는 것이 아니라 현재의 사회적, 영적인 질병을 적극적으로 그리고 건설적으로 알리는 것이다. 기독교인들은 유대인 공동체를 부정하게 대하는 사람들에 대하여 목소리를 높여야 할 의무가 있다. 과거에 유대인들은 극심하게 무시되고 비방당했다. 그들은 편협과 신화의 희생자들이었다. 만일 교회의 목회가 진정으로 예언적이라면, 그러한 가르침과 행위를 옹호하는 자들에게 영향을 미쳐그들의 잘못을 수정하게 만들 것이다. 악한 행위의 선전과 주장에 대한 논박은 또한 유대인과 유대교에 대한 부정적인 가르침과 부정확한 고정관념들을 없애기 위한 집중적인 노력이 동반되어야 한다.

이러한 임무는 다음과 같은 여러가지 사항들을 고려할 때 가장 잘 성취되어질 수 있을 것이다. 첫째로, 개체 교회의 계획들은 신중하게 검토되어야 한다. 교회는 너무 자주 유대인 공동체에 영향을 미친 위기들에 대해 반응을 보이지 않거나 또는 뒤늦게 반응을 보였다. 그러므로 교회는 지도력을 발휘해야 하며, 다리를 만들고 예방적인 교육을 하는 것에 중요성을 부여하는 연중 행사계획을 수립해야 한다. 교회는 연중에 주일이나 또는 다른 행사 시에 홀로코스트의 인식, 소련에서의 유대인 출국 금지(Soviet refuseniks), 이스라엘의 현재와 미래, 형제애 맺기와 같은 것에 초점을 맞춘, 창조적이며 교육적인 프로그램들을 행할 수 있을 것이다. 홀로코스트의 끔찍한 사건 이래, 유대인들은 자신들의 생존을 위해 엄청난 정열을 쏟고 있다. 그러므로 교회는 마땅히 그들의 생존에의 관심을 알리는 데 적극적인 역할을 해야 한다.

둘째로, 지역 교회의 지도자들은 인종주의와 반-셈족주의에 반대하는 임무를 띤 그룹을 만드는 것이 서로 유대관계를 맺는 데 있어서 유익함을 발견할 수 있을 것이다. 이러한 사회 활동 기구에게는 지역의 성직자를 위하여 반-셈족주의에 대한 교육적인 워샵들(workshops)을 할 책임이 주어질 것이다. 그러나 그런 기구는 또한 유대 지도자들과의 협의 아래, 지역에서 일어나는 반-셈족주의 사건들에 대하여 반응을 보이는 역할도 해야 한다. 적절한 조처에는 손상된 것들에 대한 보수, 상실한 것에 대한 보상, 또는 언론을 통하여 가해자들을 폭로하고 비난하는 것들이 포함될 수 있을 것이다.

세째로, 교회가 계획한 것을 이루도록 돕기 위하여, 관계 네트워크(network)와 자료원(資料原)을 지역 사회의 범주를 넘어서서 마련해야 한다. 유대인 공동체에 영향을 미치는 사건들과 현안들을 다루는 정선된 신문이나 주간지, 영화 등도 유용할 것이다. 그러나 상당한 경우에 있어서, 문제들은 복잡하며, 중지(衆智)와 이 분야에 있어서 더많은 지식을 갖고 있는 다른 사람들의 통찰을 필요로 한다. 경험있는 사람들이 그렇지 못한 사람들을 도와줌으로써, 그리고 충고와 자원을 공유함으로써, 기독교인들은 그들의 유대적 뿌리를 더 잘 이해하게 될 뿐만 아니라, 말씀을 더 효과적으로 수행하는 자들이 될 수 있을 것이다.

5. "그 중에 제일은 사랑이라"

이 장을 통해서 우리는 말라버린 기독교 신앙의 유대적 뿌리에 생명을 가져다주는 데 유용한 방법들을 광범위하게 제시했다. 우리는 이미 앞에서 이러한 뿌리들이 말라버리고 생명이 없게 된 것은 이방 교회가 거만하게 되고 자신들에게 영양을 공급해준 유대적 올리브 나무에 적대적으로 된 데서 기인한 것이었음을 지적하였다. 결과적으로, 반-셈족주의와 반-유대주의는 사실상 교회의 역사만큼 오랜 역사를 갖게 되었다. 1900년이 지난 지금, 교회와 회당은 새로운 관계를 가져야 할 때가 되었다.

무관심과 따돌림, 그리고 적의에 대한 성서적인 반대말은 사랑이다. 토라의 교훈들에 기반을 두고 예수는 하나님과 이웃을 사랑하는 것보다 더 큰 계명은 없다고 가르치셨다(막 12:28-34. 참조, 신 6:4-5, 레 19:18). 기독교인들은 "사랑 가운데서 행하고"(엡 5:2), "사랑은 우리가 그 계명을 좇아 행하는 것이요"(요이 6), "오직 행함과 진실함으로 사랑하라"(요일 3:18)고 가르침을 받는다. "사랑은 허다한 죄를 덮느니라"(벧전 4:8). 참으로 우리가 갖고 있는 거룩한 덕목들 가운데서 "제일은 사랑이다"(고전 13:13).

그러나 사랑은 위험한 말일지도 모른다. 여러 세기를 통하여, 대부분의 이른바 기독교인의 사랑은 유대인에게 분노와 고통을 가져다 주었다. 사람은 바른 동기를 가지고서도 잘못된 일을 할 수도 있다. 예를 들면, 이단자 탄압(Inquisition) 기간 동안, 유대인들이 그 "사랑"을 받아들이지 않는다는 이유로 기독교인들은 수천명의 유대인들을 죽였다. 그러나 묻건대, 우리가 누군가를 사랑한다고 말할 때, 먼저 무엇이 그에게 고통을 주고 있는가 하는 것을 알아보지도 않고 그를 사랑할 수 있는가?

"기독교인"이라는 이름에 합당한 유일한 사랑은 자유와 자발성, 그리고 조건없이 다른 사람을 받아들이는 것이다. 하나님이 우리를 사랑하신 것같이 우리도 있는 그대로의 그들을 -모든 단점과 약점들을 포함해서- 사랑해야 한다. 사람들은 다른 사람을 사랑할 때, 그가 어떤 사람이기 때문에, 또는 그의 잠재성 때문에 사랑해서는 안 된다. 매우 사랑하는 사람은 결코 변하지 않는다는 것을 생각해 보라. 하나님의 사랑과 같이 인간의 사랑도 선행조건이나 제한이 있어서는 안 된다. 진정한 사랑은 "교만하지 아니하며," "무례히 행치 아니하며," "자기의 유익을 구치 아니하며," "성내지 아니하며," "악한 것을 생각지 아니한다"(고전 13:4-5).

지금은 교회가 사랑의 등불을 켜야 할 때이다. 어두움이 기독교인들과 유대인들을 너무 오랫동안 떼어 놓았다. 그런 변화는 흔히 오래 걸리고 힘드는 여행이다. 그러나 그 임무를 완성하는 것은 우리의 임무가 아니다. 하나님께서 마지막 어두움을 물리치실 것이다. 그러나 그 때까지 우리는 우리의 수고를 그쳐서는 안 된다. 왜냐하면 "사랑은 오래 참고 사랑은 온유하기" 때문이다(고전 13:4). 우리는 희망을 잃고 절망해서는 안 된다. "여호와께서 천하의 왕이 되시리니 그 날에는 여호와께서 홀로 하나이실 것이라"(슥 14:9) 한 그 날이 올 것이다.

기독교인들과 유대인들은 서로를 필요로 한다. 교회는 유대 공동체에 큰 빚을 지고 있다. 유대 공동체에 대한 계속적인 교회의 지원은 하나님 자신의 목적을 이루는 데 있어서 그리고 그분의 이름을 확립하는 데 있어서 상당히 중요하다. 마르쿠스 바르트(Markus Barth)의 말대로 "모든 유대인들이 지구상에서 완전히 그 모습이 사라지게 된다면, 하나님의 존재의 과시와 증거는 무너져버리게 될 것이고, 교회는 그의 존재 이유(raison d'etre)를 잃게 될 것이다. 교회는 무너져버릴 것이다."[8]

모든 기독교인은 자신의 신앙의 유대적 뿌리에 대해 더 많이 알고 그것을 더 강화시키기 위해 노력해야 한다. 이 평생에 걸친 연구와 노력에 있어서 유대인에 대한 사랑의 관심은 필수적이다. 사실, 기독교인들에게는 "네 이웃을 네 몸과 같이 사랑하라"는 명령이 주어져 있다(마 22:39; 갈 5:14). 그러나 수동적인 사랑으로는 충분하지 않다. 우리는 먼저 이웃에 대하여 알고 이해하기 위해 그에게 다가가려는 진지한 노력이 없이는 그를 사랑한다고 주장할 수 없는 것이다. 힐렐(Hillel)은 또다시 우리에게 다음과 같은 질문에 답할 것을 강요하고 있다: "지금이 아니면, 언제?"

제 15 장의 이해를 위한 연구과제

1. 성서적 신앙의 본질은 관계이다. 즉 하나님과 이웃을 사랑하라는 도덕적 명령을 성취하는 것이다. 이와 같은 관점에서 율법의 위치와 그것이 요구하는 것은 무엇인가?

2. "종교"라는 말은 흔히 어떤 의미로 사용되고 있는가? 신학적인 도그마들과 제의적인 규정들이 성서적 신성과 경건의 핵심 부분을 형성하지 않는다면, 그들은 어디에 위치하는가?

3. 하나님의 사람들은 언제나 "성서 숭배"에 빠질 위험이 있다. 이 용어를 정의하라. 어떤 기독교인들은 다른 사람들보다 더 이러한 신앙의 왜곡에 기울어지는 경향이 있는데, 무엇이 그렇게 만들고 있는가?

4. 시들어진 기독교 신앙의 유대적 뿌리를 회복하는 과정은 유대인의 가치와 역사, 그리고 문화를 추상적으로 배우는 것보다 훨씬 많은 것을 포함한다. 그러면 이런 것들 외에 무엇이 이 과정의 핵심을 이루는가?

5. 어떤 유대의 현인이, 제자들에게 "지금이 아니면, 언제?"라는 질문을 던졌는가? 이 질문을 통해 그들에게 요구한 것은 무엇인가?

6. "유대인의 마음을 갖는 것"은 무엇을 의미하는지 약술하라.

7. 유대인과의 긍정적인 관계를 맺음에 있어서 오랜 세기 동안 기독교인 편에서의 자만과 교만이 가장 큰 장애물의 역할을 해왔음을 어떻게 알 수 있는가? 교회는 이를 어떻게 수정해야 하는가?

8. 다음 진술에 대하여 설명하라: "우리는 지워지지 않는 잉크가 아니라 연필과 지우개를 가지고 신학을 쓸 준비를 해야 한다." 기독교인과 유대인의 관계에 있어서 왜 이 진술이 특별히 중요한 의미가 있는가?

9. 어떤 도전들과 잠재적인 반대들이, 기독교인-유대인 관계의 분야에 있어서 기독교인들이 장기간의 모험을 할 준비를 하도록 만들고 있는가?

10. 신약성서의 많은 본문들이 기독교인들에게 주변에 있는 모든 사람들에게 사려깊게, 겸허하게, 그리고 돌봄의 정신으로 접근할 것을 권고하고 있다. 이러한 구절들을 찾아서 설명하라.

11. 기독교인들은 여러가지 동기에서 대화에 임한다. 종교 간의 대화를 성실하

게 하기 위한 네가지 지침들을 제시하라. 이러한 지침들을 지키지 않을 때 효과적인 대화에 어떠한 문제가 생기는지를 각각 설명하라.

12. 대화의 목적을 4~5문장으로 요약하라.

13. 신약성서는 대화에 참여하는 사람들을 위한 광범위한 지침을 주고 있다. 야고보서 1:19과 베드로전서 3:15의 연구를 통해 발견할 수 있는 두가지 중요한 사실에 대하여 말하라.

14. 대화에 있어서, 흔히 기독교인들과 유대인들은 같은 단어를 다른 의미로 사용하고 있음을 발견하게 된다. 다음 단어들에 대한 이해에 있어서 어떤 혼동이 일어날 수 있는가?
   1) 성서
   2) 이방인
   3) 바리새인
   4) 십자군

15. 예수에 대한 유대인의 역사적 인식과 기독교인의 인식 사이에는 어떤 중요한 차이가 있는지 약술하라. 이러한 문제가 일어나는 가장 중요한 원인은 무엇인가? 유대교와 기독교 간의 "별거"는 영원한 것인가? 이에 대해 논하라.

16. 거짓 증거하지 말라는 십계명과, 기독교인-유대인 관계는 어떤 관련을 맺고 있는지 논하라.

17. "원천으로부터 마심"이 뜻하는 바는 무엇인가?

18. 오늘날의 교회가 구약성서를 단순히 신약에 이르는 전(前)기독교적인 것으로, 기독교 신앙에 대한 입문서 정도로 읽어서는 안되는 이유는?

19. 기독교 신앙을 조직화함에 있어서 성서 본문의 의미를 모호하게 만드는 경우가 있는데, 이에 대해 설명하라.

20. 게르숌 숄렘(Gershom Scholem)에 의하면, 유대 사고 방식에 있어서 "진리에 접근하는 합리적인 방식"은 무엇인가?

21. 기독교인에게 있어서, 다카우(Dachau), 아우슈비츠(Auschwitz), 또는 이스라엘과 같은 곳을 개인적으로 방문함으로써 유대인의 경험에 대하여 배우는 것과, 책을 통해 배우는 것은 어떻게 큰 차이가 있는가?

22. 배움의 과정에 있어서 "궁극적인 도전"은 무엇인가?

23. 기독교인들이 그들의 유대적 뿌리에 대해 다음과 같은 영역에서 더 깊은 인식을 얻을 수 있기 위하여 할 수 있는 종교 간의 활동들에 대하여 말하라.
   1) 믿음과 전통

2) 문화

3) 역사

24. 도그마와 할라카(*halakha*)의 차이는 무엇인가?

25. 교회는 모든 사람들에게 관심을 보여야 한다고 명령하고 있음에도 불구하고 견문이 있는 예민한 기독교인들이 종종 사회 정의의 문제에 있어서 유대 민족의 편에 서야 한다고 특별히 느끼는 이유는 무엇인가?

26. "관심의 언약"의 성서적인 기반을 논하라.

27. 하시드 교사가 *tikkun olam*이라는 표현을 통해 말하고자 했던 것은 무엇인가?

28. 오늘날 교회의 사역이 진정으로 예언적인 것이라면, 교회는 유대 공동체에 대해 어떻게 긍정적으로 초점을 모아야 하는가?

29. 유대 공동체와 관련해서 사회적 활동의 계획안을 교회가 실현하기 위해 교회가 계속 고려해야 할 실제적인 세가지 사항은 무엇인가?

30. 무관심과 소외, 적의의 성서적인 반대말은 사랑이다. 그러나 왜 사랑이 위험스런 말인가? 이와 관련하여, 기독교인-유대인 관계의 역사에 있어서 부정적인 예를 하나 들어보라.

31. 기독교인-유대인 관계에 있어서 지속해야 할 진정한 사랑의 특성들을 말하라.

32. 마르쿠스 바르트(Markus Barth)의 다음과 같은 진술에 대해 어떻게 생각하는가? "모든 유대인들이 지구상에서 완전히 그 모습이 사라지게 된다면, 하나님의 존재의 과시와 증거는 무너져버리게 될 것이고 교회는 그 존재 이유를 잃게 될 것이다. 교회는 무너져버릴 것이다."

33. 자기 이웃에 대해 알고 이해하기 위해 신실한 노력을 기울이지 않고는 그를 사랑한다고 주장할 수 없다. 이에 동의하는가? 논하라.

주(註)

제 1 장

1) 이 책에서는 '히브리인'과 '히브리적인'이라는 용어 보다는 '유대인'과 '유대적인'이라는 용어를 더 사용하였다. 이는 전자가 흔히 이스라엘 민족의 언어학적인 그리고 문화적인 차원을 강조하는 반면 '유대인'과 '유대적인'이라는 용어는 보통 보다 더 넓은 그리고 현대적인 의미로 사용되기 때문이다.
2) 다음 책에서 논의된 증거들을 참조하라. David Bibin and Roy B. Blizzard, *Understanding the Difficult Words of Jesus*(Austin, TX: Center for Judaic-Christian Studies, 1984); Pinchas E. Lapide, *Hebrew in the Church*, trans. Erroll F. Rhodes(Grand Rapids: William B. Eerdmans Publishing Co., 1984); Harvey Falk, *Jesus the Pharisee: A New Look at the Jewishness of Jesus*(New York: Paulist Press, 1985); David Flusser, *Judaism and the Origins of Christianity*(Jerusalem: Magnes Press, 1988).
3) Samuel Sandmel, *Judaism and Christian Beginnings*(New York: Oxford University Press, 1978)를 보라. 또한 *Westminster Theological Journal* 42/2(Spring, 1979)에 있는 그의 저작에 대한 나의 논평도 참조하라.
4) W. D. Davies, *Paul and Rabbinic Judaism*, 4th ed.(Philadelphia: Fortress Press, 1980), pp. 1, 16.
5) E. P. Sanders, *Paul and Palestine Judaism*(Philadelphia: Fortress Press, 1977).
6) James Barr, *The Semantics of Biblical Language*(New York: Oxford Uni-

versity Press, 1961)을 보라.
7) Barr는 나중에 영어로 번역된 다음 두 책의 독일어 판을 언급하였다. Thorleif Boman, *Hebrew Thought Compared with Greek,* trans. Jules L. Moreau(repr. New York: W. W. Norton & Co., 1970); *The Theological Dictionary of the New Testament,* ed. Gerhard Kittel and Gerhard Friedrich, trans. Geoffrey W. Bromiley, 10 vols. (Grand Rapids: William B. Eerdmans Publishing Co., 1964−76).
8) 이러한 이슈들에 대하여 더 자세한 컴멘트와 비판적인 평가를 위해서는 다음 책을 보라. David Hill, *Greek Words and Hebrew Meanings* (Cambridge: Cambridge University Press, 1967), 특히 pp. 1−22, 294−300. Moises Silva, *Biblical Words and Their Meaning* (Grand Rapids: Zondervan Publishing House, 1983).
9) 이러한 불균형은 Robert Matin-Achard, *An Approach to the Old Testament,* trans. J. C. G. Greig(Edinburgh: Oliver & Boyd, 1965), p. 46에 잘 지적되어 있다.
10) Davies, *Paul and Rabbinic Judaism,* pp. xxiii, xxiv.
11) 실례를 보기 위해서는, Ronald H. Nash, *Christianity and the Hellenistic World* (Grand Rapids: Zondervan Publishing House, 1984)에서 제시한 증거들을 보라. 특히 pp. 57−65, 81−112, 263−70을 읽으라.
12) Davies, *Paul and Rabbinic Judaism,* p. xxx.
13) Claude Tresmontant, *A Study of Hebrew Thought,* trans. M. F. Gibson (New York: Desclee Co., 1960), x.
14) Krister Stendahl, "Implications of Form-Criticism for Biblical Interpretation," *Journal of Biblical Literature* 77(1958): 38. Cf. David Hill, *Greek Words and Hebrew Meanings,* p. 22.
15) Abraham J. Heschel, *God in Search of Man* (New York: Farrar, Straus & Giroux, 1955), p. 15.
16) Norman H. Snaith, *The Distinctive Ideas of the Old Testament* (New York: Schocken Books, 1964), p. 159.
17) David Noel Freedman, "The Scrolls and the New Testament," *Journal of Biblical Literature* 78(1959): 331. Cf. James Barr, *Semantics of Biblical Language,* pp. 18−19.
18) G. A. F. Knight, *A Biblical Approach to the Doctrine of the Trinity,* Scottish Journal of Theology Occasional Papers, no. 1(Edinburgh: Oliver &

Boyd, 1953), p. 6. Cf. Barr, *Sementics of Biblical Languages*, pp. 8-20.
19) Cf. Davies, *Paul and Rabbinic Judaism*, p. 16.
20) Eugene G. Bewkes, et al., *The Western Heritage of Faith and Reason*, ed. J. Calvin Keene(New York: Harper & Row, 1963), p. 4.
21) Krister Stendahl, *Paul among Jews and Gentiles*(Philadelphia: Fortress Press, 1976), p. 85.
22) 이런 용어들이 어떻게 다른가 하는 것을 더 자세히 알기 원하면 David Bivin, "The Identity of the Root of the Olive Tree in Romans ll"(Jerusalem: Jerusalem School for the Study of the Synoptic Gospels, 1987)을 보라. 한가지 언급해야 할 것은 일부 교부들과 칼 바르트가 뿌리를 그리스도로 해석했다는 것이다(Barth, *Church Dogmatics*, trans. Geoffrey W. Bromiley, et al. [Edinburgh: T.& T. Clark, 1957], 2/2:285-87).
23) F. Buechsel, *Theological Dictionary of the New Testament*(Grand Rapids: William B. Eerdmans Publishing Co., 1964), 1:596.
24) Dan G. Johnson, "the Structure and Meaning of Romans 11," *Catholic Biblical Quarterly* 46(1984):100.
25) Peter Richardson, *Israel in the Apostolic Church*(Cambridge: Cambridge University Press, 1969), pp. 9-14.
26) Abraham J. Heschel, *The Insecurity of Freedom*(New York: Schocken Books, 1972), 169-170
27) William S. LaSor, "The Messiah: An Evangelical Christian View," in *Evangelicals and Jews in Conversation*, ed. Marc H. Tanenbaum, Marvin R. Wilson, and A. James Rudin(Grand Rapids: Baker Book House, 1978), p. 93.

제 2 장

1) John Shelby Spong, "The Continuing Christian Need for Judaism," *Christian Century*(September 26, 1979): 918-22.
2) W. D. Davies, *The Gospel and the Land*(Berkeley: University of California Press, 1974), p. 382.
3) Robert Martin-Achard, *An Approach to the Old Testament*, trans. J. C. G.

Greig (Edinburgh: Oliver & Boyd, 1965), p. 79.
4) Carl D. Evans, "The Church's False Witness Against Jews," *Christian Century* (May 5, 1982):531.
5) E. P. Sanders, *Paul and Palestinian Judaism* (Philadelphia: Fortress Press, 1977), p. 422.
6) Pinchas Lapide and Peter Stuhlmacher, *Paul: Rabbi and Apostle,* trans. Lawrence W. Denef (Minneapolis: Augsburg Publishing House, 1984), pp. 37−39.
7) 나는 Robert Lindsey에게 이 주제에 대한 그의 자극적인 토론에 빚을 지고 있다. "Jewish-Christian Identity," *Hayahad Digest* 3/15(Petach Tikvah, Israel, 1963):1, 2, 7, 8.
8) 이 용어의 기원에 관한 토론을 위해서는, Luther H. Harshbarger and John A. Mourant, *Judaism and Christianity: Perspectives and Traditions* (Boston: Allyn and Bacon, 1968), pp. 447−50을 보라. 이 저자들은 "유대-기독교인 유산"(Judeo-Christian Heritage)이라는 표현은 현대에 들어와서야 일반적으로 사용되었으며, 금세기에 들어서 더 널리 사용되게 되었다고 지적한다. Matthew Arnold는 헤브라이즘과 헬레니즘이 서양 문명의 두 원천이었다는 사상을 일반화시킨 최초의 인물이다. 그러나 현대 학자들이 충분히 강조하지 못했던 것은 "유대-기독교인 유산"이라는 용어 가운데 "기독교인"이 기본적으로 헬라적인 뿌리가 아니라 히브리적인 뿌리를 말한다고 하는 것이었다.
9) David de Sola Pool, *Why I Am a Jew* (Boston: Beacon Press, 1957), p. 185에서 인용함.
10) 이런 질문이 자주 제기된다: "'유대-기독교인 전통'이 있다고 우리가 바르게 말할 수 있는가?"이에 대해서는 Fred Berthold, et al., eds., *Basic Sources of the Judeo-Christian Tradition* (Englewood Cliffs: Prentice-Hall, 1962), p. 1을 보라. *The Myth of the Judeo-Christian Tradition* (New York: Harper & Row, 1970)에서 Arthur A. Cohen은 이 주장에 대하여 반대하며, 유대-기독교인 전통같은 것은 없으며 다만 "신학적인 반목"(Theological enmity)의 전통만이 있다고 논박한다(pp. 189−223). 우리는 유대교와 기독교의 결정적인 다른 요소들을 −특별히 신학적인 영역에서− 인식해야 하지만, "유대-기독교인 유산"이라는 표현의 사용은 내 생각으로는 서구 문명의 관례와 사상들에 중대한 영향을 미친 바 있는 서로 공유하고 있는 요소들을 −특별히 문화와 종교의 보다 넓은 영역에서− 서술하기 위하여

받아들일 수 있다고 본다. 교회가 현실적인 의미에서 유대교에서 생성된 것이라는 사실에서 볼 때, 교회가 "유대-기독교인 유산"을 주장하는 것은 전혀 이상한 것이 아니다. 신약성서 사상에서 교회의 역사는 이스라엘 역사의 확장이다.

11) Stuart E. Rosenberg, *The Christian Problem: A Jewish View* (New York: Hippocrene Books, 1986), pp. 222-23. 같은 저자의 책인 *Judaism* (Glen Rock, NJ: Paulist Press, 1966), pp. 16-17을 참조하라.
12) John Shelby Spong, *This Hebrew Lord* (New York: Seabury Press, 1974), p. 31.
13) Karl Barth, *Church Dogmatics*, trans. Geoffrey W. Bromiley, et al. (Edinburgh: T. & T. Clark, 1956), 1/2:511.
14) W. D. Davies, *Paul and Rabbinic Judaism*, 4th ed.(Philadelphia: Fortress Press, 1980), p.xxxvi.
15) 위와 같은 책의 같은 곳.
16) Pinchas Lapide and Peter Stuhlmacher, *Paul: Rabbi and Apostle*, p. 43.
17) 위와 같은 책의 54면.
18) Walter C. Kaiser, Jr., "The Place of Laws and Good Works in Evangelical Christianity," in *A Time to Speak: The Evangelical-Jewish Encounter*, ed. A. James Rudin and Marvin R. Wilson(Grand Rapids: William B. Eerdmans Pubilsing Co., 1987), p.132.
19) Davies, *Paul and Rabbinic Judaism*, p.xxxiv.
20) 위와 같은 책의 p. xxxiii을 보라.
21) James D. Smart, *Doorway to a New Age* (Philadelphia: Westminster Press, p.1972), p. 122.
22) Kaiser, "The Place of Law and Good Works," p.125.
23) Richard N. Longenecker, *Paul: Apostle of Liberty* (New York: Harper & Row, 1964), p.223.
24) David Bivin and Roy B. Blizzard, *Understanding the Difficult Words of Jesus* (Austin, TX: Center for Judaic-Christian Studies, 1984), p.22. 이러한 관점과 관련해서 Jerusalem School for Study of the Synoptic Gospels(유대인과 기독교인 학자들이 모여, 헬라어로 쓰여진 공관복음서를, 예수의 본래의 삶을 반영하려고 노력하면서 히브리어로 번역하는 단체)의 책임자인 David Bivin은 이렇게 진술하고 있다: "당신이 예수의 산상 설교를 [히브리어로] 읽는다면, 당신은 그 자리로 되돌아가서 랍비가 말씀하는 것을

듣는 것처럼 느끼게 될 것이다. 원래의 히브리어로 다시 번역할 수 없는 것은 모두 다 우리에게 의심스러운 것이다"("Who was Jesus?" *Time Magazine* [August 15, 1988], p.40에 실린 그와의 인터뷰 기사로부터 인용함)

25) Davies, *The Gospels and the Land*, p. 378.
26) 더 자세한 논의를 위해서는, 나의 논문 "Judaism," in *Evangelical Dictionary of Theology*, ed. Walter A. Elwell (Baker Book House, 1984), pp.588-90; "Branches of Judaism," "The Influence of Judaism," in *Eerdmans' Handbook to the World's Religion*, ed. R. Pierce Beaver, et al.(Grand Rapids: William B. Eerdmans Publishing Co., 1982), pp.292-95, 301-302를 보라.
27) Abraham, J. Heschel, "The Nation and the Individual," *Conservative Judaism* 15 (Spring, 1961):26.
28) Seymour Siegel, "The Meaning of Israel in Jewish Thought," in *Evangelicals and Jews in Conversation*, ed. Marc H. Tanenbaum, Marvin R. Wilson, and A. James Rudin (Grand Rapids: Baker Book House, 1978), p.105.

제 3 장

1) Herford가 제시한 이 수치는 의심스럽다. 그럼에도 불구하고 복음서 이야기 가운데 상당히 높은 비율의 자료들이 랍비 문헌과 평행을 이루고 있다는 사실은 논박할 수 없다. R. Travers Herford, *Judaism in the New Testament Period* (London: Lindsey Press, 1928), p.187을 보라.
2) "나사렛당"(Nazarenes)이라는 용어는 신약성서 중에서 이곳에서만 예수의 추종자들에게 붙여졌다. 다른 곳에서는(예를 들면, 행 2:22) 예수에 대하여 사용되어졌다. F. F. Bruce는 이 용어가 난해하기는 하지만 신약성서 기자들은 이 용어를 "나사렛에 속함"을 의미하는 표현으로 이해하였던 것같다고 말한다. 헬라어 *Nazoraioi*(행 24:5), 즉 "나사렛당"은 매우 초기부터 유대 기독교인들을 지칭하는 용어로 사용되었던 것같다. 이것은 "기독교인들"(문자적으로는 "Nazarenes")을 가리키는 *Notzrim*과 "기독교인"(문자적으로는 "Nazarene")을 가리키는 *Notzri*로 히브리 회화 가운데(그리고 후에는 히브리 문학 가운데) 분명하게 존속되어 왔다. 탈무드에서는 예수와 기독교인들

을 모두 *Notzrim*으로 부르고 있다. 더 나아가, 유대인들은 *Notzrim*이라는 단어를 시락서 40:15에 나오는 "영원한 번영"의 표상인 "부드러운 잔 가지는 하나도 갖고 있지 않은" "폭력의 가지[branch, 히브리어로 *notzer*]"와 연결하기도 한다. 비슷한 방식으로, 기독교인들은 *Notzrim*을 이사야 11:1(마 2:23은 이 구절에 근거를 두고 있는 것같다)의 메시야적 "가지"(*netzer*)와 결합시켰다. F. F. Bruce, *The Book of the Acts*, New International Commentary on the New Testament, rev. ed.(Grand Rapids: William B. Eerdmans Publishing Co., 1988), pp.63 n.72, 440−41을 보라.

3) S. Schechter, *Some Aspects of Rabbinic Theology* (London: Adam and Charles Black, 1909), p.337을 보라.

4) John J. Collins, *Between Athens and Jerusalem* (New York: Crossroad, 1983), p.245.

5) F. F. Bruce의 토론을 참조하라. *The Defense of the Gospel*, rev. ed.(Grand Rapids: William B. Eerdmans Publishing Co., 1977), pp.23−31.

6) F. F. Bruce, *The Book of the Acts*, p.162.

7) Krister Stendahl, *Paul Among Jews and Gentiles* (Philadelphia: Fortress Press, 1976), p.7.

8) H. Balz, *Theological Dictionary of the New Testament* (Grand Rapids: William B. Eerdmans Publishing Co., 1974), 9:213.

9) Richard N. Longenecker, *Paul: Apostle of Liberty* (New York: Harper & Row, 1964), p.259.

10) W. D. Davies, *Paul and Rabbinic Judaism*, 4th ed.(Philadelphia: Fortress Press, 1980), p.118.

11) 노아에게 주어진 일곱 명령은 아래와 같다: 1)우상 숭배 금지 2)하나님의 이름을 모독하지 말 것 3)재판관을 저주하지 말 것 4)살인하지 말 것 5)근친상간 및 간음을 금할 것 6)도둑질하지 말 것 7)고기를 피채 먹지 말 것(창세기 Rabbah 16:6). 참조, George Foot Moore, *Judaism in the First Centuries of the Christian Era* (Cambridge: Harvard University Press, 1927), 1:274ff. 탈무드는 자신의 생명을 구하기 위해서 어쩔 수 없는 상황 하에서는 우상 숭배, 간음, 살인을 제외한 다른 법은 어길 수도 있다고 선언하고 있다(Sanhedrin 74a). 이 노아 명령과 예루살렘 회의가 제정한 법 사이에는 상당한 유사점이 있음을 볼 수 있다.

12) Richard N. Longenecker, *New Testament Social Ethics for Today* (Grand Rapids: William B. Eerdmans Publishing Co., 1984), p.39.

13) Terrance Callan, *Forgetting the Root: The Emergence of Christianity from Judaism* (New York: Paulist Press, 1986)을 보라.

제 4 장

1) Douglas R. A. Hare는 다음과 같은 주목할만한 경고를 하고 있다: "유대인과 기독교인들의 초기의 분쟁을 연구함에 있어서, 우리는 논쟁중에 있는 이슈들과 적대감의 원인들을 지나치게 단순화하는 경향으로부터 우리 자신을 계속 보호해야 한다. 이 분쟁은 적대 관계에 있는 두 그룹만큼이나 많은 측면을 가지고 있다"(*The Theme of Jewish Persecution of Christians in the Gospel According to St. Matthew* [Cambridge: Cambridge University Press, 1967], p. 1).
2) Peter Richardson은 다음과 같이 바르게 지적하고 있다: "예수는 거의 전적으로 이스라엘과 함께 —그 기관들과 사람들과 함께— 일하신다. 그의 회당 사역은 광범위했던 것처럼 보인다"(*Israel in the Apostolic Church* [Cambridge: Cambridge University Press, 1969], p.53).
3) Joachim Jeremias, *The Central Message of the New Testament* (Philadelphia: Fortress Press, 1965), p.30.
4) Geza Vermes에 의하면, "그의[예수의] 지지자들은 하늘에 계신 그의 아버지를 사랑하고 예배하는 바로 그를 예배의 대상으로, 신으로 변화시켰다. 그리고 핍박받고 있는 그의 백성들은 기독교 신앙과 교리들을 예수에게 잘못 돌렸다. 내가 확신하건대, 그러한 것들 가운데 많은 것들이 이 갈릴리의 하시드(Hasid)를 놀라게 하고, 분노와, 말할 수 없는 비통함을 갖게 했을 것이다"(*Jesus and the World of Judaism* [Philadelphia: Fortress Press, 1984], p. 13). 또한 James Parkes, *The Conflict of the Church and the Synagogue* (New York: Hermon Press, 1974), pp.34-42도 참조하라.
5) Richard N. Longenecker, *Paul: Apostle of Liberty* (New York: Harper & Row, 1964), p.84.
6) John Bright, *The Authority of the Old Testament* (Nashville: Abingdon Press, 1967; repr. Grand Rapids: Baker Book House, 1975), p. 201. [한글판은 컨콜디아사에서 『구약 성서의 권위』라는 제목으로 번역되어 나왔다.]

7) Hare, *Theme of Jewish Persecution*, pp.3−7을 보라.
8) Richardson, *Israel in the Apostolic Church*, pp.52, 53.
9) 이에 대한 더 자세한 논의를 위해서는 Helmut Merkel, "The Opposition Between Jesus and Judaism," in *Jesus and the Politics of His Day*, ed. Ernst Bammel and C. F. D. Moule(Cambridge: Cambridge University Press, 1984), 134−138을 보라.
10) John Riches, *Jesus and the Transformation of Judaism* (San Francisco: Harper and Row, 1982), p.185.
11) Joachim Jeremias, *Abba*, Studien zur neutestamentlichen Theologie und Zeitgeschichte (Goettingen: Vandenhoeck & Ruprecht, 1966)을 보라. 같은 저자의 *Central Message of the New Testament*, pp.9−30과 *New Testament Theology* (New York: Scribner's, 1971), pp.61−68을 보라.
12) Jeremias, *Central Message of the New Testament*, p.30.
13) Jacob Jocz, *The Jewish People and Jesus Christ* (repr. Grand Rapids: Baker Book House, 1979), pp.34−43.
14) Geza Vermes, *Jesus the Jew* (Philadelphia: Fortress Press, 1981), pp. 130−40. 또한 David Flusser, *Jesus*(New York: Herder and Herder, 1969), pp.14ff.와 Hans−Joachim Schoeps, *The Jewish-Christian Argument*, trans, David E. Green (New York: Holt, Rinehart and Winston, 1963), pp.20ff.를 보라.
15) Bo Reicke, "Judaeo-Christianity and the Jewish Establishment, A. D. 33−66," in *Jesus and the Politics of His Day*, ed. Ernst Bammel and C. F. D. Moule (Cambridge: Cambridge University Press, 1984), pp.145ff. 를 보라.
16) Richardson, *Israel in the Apostolic Church*, p.47.
17) Jocz, *Jewish People and Jesus Christ*, pp.44−45, 162−63.
18) Hare, *Theme of Jewish Persecution*, pp.20, 35.
19) F. F. Bruce, *The Defense of the Gospel in the New Testament*, rev. ed. (Grand Rapids: William B. Eerdmans Publishing Co., 1977), p.28.
20) Emil Schuerer, *The History of the Jewish People in the Age of Jesus Christ (175 B.C.−A.D. 135)*, rev. ed., G. Vermes, et al. (Edinburgh: T. & T. Clark, 1979), 2:197−98.
21) Hare, *Theme of Jewish Persecution*, pp.43−46.

제 5 장

1) 전체 기도문을 보려면, Emil Schuerer, *The History of the Jewish People in the Age of Jesus Christ(175 B.C.-A.D. 135)*, rev. ed., ed. G. Vermes, et al. (Edinburgh: T. & T. Clark, 1979), 2:456-59를 보라. 그러나 거기에는 18개가 아니라 19개의 축원 기도가 나와있음을 발견할 것이다. 이는 Schuerer가 후기의 바벨론 판을 따르고 있기 때문이다(현대의「기도서」처럼). 더욱이, 12번째 기도는 내적인 그리고 외적인 검열이 있었음을 보여준다(Steven T. Katz, "Issues in the Seperation of Judaism and Christianity after 70 C.E.: A Reconsideration," *Journal of Biblical Literature* 103[1984]: 64를 참조하라). 이 12번째 기도문은 바벨론 수정판에 이렇게 옮겨져 있다: "밀고자에게는 아무런 희망도 없게 하소서. 악을 행하는 자들은 모두가 다 속히 사라지게 하소서. 그들로하여금 곧 멸망당하게 하소서. 거만한 자들을 오늘날 속히 뿌리 뽑으시고, 짓밟으시며, 집어 던지시며, 무릎 꿇게 하소서"(Schuerer, p.457). 오늘날 여러 의식문들의 대부분에서 공통적으로 사용하는 이 수정 번역의 기도문에는 분파주의자 또는 *minim*에 대한 언급이 없다.
2) 이 자료는 Solomon Schechter에 의해 *Jewish Quarterly Review* 10 (1898): 197-206, 654-59을 통해 처음으로 발행되었다.
3) 이 번역은 Steven T. Katz, "Issues in the Seperation of Judaism and Christianity After 70 C.E.: A Reconsideration," *Journal of Biblical Literature* 103(1984): 64에서 인용한 것이다.
4) 여기에서 나는 Katz의 유용한 개요를 따르고 있다. "Issues," pp.63-76.
5) Jacob Jocz, *The Jewish People and Jesus Christ*(repr. Grand Rapids: Baker Book House, 1979), pp. 55-56.
6) *Encyclopedia Judaica* (Jerusalem: Keter Publishing House, 1971), 12:3에서 인용함.
7) 다음을 특별히 참조하라. David Flusser, "The Jewish-Christian Schism (Part II)," *Immanuel* 17 (Winter, 1983/84): 32-38; Reuven Kimelman, "*Birkat Ha-Minim* and the Lack of Evidence for an Anti-Christian Jewish Prayer in Late Antiquity," in *Jewish and Christian Self-Definition*, ed. E. P. Sanders (Philadelphia: Fortress Press, 1981), 2:226-44; Ephraim Urbach, "Self-Isolation or Self-Affirmation in

Judaism in the First Three Centuries," in *Jewish and Christian Self-Definition*, 2:288ff.; Stephen T. Katz, "Issues," pp.63-76.
8) Kimelman, in *Jewish and Christian Self-Definition*, 2:244.
9) Schuerer, *History*, p.462.
10) David Flusser "The Jewish-Christian Schism(Part II)," *Immanuel* 17 (Winter, 1983/84): 35-37. 같은 저자의 "The Jewish Religion in the Second Temple Period," in *The World History of the Jewish People, Society and Religion in the Second Temple Period*, ed. M. Avi-Yonah and A. Baras (Jerusalem: Massada, 1977), 8:23, 24. 추가적으로, Katz, "Issues," p. 67-68을 보라.
11) David Flusser, "Jewish-Christian Schism," p.34. Ephraim Urbach는 근본적으로 Flusser에 동의하면서, 원래의 기원은 "공동체로부터 자신들을 분리시킨 모든 그룹들을 향한 것이었다"고 진술하고 있다(*Jewish and Christian Self-Definition*, 2:288).
12) Flusser, "Jewish-Christian Schism," p.33. Katz, "Issues," p.69를 보라.
13) Flusser, "Jewish-Christian Schism," p.36.
14) Katz, "Issues," p.69.
15) William Horbury, "The Benediction of *Minim* and early Jewish-Christian Controversy," *Journal of Theological Studies* 33(1982): 60; cf. Katz, "Issues," p.71. 그러나 Gedaliah Alon은 이 점을 Horbury보다 더 강조하고 있다. 즉 그는 *Birkat ha-Minim*의 주요 의도는 모든 유대인들에게 저들이 "더 이상 유대인으로 불리울 수 없음을" 인식하게 하는 데 있었다고 본다. 그는 이렇게 결론 짓는다: "어떤 방식으로 우리가 그것을 보든, 야브네에 있던 Rabban Gamaliel의 Beth Din이 치명적인 운명을 맞이하게 되었음을 볼 수 있다. Beth Din의 이러한 운명은 역사에 상당한 영향을 미쳤다. 그들은 명확한 용어들로 유대 기독교인들은 더 이상 유대 공동체의 일원이나 유대인으로 여겨질 수 없음을 선언했다"(*The Jews in Their Land in the Talmudic Age* [Jerusalem: Magnes Press, 1980], 1:307).
16) Flusser, "Jewish-Christian Schism," pp.33-34.
17) Justin Martyr, *Dialogue* 16. 4.
18) 더 자세한 목록을 보려면, Kimelman, in *Jewish and Christian Self-Definition*, 2: 237-39, 398-99를 참조하라.
19) Katz, "Issues," p.76.
20) J. Louis Martyn, *History and Theology in the Fourth Gospel*, rev. ed.(Nas-

hville: Abingdon Press, 1979), pp.37−62. Cf. Rodney A. Whitacre, *Johannine Polemic*, SBL Dissertation Series 67(Chico, CA: Scholars Press, 1980), pp.5−25을 보라.

21) Barnabas Lindars, "The Persecution of Christians in John 15:18−16:4a," in *Suffering and Martyrdom in the New Testament*, ed. William Horbury and Brian McNeil (Cambridge: Cambridge University Press, 1981), p.49.

22) Douglas R. A. Hare, *The Theme of Jewish Persecution of Christians in the Gospel According to St. Matthew* (Cambridge: Cambridge University Press, 1967), pp.54−55.

23) Martyn, *History and Theology in the Fourth Gospel*, p.62.

24) Hare, *Theme of Jewish Persecution*, p.55.

25) W. Schrage, *Theological Dictionary of the New Testament* (Grand Rapids: William B. Eerdmans Publishing Co., 1971), 7:848을 보라.

26) Kimelman, in *Jewish and Christian Self-Definition*, 2:234−35.

27) Kenneth L. Carroll, "The Fourth Gospel and the Exclusion of Christians from the Synagogues," *Bulletin of John Rylands Library* 40(1957−58): 19−20, 31−32.

28) Samuel Sandmel, *Anti-Semitism in the New Testament?* (Philadelphia: Fortress Press, 1978), p.118.

29) William S. LaSor, *The Dead Sea Scrolls and the New Testament* (Grand Rapids: William B. Eerdmans Publishing Co., 1972), pp.73−74.

30) William Horbury, "Extirpation and Excommunication," *Vetus Testamentum* 35 (1985): 38.

31) Lindars, in *Suffering and Martyrdom in the New Testament*, p.67.

32) Schrage, *Theological Dictionary of the New Testament*, 7: 849.

33) 완전한 목록을 위해서는, Haim Cohn in *Encyclopedia Judaica*, 8: 351−52를 보라.

34) Raymond E. Brown, *The Gospel According to John*, Anchor Bible(Garden City, NY: Doubleday & Co., 1966), 1: 374.

35) Hare, *Theme of Jewish Persecution*, pp.55−56.

제 6 장

1) Cf. Peter Richardson, *Israel in the Apostolic Church* (Cambridge: Cambridge University Press, 1969), p.42.
2) Tacitus, *Annals*, 15.38ff.
3) Josephus, *Jewish War* 7.8.1−9.2(252−406).
4) 예루살렘에서 모든 희생 제사 의식이 멈춘 것은 A.D. 70년경이었다고 대체적으로 인정되고 있다. 그러나 Kenneth W. Clark("Worship in Jerusalem Temple after A.D. 70," *New Testament Studies* 6 [1959−60]: 269−80)에 의하면, 원래보다는 약화된 예배 형태가 A.D. 70년부터 제2차 유대인 반란 사건이 있었던 132−135년 사이에도 남아 있었다고 한다. 성전 지역이 얼마나 훼손되었든지 간에 −Clark는 논쟁의 여지가 있는 자료들도 인용하고 있다− 이 기간 동안에 로마가 성전에서의 예배를 금했음을 증명해 주는 어떤 자료도 발견되지 않았다는 그의 지적은 사실이다. 그러나 우리는 이집트의 Heliopolis 지역의 Leontopolis에 있는 Onias신전에 A.D. 73년경에 칙령이 내려졌다는 증거를 갖고 있다. 유대인들은 A.D. 70년 직전에, 유대 공동체로 하여금 로마에 대항하도록 자극시키기 위하여 팔레스타인으로부터 그곳으로 도망했다. Leontopolis의 신전은 마카비 혁명이 일어나고 유대인들이 그곳에 처음으로 정착한 이래로 200년 이상동안 계속 존속되어 왔다. 만일 A.D. 70년이 예루살렘 성전에서의 모든 제사 의식에 종지부를 찍은 해가 아니라면, 135년은 회당과 교회의 분리를 이해하는 데 있어서 상당히 중요한 해가 될 것이다.
5) Eusebius, *Ecclesiastical History* 4. 5. 1-4를 보라.
6) W. D. Davies, *Paul and Rabbinic Judaism,* 4th ed.(Philadelphia: Fortress Press, 1980), p.xxviii.
7) Gedaliah Alon, "Rabban Johanan B. Zakkai's removal to Jabneh," in *Jews, Judaism and the Classical World* (Jerusalem: Magness Press, 1977), pp.269−343을 보라.
8) Gedaliah Alon, *The Jews in Their Land in the Talmudic Age*(Jerusalem: Magnes Press, 1980), 1:86.
9) Yavneh의 중요성에 대한 간단한 포괄적 이해를 위해서는 W. D. Davies, *The Setting of the Sermon on the Mount* (Cambridge: Cambridge University Press, 1964), pp.256−315를 보라.

10) Alon, *Jews in Their Land*, 1:272.
11) Davies, *Setting of the Sermon on the Mount*, p.273.
12) *Jewish Roots* (Rockville, MD: Davar, 1986), pp.138-39에 있는 Daniel Juster의 주장을 참조하라.
13) 이 문제에 대한 자세한 연구를 위해서는 D. A. Carson, ed., *From Sabbath to Lord's Day* (Grand Rapids: Zondervan Publishing House, 1982); Paul K. Jewett, *The Lord's Day* (Grand Rapids: William B. Eerdmans Publishing CO., 1971)을 보라.
14) Ignatius of Antioch, *Letter to the Magnesians* 9. 1.
15) Jacques Doukhan, *Drinking at the Sources* (Mountain View, California: Mountain Press Publishing Association, 1981), p.25에서 인용.
16) Richardson, *Israel in the Apostolic Church*, pp.36, 203.
17) Werner Foerster, *Palestinian Judaism in New Testament Times*, trans. Gordon E. Harris (London: Oliver & Boyd, 1964), p.116. *Encyclopedia Judaica*(Jerusalem: Keter Publishing House, 1971), 4:231-39를 보라.
18) Keith Schoville, *Biblical Archaeology in Focus* (Grand Rapids: Baker Book House, 1978), pp.303-13을 보라.
19) G. W. H. Lampe는 다음과 같이 강조함으로써 K. W. Clark에 동의하고 있다: "가장 큰 재앙은, Titus에 의한 예루살렘 성전의 무너짐이 아니라 하드리안이 쥬피터 의식을 행하게 했던 사실이다."("A.D. 70 in Christian Reflection," in *Jesus and the Politics of His Day*, ed. Ernst Bammel and C. F. D. Moule [Cambridge: Cambridge University Press, 1984], p.153).
20) Jacob Jocz, *The Jewish People and Jesus Christ* (repr. Grand Rapids: Baker Book House, 1979), p.71.
21) Haim Hillel Ben-Sasson, "History," in *Encyclopedia Judaica*, 8:647.
22) Jerome과 Epiphanius(둘 다 4세기 후반의 기독교 저술가임)는 "Nazoreans"가 회당에서 유대인들로부터 저주를 받고 있다고 진술한다. 참고, David Flusser, "the Jewish-Christian Schism(Part II)," *Immanuel* 17(Winter, 1983-84): 33과 Gedaliah Alon, *Jews in Their Land*, 1:289.
23) Richardson, *Israel in the Apostolic Church*, p.1. 그는 이렇게 결론짓고 있다: "A.D. 132-135의 전쟁은 '회당 출교'(Synagogue Ban)가 행하지 않았던 일을 했다. 사실상 이 전쟁은 두 그룹을 갈라 놓았으며, 후기의 기독교인들은 유대교와의 밀접한 연관성을 주장할 필요도 없게 되었으며, 이 전쟁은 이스라엘에 대한 하나님의 철저한 '심판'의 증거를 제공하는 것으로 여겨졌다. 바로

이 점을 들어 기독교인들은 더 철저하게 논박한다"(p.203).

제 7 장

1) Otto A. Piper, "Church and Judaism in Holy History," *Theology Today* 18 (1961): 65.
2) Justin Martyr, *Dialogue with Trypho, A Jew,* 29. 2.
3) Dom Gregory Dix, *Jew and the Greek: A Study in the Primitive Church* (London: Dacre Press, 1953), p.109.
4) Samuel Sandmel, *Judaism and Christian Beginnings* (New York: Oxford University Press, 1978), p.410을 보라. Thorleif Boman은 다음과 같이 말함으로 Sandmel의 견해를 확증해준다: "기독교가 초석을 다진 처음 다섯 세기 동안 그 철학적인 권위는 플라톤에게 있었다."(*Hebrew Thought Compared with Greek,* trans. Jules L. Moreau [repr. New York: W. W. Norton & Co., 1970], p.53)
5) Ranald Macauley and Jerram Barrs, *Being Human: The Nature of Spiritual Experience* (Downers Grove: InterVarsity Press, 1978), pp. 42ff.
6) Stuart E. Rosenberg, *The Christian Problem: A Jewish View* (New York: Hippocrene Books, 1986), p.11.
7) Shaye J. D. Cohen, *From the Maccabees to the Mishnah* (Philadelphia: Westminster Press, 1987), pp.47−48.
8) 위와 같은 책의 pp.48−49.
9) Edward H. Flannery, *The Anguish of the Jews: Twenty-three Centuries of Antisemitism,* rev. ed. (Mahwah, NJ: Paulist Press, 1985).
10) Richard N. Longenecker, *New Testament Social Ethics for Today* (Grand Rapids: William B. Eerdmans Publishing Co., 1984), p.40.
11) Pinchas E. Lapide, *Hebrew in the Church: The Foundations of Jewish-Christian Dialogue,* trans. Erroll F. Rhodes (Grand Rapids: William B. Eerdmans Publishing Co., 1984), p.21.
12) Justin Martyr, *Dialogue with Trypho* 16.
13) Origen, *Against Celsus* 2. 8.
14) Lapide, *Hebrew in the Church,* p.3.

15) G. W. H. Lampe, "A.D. 70 in Christian Reflection," in *Jesus and the Politics of His Day*, ed. Ernst Bammel and C. F. D. Moule (Cambridge: Cambridge University Press, 1984), p.157.
16) *Epistle to Diognetus* 4.4, 6.
17) 교회가 반유대주의를 가르친 그 역사적인 과정에 대한 개관은 Terrance Callan, *Forgetting the Root: The Emergence of Christianity From Judaism* (New York: Paulist Press, 1986)을 보라. 좀더 깊은 연구를 위해서는 John C. Gager, *The Origins of Anti-Semitism* (New York: Oxford University Press, 1985)을 보라. 기독교 역사가들에게서 반셈족주의의 역사를 잘 추출해낸 노작으로는 David A. Rausch, *A Legacy of Hatred* (Chicago: Moody Press, 1984)가 있다.
18) D. S. Wallace-Hadrill, *Christian Antioch: A Study of Early Christian Thought in the East* (Cambridge: Cambridge University Press, 1982).
19) John Chrysostom, *Adversus Iudaeos* 1.3.1; 1.4.1. *The fathers of the Church: Saint John Chrysostom*, vol. 68 (Washington D.C.: The Catholic University of America Press, 1979)로부터 번역함.
20) Sandmel, *Judaism and Christian Beginnings*, p.397; Lapide, *Hebrew in the Church*, pp.32, 51, 52, 185.
21) Longenecker, *New Testament Social Ethics*, p.42.
22) John Bright, *The Authority of the Old Testament* (repr. Grand Rapids: Baker Book House, 1975), p.82.
23) Peter Richardson, *Israel in the Apostolic Church* (Cambridge: Cambridge University Press, 1969), pp.10, 28, 30.
24) Bright, *Authority of the Old Testament*, p.81.
25) Harold O. J. Brown, "Christian and Jews — Bound Together," *Christianity Today* (August 18, 1978):18.
26) Lapide, *Hebrew in the Church*, p.3.
27) Binyamin Eliav, "Anti-Semitism," in *Encyclopedia Judaica* (Jerusalem: Keter Publishing House, 1971), 3:91—94; Helen Rosenau, Ecclesia et Synagoga," *Encyclopedia Judaica*, 6:346—49.
28) Paul Johnson, *A History of the Jews* (New York: Harper & Row, 1987), p.312.

제 8 장

1) 유대인들은 보통 구약성서를 히브리 성서, 유대인 성서, 성경 또는 *Tenach*라고 부른다. *Tenach*라는 용어는, 히브리 성서를 *Torah*(율법), *Nebi'im*(예언서), 그리고 *Ketubim*(성문서)으로 나누면서 그 각 부분의 이름의 첫 자를 합쳐서 만든 명칭이다. 유대교에게는 오직 하나의 언약이 있을 뿐이다. 그래서 유대인들은, 기독교인들이 유대인들의 언약을 "옛" 언약이라고 부름으로써 그들의 신앙을 오해하거나 기독교인들이 우쭐해 한다고 생각한다. 이 책에서도 "구약성서"라는 용어를 사용하긴 했으나, 이는 일반적으로 사용하는 용어를 의사소통을 위해 편의적으로 사용하는 것 뿐이지, 성서의 한 파트의 가치를 떨어뜨리려고 그렇게 한 것이 결코 아니다.
2) William Barclay, *Ethics in a Permissive Society* (New York: Harper & Row, 1971), pp.13–14.
3) Emil Brunner, "The Significance of the Old Testament for Our Faith," in *The Old Testament and Christian Faith: A Theological Discussion*, ed. Bernhard W. Anderson (repr. New York: Herder and Herder, 1969), p.249.
4) Abraham J. Heschel, *The Insecurity of Freedom* (New York: Schocken Books, 1972), p.169.
5) John Bright, *The Authority of the Old Testament* (repr. Grand Rapids: Baker Book House, 1975), p.202.
6) H. L. Ellison, *The Message of the Old Testament* (Grand Rapids: William B. Eerdmans Publishing Co., 1969), p.11.
7) 성령의 인도를 따라 신약성서 기자들은 구약성서를 기독교인들에게 의미있는 것으로 만들기 위해 종종 유형론적인 해석과 비문자적인 해석 방법을 사용했다(예를 들면, 마 2:15, 12:40; 요 3:14; 고전 10:1–4). 그러나 종교개혁자들은 대체적으로 이러한 접근 방식에 대하여 동의하지 않았다. 초대교부들에 의해 여러 세기동안 널리 남용되어 왔으며, 상당히 주관적이며 통제할 수 없는 것이 되고 말았기 때문이다.(이에 대해서는 제 7 장을 참조하라.) 만일 현대의 해석자들이 유형론적인 해석이나 비유적인 해석, 또는 그와 유사한 방식의 해석 방법에 의존한다면, 그들의 결론은 신약성서 기자들이 영감받은 것과 꼭 같은 방식으로 성령에 의하여 영감받은 것이라고 주장할 수는 없음을 우리는 기억해야만 한다.

8) G. Lloyd Carr, *The Song of Solomon*, Tyndale Old Testament Commentaries (Downers Grove: InterVarsity Press, 1984), pp.21ff.
9) 구약성서의 권위에 관한 모든 문제를 다룬 상세한 연구서인 John Bright의 *Authority of the Old Testament*를 참조하라.
10) 위의 책, pp.65-66.
11) Harvey Falk, *Jesus the Pharisee: A New Look at the Jewishness of Jesus* (New York: Paulist Press, 1985), p.158.
12) Eugene J. Fisher, *Faith Without Prejudice* (New York: Paulist Press, 1977), p.33.
13) Leonard Swidler, "The Jewishness of Jesus: Some Religious Implications for Christians," *Journal of Ecumenical Studies* 18 (Winter, 1981): 104-13을 보라.
14) G. A. F. Knight, *A Biblical Approach to the Doctrine of Trinity* (Edinburgh: Oliver & Boyd, 1953), p.2.
15) 위의 책, p.3.
16) Markus Barth, *Jesus the Jew* (Atlanta: John Knox Press, 1978), p.34.
17) 이러한 것이 초기 랍비들의 논의에서 발견되는 이 히브리 관용구의 의미이다. 참조, David Bivin and Roy B. Blizzard, *Understanding the Difficult Words of Jesus* (Austin, TX: Center for Judaic-Christian Studies, 1984), pp.152-55.
18) 이 주제에 대한 학문적인 해설을 위해서는 Bradford H. Young, *The Jewish Background to the Lord's Prayer* (Austin, TX: Center for Judaic-Christian Studies, 1984)를 보라.
19) Samuel Sandmel, *Judaism and Christian Beginnings* (New York: Oxford University Press, 1978), p.358.
20) 이 개념에 대한 토의를 위해서는 William S. LaSor, *The Dead Sea Scrolls and the New Testament* (Grand Rapids: William B. Eerdmans Publishing Co., 1972), pp.200-201, 240-41.
21) Bivin and Blizzard, *Understanding the Difficult Words of Jesus*, pp.73ff.를 보라.
22) 예루살렘 학파와 연관되어 있는 학자들의 자세한 연구서 가운데 하나는 Bradford H. Young, *Jesus and His Jewish Parables* (Mahwah, NJ: Paulist Press, 1989)이다.
23) C. G. Montefiore and H. Loewe, *A Rabbinic Anthology* (repr. Cleveland:

Meridian Books; Philadelphia: Jewish Publication Society, 1963), pp. xxxv, 222−25를 보라.

24) Robert A. Guelich, *The Sermon on the Mount* (Waco, TX: Word Books, 1982), pp.329−32. Cf. Bivin and Blizzard, *Understanding the Difficult Words of Jesus*, pp.144−45.

25) Bivin and Blizzard, *Understanding the Difficult Words of Jesus*, pp.143−49.

26) W. D. Davies, *The Setting of the Sermon on the Mount* (Cambridge: Cambridge University Press, 1964), p.424.

27) Walter C. Kaiser, Jr., "The Place of Law and Good Works in Evangelical Christianity," in *A Time to Speak: The Evangelical-Jewish Encounter*, ed. A. James Rudin and Marvin R. Wilson (Grand Rapids: William B. Eerdmans Publishing Co., 1987), pp.123−24를 보라. 참조, Gordon Tucker, "Response to Walter C. Kaiser, Jr.," in *A Time to Speak*, pp.134−37.

28) E. P. Sanders, *Paul and Palestinian Judaism* (Philadelphia: Fortress Press, 1977), p.112.

29) 이 구절에 대한 토의를 위해서는 다음을 참조하라. Morris Adler, "Judaism's Central Affirmation," in *Jewish Heritage Reader*, ed. Lily Edelman (New York: Taplinger Publishing Co., 1965), pp.38−43; Louis Jacobs in *Encyclopedia Judaica*, 14:1370−74; Joseph H. Hertz, *The Authorized Daily Prayer Book*, rev. ed. (New York: Block Publishing Co., 1948), pp.108−29, 263−69; Joachim Jeremias, *The Prayers of Jesus*, trans. John Bowden and John Reumann (repr. Philadelphia: Fortress Press, 1984), pp.66−81.

30) Cyrus H. Gordon, "His Name is 'One,'" *Journal of Near Eastern Studies* 29(1970): 198ff.

31) Otto A. Piper, "Church and Judaism in Holy History," *Theology Today* 18(1961): 67.

32) Pinchas E. Lapide, *Hebrew in the Church* (Grand Rapids: William B. Eerdmans Publishing Co., 1984), p.202에서 재인용.

33) Daniel Patte, *Early Jewish Hermeneutic in Palestine* (Missoula, MT: Scholars Press, 1975), pp.35ff을 보라.

34) 다음을 참조하라. David Daube, *The New Testament and Rabbinic Judaism*

(London: Athlone Press, 1956), pp.106–40; Bivin and Blizzard, *Understanding the Difficult Words of Jesus*, pp.133–37; William S. LaSor, "Discovering What Jewish *Miqva'ot* Can Tell Us About Christian Baptism," *Biblical Archaeology Review* 13/1(1987): 52–59.

35) W. D. Davies는 로마서 7장에서 "우리는 '두가지 충동'(Two Impulses)의 교리와의 직접적인 연관을 갖고 있는 것을 추적할 수 있다. 이 장에 나온, 도덕적인 경험에 대한 묘사는, 아마도 악에로의 *yetzer*에 대한 그의 투쟁을 설명한 것으로 보인다"고 말한다(*Paul and Rabbinic Judaism*, 4th ed. [Philadelphia: Fortress Press, 1980], pp.23–24).

36) *het*의 동사 형태는 *hata*이다. 이 동사는 "죄를 짓다"로 번역되며, 삿 20:16 에서처럼 "(표적을) 벗어나다, 못맞추다"로 옮길 수도 있다.

37) 이것은 청교도 사상가인 Joshua Moody의 가르침이었다. Henry L. Feingold, "The Jewish Role in Shaping American Society," in *A Time to Speak: The Evangelical–Jewish Encounter*, ed. A. James Rudin and Marvin R. Wilson (Grand Rapids: William B. Eerdmans Publishing Co., 1987), p.46을 보라.

38) 예일 대학의 총장이 이 말을 1783년에 Connecticut의 주지사와 주의회 앞에서 사용하였다. Abraham J. Feldman, *Contributions of Judaism to Modern Society* (New York: The Union of American Hebrew Congregations, n.d.), p.5를 보라.

39) David de Sola Pool, *Why I Am A Jew* (Boston: Beacon Press, 1957), pp. 184–85.

40) Nitza Rosovsky, *The Jewish Experience at Harvard and Radcliffe*(Cambridge: Harvard University Press, 1986), p.2에서 인용함.

41) Bea Stadtler, "Hebrew's Influence on English," *Jewish Advocate*, October 22, 1987, p. 19에서 재인용함.

42) *Proceedings of the Massachusetts Historical Society* 52(May, 1919): 285. 또한 Arnold Zeitlin, "Boston's Jews: The Best of Times," *Boston Magazine*, September 1984, p.136을 보라.

43) Rosovsky, *Jewish Experience at Harvard and Radcliffe*, p.3.

44) Feingold, "The Jewish Role in Shaping American Society," in *A Time to Speak*, p.46.

45) Rosovsky에 의하면, Monis는 문학 석사 학위를 1720년이나 1722년, 혹은 1723년에 받았다. 그가 문학 석사 학위를 취득했는지 아니면 명예 학위를 받

았는지는 불분명하다. 그러나 이 기간 동안에 나온 자료들은 1720년에 유대인들에게는 아직 캠브리지나 옥스포드에 입학이 허락되지 않았음을 보여준다. 이러한 사실은 그가 교회에 받아들여진 후에까지 교수로 임명되지 않은 이유를 잘 설명해줄 것이다. 더욱이, Monis가 유대교에서 기독교로 옮긴 문제는 "Monis는 미국에서 대학의 학위를 받은 최초의 유대인이다"라는 진술에 대한 해석에 영향을 미칠 것이다. Nitza Rosovsky, *Jewish Experience at Harvard and Radcliff*, 4-5를 보라.

46) *Proceedings*, p.294.
47) Marcus Konick, "Jewish Influence on American Life and Culture," *The Principal* 20/10 (June, 1975): 25
48) Bright, *Authority of the Old Testament*, pp.199-200.

제 9 장

1) John Dillenberger, "Revelational Discernment and the Problem of the Two Testaments," in *The Old Testament and Christian Faith*, ed. Bernhard W. Anderson (repr. New York: Herder and Herder, 1969), p.160.
2) Walter C. Kaiser, Jr., *The Old Testament in Contemporary Preaching* (Grand Rapids: Baker Book House, 1973), pp.43-44.
3) *Luther's Works*, vol. 12: Selected Psalms, ed. Jaroslav Pelikan (St. Louis: Concordia Publishing House, 1955), pp.198-99. [한글판 루터선집은 컨콜디아사에서 전 12권으로 발행되었다. 루터의 시편강해는 제2권에 나와있다.]
4) 이 특기할만한 비유는 루터의 탁상담화(*Tischreden*)에 나오는 것으로 여기에서는 E. Lapide, *Hebrew in the Church*, trans. Erroll F. Rhodes (Grand Rapids: William B. Eerdmans Publishing Co., 1984), p.x에서 인용하였다.
5) Leslie C. Allen, "Why Not Learn Hebrew?" *TSF Bulletin* 30 (Summer, 1961): 3.
6) George Adam Smith, "The Hebrew Genius as Exhibited in the Old Testament," in *The Legacy of Israel*, ed. Edwyn R. Bevan and Charles Singer (Oxford: Clarendon Press, 1944), p.10.

7) Raphael Patai, *The Jewish Mind* (New York: Charles Scribner's Sons, 1977), p.67.
8) Yechiel Eckstein, *What Christians Should Know About Jews and Judaism* (Waco, TX: Word Books, 1984), pp.85ff.을 보라.
9) John Bright, *The Authority of the Old Testament* (repr. Grand Rapids: Baker Book House, 1975), p.236.
10) 이 부분과 다음과 나오는 두 구절(사사기와 이사야의)에 대해서는 George Adam Smith, "The Hebrew Genius as Exhibited in the Old Testament," in *Legacy of Israel*, pp.12-13을 참조하라.
11) E. W. Heaton, *Everyday Life in Old Testament Time* (New York: Charles Scribner's Sons, 1956), p.179를 보라. 여기에서 간단하게나마 지적해야 할 것은 오늘날 세계에서 사용되는 알파벳들은 50여개에 이르는데, 이들은 1,500 B.C.에 고안된 페니키아(또는 가나안)의 알파벳에서 유래된 것들이다. 히브리인들은 22자로 되어 있는 그들의 알파벳을 페니키아로부터 직접 빌어왔다. "알파벳"이라는 단어는 라틴어로 alphabetum이라 하는데, 헬라어 α (알파) β(베타)의 합성어이다. 페니키아어와 히브리어로는 이들을 알레프와 베트라고 부른다. Keith Schoville, *Biblical Archaeology in Focus* (Grand Rapids: Baker Book House, 1978), pp.127-52를 보라.
12) Ludwig Koehler, *Hebrew Man*, trans. Peter R. Ackroyd (Nashville: Abingdon Press, 1957), p.132.
13) Leslie C. Allen, "Why Not Learn Hebrew?" *TSF Bulletin* 30 (Summer, 1961): 4.
14) William L. Holladay, *Jeremiah: Spokesman Out of Time* (Philadelphia: United Church Press, 1974), p.41.
15) Leslie McFall, "Hebrew Language," in *The International Standard Bible Encyclopedia*, rev. ed. Geoffrey W. Bromiley, et al. (Grand Rapids: William B. Eerdmans Publishing Co., 1982), 2:663.
16) Robert Martin-Achard, *An Approach to the Old Testament*, trans. J. C. G. Greig (Edinburgh: Oliver & Boyd, 1965), p.46.
17) Samuel Sandmel, *Judaism and Christian Beginnings* (New York: Oxford University Press, 1978), p.226. 또한 Josephus, *Antiquities* 18. 1. 3(12-15)도 참조하라.
18) Pinchas Lapide and Peter Stuhlmacher, *Paul: Rabbi and Apostle*, trans. Lawrence W. Denef (Minneapolis: Augsburg Publishing House,

1984), pp.34-35.
19) Pinchas Lapide and Ulrich Luz, *Jesus in Two Perspectives* (Minneapolis: Augsburg Publishing House, 1985), pp.18-19.
20) Paul R. Carlson, *O Christian! O Jew!* (Elgin, IL: David C. Cook, 1974), pp.142-43에서 재인용.
21) *Nebï'im*, 즉 "예언자들"(예언서)은 전기 예언서와 후기 예언서로 나뉜다. 전기 예언서는 여호수아, 사사기, 사무엘서, 열왕기서를 말하며, 후기 예언서는 이사야, 예레미야, 에스겔, 그리고 12소선지서를 말한다.
22) Marten H. Woudstra, *The Book of Joshua*, New International Commentary on the Old Testament (Grand Rapids: William B. Eerdmans Publishing Co., 1981), p.63.
23) "The Law as Center of the Hebrew Bible"이라는 제목으로 캠브리지 대학에서 Otto Kaiser가 1987년 5월 13일에 행한 강의중에서.
24) 초기에 교회는 불행하게도 수도원과 수녀원의 금욕적인 운동을 통하여 이러한 구별을 강조했다. W. D. Davies는, 이러한 상실이 역사적으로 의미하는 바를 교회의 회당으로부터의 분리라는 측면에서 효과적으로 잘 요약하였다: "이중적인 도덕성이 제기되었다: 세상으로부터 벗어난 삶을 위한 보다 더 높은 차원의 도덕과 세상 안에서의 삶을 위한 보다 낮은 차원의 도덕. 모든 삶이 다 거룩하다고 하는 주장 - 이것은 일반적으로 회당을 특징짓는 요소이다 -은 무시되었으며, 기독교 세계는 사제직과 평신도직, 세속적인 제도와 거룩한 제도, 거룩하지 못한 것들과 그보다 우위에 있는 거룩한 사람들과 거룩한 것들로 구분했다. 유대교가 강조해온 삶의 전체성(wholeness)은 상실되었다. 포르테스탄트주의(Protestantism)는 성과 속의 이원론을 극복하지 못했다. 삶으로부터 종교의 분리는 회당에 대한 무시의 댓가로 지불한 일부분이다. 이것은 유대교가, 정한 것과 부정한 것을 구별하고 세상으로부터의 분리가 율법을 지키는 데 필요하다고 주장하고 있음에도 불구하고 사실이다; 유대교는 이 모든 '분리'를 통하여 율법을 엄격히 적용하려고 시도했던 것이다. 즉 하나님의 뜻을 모든 삶에 적용시키려고 했던 것이다"(*The Gospel and the Land* [Berkeley: University of California Press, 1974], pp.387-88). 이 주제에 대해서 기독교인의 입장에서 비평한 것으로는 Ranald Macauley and Jerram Barrs, *Being Human: The Nature of Spiritual Experience* (Downers Grove: InterVarsity Press, 1978)을 보라.
25) Walther Zimmerli, *The Old Testament and the World*, trans. John J. Scullion (Atlanta: John Knox Press, 1976), p.10.

26) Abraham J. Heschel, *The Earth in the Lord's* (New York: Henry Schuman, 1950), p.20.
27) A. Z. Idelsohn, *Jewish Music in Its Historical Development* (New York: Schocken Books, 1956), pp.420ff.
28) David de Sola Pool, *Why I Am A Jew* (Boston: Beacon Press, 1957), p. 73에서 재인용.
29) S. Umen, *Jewish Concepts and Reflections* (New York: Philosophical Library, 1962), p.32.
30) Martin Buber, *Israel and the World*, 2nd ed. (New York: Schocken Books, 1963), p.99.
31) Davies, *The Gospel and the Land*, p.385.
32) 이러한 주제는 Abraham J. Heschel의 종교철학서에 개진되어 있다(*Man Is Not Alone* [New York: Farrar, Straus & Giroux, 1951; repr. New York: Harper & Row, 1966]).

제 10 장

1) I. Howard Marshall, *The Acts of the Apostles*, Tyndale New Testament Commentaries (Grand Rapids: William B. Eerdmans Publishing Co., 1980), p.259를 보라.
2) Ralph Stob, *Christianity and Classical Civilization* (Grand Rapids: William B. Eerdmans Publishing Co., 1950), p.49.
3) John Shelby Spong, "The Continuing Christian Need for Judaism," *Christian Century* (September 26, 1979): 918.
4) Dom Gregory Dix, *Jew and Greek* (London: Dacre Press, 1953), p.14.
5) Werner Jaeger, "The Greek Ideas of Immortality," *Harvard Theological Review* 52 (July, 1959): 146. 성서적인 이원론에 대한 논의를 위해서는 John Cooper "Dualism and the Biblical View of Human Beings," *Reformed Journal* 32/9 (September, 1982): 13-16.
6) Edwin Yamauchi, *Pre-Christian Gnosticism* (Grand Rapids: William B. Eerdmans Publishing Co., 1973), pp.23, 138.
7) Walter M. Abbott, et al., eds., *The Bible Reader* (New York: Bruce Publishing Co., 1969), p.742.

8) John Wesley, *The Works of John Wesley* (Grand Rapids: Zondervan Publishing House, 1958−59), 11:432.
9) Cf. Walther Zimmerli, *The Old Testament and the World*, trans. John J. Scullion (Atlanta: John Knox Press, 1971), pp.18, 30.
10) Markus Barth, *Jesus the Jew* (Atlanta: John Knox Press, 1978), p.32.
11) J. Stafford Wright, "The Interpretation of Ecclesiastes," in *Classical Evangelical Essays in Old Testament Interpretation*, ed. Walter C. Kaiser, Jr. (Grand Rapids: Baker Book House, 1972), p.146.
12) 제11장에서 다루게 될 "히브리적 관점에서 본 결혼과 가족"은 간단하게 언급한 이 부분을 보충해 줄 것이다. 그곳에서 우리는 교회 역사의 초기 동안에 교회를 오염시킨 잘못된 관점에 대하여 성서적인 수정책을 제시하려 한다.
13) Robert Gordis, *Sex and the family in the Jewish Trandition* (New York: Burning Bush Press, 1967), p.17.
14) Roland B. Gittelsohn, *My Beloved is Mine: Judaism and Marriage* (New York: Union of American Hebrew Congregations, 1969), p.176에서 재인용.
15) 위의 책 p.177에서 재인용.
16) David M. Feldman, *Marital Relations, Birth Control and Abortion in Jewish Law* (New York: Schocken Books, 1968), p.24에서 재인용.
17) *The New York Times*, September 21, 1952.
18) 이 교리는 1854년 Pius IX에 의해 선포되었다(*Ineffabilis Deus* 교서). *The Oxford Dictionary of the Christian Church*, 2nd ed., ed. F. L. Cross and E. A. Livingstone (New York: Oxford University Press, 1983), pp.692−93을 참조하라.
19) John Shelby Spong의 논의를 보라. *This Hebrew Lord* (New York: Seabury Press, 1974), p.40.
20) 이 부분에서 다루고 있는 영성, 구원, 믿음의 개념들은 이들에 대한 John Spong의 통찰력에 특별히 빚을 지고 있음을 밝힌다. 위의 책, pp.15−30 참조.
21) George E. Ladd, *I Believe in the Resurrection of Jesus* (Grand Rapids: William B. Eerdmans Publishing Co., 1975), p.45.
22) 위의 책, 같은 곳.
23) William Dyrness, *Themes in Old Testament Theology* (Downers Grove, IL: InterVarsity Press, 1979), p.85.

24) Ladd, *I Believe in the Resurrection of Jesus*, p.45. 인류학에 대한 히브리적인 통합적(holistic) 관점에서, 구약성서는 인간의 영혼이 불멸한다고 가르치지 않고 있음을 지적하는 것이 꼭 필요하다. 오직 불멸의 존재(immortal One)만이 불멸성을 부여할 수가 있다(참조, 시 16:10). 구약성서에 의하면 영혼은 죽음 후에는 존재하지 않는다. 왜냐하면 한 사람이 죽으면 그의 영혼도 죽기 때문이다. 그러나 신약성서는 영혼(헬라어로 *psyche*)을 죽음 후에도 존재하는 어떤 것으로 보고 있다. 그래서 부활과 관련한 바울의 가르침은 구약성서를 넘어서고 있다. 구약성서는 몸의 부활을 확증하지 않는다(사 26:19; 단 12:2). 그러나 바울은 몸-영혼의 불멸을 확신하고 있다. 헬라인들은 몸의 부활을 부정했다. 그들은 오직 영혼만이 죽음 후에까지도 존재한다고 믿었다. 신약성서에서 바울은 이 둘을 연결하여 사람을 몸과 영혼이 결합된 하나의 전체적 존재로 보았다.
25) 위의 주를 참조하라.
26) David Bivin, "Blessing: Jesus and the Oral Torah," *Jerusalem Perspective* 4(January, 1988): 1-2.
27) Yechiel Eckstein, *What Christians Should Know About Jews and Judasim* (Waco, TX: Word Books, 1984), p.163.
28) J. H. Hertz, ed., *Daily Prayer Books,* rev. ed. (New York: Bloch, 1948), pp. 962-63을 보라. 또한 Arthur Hertzberg, ed., *Judaism* (New York: Washington Square, 1961), pp.240-47.
29) Abraham K. Heschel, *The Sabbath: Its Meaning for Modern Man*(New York: Harper & Row, 1952), p.6.
30) Spong, *This Hebrew Lord*, p.24.
31) Timothy L. Smith, "Evangelical Christianity and American Culture," in *A Time to Speak: The Evangelical-Jewish Encounter,* ed. A. James Rudin and Marvin R. Wilson (Grand Rapids: William B. Eerdmans Publishing Co., 1987), p.71.
32) Bruce C. Birch, *What Does the Lord Require? The Old Testament Call to Social Witness* (Philadelphia: Westminster Press, 1985), p. 47.
33) Clark H. Pinnock, "The Incredible Resurrection: A Mandate for Faith," *Christianity Today* (April 6, 1979): 16-17.
34) Roland de Vaux, *Ancient Israel,* trans. J. McHugh (repr. New York: McGraw-Hill, 1965), 1:110을 보라.
35) Marvin H. Pope, "Hosanna-What It Really Means," *Bible Review* 4/2

(April, 1988): 16-25.
36) Otto A. Piper, "Church and Judaism in History," *Theology Today* 18 (1961): 68.
37) David R. Blumenthal, "The Place of Faith and Grace in Judaism," in *A Time to Speak: The Evangelical-Jewish Encounter*, ed. A. James Rudin and Marvin R. Wilson (Grand Rapids: William B. Eerdmans Publishing Co., 1987), p.108을 참조하라.
38) Leo Baeck, *The Essence of Judaism* (New York: Schocken Books, 1961), p.119.
39) George Foot Moore, *Judaism in the First Centuries of the Christian Era* (Cambridge: Harvard University Press, 1927), 2:195.
40) '아멘'은 구약성서 맛소라 텍스트에 30회, 신약성서에 119회 나타난다.
41) Spong, *This Hebrew Lord*, p.23.
42) John Shelby Spong, "The Continuing Christian Need for Judaism," *Christian Century* (September 26, 1979): 919.
43) Abraham J. Heschel, *God in Search of Man* (New York: Farrar, Straus & Giroux, 1955), p.283.
44) Abraham J. Heschel, *A Passion for Truth* (New York: Farrar, Straus & Giroux, 1973), p.192.
45) W. D. Davies, *The Gospel and the Land* (Berkeley: University of California Press, 1974), p.388.
46) Nicholas De Lange, *Judaism* (New York: Oxford University Press, 1986), p.4.
47) David de Sola Pool, *Why I Am A Jew* (Boston: Beacon Press, 1957), p. 93.
48) Martin Buber, ed., *Ten Rungs: Hasidic Sayings* (New York: Schocken Books, 1947), p.31.
49) H. Wheeler Robinson, *Corporate Personality in Ancient Israel*, rev. ed. (Philadelphia: Fortress Press, 1980), pp.25-44.
50) 더 자세한 최근의 논의를 연구하려면, Michael Wyschogrod, *The Body of Faith* (New York: Seabury Press, 1983)을 보라. 그는 유대 민족은 이 세상에서 하나님이 거하시는 장소라고 말한다. 그는, 기독교인들은 하나님이 한 사람 유대인 예수에 거하신다고 주장하는 반면, 유대교는 모든 이스라엘 사람들 안에 하나님이 거하신다고 주장한다고 강조한다.

51) Robinson, *Corporate Personality in Ancient Israel,* p.28. W. Robertson Smith, *Lectures on the Religion of the Semites,* 2nd ed. (London: A. & C. Black, 1894), pp.273-274에서 인용.
52) Thorleif Boman, *Hebrew Thought Compared with Greek,* trans. Jules L. Moreau (repr. W. W. Norton & Co., 1970), p.70을 보라.
53) Albert Gelin, *The Key Concepts of the Old Testament,* trans. George Lamb (New York: Paulist Press, 1963), p.64를 보라.
54) Samuel Umen, *Jewish Concepts and Reflections* (New York: Philosophical Library, 1962), p.39.
55) Morris N. Kertzer, *What is A Jew?* (New York: Collier Books, 1961), p.39를 보라.
56) E. Earle Ellis, *Prophecy and Hermeneutic in Early Christianity* (Grand Rapids: William B. Eerdmans Publishing Co., 1978), p.66.
57) Joseph A. Fitzmyer, *Pauline Theology* (Englewood Cliffs, NJ: Prentice-Hall, 1967), p.66.
58) John McKenzie, "The Significance of the Old Testmanet for Christian Faith in Roman Catholicism," in *The Old Testament and the Christian Faith,* ed. Bernhard W. Anderson (repr. New York: Herder and Herder, 1969), p.113.
59) Buber, *Ten Rungs,* p.102에서 인용.
60) Davies, *The Gospel and the Land,* pp.384-87.

제 11 장

1) 성서는 독신이 특별한 은사 또는 하나님의 소명이라고 가르친다. 엣세네파와 같은 사람들은 자원하여 금욕적인 독신 생활을 하기도 했지만(참조, 마 19:10-12), 결혼은 분명히 창조 명령(창 2:18)에 있어서 중심이 되는 규정이었다(엡 5:22-33; 골 3:18-19). 바울은 진술하기를, "후대의" 변절의 표징들 가운데 하나는 결혼을 금하는 가르침이라고 했다(딤전 4:3). 결혼과 관련해서 바울이 고린도 교회에 준 경고(고전 7:1)를 모든 상황에 다 적용되는 것으로 보아서는 안 된다. "임박한 환란"(고전 7:26) 또는 이교도들 가운데서 가족을 돌보며 하나님을 섬기는 가운데 당하게 될 고통과 관련해서만, 결혼하지 않고 지내는 방법을 고려해야 한다고 권면하고 있다(28절).

2) 이상의 랍비 자료들을 위해서는, Roland B. Gittelsohn, *My Beloved is Mine: Judaism and Marriage* (New York: Union of American Hebrew Congregation, 1969), p.178을 보라.
3) David Hubbard, "Old Testament Light on the Meaning of Marriage," *Theology News and Notes* (Pasadena, CA: Fuller Theological Seminary, March, 1969), p.6.
4) Maurice Lamm, *The Jewish Way in Love and Marriage* (New York: Harper & Row, 1980), p.163을 보라.
5) I. Abrahams, "Marriage Are Made in Heaven," *Jewish Quarterly Review* 2 (1980), p.172-77을 보라.
6) R. David Freedman, "Woman, a Power Equal to Man," *Biblical Archaeology Review* 9(1983):56-58. Walter C. Kaiser, Jr., *Hard Sayings of the Old Testament* (Downers Grove, IL: InterVarsity Press, 1988), pp.23-26을 보라.
7) R. David Freedman, "Woman, a Power Equal to Man," p.56.
8) Walter Trobisch, *I Loved a Girl* (New York: Harper & Row, 1963), p. 93. [컨콜디아사에서 "나는 한 여자를 사랑하였다"라는 제목으로 출판됨]
9) Maurice Lamm, *Jewish Way in Love and Marriage*, p.163을 보라.
10) Theodor Gaster, *Customs and Folkways of Jewish Life*(New York: William Sloane Associates Publishers, 1955), pp.109, 110, 126-28.
11) Brevard S. Childs, *Introduction to the Old Testament as Scripture* (Philadelpha: Fortress Press, 1979), p.571.
12) Abraham J. Heschel, *God in Search of Man* (New York: Harper & Row, 1955), p.425
13) 출 20:3의 "besides"의 번역에 대해서는 NIV와 RSV의 주를 참조하라.
14) David de Sola Pool, *Why I Am A Jew* (Boston: Beacon Press, 1957), p. 133과 I. Abrahams, "Marriages Are Made in Heaven," *Jewish Quarterly Review* 2(1890):175-76을 보라.
15) Theodor Gaster, *Customs and Folkways of Jewish Life*, p.118.
16) Maurice Lamm, *Jewish Way in Love and Marriage*, p.161.
17) 위의 책, 같은 곳.
18) *miqdash me'at*라는 표현은 겔 11:16에 나온다. 그러나 불행하게도 거의 대부분의 성서들은 그것을 "작은 성소"라고 옮기지 않았다. 그러나 AV는 그것을 문자적으로 "작은 성소"라고 번역하였다[우리말 성서에서도 me'at를

'작은'이라 번역하지 않고 '잠시동안'으로 옮겼다 - 역자주]. 하나님의 영광은 어떤 한 지역적인 장소에 제한되지 않는다. 이스라엘이 거룩한 성 예루살렘의 성전 산(Temple Mount)에 있던 성소(miqdash)에서 하나님의 임재를 느꼈던 것과 마찬가지로, 하나님은 포로로 잡혀간 그의 백성들 가운데서도 그의 임재를 나타내실 수 있었다. 겔 11:16의 miqdash me'at를 "작은 성소"로 옮기는 것의 타당성에 대해서는 다음 책을 참조하라: Moshe Greenberg, *Ezekiel 1-20,* Anchor Bible, Vol. 22 (Garden City, NY: Doubleday & Co., 1983), pp.186, 190.

19) Joseph H. Hertz. ed., *A Book of Jewish Thoughts* (New York: Oxford University Press, 1920), p.11.

20) 랍비 David de Sola Pool은 이렇게 지적한다: "예루살렘 성전이 로마에 의해 무너졌을 때, 당시의 두 랍비가 앞으로는 가정의 식탁이 성전의 성소를 대신할 수 있고 또 그래야만 한다고 선언함으로써 백성들을 위로했다"(*Why I Am A Jew* [Boston: Beacon Press, 1957], p.135).

21) 분명히 신약성서는 '성전'이라는 단어를 상징적으로 사용하고 있다. 다소 (Tarsus) 출신의 유대 학자였던 바울은 고린도 교인들에게 그들(복수)은 하나님의 성전이며(고전 3:16), "하나님의 성전은 거룩하다"(17절)고 가르치고 있다. 바울은 또한 기독교인은 누구나 다 성전이라고 가르친다:"너희 몸은 성령의 전이라"(6:19). 이러한 집단적-개인적 개념은 유대인들이 예루살렘 성전의 기능과 특성들을 보다 작은, 그러나 신성함에 있어서는 조금도 다름이 없는 곳인 miqdah me'at에 적용했던 것과 일치한다.

22) A. E. Kitov, *The Jew and His Home,* 5th ed. (New York: Shengold Publishers, 1963), pp.50-51.

23) R. Siegel, M. Strassfeld, and S. Strassfeld, *The First Jewish Catalog* (Philadelphia: Jewish Publication Society, 1973), pp.275-277에 있는 이 주제에 대한 유용한 논의를 참조하라. A. E. Kitov, *The Jew and His Home,* pp.90-94도 참조하라.

24) 아래에 나오는 인용들은 *Fiddler on the Roof,* ed. Joseph Stein(New York: Pocket Books, 1966)에서 인용함.

25) Hollis Alpert, "Big Fiddler," *Saturday Review* (November 13, 1974), p. 30.

26) Morris N. Kertzer, *What Is A Jew?,* rev. ed. (New York: Macmillan Co., 1965), p.136.

27) Abraham J. Heschel, *The Sabbath: Its Meaning for Modern Man*(New

York: Farrar, Straus & Giroux, 1951), p.90.
28) 위의 책, pp.59, 73.
29) Sam Levenson, *Everything But Money*(New York: Simon and Schuster, 1966), p.17.
30) Raphael Patai, "Aging-The Biblical View," in *Jewish Heritage Reader*, ed. Lily Edelman (New York: Taplinger Publishing Co., 1965), p.142.
31) Abraham J. Heschel, *The Insecurity of Freedom* (New York: Schocken Books, 1972), pp.71-72.
32) Ernest Becker, *The Denial of Death* (repr. New York: The Free Press, 1975)를 보라.
33) Heschel, *Insecurity of Freedom*, p.70.
34) George E. Ladd, *I Believe in the Resurrection of Jesus* (Grand Rapids: William B. Eerdmans Publishing Co., 1975), p.45.
35) "랍비들의 가르침에 있어서 부활의 교리만큼이나 중요한, 내세에 대한 주제도 없다." A. Cohen, *Everyman's Talmud* (NY: E. P. Dutton, 1949), p. 357.

제 12 장

1) 유월절과 최후 만찬의 주제에 대해서 더 연구하기 위해서는 다음을 참조하라. Markus Barth, *Rediscovering the Lord's Supper* (Atlanta: John Knox Press, 1988); Baruch M. Bokser, "Was the Last Supper a Passover Seder?" *Bible Review* 3/2(Summer, repr. New York: McGraw-Hill, 1965), 2:484-493; Werner Elert, *Eucharist and Church Fellowship on the First Four Centuries*, trans. N. E. Nagel (St. Louis: Concordia Publishing House, 1966); Gillian Feeley-Harnick, *The Lord's Table: Eucharist and Passover in Early Christianity* (Philadelphia: University of Pennsylvania Press, 1981); Ruth. G. Fredman, *The Passover Seder* (Philadelphia: University of Pennsylvania Press, 1981); Theodor Gaster, *Passover* (New York: H. Schuman, 1949); Joachim Jeremias, *The Eucharistic Words of Jesus,* trans. Norman Perrin, 3rd ed. (Philadelphia: Fortress Press, 1966); Abram Kanof, "Passover," in *Encyclopedia Juda-*

ica, ed. Geoffrey Wigoder (Jerusalem: Keter Publishing House, 1971), 13:163-173; Mordell Klein, ed., *Passover* (Jerusalem: Keter Books, 1973); Isaac Levy, *A Guide to Passover* (London: Jewish Chronicle Publications, 1958); I. Howard Marshall, *Last Supper and Lord's Supper* (Grand Rapids: William B. Eerdmans Publishing Co., 1981); Willy Rordorf, et al., *The Eucharist of the Early Christians*, trans. Matthew J. O'Connell (New York: Pueblo Publishing Company, 1978); Anthony J. Saldarini, *Jesus and Passover* (New York: Paulist Press, 1984); Hayyim Schauss, *Guide to Jewish Holy Days* (New York: Schocken Books, 1938); Judah B. Segal, *The Hebrew Passover* (New York: Oxford University Press, 1963).

2) *pasah*의 어원은 알려져 있지 않다. 출 12:13ff에 대해 학자들은 다양한 의미들을 제시했다: 1)"통과하다," "뛰어넘다"(NIV, RSV); 2)"절뚝거리다," 즉 "깡충뛰다, 살려주다"(참조, 왕상 18:21, 26-RSV); 3)"방어하다, 보호하다"(참조, 출 12:13-NEB; 출 12:23-Jewish Publication Society [1962]; 사 31:5). 그러나 결국, *pasah*와 같은 단어들의 의미는 컨텍스트와, 히브리어 및 다른 언어들 속에서의 용례에 대한 자세한 연구에 의하여 결정되어야 한다. James Barr, *The Semantics of Biblical Language* (New York: Oxford University Press, 1961), pp.100-157을 참조하라.

3) Josephus, *Antiquities* 14. 2. 1(21); 17. 9. 3(213-214).

4) Roland de Vaux, *Ancient Israel*, 2:490-93을 보라.

5) Jacob M. Myers, *I and II Esdras*, Anchor Bible, Vol. 42 (Garden City, NY: Doubleday & Co., 1974), pp.26-27을 보라.

6) R. H. Charles, ed., *The Apocrypha and Pseudepigrapha of the Old Testament* (London: Oxford University Press, 1913), 2:12.

7) Josephus, *Jewish War* 2. 14. 3(280); 6. 9. 3(420-425).

8) Josephus, *Antiquities* 18. 2. 2(29).

9) A. T. Robertson, *A Harmony of the Gospels* (New York: Harper & Brothers, 1922), pp.282-283.

10) 위의 책, pp.283-284.

11) 참고, I. Howard Marshall, *Last Supper and Lord's Supper*, pp.57-75.

12) Baruch M. Bokser, "Was the Last Supper a Passover Seder?" *Biblical Review* 3/2(Summer, 1987): 33. Bokser는 최후의 만찬이 유월절 식사가 아니라 전통적인 희생-식사였다고 주장한다.

13) Vincent Taylor, *The Gospel According to St. Mark,* 2nd ed. (New York: St. Martin's Press, 1966), p.547. 예수가 유월절에 삼갔다는 이론을 해설하는 반대 관점에 대해서는 Joachim Jeremias, *Eucharistic Words of Jesus,* pp. 84-88, 207-18을 보라.
14) William L. Lane, *The Gospel According to Mark,* New International Commentary on the New Testament (Grand Rapids: William B. Eerdmans Publishing Co., 1974), pp.508-509를 보라. 또한 David Daube, *The New Testament and Rabbinic Judaism* (London: Athlone Press, 1956), pp. 330-31도 참조하라.
15) 사마리아인들은 '사마리아 오경'으로 알려진, 그들 자신이 번역한 오경을 가지고 있다. 이 번역은 맛소라 본문(Massoretic text, 약칭 MT)의 개정판이다. 맛소라 본문은 A.D. 10세기 이전에 Massoretes(문자적인 의미는 "전달자들")로 알려진 유대인 학자들에 의하여 보존되어지고 규정화된 전통적인 히브리 성서 본문을 말한다. 사마리아 오경은 본문을 상당히 변화시켰다. 예를 들면, 그리심산을 유월절 희생 제사를 드리는 진짜 장소라고 하는데, 그 이유는 그곳이 하나님이 자신의 이름을 둔 장소이기 때문이라는 것이다.
16) Taylor, *Gospel According to St. Mark,* p.547.

제 13 장

1) W. D. Davies, *The Territorial Dimension of Judaism* (Berkeley: University of California Press, 1982), p.53.
2) Abraham J. Heschel, *Israel: An Echo of Eternity* (New York: Farrar, Straus and Giroux, 1969), p.100.
3) Institute of Holy Land Studies in Jerusalem의 Halvor Ronning의 논문, "Whose Promised Land?" *From Mt. Zion* 4/2(June, 1984): 8.
4) Walter Harrelson, "The Land in Tanakh," National Conference of Christians and Jews, New York, 1985, p.5 (출판되지는 않았음)을 참조하라.
5) Leo A. Rudloff, *Understanding Israel: A Christian View* (New York: Anti-Defamation League of B'nai B'rith, 1977), p.5에서 인용함.
6) Seymour Siegel, "The Meaning of Israel in Jewish Thought," in *Eva-*

ngelicals and Jews in Conversation, ed. Marc H. Tanenbaum, Marvin R. Wilson, and A. James Rudin (Grand Rapids: Baker Book House, 1978), p.105.
7) 1978년 12월 하바드 대학에서 Krister Stendahl이 행한 강의로부터.
8) G. Douglas Young, "Israel: The Unbroken Line," *Christianity Today* (October 6, 1978): 22.
9) Davies, *Territorial Dimension of Judaism,* p.50.
10) G. Douglas Young, "Christian and Jewish Understanding of the Word 'Israel,'" in *Prophecy in the Making,* ed. Carl F. H. Henry (Carol Stream, IL: Creation House, 1971), pp.163-64를 보라.
11) A. James Rudin, *Israel for Christians* (Philadelphia: Fortress Press, 1983), p.35.
12) 위의 책, pp.23-40.
13) Jacques Ellul, *The Politics of God and the Politics of Man,* trans. Geoffrey W. Bromiley (Grand Rapids: William B. Eerdmans Publishing Co., 1972); 같은 저자의 *False Presence of the Kingdom,* trans. C. Edward Hopkin (New York: Seabury Press, 1972); Vernard Eller, *Christian Anarchy: Jesus' Primacy over the Powers* (Grand Rapids: William B. Eerdmans Publishing Co., 1987).
14) Irving Miller, *Israel: The Eternal Ideal* (New York: Farrar, Straus and Cudahy, 1955), p.71.
15) Hertzel Fishman, *American Protestantism and the Jewish State* (Detroit: Wayne State University Press, 1973), pp.27, 179.
16) Uriel Tal, "Jewish Self Understanding and the Land and State of Israel," *Union Seminary Quarterly Review* 26(1970): 353-54를 보라.
17) R. J. Zwi Werblowsky, "Jewish-Christian Relations," *Christian News from Israel* 24(Autumn-Winter, 1973):121에서 인용.
18) *The New York Times,* November 1, 1977, p.12.
19) Martin E. Marty, "Which Christians Can Israel Count On? A Ladder of Sympathies," *Christian Century* (March 8, 1978): 235.
20) Dwight Wilson, *Armageddon Now!* (Grand Rapids: Baker Book House, 1977), p.91에서 인용.
21) 위의 책, p.130.
22) R. J. Zwi Werblowsky, "Prophecy, the Land and the People," in

Prophecy in the Making, ed. Carl F. H. Henry (Carol Stream, IL: Creation House, 1971), p.353.
23) Dwight Wilson, *Armageddon Now!,* p. 143.
24) Vernon C. Grounds, "Evangelical Views of Today's Moral Crisis," in *Evangelicals and Jews in Conversation,* p.263.
25) Markus Barth, *The Messianic Idea in Israel,* trans. W. F. Stinespring (New York: Macmillan, 1955), p.10.
26) Joseph Klausner, *The Messianic Idea in Israel,* trans. W. F. Stinespring (New York: Macmillan, 1955), p.10.
27) James Parkes, *The Foundations of Judaism and Christianity* (Chicago: Quadrangle Books, 1960), pp.325-26.
28) 신학적 관점에서 이스라엘의 미래를 다룬 기독교 저작들을 위해서는 다음을 참조하라. Carl Edwin Armerding, "The Meaning of Israel in Evangelical Thougt," in *Evangelicals and Jews in Conversation,* pp.119-40; Hendrikus Berkhof, "Israel as a Theological Problem in the Christian Church," *Journal of Ecumenical Studies* 6/3(Summer, 1969): 329-47; George E. Ladd, *A Theology of the New Testament* (Grand Rapids: William B. Eerdmans Publishing Co., 1974), pp.538-39; William S. LaSor, *Israel: A Biblical View* (Grand Rapids: William B. Eerdmans Publishing Co., 1976); Robert L. Saucy, "A Rationale for the Future of Israel," *Journal of the Evangelical Theological Society* 28/4(December, 1985):433-42; Marvin R. Wilson, "Zionism as Theology," *Journal of the Evangelical Theological Society* 22/1(March, 1979):27-44.
29) Davies, *Territorial Dimension of Judaism,* p.125.
30) Alice Eckardt and Roy Eckardt, *Encounter with Israel* (New York: Association Press, 1970), p.262.
31) Isaac C. Rottenberg, "From Dialogue to Solidarity,"(New York: The National Christian Leadership Conference for Israel, March, 1982), p. 3.-미출판 문헌임.
32) Markus Barth, *People of God,* pp.69-70.
33) Marvin R. Wilson, "An Evangelical Christian View of Israel," in *A Time to Speak: The Evangelical-Jewish Encounter,* eds. A. James Rudin and Marvin R. Wilson (Grand Rapids: William B. Eerdmans Publishing Co., 1987), pp.170-76을 보라.

34) Bert DeVries, "Beyond Nationalism—Israel and the Palestinians," *Reformed Journal* (December, 1984): 8.
35) Carl F. H. Henry, "Can Peace Come to the Mideast?" *Christian Life* (November, 1984): 72.
36) DeVries, "Beyond Nationalism," p.12.
37) A. James Rudin, "Jewish Attitudes Toward Israel: A Precis," in *A Time to Speak*, p. 186.

제 14 장

1) Henri Daniel-Rops, *Daily Life in the Time of Jesus*, trans. Patrick O' Brian (New York: The New American Library, 1962), p.113에서 인용.
2) Tina Hacker, ed., *Shalom: The Heritage of Judaism in Selected Writings* (Kansas City, MO: Hallmark Editions, 1972), p.21에서 인용.
3) Raphael Z. Werblowsky, "Study or Action? Torah in Jewish Life," in *Jewish Heritage Reader*, ed. Lilly Edelman (New York: Taplinger Publishing Co., 1965), p.155.
4) Abraham J. Heschel, *The Insecurity of Freedom* (New York: Schocken Books, 1972), pp.54–55.
5) William Chomsky, "The Dawn of Jewish Education," in *Gratz College Annual of Jewish Studies*, ed. Isidore Passow and Samuel Lachs (Philadelphia: Gratz College, 1974), 3:20.
6) Abraham J. Heschel, "The Spirit of Jewish Education," *Jewish Education* 24/2(Fall, 1953): 19.
7) 3세기의 랍비였던 Simlai가 613개로 찾아냈으며, 365개의 부정적 명령과 248개의 긍정적 개념으로 분류했다.
8) John Patterson, *The Wisdom of Israel* (Nashville: Abingdon Press, 1961), p.64.
9) Louis Goldberg, *"peti,"* in *Theological Wordbook of the Old Testament*, ed. R. Laird Harris, et al.(Chicago: Moody Press, 1980), 2:742.
10) Patterson, *The Wisdom of Israel*, p.65.

11) Brown, Driver, and Briggs, *Hebrew and English Lexicon of the Old Testament* (London: Oxford University Press, 1907), pp.17, 492. kesil과 연관된 히브리어 kesel은 신장 주위에 있는 지방질 근육인 "허리"를 뜻한다. 더 나아가 Derek Kidner는 다음과 같이 정확하게 지적하고 있다: "kesil의 '어리석은' 자는 항상 iwwelet(ewil과 같은 어근을 갖고 있다)이라고 불리우는데 이러한 사실은 '어리석은' 자를 지칭하는 이 두 명칭이 사실은 하나임을 잘 보여준다"(*Proverbs,* Tyndale Old Testament Commentaries[Downers Grove, IL: InterVarsity Press, 1964], p.41).
12) John Patterson, *The Book That is Alive* (New York: Charles Scribner's Sons, 1954), p.58.
13) Abraham J. Heschel, *The Prophets* (New York: Harper & Row, 1962), p.57.
14) NIV는 yada를 신 4:9, 삿 8:16, 욥 32:7, 시 90:12, 잠 9:9에서는 "to teach"로, 사 40:13에서는 "to instruct"로, 대하 23:13에서는 "to lead"로 각각 다르게 번역하고 있다.
15) Robert C. Boling, *Judges,* Anchor Bible, Vol. 6A (Garden City, NY: Doubleday & Co., 1975), p.157을 보라.
16) Jacob M. Myers, *II Chronicles,* Anchor Bible, Vol. 13 (Garden City, NY: Doubleday & Co., 1965), p.28을 보라.
17) Norman H. Snaith, *The Distinctive Ideas of the Old Testament* (New York: Schocken Books, 1964), pp.184–85.
18) Leo Baeck, *The Essence of Judaism* (New York: Schocken Books, 1948), p.261.
19) William Barclay, *Educational Ideals in the Ancient World* (repr. Grand Rapids: Baker Book House, 1974), p.47.
20) J. Leuba, "Teaching," in *A Companion to the Bible,* ed., J. J. Von Allmen (New York: Oxford University Press, 1958), p.414.
21) K. Rengstorf, *Theological Dictionary of the New Testament* (Grand Rapids: William B. Eerdmans Publishing Co., 1964), 2:137.
22) 부유한 자들 가운데서 $παιδαγογος$("child-guide," "tutor")가 특별한 역할을 했다(참조, 고전 4:15; 갈 3:24–25). 학생이 일곱에서 열여덟살 사이에 있을 때 $παιδαγογος$는 그들을 학교에 데려다 주었다. 그의 임무는 그들의 책을 들어주며 그들이 안전하게 학교에 도착했는지를 확인하는 것이었다. 또한 그들의 행동에도 관심을 가져야 했으며, 헬라어 *eukosmia*라는 단어

가 내포하고 있는 모든 것, 즉 "좋은 품행, 좋은 태도, 인생의 즐거움"을 가르쳤다. William Barclay, *New Testament Words*(Philadelphia: Westminster Press, 1974), pp.206-209를 보라.

23) Henry G. Liddell and Robert Scott, *A Greek-English Lexicon*, ed. Henry S. Jones (Oxford: University Press, 1940), p.1747.

24) Liddell and Scott는 위의 책에서 *schole*는 "여가, 남은 시간, 편함," "여가를 즐길 수 있는 그 무엇"-특별히 학문적인 토론이나 강의, 그리고 "강의를 받는 그룹, 학교"등의 의미를 내포하고 있다고 한다.

25) Morris Kertzer, *What Is a Jew?* (New York: Collier Books, 1960), p.50.

26) Abba Hillel Silver, *Where Judaism Differed* (New York: Macmillan Co., 1956), pp.64-67을 보라.

27) William Chomsky, "The Dawn of Jewish Education," p.26.

28) J. Leuba, "Teaching," p.414.

29) Abraham J. Heschel, *Insecurity of Freedom*, p.41.

30) S. C. Reif, "Dedicated to Hnkh," *Vetus Testamentum* 22(1972):495-501을 보라. 또한 Victor P. Hamilton, *"hanak,"* in *Theological Wordbook of the Old Testament*, ed. R. Laird Harris, et al., 1:301-302도 참조하라.

31) 히브리어 명사 *hanukkah*는 흔히 축제와 제사를 동반하는 낙성식을 가리킨다. 그러므로 이 단어는 대부분의 경우 어떤 건물의 "봉헌식," 또는 "헌당식"의 의미로 사용된다. 유대인 명절인 하누카(*Hanukkah*)는 마카비 형제들이 Antiochus IV가 더럽힌 성전을 다시 봉헌했던(165 B.C. Kislev월 25일) 것을 기념하는 절기이다.

32) Brown, Driver, and Briggs, *Hebrew and English Lexicon of the Old Testament*, p.335.

33) Theodor H. Gaster, *Customs and Folkways of Jewish Life* (New York: William Sloane Associates Publishers, 1955), p.14.

34) 더 자세한 진행 절차를 보려면 William Barclay, *Educational Ideals in the Ancient World*, pp.12-13을 보라.

35) 신 4:9, 6:7, 11:19; 시 78:5-6; 잠 1:8; 엡 6:4을 보라.

36) Derek Kidner, *Proverbs*, Tyndale Old Testament Commentaries(Downers Grove, IL: InterVarsity Press, 1964), p.147.

37) Frantz Delitzsch, *Proverbs*, trans. M. G. Easton(repr. Grand Rapids: William B. Eerdmans Publishing Co., 1976), 2:86. Walter C. Kaiser, Jr.는 이 점을 이렇게 확장시키고 있다: "그것[가르침]은 아이들의 삶의 단

계, 아이들에 대한 하나님의 특별한 소명(부르심)의 증거, 그리고 그들의 삶의 방법(하나님이 이를 위하여 그들을 택하셨다)에 따라 조정되어야 한다. 이것은 그들에게 그들이 배우기 원하는 것을 고르거나 택하게 하지 않는다. 그러나 그것은, 학생들이 받는 훈련은 보통 하나님께서 우리에게 주신 아이들 수 만큼이나 다양하고 독특해야만 한다는 것을 인식한다"(*Hard Sayings of the Old Testament* [Downers Grove, IL: InterVarsity Press, 1988], pp. 180-81).

38) Elizabeth O'Connor, *Eighty Day of Creation* (Waco, TX: Word Books, 1971), p.18.
39) *bin*에 대한 논의를 위해서는 Helmer Ringgren, *Theological Dictionary of the Old Testament*, trans. John T. Willis, rev. ed. (Grand Rapids: William B. Eerdmans Publishing Co., 1977), pp.2:99-107을 보라.
40) 대하 35:3과 느 8:9을 참조하라.
41) Abraham J. Heschel, *Insecurity of Freedom*, pp.46-47.
42) *Everyday Life in Bible Times* (Washington, D.C.: National Geographic Society, 1967), p.111에서 인용.
43) Josephus, *Against Apion* 1. 12(60).
44) 제1세기의 교육에 대한 학문적인 유용한 논의를 위해서는 다음을 보라. S. Safrai, "Education and the Study of the Torah," in *The Jewish People in the First Century*, ed. S. Safrai and M. Stern (Philadelphia: Fortress Press, 1976), 2:945-70.
45) William Barclay, *Educational Ideals in the Ancient World*, p.42.
46) S. Safrai, *The Jewish People in the First Century*, p.951.
47) Abraham J. Heschel, *The Earth Is the Lord's* (New York: Harper & Row, 1950), p.47을 보라.
48) Jacob Neusner, *The Way of Torah: An Introduction to Judaism* (Encino, CA: Dickenson Publishing Co., 1974), p.44.
49) Theodore Friedman, "Study," in *Encyclopedia Judaica* (Jerusalem: Keter Publishing House Ltd., 1971), 15:456.
50) Steven Isaacs, "Hasidim of Brooklyn," *The Washington Post*, Sunday, Feb. 17, 1974, p.B4.
51) 나는 이에 대해 "A Question for Rabbies, Pastors, and Teachers," *Christianity Today* (Feb. 14, 1969):5-7에서 더 자세히 논의한 바 있다.
52) Leo Baeck, *The Essence of Judaism*, pp.24-25.

53) Birger Gerhardsson, *The Origine of Gospel Traditions*, trans. Gene J. Lund (Philadelphia: Fortress Press, 1979), p.21.
54) William Barclay, *Educational Ideals in the Ancient World*, p.40.
55) William F. Albright, *From the Stone Age to Christianity*, 2nd ed. (Garden City, NY: Doubleday & Co., 1957), p.64.
56) William Chomsky, "The Dawn of Jewish Education," p.22.
57) Nahum N. Glatzer, ed., *Hammer on the Rock: A Short Midrash Reader* (New York: Schocken Books, 1962), p.102.
58) Abraham J. Heschel, *The Earth Is the Lord's*, pp.42−44.
59) Daniel Polish, Witnessing God After Auschwitz," in *Issues in the Jewish-Christian Dialogue: Jewish Perspectives on Covenant, Mission, and Witness*, ed. Helga Croner and Leon Klenichi (New York: Paulist Press, 1979), p.134.
60) "A Conversation with Doctor Abraham Joshua Heschel," *The Eternal Light*, NBC/TV transcript (New York: National Broadcasting Company, 1973), p.4.
61) Elie Wiesel, *Four Hasidic Masters* (Notre Dame, IN: University of Notre Dame Press, 1978), p.95.
62) Abot와 신약성서를 기반으로 한 이 주제에 대한 연구를 위해서는, Benedict T. Viviano, *Study As Worship* (Leiden: E. J. Brill, 1978)을 보라.
63) George Foot Moore, *Judaism in the First Centuries of the Christian Era* (Cambridge: Harvard University Press, 1927), 2:240; 참조, 272ff.
64) Abraham J. Feldman, *Contributions of Judaism to Modern Society* (New York: The Union of American Hebrew Congregations, n. d.), p.18을 보라.
65) David A. Hubbard, *The Wisdom of the Old Testament*, Messiah College Occasional Papers, no. 3 (Grantham, PA: Messiah College, August, 1982), p.23.
66) 이러한 비성서적인 입장에 대한 뛰어난 비평을 위해서는, Virginia R. Mollenkott, *Adamant & Stone Chips* (Waco, TX: Word Books, 1967), pp.11−30을 보라.
67) Martin Buber, *Hasidim and Modern Man* (New York: Harper & Row, 1958), pp.84−95를 보라.
68) Abraham J. Heschel, *Insecurity of Freedom*, p.42.

69) Leo Trepp, *Judaism: Development and Life* (Belmont, CA: Dickenson Publishing Co., 1966), p.196에 자세히 나와 있다.
70) Abraham J. Heschel, *Insecurity of Freedom*, p.42.

제 15 장

1) Jean Radermakers, "The Meaning and Purpose of a Jewish-Christian Dialogue"(trans. Olga Prendergast), *Lumen Vitae* 30(June, 1975):251.
2) Carl D. Evans, "The Church's False Witness Against Jews," *Christian Century* (May 5, 1982): 530-33을 보라.
3) 나는 Stuart Rosenberg의 입장에 절대적으로 동의한다. "If I Were a Christian," in *The Christian Problem: A Jewish View* (New York: Hippocrene Books, 1986), p.222.
4) 나는, Jacques Doukhan, *Drinking at the Sources* (Mountain View, CA: Mountain Press Publishing Association, 1981)에서 "원천으로부터 마시다"는 표현을 연상해냈다.
5) Gershom Scholem, *The Messianic Idea in Judaism* (New York:Schocken Books, 1971), p.289.
6) W. D. Davies, "Torah and Dogma," *Harvard Theological Review* 61 (1968):88을 참조하라.
7) 이 점은 Kenneth S. Kantzer, "Concerning Evangelicals and Jews," *Christianity Today* (April 24, 1981):13에 잘 설명되어 있다.
8) Markus Barth, *The People of God* (Sheffield, England: JSOT Press, 1983), p.72.

기독교와 히브리 유산

1995년 4월 10일 초판 제 1 쇄
2010년 1월 25일 초판 제 4 쇄

지 은 이 / 마빈 R. 윌슨
옮 긴 이 / 이 진 희

발 행 인 / 엄 현 섭
편 집 인 / 최 태 훈
발 행 소 / 도서출판 컨콜디아사
　　　　　(기독교 한국 루터회 총회 출판팀)
　　　　　서울 용산구 후암동 446-11
　　　　　(전화)3789-7452~3 (팩스)3789-7457
　　　　　등록 / 1959년 8월 11일(제3-45호)

책　값　15,000원

ISBN 978-89-391-0029-9 03230